# DOCTRINA CRISTIANA

JUAN TEODORO MUELLER

EDITORIAL CONCORDIA • SAINT LOUIS

3558 South Jefferson Avenue, Saint Louis, Missouri. 63118-3968 U.S.A.
1-877-450-8694 • editorial.cph.org



Tercera edición con breves revisiones, 1973
Revisión del texto, 2017

Traducción del Doctor Andrés A. Meléndez

Editorial Concordia es la división hispana de Concordia Publishing House.

Impreso en los Estados Unidos de América

# PRÓLOGO

*Por más de medio siglo fue profesor de doctrina cristiana en el Seminario Concordia de Saint Louis, Missouri en Estados Unidos el insigne doctor en divinidad Francisco Pieper. Como resultado de su extenso y fructífero ministerio docente, durante el cual recibieron su enseñanza miles de estudiantes, salió su monumental obra "Dogmática Cristiana" en tres tomos. Esta obra se publicó en el idioma alemán, ya que en ese idioma instruía el ilustre teólogo, y ha servido de referencia a innumerables pastores y estudiantes que entienden ese idioma.*

*Era necesidad imperiosa la producción en inglés de un libro de doctrina cristiana en un solo tomo. A instancias del doctor Pieper, se encargó de esta obra el profesor Juan Teodoro Mueller, doctor en teología y filosofía e instructor en el mismo seminario. Mientras los tres tomos del doctor Pieper sirvieron de fundamento, el libro del doctor Mueller no es una simple condensación de ellos, ni tampoco ha seguido el autor la obra del doctor Pieper en la presentación de las varias doctrinas. Además de citar a Lutero y las Confesiones Luteranas, también ha citado a otros dogmáticos luteranos. Así ha puesto a la disposición de los estudiantes de teología un caudal de citas muy útiles extraídas de los grandes dogmáticos de todas las edades.*

*La primera edición del libro salió en 1934. Desde ese tiempo ha servido como libro de texto de teología cristiana en varios seminarios luteranos en diferentes partes del mundo. El libro se halla en la biblioteca de muchos pastores y un buen número de hermanos legos. De muchos de éstos, sin distinción denominacional o geográfica, ha recibido el doctor Mueller testimonios personales que evidencian la influencia que ha ejercido el libro en la vida de tales cristianos.*

*También ha sido una necesidad imperiosa la existencia de un libro de doctrina sana en el idioma español. El protestantismo en general y el luteranismo en particular, no han llevado el mismo paso que la exigencia de sana literatura evangélica en el mundo de habla española.*

*La traducción del libro del doctor Mueller ha estado a cargo del Reverendo Doctor Meléndez, quien ha vertido al hermoso idioma español, de un modo claro y sencillo, las verdades de la Escritura contenidas en el libro que ha traducido.*

*Por su espléndida cooperación y ayuda, deseamos expresar nuestro sincero agradecimiento a la facultad del Seminario Concordia de Buenos Aires, al Comité de Literatura de Argentina y al de la Conferencia Latinoamericana de México y Texas. Estos hermanos leyeron cuidadosamente el manuscrito y prestaron valioso servicio al traductor.*

*Según lo indica el subtítulo, este libro ha de ser un "manual de teología doctrinal para pastores, maestros y legos". Es evidente que los pastores y maestros lo usarán como guía diaria en su estudio y obra misionera. Pero los legos también recibirán valioso provecho de su lectura y estudio, pues obtendrán un conocimiento más profundo de las verdades de la salvación. Este manual de doctrina cristiana ha de ser muy conveniente como libro de referencia en la biblioteca de toda persona interesada en las verdades cristianas, y como tal, es merecedor de la más extensa circulación.*

*Es nuestra esperanza, que este libro de doctrina cristiana cumpla su cometido de servir a los maestros y estudiantes de dogmática que deseen usarlo en su enseñanza y estudio. El valor principal del libro se basa en el hecho de que la doctrina que expone es un testimonio claro y correcto de la Sagrada Escritura, y de que en su preparación, el autor no dejó de pensar constantemente en las palabras del Señor que habló por boca de su apóstol: "Si alguno habla, hable conforme a las palabras de Dios", 1 Pedro 4:11.*

Iglesia Luterana Sínodo de Missouri

Junta de misiones (para América del norte y del sur)

Rev. H. A. Mayer, (Subsecretario)
Saint Louis, Missouri Mayo de 1948

# CONTENIDO

# NATURALEZA Y CONCEPTO DE LA TEOLOGÍA

## INTRODUCCIÓN A LA TEOLOGÍA SAGRADA (PROLEGOMENA)

### 1. EL PUNTO DE VISTA BÍBLICO DEL TEÓLOGO CRISTIANO

Debido a las diversas opiniones y tendencias que prevalecen entre los teólogos de la actualidad, es necesario que el teólogo cristiano, al presentar a sus lectores su tratado dogmático, declare ante todo en términos claros e inequívocos desde qué punto de vista lo ha escrito.

El punto de vista del *teólogo modernista* actual es que la verdad debe determinarse por la razón humana a la luz de la investigación científica. El teólogo liberal no reconoce, pues, la Sagrada Escritura como fuente y norma de la fe, sino que sostiene que este modelo antiguo de la doctrina cristiana ha sido suplantado por los principios de la razón y la filosofía establecidos por él mismo. Desde ese punto de vista escribe su tratado dogmático, y como este punto de vista es contrario a la Escritura y al cristianismo, toda su teología es, pues, racionalista, naturalista y diametralmente opuesta a la Palabra de Dios.

El punto de vista del *teólogo católico romano* es que la verdad debe determinarse tanto por la Escritura como por las tradiciones "infalibles" de la Iglesia, que se exponen formalmente en los decretos y las decisiones papales. Así, además de la Sagrada Escritura (a la que falsamente añade los libros apócrifos), acepta como fuente y norma de la fe algo que es extraño a la Sagrada Escritura y que aún se opone a ella, y le atribuye la misma autoridad que sólo tiene la Palabra de Dios. Este punto de vista erróneo pone de manifiesto el carácter anticristiano de la teología papista, pues él también se halla en oposición directa a la Sagrada Escritura.

El punto de vista del teólogo protestante moderno que se deja llevar por la razón es el siguiente: Aunque la Escritura Sagrada es realmente una "exposición divina y humana de las verdades reveladas", que contiene las doctrinas que los cristianos deben creer para su salvación, estas verdades salvadoras tienen que determinarse, no por cualquier declaración autorizada de las Escrituras, sino más bien por el "sentimiento interior de la fe" cristiana o la "mente regenerada o santificada" o la "experiencia cristiana" del teólogo. En su opinión no es la declaración objetiva de la Sagrada Escritura, sino el "santificado sentimiento interior propio del sujeto dogmatizante" lo que a la postre decide qué es y qué no es la verdad divina. La teología racionalista moderna es, por consiguiente, un movimiento que aleja de la Sagrada Escritura y conduce a una fuente y norma de la fe establecidas por el hombre mismo. Este movimiento puede diferir en grado, pero su esencia es siempre la misma. Es básicamente contrario a la Escritura y emana de la incredulidad de la carne corrupta. El punto de vista del teólogo racionalista moderno, tiene que ser pues, igualmente rechazado como anticristiano y opuesto a la Sagrada Escritura.

El punto de vista desde el cual se escribe el presente tratado dogmático es que la *Sagrada Escritura es la única fuente y norma de la fe y la vida cristianas*, por la sencilla razón de que la Biblia es la Palabra de Dios inspirada por el Espíritu Santo, la cual es absolutamente infalible y libre de errores, tanto en su totalidad como en cada pasaje individual. Por lo tanto, cada vez que habla sobre cualquier punto de doctrina o vida, el asunto queda plenamente decidido. *Scriptura locuta, res decita est.* Este punto de vista identifica la Sagrada Escritura con la Palabra de Dios; sostiene por lo tanto, que la Biblia no solamente contiene la Palabra de Dios, sino que ella es la palabra de Dios, plena y absolutamente y en todas sus partes.

El hecho de *que este punto de vista* es el *único verdadero* se comprueba por las declaraciones y la actitud tanto de Cristo como de sus inspirados apóstoles. Nuestro divino Salvador no aceptó ninguna otra norma sino la Palabra de Dios, e invariablemente rechazó las tradiciones de los fariseos y los "raciocinios" de los saduceos. Cuando expuso sus divinas enseñanzas y refutó los errores, constantemente basó sus enseñanzas en el fundamento inamovible de la Palabra escrita de Dios. Así al comienzo de su ministerio combatió las tentaciones de Satanás con la enfática declaración: "Escrito está", Mat. 4:4, y no se apartó de este principio en todo su ministerio. Cf. Juan 5.39; Mat. 5:17-19; Juan 8:31-32; etc.

También los apóstoles consideraron la Sagrada Escritura, incluyendo sus propias enseñanzas inspiradas, tanto orales como escritas, como la única fuente y norma de la fe. Cf. Gál. 1:8; 2 Tim. 3:15-17; Tito 1:9; 1 Cor. 14:37; 2 Ped. 1:19-21, etc. Cuando en el tiempo de la Reforma la Biblia fue restablecida al lugar que debidamente le pertenece como a la única autoridad de la fe cristiana, Lutero una vez más la proclamó como "la fuente de toda sabiduría" (Edición St. Louis, I. 1289 y sig). El gran reformador declaró: "Tienes que creer que Dios mismo habla en la Biblia, y tu actitud debe estar en conformidad con esa creencia" (III, 21). Los que, como los teólogos escolásticos, se desviaron de la Palabra de Dios y fundamentaron sus opiniones y doctrinas en el terreno de la razón y la filosofía, son "monstruos" *(portenta)* en el vocabulario de Lutero. La aserción de los teólogos racionalistas modernos de que la posición de Lutero en cuanto a la autoridad de la Sagrada Escritura fue "algo libre" se desvirtúa por las declaraciones claras y enfáticas del mismo Lutero de que tal no es el caso. Al igual que Lutero, todos los teólogos verdaderamente cristianos en todo tiempo han sostenido que la Biblia es la Palabra inspirada de Dios y, por lo tanto, la única fuente y norma de la fe cristiana, —una verdad que siempre defendieron valerosamente contra todos los adversarios.

Los teólogos racionalistas modernos declaran que no pueden identificar la Sagrada Escritura con la Palabra de Dios o aceptarla como la única norma de la fe. Afirman que la percepción que tienen de la realidad no se lo permite, sino que en su lugar tal percepción de la realidad exige otra norma fuera de la Sagrada Escritura y más allá de ella, como por ejemplo, el "sentimiento interior cristiano", la "experiencia cristiana", y cosas por el estilo. En realidad, sin embargo, esta aserción sólo prueba cuán gravemente se están engañando; pues el conocimiento de la verdad divina puede obtenerse únicamente de la Palabra de Dios. La fe cristiana, por lo tanto, tiene que fundamentarse exclusivamente en la Palabra de Dios. Nuestro divino Señor declara con énfasis que conoceremos la verdad siempre y cada vez que permanezcamos en la Palabra proclamada por Él y por sus apóstoles y profetas inspirados, Juan 8:31-32; 17:20; Efe. 2:20.

La historia de la Iglesia Cristiana demuestra ampliamente la gran verdad de las palabras de Cristo; pues todos los teólogos que en una u otra ocasión han rechazado la Sagrada Escritura como la única norma de la fe han negado invariablemente las doctrinas cristianas específicas, tales como la expiación vicaria de Cristo, la justificación por la gracia mediante la fe, etc. (Cf. Dr. F. Pieper, *Christliche Dogmatik*, 1, 4 y sig.). Así Hoffmann, el padre de la teología subjetiva moderna, negó la satisfacción vicaria de Cristo y enseñó la teología pagana de la salvación sin la obra redentora de Cristo. Todo esto, además, se verifica por la confusión en la doctrina, confusión que ha resultado cada vez que se ha ignorado o relegado a segundo término, el principio de que la Sagrada Escritura es la única autoridad en la religión. Esta confusión en la doctrina prevalece cuando se aceptan normas diferentes a la Sagrada Escritura como fundamento de la doctrina cristiana; pues la teología subjetiva nunca puede proporcionar a la Iglesia Cristiana un fundamento de fe verdadero y seguro. Sin la Sagrada Escritura como la única fuente y modelo de la fe, la Iglesia se halla sin fundamento alguno donde poder depositar su fe; se halla arrastrada por un remolino de ideas subjetivas opuestas, que en su totalidad han de ser fatales a la fe cristiana.

## 2. SOBRE LA RELIGIÓN EN GENERAL

La etimología de la palabra *religión* es aún un asunto de controversia. El dogmático luterano Hollaz escribe: "Algunos creen que la palabra religión se deriva de *religare* (Lactancio), otros de *relegere* (Cicerón). Según la primera acepción, la religión significa adorar debidamente a Dios o algo que impone al hombre obligaciones o deberes. Según la segunda etimología, la religión es poner diligente atención en aquellas cosas que tienen que ver con el culto a Dios. La primera acepción es la más generalmente aceptada" (Doctr. Theol., p. 21). El dogmático luterano Quenstedt cita como sinónimos de religión los términos griegos *zreskeia*, Sant. 1:26; *eusebeia* 1 Tim. 4:8;

*logike latreia*, Rom. 12:1. Sin embargo, ninguno de estos términos es realmente sinónimo de religión, aunque cada uno designa o recalca a una fase singular de ella. La verdadera religión no es ni más ni menos que la comunión con el verdadero Dios por la fe en Jesucristo. Pero la controversia en cuanto al significado etimológico de la religión no debe perturbarnos, pues al fin y al cabo el significado de una palabra no depende de su derivación etimológica, sino más bien de su uso *(usus loquendi)*.

Sin embargo, del uso común del término *religión* no podemos extraer definición satisfactoria alguna de la religión si deseamos incluir tanto la religión cristiana como las que no son cristianas. Como los cristianos y los que no lo son igualmente emplean el término *religión*, cada uno de estos grupos lo asocia con sus propios conceptos y significados específicos y, como veremos, ellos se contradicen. El asunto merece una atención cuidadosa.

La investigación demuestra que *todas las religiones paganas están en oposición directa a la religión cristiana*. Todas ellas son, sin excepción alguna, religiones de la Ley. Para el pagano, la religión significa el fervoroso afán de los hombres por reconciliar las deidades mediante esfuerzos propios u obras, tales como adoración, sacrificios, conducta moral, ascetismo, etc. En este sentido todas las religiones paganas concuerdan, no importa lo mucho que difieran en detalles individuales. Y eso es de esperarse; pues el pagano por naturaleza no conoce el Evangelio (1 Cor. 2:6-10: "hablamos... la sabiduría oculta... que ninguno de los príncipes de este siglo conoció"), sino solamente la Ley divina, a saber, la que está escrita en sus corazones. Por consiguiente, todos los pensamientos religiosos de los paganos giran alrededor de la Ley, de modo que desde el principio hasta el fin sus religiones son, y a la fuerza tienen que ser, *religiones de la Ley*.

Los cristianos, por otro lado, creen que la verdadera religión consiste precisamente en todo lo contrario. *Para los cristianos, la religión significa verdadera fe en el Evangelio de Jesucristo*, o en el mensaje de gracia, revelado en la Sagrada Escritura, en el que se expone que por la expiación vicaria *(satisfactio vicaria)* del Cristo divino y humano, el Redentor del mundo, se ha efectuado una reconciliación perfecta entre Dios y el hombre. Por lo tanto, la religión, en el verdadero sentido de la palabra, puede atribuirse solamente a los creyentes en Cristo Jesús. Y eso es precisamente lo que enseña la Palabra de Dios sobre este punto. La verdadera religión, según la Palabra de Dios, es comunión con Dios por la fe en Jesucristo. Por esta razón testifica San Pablo: "Sabiendo que el hombre no es justificado por las obras de la Ley, sino por la fe de Jesucristo, nosotros también hemos creído en Jesucristo, para ser justificados por la fe de Cristo y no por las obras de la Ley; por cuanto por las obras de la Ley nadie será justificado", Gál. 2:16.

Cada vez que teólogos o denominaciones enteras dentro de la cristiandad externa niegan, ya sea total o parcialmente, la doctrina cardinal de la justificación por la gracia, mediante la fe en Cristo, estos individuos o cuerpos eclesiásticos renuncian al concepto cristiano de la religión y adoptan el punto de vista pagano. Los tales son apóstatas de la fe cristiana, como declara San Pablo: "De Cristo os desligasteis los que por la Ley os justificáis; de la gracia habéis caído", Gál. 5:4. En resumen, la doctrina, de la salvación por la fe y la de la salvación por las obras son doctrinas opuestas que necesariamente se excluyen mutuamente, de modo que todo aquel que confía en sus obras para la salvación, ya no confía de hecho y en verdad en la religión cristiana

El prof. Max Mueller de la Universidad de Oxford, ha expuesto hábilmente la diferencia fundamental entre la religión cristiana y todas las otras supuestas religiones cuando escribe: "En el desempeño de mis deberes por cuarenta años como profesor de sánscrito en la Universidad de Oxford, he dedicado tanto tiempo como cualquier ser viviente al estudio de los libro sagrados del Oriente, y he hallado que la nota principal, el diapasón, podríamos decir, de todos estos supuestos libros sagrados,... el estribillo único que corre por todos es la salvación por las obras. Todos dicen que la salvación tiene que ser comprada, obtenida por un precio, y que el único precio, el único dinero, tienen que ser nuestras obras, nuestros méritos. Nuestra propia Santa Biblia, nuestro Libro sagrado del Oriente, es desde el principio hasta el fin una protesta contra esta doctrina. Ese Libro sagrado del Oriente de cierto nos pide buenas obras; pero ellas son solamente el resultado de un corazón agradecido; son solamente una ofrenda de gratitud, los frutos de nuestra fe. Jamás son el precio del rescate de los verdaderos discípulos de Cristo. No cerremos los ojos a lo que es excelente y verdadero y de buen nombre en estos libros sagrados; pero enseñemos a los indostánicos, budistas y mahometanos que hay un solo Libro sagrado del Oriente, y que ése es el único Libro que puede servirles de ancla en la hora temible cuando tengan que pasar solos al mundo invisible. Es el Libro sagrado que contiene esa palabra fiel, y digna de ser recibida por todos los hombres, mujeres y niños, y no únicamente por nosotros los cristianos, que Cristo Jesús vino al mundo para salvar a los pecadores". (Cf. Pieper, *Christliche Dogmatik*, I, 15 y sig.).

## 3. SOBRE EL NÚMERO DE RELIGIONES EN EL MUNDO

El número de religiones en el mundo se ha calculado de diversos modos, comúnmente hablamos de cuatro diferentes religiones: cristiana, judía, mahometana y pagana. Aunque tal enumeración puede emplearse como término general y corriente, nunca debemos olvidar que al fin y al cabo *todas las religiones pueden reducirse a dos clases: religiones de la Ley*, esto es, religiones que se esfuerzan en reconciliar a la Deidad por las obras de la Ley: *y la religión del Evangelio*, esto es, la creencia, obrada divinamente y engendrada por el Espíritu Santo por los medios de gracia, de que Dios ha sido reconciliado con el pecador sin las obras de éste, por la expiación vicaria de Cristo Jesús, y que la salvación es por esta razón el don gratuito de Dios, del cual se apodera el pecador mediante la fe en Cristo.

La división de las religiones en dos grupos distintos y mutuamente exclusivos está realmente de acuerdo con la Escritura. La Sagrada Escritura reconoce como verdadera religión solamente la que enseña que el pecador se salva por la fe en Cristo. Enseña claramente que la misión de la Iglesia Cristiana es reemplazar todas las religiones creadas por los hombres y establecer por todo el mundo la religión del Evangelio salvador de Jesucristo. La Gran Comisión de nuestro Señor dice así: "Id por todo el mundo y predicad el Evangelio a toda criatura. El que creyere y fuere bautizado, será salvo; más el que no creyere, será condenado", Mar. 16:15-16. El Salvador glorificado dijo a San Pablo: Te envío a los gentiles "para que abras sus ojos para que se conviertan de las tinieblas a la luz, y de la potestad de Satanás a Dios; pera que reciban, por la fe que es en mí, perdón de pecados y herencia entre los santificados", Hech. 26:17-18. Según esta declaración explícita de la Sagrada Escritura todos los que no creen el Evangelio están envueltos en las tinieblas y en la potestad de Satanás, de lo cual pueden ser librados únicamente por medio de la justificación por la fe.

La Palabra de Dios reconoce pues, solamente la religión cristiana como verdadera y como capaz de ofrecer la salvación a la humanidad; ella sola merece el nombre de religión, puesto que ella sola vuelve a unir al hombre pecador con Dios. Si a las formas de culto hechas por los hombres se da el nombre de religión, este término se les aplica en un sentido impropio, del mismo modo en que los ídolos son llamados "dioses", aunque en realidad no son dioses. Y puesto que es así se hace imposible hallar un concepto religioso o una definición general que agrupe en una sola clase todas las religiones existentes en el mundo, tanto verdaderas como falsas. El cristianismo, por su origen singular, no pertenece a la categoría de religiones hechas por los hombres.

Todos los que niegan esto y sostienen que puede establecerse tal concepto religioso o definición general, pasan por alto la diferencia esencial entre la religión de Cristo y las religiones de origen humano. La religión se ha definido como "la relación personal del hombre para con Dios". Esta definición, se ha dicho, es suficientemente amplia para incluir tanto la religión cristiana como las religiones paganas. Su insuficiencia, sin embargo, se hace patente cuando empezamos a analizar "la relación del hombre para con Dios". Puesto que todos los hombres son pecadores su relación para con Dios por naturaleza es una de miedo y desesperación y, por consiguiente, de odio contra Dios. Tanto la Escritura como la experiencia confirman esta miserable condición. Según la clara enseñanza de la Palabra de Dios todos los hombres que no nacen de nuevo por la fe en Cristo están "sin Cristo", "sin esperanza y sin Dios en el mundo", Efe. 2:12. A pesar de sus fervorosos esfuerzos da reconciliar a Dios por sus propias obras, continúan en su temor y desesperación, pues permanecen bajo la maldición y condenación de la Ley divina. Esto lo afirma San Pablo cuando escribe: "Todos los que dependen de las obras de la Ley, están bajo maldición", Gál. 3:10. Este mismo apóstol declara: "Lo que los gentiles sacrifican, a los demonios lo sacrifican, y no a Dios", 1 Cor. 10:20. En resumen, mientras una persona está sin fe en Cristo, su relación personal para con Dios es una relación de terror y desesperación y, por lo tanto, también de enemistad contra Dios, Rom. 8:7.

Sin embargo, la relación personal para con Dios cambia tan pronto como una persona se hace hijo de Dios por la fe en Cristo; entonces tal persona obtiene "una buena conciencia", 1 Ped. 3:21, la seguridad de gozar de la gracia divina, la convicción de que sus pecados son perdonados y la inestimable esperanza de la vida eterna. "Si alguno está en Cristo, nueva criatura es; las cosas viejas pasaron; he aquí todas son hechas nuevas", 2 Cor. 5:17. San Pablo describe esta bendita relación en palabras muy hermosas cuando nos dice en Rom. 5:1-2: "Justificados, pues, por la fe, tenemos paz para con Dios por medio de nuestro Señor Jesucristo; por quien también tenemos entrada por la fe a esta gracia en la cual estamos firmes, y nos gloriamos en la esperanza de la gloria de Dios". Y otra vez, v: 11: "Nos gloriamos en Dios por el Señor nuestro Jesucristo, por el cual hemos ahora recibido la reconciliación". La relación personal del creyente para con Dios es, por lo tanto, todo lo contrario a la relación personal para con Dios que se encuentra en el incrédulo; la del primero es una relación de paz, gozo y felicidad.

La religión también se ha definido como "el método de adorar a Dios". Esta definición es del todo adecuada en lo que a la religión cristiana se refiere, pero como una definición de la religión en general ella es miserablemente inadecuada, pues todas las religiones que no son cristianas no son en lo más mínimo "métodos de adorar a Dios". La verdadera adoración sólo es posible por medio de la fe en Cristo, como nos lo dice enfáticamente nuestro Señor cuando declara: "Todos honren al Hijo como honran al Padre. El que no honra al Hijo, no honra al Padre que le envió". Juan 5: 23. Toda "adoración a Dios" sin Cristo deshonra a Dios; por lo tanto, lejos de ser una adoración a Dios, es en realidad blasfemia y oposición a Dios. Es más aún, es sacrificio a los demonios, como San Pablo declara: "Lo que los gentiles sacrifican, a los demonios lo sacrifican, y no a Dios", 1 Cor. 10:20. En estas palabras afirma rotundamente el apóstol que los paganos no pueden adorar al verdadero Dios. Por sinceros que sean en sus esfuerzos de aplacar sus deidades, su adoración es sacrificio a los demonios.

La razón para esto es clara. Todas las religiones que no son cristianas yerran un cuanto al objeto como también en cuanto al método de adoración. Los pagamos adoran objetos que no son divinos y así dan la gloria que pertenece a Dios a otros y su alabanza a esculturas, Isa. 42:3. Tal adoración blasfema es una abominación ante los ojos de Dios y, por consiguiente, todo lo contrario de la verdadera adoración. Pero las religiones que no son cristianas yerran también en cuanto al método de adoración. Puesto que los paganos no conocen al divino Salvador de los hombres y, por lo tanto, no saben que deben confiar en Él para la salvación, tratan de calmar sus conciencias y de reconciliar los objetos de su adoración por medio de buenas obras cada vez que se dan cuenta de su pecado y culpabilidad. Pero depender de las buenas obras para la justificación es ofender a Dios y provocarle a ira. "Todos los que dependen de las obras de la Ley, están bajo maldición". Gál. 3:10. Ese es el veredicto de Dios y con él condena toda adoración que se le ofrece a base de los méritos humanos.

En resumen, la religión en general no puede definirse como "el método de adoración a Dios"; pues tal definición es aplicable solamente a la religión cristiana y no a otra. Este hecho ha sido sostenido con firmeza por nuestros dogmáticos luteranos. Hollaz escribe: "La religión, impropiamente hablando, significa la falsa; propiamente hablando, el verdadero método de adoración a Dios" (*Doctr. Theol.*, p.22). La distinción es tan vital como correcta.

Recientemente se ha definido también la religión como "el esfuerzo del hombre para conseguir, completar y perfeccionar la vida personal y social con la ayuda de un poder superior y sobrenatural". Este esfuerzo, afirma el teólogo alemán Kirn, es común a todas las religiones, de modo que nos proporciona un concepto general para la definición de la religión. Esta definición, sin embargo, puede aplicarse solamente a las religiones de la Ley, o a las religiones que no son cristianas, pues las tales de cierto tratan de "conseguir, completar y perfeccionar la vida personal" por medio de las obras y los esfuerzos humanos. Es el denominador común de todas las religiones fuera del cristianismo; la opinión de que el hombre tiene que salvarse a sí mismo por las buenas obras (*opinio legis*) es inherente por naturaleza en todos los hombres. La religión cristiana, por otro lado, difiere radicalmente de esta falsa noción. Ella es de hecho, desde el principio hasta el fin, una protesta contra la doctrina falsa de que el hombre tiene que "conseguir, completar y perfeccionar la vida" por sus propios esfuerzos. Rechaza de llano la doctrina de la justicia por las obras y establece como principio primo y básico el hecho de que un pecador se justifica por la gracia solamente, sin las obras de la Ley. Principalmente debido a esta vasta divergencia entre la religión cristiana y las religiones de la justicia por las obras, el Evangelio de Cristo es a los judíos tropezadero y a los gentiles locura, 1 Cor. 1:23; 2:14. El hombre cegado por el pecado, no desea un camino de salvación que es puramente por la gracia, mediante la fe en un divino Salvador.

Según todo lo dicho es evidente que el cristianismo, puesto que es la única religión verdadera, no debe ponerse en un mismo nivel con las religiones hechas por los hombres. No hay un concepto religioso general o una definición que abarque los dogmas distintivos del cristianismo y los de las religiones hechas por los hombres; el cristianismo forma una clase por sí solo. Él solo es la verdadera religión, mientras todas las otras son imposturas; y así como una moneda falsa no puede ser dinero legítimo, así tampoco las religiones hechas por los hombres pueden comprobar la aserción de que son religiones legítimas. Si se les da el término *religión*, ello se hace en un sentido del todo impropio. Si las designamos como "religiones", lo hacemos en el mismo sentido en que llamamos a las monedas falsas "dinero" o en el modo en que la Sagrada Escritura llama a los ídolos paganos "dioses" *Elohim*. La aplicación del nombre en este caso nunca significa que el objeto así designado es en realidad lo que el nombre expresa. Los ídolos paganos no son dioses, ni tampoco son religiones en el verdadero sentido de la palabra las formas paganas de adoración.

Quenstedt por consiguiente escribe (1,28): "El término *religión* se usa, o impropia y falsamente *(abusive)* o propiamente. Impropia y falsamente se atribuye a las religiones falsas, esto es, a las paganas, mahometana y judía, y en este sentido Calixto, en su *Aparato Teológico*, habla de las varias religiones en el mundo, a pesar de que sólo hay una religión verdadera, a saber, la cristiana". En congruencia con esta doctrina nunca buscaron nuestros dogmáticos luteranos un concepto religioso general o una definición para encerrar tanto la religión cristiana como las no cristianas sino colocaron la religión cristiana en una clase por sí sola, como la única religión y clasificaron a todas las demás como falsas y como indignas del nombre. Sólo esta clasificación está de acuerdo con la Escritura.

Pero aquí se ha hecho la objeción de que los dogmáticos ortodoxos antiguos carecían de un adecuado conocimiento psicológico, filosófico e histórico de las diferentes religiones que no son cristianas y que por esta razón no llegaron a apreciar debidamente estas formas de adoración. Esta falta de apreciación, se nos dice, se ha suplido por medio de la investigación moderna en la psicología de la religión, en la filosofía de la religión y en la religión comparativa. Pero, como veremos, aun los resultados de estas investigaciones no refutan la exactitud de la antigua división de las religiones en dos grupos, la verdadera y las falsas.

La psicología religiosa moderna trata de demostrar "la similitud del fenómeno psicológico" hallado tanto en la religión cristiana como en las que no son cristianas. Se alega que los teólogos antiguos pasaron por alto esta similitud, y se atribuye a este hecho su inhabilidad para encontrar un concepto o definición general que abarque tanto la religión cristiana como las que no son cristianas. Podemos, sin embargo, afirmar en respuesta a esta acusación que, al fin y al cabo, el fenómeno psicológico de la religión cristiana y de las que no son cristianas dista mucho de ser similar; en realidad hay una oposición esencial entre ellas. En el corazón del que no es cristiano encontramos comúnmente "fenómenos psicológicos" como el reconocimiento de la culpa, una conciencia que acusa y condena, el temor del castigo, huir de Dios, y un odio interno contra Dios, y además de todo esto, el deseo constante de pacificar a Dios por medio de las buenas obras. Pero como las buenas obras no pueden reconciliar a Dios, encontramos además el "fenómeno psicológico" del terror a la muerte y de la desesperación. La Sagrada Escritura confirma claramente estos "fenómenos psicológicos". Efe. 2:12: "sin esperanza"; Heb. 2:15: "los que por el temor de la muerte estaban durante toda la vida sujetos a servidumbre". Las confesiones francas de pensadores paganos honrados y sinceros corroboran en toda su amplitud lo que enseña la Sagrada Escritura sobre este punto; todos se hacen eco de la nota trágica de la desesperación espiritual cuando contemplan el estado pecaminoso y culpable de todo ser humano.

En el alma de todo hijo creyente de Dios encontramos, sin embargo, otros "fenómenos psicológicos" muy diferentes, como el reconocimiento de la culpa quitada y del pecado perdonado, la paz con Dios (Rom. 5:1-3), el amor filial a Dios y la confianza implícita en su gracia, la victoria sobre la muerte y la segura esperanza de la vida eterna. Y todos estos "fenómenos psicológicos" están combinados con el ferviente deseo de servir a Dios de hecho y en verdad como demostración de sincera gratitud por su don de gracia que no hemos merecido. Gál. 2:20: "Lo que ahora vivo en la carne, lo vivo en la fe del Hijo de Dios el cual me amó, y se entregó a sí mismo por mí". San Pablo afirma la diversidad de "fenómenos psicológicos" que experimentó antes y después de su conversión. Escribe, 1 Cor. 15:9-10: "Perseguí a la Iglesia de Dios. Pero por la gracia de Dios soy lo que soy". A más de esto, para que sus lectores estén seguros de la bienaventuranza de su vacación cristiana, continuamente les llama la atención a las "experiencias psicológicas" porque han pasado, primero como paganos ciegos, y después como cristianos iluminados. Efe. 2:5: "Aun estando nosotros muertos en pecados, nos dio vida juntamente con Cristo". Cf. Efe.2:11-22; 1 Cor. 12:2,27, etc.

La similitud del "fenómeno psicológico" que defienden tan tenazmente los estudiantes modernos de la psicología religiosa es sólo una similitud *formal* y no *material*. Así, pues, vemos que tanto los cristianos como los paganos se ocupan en adorar; pero ¡cuán radicalmente diferente es su adoración en todos sus principios esenciales! Los cristianos oran, y también los paganos; pero ¡qué enorme diferencia existe entre la oración del cristiano y la del pagano! Por consiguiente, la psicología religiosa tampoco puede negar la diferencia esencial entre la religión cristiana y las que no son cristianas, y tienen que admitir, por lo tanto, que es correcta la división de las religiones en la verdadera y las falsas.

Lo mismo puede decirse del estudio histórico de la religión. La religión comparativa prueba la aserción de que todas las religiones fuera de la religión cristiana son religiones de la Ley", o "religiones de obras", sosteniendo como principio básico que el hombre tiene que ganarse su salvación por medio de obras dignas. Las buenas nuevas de la salvación por la gracia mediante la fe, por otro lado, se encuentran únicamente en la Biblia, y no en otro libro alguno de religión. El estudio histórico de la religión no puede, pues, establecer otra división de religiones que la ya establecida por los dogmáticos luteranos, los cuales pusieron en el primer grupo la religión cristiana, que enseña la salvación por la gracia, y en el segundo grupo todas las religiones hechas por los hombres, que enseñan la salvación por las obras. Las "religiones de obras" pueden diferir en detalles que no son esenciales, dependiendo de factores climáticos, psicológicos y raciales, pero todas ellas concuerdan en el principio fundamental de la salvación por las obras.

Finalmente, el estudio filosófico de la religión, o la filosofía de la religión tampoco puede llevarnos más allá de la división de las religiones en dos clases distintas, la una verdadera y la otra falsa. El estudiante de filosofía religiosa puede, de cierto, operar solamente con el conocimiento natural de Dios, o la Ley divina escrita en el corazón del hombre. Pero cuando empieza a definir la religión basándose en premisas puramente naturales, esto es, cuando examina la religión enteramente fuera de la revelación divina, su conclusión necesariamente tiene que ser que la religión es en esencia el esfuerzo del hombre de reconciliar a Dios a base de su conducta meritoria. Así Sócrates, el más ilustre de los filósofos griegos, aunque sobrepujó a todos los demás por la altura y sublimidad de sus ideas filosófico-religiosas, sin embargo, pidió que en la hora de su muerte se sacrificara un gallo a Esculapio. Sócrates concibió la necesidad de un Salvador mucho más grande que cualquier salvador humano, pero como no conocía al verdadero Salvador, se vio obligado a confiar en sus propias obras para su salvación. También Manuel Kant, considerado el filósofo religioso más prominente y aun el más grande de todos los filósofos modernos, afirmó que desde el punto de vista puramente filosófico debe considerarse como "moralidad" la esencia de la religión, y que la doctrina cristiana de la expiación no tiene cabida alguna en ningún sistema especulativo de religión. La filosofía religiosa, por consiguiente, tiene que concebir la religión como el esfuerzo del hombre para ganarse la salvación por las obras. Se ve, pues, que la división de las religiones en dos clases establecida por los teólogos de los siglos pasados debe ser retenida aún en la actualidad.

Existe, sin embargo, un sistema de filosofía religiosa que trata de edificar sus especulaciones racionalistas sobre el fundamento de la Sagrada Escritura. Los defensores de este tipo de filosofía religiosa admiten que las verdades reveladas de la Sagrada Escritura están más allá de la comprensión intelectual del hombre. Por esta razón tienen que ser creídas y aceptadas como verdaderas *a priori*. Pero el teólogo no debe darse por satisfecho con este simple acto de creer. Por la fe en las verdades divinas de la revelación debe progresar hasta que las comprenda intelectualmente. Lo que el creyente común conoce por la fe, el teólogo debe entenderlo. Así Anselmo de Canterbury, el padre de la escolástica medioeval, declaró: *"Credo, ut intelligam"*. El propósito de Anselmo, en cierto sentido, merece encomio. Trató de hacer frente a los escépticos de su tiempo y refutarlos, porque éstos, *a priori*, rechazaban como falsas las verdades reveladas por no ser inteligibles a la razón humana. Anselmo insistió en que las verdades reveladas fueran primeramente creídas para que pudieran ser dialécticamente probadas y racionalmente entendidas. Su principio fundamental fue: "por la fe el cristiano debe progresar hasta llegar al entendimiento, y no por el entendimiento llegar a la fe". *"Christianus per fidem debet ad intellectum proficere, non per intellectum ad fidem accedere"*. Los discípulos de Anselmo son los defensores modernos de la mal llamada "teología científica", quienes, como su maestro medioeval, alegan que la fe debe ser elevada al conocimiento, porque solamente de este modo puede la religión cristiana ser percibida y probada como la verdad absoluta.

Pero es contrario a la Escritura este esfuerzo de tratar de armonizar la fe con la razón. Jesús nos asegura que conoceremos la verdad sólo cuando permanecemos en su Palabra por la fe, Juan 8:31-32. En el mismo espíritu, San Pablo afirma que todos los maestros de la Iglesia que no se adhieren a la verdad de Jesucristo por la fe sencilla son "envanecidos y nada saben", 1 Tim. 6:3-4. De modo que tanto Cristo como San Pablo se oponen al esfuerzo de los "teólogos científicos" de "elevar" la fe al conocimiento, y la verdad revelada a la ciencia humana. La razón para esto es evidente. La religión cristiana no puede rebajarse al nivel de la comprensión intelectual del hombre sin que pierda su carácter y contenido sobrenaturales. La historia nos demuestra claramente lo fatal que ha resultado el esfuerzo de "elevar" la fe al conocimiento. Anselmo negó la obediencia activa de Cristo: Abelardo negó su expiación vicaria; y en tiempos recientes los partidarios de la "teología científica" han negado la divina inspiración de la Sagrada Escritura y la justificación del pecador por la gracia, mediante la fe en Cristo. De modo que se han negado tanto los principios formales del cristianismo como los materiales, y se ha despojado toda la religión cristiana de su contenido divinamente revelado. La consecuencia final de aplicar la filosofía a la teología es el modernismo o el agnosticismo.

Incidentemente, también esta última consideración prueba la exactitud de la división de las religiones en la verdadera y las falsas; pues el contenido de la religión cristiana es de naturaleza tal que o se recibe completamente por la fe o se rechaza completamente, puesto que los misterios de la verdad revelada, no se reconocen como tales por la razón humana. La razón corrupta del hombre sólo reconoce como verdadera la religión de la Ley, o de las obras, mientras con toda su fuerza se opone a la religión de la fe. Por otro lado, la Sagrada Escritura condena como falsas todas las religiones de las obras, así como declara que la razón humana no regenerada es ciega, muerta e incapaz de percibir las cosas que son del Espíritu de Dios, 1 Cor. 2:14.

## 4. LAS DOS FUENTES DE LAS RELIGIONES ACTUALES

Como hemos visto, sólo existen dos religiones esencialmente diferentes, la religión de la fe, o del Evangelio, y la religión de las obras, o de la Ley. Así también solamente existen en realidad dos fuentes (*principia cognoscendi*, principios de conocimiento) de las cuales se toman estas dos divergentes religiones. La religión de las obras es de origen humano; es una religión hecha por el hombre, y tiene su fuente y su origen en el corazón humano, en el cual ha inscripto Dios su Ley divina, de modo que también los paganos, que no tienen la Palabra de Dios según se expone en la Sagrada Escritura Rom. 2:14, "entienden el juicio de Dios" (*dikaiōma*, norma de derecho), Rom, 1:32, y "muestran la obra de la Ley escrita en sus corazones" Rom, 2:15. Basándose en la Ley divina, inscrita en el corazón humano, la conciencia acusa y condena al hombre cada vez que éste hace algo malo, viéndose, pues, aplastado al reconocer la culpa, "de modo que no tienen excusa". Rom. 1:20, dando testimonio su conciencia, y acusándoles o defendiéndoles sus razonamientos" Rom 2:15.

Así que, condenado por su conciencia, el hombre trata de reconciliar a la Deidad por medio de las "buenas obras", tales como adoración, sacrificios, etc. Bien dice la *Apología:* "Las obras se hacen conspicuas entre los hombres. La razón humana naturalmente las admira, y puesto que ve únicamente las obras y no entiende o considera la fe, sueña por consiguiente que estas obras merecen la remisión de los pecados y justifican. Esta opinión de la Ley *(haec opinio legis)* es inherente por naturaleza en la mente humana: y no puede extirparse a menos que seamos enseñados por Dios. Pero la mente tiene que ser revocada *(revocanda mens est)* de tales opiniones carnales acerca de la Palabra divina" (Art. III, 197).

La opinión de la Ley" de que habla la *Apología* aquí, a saber, el concepto erróneo de que las obras merecen la remisión de los pecados y justifican al pecador, la llama San Pablo "la religión de la carne". Por esta razón escribe a los, gálatas, quienes buscaban la justificación mediante sus méritos "¿Tan necios sois? ¿Habiendo comenzado por el Espíritu, ahora vais a acabar por la carne? " Gál. 3:3. Lutero explica correctamente este pasaje de la manera siguiente: "La palabra *carne* aquí no es otra cosa que la justicia, la sabiduría de la carne y los pensamientos de la razón que trata de justificarse por la Ley". Que tal es en realidad el significado de la palabra *carne* en este pasaje, lo demuestra claramente el contexto. El pasaje enseña, pues, que toda religión que trata de conseguir la gracia divina y la remisión de los pecados por medio de los esfuerzos humanos no es de Dios, sino del hombre. Su fuente es el corazón pervertido y no regenerado.

Por el contrario, la religión del Evangelio, o de la fe no es del hombre, sino de Dios, quien la ha revelado en la Sagrada Escritura por medio de sus profetas y apóstoles inspirados. 1 Cor. 2:6-10: Hablamos sabiduría entre los que han alcanzado madurez: y sabiduría, no de este siglo.... "Mas hablamos sabiduría de Dios en misterio, la sabiduría oculta, la cual Dios predestinó antes de los siglos para nuestra gloria, la que ninguno de los príncipes de este siglo conoció... Antes bien, como está escrito: Cosas que ojo no vio, ni oído oyó, ni han subido en corazón de hombre, son las que Dios ha preparado para los que le aman. Pero Dios nos las reveló a nosotros por el Espíritu", etc.

La religión de la fe es, por to tanto, "sabiduría de Dios", (1 Cor. 1:24), en el sentido más estricto de la palabra. Es "hecha por Dios", y su única fuente es el Libro de Dios, las Escrituras inspiradas, Juan 5:39; Rom. 16:25-26; Efe. 2:20: 1 Juan 1:4. Quenstedt escribe (1,33): "La fuente única, propia, adecuada y común de la teología de la religión cristiana es la revelación divina contenida en las Sagradas Escrituras; o, lo que es lo mismo, las Escrituras canónicas son la única fuente absoluta de la teología, de modo que de ellas solas se deducen y prueban los artículos de la fe". Y prosigue (1,36): "La revelación divina es la primera y la última fuente de la sagrada teología, y fuera de ella los cristianos no deben proceder con discusión teológica alguna" Esta verdad de la Escritura debe mantenerse contra cualquier forma de racionalismo, por el cual en todo tiempo los profetas falsos han tratado de pervertir la divina verdad. La doctrina racionalista (pelagianismo, semipelagianismo, sinergismo. etc.) no es de Dios, sino carnal, una oposición a Dios contraria a la Escritura. Esencialmente es paganismo que destruye la verdad divina dondequiera que se acepte o se le permita ejercer su influencia en la teología. Quenstedt tiene razón cuando escribe (1,38): "La razón humana o natural no es la fuente de la teología o de las cosas sobrenaturales".

Pero tampoco es la *tradición* una fuente de la fe cristiana. Calov está enteramente de acuerdo con la Sagrada Escritura cuando declara: "Sostenemos que además de la Palabra escrita de Dios no existe en la actualidad ninguna otra Palabra 'no escrita' de Dios que se refiera a doctrina alguna necesaria para la fe y vida cristianas, ya sea anunciada por los apóstoles, o transmitida por la tradición o preservada por la Iglesia, que no haya sido ya incluida en las Escrituras y que deba ser recibida con igual reverencia". Esta es verdaderamente doctrina luterana y de la Escritura. Debemos buscar la Palabra de Dios sólo en el Libro de Dios, nunca en ningún otro lugar, como también lo declara Quenstedt enfáticamente cuando escribe (1,44): "El acuerdo de la Iglesia primitiva o de los padres de los primeros siglos después de Cristo no es una fuente de la fe cristiana, ya sea primaria o secundaria, ni tampoco produce una creencia divina, sino meramente humana o probable".

Por último tenemos que rechazar como fuentes de la fe lo que se conoce con el nombre de *revelaciones privadas;* pues, según la apropiada observación de Hollaz, "después de completarse el canon de la Escritura no se dio ninguna revelación divina nueva e inmediata como fuente fundamental de la doctrina, 1 Cor. 4:6; Heb. 1:1".

La doctrina de una *revelación fija*, esto es, de una revelación divina que nos es dada en la Palabra de Cristo y de sus profetas y apóstoles, es sencillamente la doctrina de la Escritura. Efe. 2:20: "Edificados sobre el fundamento de los apóstoles y profetas, siendo la principal piedra del ángulo Jesucristo mismo". Por esta razón la *teología cristiana*, fundamentándose en la Sagrada Escritura, *sólo reconoce una* fuente y un modelo de la religión verdadera, a saber, la Palabra inspirada e infalible de Dios, o la *Sagrada Escritura*.

La religión de la fe data del principio del Antiguo Testamento, pues fue revelada a Adán y Eva inmediatamente después que éstos cayeron en el pecado, Gén. 3:15. Más tarde fue proclamada continuamente por los santos profetas y creída sinceramente por los verdaderos hijos de Dios del Antiguo Testamento. Gén. 15:6: "Creyó (Abram) a Jehová, y le fue contado por justicia". En el Nuevo Testamento tanto Cristo como sus apóstoles constantemente hacen referencia a las promesas de la fe reveladas en el Antiguo Testamento. Luc. 24:27: "Comenzando desde Moisés, y siguiendo por todos los profetas, les declaraba en todas las Escrituras lo que de Él decían". Hech. 10:43: "De éste dan testimonio todos los profetas, que todos los que en Él creyeren, recibirán perdón de pecados por su nombre". Rom. 3:21: "Pero ahora, sin la ley, se ha manifestado la justicia de Dios, testificada por la ley y por los profetas". Rom. 4:3: "Creyó Abraham a Dios, y le fue contado por justicia". Todos estos pasajes confirman la verdad de que también en el Antiguo Testamento la salvación fue solamente por medio de la verdadera religión de la fe en Cristo. La Ley divina nunca tuvo la función de salvar a los pecadores; su propósito principal es convencer a los pecadores de su pecado y culpa. Gál. 3:24: "De manera que la Ley ha sido nuestro ayo, para llevarnos a Cristo, a fin de que fuésemos justificados por la fe".

## 5. LA CAUSA DE LAS DIVISIONES EN LA CRISTIANDAD

Puesto que todas las religiones no cristianas son productos humanos y tienen su origen en el esfuerzo del hombre para ganarse la remisión de los pecados por las obras, no es extraño que aparezcan en tantas y diversas formas. La *Apología* escribe: "Como ninguna de las obras pacifica la conciencia, de tiempo en tiempo fueron inventadas obras nuevas, además de los mandatos de Dios, (los hipócritas, en efecto, acostumbraban inventar una obra tras otra, un sacrificio tras otro, por ciega suposición y en desvergonzada lascivia, y todo esto sin la palabra y el mandato de Dios, con una conciencia malvada, como hemos visto en el papado)" (Art. III, 87). Esta declaración de la *Apología* se dirige, ante todo, contra los papistas, pero incluye también a todas las demás religiones de las obras. Por el hecho de que las obras antiguas nunca pacificaron la conciencia culpable, se han añadido obras nuevas para calmar la conciencia atormentada por el pecado; y así, en todas las religiones hechas por los hombres, hay una multiplicación interminable de "buenas obras".

Aunque es ele esperarse que existan divisiones entre los que se adhieren a las religiones hechas por los hombres, pues una prefiere ésta y otra aquella buena obra, de modo que toda secta pagana tiene sus propias formas de culto, así como sus propios dioses, no debe existir, sin embargo, división alguna entre los que se adhieren a la religión de la fe, pues esta religión tiene *una sola fuente de doctrina*, a saber, la Sagrada Escritura, que por su mensaje divino de gracia, satisface el corazón humano y aplaca la conciencia humana al ofrecer remisión gratuita de los pecados a todos los que creen en Cristo. En otras palabras, los cristianos que tienen la única Palabra de Dios y abrazan la única fe en Cristo no deben dividirse en facciones, o partidos.

Además de esto, la Sagrada Escritura condena muy severamente todas las divisiones, exigiendo que todos los creyentes estén "solícitos en guardar la unidad del Espíritu en el vínculo de la paz", Efe. 4:3. San Pablo expone con claras palabras la razón de esta exigencia cuando añade (vv. 4-6): "Un cuerpo, y un Espíritu, como fuisteis también llamados a una misma esperanza de vuestra vocación: Un Señor, una fe, un bautismo, un Dios y Padre de todos, el cual es sobre todos, y por todos, y en todos". Las divisiones que existían en Corinto llenaron a Pablo de tanto horror que se vio impulsado a escribir: "¿Acaso está dividido Cristo?" 1 Cor. 1:13. Todos los creyentes en

Cristo son igualmente miembros de su cuerpo, de modo que no hay causa alguna para que existan divisiones en la Iglesia Cristiana.

No obstante, tales divisiones, existen, y han existido desde que la fe cristiana se proclamó por primera vez, de modo que siempre hubo sectas dentro de la Iglesia visible. Estas divisiones se han explicado de varias maneras y se han achacado a las diferencias climáticas o raciales, alegando que los habitantes de las distintas zonas reaccionan de un modo desigual a las emociones religiosas. Pero todas estas explicaciones son inadecuadas y aun falsas; pierden todo fundamento cuando se toma en cuenta que los verdaderos creyentes en Cristo, que en realidad conservan la unidad del Espíritu en el vínculo de la paz se encuentran por todo el mundo, no importa las diferencias climáticas o raciales que existan entre los hombres.

Muy al contrario, *el origen y la existencia de las divisiones dentro de la cristiandad* tienen que atribuirse a causas más serias. Según la Sagrada Escritura *se deben a los profetas y apóstoles falsos* que, infieles a la Palabra pura de Dios, en el nombre de la religión cristiana diseminan sus propias nociones perversas y descartan las creencias específicas del cristianismo, sobre todo la doctrina fundamental del Evangelio de que el hombre es justificado por la gracia, mediante la fe, sin las obras de la Ley. Tales seudoapóstoles molestaban aun a las iglesias fundadas por Pablo y sus colaboradores, Rom. 16:17: "Os ruego, hermanos, que os fijéis en los que causan divisiones y tropiezos en contra de la doctrina que vosotros habéis aprendido, y que os apartéis de ellos" 1 Cor. 14:37 "Si alguno se cree profeta, o espiritual, reconozca que lo que os escribo son mandamientos del Señor". Gál. 1:6-8: "Estoy maravillado de que tan pronto os hayáis alejado del que os llamó por la gracia de Cristo, para seguir un Evangelio diferente... Hay algunos que os perturban y quieren pervertir el Evangelio de Cristo. Mas si aun nosotros, o un ángel del cielo, os anunciare otro evangelio diferente del que os hemos anunciado, sea anatema". Filip. 3:18: "Muchos andan, de los cuales os dije muchas veces, y aun ahora lo digo llorando, que son enemigos de la cruz de Cristo". Las acometidas maliciosas de estos seudoapóstoles para pervertir el Evangelio de Cristo, especialmente la doctrina central del cristianismo: la salvación por la gracia, mediante la fe en la expiación vicaria del divino Redentor, explican una vez y para siempre la existencia de divisiones dentro de la cristiandad.

La verdad de esta aserción se hace patente cuando examinamos las divisiones principales que existen dentro de la Iglesia Cristiana: La división calvinista, las diferentes divisiones dentro de la Iglesia Luterana y las escuelas racionalistas modernas de teología con sus innumerables ramificaciones.

La Iglesia Católica Romana, aunque en principio reconoce la divina autoridad de la Sagrada Escritura, insiste, no obstante, en que la Biblia debe ser interpretada según las decisiones de la Iglesia, y estas decisiones son, al fin y al cabo, las del Papa, quien, según declara Lutero en los *Artículos de Esmalcalda* (Sección III, Art. VIII, 4), "dice tener todos los derechos en el relicario de su corazón" *(in scrinio pectoris)*. El resultado de tal interpretación de la Sagrada Escritura según el dictamen de la "Santa Madre Iglesia" *(Sancta mater ecclesia)* es que el artículo cardinal de la fe cristiana, la doctrina de la justificación por la sola gracia, mediante la fe en Cristo, no sólo se rechaza, sino que expresamente se pone bajo maldición, se anatematiza, de modo que todos los cristianos que basan la esperanza de su salvación únicamente en Cristo Jesús y no en las obras y en los méritos de los santos son declarados bajo maldición, anatema. (*Concilio de Trento,* Ses. VI, Can. 11, 12, 20). Se ve, pues, que la división o secta romana despoja a la religión cristiana de su carácter y contenido específicos, y toda su teología es, según la llama San Pablo, "religión de la carne". La Iglesia Católica Romana está edificada sobre dos errores fundamentales que condena muy severamente la Sagrada Escritura: La infalibilidad de la autoridad papal en religión y el mérito de las buenas obras del hombre.

El bando calvinista reconoce igualmente la divina autoridad de la Sagrada Escritura a lo menos en principio. Es más, con referencia al luteranismo la Iglesia Calvinista asevera que ella es "más exclusivamente bíblica" que la Iglesia Luterana por el hecho de que ésta, según los calvinistas, siempre ha tenido la tendencia de ser "histórica" y "conservativa", guiándose por el principio de que pueden ser retenidas las tradiciones y costumbres eclesiásticas, en cuanto puedan concitarse con la Palabra de Dios. Pero esta distinción entre la teología calvinista y la luterana no se basa en los hechos. La teología calvinista no es "más exclusivamente bíblica" que la teología luterana. Al contrario; mientras la teología romana exige la interpretación de la Sagrada Escritura según la *sancta mater ecclesia*, la teología calvinista insiste en que la Biblia debe ser interpretada según la razón humana, o según los axiomas racionalistas.

Guiada, pues, por los axiomas racionalistas, la teología calvinista rechaza, ante todo, la doctrina de los medios de gracia, esto es, la doctrina de que la Palabra de Dios y los Sacramentos son los medios ordenados por Dios por los cuales el Espíritu Santo obra de una manera directa la regeneración, la conversión y la santificación. La Sagrada Escritura enseña en forma clara y explícita la doctrina de los medios de gracia, Rom. 1:16; Tito 3:5-6; Hech. 2:38, etc. Pero en oposición a esta verdad bíblica sostiene la teología calvinista el axioma racionalista de que "la gracia eficaz obra sin medios". En otras palabras, la teología calvinista separa las operaciones santificadoras del Espíritu Santo de los medios de gracia, pretextando que el Espíritu Santo no necesita vehículo alguno para entrar en el corazón del hombre. (Zuinglio, *Fidei Ratio;* Calvino, *Inst.*, IV, 14, 17: Hodge, *Syst. Theol.*., II, 684, etc.). Fue este axioma racionalista, insistente y enérgicamente aplicado, lo que causó la división entre la Iglesia Luterana y las sectas calvinistas. Contra la Iglesia Romana tuvo que defender Lutero la verdad de que la Palabra de Dios no debe ser pervertida por las ideas racionalistas de la "Iglesia"; contra Zuinglio tuvo que defender la verdad de que la Palabra de Dios no debe ser pervertida por las ideas racionalistas de ciertos teólogos.

La teología calvinista aplica un principio racionalista también cuando trata acerca de las doctrinas de la persona de Cristo y de la Santa Cena. Niega con énfasis la presencia real del cuerpo de Cristo en la Santa Cena, sosteniendo que su presencia en el Sacramento es solamente espiritual, esto es, una presencia producida por la fe del creyente. En otras palabras, Cristo se halla presente en la Santa Comunión sólo por el hecho de que el comulgante está unido con Él por la fe. El negar así la Presencia Real, es oponerse manifiestamente a las claras palabras de Cristo en la institución de la Santa Cena: "Tomad, comed; esto es mi cuerpo". Todo se fundamenta en el principio racionalista de que el cuerpo de Cristo, puesto que es de hecho un cuerpo humano, y como tal tiene solamente un modo de presencia visible y local *(visibilis et localis praesentia)*, no puede estar presente en la Santa Cena porque se halla encerrado en el cielo. Quiere decir que, impulsada por la razón humana, la teología calvinista niega la omnipresencia del cuerpo de Cristo enseñada en pasajes como Juan 20:19: "Estando las puertas cerradas... vino Jesús, y puesto en medio"; Lucas 24:31: "Él se desapareció de su vista".

La Sagrada Escritura atribuye a Cristo esta omnipresencia de su naturaleza humana por virtud de la unión personal, la consiguiente comunión de las dos naturalezas y la comunicación de los atributos. Pero basándose en la razón, la teología calvinista niega la comunión de las dos naturalezas en Cristo y la comunicación de los atributos. Afirma que "lo finito no es capaz de lo infinito". A este principio racionalista sigue otro, a saber, que el cuerpo de Cristo no puede tener omnipresencia, y que por lo tanto, desde la Ascensión se halla encerrado en el cielo. La división entre el zuinglianismo y el luteranismo debe atribuirse, pues, al hecho de que el primero sostiene y defiende estos axiomas racionalistas. Lutero no pudo extender la mano de fraternidad a Zuinglio en Marburgo (1529) porque Zuinglio demostró un "espíritu diferente", a saber, el espíritu del racionalismo, que está diametralmente opuesto a la fe cristiana.

Por último, la teología calvinista niega la universalidad de la gracia divina *(gratia universalis)* y enseña que la gracia de Dios es particular *(gratia particularis)*, es decir, que ella no abarca a todos los hombres, sino solamente a los electos, y que todos los demás están ya desde la eternidad predestinados a la perdición. Esta doctrina está en oposición directa a la Sagrada Escritura, pues al través de toda la Sagrada Escritura se afirma la universalidad de la gracia de Dios y, además, se asevera que la condenación del pecador no se debe a omisión alguna por parte de Dios en proporcionarle la salvación, Juan 1.29; 3:16 y sig.; 1 Juan 2:2; 1 Tim. 2:4-6; etc. ¿En qué se funda, pues, la teología calvinista al negar la universalidad de la gracia divina? Aquí vuelve a usar un axioma racionalista como premisa para fundamentar en él su doctrina falsa. El principio racionalista es: "Tenemos que inferir que el *resultado* es la interpretación del propósito de Dios". (Hodge, *Syst. Theol.*, II, 323). La teología calvinista razona de este modo: "Puesto que realmente no todos se salvan, tenemos que inferir que no fue la intención de Dios salvar a todos". De esta manera la teología calvinista rechaza la Sagrada Escritura y la suplanta con un argumento sacado de la razón, o un axioma racionalista; y en este alejamiento de la Palabra de Dios y en su consecuente entronización de la razón se funda la teología calvinista. Tan pronto como su teología cesa de ser racionalista, también cesará de ser separatista.

Dentro del seno de la misma denominación calvinista la secta arminiana ha negado con toda energía la doctrina estricta de Calvino de que la gracia divina sea particular. La teología arminiana niega el error calvinista de que Dios desde la eternidad ha predestinado cierto número de personas a la condenación. Por otro lado sin embargo, la teología arminiana yerra al negar que la sola gracia salva a los pecadores. En oposición a la doctrina de la sola gracia, tan claramente enseñada por Lutero, la teología arminiana sostiene que la conversión y la salvación dependen, al menos hasta cierto punto, da la cooperación y el ejercicio del libre albedrío del hombre. El calvinismo niega la *gratia universalis*, mientras el arminianismo niega la *sola gratia*. Así también al arminianismo es un alejamiento de la Sagrada Escritura, la cual presenta la salvación del hombre como obra exclusivamente divina. Efe. 1:19; Filip. 1:29; 1 Cor. 1:23; 2:14. El arminianismo no hizo más que repetir el error de Erasmo, quien, dijo Lutero: "Me agarró por el cuello" al enseñar que el hombre por naturaleza tiene la habilidad de aplicarse a la gracia divina *(facultas se applicandi ad gratiam)* y de cooperar así en su conversión.

Lo que acaba de decirse en cuanto al arminianismo aplícase también al sinergismo. El sinergismo también niega la *sola gratia* y declara, en oposición a la Sagrada Escritura, que la conversión del hombre depende en parte de su debida conducta, su decisión propia, su culpa menor, etc. El sinergismo fue introducido en la teología luterana por Melanchton, quien sostuvo que hay tres causas para la salvación: el Espíritu Santo, la Palabra de Dios y la voluntad concordante del hombre. Esta doctrina es a todas luces anticristiana y, si realmente se cree, impedirá la conversión del pecador, pues la fe salvadora no se engendra sino en un corazón contrito, que confía para su salvación sólo en la gracia divina. Si los sinergistas en realidad se salvan, ello se debe solamente al hecho de que renuncian a su doctrina falsa y se asen exclusivamente de la gracia de Dios en Cristo Jesús al verse acosados por los terrores de la conciencia *(terrores conscientiae)*. Se nos dice que el mismo Melanchton no creía en su doctrina falsa; pues al dirigirse a Dios como pecador penitente, siempre recurría a la gracia divina para su salvación. Pero este maestro de tanta influencia, al promulgar sus errores sinergistas, fue la causa de divisiones dentro de la Iglesia Luterana, divisiones que han producido daño incalculable, divisiones que aún perturban a la Iglesia en diversas maneras, Se ve, pues, que también dentro de la cristiandad luterana han causado divisiones y ofensas los que se han desviado manifiestamente de la Sagrada Escritura.

Finalmente podemos hablar de divisiones dentro de la cristiandad que deben su origen a la "teología científica" moderna. La teología racionalista moderna, que data de Schleiermacher y Ritschl, niega la doctrina cristiana de que la Sagrada Escritura es la Palabra infalible de Dios y, por consiguiente, la descarta como la única fuente y norma de la doctrina. De este modo rechaza el único principio por el cual la Iglesia Cristiana puede conservar su unidad inherente y esencial; pues la unidad de la Iglesia no consiste en formas externas, sino en conformidad doctrinal, que necesariamente ha de desaparecer si la Sagrada Escritura se rechaza como la única fuente y norma de la fe.

La teología moderna sugiere como normas de la fe la "experiencia cristiana", el "sentimiento interior cristiano", el "corazón regenerado", etc.; pero todas estas normas coinciden al fin y al cabo con la razón carnal que, por su propia esencia, se opone a la verdad divina. Prueba concluyente de esto son los resultados, hallados dondequiera que se han adoptado las normas que se acaban de mencionar. Así la teología racionalista moderna niega unánimemente la doctrina cardinal de la justificación por la gracia, mediante la fe, y enseña en su lugar la doctrina pagana de la salvación por las obras. También niega la doctrina cristiana fundamental de la inspiración divina de la Sagrada Escritura y, por consiguiente, también su infalibilidad, Así rechaza dos artículos distintivos de la fe cristiana y causa divisiones contrarias a las enseñanzas de Cristo y sus apóstoles. La Iglesia Cristiana demanda que la teología moderna renuncie a su oposición contra la Sagrada Escritura, y enseñe que ésta es la única fuente y norma de la fe y que la expiación vicaria de Cristo es el único medio que tiene el pecador para su justificación. Cristo mismo exige tal cosa, Juan 8:31-32; 1 Ped. 4:11.

El caso, pues, es claro: Las divisiones dentro de la cristiandad se originan cada vez que alguien se desvía de la Sagrada Escritura y sus divinos preceptos. Dondequiera que existen, derivan de la perversión y el rechazamiento de la verdad divina y tienen que condenarse como obra maligna de Satanás y sus falsos profetas.

La misma Iglesia Luterana confesional ha sido llamada una "secta" dentro de la cristiandad por parte de escritores que no son luteranos. Pero ninguna acusación puede ser más injusta. Ella se debe al concepto completamente falso que se tiene de la Reforma. La Reforma Luterana no fue un esfuerzo por fundar una nueva secta, o división, dentro de la cristiandad, sino de restablecer la Iglesia corrompida a su antigua pureza apostólica en la doctrina y en la práctica. La Iglesia Luterana confesional es, por lo tanto, la antigua Iglesia de Cristo y sus apóstoles, purificada de las corrupciones y los errores papistas, y restablecida al fundamento de la Sagrada Escritura. Su carácter es realmente ecuménico, pues sus doctrinas no son opiniones y aserciones peculiares, diferentes de las de la Iglesia Apostólica, sino las mismas doctrinas que se confiesan en los antiguos credos ecuménicos de la cristiandad. Su Teología es la de la Santa Biblia, y únicamente la de la Biblia; su doctrina es la verdad divina de la Palabra de Dios. *La Iglesia Luterana es, por lo tanto, la Iglesia visible ortodoxa de Cristo en la tierra.* Esto es tanto su divisa como su gloria, y recusa cualquier acusación de sectaria que se le haga.

Por supuesto, reconocemos francamente que también dentro de la Iglesia Luterana han ocurrido divisiones debido a que algunos se han apartado, tanto en la doctrina corno en la práctica, de la Sagrada Escritura y de las Confesiones Luteranas. Por lo tanto, al usar el término *Iglesia Luterana*, no incluimos esas divisiones o sectas, sino que nos referirnos exclusivamente a aquella Iglesia Luterana o a aquellas Iglesias Luteranas que son del todo bíblicas y del todo luteranas en la doctrina y en la práctica. En otras palabras, la Iglesia Luterana es aquella Iglesia que se sostiene firmemente sobre los principios de la Reforma.

En cuanto a la *unidad cristiana* hay que declarar enfáticamente que ella no es obra de hombres, sino de la gracia divina, Juan 17:11-15, 20-21; Sal. 86 11; etc. La influencia, la sabiduría y el ingenio humano no son suficientes para conservar la unidad de la fe o de la doctrina. Esa preciosa bendición es el don del Espíritu Santo, que por su amor lo otorga y sostiene mediante la Palabra de Dios. Por esta razón todos los cristianos deben orar diligentemente por la unidad del Espíritu y usar con fervor constante los medios de gracia, con los cuales únicamente puede conservarse esta unidad. Pues dondequiera que se desprecia o se rechaza la Palabra de Dios, no puede prevalecer la verdadera unidad de la fe. Los cristianos permanecen unidos en la fe sólo cuando se sostienen unidos en la Palabra pura de Dios.

## 6. EL CRISTIANISMO, LA RELIGIÓN ABSOLUTA

La religión cristiana es la religión absoluta, por cuanto es absolutamente perfecta, y no necesita ni es capaz de mejora o desarrollo. Es dada por Dios (*zeosdotos*) y, por lo tanto, precisamente como Dios la desea para que desempeñe su benéfico propósito de salvar a los pecadores. Cuando atribuimos a la religión cristiana perfección o la llamamos absoluta, no queremos decir que es un "todo lógicamente completo" o un sistema lógicamente completo y perfecto, o una cadena no interrumpida de pensamientos. El apóstol Pablo dice que el conocimiento cristiano –lo cual incluye también el suyo propio– no es sino fragmentario. 1 Cor. 13:12: "Ahora conozco en parte". Lo que el cristianismo conoce de la sabiduría divina por medio de la revelación es solamente una porción del conocimiento inescrutable de Dios.

Tampoco es perfecta o absoluta la religión cristiana en el sentido de constituir el mejor sistema de moralidad, aunque esto naturalmente es verdad. La teología moral de la Sagrada Escritura es en verdad perfecta, pues su postulado céntrico y el ideal a cuyo logro exhorta es el amor perfecto a Dios y a prójimo, Mat. 22:37-40. Su exigencia y su meta es el amor perfecto, Mat. 5:48: "Sed, pues, vosotros perfectos, como vuestro Padre que está en los cielos es perfecto". Pero esta moralidad perfecta no constituye la esencia de la religión cristiana; es más bien el efecto, o fruto, de la fe cristiana que el Espíritu Santo produce en el corazón humano por los medios de gracia o, en pocas palabras, es el resultado del cristianismo, y no el cristianismo mismo, 1 Juan 4:9-21; Rom. 12:1.

No obstante, la religión cristiana es absoluta, esto es, completamente perfecta e insuperable, por dos razones. En primer lugar, la religión cristiana no es un código moral que enseña a los hombres cómo reconciliar a Dios por medio de las buenas obras, sino que es una fe divina en el maravilloso hecho de que Dios, por medio de Cristo "estaba reconciliando consigo al mundo, no tomándoles en cuenta a los hombres sus pecados", 2 Cor. 5:19. En ese sentido la religión cristiana es absoluta, esto es, perfecta e insuperable; pues por el Evangelio de Cristo ofrece al mundo pecador una reconciliación perfecta e incomparable, efectuada por la expiación vicaria del Hijo de Dios, el divino Redentor del mundo, quien por nosotros y en nuestro lugar satisfizo las exigencias de la justicia divina *(obediencia activa),* y pagó el castigo del pecado *(obediencia pasiva),* Gál. 4:4-5; 3:13; Isa. 53, 2 Cor. 5:21. Todo pecador que cree en esta reconciliación, o remisión del pecado, es justificado, o declarado justo, sin las obras de la Ley, Hech. 26:18; Luc. 24:46-47; Rom. 10:17; 1 Cor. 2:4-5; Rom. 3:28; 5:1. Ese es el don glorioso que ofrece el cristianismo gratuitamente a todos los pecadores. Anuncia a la humanidad perdida que Dios por su gracia imputa al hombre pecador, de por sí impío y bajo la condenación, la justicia perfecta de Cristo por la fe; o en otras palabras, que Él cubre la injusticia del creyente arrepentido con la justicia perfecta de su divino Hijo, Jesucristo. Rom. 4:5: "Más al que no obra, sino cree en aquel que justifica al impío, la fe le es contada por justicia". 1 Juan 2:2: "El (Cristo) es la propiciación por nuestros pecados; y no solamente por los nuestros, sino también por los de todo el mundo". He aquí la razón por la cual la religión cristiana es maravillosamente absoluta, o perfecta: ella ofrece reconciliación y salvación perfectas por la gracia, y pone al creyente en posesión completa y perfecta de los dones más preciosos de Dios: su gracia divina, su perdón completo, su paz que sobrepasa todo entendimiento, en pocas palabras, la vida espiritual y eterna. Así el cristianismo efectúa a la perfección lo que debe efectuar la religión; vuelve a unir a la humanidad pecadora con el Dios santo y le restituye todo lo que había perdido por el pecado. Col. 2:10-14: "En Él estáis completos" (perfectos) *peplerōmenoi*, etc.

Demás está decir que la religión cristiana es absoluta, o perfecta, sólo cuando se conserva en su pureza, esto es, si se mantiene intacto su carácter como religión de gracia y de fe, o si se retiene inalterada su doctrina central de la justificación por la gracia, mediante la fe en la expiación vicaria de Cristo. Si se pervierte o se cambia esta doctrina principal de la religión cristiana, entonces el cristianismo se descristianiza, viene a ser una religión neopagana, indigna del nombre que lleva e incapaz de salvar a los pecadores. Así el romanismo, que enseña la justificación mediante la "gracia infusa" *(gratia infusa)* y, por consiguiente, por las "buenas obras" (*Concilio de Trento*, Ses. VI, Can. 11, 12, 20), paganiza la doctrina central del cristianismo, con el resultado de que el pecador no logra conseguir el perdón divino y, además, permanece encadenado a la maldición de la incertidumbre *(monstrum incertitudinis)* en cuanto a su estado de gracia. Gál. 5:4: "De Cristo os desligasteis, los que por la Ley os justificáis; de la gracia habéis caído".

Del mismo modo la doctrina de la justificación por la gracia, mediante la fe en Cristo, es el blanco de la corrupción en manos de los teólogos protestantes racionalistas de la actualidad, los cuales rechazan la doctrina bíblica de la expiación vicaria de Cristo y en su lugar proclaman sus propias y erróneas "teorías de la expiación". Ellos también niegan la verdad central del Evangelio, de que los hombres se justifican únicamente por la fe, y por sus teorías de la expiación, productos de su imaginación, paganizan la religión cristiana. (*La Teoría del Ejemplo Moral:* La muerte de Cristo debe inducir a los hombres a arrepentirse, a reformarse y a enmendar su conducta. *La Teoría Gubernamental:* Cristo murió sencillamente para demostrar al hombre errado que el pecado es ofensa a Dios, pues el gobierno que Dios ejerce sobre el mundo precisa tal manifestación de ira contra el pecado. *La Teoría Declaratoria:* Cristo murió para demostrar cuánto Dios ama al hombre, etc.). Todos los pelagianos, arminianos y sinergistas igualmente niegan y pervierten el artículo central del cristianismo, pues mantienen que la salvación del hombre depende, al menos en parte, de su buena conducta y buenas obras. Haciéndola el blanco de tales perversiones, se despoja a la religión cristiana de su esencia real, y ella ya no es, por consiguiente, absoluta, o perfecta, puesto que en su forma paganizada no es capaz de salvar a los pecadores.

En segundo lugar, la religión cristiana es absoluta, esto es, perfecta e insuperable, porque su fuente y norma no es la palabra falible de hombres falibles, sino la Palabra infalible del Dios infalible, según lo declara la Sagrada Escritura, Juan 10:35; 2 Tim. 3:15-17; 1 Ped. 1:10-12; Efe, 2:20. Como la Sagrada Escritura es inspirada por Dios, ella es la verdad divina absoluta, Juan 17:17; y la religión cristiana, que emana de esta verdad absoluta, es la única religión verdadera, mientras todas las demás religiones, llamadas así falsamente, en realidad no son en modo alguno religiones. Hay que dar gran énfasis a este hecho hoy día; pues en la actualidad las tendencias unionistas y sincretistas se destacan aun en los círculos cristianos, con el resultado de que con sorprendente facilidad se adoptan normas fuera de la Escritura y contrarias a ella. *La Sagrada Escritura es la única norma de la fe,* y sólo puede considerarse religión verdadera lo que emana de la enseñanza verdadera de la Escritura.

Sostenemos con toda firmeza esta verdad no solamente contra el modernismo, que rechaza por completo la Sagrada Escritura, sino también contra la teología racionalista moderna, la cual establece como normas, además de la Sagrada Escritura, tales cosas como "el sentimiento interior cristiano", "la convicción cristiana", "la experiencia cristiana" etc., y no menos contra el romanismo, el cual declara la tradición como una fuente y regla de la fe. En resumen, todos los que desean mantener que la religión cristiana es la religión absoluta tienen que adherirse a la doctrina de la justificación por la gracia, mediante la fe en la expiación vicaria de Cristo, y a la doctrina de que la Sagrada Escritura, como la Palabra inspirada e infalible de Dios, es la única fuente y modelo de la fe. La religión cristiana es absoluta sólo cuando se presenta y se enseña como Dios mismo la ha dado en su Palabra.

La religión cristiana fue dada a la humanidad pecadora inmediatamente después de la caída del hombre y fue entonces, como lo es ahora, la única religión absoluta, porque sólo ella ofreció y dio a los hombres la salvación del pecado mediante la fe en el divino Redentor del mundo, Gén. 3:15; Hech. 10:43. Por todo el Antiguo Testamento fue proclamado el Evangelio de Cristo no menos que en el Nuevo Testamento, Juan 5:39; 8:56; Hech. 10:43, aunque en el Nuevo Testamento la predicación del Evangelio es más clara y más completa que en el Antiguo Testamento. Cuando la Sagrada Escritura habla de la abrogación del Antiguo Testamento y la institución del Nuevo Testamento, esto no se refiere a la predicación del Evangelio, el cual es la esencia del cristianismo, sino al pacto mosaico de la Ley, que quedó abolido con la venida de Cristo, Jer. 31:31-34; Heb. 8:6-13; Gál. 3:17 y sig.; Col. 2:16. Aunque en el Antiguo Testamento la revelación divina fue progresiva en el sentido de que el mensaje de la venida y la redención de Cristo fue anunciado cada vez más clara y extensamente, la religión que Dios dio a Adán y Eva después de la caída fue desde un principio absoluta, es decir, perfecta y completa, porque era adecuada para efectuar la salvación de los pecadores. La aserción de que el Antiguo Testamento nos presenta religiones esencialmente diferentes, tales como la patriarcal, la mosaica, la profética, etc., no tiene fundamento alguno y contradice las afirmaciones indisputables de la Sagrada Escritura, Hech. 15:10-11; Rom. 4:3-6; Heb. 11. Cristo fue siempre el único Salvador de todos los pecadores, y nadie jamás se ha salvado sin la fe en Él. Hech 4:12 "En ningún otro hay salvación; porque no hay otro nombre bajo el cielo, dado a los hombres, en que podamos ser salvos".

En vista de que la religión cristiana es la única religión verdadera, es impropio hablar de ella como de "la religión suprema" o "la religión más perfecta" o "el punto culminante de "todas las religiones", etc. Esos superlativos expresan solamente una diferencia en grado, mientras lo que media entre el cristianismo y todas las otras llamadas "religiones", es una diferencia de género. El cristianismo es una religión hecha por Dios; todas las otras son hechas por los hombres. Por esta razón es también impropio decir que el cristianismo ofrece al hombre "la satisfacción suprema". Realmente, el cristianismo es el único que ofrece satisfacción a los pecadores, puesto que es el único que les otorga y sella la gracia de Dios, la remisión de los pecados y la vida eterna. Sólo a la religión de Jesucristo pertenece el carácter de absoluta.

En cuanto a la pregunta: ¿Qué constituye la diferencia esencial entre el Antiguo y el Nuevo Testamento? tenemos que buscar la diferencia no en la enseñanza religiosa misma, sino en el rasgo accidental de mayor claridad y amplitud. Esencialmente los dos Testamentos expresan lo mismo. No difieren en contenido doctrinal; pues en ambos hallamos la misma Ley Moral y el mismo mensaje del Evangelio, de que los pecadores se salvan únicamente por la gracia de Dios manifestada en su Hijo, nuestro Salvador. Esto lo atestigua Cristo mismo, quien no sólo declara que el Antiguo Testamento es la verdad divina, Juan 5:45-47, 10:35; 5:39, sino que también afirma que Él es el Cristo del Antiguo Testamento, Luc. 24:25-27. Nuestro divino Señor encarnó no para enseñar una nueva religión, sino para cumplir las profecías del Antiguo Testamento tocantes a Él, y procurar por su santa pasión y muerte la salvación prometida por los profetas, Mat. 5:17-19; Rom. 3:28-31; Col. 2:10-14. Como Cristo, así también los apóstoles, especialmente San Pablo, declararon que las Escrituras del Antiguo Testamento son capaces de hacer a los creyentes sabios para la salvación por la fe que es en Cristo Jesús, 2 Tim. 3:15-17. Del mismo modo enseña San Pablo expresamente que la doctrina de la justificación por la gracia, mediante la fe, no es una doctrina nueva, sino la doctrina proclamada por los profetas en el Antiguo Testamento y creída por todos los creyentes del Antiguo Testamento, Rom. 3:21-22; cap. 4. Todo esto pone en evidencia que la religión del Antiguo Testamento es esencialmente la religión cristiana, que por su propia naturaleza es perfecta e insuperable, o la religión absoluta de Dios.

### 7. LA RELIGIÓN CRISTIANA Y LA TEOLOGÍA CRISTIANA

Hay teólogos que sugieren la siguiente distinción entre la religión cristiana y la teología cristiana: La religión cristiana en su sentido subjetivo es el conocimiento de Dios que tiene todo cristiano verdadero, mientras la teología en su sentido subjetivo es el conocimiento de Dios que tienen todos los ministros de la Iglesia. Correctamente entendida, puede aceptarse esta distinción; pues la Sagrada Escritura, aunque enseña que todos los creyentes poseen conocimiento de Dios, también da énfasis al hecho de que los ministros de la Iglesia deben poseer conocimiento de Dios en un grado mayor, Juan 6:45; 1 Cor. 12:29; 1 Tim. 3:2, 2 Tim. 2:1-2. En estos pasajes se enseña que, aunque los creyentes son "todos enseñados de Dios", sin embargo, "no todos son doctores" o maestros, y que los obispos, o ministros, deben ser "aptos para enseñar" y deben, por lo tanto, tener bien aprendidas las doctrinas de la Palabra de Dios, de tal manera que sean "idóneos para enseñar también a otros". –No obstante, debe sostenerse siempre que esencialmente no hay diferencia entre la religión y la teología. Ambas tienen el mismo principio *(principium cognoscendi)*, o fuente, a saber, la Sagrada Escritura, y ambas son recibidas en la misma forma: por la fe en la Palabra de Dios. Juan 8:31-32: "Si vosotros permaneciereis en mi Palabra, seréis verdaderamente mis discípulos; y conoceréis la verdad".

Sostenemos, pues, que tanto el conocimiento *religioso* como el *teológico* son fundamentalmente los mismos y se obtienen por el mismo método, a saber, estudiando la Palabra de Dios con fe y oración, y meditando sobre ella. Todo lo que no procede de la Sagrada Escritura, o todo lo que se enseña más allá de lo que ella enseña, no es teología, sino especulación humana. *Quod non est biblicum, non est theologicum*. Hay que insistir en esta verdad contra todos los teólogos racionalistas, quienes aseveran que la teología cristiana es algo que está más allá de la religión cristiana y que entre ambas existe una señalada diferencia, y en particular, que el teólogo cristiano comprende intelectualmente los misterios de la fe, mientras el cristiano común no hace más que aceptarlos por la fe. No es necesario seguir demostrando que tales opiniones son desastrosas tanto para la religión como para la teología. Es un hecho que la teología cristiana no es un sistema especulativo de filosofía, cuya substancia queda dentro de la comprensión intelectual humana; antes bien, es la "sabiduría de Dios en misterio", 1 Cor. 2:7. (Evidentemente, Pablo quiere decir: "Al hablar sabiduría de Dios, proclamamos un misterio"). Por esta razón, lo primordial es que tanto el teólogo cristiano como el creyente cristiano ordinario, tengan cada uno y en todo caso una fe filial en la Palabra de Dios. Un teólogo es un teólogo cristiano sólo cuando cree implícitamente en Cristo y acepta su Palabra sin reservas ni subterfugios.

### 8. LA TEOLOGÍA CRISTIANA

Desde el punto de vista etimológico, el término *teología* puede definirse como "la Palabra concerniente a Dios" (*logos peri zeou*). En el sentido subjetivo denota el conocimiento de Dios inherente en el teólogo; en el sentido objetivo designa la doctrina concerniente a Dios presentada en un libro o tratado (Cf. el significado de psicología, fisiología, biología, geología, etc.). Tomás de Aquino resume el significado y la función de la teología del modo siguiente: *"Theologia a Deo docetur, Deum docet et ad Deum ducit"*. El nombre de *Dios* en relación con *logos* sin embargo, siempre denota el objeto, de manera que la teología en su sentido objetivo es propiamente la doctrina que enseña a Dios (*Deum docet*).

El término *teología* en su significado común (*usus loquendi*) no se encuentra en la Sagrada Escritura. Es, por lo tanto, una *"vox non eggdafos, sed ágrafos, quamvis non antigrafos,"* quiere decir, el término no se encuentra en la Escritura, sino fuera de ella, y no obstante, no es contrario a la Escritura. El título del *Apocalipsis*, de San Juan, *Apokalypsis Iōnnou tou zeologou* según Gerhard, no fue escogido por el autor de ese libro, sino que fue añadido más tarde por los copiantes. Todo esto prueba que el término *teología* ya se usaba con frecuencia de parte de los primeros escritores cristianos, y se entendía también en su significado específico. Sin embargo, también los escritores no cristianos usaban el término *teología*, y esto no nos sorprende, pues el hombre por naturaleza tiene cierto conocimiento de Dios, puesto que la Ley está inscrita en su corazón, Rom. 1 y 2. Los escritores paganos aplicaban el término *teología* a la doctrina de Dios según la enseñaban sus poetas y filósofos, a quienes muchos calificaban de *teólogos*. Así Aristóteles dice de Tales y de los filósofos anteriores a Tales, quienes especulaban sobre el origen de las cosas, que ellos *teologizaban* (*zeologeantes*) Cicerón declara expresamente: *"Principio loves tres numerant, qui THEOLOGI nominantur"*. (Cf. Aristóteles en su *Metafísica*, 1, 3; Cicerón en su *De Natura Deorum*, III, 21).

No obstante, el término *teología* no se ha usado siempre en el mismo sentido; lo cual no debe inquietarnos, ya que la palabra misma no se encuentra en la Sagrada Escritura y, por consiguiente, puede ser empleada en la teología sagrada en diferentes significaciones, siempre que no se tome para representar algo que en sí mismo sea rechazado por la Palabra de Dios. Y si se toma para expresar ciertos conceptos, éstos deben estar de acuerdo con la Escritura. El término se usa debidamente y en consonancia con la Sagrada Escritura si denota:

1. El conocimiento particular de Dios que poseen los que son llamados para desempeñar el ministerio público; en otras palabras, el conocimiento especial de los pastores y los maestros de la Iglesia, 1 Tim. 3:2.

2. El conocimiento particular de Dios que se demanda de aquellos que son llamados para preparar ministros y maestros cristianos para su sagrado oficio, o el conocimiento especial de los profesores de teología, 2 Tim. 2:2.

3. El conocimiento general acerca de Dios que poseen todos los creyentes, especialmente los cristianos experimentados, cuyo conocimiento en asuntos espirituales se ha profundizado por la constante y devota meditación y la experiencia práctica en su profesión cristiana, de modo que ellos mismos, en su limitada esfera, son competentes para enseñar a otros, 1 Ped. 3:15; Col. 3:16.

4. El conocimiento especial acerca de ciertos puntos de la doctrina cristiana, particularmente la doctrina de la divinidad de Cristo y de la Trinidad. Así Gregorio Nacianceno (328-389) fue llamado o zeologos porque defendió la divinidad de Cristo con especial prestancia. Y Basilio aplicó el término teología a la doctrina de la Santísima Trinidad, (Cf. Pieper, Christliche Dogmatik, Tomo I, p. 47).

Según el uso general, el término denota en su sentido abstracto u objetivo, unas veces toda la doctrina cristiana (*usus generalis*), otras, la doctrina particular concerniente a Dios (*usus specialis*).

Si el término teología se emplea en las significaciones arriba citadas, se usa en conformidad con la Sagrada Escritura, es decir, en forma correcta. Pero si se aplica a doctrina cualquiera que vaya más allá de la Escritura o a un sistema doctrinal que no se fundamente exclusivamente en la Escritura, sino más bien en el "sentimiento interior cristiano", "la experiencia cristiana", "la tradición cristiana", etc., el término se usa de una manera impropia, pues lo que no se saca de la Escritura no es en modo alguno teología, sino especulación humana, y esta última, al fin y al cabo, es sólo error y engaño, 1 Tim. 6:3-4: "nada sabe".

En esta obra usamos el término teología de las dos maneras: subjetiva, o concretamente, para indicar la habilidad espiritual de enseñar y defender, la Palabra de Dios: en resumen, de desempeñar las funciones del ministerio cristiano en la manera verdaderamente bíblica (2 Cor. 3:5-6), y también objetiva o abstractamente, para designar la doctrina cristiana, ya sea en su totalidad o ciertas partes de ella, oral o escrita, 2 Tim. 1:13. Ambos usos son bíblicos. La teología subjetiva o concreta, es la habilidad espiritual del maestro cristiano; la teología objetiva o abstracta, es el producto o resultado de esta habilidad. También sostenemos que el primer significado es el principal, puesto que la teología tiene que hallarse primero en el alma de la persona antes que esa persona pueda enseñarla o presentarla oralmente o por escrito. Si llamamos *teología* al producto de la habilidad inherente, lo hacemos por vía de metonimia, tomando el efecto por la causa. Para el teólogo cristiano esta distinción es de suprema importancia porque le recuerda constantemente que el estudio de la teología no es sencillamente la aprehensión de un número de datos, sino la verdadera regeneración, conversión y santificación de su propio corazón, del cual emana todo su servicio ministerial.

El doctor A. L. Graebner, en sus *Bosquejos de Teología Doctrinal* (p. 1), define la teología en su sentido subjetivo o concreto de este modo: "La teología es una habilidad práctica de la mente y encierra el conocimiento y la aceptación de la verdad divina, juntamente con la aptitud de enseñar a otros tal conocimiento y aceptación y defender esa verdad contra sus adversarios". También define la teología (p. 2) en su sentido objetivo o abstracto, como "una exposición oral o escrita de las verdades, doctrinas, principios, etc., cuyo conocimiento, aceptación, sostenimiento y aplicación práctica hacen del teólogo un teólogo".

## 9. LA TEOLOGÍA TRATADA COMO HABILIDAD

La teología como una habilidad se describe en todos aquellos pasajes de la Escritura que nos hablan del carácter y las cualidades del verdadero ministro cristiano, quien, en el sentido de la Escritura, es un teólogo cabal que tiene la habilidad (suficiencia) de desempeñar las funciones del ministerio según la indicación divina. Basándonos, pues, en la Sagrada Escritura, podemos describir la habilidad teológica como sigue:

a. La habilidad teológica es una habilidad espiritual (habitus spiritualis, supenaturalis, esto es, una habilidad sembrada en el alma no por vía natural sino por el Espíritu Santo. Presupone una fe personal en la expiación vicaria de Cristo y, por consiguiente, la regeneración o conversión del teólogo. Los ministros o maestros incrédulos no merecen el nombre de teólogos; y en el sentido de la Sagrada Escritura, no son teólogos aunque hayan comprendido las doctrinas de la Palabra de Dios intelectualmente y puedan presentarlas en forma clara y correcta. En otras palabras, no hay theologia irregenitorum, o teología de los que no han sido regenerados, puesto que el Espíritu Santo no mora ni opera en las almas de los incrédulos o los que no han sido convertidos; el que en ellas mora y opera es el "príncipe de este mundo", o sea, Satanás Efe. 2:2: "Anduvisteis en otro tiempo siguiendo la corriente de este mundo, conforme al príncipe de la potestad del aire, el espíritu que ahora obra en los hijos de desobediencia". La Sagrada Escritura siempre describe al verdadero ministro de Cristo como un fiel hijo de Dios, que atribuye a la gracia divina, tanto su suficiencia como su vocación para el ministerio. 2 Cor. 3:5-6: "No que seamos competentes por nosotros mismos para pensar algo como de nosotros mismos, sino que nuestra competencia proviene de Dios, el cual asimismo nos hizo ministros competentes de un nuevo pacto". 2 Tim. 2:1 y sig.: "Esfuérzate en la gracia que es en Cristo Jesús", etc. El verdadero ministro de Cristo, o teólogo, es por lo tanto, un creyente santificado, 1 Tim. 3:2 y sig.: "Es, necesario que el obispo sea irreprensible... decoroso... apto para enseñar", etc.

Los ministros incrédulos e infieles no desempeñan su oficio sagrado por la voluntad de Dios, sino únicamente con el permiso de Dios. Aunque la incredulidad personal de ellos no hace ineficaz la Palabra que predican y los Sacramentos que administran, -siempre que prediquen la Palabra de Dios en su verdad y pureza y administren los Sacramentos de acuerdo con la institución de Cristo— no obstante, la incumbencia y el desempeño del oficio sagrado por hipócritas, deshonra en gran manera al Señor y es una ofensa a la Iglesia, y una amenaza perpetua a la fe y piedad de los oyentes. Jer. 14:14-16: "Falsamente profetizan los profetas en mi nombre; no los envié, ni los mandé... Con espada y con hambre serán consumidos esos profetas. Y el pueblo a quien profetizan será echado en las calles". Cf. también Jer. 23:11-32: Ezeq. 13.3-9, etc.

Esta importante verdad, a saber, que un verdadero teólogo es un creyente sincero, hizo que nuestros dogmáticos describieran la teología, en primer lugar, como un *habitus spiritualis vel supernaturalis (zeosdotos)* conferido por el Espíritu Santo mediante la Palabra de Dios. Así escribe Baier (1, 69): "La teología es por su naturaleza misma una habilidad sobrenatural que se adquiere, no por nuestros propios esfuerzos, sino por los poderes de la gracia mediante la operación del Espíritu Santo". Añade que toda teología que no es la obra del Espíritu Santo, recibe el nombre de teología, solamente en un sentido impropio. *(Ita nonnisi AEQUIVOCE dicta theologia est).* Así también escribe Lutero: "Nadie puede producir un doctor de la Sagrada Escritura a no ser el Espíritu Santo del cielo, según dice Cristo, Juan 6:45: "Y serán todos enseñados por Dios'". (St. L., X, 339). La habilidad espiritual de la teología implica también el creer que la Sagrada Escritura es la Palabra infalible e inspirada de Dios; y esta fe es igualmente la obra y el don del Espíritu Santo.

b. La habilidad teológica incluye además el que uno se abstenga de formar conceptos y pensamientos humanos acerca de Dios y las cosas divinas, esto es, la habilidad de poder fundamentar toda doctrina en la Sagrada Escritura, enseñando así solamente lo que enseña la Palabra de Dios, Juan 8:31: "Si vosotros permaneciereis en mi palabra, seréis verdaderamente mis discípulos". San Pablo escribe a Timoteo, 1 Tim. 6:3-4; "Si alguno enseña otra cosa y no se conforma a las sanas palabras de nuestro Señor Jesucristo y a la doctrina que es conforme a la piedad, está envanecido, nada sabe y delira acerca de cuestiones y contiendas de palabras. Que las "palabras" de nuestro Señor Jesucristo" no son simplemente las palabras que nuestro Salvador mismo habló cuando anduvo aquí en la tierra, sino todos los escritos inspirados de los profetas y los apóstoles, queda evidenciado por varios textos bíblicos: Juan 17:20; 1 Ped. 1:10-12; Efe. 2:20; etc. Estos pasajes inhabilitan y excluyen de la Iglesia a todos aquellos maestros que, en vez de atenerse a la Sagrada Escritura como la única fuente y norma de la fe, sacan sus doctrinas de otras fuentes falsas, como las "tradiciones cristianas", el "corazón regenerado", el "sentimiento interior cristiano", las "revelaciones privadas", la "experiencia cristiana", etcétera. Lutero, en su explicación de Jer. 23:16, hace la muy acertada observación: "He aquí engañan todos los profetas que no predican lo que sale de la boca de Dios, y no permita Dios que los oigamos" (St. L., XIX, 821).

c. La habilidad teológica incluye además, la habilidad de enseñar toda la Palabra de Dios según se expone en la Sagrada Escritura. Para dar testimonio de su fidelidad en el ministerio, San Pablo escribió a los ancianos de Éfeso, Hech. 20:27: "No he rehuido anunciaros todo el consejo de Dios". Es el deber de los ministros cristianos proclamar toda la Palabra de Dios en su verdad y pureza si desean ser "limpios de la sangre de todos", como San Pablo atestigua en cuanto a sí mismo, Hech. 20:26: "Por tanto, yo os protesto el día de hoy, que estoy limpio de la sangre de todos". Precisamente por esta razón amonesta el apóstol a Timoteo con tanto encarecimiento: "Ten cuidado de ti mismo y de la doctrina; persiste en ello, pues haciendo esto, te salvarás a ti mismo y a los que te oyeren", 1 Tim. 4:16. El maestro cristiano debe, por consiguiente, "tener cuidado de la doctrina", estudiarla con gran celo y diligencia, predicarla plenamente y sin mezcla de opinión humana, y demostrar de este modo, que es fiel presentando a sus oyentes todas las doctrinas de la Palabra de Dios. Mat. 28:20: "Enseñándoles que guarden todas las cosas que os he mandado". 1 Cor. 4:2: "Lo que se requiere de los administradores es cada uno sea hallado fiel". Jer. 48:10: "Maldito el que hiciere indolentemente la obra de Jehová". Por otra parte, hay que recordar que tal habilidad no es producto del hombre, sino de Dios.

d. La habilidad teológica implica también la habilidad de convencer a los que contradijeren, Tito 1:9: "Retenedor de la palabra fiel tal como ha sido enseñada, para que también pueda exhortar con sana enseñanza y convencer a los que contradicen". La Sagrada Escritura nunca prohíbe la polémica; al contrario, la ordena, pues la controversia, si se ejecuta en un espíritu de amor cristiano no es destructiva sino altamente provechosa a la Iglesia. Toda clase de polémica que es producto y señal de un espíritu carnal y faccioso, demuestra, por supuesto, un abuso de la controversia cristiana y queda naturalmente prohibida. Tito 3:9: "Pero evita las cuestiones necias, como genealogías, contiendas, y discusiones acerca de la Ley, porque son vanas y sin provecho". 2 Cor. 10:3: "Aunque andamos en la carne, no militamos según la carne". Por otra parte, la verdadera polémica requiere no sólo la refutación de la doctrina falsa, sino también la presentación clara y bíblica de la doctrina verdadera para que pueda ser convencido el adversario y acepte la verdad; porque éste es, al fin y al cabo, el propósito final de toda verdadera polémica, que sea eliminada la mentira y aceptada la verdad divina. Tolerar la doctrina falsa dentro de la Iglesia es infidelidad a la Palabra de Dios y, por lo tanto, infidelidad a Dios mismo, pues Él ha confiado su verdad a su Iglesia, Mat. 28:19-20.

Por esta razón también el ministerio de Cristo y de los apóstoles consistió en gran parte en polémica, pues mientras enseñaban la verdad, siempre testificaban contra el error. Mat. 7:15: "Guardaos de los falsos profetas que vienen a vosotros con vestidos de ovejas, pero por dentro son lobos rapaces". Rom. 16:17: "Os ruego, hermanos, que os fijéis en los que causan divisiones y tropiezos en contra de la doctrina que vosotros habéis aprendido, y que os apartéis de ellos". La doctrina falsa es tan perniciosa y tan desagradable a Dios que Él exige no sólo la refutación de todo error, sino también la excomunión del que yerra, siempre que se muestre hereje. Rom. 16:17: "Que os apartéis de ellos". 2 Juan 10: "Si alguno viene a vosotros, y no trae esta doctrina, no lo recibáis en casa, ni le digáis: ¡Bienvenido!". Clara y enfáticamente rechaza la Sagrada Escritura toda forma de sincretismo o unionismo.

No importa qué motivos puedan inducir los hombres a apartarse de la Sagrada Escritura y a causar divisiones y tropiezos contra la verdad de la Palabra de Dios, todos tienen que ser condenados como carnales y pecaminosos. No existen motivos "nobles" para causar divisiones dentro de la Iglesia: todos son igualmente reprensibles e impíos. La Sagrada Escritura los describe de este modo: Servicio al vientre, Rom. 16:18; envanecido, 1 Tim. 6:4; deseo excesivo de alcanzar gloria, Juan 5:4; no querer padecer persecución a causa de la cruz de Cristo, Gál. 6:12; envidia, Mat. 27:18; perversidad, 1 Tim. 6:4; Juan 16:3; 1 Tim. 1:13; vanidad personal y corrupción de los teólogos, 2 Tim. 3:1-9, etc. "Muchas herejías han surgido en la iglesia, debido únicamente al *odio de los maestros". (Apología*, III, 121). Las divisiones y tropiezos dentro de la Iglesia no son, por lo tanto, del agrado de Dios, ni tampoco existen por la voluntad de Dios; son el justo castigo de Dios sobre aquellos que no aman la verdad, 2 Tes. 2:10-12: "Por cuanto no recibieron el amor de la verdad para ser salvos,... Dios les envía un poder engañoso, para que crean la mentira, a fin de que sean condenados todos los que no creyeron a la verdad sino que se complacieron en la injusticia".

e. La habilidad teológica, por último, incluye la habilidad de sufrir por causa de Cristo y su Palabra, 2 Tim. 2:3: "Tú pues, sufre trabajos como fiel soldado de Jesucristo" v. 9; "En el que sufro trabajo, hasta las prisiones a modo de malhechor; mas la Palabra de Dios no está presa". El odio y el menosprecio del mundo hacia la Palabra de Dios son la causa del sufrimiento de los cristianos en general, y de los ministros cristianos en particular, 1 Cor: 1:23: "Nosotros predicamos a Cristo crucificado, para los judíos ciertamente tropezadero, y para los gentiles locura". El resultado del antagonismo del mundo hacia el Evangelio de Cristo lo describe nuestro Salvador en las palabras: "Seréis aborrecidos de todas las gentes por causa de mi nombre", Mat. 24:9. El no querer sufrir por causa del Evangelio conduce a hacer concesiones al error, a negar la verdad, y por último, a apostatar de la gracia divina. 2 Tim. 2:12: "Si sufrimos, también reinaremos con Él; si le negáremos, también nos negará". A menos que el cristiano, y sobre todo el teólogo cristiano, esté dispuesto a renunciar a comodidades y ciertas amistades, someterse a la pérdida de honores y bienes, y aun entregar su vida por causa de la verdad divina, no podrá servir a su Maestro como debe hacerlo.

La habilidad teológica (*habitus practicus eosdotos*) es, pues, la habilidad concedida por Dios de enseñar la Palabra divina en toda su pureza, de declarar todo el consejo de Dios para la salvación, de combatir y refutar la doctrina falsa, y de sufrir por causa de Cristo todas las consecuencias que impone la proclamación de la Palabra de Dios.

## 10. LA TEOLOGÍA TRATADA COMO DOCTRINA

Así como la teología en su sentido subjetivo, es la habilidad de enseñar la Palabra de Dios en toda su verdad y pureza según se expone en la Sagrada Escritura, del mismo modo, la teología cristiana en su sentido objetivo, o concebida como doctrina, no es, ni más ni menos, que la presentación verdadera y pura de la doctrina de la Sagrada Escritura, 1 Ped. 4:11: "Si alguno habla, hable conforme a las palabras de Dios"; Tito 2:7-10: "En la enseñanza mostrando integridad, seriedad, palabra sana e irreprochable,... mostrándose fieles en todo, para que en todo adornen la doctrina de Dios nuestro Salvador". Sólo el que enseña la doctrina bíblica, y nada más que la doctrina bíblica, puede llamarse propiamente un teólogo cristiano.

Esta doctrina, sin embargo, no emana o se desarrolla de la razón humana, sino que se toma en todos sus pormenores de la Sagrada Escritura. La función del teólogo cristiano, por consiguiente, consiste simplemente en agrupar en párrafos y capítulos distintos y bajo títulos apropiados, las varias enseñanzas que expone la Sagrada Escritura en diferentes pasajes sobre determinado asunto. Si aplica síntesis y análisis, lo hace sólo para dar arreglo formal a las varias doctrinas bíblicas. En lo que toca a las doctrinas mismas, las deja intactas, sin añadirles ni quitarles nada, aparezcan o no, acordes con la razón y la experiencia. De este modo obtiene el teólogo cristiano su "sistema de doctrina" o su "teología dogmática".

En conformidad con este principio escribe el teólogo luterano Pfeiffer (*Tes. Herm.* p. 5): "La teología positiva (teología dogmática), en su verdadero sentido, no es otra cosa que la Sagrada Escritura misma, clasificada por asuntos y ordenada bajo títulos apropiados; por lo que, en ese cuerpo de doctrina, no debe encontrarse miembro alguno, ni aun el más pequeño, que no pueda ser respaldado por la Sagrada Escritura debidamente entendida". (Baier, I, 43,76). Con toda razón llama Lutero a los verdaderos teólogos "catecúmenos y discípulos de los profetas, porque no hacen más, que repetir y predicar lo que han oído y aprendido de los profetas y apóstoles". (St. L., III, 1890). Esta fiel repetición de las enseñanzas de los profetas y apóstoles por parte del teólogo cristiano, es de tanta importancia para Lutero que él escribe: "Ninguna otra doctrina debe ser enseñada u oída en la Iglesia que la Palabra pura de Dios; de lo contrario se condenarán tanto los que enseñan como los que oyen". (Cf. Pieper, *Christl. Dogmatik*, I, p.56). La misma verdad se expresa en el axioma: *Quod non est biblicum, non est theologicum.*

El teólogo cristiano debe, por lo tanto, excluir de su sistema de doctrina todas las opiniones y especulaciones de los hombres, y enseñar solamente la verdad y doctrina inmutables de Dios (*doctrina divina*) como se expone en la Sagrada Escritura (*doctrina e Scriptura Sacra hausta*). Dios mismo exige esto, Col. 2:8: "Mirad que nadie os engañe por medio de filosofías y huecas sutilezas, según las tradiciones de los hombres, conforme a los rudimentos del mundo, y no según Cristo". Y esta exigencia divina se refiere no sólo a las doctrinas principales, de las cuales depende directamente la salvación del hombre, sino a todas las enseñanzas de la Sagrada Escritura, Mat. 28:20: "Enseñándoles que guarden todas las cosas que os he mandado". En cualquier asunto en que la Sagrada Escritura haya hablado en forma definida, el teólogo cristiano tiene que suprimir sus propias nociones, opiniones y especulaciones, y adherirse sin vacilación alguna a las verdades en la Sagrada Escritura. En ningún caso se le permite inyectar en el cuerpo de la verdad divina sus propias invenciones y ficciones, y nunca debe conceder a su razón la prerrogativa de dudar, criticar o negar, sino que todo pensamiento debe ser cautivado siempre a la obediencia de Cristo, 2 Cor. 10:5. Tal es la exigencia que Dios mismo hace a todos los que han de dar testimonio de la Palabra de Dios: proclamar esa Palabra y no la de ellos mismos.

Todos los maestros de la Iglesia que rehúsan hacer esto no son teólogos cristianos sino falsos profetas, contra cuya obra perniciosa previene Dios a sus santos, Jer. 23:16: "No escuchéis las palabras de los profetas que os profetizan... Hablan visión de su propio corazón, no de la boca de

Jehová". Y en el Nuevo Testamento se repite esta precaución con no menos énfasis, 1 Tim. 6:4; 2 Juan 7-11; Rom. 16:17, etc. La insistencia de Lutero en que la Palabra de Dios se enseñe fielmente es bien conocida. Escribe así: "El que desee predicar guarde silencio en cuanto a sus propias palabras". "Aquí en la Iglesia el tal no debe hablar nada sino la Palabra de este generoso amor, de lo contrario, no es la verdadera Iglesia. Por lo tanto, debe decir: "Dios habla".

Al subrayar esta gran verdad de que toda doctrina que se enseña en la Iglesia debe ser doctrina *divina*, nuestros dogmáticos luteranos afirmaron que toda teología proclamada por el teólogo cristiano debe ser *teología derivada (theologia extypos)* esto es, una reimpresión, o reproducción de la *teología original (theologia arjetypos),* según se halla originalmente en Dios mismo. Hollaz explica estos términos del modo siguiente: "La teología original es el conocimiento que tiene Dios de sí mismo, y que es en Él, el modelo de aquella otra teología que se comunica a las criaturas dotadas de inteligencia. La teología derivada es el conocimiento de Dios y de las cosas divinas, comunicadas por Dios a seres racionales siguiendo el modelo de su propia teología" *(Doctr. Theol.*, p. 16).

La teología racionalista moderna ha rechazado esta distinción como inútil y engañosa; sin embargo, ella es en realidad muy provechosa, puesto que expresa la verdad bíblica de que los ministros de Dios deben hablar solamente lo que Él mismo enseña en su Palabra. Además, la distinción es bíblica; pues manifiesta muy a las claras que todo verdadero conocimiento de cosas divinas tiene su origen y esencia en Dios, y que este conocimiento, necesario para la salvación del hombre, ha sido revelado a los profetas y apóstoles por la gracia divina, Mat. 11:27: "Nadie conoce al Hijo, sino el Padre, ni al Padre conoce alguno, sino el Hijo, y aquel a quien el Hijo lo quiera revelar". A la teología derivada pertenece también el conocimiento natural de Dios, obtenido por el hombre mediante la Ley escrita en su corazón o por las obras de Dios, Rom. 1:19 y sig.; 2:14-15. También este conocimiento natural de Dios lo debe el hombre a la revelación que Dios hace de sí mismo, Hech. 14:17; 17:26-27. Sin embargo, este conocimiento natural de Dios, aunque verdadero y útil dentro de cierta esfera, no es suficiente para salvar a los pecadores, pues no incluye el Evangelio de la gracia de Dios en Cristo Jesús. Por esta razón, la única teología derivada que puede constituir la fuente de la religión cristiana es la de la Sagrada Escritura, o la Palabra escrita de Dios. Lo que esté más allá de la Sagrada Escritura, o sea contrario a ella, no corresponde a la teología original. La Sagrada Escritura lo condena como "vanas pláticas" (*mataiologia*). 1 Tim. 1:6: "De las cuales cosas desviándose algunos, se apartaron a *vana palabrería"*.

La verdad suprema de que toda doctrina enseñada en la Iglesia debe ser doctrina bíblica, ha sido descartada casi universalmente por los teólogos racionalistas modernos. La "teología científica" de hoy día ya no reconoce la Sagrada Escritura como la única fuente y norma de la fe cristiana; al contrario, considera la identificación de la teología cristiana con la doctrina de la Escritura, como una "anormalidad" y una "resurrección de un punto de vista teológico descartado". Nitsch-Stephan escribe: "Ya nadie sigue el modo de los antiguos protestantes de basar sus dogmas sobre la *norma normans*, esto es, la Sagrada Escritura. (Cf. Pieper, *Christl. Dogmatik*, I, 65). En lugar de la Sagrada Escritura, la teología racionalista moderna acepta como norma y modelo de la fe los dictámenes de la razón humana, más o menos disfrazados bajo los términos "el sentimiento interior cristiano", "la experiencia cristiana", "la seguridad propia cristiana", etc., y tilda la verdadera lealtad a la Palabra de Dios de "biblicismo", "intelectualismo", etc., que solamente pueden producir un "mero cristianismo intelectual", "una ortodoxia muerta carente de fervor interno" y cosas por el estilo.

Pero, al demandar para sí misma estas normas antibíblicas, la teología racionalista moderna se engaña a sí misma, como lo demostrará un examen aun superficial del asunto. Así, por ejemplo, la experiencia cristiana no puede en manera alguna servir como fuente o norma de la fe, debido a que la verdadera experiencia cristiana nunca precede a la Sagrada Escritura, sino que depende de la aceptación de ésta y la sigue: es decir, sólo aquel que cree la Palabra de Dios según se expone en la Sagrada Escritura, experimenta en su corazón tanto el terror de la culpa como el consuelo de la gracia. Cuando alguien estudia y acepta la Ley divina, se convence de que es pecador; cuando estudia y acepta el Evangelio, se convence de que su pecado ha sido perdonado mediante la fe en Cristo. En resumen, no existe la verdadera experiencia cristiana del pecado y de la gracia sin los medios de gracia, o la Palabra de Dios. Por esta razón, Cristo dio aquel enfático mandato de que se predicase en su nombre el arrepentimiento y la remisión de pecados en todas las naciones, Luc. 24:47. Cf. también Hech. 26:20.

La experiencia cristiana se hace, pues, efectiva únicamente por medio de la predicación y la aceptación de la Palabra de Dios; o dicho en otra forma, la Palabra de Dios es el único medio por el cual el Espíritu Santo obra la experiencia cristiana del arrepentimiento y la fe, Rom. 7:7; 1:16-17. Por otro lado, donde no se predica la Palabra de Dios, allí no se halla la verdadera experiencia cristiana. Esto lo prueban los mismos defensores de la experiencia cristiana como norma de la fe. Schleiermacher, por ejemplo, que con tanta insistencia sostuvo que la experiencia cristiana es norma de la fe, rechazó la doctrina central del cristianismo, al negar la expiación vicaria de Cristo, y por consiguiente, también la doctrina de la justificación por la gracia, mediante la fe. La experiencia de Schleiermacher lo impulsó finalmente a depender de sus buenas obras para la salvación. Pero tal experiencia, según se ve, no es cristiana, sino carnal, racionalista y pagana; en resumen, todo lo contrario del cristianismo.

Así, tampoco la "fe cristiana" o el "sentimiento interior cristiano" puede servir jamás como fuente o modelo de la teología cristiana; pues al igual que la "experiencia cristiana", la "fe cristiana" o el "sentimiento interior cristiano" es el resultado de la aceptación fiel de la Sagrada Escritura. Ahora bien, puesto que la "fe cristiana" es el fruto de la Sagrada Escritura, nunca jamás puede ser la fuente y norma de la teología cristiana, así como tampoco puede ser su propia causa de origen o fuente, la manzana que nace en un árbol. Pero así como la manzana es producida por el árbol, así también la fe cristiana es producida por la Sagrada Escritura; ella se encuentra solamente donde se sostiene y se cree la doctrina bíblica, Rom. 10:17: "La fe es por el oír"; Juan 17:20: "Han de creer en mí por la Palabra de ellos". Por consiguiente, toda "fe cristiana" o todo "sentimiento interior cristiano" que no se arraigue en la Palabra de Dios, no es cristiano, sino carnal y anticristiano, 1 Tim. 6:3-5.

Lo que Lutero escribe sobre este punto es ciertamente la verdad y merece un cuidadoso estudio. Dice así: "La fe enseña y sostiene la verdad; pues se adhiere a la Escritura, que no miente ni engaña. Todo lo que no tiene su origen en la Escritura procede del diablo y de nadie más". Todos los que desean hacer de la "fe cristiana" o del "sentimiento interior cristiano" una norma de fe, harían bien si pensasen en este veredicto condenatorio y severo, pero justo. Nuestro Salvador declara. "Si vosotros permaneciereis en mi Palabra, seréis verdaderamente mis discípulos". Declaraciones como éstas resuelven el asunto en lo que concierne al teólogo *cristiano;* su teología se fundamenta únicamente en la Palabra de Dios y en nada más. Toda teología que no emana de la Palabra de Dios se opone al Evangelio y subvierte la fe cristiana, como lo prueba la teología racionalista de todos los teólogos subjetivos, desde Tomás de Aquino, Juan Escoto y Schleiermacher hasta los modernistas de hoy en día. Donde la Palabra de Dios no se acepta en su verdad y pureza, no puede haber teología cristiana genuina, ni tampoco puede el "corazón regenerado", o el "yo regenerado", servir de fuente o norma de la fe cristiana, pues una persona es verdaderamente regenerada sólo cuando cree la Sagrada Escritura con fe sencilla. Mar. 16:16b. "El que no creyere será condenado". El "corazón regenerado", que los teólogos racionalistas modernos tratan de poner como modelo de la fe es, hablando claramente, la mente carnal e incrédula de una persona no regenerada que se rebela contra los misterios de la fe. Esto se prueba por el hecho de que todos los que aceptan el "corazón regenerado" como norma de la fe, niegan tanto la inspiración como la infalibilidad de la Sagrada Escritura. De seguro ningún corazón verdaderamente regenerado ha de perpetrar tal afrenta.

De esto es evidente que mucho se engañan perniciosamente, todos los teólogos que rechazan la Sagrada Escritura como la única fuente y modelo de la fe. Insistiendo en otra fuente y norma fuera de la Sagrada Escritura, ponen de manifiesto el espíritu de incredulidad que consciente o inconscientemente dirige sus mentes. La teología racionalista exige otras normas ajenas a la Palabra de Dios, por la misma razón de que es racionalista y anticristiana. El hijo creyente de Dios, dice con Samuel: "Habla, Jehová, porque tu siervo oye", 1 Sam. 3:10. Solamente la incredulidad ciega y la rebelión perversa, se atreven a juzgar la Palabra de Dios estableciendo normas de la fe en oposición a la verdad divina revelada.

La teología racionalista moderna afirma con orgullo, que ella, verdaderamente, evalúa el "carácter histórico" de la religión cristiana. Pero la teología ortodoxa nunca ha negado este "carácter histórico"; al contrario, los teólogos creyentes siempre han proclamado la historicidad del cristianismo debido a la fe firme que tienen en la Sagrada Escritura. Y precisamente, porque los impulsa esa fe en el "carácter histórico" de la religión cristiana, se oponen a todas las normas que estén en pugna con la Sagrada Escritura. Solamente de la Biblia puede aprenderse el "cristianismo histórico"; no se encuentra en ninguna otra parte. La tradición no puede revelárnoslo; ni tampoco puede originarse en la razón humana. Únicamente lo que Cristo y sus apóstoles nos dicen de la religión cristiana en la Biblia es "cristianismo histórico". El "Cristo histórico" que los teólogos racionalistas modernos quieren construir fuera de la Sagrada Escritura, y el "cristianismo histórico" que desean erigir apartándose de la Sagrada Escritura, no son ni históricos ni verdaderos, sino productos de mentes incrédulas. Para encontrar la religión cristiana verdaderamente "histórica", tenemos que depender enteramente de la Biblia, Mat. 28:19-20; Juan 8:31-32; 17:20; Efe. 2:20.

En resumen, la teología racionalista es el resultado de la incredulidad, y como tal, es intrínsecamente falsa, impía y antibíblica. Nuestro divino Señor afirmó en toda oportunidad: "Escrito está"; los teólogos racionalistas modernos rechazan con desdén esa fórmula y la substituyen con su propia opinión subjetiva: "yo creo" y "Yo pienso". Lo que enseñan, pues, es su propia palabra y no la Palabra de Dios. La teología racionalista moderna puede curarse de esa falsedad innata, sólo si regresa a la Sagrada Escritura y adopta el principio fundamental de Lutero: "Toda confianza que no se funda sobre la Palabra de Dios es vana. Dios quiso presentarnos su voluntad y sus consejos únicamente por medio de su Palabra; no por medio de nuestros caprichos a imaginaciones". (St. L., VI, 70; III 1417).

## 11. DIVISIONES DE LA TEOLOGÍA CONCEBIDA COMO DOCTRINA

La teología, tratada objetivamente, es doctrina cristiana, o doctrina bíblica, que, según ya hemos visto, es inspirada en todas sus partes, de modo que no existe en toda la Biblia una sola enseñanza que no haya sido dada por Dios y no sea provechosa para la salvación. No obstante, aunque el objeto y el propósito de la Biblia entera es salvar a los pecadores de la perdición eterna, hay que hacer distinciones entre las diferentes doctrinas bíblicas en cuanto a su función especial y a su importancia. Así hablamos de: 1) Ley y Evangelio; 2) doctrinas fundamentales y no fundamentales y 3) problemas teológicos, o cuestiones pendientes.

### *A. LEY Y EVANGELIO*

La Sagrada Escritura misma hace la distinción entre la Ley y el Evangelio. Aunque en algunas ocasiones el término *Ley* encierra toda la Palabra de Dios o toda verdad revelada en la Sagrada Escritura (Sal. 1:2; 19:7; 119:97), sin embargo, este término en su sentido propio y limitado, tiene un significado específico que no se puede aplicar a toda la Palabra revelada de Dios. Del mismo modo, el término *Evangelio* algunas veces se aplica a toda la doctrina de la Biblia (Mar. 1:1-15; Filip. 4:15). Así pues, cada uno de estos términos denota en su sentido estricto, un mensaje determinado que no debe ser identificado con todo el contenido de la Escritura. Por lo tanto, propia o estrictamente hablando, la Ley no es Evangelio, ni el Evangelio es Ley, sino que son términos opuestos. Esto se comprueba fácilmente dando las definiciones exactas que corresponden. *La Fórmula de Concordia* define la Ley de este modo: "La Ley, en sentido propio, es una doctrina divina que enseña lo que es justo y agradable delante de Dios, y condena todo lo que es pecado y contrario a la voluntad de Dios". La misma Confesión define el Evangelio en su sentido limitado como sigue: "El Evangelio, en su sentido propio, es la doctrina que enseña lo que el hombre, que no ha cumplido la Ley, y por consiguiente, está condenado por ella, ha de creer, a saber, que Cristo expió todos los pecados e hizo satisfacción por ellos, y que ha obtenido y adquirido para el hombre, sin ningún mérito por parte de éste, la remisión de los pecados, la justicia que vale delante de Dios y la vida eterna". (Epítome, V. 2.4). Estas definiciones son bíblicas y exponen magistralmente la diferencia fundamental entre la Ley y el Evangelio. La gran importancia de esta diferenciación se hace evidente, por el hecho de que la Sagrada Escritura expresamente excluye la Ley de la esfera de la salvación. Su sentencia es: "Por gracia sois salvos,... no por obras", Efe. 2:8-9. "Por las obras de la Ley ningún ser humano será justificado delante de Él", Rom. 3:20. "Concluimos pues, que el hombre es justificado por fe sin las obras de la ley", v. 28.

El teólogo cristiano debe observar escrupulosamente esta distinción entre la Ley y el Evangelio que la Escritura enseña con tanta claridad, y jamás debe disminuir la fuerza condenatoria de la Ley o debilitar el consuelo salvador del Evangelio. Debe declarar sin modificación alguna, toda la culpa y condenación del pecado que revela la Ley, Ezeq. 3:18: "Cuando yo dijere al impío: De cierto morirás; y tú no le amonestares ni le hablares, para que el impío sea apercibido de su mal camino a fin de que viva, el impío morirá por su maldad, pero su sangre demandaré de tu mano". Del mismo modo, el teólogo cristiano debe declarar plenamente y sin modificación alguna, todo el consuelo del Evangelio con su sinigual oferta de la gracia divina, del perdón y de la vida eterna, Mat. 11:28: "Venid a mí todos los que estáis trabajados y cargados, y yo os haré descansar". 1 Cor. 2:2: "Me propuse no saber entre vosotros cosa alguna sino a Jesucristo, y a éste crucificado".

A menos que la Ley y el Evangelio se prediquen como dos doctrinas distintas y contradictorias (Lutero: *plut quam contradictoria)*, se priva a la religión cristiana de su contenido específico, se la paganiza por la introducción de la justicia por las obras como causa de la salvación y, por siguiente, se la hace incapaz de salvar a los pecadores. El pecador de cierto necesita la Ley para que conozca su pecado y la condenación que pesa sobre él debido a su pecado; pero también necesita el Evangelio para que conozca la gracia divina, la cual, por medio de Jesucristo, le ha quitado por completo su pecado y le ofrece pleno perdón, Gál. 3:10: "Maldito todo aquel que no permaneciere en todas las cosas que están escritas en el Libro de la Ley, para hacerlas"; v. 13: "Cristo nos redimió de la maldición de la ley, hecho por nosotros maldición". Cada vez que se debilita la Ley con su condenación y se enseña a los pecadores que confíen en las obras de la Ley para su salvación, aunque sea simplemente en parte, se corrompe también el Evangelio, pues una Ley debilitada quiere decir un Evangelio debilitado. El resultado final es que se quita al pecador la salvación que ofrece el Evangelio; pues esta oferta la reciben solo aquellos que confían implícitamente en las divinas promesas y se entregan a la misericordia de Dios, es decir, aquellos que rechazan de llano el error de la salvación por las obras, Gal: 5:4: "De Cristo os desligasteis los que por la ley os justificáis; de la gracia habéis caído". Gal. 3:10: "Todos los que dependen de las obras de la ley están bajo maldición". Así como la Ley será siempre el "ministerio de condenación", así el Evangelio será siempre el "ministerio de justicia", 2 Cor. 3:9. Pues una persona es cristiana, en tanto que se consuela a sí misma contra los terrores de la conciencia con la promesa del perdón gratuito y pleno, "sin las obras de la Ley".

Esta verdad fundamental requiere ser sostenida con énfasis especial en la actualidad, a causa del hecho de que tanto el romanismo como el sectarismo protestante moderno, han descartado la distinción bíblica entre la Ley y el Evangelio contundiendo la una con el otro. (Ct. Pieper, *Christliche Dogmatik*, I, 84 y sig.). La razón de por qué hacen esto es evidente. Tanto el romanismo como el sectarianismo moderno descansan sobre una base pagana, pues ambos insisten en la justicia por las obras como condición de la salvación. En realidad, donde se enseña la justicia por las obras, se elimina necesariamente la distinción entre la Ley y el Evangelio, y tanto *la* una *como el* otro pierden su carácter específico. La salvación por las obras sólo tiene cabida en aquel tipo de teología que enseña que el pecado no es tan espantoso como lo pinta la Sagrada Escritura, y que la gracia divina no es tan gloriosa como la proclama el Evangelio. En otras palabras, el error pagano de la salvación basada en la justicia por las obras es posible únicamente, si la Ley o el Evangelio no se enseñan en su verdad y pureza. Todo teólogo verdadero debe cuidarse de esta corrupción perniciosa que se hace de la Santa Palabra de Dios. Nuestro divino Señor dice: "Cualquiera que quebrante uno de estos mandamientos muy pequeños, y así enseñe a los hombres, muy pequeño será llamado en el reino de los cielos", Mat. 5:19; y San Pablo escribe: "Mas si aun nosotros o, un ángel del cielo, os anunciare otro Evangelio diferente del que os hemos anunciado, sea anatema", Gal. 1:8. En cuanto al uso de la Ley y el Evangelio hay que observar cuidadosamente las siguientes distinciones:

a. El conocimiento del pecado debe ser enseñado por medio de la Ley; el perdón del pecado debe ser enseñado por medio del Evangelio, Rom. 3:20: "Por las obras de la ley ningún ser humano será justificado"; Rom. 1:16-17: "No me avergüenzo del Evangelio; porque es poder de Dios para salvación a todo aquel que cree... Porque en el evangelio la justicia de Dios se revela por fe y para fe, como está escrito: Más el justo por la fe vivirá". Todos los que enseñan el perdón del pecado por medio de la ley o basándose en la justicia por las obras no son teólogos cristianos, sino falsos profetas, Gál. 5:4. "Ojalá se mutilasen los que os perturban", Gál. 5:12. Puesto que por la Ley es el conocimiento del pecado, ella debe ser predicada a los pecadores seguros que, llenos de orgullo carnal, rehúsan reconocer su culpa, Rom. 3:19: "Para que toda boca se cierre y todo el mundo quede bajo el juicio de Dios". Por otro lado, el Evangelio debe ser proclamado a los que están alarmados y aterrorizados, esto es, a los pecadores penitentes que han sido humillados por la Ley, que no se jactan de sus propios méritos, sino que aceptan con gusto la salvación como un don gratuito, Luc 4:18: "El Espíritu del Señor... me ha ungido para dar buenas nuevas a los pobres; me ha enviado a sanar a los quebrantados de corazón". Demás está decir que el porcentaje de Ley y Evangelio que ha de predicarse es un asunto que se deja al juicio pastoral. No obstante, el verdadero ministro de Cristo es ante todo predicador del Evangelio y, por consiguiente, no negará a sus oyentes una medida plena y completa del consuelo evangélico.

b. Por medio de la Ley enseña el teólogo cristiano lo que en realidad son buenas obras, mas por medio del Evangelio se produce verdadero gozo y celo para hacer buenas obras. Mat 15:1-6, 22:35-40; 19:16-22; Rom. 12:1; Gal. 5:24-26; Efe. 6:5-10; 2 Cor. 8:8-9, etc. Estas funciones diversas de la Ley y el Evangelio se han expresado acertadamente por el axioma: Lex praescribit; evangelium inscribit. Lutero ercribe: "Un predicador legalista obliga por medio de amenazas y castigos, un predicador de la gracia inspira y anima demostrando la bondad y la misericordia divinas" (St. L., XII, 318).

*La Ley reprime el pecado sólo externamente*, pero *aumenta el pecado internamente;* mas *el Evangelio,* al convertir el pecador, *destruye el pecado tanto interna como externamente.* Rom. 7:5: "Mientras estábamos en la carne, las pasiones pecaminosas que eran por la ley, obraban en nuestros miembros llevando fruto para muerte". V. 6: "Pero ahora estamos libres de la ley, por haber muerto para aquella en que estábamos sujetos, de modo que sirvamos bajo el régimen nuevo del Espíritu y no bajo el régimen viejo de la letra, Rom. 6:14: "El pecado no se enseñoreará de vosotros, pues no estáis bajo la ley, sino bajo la gracia". Esta verdad importante se expone en el axioma: *"Lex necat peccatorem, non peccatum; evangelium necat peccatum, non peccatorem"*. Lutero escribe: "Por lo tanto, cualquiera que conozca bien este arte de distinguir la Ley y el Evangelio, a éste pon a la cabeza y llámalo doctor de la Sagrada Escritura" (St. L., XI, 802).

### B. DOCTRINAS FUNDAMENTALES Y NO FUNDAMENTALES

Las doctrinas de la Sagrada Escritura se han dividido acertadamente en doctrinas fundamentales y no fundamentales. El propósito de esta división no es descartar ciertas enseñanzas de la Palabra de Dios, como si no tuviesen importancia práctica o fuesen innecesarias. Tal procedimiento estaría en oposición directa a la Escritura misma, Mat. 28:20: "Enseñándoles que guarden *todas las cosas* que os he mandado"; Rom. 15:4: *"Las cosas* que se escribieron antes, para nuestra enseñanza se escribieron, a fin de que por la paciencia y la consolación de las Escrituras, tengamos esperanza". Según estas palabras, Dios exige del teólogo cristiano que enseñe todo el contenido de la Escritura, sin añadir ni quitar nada. Sin embargo, la distinción de que hablamos es del todo bíblica y tiene un propósito excelente. Ayuda al teólogo cristiano a reconocer y distinguir aquellas doctrinas de la Palabra de Dios, "cuyo conocimiento es de importancia tal, que quien no las conoce no puede comprender el *fundamento* de la fe, ni retenerlo como base para su salvación" (Hollaz). En otras palabras, las doctrinas fundamentales son aquellas "cuya negación implica fatalmente la pérdida de la fe y la salvación, pues son el fundamento mismo de la fe cristiana" (Quenstedt).

Para entender bien esto, debemos recordar que no todo lo que enseña la Sagrada Escritura es el objeto o fundamento de la fe que justifica y salva. Por ejemplo, no nos salvamos por creer que

David fue rey o que alguien es el gran Anticristo. Pero no por eso el teólogo cristiano ha de negar estos hechos, puesto que los enseña la Palabra infalible de Dios. Sin embargo, estas verdades, aceptadas como tales por el teólogo cristiano, no son fundamentales en lo que a la fe salvadora se refiere. La fe salvadora es la fe en la remisión de los pecados mediante la expiación vicaria de Jesucristo, o la confianza en la declaración de la Escritura de que Dios justifica al pecador sin las obras de la Ley, por causa de Cristo. Esa es la esencia de la religión cristiana, el fundamento sobre el cual está edificada toda la esperanza cristiana. Nada puede quitarse de esta esencia y fundamento sin que se destruya toda la religión cristiana. Cualquiera que niegue aun la más pequeña partícula de esta doctrina fundamental, se encuentra fuera del gremio de la Iglesia Cristiana. Lutero dice muy correctamente: "Esta doctrina (de la justificación por la fe) es la cabeza y la piedra del ángulo; sólo ella engendra, nutre, fortalece, conserva y protege a la Iglesia, y sin esta doctrina la Iglesia de Dios no puede existir una hora" (St. L., XIV, 168). En otro lugar dice Lutero: "Cuantos en el mundo la niegan (la justificación por la fe) son o judíos, o turcos, o papistas, o herejes" (IX, 24). Debido a su gran importancia nuestros dogmáticos luteranos han llamado a la doctrina de la justificación por la gracia, mediante la fe en la expiación vicaria de Cristo, "la más fundamental de todas las doctrinas" *(articulus omnium fundamentalissimus)*.

La doctrina de la justificación por la gracia mediante la fe en la expiación de Cristo, a su vez, presupone e incluye otras doctrinas fundamentales. Ellas son:

a. La doctrina del pecado y sus consecuencias. Los que niegan la doctrina bíblica del pecado no pueden tener la fe salvadora; pues la fe salvadora es confianza implícita en el perdón que Dios nos extiende en su amor. El verdadero cristiano cree que todos sus pecados, tanto originales como actuales, han sido plenamente perdonados por causa de Jesús. En otras palabras, cree tanto la Ley divina, que condena el pecado, como el Evangelio divino, que perdona el pecado. Ambas doctrinas, la doctrina del pecado y la del perdón de los pecados, son fundamentales. Nuestro Salvador afirma esta verdad cuando dice que: "Fue necesario... que se predicase en su nombre el arrepentimiento y la remisión de pecados en todas las naciones", Luc. 24:46-47. Según la indicación de Cristo, la predicación del arrepentimiento por el pecado, o de la contrición, debe preceder a la predicación del perdón. Nuestro divino Señor ilustra esta gran verdad por medio de la Parábola del Fariseo y si Publicano. El fariseo, que no creía la doctrina bíblica del pecado y, por consiguiente, no se consideraba pecador no podía ser justificado; en su opinión no necesitaba la justificación y el perdón. El publicano, en cambio, creía la doctrina fundamental del pecado, se declaró culpable y perdido y, confiando en la gracia divina, recibió el perdón mediante la fe. En resumen, la fe salvadora puede existir solamente en un corazón contrito, esto es, en un corazón que está alarmado y aterrorizado debido al pecado, Isa. 66:2: "Miraré a aquel que es pobre y humilde de espíritu, y que tiembla a mi Palabra." Isa. 57:15: "Yo habito con el quebrantado y humilde de espíritu". Sal, 51:16-17; Luc. 4:18; Mat 11:28. Existen, pues, muy fundadas razones para clasificar la doctrina del pecado entre las doctrinas fundamentales de la Sagrada Escritura.

b. La doctrina de la persona de Cristo. La doctrina de la persona ce Cristo es fundamental porque la fe salvadora es confianza en el Redentor divino y humano, que murió por los pecados del mundo. Por esta razón imposibilita la fe salvadora, tanto el negar la verdadera divinidad de Cristo como negar su verdadera humanidad. Nuestro divino Señor reprobó muy severamente las opiniones de aquellos que lo consideraban como Juan el Bautista, Elías, Jeremías, o uno de los profetas, e insistió en que sus discípulos creyeran en Él como "el Cristo, el Hijo del Dios viviente", Mat. 16:13-17; cf. también 1 Juan 1:1-4. Los teólogos racionalistas modernos, que niegan la verdadera divinidad de Cristo y le atribuyen sólo divinidad honoris causa (cf. Retschl en su declaración: "En nuestro juicio le atribuimos el valor de un Dios"), no son cristianos, sino unitarios y, por lo tanto, están fuera de la Iglesia; esto es, la doctrina de Dios que inculca la teología racionalista moderna es esencialmente pagana, puesto que rechaza al verdadero Dios y la Biblia. Es evidente que la verdadera fe en el Cristo divino tiene que incluir también la fe en el Dios Trino. En otras palabras, el verdadero cristiano, que cree en la divinidad de Cristo, cree también que el verdadero Dios no es otro que el único Dios, Padre, Hijo, y Espíritu Santo; pues sin fe en el Padre nadie puede creer en el Hijo, Mat. 16:17; 11:27; y también, sin el Espíritu Santo nadie puede llamar a Jesús Señor, 1 Cor. 12:3; Rom. 8:15; Juan 16:13-15. La doctrina bíblica de la Santísima Trinidad es, por lo tanto, tan fundamental como la de la divinidad de Cristo. Sin embargo, también la doctrina de la verdadera humanidad de Cristo es fundamental; pues el negar la humanidad substancial de Cristo (cf. el error de los docetas) implica el negar su real pasión y muerte. La fe salvadora es la confianza en la expiación vicaria del Cristo divino y humano (zeanzropos), Juan 1:14-17: "Aquel Verbo fue hecho carne;... porque de su plenitud tomamos todos, y gracia sobre gracia... La gracia y la verdad vinieron por medio de Jesucristo". Por los motivos mencionados, es fuerza clasificar entre las doctrinas fundamentales de la religión cristiana, las doctrinas de la Santísima Trinidad, de la verdadera divinidad de Cristo y de su verdadera humanidad.

c. La doctrina de la expiación vicaria de Cristo. La fe salvadora es fe en Cristo no meramente como Maestro de la Ley divina, o como Ejemplo de Virtud o como el "Hombre Ideal", según declara la teología moderna, sino la fe en Cristo como "el Mediador entre Dios y los hombres", que ha dado su vida en rescate por muchos, y como "el Cordero de Dios, que quita el pecado del mundo", 1 Tim 2:5-6; Mat. 20:28; Efe. 1:7; Juan 1:29. Todos los que rehúsan poner su confianza en la satisfacción vicaria de Cristo (Isa. 53:1-6) se ven obligados a confiar en sus propias buenas obras para conseguir reconciliación y perdón, y de este modo se excluyen a sí mismos de la gracia de Dios alcanzada por la muerte sustituidora de Cristo, Gál. 5:5. Esto sucede con todos los que, rechazando la sola gracia y la sola fe, se apartan de la doctrina bíblica de la justificación por la gracia mediante la fe. El semipelagiano, el arminiano y el sinergista, si perseveran en este error, están fuera de la Iglesia como el unitario y el modernista. La advertencia de la Apología es muy propia: "Los más de esos errores que defienden nuestros adversarios, derriban la fe, como cuando condenan el articulo concerniente a la remisión de los pecados, en el cual nosotros decimos que la remisión de los pecados se recibe por la fe. De igual modo es un error manifiesto y pernicioso, cuando los adversarios enseñan que los hombres merecen la remisión de los pecados por el amor a Dios precedente a la fe. En el lugar de Cristo elevan sus obras, órdenes, misas, así como los judíos, los paganos y los turcos creen salvarse por medio de sus obras" (Art. IV, 22). Si dentro de esas iglesias que enseñan la doctrina pagana de la justicia por las obras permanecen cristianas algunas personas, esto se debe a la gracia sobreabundante de Dios, según asevera la Apología: "Por lo tanto, aunque los papas y algunos teólogos y monjes nos hayan enseñado a buscar la remisión de los pecados, la gracia y la justicia por medio de nuestras propias obras, y a inventar nuevas formas de culto que han oscurecido el oficio de Cristo y han hecho de Cristo, no un Propiciador y Justificador, sino únicamente un Legislador, no obstante, el conocimiento de Cristo siempre ha sido conservado por algunas personas pías (Art. III, 271).

d. La doctrina de la Palabra de Dios. La Palabra de Dios, esto es, la Palabra externa del santo Evangelio que Cristo encomendó a sus discípulos, para que lo predicasen y enseñasen a todas las naciones (Mat. 28:19-20; Mar. 16:15-16) y el cual se expone en la Sagrada Escritura, es tanto el objeto como el medio de la fe salvadora. Objeto, porque la fe salvadora cree el Evangelio, Mar. 1:15; Rom. 1:1-2; medio, porque la fe salvadora se engendra solamente por medio del Evangelio, Rom. 10:17; 1:15; Juan 17:20; Sant. 1:18. Toda "fe" que no es producida por la Palabra de Dios no es fe, sino una invención de la mente, o fantasía. Lutero con su habitual agudeza clasifica tal fe como "fe en el aire". La fe salvadora es siempre el producto de Dios; nunca el producto del hombre, 1 Tim. 6:3.; 1 Cor. 2:1-5: "Para que vuestra fe no esté fundada en la sabiduría de los hombres, sino en el poder de Dios". Por esta razón la doctrina que trata de la revelación de la Palabra de Dios es igualmente una doctrina fundamental. El castigo de rechazar el Evangelio es la condenación, Mar. 16:15-16.

e. La doctrina de la resurrección. La teología racionalista moderna descarta la doctrina bíblica de la resurrección, negando tanto la gloriosa resurrección de Cristo como la resurrección de todos los muertos en el Día del Juicio. En lugar de la resurrección enseña la inmortalidad del alma. La Sagrada Escritura, sin embargo, afirma que negar la resurrección es negar todo el Evangelio de Cristo, 1 Cor. 15:12-19. A los que niegan la resurrección los caracteriza de náufragos en la fe y descaminados de la verdad, 1 Tim. 1:19-20; 2 Tim. 2:17-18. Himeneo y Alejandro, quienes negaron la doctrina de la resurrección, fueron entregados por San Pablo "a Satanás, para que aprendan a no blasfemar". Negar la resurrección es, por lo tanto, equivalente a blasfemar a Cristo. Por esta razón clasificamos la doctrina de la resurrección entre las doctrinas fundamentales de la religión cristiana.

Cuando hablamos de las doctrinas fundamentales de la religión cristiana, nos referimos naturalmente a estas doctrinas según las presenta la Sagrada Escritura, y no a la sinopsis dogmática de estas enseñanzas, o los dogmas de la Iglesia. Los dogmas pueden ser imperfectos; las enseñanzas de la Sagrada Escritura son infalibles. No obstante, hay que tener en cuenta que, si las doctrinas de la Sagrada Escritura han sido formuladas correctamente, rechazar tales dogmas, o credos, es lo mismo que rechazar la Sagrada Escritura misma. Así los modernistas, que rechazan el Credo Apostólico o el Credo Niceno o el Credo Atanasiano, rechazan la Palabra de Dios misma; pues las doctrinas expuestas y defendidas en estas confesiones son las enseñanzas de la Sagrada Escritura.

### *Doctrinas fundamentales Primarias y Secundarias*

Las doctrinas fundamentales de la religión cristiana pueden dividirse en doctrinal fundamentales *primarias* y *secundarias*. Esta distinción, además de ser bíblica, es práctica y útil, pues ayuda al teólogo cristiano a diferenciar debidamente las doctrinas fundamentales mismas. Según hemos aprendido, las doctrinas fundamentales constituyen el fundamento de la fe cristiana; pero no todas las doctrinas fundamentales constituyen este fundamento del mismo modo. Hollaz advierte con mucha razón: "Es un deber indispensable conocer todos los artículos fundamentales de la fe, pero los grados de este deber son diferentes" (*Doctr. Theol.*, p. 99). Los *artículos fundamentales primarios* son, pues, de tanta importancia que, si se niegan, no queda fundamento en el cual pueda reposar la fe cristiana. Todas las doctrinas enumeradas anteriormente bajo el título de "Artículos Fundamentales de la Fe", deben ser clasificadas como artículos fundamentales primarios; pues si se desechan, no puede existir el cristianismo

Las *doctrinas fundamentales secundarias*, en cambio, aunque sirven como fundamento de la fe, no lo son primaria y absolutamente. Ejemplos de doctrinas fundamentales secundarias son el Santo Bautismo y la Santa Cena. Estos dos Sacramentos, instituidos por Cristo, nos han sido dados como fundamento de la fe además del Evangelio, pues la misma gracia y el mismo perdón que se nos ofrece y se nos imparte en la Palabra de Dios, se nos ofrece y se nos imparte también en ellos, Hech. 2:38: "Arrepentíos, y bautícese cada uno de vosotros para perdón de los pecados"; Mat. 26:28 (Luc. 22:19 y sig.): "Esto es mi sangre del nuevo pacto, que por muchos es derramada para remisión de les pecados". Sobre esta oferta misericordiosa del perdón, sellada por Cristo en los Sacramentos, descansa la fe cristiana, del mismo modo y en el mismo grado en que descansa sobre la oferta del perdón extendida por nuestro Señor en la Palabra. Por esta razón las doctrinas del Santo Bautismo y de la Santa Cena son fundamentales; son el fundamento de la fe cristiana. Sin embargo, una persona puede desconocer estas dos doctrinas, o puede errar en cuanto a ellas y ser salva, siempre que se adhiera tenazmente a la promesa del perdón ofrecida en el Evangelio. La razón para esto es evidente: Todo el perdón que Cristo adquirió para los pecadores por su muerte en la cruz se ofrece y se imparte al creyente en el Evangelio, de modo que si el creyente confía en la promesa del Evangelio, posee por la fe todos los méritos de Cristo, junto con la vida espiritual y la salvación eterna. Esto no quiere decir que la promesa sacramental sea superflua; la Iglesia Cristiana nunca puede privarse de los Sacramentos, pues ellos imparten las bendiciones espirituales del Salvador de una manera particularmente íntima y consoladora. Los Sacramentos son la *Palabra visible* (*Verbum visible*) y la aplicación individual (*applicatio individualis*) de la gracia divina. Pero ya posee la salvación, el cristiano que confía en la promesa divina del perdón que se ofrece a todos los hombres en el Evangelio. Los Sacramentos no ofrecen nada nuevo, solamente sellan y confirman la misma gracia y la misma absolución que el Evangelio anuncia, otorga y confiere. En este sentido los Sacramentos no son absolutamente necesarios; y por esto llamamos las doctrinas del Santo Bautismo y de la Santa Cena doctrinas fundamentales secundarias. Y no debemos rechazar esta distinción; pues ella nos señala la línea divisoria entre los cristianos y los que no lo son. Así, los hijos creyentes de

Dios en las iglesias calvinistas yerran en cuanto a la *esencia* y el *propósito* de los Sacramentos, y tenemos que considerar este error como peligroso y pernicioso. A pesar de eso, confían en la gracia que se les ofrece en el Evangelio, y mientras hagan eso, no podemos negar que tienen la fe salvadora. En otras palabras, tenemos que considerarlos aún como cristianos, si bien como cristianos débiles y errantes, en constante peligro de caer del estado de gracia por no aceptar toda la palabra de Cristo. Lo que acabamos de decir en cuanto a los hijos de Dios en las iglesias calvinistas, se aplica también a los creyentes en otras sectas y en la Iglesia Católica Romana. Mientras el creyente confíe en la gracia de Cristo ofrecida en la Palabra, como lo hizo el malhechor en la cruz, es salvo, aunque nunca haya recibido las bendiciones de los Sacramentos. Hollaz tiene mucha razón al decir de los artículos fundamentales secundados como tales: "Una simple carencia del conocimiento de ellos no impide la salvación, pero el negarlos pertinazmente y el demostrarles hostilidad derrumban el fundamento de la fe" (*Doctr. Theol.*, p. 99 y sig).

En su observación sobre las doctrinas fundamentales secundarias, Hollaz dirige nuestra atención hacia una verdad muy importante: "No hay que abusarse de la distinción entre las doctrinas fundamentales primarias y secundarias en el empeño de tolerar doctrinas falsas". La pertinaz negación y hostilidad manifiesta con respecto a las doctrinas fundamentales secundarias -y lo mismo puede decirse de toda doctrina de la Sagrada Escritura- por fin ha de derrumbar el fundamento de la fe; pues ello implica resistir al Espíritu Santo. Debemos recordar esto continuamente a todos los que están en el error, aunque no podamos negar que se encuentran en estado de gracia. Ningún teólogo cristiano debe olvidar que:

a. Cristo le ha mandado enseñar todas las doctrinas de la Palabra de Dios y no negar o pasar por alto ninguna, Mat. 28:20: "Enseñándoles que guarden todas las cosas que os he mandado".

b. Cualquier desvío de la Palabra de Dios es un escándalo y ofensa, según declaración expresa de Dios Rom. 16:17: "Os ruego, hermanos, que os fijéis en los que causan divisiones y tropiezos en contra de la doctrina que vosotros habéis aprendido". Ningún teólogo puede enseñar errores sin que cause ofensa a otros creyentes. Es este un asunto muy serio. Mat. 18:7: "¡Ay de aquel hombre por quien viene el tropiezo! "Cf. también Luc. 17:1. Rom. 14:13: "Decidid no poner tropiezo u ocasión de caer al hermano". 2 Cor. 6:3: "No damos a nadie ninguna ocasión de tropiezo para que nuestro ministerio no sea vituperado".

c. Quien desecha el testimonio claro de la Palabra de Dios en un solo punto, rechaza toda la Palabra de Dios como la única fuente y norma de la fe; pues la Sagrada Escritura debe creerse y enseñarse no simplemente en su aplicación general, sino que todas sus partes, aún más, todas sus palabras, deben aceptarse como la verdad divina. Bien dice Lutero: "El Espíritu Santo (cuando habla en la Sagrada Escritura) no puede ser separado o dividido, de modo que nos enseñe o nos induzca a creer una doctrina como verdadera y otra como falsa" (St. L., XX. 1781). Todas las enseñanzas de la Palabra de Dios están tan íntimamente entretejidas una con otra que, si se niega una, quedan afectadas todas las demás; esto es, "un error produce otro", según lo prueba la historia de los dogmas. Si se encuentran excepciones a esta regla, hay que atribuirlas únicamente a la maravillosa gracia conservadora de Dios. Debido a la gracia de Dios un teólogo errado, por una extraña "inconsecuencia afortunada", a menudo no cree personalmente lo que enseña en público; o también puede ser que, en su propia vida de fe, no saque las conclusiones destructivas que le sugiere su rechazamiento racionalista de la verdad divina. Así, uno que otro sinergista, que públicamente ha afirmado que el hombre colabora en su conversión, en su propia relación con Dios como pecador penitente, ha echado a un lado este error pernicioso y ha confiado únicamente en la gracia de Dios para su salvación. También tenemos el caso de teólogos que pública y oficialmente han negado la universalidad de la gracia divina y que, no obstante, al predicar el Evangelio al pueblo, han proclamado con firmeza el carácter universal de la gracia de Dios y de la redención de Cristo. Esta afortunada diferencia entre la teoría y la práctica la deben a la misericordia inefable de Dios, que con tantas ansias desea la salvación de los pecadores.

Sin embargo, jamás hay que abusarse de la verdad antes expuesta con el objeto de fomentar indiferencias en materia de doctrina. Aunque admitimos que existe una "inconsecuencia afortunada", no hay que olvidar que existe una "consecuencia infortunada", por la cual los teólogos que yerran en un punto se exponen a errar en otros más y aún en todos. En otras palabras, la proclamación de un error casi siempre lleva a la proclamación de otros, y por fin, el rechazamiento de toda la verdad bíblica. En cuanto al resultado fatal de esta negación de la Palabra de Dios y tolerancia del error, Lutero amonesta seriamente a todos los teólogos cristianos cuando escribe: "No debes decir: "Me propongo errar como cristiano". Si el cristiano yerra, lo hace por ignorancia" (St. L., XIX, 1132). Lutero admite que existe la anomalía del "cristiano que yerra"; esto es, aun el verdadero cristiano yerra por debilidad o por ignorancia. Pero este "errar cristiano" se hace un "errar anticristiano", tan pronto como una persona deliberadamente y a sabiendas se entrega al error. Tal "errar anticristiano" a la fuerza tiene que derribar la fe y poner en peligro la salvación. Tome nota, pues, el teólogo cristiano. El indiferentismo con respecto a las doctrinas de la Sagrada Escritura y el unionismo espiritual producido por tal indiferentismo están diametralmente opuestos a la Palabra de Dios, la cual declara: "Al hombre que cause divisiones, después de una y otra amonestación deséchalo, sabiendo que el tal se ha pervertido, y peca y está condenado por su propio juicio": Tito 3:10-11. La Sagrada Escritura nunca justifica la enseñanza del error, sino que la condena siempre y con toda vehemencia como *escándalo.*

d. Para conservar incólume la pureza de doctrina, la Iglesia debe guardarse de todo error por el cual Satanás desee causar disensiones y escándalos. Gal. 5:9: "Un poco de levadura leuda toda la masa". Empieza por lo regular con "un poco de levadura" la corrupción completa de toda la teología cristiana. El modernismo, con su rotundo rechazamiento de todas las verdades bíblicas que son necesarias para la salvación, no es más que el resultado del indiferentismo de aquellos teólogos y aquellas iglesias, que dan cabida a "un poco de levadura" en su sistema de dogmas. Si se permite negar la doctrina de la inspiración verbal, se derrumba toda la doctrina de la inspiración. Si se permite quitar la sola gratia del corpus doctrinae, se termina por rechazar la expiación vicaria de Cristo. El teólogo cristiano no puede errar en "lo poco" sin que tarde o temprano yerre también en "lo mucho" con respecto a la doctrina de la salvación. Esa es la "consecuencia infortunada" de la tolerancia del error. Lo desastroso que es todo esto lo sabe cualquier cristiano sincero, que ha estudiado la historia de la Iglesia Cristiana a la luz de la Sagrada Escritura.

### *Doctrinas No Fundamentales*

Las doctrinas no fundamentales de la Sagrada Escritura son las que no constituyen el fundamento de la fe, pues no ofrecen ni imparten a los pecadores el perdón de los pecados, para hacerlos de este modo hijos de Dios por la fe en Cristo, sino que solo *fortalecen* la fe que ya existe. Hollaz describe las doctrinas no fundamentales como "partes de la doctrina cristiana que uno puede desconocer u omitir y sin embargo ser salvo" (*Doctr. Theol.* p. 92). Tales doctrinas son, por ejemplo, la de los ángeles, la del Anticristo," etc. Por lo visto, estas doctrinas no crean la fe salvadora en Cristo, sino que solo son dadas para consuelo y amonestación de aquellos que ya creen en Cristo. Esto no quiere decir que sean inútiles las doctrinas no fundamentales; en varios sentidos es verdaderamente muy grande su importancia y, por lo tanto, no deben desecharse. Así la doctrina con respecto a los santos ángeles glorifica la gracia divina y fortalece nuestra fe en la providencia misericordiosa de Dios. Tanto en su extensión como en su carácter, constituye esta doctrina una parte importante de la teología cristiana. El teólogo cristiano no debe pasar por alto este hecho. También la doctrina concerniente al Anticristo nos instruye y amonesta en cuanto al mayor fraude que jamás se ha perpetrado dentro de la Cristiandad, y la teología evangélica sufriría una pérdida muy seria si se eliminase esta doctrina. Por consiguiente, las doctrinas no fundamentales son necesarias y deben ser inculcadas con el debido fervor y énfasis, 2 Tim. 3.16: "Toda la Escritura es inspirada por Dios y útil para enseñar, para redargüir, para corregir, para instruir en justicia". Sin embargo, no son propiamente el objeto de la fe salvadora las doctrinas no fundamentales; pues la fe que salva confía en la promesa del perdón de los pecados por la redención de Jesucristo; y desde ese punto de vista, se considera como no fundamental la doctrina acerca del Anticristo. La advertencia que hace Baier sobre este particular debe tomarse en cuenta. El escribe: "Al mismo tiempo (al admitir que hay doctrinas no fundamentales) debemos tener cuidado en cuanto a este punto, no sea que, aceptando o profesando el error, imprudentemente pequemos contra la revelación divina y contra Dios mismo; o que por la persuasión de otros, se mantenga aun contra la propia conciencia, algo por lo cual se destruya el fundamento de uno o más artículos fundamentales de la fe. Pues de este modo, como por un pecado mortal, pueden ahuyentarse por completo la fe y el Espíritu Santo, lo que en muchísimos casos realmente sucede" (*Doctr. Theol.*, p. 97). Esta advertencia se aplica también a los datos y relatos históricos, arqueológicos y científicos contenidos en la Sagrada Escritura. Aunque éstos no son fundamentales, sin embargo, significa rechazar la autoridad de la Sagrada Escritura si nos atrevemos a negar que son absolutamente verdaderos; porque si la Escritura yerra, pierde su autoridad; y si yerra y pierde su autoridad, no podemos creerla; pues si es falsa en puntos que no son fundamentales, ¿cómo puede ser verdadera en sus enseñanzas fundamentales? Si no podemos confiar en ella cuando nos enseña cosas terrenales, mucho menos podemos hacerlo cuando nos habla de cosas celestiales. Por consiguiente, aunque el teólogo cristiano reconoce las doctrinas no fundamentales en la Sagrada Escritura, cree y expone la Escritura entera, en todas sus partes y en todas sus declaraciones, como la verdad divina que debe proclamarse a todos los hombres. La distinción que hace entre doctrinas fundamentales y no fundamentales, la hace sólo para distinguir con claridad aquellas enseñanzas de Dios que son el fundamento de la fe que justifica y aquellas que no lo son.

### *C. PROBLEMAS TEOLÓGICOS, O CUESTIONES PENDIENTES*

Los problemas teológicos no pueden definirse como puntos doctrinales "sobre los cuales no se ha llegado a un acuerdo", o "que la Iglesia ha dejado sin decidir en sus Confesiones", sino como cuestiones que la Sagrada Escritura misma ha dejado pendientes, o sin contestar, o sin decidir claramente. Esta definición de problemas teológicos es muy importante; pues no es la autoridad humana, sino solamente la autoridad bíblica la que determina lo que ha de enseñarse en la Iglesia Cristiana, a saber: el contenido entero de la Sagrada Escritura, Mat. 28:20, y no un determinado compendio doctrinal que han arreglado o preparado ciertos teólogos o ciertas iglesias. En otras palabras, la Sagrada Escritura es el único maestro espiritual del hombre, y no la Iglesia o el teólogo en la Iglesia. El espíritu de indiferentismo y unionismo siempre ha levantado normas falsas en cuanto al asunto de problemas teológicos. Guiados por un principio vicioso de tolerancia religiosa, los teólogos erraron a menudo en este punto, colocando su limitada razón humana por encima de la Palabra inspirada de Dios y "produciendo" o "resolviendo", problemas teológicos a su antojo. Contra esta tendencia antibíblica hay que sostener que los problemas teológicos deben su existencia únicamente al silencio de la Escritura, y no a alguna fijación de doctrina por parte de la Iglesia, o a alguna forma de interpretación defendida por este o aquel lado en una controversia. Puesto que la doctrina de la Sagrada Escritura es la Palabra de Dios, el hombre no tiene derecho alguno a decidir lo que debe o no debe enseñarse, o en determinar cuáles han de ser problemas teológicos y cuáles no. Esto es un asunto fuera de su jurisdicción.

Al estudiar la Sagrada Escritura hallamos que, en concordancia con su punto de vista y su propósito, ella no resuelve todos los problemas que los hombres desearían ver resueltos. Por ejemplo, no explica cómo el pecado se originó o pudo originarse, puesto que todas las criaturas fueron originalmente creadas "muy buenas". Tampoco contesta la Sagrada Escritura la pregunta si el alma de un niño se produce por medio de creación o generación (el creacionismo; el generacionismo). Los asuntos en que guarda silencio la Palabra de Dios se llaman problemas teológicos, o cuestiones pendientes. A estos problemas podemos añadir también el *crux theologorum*, que siempre ha confundido la mente investigadora de los teólogos; ¿Por qué se convierten unos y otros no, aunque por naturaleza todos los hombres están en la misma culpa (*eadem culpa*) y se salvan únicamente por la gracia (*sola gratia*)? (*¿Cur alii, alii non? ¿Cur non omnes? ¿Cur alii prae aliis?*). Como la palabra de Dios no contesta estas preguntas, el teólogo tampoco ha de tratar de hacerlo. Todo empeño en resolver estos problemas es no solo *contrario a la Biblia*, pues el teólogo debe hablar únicamente conforme a las palabras de Dios, 1 Ped. 4:11, sino también *contrario a la ciencia*, porque el que se atreve a resolverlos pretende saber lo que no puede saber. La divina verdad se percibe solamente por la fe, esto es, creyendo sencillamente lo que enseña la Sagrada Escritura, Juan 3:31-32. Por consiguiente, cualquier doctrina que no se tome de la Palabra de Dios no es teología, sino vana especulación o manifiesta ignorancia, 1 Tim. 6:4.

La actitud correcta del teólogo cristiano hacia los problemas teológicos es, por lo tanto, confesar que es incapaz de resolverlos, porque la fuente de su fe, la Sagrada Escritura, no le suministra dato alguno. Reusch dice con mucha razón: *"Inutilis est eorum cognitio, et vanae sunt de eisdem disputationes". (Annotationes in Baieri Comp.,* 1757, p. 52). Además, tales disputas no son sólo inútiles sino hasta peligrosas, Lutero nos advierte esto cuando dice que hay principalmente dos obstáculos para el Evangelio, el primero, si se enseña a los pecadores que deben confiar en sus propias buenas obras, y el segundo, si se proponen problemas inútiles que desvían la atención de la doctrina cristiana (St. L., IX, 863 y sig.). Por cierto, problemas teológicos no son "problemas" en el sentido de que permitan al teólogo cristiano dar rienda suelta a su imaginación, para tratar de resolver asuntos que la Palabra de Dios prudentemente ha rehusado resolver o revelar. Si se entrega a las especulaciones, éstas deben conservarse siempre dentro de los límites de la "analogía de la fe", o la clara revelación de la Palabra de Dios. El teólogo cristiano debe aprender a decir "no sé" *(nescio)* donde la Sagrada Escritura no habla clara y definidamente, recordando que Dios siempre busca nuestra salvación, ora revele verdades, ora mantenga encubiertos determinados asuntos que desearíamos conocer, 2 Tim. 3:15-17.

Con relación a este punto podemos tratar también la importante pregunta: "¿Qué son los artículos de fe?" Artículos de fe tienen su origen únicamente en la Sagrada Escritura como lo han afirmado siempre nuestros dogmáticos. Esto quiere decir que la Iglesia Cristiana acepta y cree sólo aquellas doctrinas que se enseñan expresamente en la Sagrada Escritura. Hollaz describe un artículo de fe como "una parte de la doctrina revelada en la Biblia, inspirada, concerniente a Dios y a las cosas divinas, y ofrecida al pecador para que la crea para su salvación". Es cierto que algunos artículos de fe, contienen verdades reveladas al hombre por medio del conocimiento natural que posee de Dios, y por la contemplación de las obras de Dios en la naturaleza, por ejemplo, de aquellas que documentan la existencia de Dios. Por tal razón, los artículos de fe se han dividido en *artículos mixtos*, esto es, corroborados por la observación de la naturaleza, y *artículos puros*, que se conocen únicamente por el estudio de la Sagrada Escritura (Baier). Pero también los primeros, los artículos mixtos, son artículos de fe sólo por cuanto radican en la Palabra de Dios. Fuera de la Biblia el verdadero teólogo cristiano no reconoce fuente alguna de verdad divina.

## 12. LA IGLESIA Y SUS DOGMAS

Puesto que el teólogo cristiano ha de enseñar únicamente lo que enseña la Sagrada Escritura y nada más, se ha suscitado la pregunta si es correcto dar a los credos, dogmas, o confesiones un lugar en la Iglesia Cristiana. Tanto los teólogos conservadores como los modernistas han contestado la pregunta en forma negativa. La teología modernista brega por un cristianismo sin credo, o sin dogma. Alega que la verdadera función de la Iglesia es diseminar el "Evangelio social" y no el Evangelio sobrenatural de Cristo, con el cual, ya no simpatiza la era progresista de la actualidad. Esto quiere decir que la teología modernista fija su vista solo en el presente y no en el porvenir. Propone una teología para esta vida y no para la venidera. Esta teología, se nos dice, es una teología de buenas obras que deben hacerse ahora, y no una teología de palabras consoladoras con respecto a una posible existencia futura. Siendo ésta su posición, la teología modernista considera los credos, dogmas y confesiones no sólo como innecesarios, sino también como perjudiciales. Nos dice que los credos impiden el libre progreso y desarrollo de la Iglesia y su actividad. La teología tiene que oponerse pues, a los dogmas. Teólogos modernos de un tipo más conservador resisten a los credos por razones un poco diferentes. Aseveran que los dogmas y las confesiones obstaculizan el "progreso necesario en la teología, progreso necesario si la Iglesia ha de permanecer como un organismo vivo". En efecto, estos teólogos sostienen que las doctrinas de la Iglesia son factores eternamente variables, sujetos a constantes cambios a medida que los hombres reciban revelaciones más nuevas, más completas y más profundas. Como se ve, no es muy grande la diferencia entre estas dos clases de teólogos. Es una diferencia en grado y no en clase. Ambos rechazan la Sagrada Escritura como la única regla y norma de la fe y en su lugar entronizan la razón o la ciencia.

Por las objeciones que acabamos de considerar, es evidente que la animosidad de la teología del liberalismo y el racionalismo moderno, no se dirige principalmente contra los credos o los dogmas mismos, sino contra la Sagrada Escritura. Estos racionalistas se oponen a los credos porque se oponen a las verdades reveladas por Dios. Su teología sin credo equivale a una teología sin la Santa Biblia. Quieren seguir sus propias palabras y no la Palabra de Dios.

Este odio contra la Sagrada Escritura se halla, sin embargo, también en iglesias favorables a los credos. La teología de la Iglesia Romana, por ejemplo, está edificada sobre credos bien definidos. Debido a que la iglesia de Roma acepta las antiguas confesiones de la Iglesia Cristiana pura, aún la consideramos dentro de la esfera de la cristiandad. Pero ha rodeado estos antiguos credos con credos más recientes, cuyo contenido es anticristiano y que de hecho anulan lo que declaran las antiguas confesiones cristianas. Además, estos credos específicamente papistas, están en oposición directa a la Sagrada Escritura, pues rechazan la Escritura como la única regla de la fe y contradicen en forma abierta sus doctrinas centrales. Afirman que el papa, como cabeza de la Iglesia, es la norma infalible de la fe; que el pecador se justifica por las obras; que la doctrina de la justificación por la gracia, mediante la fe en Cristo, es anatema; que los méritos y la intercesión de los santos son útiles para la salvación; y otras doctrinas igualmente falsas. Tales credos, naturalmente, son inaceptables en la Iglesia Cristiana, pues no son cristianos, sino anticristianos. Pero también en las iglesias calvinistas hallamos credos que se oponen a la Palabra pura de Dios. Los credos específicamente calvinistas niegan la universalidad de la gracia de Dios y de la redención de Cristo; la eficacia de los medios de gracia; la presencia real del cuerpo de nuestro Señor en la Santa Cena; la comunión de las dos naturalezas en la persona de Cristo, y la consiguiente comunicación de los atributos; etc. Tales credos no pueden ser tolerados en la Iglesia Cristiana porque son antibíblicos y racionalistas.

La Iglesia Cristiana que tiene como fuente de la fe solamente la Palabra infalible de Dios (Efe. 2:20), no puede bajo ningún concepto reconocer como legítimo cualquier dogma o doctrina que no sea enseñanza clara de la Sagrada Escritura. Podemos decir: El dogma de la Iglesia Cristiana es la doctrina de la Santa Biblia. Todo lo que declara y enseña la Palabra escrita de Dios es *eo ipso* dogma de la Iglesia, sea o no sea específicamente formulado. La pregunta no es: ¿Está expuesta claramente en las Confesiones esta o aquella doctrina? sino: ¿Está expuesta en la Palabra de Dios esta o aquella doctrina? Si está expuesta en el Santo Libro, es por ende dogma de la Iglesia, aunque no sea mencionada con una sola palabra en las Confesiones de la Iglesia. No es difícil percibir la razón de esta declaración. La Iglesia Cristiana no es el ama de la doctrina de Dios, sino meramente la sierva, Su primer propósito no es crear doctrinas nuevas, sino predicar las doctrinas que ha revelado su divino Señor, Mat. 28:20: "Enseñándoles que guarden todas las cosas que os he mandado". Esto lo expresa con todo vigor el dictamen de Lutero: "La Iglesia de Dios no tiene autoridad de establecer ningún artículo de fe, así como nunca ha establecido alguno ni jamás establecerá alguno". También Quenstedt dice (1, 36): "La revelación divina es la primera y la última fuente de la teología sagrada; más allá de ella no debe proceder discusión teológica alguna entre los cristianos" (*Doctr. Theol.*, p. 28). Esto no quiere decir que la Iglesia no debe tener artículos de fe o confesiones, pero sí quiere decir que todos sus artículos de fe deben ser real y verdaderamente, "declaraciones" de la fe que le ha sido entregada por Dios en su santa Palabra. Todos los cristianos aceptan, pues, las antiguas confesiones de la Iglesia Cristiana, porque ellas profesan y defienden sola y únicamente la doctrina bíblica. Esto es cierto, aunque no se hallan en la Sagrada Escritura los términos teológicos técnicos que ellas usan para expresar la doctrina de la Palabra de Dios, tales como "Trinidad", "consubstancial", etc. De igual modo, también profesan únicamente la doctrina bíblica las Confesiones Luteranas que fueron añadidas en el tiempo de la Reforma y después de la muerte de Lutero, para defender la doctrina de la Palabra de Dios contra el romanismo y el sectarianismo. No decimos esto en un espíritu de orgullo carnal, sino en la santa y leal convicción que exigen de sus discípulos Cristo y su Palabra. Los dogmas (credos, confesiones) tienen el derecho de ocupar un lugar en la Iglesia Cristiana, siempre que enseñen las doctrinas de Dios y no las doctrinas de hombres. Si por otro lado, exponen doctrinas opuestas a la Palabra de Dios, deben ser abolidas y rechazadas; pues la Iglesia Cristiana debe enseñar la Palabra de su divino Señor, y nada más.

Lo que acaba de decirse en cuanto a los dogmas y credos en general se aplica en particular, y con igual vigor, a los escritos teológicos de los que enseñan en la Iglesia. Ningún teólogo debe ser oído en la Iglesia, y ningún escrito dogmático debe ser tratado como digno de consideración, a menos que profese y defienda la verdad que es en Cristo Jesús. El teólogo que saca sus enseñanzas de una fuente que no sea la Sagrada Escritura, comete un inexcusable fraude contra la Iglesia y merece ser excomulgado como falso profeta, Rom. 16:17; 1 Juan 10:11; 1 Tim, 4:16. Esto rige para todos los ministros y maestros que han sido llamados a instruir el pueblo cristiano en general. Los ministros, maestros y misioneros cristianos deben anunciar a sus oyentes, no sus propias palabras, sino la Palabra de Dios, de modo que en toda la Iglesia Cristiana, en sus escuelas y colegios, en sus iglesias y hogares, no se enseñe una sola doctrina que no esté de acuerdo con la Sagrada Escritura.

Si los dogmas y los credos de la Iglesia son verdadera y absolutamente bíblicos, son de gran valor también para conservar la unión íntima entre las varias disciplinas teológicas y para asegurar su verdadero carácter teológico. Comúnmente hablamos de la teología como dogmática, histórica, exegética y práctica; esta división es tan práctica como útil, ayuda al estudiante de teología a distinguir una materia de la otra, facilitándole así el comienzo de sus estudios de teología sagrada. No obstante, el propósito de las varias disciplinas teológicas es, en resumen, el mismo; cada una enseña la Palabra de Dios con sus aplicaciones específicas. El teólogo dogmático especifica detalladamente las diferentes doctrinas de la Palabra de Dios; el teólogo exegético expone las mismas doctrinas mientras explica a sus oyentes el significado de las palabras del texto sagrado; el teólogo histórico presenta las mismas doctrinas según la reacción que produjeron en los hombres en el curso de la historia; y el teólogo práctico aplica las mismas doctrinas a las necesidades especiales de la congregación cristiana. Así que, aun cuando las cuatro disciplinas teológicas pueden distinguirse una de otra por su punto de vista particular, todas ellas tienen el mismo propósito, único e importante, de proclamar, enseñar y defender la Sagrada Escritura; y este único propósito las hace conservar su unión intima, convirtiendo el curso de teología en un todo homogéneo. Al mismo tiempo, este único propósito de inculcar la Palabra de Dios, conserva también el verdadero carácter teológico de cada disciplina. Este factor hace *teología,* en el verdadero sentido de la Palabra, a la teología histórica, o a la teología exegética o a la teología práctica. Si la teología histórica va más allá de la Palabra de Dios, ya no es teológica; y lo mismo puede decirse de la teología dogmática, como de la exegética y de la práctica. En resumen, estas cuatro ramas son teología sólo por cuanto enseñan y declaran la Palabra de Dios, o sea, la Sagrada Escritura. Tan pronto como los teólogos presentan sus propias opiniones están enseñando filosofía, o especulación, y no teología; pues ésta, es en el mismo grado, Palabra *de* Dios, como es palabra *acerca* de Dios.

En vista de la apostasía general entre los teólogos contemporáneos, es necesario dar énfasis constante a la verdad antes citada. La crisis que perturba a la Iglesia Cristiana en la actualidad, reclama una urgente renovación de lealtad hacia la Palabra de Dios. Para curarse de sus muchos males, la Iglesia tiene que aplicar el antiguo y precioso remedio que Dios ha dispuesto para la salvación de los hombres: La Palabra pura de Dios. El mandato de Cristo es: "Predicad el Evangelio", Mar. 16:15. Ese mandato divino liga a todos los cristianos, y particularmente, a todos los maestros cristianos a la Palabra de Dios hasta el fin del mundo. *"Quod non est biblicum, non est thelogicum".* Este es un axioma que la Iglesia Cristiana siempre debe respetar y obedecer; si no lo hace, es una Iglesia apóstata y deshonra al Señor, quien "edificó su Iglesia sobre el fundamento de los apóstoles y profetas, siendo la principal piedra del ángulo Jesucristo mismo", Efe. 2:20.

### 13. EL PROPÓSITO DE LA TEOLOGÍA CRISTIANA

En la ejecución de sus sagradas funciones, el teólogo cristiano debe recordar constante y concienzudamente el verdadero fin de su actividad teológica. El propósito de la teología sagrada, en lo que se refiere a la humanidad hundida en el pecado y en la perdición, no es la diseminación de la cultura, ni el establecimiento de la justicia civil en la tierra, ni la satisfacción de la aspiración intelectual del pensamiento humano, sino la salvación eterna (*sōteria, salus aeterna*) de los pecadores. En otras palabras, el propósito de la teología sagrada no es académico ni especulativo, sino intensa y absolutamente práctico (*habitus practicus*); es conducir almas perdidas a Cristo y, por medio de Él a la comunión con el verdadero Dios, de un modo incoativo aquí en la tierra y en forma perfecta allá en la eternidad. La Sagrada Escritura declara en términos explícitos e indisputables este glorioso propósito de la teología sagrada, 1 Tim. 4:16: "Ten cuidado de ti mismo y de la doctrina...; pues haciendo esto te salvarás a ti mismo y a los que te oyeren". Mar. 16:15-16: "Predicad el Evangelio... El que creyere... será salvo". Si la teología racionalista moderna rechaza la salvación eterna como el propósito principal y preeminente de la teología sagrada, es porque este tipo detestable de seudoteología no es bíblico, sino carnal; no es la teología divina del Evangelio de Cristo, sino la teología humana de un evangelio social. El dogmático luterano Meisner tiene razón cuando declara: "El que no persigue continuamente este propósito (la salvación del hombre) y no lo tiene presente en todo su estudio, no merece el nombre de verdadero teólogo" (*"Lehre und Wehre,"* 14, 76).

De acuerdo con el principio recién mencionado, los teólogos luteranos han definido la teología sagrada como sigue: "La teología sagrada trata del hombre como pecador que debe ser restablecido a la salvación eterna". Esta definición es muy bíblica. El objeto de la teología sagrada no es el hombre en general, sino el *homo pecator*, o el hombre pecador, por cuya salvación Dios envió a su Hijo unigénito al mundo "para que todo aquel que en Él cree, no se pierda, mas tenga vida eterna". Juan 3:16. También es verdad que el estado, o el gobierno civil, tiene que ver con los hombres como pecadores (*homines peccatores*), pero su propósito no es promover la salvación eterna de los hombres, sino su bienestar terrenal o temporal, y especialmente proteger la vida humana y la propiedad. Su interés se limita, por lo tanto, a esta vida presente y no a la vida después de la muerte. El estado, por consiguiente, no tiene jurisdicción en la vida espiritual y eternal del hombre; su función cesa donde ésta empieza. La función especial y propia de la teología sagrada, es ofrecer y conceder a los hombres pecadores la felicidad eterna en la vida venidera, y esto mediante la fe en Cristo, engendrada por los medios de gracia instituidos por Dios. El mensaje que dirige a la humanidad perdida es éste: "El que cree en el Hijo tiene vida eterna; pero el que desobedece al Hijo no verá la vida, sino que la ira de Dios, está sobre él", Juan 3:36.

Resulta, pues, que el propósito final de la teología sagrada (*finis ultimus*) es la salvación de los hombres. El propósito intermedio (*finis intermedius*), puede definirse como el engendramiento y preservación de la fe salvadora en Cristo Jesús para la vida eterna, Rom 1:5: "Por quien recibimos la gracia y el apostolado, para la obediencia a la fe en todas las naciones por amor de su nombre" (para que los hombres de todas las naciones puedan llegar a obedecer a Cristo en la verdadera fe). Por lo tanto, el teólogo cristiano ejecuta su santo oficio ante todo para que los pecadores puedan creer en Cristo y obtener la salvación por medio de Él. Pero la teología sagrada tiene por objeto no sólo la conversión, sino también la santificación y las buenas obras; el teólogo cristiano siempre debe tener en cuenta este propósito, instando con celo santo a las almas que se le han confiado a que sean celosas en buenas obras, Tito 3:8: "Estas cosas quiero que insistas en firmeza, para que los que creen en Dios procuren ocuparse en buenas obras". Sin embargo, las buenas obras no son el medio por el cual se obtiene la salvación eterna, sino más bien los resultados y frutos de la fe. Las buenas obras, en el sentido bíblico de la palabra, son las obras hechas por aquellos que ya han obtenido la salvación mediante la fe en Cristo, Rom. 3:28: "Concluimos pues, que el hombre es justificado por fe sin las obras de la ley"; 6:22: "Más ahora que habéis sido libertados del pecado y hechos siervos de Dios, tenéis por vuestro fruto la santificación"; Efe. 2:10: "Somos hechura suya, creados en Cristo Jesús para buenas obras, las cuales Dios preparó de antemano para que anduviésemos en ellas". De ahí resulta que todos los que predican buenas obras como condición o medio de la salvación están bajo la maldición, Gal. 3:10. Por otro lado, el ministro cristiano que en conformidad con la Sagrada Escritura proclama la salvación por la sola gracia, produce por esta misma predicación del Evangelio, buenas obras que agradan a Dios y lo glorifican, Tito 2:14: "Jesucristo se dio a sí mismo por nosotros para redimirnos de toda iniquidad y purificar para sí un pueblo propio, celoso de buenas obras"; 1 Tim. 6:18: "Que sean ricos en buenas obras". Esto no quiere decir que el teólogo cristiano puede descuidar la Ley divina, pues la Ley divina es Palabra de Dios lo mismo que el Evangelio. Pero emplea la Ley en su debido lugar, esto es, para demostrar qué son buenas obras y qué exige Dios del creyente en cuanto a ellas. En cambio, el deseo y el poder de hacer buenas obras lo produce únicamente por medio de la predicación del Evangelio. El teólogo cristiano, por lo tanto, debe ser capaz de aplicar debidamente tanto la Ley como el Evangelio.

## 14. EL MEDIO EXTERNO POR EL CUAL CUMPLE LA TEOLOGÍA SAGRADA SU PROPÓSITO DE SALVAR A LOS PECADORES

Los medios externos que emplea el teólogo cristiano para efectuar la salvación del pecador no son los medios carnales sugeridos por la sabiduría humana, tales como la coerción externa, el poder de la espada del gobierno civil, decretos legales, servicio social, el perfeccionamiento de la organización eclesiástica, etc.. En tales cosas confían sólo aquellos teólogos que se dejan guiar por los principios de la razón, como lo prueba la historia de la Iglesia Cristiana. Los teólogos errados dentro de la Iglesia Cristiana siempre se han apoyado en medios carnales para mantener y extender el poder eclesiástico. Pero la Sagrada Escritura condena estos medios no sólo como inútiles, sino también como del todo perjudiciales. Pues todos ellos se basan en la Ley; y aunque es verdad que la Ley puede reprimir las manifestaciones groseras del pecado y mejorar al pecador externamente, no puede empero, cambiar su corazón, porque no puede engendrar en él la verdadera fe en Cristo; por consiguiente, el Evangelio de Cristo es el único medio por el cual el teólogo cristiano puede efectuar su propósito preeminente y prescripto por Dios de salvar a los pecadores para la vida eterna, Mat. 28:19-20: "Por tanto id y haced discípulos a todas, las naciones, bautizándolos..., enseñándoles que guarden todas las cosas que os he mandado"; Mar. 16:15: "Predicad el evangelio a toda criatura"; 2 Tim. 3:15: "Has sabido las Sagradas Escrituras, las cuales te pueden hacer sabio para la salvación; Rom. 10:17: "La fe es por el oír, y el oír, por la palabra de Dios". El teólogo cristiano debe tener en cuenta constantemente estos preceptos divinos de la Sagrada Escritura, entonces no se dejará llevar por medios que su corazón carnal le presente o sugiera, sino que sólo empleará la potente y vigorosa Palabra de Dios, el único medio por el cual los pecadores son transformados en hijos de Dios y guiados y conservados en la fe salvadora. En la Iglesia Cristiana, al igual que en toda la actividad del teólogo cristiano, es la Palabra de Dios la única que debe mandar. Es el único medio de gracia eficaz porque es el único medio prescrito por Dios. Muy atinada es la declaración de Lutero: "Los cristianos no pueden ser gobernados por ningún otro medio sino por la Palabra de Dios; pues los cristianos tienen que ser gobernados por la fe y no por medidas externas. La fe, empero, sólo puede venir por medio de la Palabra de Dios y no por palabra alguna del hombre, según enseña San Pablo, Rom. 10:17: "La fe es por el oír, y el oír, por la palabra de Dios" (St. L., X, 406). Por lo tanto, el teólogo cristiano debe depender enteramente de la Palabra de Dios para la ejecución debida y feliz de la obra del santo ministerio; pues ella es el fundamento único e imperecedero de la santa Iglesia de Cristo Cf. 1 Cor. 3:10-14.

## 15. LA TEOLOGÍA Y LA CIENCIA

La pregunta de si el término *ciencia* puede aplicarse a la teología sagrada ha causado mucho debate entre los teólogos. El pro y el contra se ha defendido con la misma tenacidad. La pregunta en sí no es difícil de contestar, toda vez que el término *ciencia* se use y se entienda exactamente en el mismo sentido. Es del todo evidente que el término *ciencia*, según se emplea generalmente, no puede aplicarse a la teología sagrada. La teología cristiana no es una ciencia de la misma manera en que, por ejemplo, son ciencias la geología, la psicología, la biología, etc. Difiere de éstas no solamente en la materia que trata, sino también en la fuente, el método y el propósito. La materia que trata es la verdad divina, expuesta en la Sagrada Escritura; su fuente, la Santa Biblia; su método *(medium cognoscendi),* la fe; su propósito, la salvación de los pecadores. La teología sagrada no trata acerca del conocimiento humano, o la sabiduría humana producto del estudio, la contemplación, o la investigación del hombre, como es el caso con las ciencias comunes establecidas por los filósofos y los hombres de ciencia. El teólogo cristiano consigue su conocimiento directamente de la Biblia, cuyas verdades recibe por la fe. El corazón de la teología sagrada es el mensaje de la expiación vicaria de Cristo, que fue revelado a los hombres desde el cielo; pues por naturaleza el hombre no pudo conocerlo ni discernirlo, 1 Cor. 2:6-10. Por naturaleza el hombre puede conocer únicamente la Ley divina, que Dios le ha inscrito en el corazón, Rom. 1:18 y sig.; 2:14-15. Tiene un conocimiento natural de Dios, y este conocimiento innato de cosas divinas, puede ser desarrollado por medio de la razón y la experiencia; puede ser aumentado tanto en extensión como en intensidad por la contemplación y el estudio. Pero el Evangelio de la redención de Cristo, no reside dentro del conocimiento natural del hombre caído en el pecado. Es un "misterio", cuya revelación se la debemos enteramente a Dios y que conocemos únicamente por medio de la fe en la Sagrada Escritura. De todo esto se infiere, que la teología sagrada no puede llamarse una ciencia en el sentido corriente del término.

La teología sagrada tampoco es una ciencia en el sentido de que representa un conocimiento cristiano superior, más elevado que la sencilla religión de fe profesada por los cristianos en general y, como las ciencias humanas, susceptible a la comprensión intelectual y a la demostración lógica. La teología sagrada no es un tipo adelantado de cristianismo; no es una filosofía de la religión, sino que tiene que ver exclusivamente con las verdades reveladas en la Biblia, las cuales acepta y entiende por la fe el teólogo, Juan 8:31-32; Rom. 1:5; 1 Cor. 13:12. Las cosas divinas y espirituales que conoce el teólogo cristiano, las conoce solamente por la Palabra de Dios. Si conoce algo más que el creyente común en cuanto a las verdades divinas reveladas por Dios, esta mayor amplitud se refiere sólo a la extensión del conocimiento no a su contenido, esto es, el teólogo es más versado en las verdades inspiradas de la Sagrada Escritura, simplemente porque dedica más tiempo al estudio de la Santa Biblia que el cristiano común. Por consiguiente, la diferencia entre el conocimiento del teólogo y el de los demás cristianos es una diferencia de grado y no de clase; no puede decirse que el teólogo *entiende* los misterios de la fe, mientras el miembro laico los *cree* meramente; pues también el conocimiento del teólogo depende de la medida de su fe. O expresado en otras palabras; también en cuanto al teólogo cristiano puede afirmarse que la fe es conocimiento, y que el conocimiento es fe. El material filosófico, filológico e histórico que el teólogo conoce mejor que la mayoría de los laicos no pertenece a la esencia de la teología cristiana, sino que sólo constituye el aparato científico externo, o los medios externos, por los cuales se acerca a la Sagrada Escritura y la estudia. Son meramente sus utensilios o instrumentos, y nunca una fuente de conocimiento espiritual, de la cual debe sacar opiniones y doctrinas fuera de la Sagrada Escritura y contrarias a ella. El esfuerzo de la teología racionalista moderna, por "elevar" la fe cristiana a la categoría de ciencia no es nada más que un intento vano, y en realidad, equivale a rechazar la Palabra de Dios como el único principio del conocimiento cristiano, o la única fuente de la fe *(principium cognoscendi).*

Sin embargo, la teología cristiana puede llamarse propiamente una ciencia, si por ese término entendemos un conocimiento *definitivo,* o una información *exacta y fidedigna,* en oposición a simples nociones, opiniones e hipótesis. Entendida en este sentido, la teología cristiana es la ciencia de las ciencias, o la ciencia *por excelencia,* la ciencia perfecta. Hacemos y sostenemos esta afirmación en cuanto a la teología cristiana, porque ella es la sabiduría infalible de Dios mismo y no la sabiduría falible del hombre. Errar es humano *(errare humanum est),* pero Dios no puede errar *(errare in Deum non cadit),* Juan 17:17: "Tu Palabra es verdad"; Juan 10:35: "La Escritura no puede ser quebrantada". La Sagrada Escritura es en todas sus partes exenta de error, por lo tanto, la teología cristiana, que emana de la Sagrada Escritura, es la ciencia más definitiva, más exacta y más fidedigna en el mundo; es más, es la *única* ciencia en el mundo que es definitiva, exacta y fidedigna. Es la ciencia *divina,* la cual no puede errar.

Esta es la convicción que debe sostener todo verdadero teólogo cristiano. Si no tiene esta convicción, si duda de la verdad de lo que declara y enseña a sus oyentes, no es un verdadero teólogo cristiano, sino una caña sacudida por el viento, y bajo ningún concepto debe enseñar o predicar en la Iglesia Cristiana. El teólogo cristiano debe estar tan compenetrado, tan convencido de la verdad de su mensaje que puede decir con San Pablo: "Más si aun nosotros, o un ángel del cielo, os anunciare otro evangelio diferente del que os hemos anunciado, sea anatema", Gál. 1:8. Hay que afirmar esta verdad con todo énfasis para combatir la teología agnóstica moderna, la cual niega la posibilidad de conocer la verdad y asevera que es imposible para el teólogo estar seguro en su fuero interno de poseer la verdad. Esta negación agnóstica descarta la promesa bien clara de Cristo: "Si vosotros permaneciereis en mi Palabra,... conoceréis la verdad", Juan 8:31-32. Con estas palabras Cristo nos da la sólida garantía de que con toda certeza nos convenceremos de su verdad absoluta si en verdadera fe aceptamos su Palabra según se halla declarada en la Sagrada Escritura, y según la poseemos también y la confesamos en nuestros dogmas, credos y confesiones cristianos. La fe es siempre la seguridad de la verdad revelada en la Biblia y presentada en la teología cristiana, o la doctrina; no una simple convicción personal o humana *(fides humana)*, producida por la evidencia de la razón, sino una seguridad divina *(divina fides)*, producida directamente por el Espíritu Santo por medio de la Palabra de Dios, 1 Cor. 2:5: "Para que vuestra fe no esté fundada en sabiduría de los hombres, sino en el poder de Dios"; Juan 16:13: "Cuando venga el Espíritu de verdad, Él os guiará a toda verdad". Por el Espíritu Santo, por medio de la Palabra externa de la Sagrada Escritura, el teólogo cristiano se encuentra tan bien guiado en toda verdad que puede conocer y enseñar con certeza absoluta la verdad que es en Cristo Jesús, 1 Cor. 2:12: "Nosotros hemos recibido,... el Espíritu que proviene de Dios, para que seamos lo que Dios nos ha concedido". Así como la Sagrada Escritura es cierta, así también es cierta la verdadera teología cristiana, y así como el teólogo cristiano debe estar seguro de la verdad objetiva de la Sagrada Escritura, así también debe estar seguro de la verdad de la doctrina que enseña. Lutero hace la gráfica observación: "El Espíritu Santo no es un escéptico y no ha escrito dudas u opiniones en nuestros corazones, sino declaraciones de hecho, que son más ciertas y más firmes que la vida misma con todas sus experiencias" (St. L., XVIII, 1680). A la teología cristiana, por lo tanto, se le llama con razón una ciencia porque es un conocimiento absolutamente verdadero y cierto.

Pero a pesar de esto, es preferible no definir la teología cristiana principalmente como ciencia porque el término *ciencia* está sujeto a tantos conceptos falsos y abusos manifiestos. La teología racionalista moderna emplea el término, para denotar la demostración científica de la verdad divina de acuerdo con los principios de la razón humana. Fundamentalmente considera a la teología sólo como una forma más elevada de la filosofía, y por consiguiente, le aplica los mismos principios y métodos que emplea por regla general para probar verdades filosóficas. El teólogo cristiano tiene que oponerse a este modo de proceder; pues la teología cristiana con sus misterios revelados, se substrae a la prueba racional o demostración intelectual, 1 Cor. 2:14: "El hombre animal no percibe las cosas que son del Espíritu de Dios,... y no las puede entender". Mientras el pecador permanezca inconverso, no hay razonamiento alguno que pueda inducirlo a aceptar las verdades divinas de la revelación; en efecto, cuanto más permite que su razón las rebusque, tanto más insensatas e irrazonables le parecerán. Por consiguiente, la filosofía jamás puede llevar el pecador a la fe; antes bien, le aleja irremediablemente de ella, según lo prueba la "teología" de los teólogos racionalistas modernos. Como la razón humana es, pues, incapaz de apropiarse intelectualmente los misterios divinos de la fe, Cristo mandó a sus discípulos sencillamente que prediquen el Evangelio a los hombres y no que se lo expliquen por medio de la razón, Mar. 16:15-16. Debían ir y proclamar la verdad, pero no cambiar su mensaje divino en un sistema filosófico aceptable para el hombre natural. Conforme a este mandato, San Pablo, testifica de su ministerio en Corinto: "Ni mi palabra ni mi predicación fue con palabras persuasivas de humana sabiduría, sino con demostración del Espíritu y de poder", 1 Cor. 2:4.

A base de la verdad que acabamos de exponer definen nuestros dogmáticos la teología sagrada como *habitus exhibitivus*, y no como *habitus demonstrativus*. Con esto quieren decir que la teología cristiana es la habilidad de exhibir, o predicar el Evangelio, pero no de probar por medio de argumentos humanos de la razón o la filosofía que es verdadero. Este también es el significado del axioma: "La mejor apología de la religión cristiana es su proclamación". Hay que predicar el Evangelio y nada más, y él de sí mismo probará su carácter divino. La apologética cristiana tiene, por lo tanto, una sola función: Demostrar cuán irrazonable es la incredulidad. Nunca puede demostrar la verdad con "palabras persuasivas de humana sabiduría"; el porqué de esto es evidente. La incredulidad es tan irrazonable como falsa, alega ser inteligente mientras en su adentro alberga la tendencia viciosa de hacer lo malo, Juan 3:20: "Todo aquel que hace lo malo, aborrece la luz y no viene a la luz, para que sus obras no sean reprendidas". Exponer esta malicia del corazón carnal y demostrar la insensatez de la incredulidad al sostener sus alegaciones equívocas, es todo lo que se puede esperar de la apologética cristiana. Nunca jamás puede la apologética cristiana suplantar a la predicación sencilla de la Palabra de Dios. Respecto a este punto, puede afirmarse que no hay razones científicas que se puedan hacer valer contra la fe cristiana. Dondequiera que se combate la fe cristiana procede la oposición, no de la verdadera ciencia sino de la infidelidad viciosa. El rechazamiento de la verdad divina revelada no puede justificarse en ningún caso con fundamentos razonables; sólo la razón perversa del hombre niega la verdad que es en Cristo Jesús.

## 16. LA TEOLOGÍA Y LA SEGURIDAD POSITIVA

En el capítulo anterior señalamos en forma clara e inequívoca, que el teólogo cristiano debe estar seguro de la verdad que enseña. La pregunta, cómo se consigue esta plena seguridad subjetiva se discute con mucho vigor tanto en el campo conservador como en el liberal. A menudo se toma como un problema que implica dificultades muy serias; sin embargo, estas dificultades sólo aparecen cuando el teólogo abandona la verdad objetiva de la Sagrada Escritura, pero si acepta la Escritura como la única fuente y norma de la fe, la pregunta es realmente muy fácil de responder. Nuestro Señor enseña enfáticamente, no sólo que existe la seguridad cristiana personal, sino también que se obtiene por medio de la fe en su divina Palabra, Juan 8:31-32: "Si permaneciereis en mi Palabra,... conoceréis la verdad". Esta fe, que en sí misma es seguridad perfecta, la origina el Espíritu Santo por medio de la Palabra de Dios, 1 Cor. 2:5: "Para que vuestra fe no esté fundada en la sabiduría de los hombres, sino en el poder de Dios". Bien dice Lutero: "El hombre está seguro pasivamente, así como la Palabra de Dios es segura activamente" *(Homo est certus passive, sicut Verbum Dei est certum active)*. Esto quiere decir según la misma explicación de Lutero: "Donde esta Palabra (de Dios) entra en el corazón con una fe verdadera, hace el corazón tan firme, seguro y cierto como ella misma lo es, de modo que él (el corazón) adquiere una firmeza tal contra toda tentación, el demonio, la muerte o cualquier cosa que se presente, que valerosa y gallardamente desprecia y escarnece todo cuanto pueda dudar, temblar, rebelarse o enojarse, pues sabe que la Palabra de Dios no miente." (St. L., III, 1887). Esta declaración es enteramente bíblica. La seguridad personal o subjetiva, se obtiene ciertamente por medio de la Palabra de Dios, y sólo por ella, según lo testifica la Sagrada Escritura. Por otro lado, toda clase ele seguridad subjetiva que no emane de la Palabra de Dios es producto humano y, por consiguiente, ignorancia e ilusión vana, 1 Tim. 6:3-4.

Ésta es la respuesta del teólogo cristiano a la alegación falsa de la teología racionalista moderna, la cual afirma que la real seguridad personal, o subjetiva, es la "seguridad dentro de uno mismo", o la seguridad que debe el teólogo a su propio "yo" regenerado. Este error, propuesto por primera vez por Schleiermacher, ha sido muy generalmente adoptado, aun entre teólogos del bando positivo. Los defensores de esta opinión errónea rechazan la Sagrada Escritura como la única fuente y norma de la fe, y ponen su "sentimiento interior cristiano" o su "experiencia cristiana" como norma de su fe; por consiguiente, su "teología cristiana" no está edificada exclusivamente sobre la Escritura, sino en su "corazón regenerado" o en su "yo santificado"; de ahí se proponen sacar la seguridad personal positiva de la verdad divina. Pero hay que rechazar toda seguridad que se quiera obtener de este modo, puesto que no es ni cristiana ni científica; en una palabra, no es seguridad en ningún sentido. No es cristiana, porque desecha el fundamento cristiano específico de la fe; no es científica, porque hace de la mente humana una autoridad en asuntos que el hombre natural desconoce en absoluto; por último, no es seguridad, sino imaginación, porque el teólogo cristiano sólo puede conocer la verdad cuando permanece en la Palabra de Dios. El carácter anticristiano de la teología racionalista moderna, prueba en forma concluyente que no puede producir la fe cristiana ninguna otra fuente fuera de la Sagrada Escritura; pues esta clase de teología no sólo rechaza las doctrinas específicas de la religión cristiana, sino que también establece doctrinas contrarias a la enseñanza bíblica y a la fe cristiana. Así niega la teología racionalista moderna la doctrina bíblica de la justificación por la gracia, mediante la fe, y enseña en su lugar la justificación por medio de las obras. Tal "seguridad" se basa, por lo tanto, en principios que la Palabra de Dios condena expresamente.

En resumen, la verdad divina puede ser conocida por los hombres, o en otras palabras, la mente humana es capaz de poseer seguridad personal de la verdad divina; pero esta seguridad es real y efectiva, siempre que el teólogo se adhiere a la Sagrada Escritura, y en fe sencilla cree lo que Dios ha anunciado en su Palabra escrita. Sólo la Palabra de Dios tiene la singular característica de ser la verdad absoluta, y de impartir al creyente la certeza de que es creyente. Si se niega esto, se niega también la posibilidad y la realidad de la fe; pues seguridad personal no es otra cosa que la fe personal.

## 17. LA TEOLOGÍA Y EL PROGRESO DOCTRINAL

La teología racionalista moderna de ambos lados, el conservador no menos que el liberal, aboga por un progreso teológico, o desarrollo doctrinal, en armonía con los adelantos que se han hecho también en el campo religioso. Alega que la teología cristiana no debe estancarse, sino que debe ajustarse a las opiniones variantes de los tiempos. Es tan insistente en este punto que califica de infieles a su alto cargo, a todos los teólogos cristianos que se oponen al desarrollo doctrinal. En los círculos racionalistas modernos llaman a los teólogos fieles, que se adhieren a la Sagrada Escritura como la única norma de la fe, "teólogos retrógrados", expresión que implica tanto censura como desprecio.

Sin embargo, la verdad es que el progreso teológico o desarrollo doctrinal, es imposible, y toda tentativa de lograrlo debe ser condenada como apostasía de la fe. La razón para esto es obvia: Según la Sagrada Escritura, la teología cristiana constituye una unidad completa y perfecta en sí misma y, por consiguiente, no susceptible de añadiduras o supresiones de ninguna índole, Mat. 28:20: "Enseñándoles que guarden todas las cosas que os he mandado"; 2 Tes. 2:15: "Estad firmes, y retened la doctrina que habéis aprendido"; Apoc. 22:18: "Si alguno añadiere a estas cosas, Dios traerá sobre él las plagas que están escritas en este libro". La teología cristiana, o la doctrina cristiana, es, por lo tanto, según las enseñanzas claras de la Sagrada Escritura, un cuerpo fijo de verdades divinas que jamás deben ser alteradas, ni tampoco aumentadas por adiciones humanas o disminuidas por omisiones de cualquier especie. El teólogo cristiano debe reconocer y proclamar "todo el consejo de Dios". Cf. Hech. 20:20, 21, 27: "Nada que fuese útil he rehuido de anunciaros y enseñaros públicamente, y por las casas, testificando a judíos y a gentiles arrepentimiento para con Dios, y de la fe en nuestro Señor Jesucristo. Porque no he rehuido anunciaros todo el consejo de Dios". Además de esto, la Sagrada Escritura afirma enfáticamente que la Iglesia de Cristo está edificada "sobre el fundamento de los apóstoles y profetas, siendo la principal piedra del ángulo Jesucristo mismo", Efe. 2:20. El "fundamento de los apóstoles y profetas" es la doctrina fija que estos santos hombres han escrito en la Biblia por inspiración del Espíritu Santo; por esto nuestro Señor declara que todos los que son salvos, serán salvos por medio de la Palabra de los apóstoles, Juan 17:20. La Sagrada Escritura también amonesta muy enfáticamente a los creyentes que se cuiden de todos aquellos que tratan de alterar esta Palabra fija y definitiva, ya sea por adición o por substracción, Hech. 20:29: "Después de mi partida entrarán en medio de vosotros lobos rapaces, que no perdonarán al rebaño"; 1 Tim. 4:1: "En los postreros tiempos algunos apostatarán de la fe, escuchando a espíritus engañadores y a doctrina de demonios". Cristo y sus discípulos declaran, pues, que la doctrina cristiana es un cuerpo perfecto y completo de verdades inspiradas que deben conservarse puras y sin mancha. Queda excluida, por lo tanto, toda posibilidad de progreso o desarrollo doctrinal. La evolución en la esfera de la doctrina o teología es tan absurda como en la esfera de la naturaleza, o la creación. La Sagrada Escritura afirma sin dejar lugar a dudas, que el mismo Dios que hizo al hombre también le dio la doctrina divina por la cual debe ser salvo. El hombre no tiene jurisdicción alguna sobre esta doctrina divina; es el santuario de Dios, y el hombre no debe profanarlo ni por adición ni por substracción, o, para usar el eufemismo moderno, por el desarrollo doctrinal.

A esto se ha hecho la objeción de que en realidad la Iglesia Cristiana, ha estado desarrollando continuamente la doctrina cristiana por medio del establecimiento de credos y confesiones. Pero esta objeción encierra un error craso, en sus credos la Iglesia Cristiana nunca ha desarrollado la doctrina cristiana, sino que solamente ha formulado la doctrina expresa de la Sagrada Escritura en toda su verdad y pureza, para combatir los errores de los herejes y cismáticos. Así el Credo Apostólico, el Credo Niceno, el Credo Atanasiano, etc., no son declaraciones de enseñanzas nuevas o humanas, sino las doctrinas exactas de Cristo y sus apóstoles según se hallan en la Sagrada Escritura. Cada vez que la formulación de credos, hizo necesaria la creación de términos que no se hallan en la Sagrada Escritura (*omoousios, zeotokos, obediencia pasiva,* etc.), esto se hizo únicamente con el propósito de presentar la doctrina bíblica con claridad, pero nunca para imponer a la Iglesia Cristiana enseñanzas humanas y antibíblicas. Así también, las Confesiones Luteranas en particular, no son otra cosa que declaraciones de la doctrina bíblica para combatir los errores de los papistas, calvinistas y entusiastas. Lutero escribe al respecto: "No fabricamos nada nuevo, sino que retenemos la antigua Palabra de Dios y nos adherimos a ella, según la confesó la Iglesia antigua; somos, pues, exactamente como ella, la verdadera iglesia antigua, enseñando y creyendo la misma Palabra de Dios. Por esta razón los papistas blasfeman a Cristo, a los apóstoles y a toda la Iglesia Cristiana, cuando nos llaman innovadores y herejes; pues en nosotros no encuentran nada, excepto la antigua doctrina de la Iglesia antigua" (St. L., XVII, 1324).

El progreso teológico, o desarrollo doctrinal, es de por sí imposible; esto lo pruebe bien a las claras el hecho de que todos los esfuerzos realizados para desarrollar la doctrina cristiana, han terminado invariablemente en la perversión de la verdad divina. La teología racionalista moderna, al defender el desarrollo doctrinal como un requisito indispensable para la existencia continua de la Iglesia, ha renunciado precisamente a las doctrinas con que se sostiene o cae el cristianismo, tales como la doctrina de la inspiración, de la expiación vicaria de Cristo, de la justificación por la gracia, mediante la fe, etc. Su desarrollo doctrinal ha resultado tan funesto que ha destruido virtualmente la teología cristiana, y en su lugar ha implantado un sistema pagano de principios y enseñanzas. La explicación para esto no es difícil, en el fondo de todo desarrollo doctrinal, yace el racionalismo ciego, perverso y satánico del corazón carnal, que no puede soportar la sana doctrina de la santa Palabra de Dios y por consiguiente, se propone enseñar todo lo contrario de la verdad salvadora que es en Cristo Jesús. Nuestro divino Señor condenó este espíritu racionalista de la incredulidad cuando dijo a los fariseos: "Vosotros sois de vuestro Padre el diablo, y los deseos de vuestro padre queréis hacer. Él ha sido homicida desde el principio, y no ha permanecido en le verdad, porque no hay verdad en él. Cuando habla mentira, de suyo habla, porque es mentiroso, y padre de mentira", Juan 8:44. El teólogo cristiano debe recordar siempre que la religión cristiana es la religión absoluta, la cual es tan completa y tan perfecta en sí misma que San Pablo pudo escribir: "Más si aun nosotros, o un ángel del cielo, os anunciare otro evangelio diferente del que os hemos anunciado, sea anatema", Gal. 1:8. Si a la verdadera teología bíblica la tachan de "teología retrógrada", el teólogo cristiano no puede menos que gloriarse en ese término; pues esa es la única clase de teología que merece un lugar en la Iglesia Cristiana, puesto que es la única clase de teología que Jesucristo, Cabeza y Rey de la Iglesia, reconoce como verdadera y divina. ¡Quiera el misericordioso Dios retener en su Iglesia a los "teólogos retrógrados"! Esos son los teólogos de su agrado, y a quienes ha de honrar y glorificar por la eternidad como a los verdaderos edificadores de su Sión.

## 18. LA TEOLOGÍA Y LA LIBERTAD ACADÉMICA

La teología racionalista moderna exige que los maestros oficiales de la Iglesia, tanto en el púlpito como en la cátedra, sean investidos de plena libertad académica. Esto quiere decir que debe permitírseles promulgar sus opiniones subjetivas, sin ninguna restricción; que ni aun debe obligárseles a enseñar la Sagrada Escritura como única fuente y modelo de la fe. La antigua regla de que en la Iglesia Cristiana debe ser enseñada únicamente la Palabra de Dios, se rechaza como "servidumbre de la letra", "indigna coerción académica", "legalismo", etc. Pero esta exigencia de libertad académica está en oposición directa a la Sagrada Escritura; es una libertad carnal e impía, pues equivale a tener rienda suelta para criticar, condenar y rechazar la Palabra de Dios. Por lo tanto, hay que rechazar como anticristiana y atea, esta libertad académica que reclama la teología racionalista moderna; pues es una libertad fuera de Dios y de Cristo.

En realidad, la verdadera libertad del cristiano consiste en esto: Que ha sido libertado de su propia voluntad pecaminosa para hacerse siervo de Jesucristo, Rom. 6:22: "Mas ahora, librados del pecado, y hechos siervos de Dios". La esencia de la verdadera libertad cristiana es, por lo tanto, lealtad, obediencia y sujeción a la Palabra del Señor, Juan 8:31-32: "Si vosotros permaneciereis en mi Palabra, seréis verdaderamente mis discípulos; y conoceréis la verdad, y la verdad os hará libres". Tan pronto como el teólogo abandona la Palabra de Dios como su única fuente y norma de doctrina, deja de ser *doulos jristou* para convertirse en esclavo de hombres. No ha conseguido libertad alguna, sino que ha cambiado el servicio santo a Cristo por la servidumbre impía a opiniones y juicios humanos; en vez de servir al divino Maestro, sirve a un mayordomo humano, aun cuando ese mayordomo sea su propio corazón carnal. Lo erróneo que es para el teólogo reclamar libertad de enseñar sus opiniones subjetivas, en lugar de la Palabra infalible de Dios, se ve con toda claridad al considerar cuidadosamente lo que enseña la Sagrada Escritura con respecto a este asunto:

a. La Palabra de Dios afirma que la Iglesia Cristiana tiene hasta el fin del mundo un solo Maestro: Cristo Jesús, el Hijo de Dios, Mat. 23:8: "Mas vosotros, no queráis ser llamados Rabí, porque uno es vuestro Maestro, el Cristo; y todos vosotros sois hermanos". Como el único Maestro, Cristo envió sus discípulos a hacer discípulos a todas las naciones, y enseñarles que guardasen todas las cosas que Él había mandado, Mat. 28:20. La Palabra de Cristo mismo, tal como la escribieron los santos profetas y apóstoles en la Biblia, es la única verdad salvadora que debe creer y proclamar la Iglesia Cristiana, Gal. 1:8: "Mas aun si nosotros o un ángel del cielo os anunciare otro evangelio del que os hemos anunciado, sea anatema"; Efe. 2:20: "Edificados sobre el fundamento de los apóstoles y profetas". De este modo asevera la Sagrada Escritura positivamente, que toda enseñanza en la Iglesia Cristiana debe ser una y la misma cosa que la enseñanza de la Palabra de Dios. Expresado en forma negativa, la Sagrada Escritura condena el enseñar opiniones humanas en lugar de la Palabra de Dios, tildando de anticristos, a todos los que insisten en enseñar una doctrina distinta de la enseñada por Cristo en la Sagrada Escritura, 1 Juan 2:18; "Como vosotros habéis oído que el anticristo ha de venir, así también al presente han comenzado a ser muchos anticristos" v. 22: "¿Quién es mentiroso, sino el que niega que Jesús es el Cristo? Este tal es anticristo, que niega al Padre y al Hijo". La exigencia de la teología racionalista moderna, de que se dé al teólogo rienda suelta para presentar su propia teología es, por lo tanto, completamente antibíblica.

b. Se les manda a todos los cristianos en términos claros e inequívocos, oír solamente a aquellos maestros que proclaman la Palabra de Dios en toda su pureza y verdad. Todos los teólogos que son desleales a las "palabras de nuestro Señor Jesucristo," deben ser rechazados como engañadores, ignorantes y enemigos de la fe, de los cuales debemos apartarnos, 2 Juan 10: "Si alguno viene a vosotros, y no trae esta doctrina, no lo recibáis en casa, ni le digáis: ¡bienvenido!"; 1 Tim. 6:3-4: "Si alguno enseña otra cosa, y no asiente a sanas palabras de nuestro Señor Jesucristo,... es hinchado, nada sabe y enloquece"; Rom. 16:17: "Os ruego... que miréis a los que causan disensiones y escándalos contra la doctrina que vosotros habéis aprendido; y apartaos de ellos". Estas advertencias se aplican no sólo a los ministros del Evangelio, sino también a los profesores de teología, quienes han sido llamados para instruir a los futuros maestros y predicadores de la Iglesia Cristiana. También su vocación y profesión cristianas, exigen de ellos fidelidad absoluta a la Palabra de Dios en el ministerio de la enseñanza, Juan 8:31-32.

Las consecuencias desastrosas de la libertad académica concedida a ministros y profesores de teología, son visibles en todas aquellas iglesias donde se hace uso de tal libertad. Como resultado de esta libertad impía encontramos en esas denominaciones: 1) confusión irremediable en la doctrina y desacuerdos sin fin en cuanto a problemas teológicos, por todo lo cual, estas iglesias se han visto enredadas en lamentables dificultades y divisiones (e.g., las denominaciones en que los modernistas y los fundamentalistas se hallan en constantes controversias); 2) la negación absoluta de las verdades básicas del cristianismo enseñadas en la Sagrada Escritura, tales como la inspiración divina de la Biblia, la expiación vicaria de Cristo, la justificación del pecador por la gracia, mediante la fe, la resurrección de los muertos, etc.. La libertad académica ha dado por resultado inmediato la "teología progresista", esto es, la liberación de la teología según el dictamen de la razón humana y la ciencia moderna, al extremo de llegar a ser completamente antibíblica. El modernismo actual, que es consecuencia directa de la libertad académica, es rebelión completa contra la teología sagrada de la Palabra de Dios y es en sí mismo, el rechazamiento del cristianismo bíblico.

El verdadero teólogo cristiano se regocija en poseer la verdad divina según se ofrece en la Sagrada Escritura, por la cual se encuentra libre de todo engaño y error. Su constante empeño es hacer conocer entre las almas hundidas y presas en el pecado, las verdades salvadoras y libertadoras de Cristo, el divino Libertador de los pecadores. Lealtad, obediencia y sujeción a la Palabra de Dios, constituyen para él la libertad suprema, gloriosa y perfecta la cual debe sostener, defender y proteger a cualquier costo, Juan 8:36: "Así que, si el Hijo os libertare, seréis verdaderamente libres". Es, pues, por esta razón que él repudia tan enérgicamente la libertad académica que reclaman y exigen los teólogos incrédulos e infieles.

## 19. SISTEMAS TEOLÓGICOS

La naturaleza peculiar de la teología sagrada, ha suscitado la pregunta si es o no es propio hablar de sistemas teológicos en la esfera de la teología. La respuesta a esta pregunta depende naturalmente del significado en que se use el término *sistema.* La teología o doctrina cristiana es sin duda alguna un sistema, puesto que se presenta como una unidad completa al que la estudia. Es un sistema por cuanto es "un arreglo metódico de partes o elementos en un entero", o "un cuerpo organizado de la verdad". El autor único de la teología cristiana es el Dios único, verdadero y viviente, quien proclama la verdad divina tanto en el Antiguo como en el Nuevo Testamento, por Moisés no menos que por Pablo, de modo que la Sagrada Escritura no expone las opiniones subjetivas de Moisés, o Isaías, o Pedro, o Pablo, o Juan, etc., sino la doctrina sagrada de Dios mismo. La doctrina bíblica es doctrina divina en todo lugar y sin diferencia alguna de grado.

Además, en esta doctrina, expuesta clara e infaliblemente en la Sagrada Escritura, el artículo de la justificación por la gracia, mediante la fe en Cristo, es la doctrina central, a la cual sirven los demás artículos de la fe, ora de antecedentes *(articuli antecedentes),* ora de consecuentes *(articuli consequentes),* 1 Cor. 2:2: "Pues me propuse no saber entre vosotros cosa alguna sino a Jesucristo, y a Éste crucificado"; Hech. 20:27: "No he rehuido anunciaros todo el consejo de Dios". En toda la predicación de San Pablo, que según su propio testimonio abarcaba "todo el consejo de Dios" para la salvación, era básica y central la doctrina de Cristo crucificado por los pecados del mundo.

En vista de esta unión tan íntima de las doctrinas cristianas con su doctrina central y entre ellas mismas, unión tan estrecha que, errores en un punto inevitablemente producen también errores en los otros; la teología puede llamarse en realidad un sistema; y aplicamos el término no sólo para señalar la unidad absoluta de todo el cuerpo de doctrina, sino también la coherencia perfecta de sus partes elementales. Con razón dice Lutero: "En la filosofía un pequeño error al principio es un error muy serio al final. Así también en la teología un pequeño error destruirá toda la doctrina, pues la doctrina es como un punto matemático; no puede ser dividida, esto es, no puede tolerar substracción o adición. La doctrina ha de ser, pues, un anillo de oro, seguro, perpetuo y redondo, en el cuál no hay rotura. Si sufre la menor rotura, ya no es anillo perfecto" (St. L., IX, 644 y sig.). Por ejemplo, el que yerra con respecto a la Santísima Trinidad tiene que errar también con respecto a la divinidad de Cristo; o el que enseña el sinergismo no puede enseñar en su forma pura la doctrina de la gracia divina. Precisamente porque la teología cristiana es un sistema, no permite que se pervierta o se niegue una sola de sus doctrinas; pues cada perversión de sus partes integrantes ha de destruir necesariamente todo el sistema.

Sin embargo, la teología cristiana no debe ser llamada sistema en el mismo sentido en que se aplica este término a los sistemas humanos del conocimiento. En la ciencia y la filosofía, un sistema es: "Una colección metódica de principios y hechos lógicamente relacionados, arreglados de tal modo, que expresen toda la extensión de la verdad bajo cualquier aspecto". En ese sentido no es sistema la teología sagrada, pues no está construida por la razón humana a base de un principio fundamental determinado. Su autor no es el hombre, sino Dios. En ella la razón sólo tiene la función de instrumento y no de maestro *(usus instrumentalis, non usus magisterialis);* ni tampoco deduce o prueba sus verdades de una premisa o principio determinado, sino que meramente inculca las verdades expuestas en la Sagrada Escritura, dando el énfasis debido, a la doctrina cardinal de la justificación por la gracia. En otras palabras, el análisis y la síntesis nunca van más allá de la Palabra de Dios. Dondequiera que la Sagrada Escritura contiene *lacunae* u omisiones, también contiene *lacunae* u omisiones el sistema del teólogo cristiano. El verdadero teólogo enseña únicamente lo que enseña la Sagrada Escritura, ni más ni menos. Su sistema es sólo una declaración y una afirmación de la doctrina bíblica.

Este en un punto de la mayor importancia, y sólo en la medida en que el teólogo lo observe continua y concienzudamente, se librará del error fatal de añadir a la Palabra de Dios opiniones y doctrinas humanas, pues la Sagrada Escritura nos advierte con toda seriedad que tal error es una perversión de la doctrina cristiana. El teólogo cristiano, por lo tanto, no debe olvidarse de esta verdad básica; no obstante ser completo en lo que a su extensión se refiere, a saber, en lo que respecta a la salvación de los pecadores, podemos decir que aquí o allí, faltan ciertos eslabones en el sistema de la doctrina cristiana; esto es, hay preguntas que no contesta la Sagrada Escritura. Por ejemplo, la Sagrada Escritura enseña con mucho énfasis la *sola gratia* y la *universalis gratia,* o en otras palabras, que los pecadores se salvan únicamente por la gracia, y que la gracia divina desea la salvación de todos los pecadores. Siendo esto cierto, surge la pregunta: "¿Por qué, pues, no se salvan todos los hombres?" La explicación propuesta de que la diferencia se halla en los hombres *(aliquid discrimen in homine),* ya que algunos son mejores que otros, es una cosa que niega enérgicamente la Palabra de Dios al declarar que por naturaleza todos los hombres se encuentran en la misma culpa *(in eadem culpa,* Rom. 3:22b-24: "No hay diferencia, por cuanto todos pecaron, y están destituidos de la gloria de Dios, siendo justificados gratuitamente por su gracia, mediante la redención que es en Cristo Jesús".

Con igual énfasis niega también la Sagrada Escritura, la explicación calvinista de que Dios ya desde la eternidad ha predestinado a algunos para la condenación. Se ve, pues, que la Sagrada Escritura no contesta la pregunta: *Cur alii, alii non?* Esto no quiere decir que la Sagrada Escritura no nos da información alguna sobre el asunto de la salvación y la condenación. Nos dice con suma claridad que si los pecadores se salvan, se salvan únicamente por la gracia, y que si se pierden, se pierden por su propia culpa. Sin embargo, cuando comparamos individualmente a dos pecadores, como David y Saúl, o Pedro y Judas, y preguntamos: "¿Por qué se salvó uno y el otro no?" *(Cur alii prae aliis?),* esta pregunta queda sin respuesta; ni es tampoco propio que el teólogo cristiano trate de contestarla: pues en tal caso, tiene que acudir a la razón humana para decidir lo que es propiamente un asunto de la revelación divina. Todo esfuerzo que se ha hecho por resolver esa pregunta ha tenido por resultado, bien el calvinismo, que niega la gracia universal, bien el sinergismo, que niega la sola gracia. Pero el teólogo cristiano ha de afirmar tanto la *universalis gratia* como la *sola gratia.* Se ve, pues, claramente, que en el sistema de la doctrina cristiana se admiten las *lacunae* u omisiones doctrinales, según lo declara San Pablo mismo cuando escribe: "En parte conocemos, y en parte profetizamos", 1 Cor. 13:9. El teólogo cristiano ha de conocer y enseñar en parte únicamente, esto es, ha de inculcar sólo aquellas doctrinas que se hallan claramente expuestas en la Sagrada Escritura. En relación con este punto debemos tener en cuenta las siguientes verdades:

a. La Sagrada Escritura en todas sus partes es la Palabra divina, inspirada por Dios e infalible, en la cual Él enseña al hombre el único camino de la salvación. A este camino de la salvación, que es completo y perfecto, no debe añadir nada el teólogo cristiano, ni quitarle aun la partícula más pequeña, Juan 10:35; 2 Tim. 3:16; 2 Ped. 1:21; Juan 8:31-32; Apoc. 22:18-20. Cualquier cambio o perversión de la Palabra divina es un escándalo que ofende a Dios, y a la postre, hace imposible la salvación de los pecadores, que Dios quiso dar a los hombres por medio de su Palabra.

b. La teología racionalista moderna, que niega los puntos fundamentales de la doctrina cristiana, por la misma razón que rechaza la Palabra inspirada de Dios como la única fuente y norma de la fe, trata de construir su propio sistema unificado de enseñanzas, a base del "sentimiento interior cristiano", la "experiencia cristiana", la razón regenerada", etc. En otras palabras, substituye por el verdadero principium cognoscendi un modelo falso de doctrina, y depone a la Sagrada Escritura de su glorioso pedestal que debe ocupar como la única autoridad en la religión. Para el teólogo racionalista moderno, la Sagrada Escritura es solamente un "relato auténtico" de la revelación divina, donde se han mezclado elementos divinos y humanos en forma incoherente, y del cual debe sacar su "mente iluminada", las verdades que constituirán su "sistema de teología". O expresado en otras palabras, la teología racionalista moderna rehúsa identificar la Palabra de Dios con la Sagrada Escritura; pues para ella, la Sagrada Escritura no es, sino que sólo contiene la Palabra de Dios. Estos teólogos mantienen que el juicio subjetivo de cada individuo, tiene que decidir qué en la Sagrada Escritura, es en realidad Palabra de Dios o verdad divina. Hay que condenar este proceder como crimen laesae maiestatis contra el divino Señor, como rebelión contra la autoridad establecida por Dios, y como rechazamiento manifiesto de su santa Palabra, de todo lo cual resulta indecible confusión y perversión. Esto lo ilustra el hecho de que tanto el sistema panteísta de Schleiermacher como el sistema modernista de Ritschl, ambos basados en la autoridad subjetiva de la razón humana, rechazan el Evangelio de Cristo y establecen doctrinas diametralmente opuestas a ese Evangelio. Cuando los teólogos racionalistas apelan al "sentimiento interior cristiano", a la 'experiencia cristiana", etc., como fundamentos de sistemas de la fe, lo hacen con el pretexto de disimular el esfuerzo impío de echar a un lado la sagrada Escritura y sus doctrinas divinas, para enseñar en su lugar sus propias doctrinas.

c. El teólogo cristiano, al ejercer sus funciones de maestro en la Iglesia, debe recordar siempre que todas las afirmaciones de la Sagrada Escritura son verdades infalibles, absolutamente indestructibles, y que su sagrado deber es, por lo tanto, presentar esas verdades según las expone la Sagrada Escritura, sin adición o substracción. Los sistemas de filosofía o de ciencia están construidos a base de hechos o teorías compilados por el mismo que los origina; pero la teología sagrada es una ciencia que Dios mismo, su divino Autor, presenta a los hombres en forma completa y perfecta, y del todo adecuada para desempeñar el propósito que le ha señalado. Por consiguiente, los hombres deben predicar la Palabra de Dios y no filosofar acerca de ella, pues son predicadores de la verdad y no demostradores de ella. El teólogo cristiano ha cumplido por completo con su deber, si ha expuesto clara e inequívocamente las verdades sagradas enseñadas por Dios en la Sagrada Escritura. Nada más se le pide, pero tampoco menos.

d. La obra sistemática del teólogo cristiano consiste por lo tanto, solamente en presentar las diferentes verdades divinas dadas en la Sagrada Escritura bajo títulos apropiados. Estas verdades se derivan de los textos que las prueban (sedes doctrinae), esto es, de los pasajes claros e inequívocos en que se hallan expuestas esas determinadas verdades, y no del "todo de la Escritura" o de la "generalidad de la Escritura". El propósito del teólogo cristiano al sistematizar es presentar "todo el consejo de Dios", o enseñar todas y cada una de las doctrinas que enseña la Palabra de Dios. Si el teólogo traspasa este límite, si presenta sus propias opiniones personales y alega que éstas son la doctrina de la Palabra de Dios, ya no es teólogo cristiano, sino falso profeta.

e. La frecuente acusación de que Lutero mismo ha desarrollado sus doctrinas, y en particular la doctrina de la justificación por la gracia, es refutada por las afirmaciones que él mismo hace sobre este punto. Según su propia confesión, el gran reformador nunca se dejó guiar por "la generalidad de la Escritura", sino por los muy claros e inequívocos pasajes bíblicos, sobre los cuales basó sus doctrinas como sobre una roca inconmovible. Es ésta la razón, por la cual la doctrina de Lutero es tan enteramente bíblica. No formó sistema alguno de doctrina fuera de la Palabra escrita de Dios o más allá de ella, sino que aceptó y enseñó con fe sencilla las verdades sagradas expuestas positivamente en las sedes doctrinae de la Sagrada Escritura. Fue un sistemático, cuyo sistema total de doctrina tenía su raíz y guía en la Palabra de Dios. El escribe: "Es indudable que el que no cree o acepta un solo artículo... de cierto no cree ninguno con verdadera diligencia y debida fe. Y el que se atreva a negar a Dios o llamarle mentiroso en una palabra (de la Escritura), y lo hace deliberadamente,... también negará a Dios en todas sus palabras, y en todas ellas lo llamará mentiroso. Por lo tanto, es necesario creer todo completa y verdaderamente, o de lo contrario no creer nada. El Espíritu Santo no permite que se lo separe o divida, para enseñarnos o hacernos creer esta doctrina como verdadera y aquella como falsa" (St. L., XX, 1781).

**f.** En conclusión puede decirse que los sistemas racionalistas de teología, que tanto se jactan de su armonía y perfección interiores, son, al final de cuentas y sin la menor duda, imperfectos e incompletos. Irremediablemente tienen que ser así, pues la razón humana es incapaz de contestar de un modo satisfactorio, las preguntas importantes que pertenecen propiamente a la esfera de la revelación divina. En otras palabras, a menos que Dios conteste las preguntas relacionadas con las grandes verdades del conocimiento espiritual, nunca serán contestadas. Por consiguiente, dondequiera que el Espíritu Santo, el Revelador infalible de la verdad divina, ha optado por permanecer en silencio con respecto a materias doctrinales, debe hacer lo mismo la razón humana. Los teólogos que pretenden construir sistemas completos de la verdad a base de su razón o de su teología subjetiva, cometen un fraude imperdonable que conduce a apostasía manifiesta de la Palabra de Dios, a incertidumbre en asuntos espirituales y a confusión y contradicción sin cuento; pues todos los que yerran en la Escritura yerran generalmente en la verdad; y los sistemas de doctrina que no son bíblicos tampoco son racionales. La historia del dogma prueba ampliamente esta aserción.

## 20. MÉTODOS TEOLÓGICOS

En la presentación del material dogmático, los teólogos luteranos han empleado principalmente dos métodos, el *sintético* y el *analítico.* El método sintético procede de la causa a los efectos; el método analítico procede en la dirección contraria, de los efectos a la causa. Arreglada sintéticamente, la agrupación dogmática presenta: Primero, a Dios como la Causa y el Principio de todas las cosas creadas; segundo, el medio por el cual la humanidad pecadora y apóstata es traída de vuelta a la comunión con Dios, y tercero, la gloriosa salvación misma, a la cual llega el pecador. Analíticamente, el material dogmático se agrupa de este modo: primero, la salvación como el destino final del hombre, segundo, el medio por el cual se llega a la salvación; y tercero, Dios como el Dador y Autor de la salvación.

El método analítico goza de preferencia entre los teólogos luteranos más recientes, por la sencilla razón de que la teología, como materia práctica que es, debe presentar primero la meta final del hombre como la idea céntrica de la doctrina cristiana. Sin embargo, la agrupación del material doctrinal es, al fin y al cabo, de poca importancia, siempre que se reconozca la Sagrada Escritura como norma de la fe y como la única fuente de donde el teólogo ha de extraer sus enseñanzas. Si la doctrina se toma de cualquier otra fuente que no sea la Sagrada Escritura, ninguno de los dos métodos es satisfactorio; si el teólogo se mantiene fiel a la Palabra de Dios, ambos métodos pueden ser empleados con igual éxito. En resumidas cuentas, el principal requisito de un buen tratado dogmático, no es el método de presentar el material teológico, sino la lealtad a la Escritura.

Los primeros dogmáticos de la Iglesia Luterana, como Melanchton, Chemnitz, Hutter y Gerhard, usaron generalmente el método sintético. El método analítico lo siguieron Dannhauer, Koenig, Calov, Quenstedt, Baier, Hollaz y otros. De vez en cuando, encontramos una combinación de los dos métodos. Es cosa del pasado juzgar un tratado dogmático por su método, aunque quizás ahora se da preferencia a la forma modificada del método sintético. Pero es el deber de la Iglesia Cristiana, exigir de todos los tratados o libros dogmáticos una presentación clara, completa y práctica de las verdades bíblicas. La única teología que merece un lugar en la Iglesia de Cristo, es la teología sagrada que Dios mismo ha dado en la Biblia. El teólogo no osará desviarse en lo más mínimo de este supremo tesoro de la verdad divina; si lo hace, es desleal al cargo que se le ha confiado. En su sistema de teología deben sobresalir con prominencia los dos principios distintivos de la fe cristiana, la *sola Scriptura* y la *sola gratia;* de lo contrario, toda su teología se vuelve racionalista, pagana y destructiva, una deshonra para el nombre de Cristo y una amenaza para su Iglesia. *Quod non est biblicum, non est theologicum.* Todo dogma que no se base en este axioma no merece el nombre de teología cristiana.

## 21. ADQUISICIÓN DE LA HABILIDAD TEOLÓGICA

Los dogmáticos luteranos han acentuado debidamente la gran verdad de que "el teólogo no nace, sino que se hace" *(Theologus non nascitur, sed fit).* Con este axioma quisieron decir que ningún hombre es teólogo por naturaleza, ni puede hacerse teólogo por su propia razón o poder. La teología es una habilidad concedida por Dios. *(Theologia est habitus practicus zeosdotos).* Por consiguiente, el Espíritu Santo mismo hace al teólogo. Él, como lo describe magistralmente Lutero en su famoso dicho: *Oratio, meditatio, tentatio, faciunt theologum.* Es ésta la mejor descripción que jamás se ha hecho de la metodología teológica; pues nombra de un modo conciso, y no obstante completo, todos los elementos que cooperan para formar un verdadero teólogo.

Reconoce, en primer lugar, la necesidad de la *oración.* Con respecto a la oración, como medio de adquirir la habilidad teológica, escribe Lutero: "Debes perder la esperanza en tu sabiduría y razón; pues con éstas no conseguirás nada, sino que por tu arrogancia te echarás a ti mismo y a otros en el abismo del infierno, como hizo Lucifer. Arrodíllate en tu recámara y pide a Dios en verdadera humildad y seriedad que te ilumine, te guíe y te conceda la verdadera sabiduría" (St. L., XIV, 434 y sig.). De que la oración sincera y constante, sea un factor indispensable en la adquisición de la habilidad teológica lo evidencian, no sólo los verdaderos teólogos que han servido a la Iglesia Cristiana en el espíritu de su divino Señor, sino también la Sagrada Escritura misma, Juan 15: 7-8: "Si permanecéis en mí, y mis palabras permanecen en vosotros, pedid todo lo que queréis, y os será hecho. En esto es glorificado mi Padre, en que llevéis mucho fruto, y seáis así mis discípulos"; 16:24: "Pedid, y recibiréis, para que vuestro gozo sea cumplido"; Sant. 1:5: "Si alguno de vosotros tiene falta de sabiduría pídala Dios, el cual da a todos abundantemente y sin reproche, y le será dada."

El segundo requisito en la metodología de Lutero es la *meditación* o el estudio. Sobre esto el Reformador escribe: "En segundo lugar, debes meditar, no sólo en tu corazón, sino también externamente, la Palabra oral y las palabras expresas que están escritas en el Libro, el cual siempre debes considerar y reconsiderar, leer y releer con atención y reflexión diligentes, para ver qué quiere decir en él el Espíritu Santo. Y cuídate de no fastidiarte en ello, pensando que ya es suficiente si lo has leído, oído o dicho una o dos veces, y que lo entiendes a la perfección. Pues de este modo no se llega a ser gran teólogo, sino que aquellos (que no estudian) son como fruta sin madurar, que se cae prematuramente. por esta razón ves en este salmo (Sal. 119) que David se ve impulsado a hablar, meditar, declarar, cantar, oír y leer, de día y de noche y en todo momento, sólo y únicamente la Palabra de Dios y los mandamientos de Dios. Pues Dios no se propone darte su Espíritu sin su Palabra externa. Guíate por eso; pues no en vano ordenó escribir, predicar, leer oír, cantar y declarar su Palabra externa". De modo que Lutero entiende por "meditación", el estudio constante de la Sagrada Escritura como la Palabra pura e infalible de Dios, por la cual el Espíritu Santo no sólo convierte y santifica a los pecadores, sino que también hace al teólogo capaz de desempeñar el cargo de verdadero maestro cristiano en el temor de Dios; en otras palabras, por el conocimiento de Su Palabra, concede Dios la habilidad teológica. Es claro que también la Palabra de Dios exige estudio constante de la Sagrada Escritura, 1 Tim 4 13: "Entre tanto que voy, ocúpate en la exhortación y la enseñanza"; v 15: "Practica estas cosas. Ocúpate en ellas, para que tu aprovechamiento sea manifiesto a todos"; 6:20: "Oh Timoteo, guarda lo que se te ha encomendado, evitando las profanas pláticas sobre cosas vanas, y los argumentos de la falsamente llamada ciencia".

Con respecto a la *tentación* como medio por el cual crea o estimula el Espíritu Santo la habilidad teológica escribe Lutero: "En tercer lugar, tenemos la *tentación*, o sea, la aflicción. Esa es la verdadera prueba que te enseña no sólo a conocer y entender la Palabra de Dios, sino también a darte cuenta de lo verdadera, sincera, dulce, hermosa, poderosa y consoladora que es, hasta el punto de ser la sabiduría sobre toda sabiduría. Así ves, cómo David, en el salmo recién mencionado (Sal. 119), se queja de que tiene que soportar tantas clases de enemigos, reyes y tiranos impíos, falsos profetas y facciones, por el hecho de meditar siempre, esto es, de ocuparse en la Palabra de Dios en diversos modos, según se ha dicho. Tan pronto como la Palabra de Dios produce frutos por medio de ti, el diablo te molestará, y te hará un verdadero maestro, y te enseñará por medio de la tribulación, a buscar y amar la Palabra de Dios. Pues yo mismo —si se me permite emitir mi opinión— tengo que dar las más expresivas gracias a mis papistas, quienes, por haberme dado tantos puñetazos, causado tantas angustias e infligido tantos terrores por la furia del diablo, me hicieron muy buen teólogo, cosa que de lo contrario yo nunca hubiera sido".

Como Lutero dice aquí, toda su teología nació de sus aflicciones y dificultades, las cuales lo obligaron a buscar fortaleza y consuelo en la Sagrada Escritura. Lutero pasó por aflicciones internas y externas. Primero fue acosado por tentaciones en su alma. Antes de llegar a ser teólogo cristiano fue víctima de los terrores de la conciencia que lo atormentaba, y todo porque insistía en la justicia por las obras para conseguir el perdón. De este estado de terror y angustia fue rescatado por fin cuando conoció y entendió el bendito Evangelio, del cual, realmente, aprendió cuán "verdadera, sincera, dulce, hermosa, poderosa y consoladora es la Palabra de Dios". Más tarde, cuando empezó a proclamar el Evangelio de Cristo en su pureza y verdad, se le presentaron aflicciones externas. Fue acusado de hereje y cismático, no sólo por los romanistas, sino también por los entusiastas de su tiempo, de modo que se vio obligado "a buscar y amar la Palabra"; y de esta manera quedó tan afianzado en la verdad divina y convencido de ella que pudo decir: "Si no me convencen con testimonies sacados de la Sagrada Escritura, yo no quiero ni puedo retractar nada". Fueron, pues, las aflicciones, o tentaciones, las que hicieron de Lutero un "muy buen teólogo", porque lo obligaron a fundar su esperanza en la Palabra de Dios y en nada más. E igualmente, todo cristiano que aspira a ser verdadero teólogo, debe buscar y estudiar la Palabra de Dios y asirse de ella hasta que la considere como "sabiduría sobre toda sabiduría".

Lutero concluye sus observaciones sobre su famoso axioma con las palabras: "Entonces (a saber, si sigues la regla expuesta por David en el Sal. 119) verás qué superficiales e indignos te parecerán los escritos de los Padres, y no sólo condenarás los libros de los enemigos, sino que también te sentirás cada vez más disgustado con tus propios escritos o enseñanzas. Si has llegado a tal punto, puedes tener la completa seguridad de que acabas de *empezar* a ser verdadero teólogo, uno que es capaz de enseñar no sólo a los cristianos jóvenes e indoctos, sino también a los mayores y más instruidos. Pues la Iglesia de Cristo contiene muchas clases de cristianos: jóvenes, ancianos, débiles, enfermos, sanos, fuertes, agresivos, indolentes, sencillos, sabios, etc. Pero si te consideras instruido y piensas haber llegado a la meta, y te enorgulleces de tus enseñanzas y escritos, como si lo que haces fuese tan maravilloso y lo que predicas tan excelente, y si estás muy contento porque algunos te alaban delante de otros, o si crees que debes ser alabado, o de lo contrario, te sientes contrariado y dispuesto a darte por vencido, —si así piensas, amigo mío, agárrate de las orejas, y de fijo te encontrarás con un buen par de orejas grandes, largas y toscas como las de un burro. Después entra en más gastos y adórnate con campanillas de oro para que, por dondequiera que vayas, la gente pueda oírte, y llenos de admiración señalarte con el dedo y decir: '¡Mirad, ahí va ese hombre maravilloso que escribe libros tan excelentes y predica tan admirablemente! Entonces serás bienaventurado, y más que bienaventurado, en el reino del cielo —¡ciertamente en aquel reino donde el fuego del infierno ha sido preparado para el diablo y sus ángeles! En conclusión, busquemos honra y seamos vanidosos dondequiera que podamos. En este Libro, empero, se expone únicamente la gloria de Dios, y este Libro dice: '*Deus superbis resistit, humilibus autem dat gratiam... Cui est gloria in secula seculorum. Amén*".

El énfasis de Lutero en cuanto a la humildad como un requisito del verdadero teólogo está muy en su lugar, ya que el Espíritu Santo, con sus dones santificadores y conservadores, se halla solamente en el corazón contrito y humillado. Sólo el humilde recibe de Dios la gracia de la verdadera teología.

# LA DOCTRINA ACERCA DE LA SAGRADA ESCRITURA

## 1. LA SAGRADA ESCRITURA, ÚNICA FUENTE Y NORMA DE LA FE

La Iglesia Cristiana es mucho más antigua que la Sagrada Escritura, esto es, existía antes de que Dios diese su Palabra escrita a los hombres; pues hasta el tiempo de Moisés Dios llamó y conservó a su Iglesia por medio de la enseñanza oral *(viva voce)*. La Iglesia Cristiana se originó inmediatamente después del pecado del primer hombre, cuando Dios anunció la salvación mediante la fe en la Simiente de la Mujer, que vendría para destruir las obras del diablo. He aquí el *Protevangelium* (Gen. 3:15, el primer Evangelio) en que Adán y Eva confiaron con fe y arrepentimiento sinceros. Dios continuó con este método de promulgar su Palabra oralmente hasta el tiempo en que sacó a Israel de Egipto y lo hizo su pueblo escogido, o su Iglesia, Gén. 4:26; 12:8; Hech. 10:43; Ex. 17:14; 24:4, 7; etc.

Pero una vez que Dios ordenó a sus profetas que escribieran su Palabra, su Iglesia debía atenerse estrictamente a la Palabra escrita, sin poder añadir cosa alguna a las Escrituras ni quitarles nada, Deut. 4:2; 12:32; Job. 1:7; 23:6. Para la Iglesia del Antiguo Testamento las Escrituras proféticas constituían un canon fijo, al cual sólo Dios podía hacer adiciones, Juan 5:39; Luc. 16:29. En el tiempo del Nuevo Testamento añadió Dios a las Escrituras ya existentes y reconocidas de los profetas, los escritos de los apóstoles y evangelistas. Y ambos, los escritos del Antiguo y del Nuevo Testamento, forman ahora el fundamento infalible sobre el cual está edificada la Iglesia, Efe. 2:20; 1 Ped. 1:10-12.

Con las revelaciones de Cristo y sus apóstoles, ya está completo el canon de la Escritura, y la Iglesia Cristiana no ha de pedir a Dios otras revelaciones nuevas, Juan 17:20; Efe. 2:20; Heb. 1:1-13. Lutero hace a este respecto la muy acertada observación: "Esto sí podemos hacer: Si nosotros también somos santos y tenemos el Espíritu Santo, podemos jactarnos de ser catecúmenos y alumnos de los profetas, por cuanto repetimos y predicamos lo que hemos oído y aprendido de los profetas y los apóstoles, y estamos seguros de que nuestra enseñanza es la enseñanza de ellos. En el Antiguo Testamento se llaman "hijos de los profetas" los que, al igual que los profetas, no enseñaban sus propias doctrinas o cosas nuevas, sino lo que habían recibido de los profetas" (St. L., III, 1890).

Al preguntarse dónde la Iglesia del Nuevo Testamento puede encontrar, sin temor de equivocarse, la palabra de los apóstoles, podemos contestar que los mismos apóstoles nos dirigen a sus santos escritos y nos dicen que los que ellos proclamaron oralmente, es lo mismo que han escrito en sus sagradas Escrituras, 1 Juan 1:3-4; 2 Tes. 2:15. Cierto es, que los apóstoles no escribieron *todo* lo que enseñaron oralmente; no obstante, sus escritos revelan abundante y claramente todo lo que se necesita para la salvación, pues escribieron con gran diligencia el consejo de Dios para la salvación mediante la fe en Cristo Jesús, Juan 21:25; Filip. 3:1. Además, al oponerse a los falsos profetas de su tiempo, los santos apóstoles insistieron en que su palabra escrita era la única fuente y norma de la fe, y exigieron que todos los que querían considerarse profetas debían seguir los mandamientos del Señor, expuestos por estos mismos apóstoles en sus escritos, 1 Cor. 14:37-38; 2 Tes. 2:2. San Pablo, por su parte, firmó sus epístolas con su propio puño, para que pudiesen distinguirse de epístolas espurias que llevaban el nombre de apostólicas, 2 Tes. 3:17. Así, tanto los profetas como los apóstoles, declaran que la Sagrada Escritura, o la Palabra escrita de Dios, es la única fuente y norma de la fe y la vida, o el verdadero *principium cognoscendi.*

Esta verdad fundamental se ha negado de varios modos. El principio de la Escritura, o el hecho de que la Sagrada Escritura es la única fuente y norma de la fe, se ha abrogado, y se ha substituido la Escritura por algo que no es la Palabra de Dios. En lugar de la Escritura se han puesto, pues, los siguientes conceptos

a. La razón humana. Con "la razón humana" queremos decir todo lo que el hombre sabe acerca de Dios y las cosas divinas sin consultar la Sagrada Escritura, o sencillamente el conocimiento natural que el hombre tiene acerca de Dios. Este conocimiento natural de Dios, sin embargo, no puede ser la fuente de la fe del hombre, pues se limita a la Ley y sus exigencias, Rom. 1:20-21, 32; 2:15; y no incluye el precioso Evangelio de Cristo, o el mensaje de la reconciliación mediante la satisfacción vicaria del Hijo encarnado de Dios, el único mensaje que puede salvar a los pecadores, 1 Cor. 2:6 y sig.; Rom. 1:16. Cualquiera que hace de la razón humana la norma de la fe, comete la falacia lógica de metabasis eis allo genos, y se excluye a sí mismo de la Iglesia Cristiana, pues en el lugar de la verdad divina pone su propia sabiduría falible, la cual rechaza la salvación gratuita de Dios, expuesta en el Evangelio, y la considera locura o insensatez, 1 Cor. 1:21-25. Por este motivo la Iglesia Cristiana repudia a todos los proponentes del racionalismo, unitarismo y modernismo que consideran la razón humana, o ciencia humana, como fuente de la fe, y los excluye del gremio de la Iglesia (extra ecclesiam).

No obstante, por razón humana entendemos también los medios por los cuales el hombre percibe y piensa. Esto se llama el uso orgánico de la razón (usus *rationis ministerialis, organicus)* y es muy distinto de su uso autoritario *(usus rationis magisterialis).* La razón, en el sentido perceptivo u orgánico, desempaña una función legítima y necesaria en la teología, pues el Espíritu Santo establece y conserva la fe salvadora mediante la Palabra que se recibe en la mente humana, Rom. 10:14, 17; Juan 5:39; Mat. 24:15; Luc. 2:19. Al uso orgánico de la razón pertenece también el estudio de los idiomas en que fueron escritas las Escrituras originalmente, y en particular el estudio de la lógica y la gramática, porque el Espíritu Santo, al dar al hombre la Palabra de Dios, tuvo a bien avenirse a las modalidades del pensamiento y lenguaje humanos. Lutero observa que Dios se halla encarnado en la Sagrada Escritura *(Scriptura Sacra est Deus incarnatus).* En el mismo sentido dicen nuestros dogmáticos luteranos que "la teología debe ser gramatical" *(theologia debet esse grammatica),* queriendo decir que, si el teólogo desea entender la Escritura, debe observar las reglas fijas por las cuales se rigen el lenguaje y la expresión del hombre. Lutero sostuvo este punto con tanta insistencia que hasta declaró que el que yerra en la gramática tiene que errar también en su teología.

Al distinguir entre el uso orgánico y el autoritario de la razón, nuestros dogmáticos luteranos pusieron también en claro la cuestión de si se contradicen o no la teología sagrada y la razón humana, o la verdad cristiana y la filosofía humana. Sostuvieron que, puesto que la verdad es siempre la misma, tal contradicción podría ocurrir únicamente donde la razón perversa, se arroga el papel de árbitro en asuntos que están fuera de su dominio específico. En cuanto a los artículos de la fe mantuvieron que estos no son *contrarios* a la razón, sino bien *superiores* a ella y que, si aparentemente contradicen la razón, son contrarios solamente a la razón *perversa,* cuyo fin es la defensa de la mentira y enemistad contra Dios.

Sin embargo, el teólogo cristiano no puede esperar sino una lucha continua entre la teología y la razón perversa —falsamente llamada ciencia— porque desde la caída en el pecado el hombre siempre ha estado en enemistad contra Dios, Rom. 8:7, y considera como locura o insensatez, 1 Cor. 2:14; lo que en realidad es la verdadera esencia de la religión cristiana, a saber, el Evangelio de Jesucristo. Como consecuencia de su odio innato contra Dios y las cosas divinas, el hombre natural jamás cesará de oponerse a la verdad divina; pues este odio, que se basa en un supuesto conocimiento, necesariamente ha de resultar en un rechazamiento altanero y arrogante de la Palabra de Dios. Por esta razón, los filósofos incrédulos y los hombres de ciencia ateístas acusarán siempre a la Escritura de mentirosa (la evolución ateísta). Con mucha razón dice Gerhard (11, 371): "Debemos distinguir entre la razón antes y después de la caída del hombre en el pecado. La primera, como tal, jamás se opuso a la revelación divina; la segunda sí lo hace, debido a la influencia de la corrupción".

b. La razón iluminada, que se conoce también con los nombres de "sentimiento interior cristiano", "experiencia cristiana", "convicción cristiana", "seguridad cristiana", etc. Todo creyente en Cristo tiene por cierto una mente iluminada, pero, como cristiano, nunca considera su razón humana como fuente o norma de la fe, pues él debe su iluminación enteramente al poder vivificador de la Palabra de Dios, Rom. 1:16, y sabe que su razón volverá a su ignorancia espiritual, tan pronto como él se desvíe del Evangelio iluminador de Cristo. Por consiguiente, se engañan a sí mismos todos los que quieren entronizar, en lugar o al lado de la Escritura, la mente iluminada del cristiano como principium cognoscendi, pues el deseo mismo de instituir la razón como juez de la fe procede de su razón tenebrosa, o de su mente carnal, 1 Tim. 6:3-5. Precisamente por ser iluminada por el Espíritu Santo mediante la Palabra, la razón del creyente nunca pretende juzgar la Escritura, sino que se adhiere fielmente a la Palabra de Dios en todas las cosas y se gloría en sus sagradas enseñanzas, Juan 8:31-32; 2 Cor. 10:4-5; 1 Cor. 1:18, 24. Lutero escribe sobre este punto: "El Espíritu Santo nunca obra sin la Palabra o antes de ella, sino que viene con la Palabra y por medio de ella y jamás va más allá de la Palabra" (St. L., XI, 1073).

c. El contenido general de la Escritura ("el todo de la escritura"). Los proponentes de esta teoría dicen que los artículos de la fe cristiana no deben extraerse de los pasajes bíblicos que exponen cierta doctrina determinada (sedes doctrinae, dicta probantial), sino del contenido o tenor general de la Biblia, o del "todo de la Escritura", como lo llama Schleiermacher, el primer proponente de esta teoría falsa. Los teólogos racionalistas modernos han acatado con gusto la proposición de Schleiermacher; pero tenemos que rechazarla como enteramente inaceptable, pues el todo de una cosa incluye necesariamente todos sus componentes. Además, dicha proposición es completamente antibíblica, pues Cristo y sus apóstoles, al refutar errores, citaron invariablemente pasajes específicos de la Escritura, Mat. 4:4, 7, 10; Rom. 1:17, 1 Cor. 10:7-10; Gál. 4:22 y sig. La aserción de Schleiermacher de que "es un procedimiento muy precario citar pasajes de la Escritura en un tratado dogmático y, además, insuficiente de por sí", no fue más que un pretexto para justificar su método antibíblico de extraer de su propia razón las verdades teológicas. La Escritura dice de todo teólogo que repudia las sagradas doctrinas expuestas en la Palabra de Dios: "Si alguno enseña otra cosa y no se conforma a las sanas palabras de nuestro Señor Jesucristo,... está envanecido, nada sabe, y delira acerca de cuestiones y contiendas de palabras", 1 Tim. 6:3-4.

d. La Iglesia, principalmente las decisiones de concilios eclesiásticos, sínodos, Papas, etc. Pero según la Sagrada Escritura la Iglesia Cristiana no tiene ninguna autoridad de enseñar doctrina alguna fuera de la Palabra de su divino Maestro Jesucristo, según se encuentra en los escritos de sus profetas y apóstoles, Mat. 23:8, 10, 28:20; Juan 17:20; Efe. 2:20; 1 Ped. 1:10-12. Por consiguiente, la Iglesia no puede considerarse como juez de la fe, sino que, de acuerdo con la voluntad de su Señor, su función hasta el fin de los siglos debe ser la de heraldo, o mensajero, de la Palabra de Dios, Juan 8:31-32. Cada vez que una Iglesia expone doctrinas de su propia invención, reniega del principio de la Escritura y se hace el objeto de la condenación de Cristo: "En vano me honran, enseñando como doctrinas, mandamientos de hombres", Mat. 15:9. El "consenso de la Iglesia" (consensus ecclesiae) no es lo que los maestros cristianos han opinado sobre este o aquel punto doctrinal, sino lo que han declarado como verdad divina a base de la Escritura, es decir, en concordancia con el testimonio de los santos profetas y apóstoles. Según la Sagrada Escritura todos los que rechazan las enseñanzas de la Palabra de Dios son anticristos, 1 Juan 2:22, entre los cuales el más perverso es el gran Anticristo, el que "se opone y se levanta contra todo lo que se llama Dios o es objeto de culto; tanto que se sienta en el templo de Dios como Dios, haciéndose pasar por Dios", 2 Tes. 2:3-4. Hay que considerar la declaración de la infalibilidad papal (1870) como blasfemia intolerable y rebelión anticristiana contra Dios. En vano citan los teólogos papistas a Mat. 16:13 como prueba de que la Iglesia y el Papa en particular, no puede errar: pues Cristo promete a su Iglesia su presencia sostenedora siempre que ella enseñe "hasta el fin del mundo" "todas las cosas que os he mandado", Mat. 28:20. Mientras la Iglesia se adhiere a la Palabra de Cristo, no puede errar; pero tan pronto como se desvía de la Palabra de Cristo, no puede sino errar, pues en tal caso, la única fuente de donde extrae su doctrina es la razón arrogante y perversa.

Con respecto al testimonio de la Iglesia Cristiana deben evitarse dos extremos; por un lado, no debe despreciarse o rechazarse como si no tuviese valor alguno; por otro lado, tampoco debe ensalzarse demasiado, hasta el punto de considerar el testimonio de la Iglesia como un *principium cognoscendi.* La Fórmula de Concordia expone el asunto muy claramente cuando dice: "Creemos, enseñamos y confesamos que las Escrituras proféticas y apostólicas del Antiguo y del Nuevo Testamento son la única regla y norma por la cual han de medirse y juzgarse todos los dogmas lo mismo que todos los maestros. Pero otros escritos, ya sean de maestros antiguos o modernos, sea cual fuere la fama de sus auto res, no deben ser considerados iguales a las Sagradas Escrituras, sino que todos deben someterse a ellas y deben aceptarse meramente para testificar de qué modo y en qué lugares se conservó esta doctrina (pura) de los profetas y apóstoles en los tiempos anteriores." (Epítome, *Triglotta,* p. 777. Cf. la distinción entre *norma normans,* o sea, la Escritura, y la *norma normata,* o sean, las Confesiones de la Iglesia). En cuanto al supuesto "consenso de los padres" (*consensus patrum,* esto es, el acuerdo de los Padres de la Iglesia) nos dice Quenstedt que tal cosa no existe; pues se han perdido muchos escritos de los maestros de la Iglesia antigua, y "no puede considerarse el consenso de unos cuantos padres como el consenso de toda la Iglesia". (Cf. la definición del *consensus patrum* hecha por Vincentius de Lerinum; *"Quod ubique, quod semper, quod ab omnibus creditum est",* que realmente no tiene valor alguno).

f. Revelaciones particulares (revelationes inmediatas, revelationes novae). "Revelaciones particulares" son supuestas "doctrinas nuevas que da Dios a ciertos individuos para explicar, corregir y completar la Sagrada Escritura". Ya en el tiempo de los apóstoles surgieron fanáticos que alegaban haber recibido revelaciones particulares, 1 Cor. 14:37; 2 Tes. 2:2; y en sus pasos siguieron en el segundo y cuarto siglo los montanistas y los donacianos. En el tiempo de la Reforma de Lutero se levantaron los "profetas celestiales", los anabaptistas y los secuaces de Schwenkfeld, todos los cuales rechazaban la "Palabra externa" y en su lugar ponían la "palabra interna", tildando así de "esclavitud a la letra" la obediencia a la Sagrada Escritura. En la actualidad hacen lo mismo los cuáqueros, los partidarios de Swedenborg, los de Irving y otros. La Iglesia Cristiana tiene que oponerse e estos visionarios y también a todos aquellos que tratan de desligar la obra del Espíritu Santo de la Palabra de Dios y confían en revelaciones particulares como fuente de su fe; son ellos:

a. Los romanistas, que atribuyen a sus Papas el don especial de enseñanza infalible fuera de la Sagrada Escritura y más allá de ella. Con respecto al papado escribe Lutero en los Artículos de Esmalcalda: "También el papado no es sino puro entusiasmo, por el cual se jacta el Papa de que todos los derechos se hallan en el relicario de su corazón, y que todo lo que él decide y ordena en su iglesia es espíritu y derecho, aunque no tenga fundamento en la Escritura y sea contrario a ella" (III Parte, Art. VIII, 4).

b. Los calvinistas, los cuales enseñan que la obra salvadora del Espíritu Santo se efectúa de un modo inmediato, esto es, prescindiendo de la Palabra e independientemente de ella. (Hodge: "La gracia eficaz obra de un modo inmediato").

c. Todos los teólogos racionalistas modernos, los cuales niegan que la Sagrada Escritura es la Palabra infalible de Dios y, por consiguiente, se proponen extraer la doctrina de lo que ellos llaman su "propio sentimiento interior", su "experiencia cristiana", y cosas por el estilo, y condenan la lealtad a la Sagrada Escritura como "teología de la letra", "intelectualismo", "biblicismo", etc. El resultado del entusiasmo en la religión es siempre el mismo, bien que provenga de los papistas, calvinistas o racionalistas modernos, así lo dice Lutero muy acertadamente en los Artículos de Esmalcalda: "El entusiasmo es inherente en Adán y sus hijos desde la caída en el pecado hasta el fin de los siglos, pues su veneno ha sido sembrado e infundido en ellos por el viejo dragón, y es el origen, la vida y la potencia de toda herejía, especialmente la del papado y el mahometismo" (III Parte, Art. VIII, 9). Lutero dice también en cuanto a las piadosas pretensiones de los entusiastas: "Proclaman todas estas cosas con la intención de alejarnos de la Biblia y de hacerse nuestros amos para que creamos sus fantásticas prédicas" (St. L., V, 334 y sig.).

En cuanto a la pregunta de si Dios se ha dignado revelar doctrinas nuevas no contenidas en la Biblia, puede decirse que el asunto se encuentra resuelto de un modo definitivo en la Palabra, la cual constriñe a todos los creyentes a aceptar la Sagrada Escritura como la única fuente y norma de la fe, Juan 17:20; Efe. 2:20. En Cristo Jesús, la Luz y el Salvador del mundo, culminan todas las revelaciones divinas, pues los profetas del Antiguo Testamento señalan su venida y los apóstoles dan testimonio de su encarnación, pasión, resurrección, ascensión y asentamiento a la diestra de Dios Padre. Puesto que ya se ha consumado el ministerio profético y sacerdotal de Cristo (Juan 1:18), el hombre no necesita más revelaciones para su salvación, porque los escritos de los profetas y los apóstoles proveen ampliamente toda doctrina necesaria para la fe y la vida del cristiano, Rom. 16:17; 1 Tim. 6:3 y sig.; Luc. 16:29-31. Con referencia a las "revelaciones nuevas" de los entusiastas, los dogmáticos luteranos hacen muy al punto la observación siguiente: "Ora contienen lo que la Escritura ya enseña, y en tal caso son superfluas; ora exponen enseñanzas contrarias a la Biblia, y en tal caso son perjudiciales y deben ser rechazadas".

f. Investigaciones históricas. Los modernistas, al rechazar el carácter histórico del Nuevo Testamento, aseveran que tienen que ir más allá de la Escritura para determinar quién fue realmente el "Cristo histórico" y qué enseñó en efecto. Para realizar este propósito, someten los escritos de los evangelistas a un estudio crítico a la luz de la religión comparativa. Al "Cristo histórico", que obtienen por medio de este proceso lo despojan de todos sus atributos sobrenaturales, extirpando asimismo todos los elementos sobrenaturales de su doctrina. Convierten a Jesús en un mero maestro humano, cuyas doctrinas vienen a ser un simple código ético. En oposición a este método tan absurdo, declaran los verdaderos seguidores de Cristo, que la "revelación histórica del camino de la salvación se halla solamente en la Biblia" y que, para hablar con Lutero, "sin la Palabra de Cristo nada sabemos acerca de Él, mucho menos acerca de su enseñanza; pues cualquier "Cristo", que venga a proponeros una opinión aparte de la Palabra de Cristo, es el demonio miserable que se apodera del santo nombre de Cristo para así poder vendernos su veneno infernal" (St. L., XVII, 2015). La verdad de esta aserción, se patentiza en los resultados obtenidos por la escuela de teología histórico-crítica moderna; pues mientras rechaza violentamente todas las verdades sagradas expuestas en la Biblia, es incapaz de formular un sistema satisfactorio de doctrinas que puedan consolar al pecador en su conflicto espiritual. Sus influencias han servido sólo para destruir, jamás para edificar o ayudar.

La razón para todo esto es clara, a la postre, sólo puede haber dos fuentes para sacar la doctrina: La Escritura y la razón humana. Cualquiera que rechaza la Escritura como el verdadero *principium cognoscendi,* se ve obligado a extraer su doctrina de su mente perversa o su corazón carnal. Estos en el mejor de los casos, sólo retienen un conocimiento imperfecto de la Ley divina escrita originalmente en el entendimiento humano, y de este modo, el hombre natural, como nada sabe sobre el verdadero Dios y su gloriosa salvación mediante la fe en Cristo, se ve obligado a sostener que la *opinio legis,* o la salvación por las obras, es el precepto religioso supremo. Todo rechazamiento de la Palabra de Dios termina por fin en el agnosticismo o ateísmo. El que está sin la Palabra divina, también está *eo ipso,* sin Dios y sin esperanza, Efe. 2:12.

## 2. LA SAGRADA ESCRITURA LA PALABRA DE DIOS

En contraposición a todos los demás libros del mundo la Sagrada Escritura es la Palabra de Dios. Así como los escritos de Platón son la palabra de Platón y los de Cicerón son la palabra de Cicerón, asimismo, las Escrituras del Antiguo y del Nuevo Testamento que los profetas y apóstoles escribieron por inspiración divina, son en todas sus partes, desde el principio hasta el fin, las palabras de Dios mismo. Esto no es una "construcción dogmática", como quieren hacernos creer los teólogos racionalistas, sino el propio testimonio de Dios, dado en la Escritura. Por lo Tanto, los verdaderos creyentes afirman no sólo que la Biblia *contiene* la Palabra de Dios, sino también que ella *es* la Palabra de Dios, es decir, que "la Sagrada Escritura y la Palabra de Dios son términos intercambiables y equivalentes".

La Sagrada Escritura es, por consiguiente, un libro singular, un libro único en su género, pues no podemos llamaría un libro humano o un libro divino-humano que revela el camino de la salvación, sino que es la Palabra inspirada e infalible de Dios mismo. Los libros de autores cristianos contienen la Palabra de Dios en cuanto estos hombres piadosos han sacado de la Biblia lo que escribieron. Pero la Escritura no pertenece a esta clase de libros; es, como queda dicho, un libro único en su especie. Esa fue la posición de Lutero con respecto a la Biblia, y esa es la posición de todo verdadero creyente que sin la menor vacilación aprueba lo que Lutero escribió sobre este punto: "Tienes que tratar la Escritura de tal modo que pienses exactamente como Dios mismo ha hablado" (St. L., lll, 21). Lutero afirma la misma verdad cuando dice: "La Sagrada Escritura no nació en la tierra" (St. L., VII 2095).

Aun los cristianos sinceros olvidan a veces esta verdad suprema, porque en la Sagrada Escritura Dios nos habla no solamente en términos sencillos y comunes, sino también acerca de asuntos muy conocidos, asuntos que tienen que ver con nuestra vida diaria. Bien puede decirse que así como Cristo mismo durante su vida aquí en la tierra fue "hecho semejante a los hombres y estaba en la condición de hombre", Filip 2:7-8, al extremo de que algunos lo tomaron por "Juan el Bautista, Elías, Jeremías o alguno de los profetas", Mat. 16:14, del mismo modo, la Palabra de Dios se presenta en la Sagrada Escritura y se aviene a nuestras necesidades terrenales. Lutero hace esta advertencia a todos los creyentes: "Suplico y amonesto muy encarecidamente a todo buen cristiano, que no se ofenda por el lenguaje sencillo y la narración simple con que se topa con frecuencia: que jamás dude de que son únicamente palabras, obras, juicios y narraciones de la majestad, omnipotencia y sabiduría divinas, por más sencillas que le parezcan. Pues así es la Escritura: Hace tontos a los más sabios y prudentes, y es entendida solamente por los humildes y simples, como Cristo mismo dice en Mat. 11:25. "Por lo tanto, despójate de tu orgullo y espíritu altanero y considera la Sagrada Escritura como el santuario más grande y más precioso y la mina más rica, que jamás podrá ser agotada; así hallarás aquí (en la Escritura) una sabiduría divina, tan clara y sencilla que en ella se ahogará todo orgullo" (St. L., XIV, 3 y sig.). No obstante su sencillez, tenemos, que identificar la Sagrada Escritura con la Palabra de Dios desde el principio hasta el fin y en todas sus partes. En esto seguimos el consejo que Dios mismo da en la Sagrada Escritura, pues cuando estudiamos ese santo Libro, hallamos que:

a. El Nuevo Testamento cita las Escrituras del Antiguo Testamento directa y absolutamente como la Palabra de Dios. Así leemos, Mat. 1:22-23: "Todo esto aconteció para que se cumpliese lo dicho por el Señor por medio del profeta (Isa, 7:14) cuando dijo: He aquí, una virgen concebirá", etc. En Mat. 2:15 leemos: "Para que se cumpliese lo que dijo el Señor por medio del profeta (Ose. 11:1) cuando dijo: De Egipto llamé a mi Hijo". En Hech. 4:25-26 se citan las palabras del Sal. 2:1-2, precedidas por la aclaración: "Señor,... que por boca de David tu siervo, dijiste". Hech. 28:25 y sig. cita las palabras en Isa. 6:9-10 con la explicación: "Bien habló el Espíritu Santo por medio del profeta Isaías". En Heb.3:7 y sig., hallamos una cita del Sal. 95:7 y sig. con la clara advertencia: "Como dice el Espíritu Santo". Finalmente, en Rom. 3:2 se da el nombre de "palabra de Dios" (ta logia tou Zeou) a las Sagradas Escrituras que fueron confiadas a la Iglesia de Dios en el Antiguo Testamento. En efecto, según el testimonio inequívoco de Cristo, las Escrituras del Antiguo Testamento son tan incontestablemente la Palabra de Dios que Él dice de ellas: "La Escritura no puede ser quebrantada", Juan 10:35. Cristo se refirió en esa ocasión al Sal. 82:6, y esa referencia es de gran importancia, pues allí los magistrados son llamados "dioses" (Elohim, zeoi). Este apelativo, de acuerdo con nuestro Salvador, no fue un error ni pudo ser un error, porque "la Escritura no puede ser quebrantada". De este pasaje, pues, al igual que de muchos otros, aprendemos que la Biblia es inspirada verbalmente, es decir, que toda palabra en la Escritura es la Palabra infalible de Dios mismo.

Los muchos pasajes en que las Escrituras del Antiguo Testamento se llaman la "Palabra de Dios", son respaldados por otro grupo de textos en que las Escrituras atestiguan su origen divino, por el hecho de que todas las cosas profetizadas en ellas tienen que cumplirse literalmente; aún más, todos los acontecimientos que ocurren en este mundo están dirigidos por la voluntad de

Dios, según se revela ésta en la Escritura. Esto separa a la Escritura de todos los escritos humanos y la coloca en una clase por sí sola, como el santo Libro de Dios. Así, en Juan 17:12 nuestro Salvador habla de la apostasía de Judas y la pérdida de su alma, y añade que esto aconteció "para que la Escritura se cumpliese". Cuando Cristo fue entregado y prendido en el Getsemaní dijo que así tenía que ser, pues de lo contrario, "¿cómo entonces se cumplirían las Escrituras?" De igual modo leemos en Luc. 24:44 y sig. que Cristo tuvo que padecer, morir y resucitar, porque "era necesario que se cumpliese todo lo que está escrito de mí en la ley de Moisés, en los profetas y en los salmos" (a saber, todo el Antiguo Testamento). Olshausen tiene razón cuando asevera que las citas del Antiguo Testamento en el Nuevo Testamento, se dan no como pruebas de escritos humanos, sino como testimonios incontrovertibles de que son escritos *divinos.* Pero la prueba suprema de que las Escrituras del Antiguo Testamento son la Palabra de Dios la da Cristo mismo al ordenar: "Escudriñad las Escrituras: porque a vosotros os parece que en ellas tenéis la vida eterna; y ellas son las que dan testimonio de mí", Juan 5:39.

b. Muchos pasajes comprueban con toda claridad que las Escrituras del Nuevo Testamento, ocupan su puesto en el canon con idéntico derecho que las del Antiguo Testamento, y que son, por ende, la Palabra de Dios en igual manera e igual grado. En 1 Ped. 1.10-12, el apóstol hace constar primero que los profetas del Antiguo Testamento testificaron de antemano los sufrimientos de Cristo, y las glorias que los seguirían por medio del "Espíritu de Cristo que estaba en ellos", y luego añade: "Los cuales... administraban las cosas (los sufrimientos de Cristo y las glorias que los seguirían) que ahora os son anunciadas, por los que os han predicado el Evangelio por el Espíritu Santo (en pneumati agiō) enviado del cielo". Según este pasaje, los apóstoles en el Nuevo Testamento proclamaron el Evangelio, por el mismo Espíritu de Cristo que estaba en los profetas del Antiguo Testamento, de modo que sus escritos son la Palabra de Dios, en igual manera e igual grado, que los de los profetas. Contra la objeción de que este pasaje se refiere a la palabra oral de los apóstoles, podemos citar pasajes en que los apóstoles ponen su palabra escrita en el mismo nivel que su palabra hablada, exigiendo que se rinda a ella la misma reverencia y obediencia, 1 Juan 1:3-4; 2 Tes. 2:15; 1 Cor. 14:37; 2 Cor. 13:3. Como en 1 Ped. 1:10-12, así también en Efe. 2:20, se otorga a la palabra de los apóstoles en el Nuevo Testamento, la misma dignidad y autoridad divinas que a la palabra de los profetas en el Antiguo Testamento; pues ambas proclaman el fundamento sobre el cual está edificada la Iglesia. Además de esto, Cristo declara expresamente que los cristianos creerían en Él para la salvación eterna "por la palabra de ellos (los apóstoles)", Juan 17:20, lo que viene a corroborar que la palabra de los apóstoles es la Palabra de Dios mismo, porque sólo por medio de ella pueden ser salvas las almas, Rom. 1:16; Sant. 1:21.

## 3. LA INSPIRACIÓN DE LA BIBLIA

La Sagrada Escritura no se limita a afirmar que ella es la Palabra de Dios; explica también la manera sobrenatural en que Dios dio su Palabra a los hombres. Enseña con toda claridad que la Palabra de Dios fue inspirada a ciertos santos hombres, y que estos hombres fueron llamados y autorizados por Dios para ser los escritores de su santo Libro, de modo que "toda la Escritura es inspirada por Dios" (*pasa grafe zeopneustos*), 2 Tim. 3:16. La Escritura declara enfáticamente con respecto a los escritores sagrados del Libro de Dios: "Nunca la profecía fue traída por voluntad humana, sino que los santos hombres de Dios hablaron siendo inspirados (*feromenoi*) por el Espíritu Santo", 2 Ped. 1:21. Puesto que los santos hombres de Dios hablaron siendo inspirados por el Espíritu Santo, es evidente que no escribieron sus propias palabras, sino aquellas que Dios mismo puso en la mente de ellos. San Pablo enseña esta verdad en términos inequívocos cuando escribe: *"Lo cual también hablamos, no con palabras enseñadas por sabiduría humana, sino con las que enseña el Espíritu,* acomodando lo espiritual a lo espiritual", 1 Cor 2:13. Este mismo apóstol también declara que Cristo hablaba en él, 2 Cor. 13:3; y con respecto a sus escritos afirma que "son mandamientos del Señor", 1 Cor. 14:37. Los escritos de los profetas y apóstoles son, por lo tanto, la Palabra de Dios; estos hombres fueron inspirados por Dios para escribir los litros que hallamos en nuestra Biblia.

En los pasajes bíblicos que exponen la doctrina de la inspiración encontramos claramente expresadas las siguientes verdades:

a. La inspiración no fue sencillamente "inspiración de pensamientos" (suggestio realis) ni "inspiración personal" (inspiratio personalis), sino inspiración verbal (suggestio verbalis), es decir, una inspiración por la cual inspiró el Espíritu Santo las palabras mismas que habían de escribir los santos escritores. En 2 Tim. 3:16 se nos dice que la Escritura es "inspirada por Dios" (zeopneustos), lo que quiere decir que debe su origen a Dios a pesar de que fue escrita por hombres. En 2 Ped. 1:21 el apóstol afirma con toda claridad que los santos hombres, inspirados (impulsados feromenoi) por el Espíritu Santo, hablaron, esto es, emitieron palabras (elalesan). Lo mismo dice San Pablo en 1 Cor. 2:13: "Lo cual también hablamos... con palabras que enseña el Espíritu" (laloumen didaktois [logois] pneumatos). En todos estos pasajes se proclama enfáticamente la inspiración verbal de la Biblia; y puesto que para expresar pensamientos se necesitan palabras, la naturaleza misma de la inspiración, implica sin la menor duda que las palabras mismas fueron proporcionadas a los santos escritores.

Todos los que niegan la inspiración verbal de la Biblia y en su lugar ponen la "inspiración personal", o la "inspiración de pensamientos", niegan por completo la doctrina bíblica de la inspiración y se ven obligados a enseñar en su lugar una mera "iluminación", cosa que es común a todos los creyentes. Como consecuencia anulan la distinción que hace la misma Escritura entre la *norma normans,* o sea, los libros proféticos y apostólicos y la *norma normata,* eso es, los libros que autores religiosos han escrito acerca de la Biblia. En otras palabras, cuando se niega la inspiración verbal, la Biblia viene a ser un libro humano, sin más autoridad que cualquier otro libro cristiano. Pero esto es precisamente lo que la Biblia califica del todo falso, cuando se proclama a sí misma la fuente y norma divina de la fe, a la cual deben su salvación todos los creyentes, Efe. 2:20; Juan 17:20; Luc. 16-29; Juan 8:31-32. Por esta razón rechazamos la declaración de Hastings: "La inspiración se afirma respecto a *hombres,* no a palabras escritas" (*Enciclopedia de Religión y Ética,* II, 589) y profesamos con R. W. Hiley: *"Esta operación milagrosa del Espíritu Santo* (la inspiración verbal) *no turo por objeto los escritores mismos, —estos fueron meramente sus instrumentos y pronto habrían de desaparecer—;* sus objetos fueron los libros santos mismos" (*La Inspiración de la Escritura,* 1885, p. 50). La definición que hace Baier de la inspiración está en completo acuerdo con lo que enseña la Escritura misma sobre el asunto: "La inspiración divina fue el medio por el cual Dios, de un modo sobrenatural, comunicó al intelecto de aquellos escritores sagrados, no solamente el concepto correcto de todo lo que había de escribirse, sino también el concepto de *las palabras mismas,* y de todo aquello con que serían expresadas; asimismo, la inspiración fue el incentivo con que Dios impulsó a aquellos hombres a que escribiesen"(*Doctr. Theol.,* p. 39).

b. La inspiración no fue únicamente una asistencia o dirección divina (assistentia, directio, gubernatio divina), sino la comunicación misma de todas las palabras (suggestio verborum) de que se compone la Escritura. Así como en el día de Pentecostés el Espíritu Santo "les daba que hablasen" a los apóstoles, Hech. 2.4, así "les daba que hablasen" cuando los impulsó a que escribiesen la Palabra de Dios y la perpetuasen en la Sagrada Escritura. Esta verdad se expresa claramente en el término "inspirada por Dios" (zeopneustos), lo que significa que la composición de la Sagrada Escritura no ha sido meramente dirigida por Dios, sino inspirada por Él. El Espíritu Santo naturalmente guio y dirigió a los santos profetas y apóstoles, para que escribiesen las palabras que Él les sugirió; pero es una contradicción a la Sagrada Escritura identificar esta asistencia divina con el acto divino de la inspiración. Por una mera asistencia divina la Escritura hubiese resultado un libro humano sin error, pero tal asistencia no la habría hecho el Libro infalible de Dios, o la Palabra de Dios. Se hizo tal Libro, únicamente por medio de la inspiración divina.

Juntamente con las palabras divinas, también fueron sugeridos a los santos escritores los conceptos (*suggestio realis*), de modo que el acto de escribir no fue simplemente un esfuerzo mecánico, sino más bien un "acto consciente, volitivo e inteligente". La Biblia escrita por dichos hombres fue al mismo tiempo, el *Libro de Dios (causa principalis)* y *el libro de ellos (causa instrumentalis).* Gerhard dice con razón (11, 26): Las causas instrumentales de la Sagrada Escritura fueron los santos hombres de Dios, 2 Ped. 1:21; es decir, hombres que de un modo singular e inmediato fueron escogidos y llamados por Dios para que escribiesen las revelaciones divinas. Tales fueron los profetas del Antiguo Testamento y los evangelistas y apóstoles del Nuevo Testamento, a quienes llamamos con toda razón los amanuenses de Dios, la mano de Cristo, y los escribanos o notarios del Espíritu Santo, pues no escribieron ni hablaron de su propia voluntad, sino impulsados por el Espíritu Santo (*feromenoi ypo tau pneumatos agiou*; es decir, fueron influidos, movidos, inspirados y regidos por el Espíritu Santo. Escribieron no como hombres, sino como "hombres de Dios", esto es, como siervos de Dios y órganos singulares del Espíritu Santo. Por lo tanto, cuando un libro canónico se llama un "libro de Moisés", los "Salmos de David", una "epístola de San Pablo", etc., esto es meramente una referencia al agente y no a la causa principal. En cuanto a la causa eficiente o principal de la Sagrada Escritura, dice Quenstedt (1, 55): "La causa eficiente o principal de la Escritura es el Dios Trino, 2 Tim. 3:16 (el Padre, Heb. 1:1 y sig.; el Hijo, Juan 1:18; el Espíritu Santo, 2 Sam. 23:2; 1 Ped. 1:11; 2 Ped. 1:21), a) por un decreto original; b) por inspiración subsiguiente, que consiste en que Dios ordenó a los santos hombres de Dios a que escribiesen y les inspiró lo que tenían que escribir" (*Doctr. Theol.*, p. 42).

Con respecto a la manera como los santos hombres escribieron por inspiración divina, observa Quenstedt (I, 55): "Por lo tanto, si queremos hablar con exactitud; hemos de decir que Dios es el único que puede ser llamado el Autor de la Escritura; los profetas y los apóstoles no pueden ser llamados autores sino por *catacresis* (eso es, en sentido figurado). Y en otro lugar dice este mismo autor: "No quiere decir que estos amanuenses escribieron *ignorante* e *involuntariamente,* más allá del alcance de su voluntad y contra ella; pues escribieron *gustosa, voluntaria e inteligentemente.* Se nos dice que fueron *feromenoi,* impulsados, instados por el Espíritu Santo, no como si se hubieran hallado en un estado inconsciente, como pretendieron estar dos entusiastas, o en cierto *enzonsiasmos* como los paganos al contemplar a sus adivinos; o como si los profetas no hubiesen entendido sus propias profecías o lo que escribieron, sino... que con razón se les llama amanuenses, porque nada escribieron de su propia iniciativa, más todo a instancias del Espíritu Santo" (*Doctr. Theol.*, p.43).

c. La inspiración no se limita a determinadas partes de la Escritura, por ejemplo, a sus doctrinas más importantes, o a asuntos que ya conocían los santos escritores, sino que se extiende a la Biblia entera (inspiración plenaria). Este hecho lo comprueba el texto que nos dice que toda Escritura es inspirada por Dios, 2 Tim. 3:16. De esta declaración derivamos el axioma: "Todo lo que es parte de la Sagrada Escritura es inspirado por Dios". Por consiguiente, la inspiración abarca toda la Escritura ya sea lo que fue revelado a los santos escritores de un modo especial, o lo que ellos ya conocían o lo que obtuvieron mediante el estudio y la investigación. Por esta razón los asuntos de índole histórica, geográfica, arqueológica y científica contenidos en la Escritura son tan inspirados como sus doctrinas principales. Los que niegan esto y afirman que hay grados de inspiración, destruyen el concepto fundamental de la inspiración.

Hollaz manifiesta a este respecto: "La Escritura contiene asuntos históricos, cronológicos, genealógicos, astronómicos, científicos y políticos, cuyo conocimiento no es esencial para la salvación; no obstante, tales cosas han sido reveladas por Dios, porque el conocerlas ayuda en gran manera a la interpretación de las Sagradas Escrituras y a la ilustración de sus doctrinas y preceptos morales. Si dependieran de la inspiración divina sólo los misterios de la fe contenidos en las Sagradas Escrituras, y en cambio todo lo demás, que puede ser conocido por medios naturales, dependiera de la mera dirección divina, no podría decirse que toda la Escritura es inspirada. Pablo declara empero, que *toda la Escritura* es inspirada por Dios. Por lo tanto, no sólo los misterios de la fe son inspirados por Dios, sino también las demás verdades de las Escrituras, aunque estas verdades puedan ser conocidas por medios naturales" (*Doctr. Theol.*, p. 46).

En la Iglesia Luterana, Jorge Calixto († 1656) enseñó que solamente fueron inspirados los artículos principales de la fe; en cambio —declaró él— los asuntos de menos importancia, o aquellos que conocían los santos escritores antes de ser inspirados a escribir, fueron escritos meramente bajo la dirección o gobierno divinos a fin de que fuesen preservados de errores. Pero los dogmáticos luteranos rechazaron esta doctrina, pues ella se opone a la inspiración divina de toda la Escritura (*pasa grafe*). También los dogmáticos romanistas, calvinistas y algunos luteranos racionalistas modernos han apoyado el error de Calixto.

d. Como la Sagrada Escritura es la Palabra inspirada de Dios, es a priori absolutamente exenta de errores en todas sus partes y en todas sus declaraciones, porque su divino Autor es infalible. Así lo manifiesta Cristo con clara evidencia al declarar: "La Escritura no puede ser quebrantada", Juan 10:35. En esa ocasión Cristo se refirió a la simple palabra (zeoi Elohim Sal. 82:6), y si la Escritura no puede ser quebrantada en el caso de una sola palabra, no hay duda de que toda la Escritura es absolutamente verídica. De un modo similar se refirieron con frecuencia los apóstoles a determinadas palabras del Antiguo Testamento, y las declararon inspiradas y capaces de comprobar las verdades que deseaban impartir a sus lectores. Cf. Gál. 3:16 con Gén. 17:7: "No dice y a las simientes, como si hablase de muchos, sino como de uno: y a tu simiente, la cual es Cristo; también Mat. 22:32, 44 con Sal. 110:1: "Dijo el Señor a mi Señor"; también Juan 10:35 con Sal. 82:6. Esas referencias demuestran que no solamente las palabras mismas (suggestio verbalis han sido inspiradas, sino también las formas mismas en que aparecen (suggestio literalis). Concuerda con esto la orden estricta de Dios de que no se le añada a su Palabra ni se le quite siquiera la menor partícula, Deut. 4:2; 12:32; Prov. 3:5-6; Apoc. 22:18-19, como también la advertencia de Cristo de que "cualquiera que quebrante uno de estos mandamientos muy pequeños, y así enseñe a los hombres, muy pequeño será llamado en el reino de los cielos", Mat. 5:19; puesto que es más fácil que pasen el cielo y la tierra, que se frustre una tilde de la Ley, Luc. 16:17; Mat. 5:18. Así, pues, como San Pablo profesó: "Creo todas las cosas que en la ley y en los profetas están escritas", Hech. 24:14; así también todo creyente debe considerar la Escritura entera como inspirada por Dios y, por lo tanto, absolutamente infalible. Lutero escribe: "La Escritura jamás ha errado" (St. L., XV, 1481), y Calov: "En las Escrituras no se halla error alguno, ni aún en cosas de poca importancia, ni defecto de memoria, ni mucho menos algo que falte a la verdad" (Doctr. Theol., p. 49). Hollaz se expresa en similares términos: "Por la inspiración divina el Espíritu Santo dio a los profetas y apóstoles de una manera inmediata, tanto la materia de que tratan como las palabras, así las habladas como las escritas, y esta misma inspiración conservó libres de errores a estos santos hombres cuando predicaron y escribieron la Palabra divina"(Ibid).

e. Por último, la inspiración de la Sagrada Escritura incluye también el impulso y mandato divinos de escribir (impulsus el mandatum scribendi). El impulsus scribendi se comprueba por el hecho de que los santos escritores fueron inspirados, impulsados (feromenoi), 2 Ped. 1:21) a escribir, y por esta razón añade el apóstol la siguiente declaración: "Nunca la profecía fue traída por voluntad humana". En otras palabras, las Sagradas Escrituras fueron escritas, no porque el hombre quiso, sino porque Dios quiso. Por lo tanto, es muy acertada la observación de Hollaz: "La inspiración tiene como antecedente la instigación divina o el impulso peculiar para escribir, al igual que la iluminación inmediata por la cual fue iluminado plenamente el pensamiento del santo escritor" (Doctr. Theol., p 43), y Quenstedt escribe: "Todos los libros canónicos del Antiguo y del Nuevo Testamento fueron escritos por Dios, quien de un modo peculiar incitó e impulsó a los sagrados escritores a que escribiesen" (Doctr. Theol., p. 44). Contestando la objeción de los teólogos papistas, de que es imposible descubrir un mandato divino especial en cada caso, Gerhard declara (II, 30): "En los santos hombres de Dios coinciden el mandato externo y el impulso interno; pues, ¿Qué otra cosa es ese impulso divino, sino un mandato interno y secreto que lleva precisamente la misma autoridad y peso que el externo y manifiesto?" (Ibid). La doctrina de la Iglesia Romana se contradice a sí misma, pues por un lado admite la inspiración de la Biblia y por otro niega el impulsus scribendi. Tal doctrina, además de ser antibíblica, es irrazonable, porque si Dios dio su Escritura por inspiración divina, necesariamente había de impulsar también a sus santos escritores para que escribiesen su Palabra. La teología católica romana niega al mandatum divinum con el fin de colocar sus tradiciones orales por encima de la Palabra escrita de Dios, del mismo modo como algunos teólogos protestantes, guiados por la tendencia racionalista moderna, niegan el impulsus scribendi, con el fin de elevar su razón (su "sentimiento interior cristiano" o "experiencia cristiana") sobre la Biblia.

## 4. LA RELACIÓN ENTRE EL ESPÍRITU SANTO Y LOS SANTOS ESCRITORES

La relación entre el Espíritu Santo como agente inspirador y los santos escritores como agentes inspirados, se describe con toda claridad en todos aquellos pasajes en que se nos dice que el Señor —o el Espíritu Santo— habló por medio de los profetas (Mat. 1:22; 2:15), o por boca de los profetas (Hech. 1:16; 4:25), de tal modo que la Palabra de los profetas y los apóstoles fue por este mismo acto la Palabra de Dios (Heb. 3:7; Rom. 3:2). Todas estas expresiones declaran que el Espíritu Santo usó a los santos escritores como sus órganos o instrumentos, o que ellos fueron "su boca" al revelar su santa Palabra, tanto oralmente como por escrito. Para describir el carácter instrumental de los santos escritores, nuestros dogmáticos, al igual que los antiguos Padres de la Iglesia, los llamaron "escribientes", "amanuenses", "la mano de Cristo", "escribanos, y notarios del Espíritu Santo" etc. Estas expresiones son perfectamente correctas siempre que no se pierda de vista en estas figuras de retórica el *tertium compararationis.* Estos términos solo significan que los santos escritores fueron agentes de Dios al comunicar su Palabra, ya sea oralmente o por escrito. Es evidente que los santos escritores no fueron agentes mecánicos, sino *conscientes* e *inteligentes,* de modo que escribieron *"gustosa, voluntaria* e *inteligentemente"* (Quenstedt). Por tanto, los teólogos racionalistas deben aceptar estas expresiones como verdaderamente bíblicas y no tratar con burla a los que las usan. Hay que tener presente que despreciar esos términos, equivale a despreciar la Santa Biblia y su divina doctrina de la inspiración.

## 5. OBJECIONES A LA DOCTRINA DE LA INSPIRACIÓN

Ya en los siglos dieciséis y diecisiete los papistas, socinianos, arminianos y entusiastas, declararon que la Sagrada Escritura contiene ciertos errores. Aun Calvino acusó de vez en cuando a los evangelistas de haber cometido inexactitudes y de haber citado incorrectamente el Antiguo Testamento. Como ya se dijo dentro de la Iglesia Luterana, fue Jorge Calixto (siglo XVII), quien se desvió de la doctrina bíblica de la inspiración, y enseñó que los santos escritores no fueron inspirados en aquellos asuntos que no son esenciales o que les eran conocidos, sino que fueron meramente dirigidos o conservados de errores. A fines del siglo dieciocho y a principio del diecinueve, el racionalismo, que entonces dominaba, causó la renuncia completa a toda la doctrina cristiana, inclusive a la de la inspiración divina de la Biblia. El racionalismo de la actualidad es un producto directo de aquel racionalismo craso. La teología "positiva" o "conservadora" moderna, que rechazó el racionalismo estúpido, aunque lisonjero, de los siglos pasados, no logró volver a la doctrina bíblica de la inspiración, y aún algunos teólogos "luteranos" modernos en Alemania rechazan la inspiración verbal de la Biblia, o la doctrina que enseña que la Sagrada Escritura es *a priori* la Palabra de Dios, y sostienen que el carácter de la Escritura debe determinarse históricamente, o *a posteriori,* mediante la investigación humana.

De tal "investigación" resulta que la Sagrada Escritura *no* es la Palabra de Dios, sino más bien un relato humano de revelaciones divinas, el cual, aunque en cierta medida bajo la influencia del Espíritu Santo, no está libre de errores y, por consiguiente, debe ser sometido al juicio crítico de peritos bíblicos. Estos teólogos aún hablan de la "inspiración"; sin embargo, no se refieren a la verdadera inspiración que hace de la Sagrada Escritura la única fuente y norma de la fe hasta el fin de los siglos (Juan 17:20: Efe. 2:20), sino meramente a una iluminación intensificada, que se halla en mayor o menor grado en todos los autores cristianos.

Lo mismo puede decirse de la mayoría de los teólogos norteamericanos, aunque algunos de ellos, Carlos Hodge, Guillermo Shedd y Benjamín Warfield, han defendido la doctrina bíblica de la inspiración verbal y plenaria. No hace mucho, era harto difícil encontrar en Alemania un solo profesor universitario de renombre que aún sostuviese la doctrina de la inspiración verbal y plenaria. Esta negación casi universal de la inspiración, es uno de los capítulos más tristes en la historia de la Iglesia Cristiana, pues todo aquel que rechaza la inspiración de la Biblia, socava el fundamento sobre el cual descansa la fe cristiana y se hace pasible de la condenación de Dios, Mat. 11:25. Al fin y al cabo, todas las objeciones a la inspiración de la Biblia emanan del corazón carnal e incrédulo, Rom. 8:7; 1 Cor. 2:14.

Entre las objeciones que se hacen a la doctrina bíblica de la inspiración se destacan las siguientes:

a. La diferencia de estilo en los diversos libros de la Biblia. Se dice que para poder admitir que Dios es en realidad el autor de la Biblia entera, toda ella debiera estar escrita en el mismo estilo propio de Dios. A esta crítica replicamos que el estilo peculiar de Dios se nota muy a las claras a través de toda la Sagrada Escritura, la cual lleva en cada página el sello imborrable de su Autor divino. La sencillez, majestad y sublimidad del estilo bíblico no se hallan en ningún libro escrito por hombre; aún más, el estilo bíblico es tan singular, que sólo existe una Santa Biblia en el mundo. Podemos aplicar a la Escritura las mismas palabras que fueron dichas respecto de nuestro Salvador: "¡Jamás ha hablado hombre alguno como este hombre!", Juan 7:46. Si dentro de esta verdad general, los distintos libros de la Biblia difieren un poco entre sí en cuanto a estilo y dicción, hay que tener en cuenta que el Espíritu Santo, al dar su santa Palabra a los hombres, siempre se amoldó a la idiosincrasia de los santos escritores que le sirvieron en la obra de escribir la Palabra de Dios. Bien dice Calov: "En la Biblia se pone de manifiesto una condescendencia del Espíritu Santo; pues Él se acomodó a la manera común de hablar, permitiendo que los escritores usaran su propio estilo". Esto podría llamarse, con las debidas restricciones, el "lado humano" de la Escritura. Pero esta expresión no debe tomarse en el sentido en que la toman los teólogos racionalistas modernos, quienes la aplican a ciertas porciones de la Escritura, que rechazan como "erróneas" y por ende "no inspiradas".

En oposición a la teología, racionalista moderna, el creyente se aferra a la verdad de que la Sagrada Escritura no tiene "partes que no son inspiradas", sino que ella es en todas las partes la Palabra infalible de Dios dada por inspiración divina. En vez de censurar la existencia de diferentes estilos en la Escritura, el hombre debe reconocer en este hecho la condescendencia maravillosa de Dios y su amor inefable; pues al darnos sus doctrinas celestiales mediante tantos escritores diferentes, hizo que su sublime Palabra fuese tanto más clara y comprensible para la humanidad. Si Dios nos hubiese hablado en lenguaje celestial, ni una sola persona en el mundo podría entender su Palabra y aprender de ella el camino de la salvación, 2 Cor. 12:4.

b. Las variantes en las copias de la Escritura. Es verdad que hallamos cierto número de variantes (varias lectiones) en los textos bíblicos que se han conservado hasta nuestros días. Pero como estas variantes aparecen solamente en las copias, no ofrecen argumento alguno contra la inspiración divina de la Biblia, pues las variantes deben su origen a las equivocaciones en que incurrieron los copiantes. A pesar de las variantes, los textos que tenemos en la actualidad contienen la Palabra de Dios, tanto en su pureza original como en su integridad original. Esto lo sabemos a priori por la promesa expresa de Cristo (Juan 17:20; 8:31-32; Mat. 28:20; Juan 10:35; Mat. 24:35; Luc. 21:33; 16:17) y a posteriori por el hecho, confirmado por la investigación científica, de que a pesar de las numerosas variantes, ni una sola doctrina de la Palabra de Dios ha sufrido el menor desmedro por la duda o la incertidumbre. Dios, que nos ha dado su Palabra, en su amor también la ha conservado hasta el presente y la conservará hasta el fin de los siglos (gubernatio divina). Reconocemos asimismo la providencia de Dios en las muchas repeticiones de sus doctrinas a través de toda la Biblia. Gracias a esto, aun si se pusiesen en duda libros enteros (Antilegomena) o pesajes enteros del canon (Mar. 16:9-20), todavía podríamos comprobar las doctrinas divinas, por medio de otros libros y pesajes de la Biblia reconocidos universalmente como auténticos y canónicos. (Homologumena).

c. El estudio y la investigación efectuados por los santos escritores. No hay duda de que los santos escritores emprendieron a veces estudios independientes e investigaciones históricas;

pues ellos mismos nos dicen que se vieron impulsados a escribir no solamente revelaciones nuevas, sino también ciertas cosas que ya sabían como consecuencia de su estudio general y de su experiencia especial, Gál. 1:17-24; Luc. 1:1 y sig. Sin embargo, este hecho no refuta la doctrina de la inspiración, pues el Espíritu Santo, en su benéfico propósito de dar a la humanidad la Palabra de Dios, utilizó también el conocimiento general de sus santos escritores, del mismo modo en que utilizó sus dones y talentos naturales (experiencia, estilo, cultura, etc.). La Inspiración no es únicamente revelación, sino el impulso divino (impulsus scribendi), de escribir las verdades que Dios deseaba comunicar a los hombres en palabras que Él mismo facilitó, 2 Sam. 23:2 y sig. Los santos escritores recibieron algunas de estas verdades mediante la revelación directa, 1 Cor. 11:23; 14:37; 2:7-13, otras las sabían por experiencia, Hech. 17:28; Gál. 2:11-14; y otras, por el estudio directo y la investigación especial, Luc. 1:1 y sig..

Al tratar la doctrina de la inspiración divina la cuestión no es ésta: "¿Cómo obtuvieron los santos escritores las verdades que escribieron? "sino más bien ésta: "¿Impulsó el Espíritu Santo a los santos escritores, para que escribiesen las palabras y los pensamientos que Dios deseaba comunicar a los hombres?" La Sagrada Escritura enseña claramente que tal fue el caso, 2 Tim. 3:16; 2 Ped. 1:21, de modo que la doctrina de la inspiración es del todo irrefutable. Cuando en el día de Pentecostés, los apóstoles proclamaron a la multitud la salvación por medio del Salvador que había padecido y muerto por los pecados del mundo, anunciaron lo que ya sabían por experiencia, Juan 20:20 y sig.; 21:12; y no obstante, la Escritura nos dice con respecto a las palabras que pronunciaron: "Comenzaron a hablar... *según el Espíritu les daba que hablasen"*, Hech. 2:4. Y no sólo en la predicación del día de Pentecostés, sino también en la composición de todos sus escritos, el Espíritu Santo "les daba que hablasen" a los apóstoles.

d. Contradicciones aparentes en la Biblia. Con relación a este punto es necesario distinguir entre contradicciones externas e internas. Por contradicciones externas entendemos las aparentes discrepancias históricas en la Biblia. Las contradicciones internas se refieren a la doctrina. En cuanto a contradicciones reales en doctrina, sabemos a priori que no pueden existir, —aunque la razón humana a veces cree verlas— puesto que la Biblia entera es la Palabra del Dios infalible, 2 Tim. 3:16; 2 Ped. 1:21. Aun si dos doctrinas de la Escritura parecen ser contradictorias (e.g., gratia universalis, electio particularis), el teólogo cristiano nunca admite una contradicción real, 2 Cor. 1:18-20, sino únicamente una revelación parcial, 1 Cor. 13:9, la cual se perfeccionará en la gloria, 1 Cor. 13:10,12. Por esta razón, el teólogo creyente enseña una y otra doctrina según Dios las ha dado, sin tratar de armonizarlas o de resolver la aparente discrepancia, Apoc. 22:18-19.

Hallamos en la Escritura cierto número de aparentes discrepancias históricas (contradicciones externas), especialmente en citas del Antiguo Testamento, 1 Cor. 10:8 y Núm. 25:9. Las variantes en los manuscritos, debidos a los errores de los copiantes, aumentan el número de estas contradicciones aparentes. Pero lo maravilloso del caso no es que tales contradicciones aparentes se hallan realmente en la Biblia, pues no debemos olvidar que los copiantes eran hombres falibles y, por consiguiente, susceptibles a equivocaciones al transcribir el texto, sino que, relativamente hablando, son tan pocas que en la mayoría de los casos se pueden solucionar de una manera satisfactoria.

Pero aun si el teólogo cristiano no puede resolver satisfactoriamente una aparente contradicción histórica, no por eso acusa a la Escritura de errónea, mas deja la cuestión en suspenso, teniendo en cuenta la declaración de Cristo de que "la Escritura no puede ser quebrantada", Juan 10:35. Los pormenores con respecto a este punto pertenecen a la esfera de la isagoge cristiana, donde se trata de esto en forma amplia y detallada; pero le corresponde también al dogmático ocuparse en ello, por cuanto es su deber señalar los principios correctos que han de guiar al estudiante de la Biblia, en su estimación de la Escritura como la Palabra inspirada de Dios. El más importante de estos principios, es la verdad básica de que es impropio de un teólogo cristiano censurar la Palabra infalible de Dios; pues la función del teólogo es injertar el Evangelio, Mar. 16:15-16; Mat. 28:20, y no oponerse a la Palabra infalible por medio de sus opiniones y juicios falibles, 1 Tim. 6:3-5. (Cf. Lutero sobre la integridad histórica de la Escritura, St. L., XIV, 490 y sig.). De paso podemos decir, que las aparentes discrepancias históricas en la Biblia nunca afectan las doctrinas que enseña la Escritura para nuestra salvación,

e. Citas inexactas en el Nuevo Testamento. Se alega que la Biblia no puede ser la Palabra inspirada de Dios, porque las citas del Antiguo Testamento que aparecen en el Nuevo Testamento son a menudo "inexactas", y a veces hasta "falsas". El argumento es el siguiente: Si la Biblia fuera la Palabra infalible de Dios, las citas del Antiguo Testamento que se dan en el Nuevo Testamento tendrían que ser siempre exactas, o literales. Pero no es éste el caso. Algunas veces los apóstoles citan el Antiguo Testamento literalmente; en otros casos citan a los Setenta; o bien citan a los Setenta pero la corrigen según el original hebreo; en muchas ocasiones no siguen ni el texto hebreo ni los Setenta, sino que exponen con sus propias palabras el contenido general del texto. Pero el hecho de que se cita el Antiguo Testamento en formas a veces divergentes, no refuta la verdad de que la Biblia es la Palabra inspirada de Dios; al contrario, lo confirma, pues el Autor divino de toda la Biblia citó sus santas palabras según su voluntad y beneplácito. Si los escritores del Nuevo Testamento hubieran sido impostores, se habrían visto obligados a citar el Antiguo Testamento de un modo estrictamente literal, demostrando así a los lectores su conocimiento exacto del Antiguo Testamento y su completo acuerdo con él. Pero por lo visto, el Espíritu Santo que habló por medio de ellos, los impulsó a orar y aplicar la Palabra de Dios según lo demandaba la ocasión y lo exigían sus santos propósitos, Gál. 4:21-31. Ha sido siempre la prerrogativa de un autor citar sus obras como le plazca, y esta prerrogativa no se la puede negar al Espíritu Santo.

f. Asuntos triviales en la Escritura. La inspiración de la Biblia se ha negado también con el pretexto de que la Biblia contiene "cosas triviales" (levícula) y, además, errores gramaticales y retóricos, barbarismos, solecismos y cosas semejantes Como ejemplo de cosas triviales se menciona la manera minuciosa en que se relatan los asuntos domésticos de los patriarcas y sus muchos pecados y debilidades; la instrucción dietética que San Pablo da a Timoteo para que use un poco de vino a causa de su estómago, 1 Tim. 5:23; el encargo que hace Pablo de que le lleven el capote, los libros y los pergaminos, 2 Tim. 4:13, y otras más. Se alega que estas trivialidades son indignas del Espíritu Santo, y que no las habría usado si en realidad fuese el Autor de la Escritura. Este argumento empero, no tiene fundamento; pues si Dios creó la vid. ¿no tiene también autoridad de prescribir su debido uso? Si tuvo a bien establecer el hogar, ¿por qué no ha de señalar en la Escritura algunas escenas hogareñas para nuestra enseñanza, advertencia y consuelo, 2 Tim. 3:16? Si aun nuestros cabellos están todos contados, Mat. 10:30, ¿por qué no ha de interesarse Dios en las cosas triviales" de la vida de sus hijos? Algunas de las lecciones más importantes para la fe y la santidad, tienen que ver con las "cosas triviales" enseñadas en la Escritura (el uso debido de los medios señalados por Dios; la devoción del apóstol hacia el Evangelio a pesar de su pobreza; la aplicación del apóstol al estudio, cosa que lo indujo a pedir libros a pesar de hallarse en la prisión). No toca a ningún teólogo indicar a Dios qué clase de Biblia debe escribir o criticar la que ya escribió, sino enseñar con santa reverencia y sumisión devota, toda la Palabra de salvación que agradó a Dios legar a la perdida humanidad, para señalarle la única fuente de la fe y norma de vida, Hech. 20:17-28.

El argumento contra la inspiración de la Biblia basado en los supuestos barbarismos, solecismos, errores gramaticales, etc., también hay que rechazarlo, pues quien así arguye, pasa por alto el muy conocido hecho de que el Nuevo Testamento fue escrito en el griego coiné esto es, el lenguaje universal y popular de aquel tiempo, el cual se diferenciaba mucho del griego clásico, pero era entendido por casi todas las naciones y tribus del imperio romano. El Espíritu Santo escogió este idioma, porque quería que los escritos de sus santos escritores fuesen entendidos por las masas humildes, Col. 4:16; 1 Tes. 5:27, desde donde provenían mayormente las primeras iglesias cristianas, Rom. 16:3-15. El griego del Nuevo Testamento no es "vulgar" ni "enfermizo"; era la lengua vernácula del pueblo, en el tiempo en que empezó el cristianismo a esparcirse por el mundo pagano, que es cuando fueron escritos los evangelios y las epístolas. Los hebraísmos en el

Nuevo Testamento no son anomalías; se hallan en todos los escritos en que la influencia judaica entra en contacto con el griego común.

g. Se dice que ciertos pasajes bíblicos niegan la inspiración. Quienes niegan la inspiración divina de la Biblia, afirman también que ciertos pasajes bíblicos contradicen la doctrina de la inspiración. El más importante de dichos pasajes es 1 Cor. 7:12: "A los demás yo digo, no el Señor", en contraste con 1 Cor. 7:10: "A los que están unidos en matrimonio, mando, no yo sino el Señor" Lutero explica este pasaje diciendo que aquí el apóstol no inculca un mandamiento divino, sino que meramente da un consejo en un asunto que se refiere a la vida de los creyentes en Corinto. "Hace una distinción entre las palabras suyas y las del Señor, para dar a entender que la Palabra del Señor es un mandamiento y la palabra de Pablo un consejo" (St. L. VIII, 1058). Esta explicación la respalda 1 Cor.7 25. Ambas afirmaciones son de cierto inspiradas; pero mientras el v. 2 de este capítulo sienta el principio, los vs. 12 y sig. dan el consejo apostólico para el caso eventual. No debemos olvidar que San Pablo escribió toda esta epístola como un "apóstol de Jesucristo por la voluntad de Dios", 1 Cor. 1:1, de modo que las cosas que escribió son "mandamientos del Señor", 1 Cor. 14:37. Otros han sugerido lo siguiente: Teniendo en cuenta la costumbre de Pablo de respaldar sus declaraciones con citas del Antiguo Testamento, o con enseñanzas de Jesús, el pasaje en 1 Cor. 7:12 es una indicación de que aquí el apóstol no estaba por referir a sus lectores un mandamiento específico del Señor, sino que, como apóstol inspirado, estaba expresando una verdad que no se había explicado hasta ese momento. Esta solución del problema es del todo plausible, pues en 1 Cor. 7:10 alude el apóstol manifiestamente a Mat. 19:6,9. Por lo tanto, este pasaje no nos da derecho alguno de negar la inspiración de la Sagrada Escritura, tan claramente expuesta en tantos pasajes bíblicos. En 1 Cor. 14:37 desecha el apóstol mismo tales conclusiones blasfemas.

h. Se dice que la doctrina de la inspiración produce resultados perniciosos. Este es el argumento propuesto muy comúnmente por los adalides de la teología moderna. Aseverando que el "sentimiento interior cristiano" o la "experiencia cristiana" o la razón humana, deben ser reconocidos como un principium cognoscendi, y acosados por la restricción bíblica en 1 Ped. 4:11, alegan que el aferrarse a la inspiración divina de la Escritura ha de producir "intelectualismo", "biblicismo", "esclavitud de la letra", "supresión del espíritu libre de la investigación", "imposibilidad de hallar nuevas verdades religiosas", "inhabilidad por parte del teólogo para ajustarse a sí mismo al pensamiento religioso de la actualidad", "sectarismo", y cosas similares.

Todas estas objeciones proceden de la misma fuente, es decir, de la aversión que sienten los teólogos racionalistas y naturalistas hacia el mandato de limitarse a la verdad divina, establecida ya definitivamente en el canon bíblico, Si la Biblia es, empero, el Libro santo de Dios, dado a los hombres como la única fuente y norma de la fe y vida, entonces queda *eo ipso* condenada y rechazada cualquier doctrina contraria a la Escritura. El racionalismo rechaza la doctrina de la inspiración divina, con la intención de sembrar sus propias enseñanzas falsas y errores perniciosos. Pero precisamente por esa misma razón condena la Palabra de Dios con tanto énfasis, todo lo que se desvíe de las santas revelaciones divinas de la Escritura, Rom. 16:17; 2 Juan 9-11; 1 Tim. 1:3; 6:3 y sig., e inculca la más firme adhesión a la Biblia, Mat. 5:18-19; Apoc. 22:18-19. Al fin y al cabo, existe una sola razón por la cual los hombres rechazan la doctrina de la inspiración divina, a saber, la incredulidad, o rebelión contra Dios y su revelación.

## 6. LA DOCTRINA DE LA INSPIRACIÓN Y EL LUTERANISMO CONFESIONAL

En contestación al argumento de que la doctrina de la inspiración, es una "construcción dogmática" que debe su origen a los teólogos más recientes de la Iglesia Luterana, podemos decir que ya en sus primeras Confesiones, sostuvo la Iglesia Luterana la inspiración plenaria de la Biblia, aunque en aquel tiempo no existía ninguna controversia sobre esa doctrina, de modo que no había necesidad apremiante de presentarla en todos sus detalles. Algunas citas de esas Confesiones, demostrarán el concepto que sus escritores tenían de la Santa Biblia. Leemos: "¿De dónde sacan los obispos el derecho de imponer estas tradiciones a las iglesias... sabiendo que *Pedro,* Hech. 15:10, *prohíbe poner yugo* sobre la cerviz de los discípulos, mientras *Pablo dice, 2* Cor. 13:10, que la autoridad que le fue dada era para edificación? ¿Amonestó en vano el Espíritu Santo con respecto a estas cosas?" (*Conf. de Augsburgo,* Art. XXVIII). Y: "Ya tienes, pues, estimado lector, nuestra *Apología,* la cual te da a entender que nuestros adversarios no sólo han juzgado, sino que también han condenado varios artículos en oposición a la *clara Escritura del Espíritu Santo" (Apol.,* § 9. *Triglotta,* p. 101). Y de esta manera, se conserva la distinción entre las Sagradas Escrituras del Antiguo y del Nuevo Testamento por una parte, y todas las demás escrituras por la otra, y *las Sagradas Escrituras solas permanecen como el único juez, guía y regla, según las cuales, como la única piedra de toque, deben y tienen que discernirse y juzgarse todos los dogmas* para ver si son buenos o malos, correctos o incorrectos" (*Fórmula de Concordia*, Epítome, § 7; *Triglotta*, p. 779).

Estas y otras muchas declaraciones en nuestras Confesiones demuestran que sus escritores consideraron la Santa Biblia como la Palabra inspirada e infalible de Dios. Queda, pues, desvirtuado el argumento de que la doctrina de la inspiración verbal y plenaria es "una teoría artificial de los dogmáticos más recientes". Los dogmáticos luteranos más recientes, no enseñaron otra doctrina respecto a la Sagrada Escritura que la que se encuentra sostenida y defendida en las Confesiones luteranas.

También se suscita otro argumento —relacionado muy íntimamente con el que acaba de mencionarse— de que Lutero mismo no consideró la Biblia como inspirada verbal y plenariamente, sino que optó por una "actitud libre" en cuanto a este punto. Pero, al estudiar detenidamente la actitud de Lutero respecto a la Biblia, hallamos que su actitud jamás fue "libre"; pues declaró repetidas veces que estaba sujeto a la Palabra de Dios, o sea la Escritura, como lo hacen resaltar las siguientes citas tomadas de sus obras: "La Sagrada Escritura fue hallada por medio del Espíritu Santo". (St. L., III, 1895). Y: "La Biblia es la 'Carta de Dios' dirigida a los hombres" (I. 1055). Y: "La Biblia no creció de la tierra" (VII, 2095). Mientras los principales adversarios de Lutero, los papistas, enseñaron como fuentes de la fe las tradiciones, las decisiones de los concilios eclesiásticos y los decretos de los papas, Lutero reconoció una sola regla de fe: el Libro de Dios, la Biblia. En la Biblia "nos habla el Espíritu Santo de tal modo" que aun "las cosas triviales" en ella, son las enseñanzas de la "suprema Majestad divina" (St. L., XIV, 2 y sig.). "La boca purísima del Espíritu Santo" nos revela en ella, para nuestro consuelo, la "atroz e indecente historia" de Judá y Tamar en Gén. 38 (St. L., II, 1200 y sig.). Aun en los asuntos científicos e históricos registrados en la Biblia tenemos que "conceder al Espíritu Santo el honor de ser más erudito que nosotros" (St. L. III, 21; XV, 1481). El Espíritu Santo no cometió ningunos errores ni aún en la cronología de la Escritura (St. L., I, 713 y sig.). Los teólogos racionalistas modernos sostienen que hay "grados de inspiración". Tal concepto niega prácticamente la inspiración entera de la Escritura. Lutero, por otro lado, atribuyó "toda la Biblia al Espíritu Santo" (St. L., III, 1890). Refiriéndose al Sal. 127:3, dice Lutero, que la inspiración se aplica no sólo a las palabras *(vocabula)*, sino también al mismo modo de expresión *(phrasis)* (St. L., IV, 1960).

Al examinar estas claras declaraciones de Lutero, vemos que yerran todos aquellos que acusan al gran reformador de sostener una "actitud libre" en cuanto a la inspiración. Se dice que Lutero enseñó que la Biblia contiene "heno, paja y rastrojo"; en otras palabras, verdad y error. Pero esta cita la han tergiversado; pues Lutero, al usar estas palabras, no se refirió a los escritores bíblicos, sino a los intérpretes de la Biblia (Kawerau, *Theol. Lit.-Ztg.*, 1895, p. 216: cf. también *Christliche Dogmatik*, I, p. 346 y sig.). Lo que Lutero dice aquí de los intérpretes antiguos de la Biblia (St. l... XIV, 150) rige también para todos los intérpretes de la Biblia en la actualidad; pues éstos yerran algunas veces al explicar el texto sagrado.

También se nos dice que Lutero enseñó que son "inadecuados" ciertos pesajes en la Escritura. Para esto se hace referencia especialmente a Gál. 4:21 y sig. Sobre este pasaje dijo Lutero que en una controversia con los judíos *(contra ludaeos)*, que no aceptaban la autoridad apostólica de Pablo, es menos válido y menos convincente que otros. Pero la intención de Lutero al expresarse así no fue negar la doctrina de la inspiración, sino que meramente quiso indicar que la alegoría de Pablo, según se usa en este pesaje, no convencería a un judío incrédulo que no aceptaba la autoridad de Pablo. De esto no hay la menor duda, máxime si tomamos en cuenta que la interpretación de Pablo, se desvía del sentido literal de las palabras y demuestra su significado alegórico, como advierte Lutero con mucha razón (Cf. St. L., 1.1150).

También se nos dice que Lutero manifiesta su "libre actitud" hacia la Escritura, por la saliente distinción que hace entre *Homologumena* y *Antilegomena* en el canon del Nuevo Testamento. Admitimos el hecho de que Lutero, en efecto, hizo ciertas distinciones (p. ej., llama a la epístola de Santiago una "epístola insulsa" (lit. "pajiza) cuando la compara con las epístolas de Pablo (St. L., XIV, 91); pero al mismo tiempo consideró como Palabra inspirada de Dios *todas las Escrituras proféticas y apostólicas*, tal como lo hacemos nosotros en la actualidad, aunque también nosotros reconocemos la distinción entre *Homologumana* y *Antilegomena*. Se nos dice; además, que Lutero estableció un "canon dentro del canon", puesto que limitó la divina autoridad de la Biblia a aquellos libros que "inculcan a Cristo". Las citas en que se funda esta afirmación son las siguientes: "Lo que no inculca a Cristo, no es apostólico, aunque lo enseñen San Pedro o San Pablo. Por otra parte, lo que enseña a Cristo, es apostólico, aunque lo digan Judas, Anás, Pilato, Herodes" (St. L, XIV, 129). Y: "Si nuestros adversarios insisten en que le corresponde a la Escritura la autoridad suprema, nosotros insistimos en que la autoridad suprema le corresponde a Cristo, aun encima de la Escritura" (St. L., XIX, 1441). Estas declaraciones de Lutero suenan muy extrañas cuando se separan de su contexto; pero son muy claras cuando se consideran en la relación en que fueron enunciadas. Por *Escritura* Lutero no se refiere aquí a la Biblia de por sí, sino a la Biblia según la interpretaban falsamente los papistas. Esto explica ampliamente la primera cita. La segunda se explica de este modo: Lutero supone aquí un caso que en realidad no puede suceder jamás, pues ni San Pablo ni San Pedro en ocasión alguna enseñaron algo sin "inculcar a Cristo"; tampoco podía esperarse que Anás, Pilato o Herodes "inculcasen a Cristo", no importa qué presumiesen enseñar. Lutero insistía en hacer resaltar en esas citas la autoridad del Cristo divino, a quien la Biblia enseña desde el principio hasta el fin como el único Señor de la Iglesia, Luc. 24:25-27; Hech. 10:43.

Cualquier argumento, pues, que se aduzca para probar que Lutero asumió una "actitud libre" con respecto a la Sagrada Escritura, tiene que incluirse en la misma categoría de los que aquí se han citado. Para lograr sus perniciosos propósitos los teólogos modernos, ora mutilan o tergiversan las citas de Lutero, ora usan impropiamente sus declaraciones. Pero a pesar de esto, jamás podrán confutar las claras palabras en que Lutero profesa enfáticamente su devota lealtad hacia la Escritura como el Libro inspirado de Dios.

## 7. EL RECHAZAMIENTO DE LA DOCTRINA DE LA INSPIRACIÓN - SU CAUSA Y SUS CONSECUENCIAS

Hastings, en su *Enciclopedia*, describe en términos patentes cómo los teólogos protestantes modernos han apostatado de la doctrina de la inspiración. Nos dice: "Los teólogos protestantes de la actualidad, imbuidos en un espíritu seudocientífico, no tienen ninguna teoría ***a priori*** de la inspiración de la Biblia. No abren ningún libro del Antiguo o Nuevo Testamento, con el ánimo de que deben considerar su enseñanza como sagrada e infalible. A nada ceden, sino sólo a lo que ellos consideran la lógica irresistible de los hechos... Y si por fin formulan una doctrina respecto a la divina influencia bajo la cual fueron escritas las Escrituras, tal doctrina es una conclusión que se ven obligados a hacer después de una investigación independiente y justa". Y prosigue: "En resumen, la antigua doctrina de la inspiración uniforme e infalible de todas las partes del Antiguo Testamento, ya está desapareciendo rápidamente entre los protestantes. No existe en realidad una clara línea divisoria entre lo que es digno y lo que no es digno de ocupar un lugar en las Escrituras" (VII, 346, etc.). En términos similares escribió Teodoro Kaftan: "No consideramos como infalible lo que enseña la Escritura de sí misma, sino únicamente lo que profesamos como verdad, de acuerdo con la impresión que hace la Escritura en nosotros" (*Moderne Theologie des alten Glaubens* 2, pp. 108, 113).

Este rechazamiento expreso de la inspiración divina de la Sagrada Escritura, a pesar del testimonio claro e infalible que ésta da de sí misma, se debe, al fin y al cabo, únicamente a la incredulidad, o al hecho de que la razón humana se niega obstinadamente a aceptar la verdad de la Palabra de Dios. Así sucedió en el tiempo de Cristo, pues nuestro Señor tuvo que decir a los judíos incrédulos: "Porque digo la verdad, no me creéis... Pues si digo la verdad, ¿por qué vosotros no me creéis? El que es de Dios, las palabras de Dios oye, por esto no las oís vosotros, porque no sois de Dios", Juan 8:45-47. Cristo censuró severamente la incredulidad de los fariseos y los reprobó de esta manera: "Vosotros sois de vuestro padre el diablo, y los deseos de vuestro padre Queréis hacer. Él ha sido homicida desde el principio, y no ha permanecido en la verdad, porque no hay verdad en él. Cuando habla mentira, de suyo habla: porque es mentiroso, y padre de mentira", Juan 8 44. Esta censura dirigida al corazón carnal, el cual rechaza la Palabra de Dios, ha de aplicarse con igual vigor y énfasis en la actualidad. Los teólogos racionalistas de hoy día acusan a los "dogmáticos luteranos más recientes", de haber inventado una "teoría artificial" al enseñar la inspiración verbal y plenaria de la Biblia. Con esta acusación se hacen culpables de una mentira histórica. Además de esto, recurren a falacias dialécticas para apoyar su rechazamiento de la Palabra de Dios, alegando que la doctrina de la inspiración puede ser refutada por el estilo diferente de los varios escritores, el estudio e investigación particular que hicieron estos escritores, las variantes en las copias, y cosas similares. Sin embargo, la verdadera fuente de todo rechazamiento de la doctrina de la inspiración es la incredulidad, como ya se ha dicho repetidas veces.

Las consecuencias del rechazamiento de la inspiración bíblica son de máxima trascendencia. En realidad, el cristianismo vive o muere con esta doctrina; pues si la Escritura no es inspirada, tampoco puede haber doctrina divina. En particular, todos los que niegan la inspiración divina de la Biblia, *no tienen ninguna posibilidad de conocer jamás la verdad divina,* pues conocen la verdad solamente los que "permanecen en la Palabra de Cristo", Juan 8:31-32; 1 Tim. 6:3-4. Además, renuncian a la *fe* cristiana, pues la fe viene sólo por el oír la Palabra de Dios, Rom. 10.17; Sant. 1:18; 1 Ped. 1:23. De igual modo renuncian también a la *oración* cristiana con todas sus bendiciones temporales y eternas, pues la oración presupone adhesión a las palabras de Cristo, según Él mismo enseña: "Si permanecéis en mí y mis palabras permanecen en vosotros, pedid todo lo que queréis, y os será hecho", Juan 15:7. También renuncian a la posibilidad de *triunfar sobre la muerte;* pues sólo el que guardare la Palabra de Cristo "nunca verá la muerte", Juan 8:51. También renuncian al único *medio* por el cual se edifica la Iglesia Cristiana en la tierra, a saber, el precioso Evangelio de Cristo, Mar. 16:15-16; Mat. 28:19-20; 2 Juan 9-10. De igual modo, renuncian al único medio por el cual la Iglesia Cristiana puede conservarse en su verdadera unidad de fe, Efe. 4:3-6, como lo declara Lutero con toda razón: "La Palabra y la doctrina tienen que establecer la unidad y la comunión cristianas" (St. L., IX, 831). Además, renuncian a toda *comunión con Dios,* puesto que sólo en su Palabra podemos hallar a nuestro querido Salvador, Juan 6:67-69; 17:17; Luc. 11:28; Juan 5:24. Por último, pervierten la "sabiduría que es de lo alto", o la "sabiduría de Dios en misterio, la cual Dios predestinó antes de los siglos para nuestra gloria", pero que "no ha subido en corazón de hombre", Sant. 3:17; 1 Cor. 2:7-9, y la han cambiado en doctrina de hombres, o en la "sabiduría que no desciende de lo alto, sirio que es terrenal, animal (carnal, sensual) diabólica", Sant. 3:15: pues el rechazamiento de la inspiración divina de la Biblia, está invariablemente unido al rechazamiento del Evangelio salvador de Cristo, y a la enseñanza de la doctrina pagana de la salvación por las obras. El racionalismo empieza rechazando la doctrina de la inspiración y termina renunciando a todas las doctrinas de la Sagrada Escritura, a menos que la gracia de Dios detenga ese proceso destructivo por medio de una "inconsecuencia afortunada", por la cual *no se llevan a la práctica* las conclusiones que se sostienen teóricamente. La seria advertencia de Pablo: "No os engañéis: Dios no puede ser burlado; pues todo lo que el hombre sembrare; eso también segará", Gál. 6:7, se aplica con saliente énfasis a la actitud del hombre hacia la doctrina bíblica de la inspiración divina.

## 8. LAS PROPIEDADES DE LA SAGRADA ESCRITURA

Puesto que la Biblia es la Palabra de Dios, posee por ende propiedades o atributos divinos característicos (*affectiones divinae*). Son ellas: *autoridad divina, eficacia divina, perfección divina* y *perspicuidad divina.* Es muy evidente que hay que negar a la Escritura estas propiedades divinas si se rechaza su inspiración divina, pues estas propiedades divinas tienen su fundamento en el hecho de que la Biblia es la Palabra inspirada e infalible de Dios.

### *A. LA AUTORIDAD DIVINA DE LA SAGRADA ESCRITURA*

Entiéndese por la autoridad divina de la Sagrada Escritura la cualidad peculiar de la Biblia, según la cual ésta, como la Palabra verdadera de Dios exige obediencia de todos los hombres, y es, y permanece, la única fuente y norma de la fe y vida. Nuestro Salvador mismo reconoció y afirmó la autoridad divina de la Biblia, citándola en todos los casos de controversia como la única norma de la verdad, Juan 10:35; Mat. 4:4-10; 26:54; Luc. 24:25-27, etc. y los santos apóstoles atribuyeron autoridad divina no sólo a las Escrituras del Antiguo Testamento, sino también a lo que ellos mismos escribieron bajo la inspiración del Espíritu Santo, 1 Cor. 14:37-38; 2 Cor. 13:3; Gál. 1:8; 2 Tes. 3:6, 14; 2:15. Cualquiera, pues, que rechace la Escritura o la someta a la censura y crítica humanas es culpable de alta traición contra Dios; pues la Escritura deriva su autoridad divina, no de los santos hombres que la escribieron o de la Iglesia Cristiana que la reverencia y enseña, sino del Dios vivo que inspiró a los santos hombres para que la escribiesen. En otras palabras, la Biblia tiene autoridad divina porque es en todas sus partes la Palabra infalible del Dios vivo. Precisamente porque es la Escritura inspirada por Dios *grafe zeopneutos*, tiene autoridad (*autopistos*) y por consiguiente es necesario creerla y obedecerla. Por virtud de su autoridad creemos la Biblia por lo que ella misma dice, pues es el Libro único de Dios en que nos habla el Señor soberano. Expresamos este hecho dogmáticamente diciendo que la divina autoridad de la Sagrada Escritura es *absoluta*, o libre de dependencia alguna para su existencia y su certeza *(autoridad absoluta)*.

La autoridad divina de la Sagrada Escritura se divide en *autoridad causativa* y *autoridad normativa*. La autoridad causativa de la Sagrada Escritura, es la autoridad por virtud de la cual la Sagrada Escritura engendra y conserva la fe en sus propias enseñanzas mediante su mera palabra, Rom. 10:17. La autoridad normativa, o canónica, de la Sagrada Escritura, es la autoridad por virtud de la cual la Sagrada Escritura es la única norma y regla de la fe, y el árbitro instituido por Dios entre la verdad y la falsedad, Juan 5:39; Luc. 16:29; Gál. 1:8.

Al preguntarse cómo ejerce la Escritura su autoridad causativa, o cómo podemos estar seguros de su verdad divina, tenemos que responder que es necesario hacer una distinción entre la *fe divina* y la *fe humana*. La *fe divina* (convicción espiritual, convicción cristiana) es obra directa del Espíritu Santo mediante la Palabra *(Testimonium Spiritus Sancti)*. En otras palabras, la Escritura se cita a sí misma como testigo de verdad divina, Juan 8:31-32. Sobre Esto escribe Quenstedt (1, 97): "La razón fundamental por la cual se nos induce a creer con una fe divina y firme, es que la Palabra de Dios es el poder intrínseco y la eficacia de la Palabra misma, o el testimonio y sello del Espíritu Santo, que habla en la Escritura, porque el don de la fe... es una obra que emana del Espíritu Santo" (*Doctr. Theol.*, p 55). Sobre el testimonio interno del Espíritu Santo, por el cual es engendrada la fe divina en la Escritura escribe Hollaz así: "El testimonio interno del Espíritu Santo significa aquí, el acto sobrenatural del Espíritu Santo de crear la fe mediante la Palabra de Dios, leída y oída con atención... pues por esta Palabra, El mueve, abre e ilumina al corazón del hombre y lo conduce s la obediencia fiel" *(Ibid)*.

La Sagrada Escritura enseña claramente que la Palabra de Dios, la cual el Espíritu Santo nos ha dado mediante los profetas y apóstoles, posee en afecto, autoridad causativa o el poder de citarse a sí misma como la verdad divina, independiente de cualquier prueba externa (fe humana). San Pablo escribe a los corintios que su palabra y su predicación "fue con demostración del Espíritu y de poder", 1 Cor. 2:4-5, lo que quiere decir que la predicación del apóstol, fue espiritualmente efectiva para obrar la fe y la obediencia en sus oyentes. El mismo apóstol escribe a los tesalonicenses que ellos recibieron la Palabra de Dios que oyeron de él, no como palabra de hombres sino como es en verdad, Palabra de Dios, y esto, porque la Palabra divina "actúa en vosotros los creyentes", 1 Tes. 2:13-14. A los mismos tesalonicenses escribe San Pablo, que su Evangelio no llegó e ellos en palabras solamente, sino también en poder y en el Espíritu Santo y en plena certidumbre, de modo que ellos llegaron a ser imitadores del Señor, 1 Tes. 1:5-6. La misma autoridad causativa que San Pablo atribuye a la Palabra divina la hallamos confirmada por Cristo, cuando dice que "el que quisiera hacer la voluntad de Dios, o si Cristo habla por sí mismo", Juan 7:17. De Juan 6:40 aprendemos que "hacer la voluntad de Dios" quiere decir oír y creer la Palabra divina, de manera que Cristo atribuye el obrar la convicción divina a la Palabra divina misma. De este modo, pues, y solamente de este modo, recibimos convicción divina respecto a la veracidad de la Palabra de

Dios; la Escritura se legitima a sí misma como la Palabra verdadera de Dios mediante el poder del Espíritu Santo, que obra por conducto de la Palabra divina. Esta verdad es de gran importancia práctica, pues el único medio de expeler la duda, cada vez que ésta se levanta en el corazón del cristiano, es "escudriñando las Escrituras", Juan 5:39; puesto que ellas son el medio divino por el cual el Espíritu Santo nos ilumina y nos confirma en la verdad divina, 1 Juan 5:9-10; Juan 3:33; 2 Cor. 1: 20-22; Ee. 1:3.

Contra la acusación de la Iglesia Romana de que la teología luterana argumenta aquí en un círculo vicioso (*argumentum in circulo, idem per idem*) replicamos que, si no podemos fiarnos de la Escritura en el testimonio que ella da de sí misma, tampoco podemos fiarnos de ella en ninguna de sus otras enseñanzas. Además, el argumento luterano respecto a la autoridad causativa de la Escritura no es un *argumentum in circulo,* sino más bien un argumento que progresa del efecto a la causa (*ab effectu ad causam*), y a cualquiera que niegue la validez de este razonamiento, no le queda otro recurso que profesar el agnosticismo y ateísmo. Quenstedt observa con mucho acierto: "Los papistas, por lo tanto, nos acusan falsamente de razonar en un círculo, cuando probamos las Sagradas Escrituras por el testimonio del Espíritu Santo, y cuando probamos el testimonio del Espíritu Santo por las Sagradas Escrituras. De ser así como dicen los papistas, sería también razonar en un círculo cuando Moisés y los profetas dan testimonio de Cristo, y cuando Cristo da testimonio de Moisés y los profetas" (*Doctr. Theol.*, p. 56).

Mientras la fe divina o convicción espiritual, es el don del Espíritu Santo mediante la Palabra (fe engendrada por el Espíritu mediante la Palabra), la fe humana, o convicción humana, estriba en argumentos o procesos de la razón. Estos argumentos son ora *internos,* ora *externos.* Los argumentos *internos* para comprobar la autoridad divina de la Sagrada Escritura se refieren al admirable estilo de la Biblia, la singular armonía de sus partes, la sublime majestad de su materia, las maravillosas predicciones de acontecimientos futuros, y el no menos maravilloso cumplimiento de esas predicciones, la sublimidad de sus milagros y cosas similares. Los argumentos *externos* se refieren a los sorprendentes efectos que ha producido la Biblia dondequiera que llegó a difundirse, tales como la conversión de hombres sumidos en la ignorancia espiritual y el vicio, la fe heroica de los mártires, la elevación moral y social efectuada por el Evangelio, etc.. Así como el estudio racional del libro de la naturaleza señala a su divino Creador, así también el estudio racional del libro de la revelación sugiere que es la obra de un autor divino y, por consiguiente, es más razonable creer sus afirmaciones que no creerlas (el argumento científico para probar la autoridad divina de la Escritura).

La apologética cristiana, utiliza todos estos argumentos para demostrar lo fútil que es la incredulidad y sus pretensiones ateístas. Pero todos los argumentos de la razón no producen "una fe divina, sino meramente una fe humana; no una certidumbre inamovible, sino meramente una credibilidad o una opinión verosímil (Quenstedt). Por consiguiente, no deben sobreestimarse estos argumentos, pues jamás podrán ser el medio para salvar a los pecadores. Pero tampoco se los debe despreciar, pues son de gran valor para refutar las acusaciones locuaces de los incrédulos, y para fortalecer a los cristianos contra las dudas que de vez en cuando se suscitan en sus corazones. Cf. 1 Cor. 15:12-19; Hech. 17:28. Sin embargo, por más razonables que parezcan estos argumentos, jamás producirán arrepentimiento y fe, pues la conversión del pecador se efectúa únicamente por medio de la predicación de la Palabra de Dios — la Ley que produce contrición (*terrores conscientiae.* Rom. 3:19-20) y el Evangelio que produce fe en Cristo, Mat. 28:19-20; Hech. 2:37-39; Mar. 16:15-16.

En su ministerio, el teólogo cristiano emplea argumentos facilitados por la razón con el propósito de inducir a los inconversos a leer u oír la Palabra de Dios, o, dicho en otros términos, los usa del mismo modo en que un templo usa campanas para invitar al pueblo a oír la proclamación de la verdad divina. Pero en ningún caso debe usarlos como substitutos de la Ley y del Evangelio, es decir, la Palabra de Dios, Luc. 16:29-31; 24:47-48.

Al preguntarse cómo una persona puede saber si su convicción es fe divina o fe humana, es necesario considerar los siguientes puntos. El testimonio del Espíritu Santo jamás se verifica: a. *fuera de la Sagrada Escritura o en oposición a ella* (el entusiasmo), de manera que es puro engaño propio la "convicción cristiana" o la "experiencia cristiana", de todos los que rechazan la Biblia como la Palabra de Dios; b. *mediante argumentos de la razón* o *en dependencia de la autoridad humana* ("creo en la Biblia porque la Iglesia la enseña"); c. *simultáneamente con el rechazamiento de la expiación vicaría de Cristo,* de manera que es una mera ilusión, la convicción de la gracia divina que se atribuyen los modernistas (Ritschl, Harnack). Por otra parte, el testimonio del Espíritu Santo se hace efectivo, en todos los creyentes verdaderos que aceptan la Sagrada Escritura como la Palabra de Dios y se atienen al testimonio de la Escritura misma, pues precisamente, esta fe en la Escritura es el testimonio del Espíritu Santo. Todos los creyentes sinceros deben asirse a esta verdad, especialmente en el momento de la tribulación, cuando no sienten en sus adentros el benéfico efecto del testimonio del Espíritu, 1 Juan 5:9-10. El mero hecho de que son creyentes, atestigua la presencia efectiva del Espíritu Santo en sus corazones, pues sin el Espíritu Santo es imposible tener la fe que salva, 1 Cor. 12:3; Hech 16:14.

Con respecto a los efectos del testimonio del Espíritu Santo en el creyente, señala con razón la *Fórmula de Concordia* que éstos no deben ser juzgados, *ex sensu*, o por el sentimiento, puesto que el Espíritu Santo obra siempre en el corazón del creyente, mientras el creyente se adhiera a la Palabra de Dios, sienta o no sienta el creyente la operación del Espíritu. El sentimiento de la gracia del Espíritu que existe y obra en el corazón del creyente, pertenece a los frutos de la fe en la veracidad del Evangelio, y por ende, al testimonio externo del Espíritu Santo (*testimonium Spiritus Sancti extemum),* mientras su testimonio interno (*testimonium Spiritus Sancti internum)* es idéntico a la fe que salva, o la verdadera confianza en las promesas divinas de la Palabra. Lutero escribe en términos similares: "No hacemos distinción entre el Espíritu Santo y la fe, ni tampoco es el Espíritu Santo contrario a la fe; pues Él mismo es la convicción (en la Palabra) que nos hace estar seguros de la Palabra, de modo que no dudamos, sino creemos con toda firmeza y sin la menor duda, que es precisamente así, y en ningún modo diferente de lo que nos declara y nos dice Dios en su Palabra" (Ed. Erl., 58, 153 y sig).

Por virtud de su autoridad normativa o canónica, la Sagrada Escritura es la única norma de la fe y vida, y por consiguiente, el único juez en todas las controversias teológicas. Como la única regla de la fe, la Escritura desempeña una función directiva y otra correctiva, pues, por un lado, dirige los pensamientos de la mente humana de tal modo que estos se mantienen dentro de los límites de la verdad; y por otro lado, corrige los errores, ya que es la única regla que juzga el bien y el mal (Hollaz). Calov dice con toda razón (I, 474): "Las Sagradas Escrituras son una regla según la cual deben y pueden decidirse todas las controversias concernientes a la fe y vida en la Iglesia, Sal. 19:7; Gál. 6:16; Filip. 3:16; y como norma, no son parciales, sino completas y del todo satisfactorias, porque fuera de la Escritura no existe otra regla infalible para los asuntos de la fe y vida; y por esta razón se nos dirige hacia las Sagradas Escrituras como la única regla, Deut. 4:2; 12:28 Jos. 23:6, Isa 8:20; Luc. 16:29; 2 Ped. 1:19; y sólo hacia las Escrituras como regla nos dirigieron Cristo y los apóstoles, Mat. 4:4 y sig.; 22:29, 31; Mar. 9:12; Juan 5:45; Hech. 3:20; 18:28; 26:22" (*Doctr. Theol.*, p. 61).

En cuanto al *uso* de la Escritura como norma de la fe *(norma doctrinae, iudex controversiarum)* hay que sostener que no sólo los teólogos (2 Tim. 2:2), sino también todos los cristianos en general, deben emplear la Palabra de Dios (Hech. 17:11), ya que es el deber de cada creyente vigilar el ministerio de sus maestros (Col. 4:17), cuidarse de todos los falsos profetas (Rom. 16:17; Mat. 7:15), y esparcir el Evangelio puro de Jesucristo por medio de la evangelización personal (Col. 3:16, 1 Ped. 2:9). Con palabras muy claras atribuye la Sagrada Escritura a todos los creyentes la habilidad de juzgar todos los asuntos referentes a la fe y doctrina. Juan 6:45; 10:4-5, 27. Cualquiera, pues, que niegue la habilidad y autoridad de todos los cristianos para juzgar los asuntos referentes a la doctrina o vida, se opone a Cristo y se manifiesta a sí mismo como un anticristo. Lutero escribe muy seriamente sobre este punto: "Conocer y juzgar asuntos doctrinales es un privilegio que pertenece a todo cristiano, y se hace culpable del juicio divino cualquiera que viola este derecho, no importa cuán pequeña parezca su falta. Pues Cristo ha concedido este privilegio a sus creyentes en muchos pasajes incontrovertibles de la Escritura, por ejemplo, en Mat. 7:15: "Guardaos de los falsos profetas", etc. Cristo dirigió esta advertencia no a los maestros, sino expresamente al pueblo, y le dijo que se apartara de todos los falsos profetas; pero, ¿cómo han de apartarse de ellos si no los conocen? ¿Y cómo han de conocerlos si no tienen el derecho de juzgar su doctrina? Cristo empero, dio al pueblo no sólo el derecho sino también el mandato de juzgar, de modo que este solo pasaje es suficiente para desvirtuar los veredictos de todos los papas, padres (de la Iglesia), concilios eclesiásticos y escuelas que han atribuido la autoridad de juzgar y sentenciar, únicamente a los obispos y sacerdotes (a los maestros de la Iglesia), defraudando así al pueblo, a la reina, que es la Iglesia, de la manera más impía y sacrílega que imaginarse puede" (St. L., XIX, 341).

Por otra parte, empero, es necesario aclarar que los cristianos deben juzgar los asuntos doctrinales, no según su propio parecer sino únicamente según la Escritura, 1 Ped. 4:11, puesto que ella sola es *iudex controversiarum* en todos los asuntos de doctrina. El argumento de los papistas de que la Biblia, como "libro mudo", es incapaz de decidir cualquier asunto se opone no sólo a la Escritura misma, la cual se atribuye a sí misma precisamente esta autoridad, Mat. 4:4 y sig; Rom. 3:19; Juan 7:51, sino también a la razón, la cual impele al hombre a usar documentos de autoridad para decidir materias de controversia (cf. las decisiones del tribunal supremo). Toda persona provista de sentido común entiende claramente el significado de frases como éstas: "La Ley decide", o "La Biblia decide". La Sagrada Escritura es sin duda alguna más capaz de decidir cuestiones de controversia que los decretos papales, a los cuales recurren los papistas para determinar qué han de enseñar. Nuestros dogmáticos luteranos declararon con sobrada razón: "La Sagrada Escritura jamás es muda, excepto donde el papado le prohíbe hablar" *(Scriptura Sacra non est muta nisi in papatu, ubi prohibetur loqui).*

La manera como deben decidirse las cuestiones de controversia usando la Sagrada Escritura es la siguiente: Primero, determinar el punto de controversia *(status controversia),* y luego, ponerlo a la luz de todos los pasajes bíblicos que tratan acerca de ese punto en particular *(sedes doctrinae; dicta probantia).* De esta manera se da a la Escritura la oportunidad de ejercer su función judicial, de cierto, no por compulsión externa *(vi externa)* sino por persuasión interna *(vi interna).* Así precisamente empleó Cristo las Escrituras como juez en asuntos de controversia cuando dijo a los fariseos: "Hay quien os acusa, Moisés, en quien tenéis vuestra esperanza", Juan 5:45. El Señor se refiere aquí a Moisés puesto que Moisés está hablando en la Escritura.

La verdadera Iglesia visible de Cristo en la tierra, manifiesta su carácter ortodoxo adhiriéndose a la Sagrada Escritura como la única fuente y norma de la fe; en otras palabras, la Iglesia ortodoxa de Cristo en la tierra, se halla únicamente donde se obedece y se sigue la Sagrada Escritura en todos los asuntos relacionados con la fe y la vida. Por esta razón, Lutero dio singular importancia a la doctrina de la *sola Scriptura* como el principio básico de la Reforma, y la Iglesia Luterana confesional de la actualidad insiste en lo mismo con igual firmeza. Tan pronto como una Iglesia rechaza la autoridad de la Escritura, ya sea en teoría o práctica, deja de ser ortodoxa y se vuelve heterodoxa, es decir, una Iglesia que yerra, o una secta.

Respecto a la autoridad normativa de la Sagrada Escritura, hay que acentuar que a la razón humana, en su uso autoritario, no debe permitírsele lugar alguno al lado de la Biblia. En otras palabras, el conocimiento natural de Dios que posee el hombre, no importa cuán correctamente lo tenga fijado en su intelecto, nunca jamás debe ser coordinado con la palabra de Dios, sino siempre subordinado a ella. Pero la razón humana en su sentido orgánico, o instrumental, o la razón como "el sujeto receptor o instrumento aprehensor" (Hollaz), sí que debe emplearse cada vez que se usa la Escritura como norma de la fe; pues, "así como nada vemos sin ojos y nada oímos sin oídos, así nada entendemos sin la razón" (Hollaz). Este uso instrumental de la razón *(usus organicus; usus instrumentalis),* implica tanto el uso correcto de las leyes del lenguaje humano (la gramática), como el de las leyes del razonamiento humano (la lógica), porque al dar su Palabra a los hombres, Dios se ajustó a sí mismo, tanto a las leyes del lenguaje humano como a las del pensamiento humano. Ya hemos considerado esta verdad al referirnos al dicho de Melanchton: *Theologia debet esse grammatica*, y a la declaración de Lutero, de que cualquiera que yerra en la gramática ineludiblemente errará también en la doctrina.

Pero, así como es imprescindible al teólogo la razón humana en general, así también lo es la lógica humana en particular, pero sólo en su calidad de disciplina formal (la ciencia del pensamiento correcto y exacto), y no como una filosofía o un sistema metafísico, sentido en el cual se usa algunas veces el término. Además, aun cuando la lógica se emplee como una disciplina formal (la ciencia del razonamiento), debe conservarse siempre dentro de los límites que legítimamente le corresponden. En otras palabras, el teólogo debe guardarse siempre de las falacias, o de las falsedades derivadas del abuso de la lógica. La conclusión a que se llega debe ser siempre una verdad ya contenida en las premisas. Por ejemplo, de la verdad general de la Escritura: "De tal manera amó Dios al mundo", toda persona en el mundo debe inferir: "De tal manera me amó Dios a mí", puesto que el concepto "mundo" incluye a todo ser humano. Debemos recordar siempre el axioma. "Todas las inferencias *(consequentiae legitimae)* que se saquen de las declaraciones de la Escritura, deben tener sus comprobantes en expresiones directas contenidas en las claras palabras de la Escritura".

Por otro lado, se anula la autoridad de la Escritura y se hace de la lógica un instrumento para enseñar doctrina falsa, cuando la lógica se usa para proponer doctrinas nuevas que no se hallan *expuestas* en la Escritura. Ejemplos de lógica mal aplicada son los siguientes: "Puesto que Dios no ha elegido a todos los hombres, no quiere *salvar* a todos los hombres," O: "Puesto que Pedro se salvó y Judas se perdió tuvo que haber algo en Pedro para que se salvara," O: "Puesto que todo cuerpo tiene que ocupar un espacio determinado, el cuerpo de Cristo no puede estar verdaderamente presente en la Santa Cena". O: "Puesto que lo finito es incapaz de recibir lo infinito, no puede haber comunicación de atributos en la persona del Dios-hombre" O: "Puesto que el número de personas determina el número de esencias, debe haber tres esencias en la Deidad". Como el mal empleo de la lógica ha sido la causa de tantos errores en la teología, es bueno tomar a pecho la advertencia de Gerhard (II, 371): "La fuente de la fe no es la razón humana sino la revelación divina; tampoco debemos juzgar los artículos de la fe según los dictámenes de la razón, de lo contrario, nunca tendríamos artículos de la fe, sino sólo decisiones de la razón. Las decisiones y declaraciones de la razón deben ser restringidas y limitadas, a la esfera de aquellas cosas que de hecho están sujetas a las decisiones de la razón, y nunca debe extendérselas a la esfera de aquellas cosas que se hallan enteramente fuera del alcance de la razón (*Doctr. Theol.*, p. 32 y Sig.).

Con respecto al uso de la Sagrada Escritura como la única fuente y norma de la fe, nuestros dogmáticos luteranos han dicho con razón, que la Biblia es el Libro de Dios designado para todos los hombres, Luc. 16 29-31; Juan 5:39; Hech. 17:11, aun para niños, 2 Tim. 3:15; 1 Juan 2:13 *(Finis cui Scripturae sunt omnes homines)*.Por esta razón, es anticristiano el decreto papal que prohíbe a los laicos la lectura de la Biblia. Es empero, igualmente verdadero, que todos los hombres deben usar la Sagrada Escritura para obtener la salvación, 2 Tim. 3:15, y no sólo con el propósito de enriquecer su conocimiento general o de mejorar su estilo *(Finis cuius Scripturae Sacrae fides in Christum et salus aeterna est)*. De ahí vemos claramente, que es también la voluntad de Dios que se traduzca la Biblia a los diferentes idiomas usados en el mundo *(Versiones Scripturae Sacrae non solum utiles, sed etiam necessariae sunt)*. La comisión de Cristo de hacer discípulos a todas las naciones, incluye también el deber de traducir la Biblia a los idiomas de todas estas naciones, Mat. 28:20.

Mientras le Escritura es la norma absoluta de la fe *(norma normans, norma absoluta norma primaria, norma decisionis)*, la Iglesia Luterana reconoce sus Confesiones oficiales, o Símbolos, como normas secundarias *(norma normata, norma secundum quid, norma secundaria, norma discretionis)*, o como declaraciones verdaderas de las doctrinas de la Sagrada Escritura, que han de confesar y enseñar todos los teólogos luteranos. Por esta razón, la Iglesia Luterana confesional exige de todos sus ministros y maestros un asentimiento sincero e incondicional a todas sus Confesiones, como las declaraciones puras de la Palabra de Dios *(quia*, y no *quatenus)*. *En otras palabras, no se permite a ningún ministro ejercer su oficio sagrado, a menos que declare su convicción de que las Confesiones Luteranas exponen la Palabra pura de Dios.*

Sin embargo, mientras es absolutamente necesario que la Sagrada Escritura sea la norma decisiva *(norma decisionis)*, las Confesiones son sólo relativamente necesarias como la norma distintiva de la Iglesia *(norma discretionis)*. La Escritura decide qué doctrinas son verdaderas o falsas; las confesiones indican si una persona ha entendido claramente las doctrinas verdaderas de la Escritura *(Norma discretionis discernit orthodoxos ab heterodoxis)*.

Aunque la Escritura misma se atestigua en el corazón del creyente en la forma más amplia como la verdad divina, Dios en su infinita sabiduría, ha provisto que también sea atestiguada históricamente. Es decir, por medio de una debida investigación histórica sabemos con plena seguridad qué libros fueron compuestos por los escritores sagrados (profetas, apóstoles y evangelistas), a quienes Dios escogió para dar su Palabra al mundo. Esta evidencia histórica es de gran valor, primero, contra los papistas que por sus decretos anticristianos elevan los libros humanos al nivel de las Escrituras, y segundo, contra la alta crítica, que se empeña en degradar las Escrituras para ponerlas en un mismo plano con las composiciones humanas. Además de esto, la evidencia histórica en favor de la autenticidad e integridad de la Biblia, es gran valor también para los creyentes, pues la duda, algunas veces puede debilitar o suprimir por completo el testimonio del Espíritu Santo en sus corazones.

Para la autoridad divina del Antiguo Testamento, tenemos el testimonio claro no sólo de la Iglesia Judía, sino también de nuestro omnisciente Redentor, quien sin reserva alguna, reconoció como canónica la Biblia que se usaba en su tiempo, Luc. 16:29; 24:44; Juan 5:39; 19:35; Mat. 5:17. Si la Iglesia Judía hubiese errado respecto a su canon, nuestro Señor Jesucristo no lo habría reconocido como "las Escrituras", Juan 5:39. Ni la Iglesia Judía ni Cristo, reconocieron como canónicos los libros apócrifos del Antiguo Testamento. El hecho de que la Iglesia Romana, a pesar de ello, los elevó el rango canónico, revela el carácter anticristiano de esa organización religiosa. Para las Escrituras del Nuevo Testamento tenemos la declaración directa de Cristo, y su promesa de que tanto su propia Palabra, como la de los apóstoles, será conservada y reconocida como la norma infalible de la fe hasta el fin del mundo, Mat 24:35; Juan 17:20; Efe. 2.20. Si la Palabra divina no es reconocida como tal, lo culpa no es de la Escritura, sino de aquellos que en su ceguedad y perversidad se niegan a creer la Palabra de Dios.

La antigua Iglesia Cristiana, la Iglesia primitiva, ha aportado de un modo concluyente el testimonio histórico de los libros canónicos del Nuevo Testamento. Fue unánime en su reconocimiento de los cuatro Evangelios, los Hechos de los Apóstoles, las trece Epístolas de Pablo, la Primera Epístola de Juan, la Primera Epístola de Pedro (*Homologumena*). Hubo dudas en cuanto a la Epístola a los Hebreos, la Segunda Epístola de Pedro, la Segunda y Tercera Epístolas de Juan, la Epístola de Santiago y el Apocalipsis, y por consiguiente, se calificaron de *Antilegomena* estos libros (Cf. Eusebio, *Historia Eclesiástica,* III). Sin embargo, aunque algunos pusieron en duda el carácter canónico de los *Antilegomena,* cada libro cuenta con el testimonio suficiente para merecer su inclusión en el canon, del cual se eliminaron todos los escritos "apostólicos" espurios (seudoepígrafes). Pero en el caso de que se niegue en la actualidad la autoridad de los *Antilegomena* (cf. el veredicto de Lutero sobre la epístola de Santiago), los *Homologumena,* pueden comprobar ampliamente esas mismas doctrinas que se encuentran expuestas en esos libros, pues los *Antilegomena* no contienen una sola doctrina que no sea enseñada en los *Homologumena.*

Se ha preguntado si la Iglesia Cristiana de nuestros tiempos tiene a autoridad de declarar canónicos ciertos libros. La pregunta hay que contestarla con un rotundo ¡no! Fue un procedimiento puramente histórico cuando la Iglesia antigua diferenció entre *Homologumena* y *Antilegomena,* procedimiento que sólo significaba determinar si ciertos libros fueron o no fueron, escritos por tal o cual apóstol de Jesucristo. Pero cuando en el siglo dieciséis el Concilio de Trento, en contradicción al juicio histórico de la Iglesia primitiva, declaró que también los libros apócrifos deben considerarse canónicos, arbitrariamente añadió al canon libros que ni Cristo ni sus santos apóstoles aceptaron como tales. La Iglesia Cristiana de la actualidad no puede cambiar o suplementar el canon ya aceptado, porque no es capaz de aducir la evidencia histórica necesaria, para declarar que ciertos libros son canónicos o no. El teólogo luterano Chemnitz llamó anticristiano, el empeño de eliminar la distinción establecida por la Iglesia Cristiana entre *Homologumena* y *Antilegomena.*

En cuanto al modo cómo procedió a fijar la Iglesia primitiva el canon bíblico, escribe Chemnitz (*Ex. Trid.,* 1, 87): "Las generaciones que inmediatamente sucedieron a las de la Iglesia primitiva, retuvieron y conservaron con constancia y fidelidad el testimonio de esa Iglesia apostólica referente a los escritos genuinos de los apóstoles, de modo que muchos otros (escritos), que más tarde salieron a la luz respaldados con el nombre de los apóstoles, fueron examinados y después rechazados como espurios y falsos, primero, porque no se pudo probar con el testimonio de la Iglesia original, que fueron de origen apostólico o que los apóstoles que aún vivían, los aprobaron y los trasmitieron y confiaron, ya en un principio a la Iglesia; segundo, porque proponían doctrinas contrarias a las que la Iglesia había recibido de los apóstoles, doctrinas que aún se conservaban en la memoria de todos" (*Doctr. Theol.*, p. 85).

En cuanto a los Evangelios de Marcos y Lucas y los Hechos de los Apóstoles, puede decirse que la Iglesia antigua los incluyó unánimemente y sin ninguna reserva en los *Homologumena,* aunque no fueron escritos por apóstoles. Esto se hizo porque los dos evangelios fueron compuestos bajo la supervisión de San Pedro y San Pablo respetivamente, mientras el libro de los Hechos de los Apóstoles, fue aceptado como Escritura canónica con la aprobación plena de San Pablo. Puesto que la Iglesia primitiva incluyó estos libros en los *Homologumena,* no ha de extrañarnos en absoluto su actual posición en el canon; cuanto más, puede suscitar el interés de los académicos.

La integridad del Nuevo Testamento puede aceptarse *a priori,* pues Cristo nos asegura que su Palabra según se halla en los escritos de los santos apóstoles, o la Sagrada Escritura, Juan 17:20; Efe. 2:20; Juan 8:31-32, no pasará, Mat. 24:35. La integridad del Antiguo Testamento lo garantiza el testimonio expreso y directo de Cristo, Juan 5:39.

Con respecto a las diversas versiones de la Biblia sostenemos con razón, que no sólo los textos originales en hebreo y griego, sino también las traducciones de estos textos son real y verdaderamente la Palabra de Dios, siempre que estén de acuerdo con los originales. Por otra parte, cuando se desvían las traducciones de los textos originales y enseñan doctrinas contrarias a éstos, deben ser rechazadas como opuestas a la Palabra de Dios. Puesto que los traductores nunca escriben por la inspiración del Espíritu Santo, sino que están sujetos a las imperfecciones comunes de los hombres, todas las versiones de la Biblia deben compararse diligentemente con el texto original para determinar si son correctas o no, y por esta razón, debe poseer el teólogo un conocimiento adecuado de los idiomas originales

Sin embargo, la diferencia que media entre el texto original y sus traducciones, no debe aumentarse indebidamente con el propósito de crear dudas en cuanto a la autoridad de ellas, pues casi todo el lenguaje de la Escritura es tan llano y sencillo, que cualquier traductor concienzudo no puede manos que reproducir el sentido del original. Aun la Vulgata reproduce con suficiente claridad las verdades principales de la fe cristiana, aunque esa traducción está plagada de errores desde el principio hasta el fin. Pero, la promulgación arbitraria hecha por la Iglesia Romana, de que la Vulgata es el único texto de autoridad, fue un hecho enteramente contrario al espíritu de Cristo y sus apóstoles, de modo que nos vemos obligados a declarar una vez más que la Iglesia papal es la Iglesia del Anticristo.

El consejo de Lutero con referencia al método de la enseñanza del Catecismo, se aplica también al uso de las traducciones de la Biblia en el púlpito, o dondequiera que los ministros cristianos instruyan al pueblo. Dijo Lutero: "Al enseñar el Catecismo, el ministro debe ante todo evitar el uso de diferentes textos y formas, y adoptar una sola forma y concretarse a ella, pues los niños y los más ignorantes, se confundirán fácilmente si les enseñamos una forma hoy y otra mañana, como si pensáramos introducir mejoras".

### B. LA EFICACIA DIVINA DE LA SAGRADA ESCRITURA

Puesto que la Sagrada Escritura es la Palabra inspirada de Dios, ella posee no sólo autoridad divina, sino también eficacia divina, es decir, el poder creador de obrar tanto la fe como la santificación en el hombre, que por naturaleza es muerto espiritualmente, Rom. 10:17: La fe; 1 Ped. 1:23: La regeneración; Juan 17:20: La fe y la santificación. La Palabra de Dios no sólo enseña al hombre el camino de la salvación y le muestra el medio por el cual puede obtenerlo; sino que por su poder realmente divino (*vis vere divina),* de hecho lo convierte, lo regenera y lo renueva. Ningún otro libro en el mundo, ni ninguna disertación humana poseen esta eficacia extraordinaria, a menos que el uno o la otra repitan la Palabra de Dios, según se halla en la Biblia; pues la eficacia divina de la Escritura no es otra cosa que el poder de Dios que obra mediante la Palabra, Rom. 1:16. Lutero de cierto tiene razón cuando escribe (*Art. de Esmalcalda,* VIII, 3): "Tenemos que sostener firmemente que Dios concede su Espíritu o gracia únicamente mediante la Palabra o con la Palabra". Y cuando nos dice (*Cat. Mayor,* 101): "La eficacia de la Palabra es tal, que cada vez que se la contempla, oye y usa con toda seriedad, tiene que llevar frutos y despertar siempre un nuevo entendimiento, placer y devoción, y producir un corazón puro y pensamientos puros; pues sus palabras no son inactivas o muertas, sino creadoras y vivas".

En oposición a toda doctrina errónea que en este punto niega del todo la eficacia divina de la Escritura, y sólo le atribuye una dirección e instrucción moral (el unitarismo, el pelagianismo), o bien, hace una separación entre el poder divino y la Palabra (el entusiasmo, el calvinismo), se nos hace necesario presentar las siguientes descripciones sobre la eficacia divina de la Escritura:

a. La Palabra de Dios, según se halla en la Escritura, no obra de un modo natural, es decir, no obra por demostración lógica, apelando a la razón, ni por elocuencia retórica, apelando a las emociones, sino de un modo sobrenatural (efficientia vere divina), puesto que el Espíritu Santo, que está inseparablemente unido a la Palabra, persuade al pensamiento humano a creer en la verdad divina, mediante la Palabra misma que ese pensamiento contempla. San Pablo afirma esto mismo cuando escribe: "Mi palabra y mi predicación fue... con demostración del Espíritu y de poder", 1 Cor. 2:4. Quenstedt dice al respecto: "La Palabra de Dios tiene el poder innato y la tendencia, de convencer siempre a los hombres de que ella es la verdad" (Verbum Dei virtutem exercet per contactum hyper-physicum).

b. La Palabra divina de la Sagrada Escritura tiene poder infinito y todopoderoso *(vis infinita, potentia Dei, omnipotentia),* pues el mismo poder todopoderoso que es parte *esencial* de Dios se halla comunicado a su Palabra. Los siguientes pasajes bíblicos sostienen esta verdad: Rom. 1:16-17; Efe. 1:19-20; 2 Cor. 4:6. Baier escribe en plena conformidad con todos estos pasajes: "Se comunica a la Palabra la misma virtud infinita, que es de por si esencial a Dios e independiente en Él, y por la cual Él ilumina y convierte a los hombres" (*Doctr. Theol.,* p. 505).

c. El poder divino inherente en la Palabra no es irresistible, sino resistible (efficacia resistibilis,) en otras palabras, los efectos salvadores de la Palabra pueden ser resistidos, aunque la Palabra en sí misma es omnipotente Mat. 23:37; 2 Cor. 4:3-4. Quenstedt describe este carácter resistible de la Palabra divina del modo siguiente: "Accidentalmente puede ser ineficaz, no porque sea deficiente en poder, sino debido a la perversidad (humana) que obstaculiza su obra, de modo que no puede lograrse su efecto". Este hecho se afirma en Hech. 7:51, donde el apóstol se dirige a los judíos obstinados y les dice "¡Duros de cerviz e incircuncisos de corazón y de oídos! Vosotros resistís siempre al Espíritu Santo; como vuestros padres, así también vosotros". Cómo la Palabra omnipotente de Dios puede ser resistida por el hombre impotente es algo que la razón humana en realidad no puede entender; pero para esto tenemos una analogía en el reino de la naturaleza, donde la vida natural, aunque debe su origen y existencia a la omnipotencia de Dios, puede ser destruida por la débil mano del hombre. El juicio de Lutero sobre este punto es muy correcto: "Cuando Dios obra por medios, puede ser resistido; pero cuando obra sin medios, en su gloria revelada (in nuda maiestate), no puede ser resistido" Así la resurrección espiritual, que se efectúa por los medios de gracia, Luc. 2:34; Efe. 2:1; Col. 2:12, puede ser resistida, 1 Cor. 1:23; 2 Cor. 2 16, mientras la resurrección corporal, la cual se efectuará por el mandato soberano de Dios, no puede ser resistida, Mat. 25:31-32; Juan 11:24.

d. El poder divino jamás debe ser separado de la Palabra de la Escritura; es decir, el Espíritu Santo no obra sin la Palabra o prescindiendo de ella, según enseñan los entusiastas, los calvinistas, y en la Iglesia Luterana los secuaces de Rathmann, sino siempre mediante la Palabra, Rom. 10:17; 1 Ped. 1:23; Juan 6:63. Nuestros teólogos luteranos han sostenido siempre esta importarte verdad bíblica en oposición a todos aquellos que enseñan lo contrario; por ejemplo, Zuinglio: "El Espíritu Santo no necesita guía ni vehículo" (dux vei vehiculum); Hodge: "La gracia eficaz obra sin medios". Lo que resulta en la práctica al disolver la unión entre el poder divino y la Palabra divina de la Escritura, es el rechazamiento de la Biblia como la única fuente y norma de la fe (norma normans). Esto se prueba precisamente por el hecho de que los entusiastas han puesto sin excepción, la "palabra interna" (verbum intemum), o el "espíritu", por encima de la Sagrada Escritura (verbum externum), asignando a ésta un lugar inferior en el reino de la revelación divina. Para los entusiastas la Biblia es únicamente una norma normara, o una regla de la fe sujeta a la "palabra interna", es decir, a sus propias nociones e invenciones de la razón. Por otro lado, el resultado práctico de aceptar la doctrina bíblica de que el Espíritu Santo está inseparablemente unido a la Palabra, es la sujeción absoluta de todo pensamiento a la Palabra de Dios, 2 Cor. 10:5. En este caso se rechaza como falsa toda doctrina que se opone a la Escritura, no importa a qué fuente se la atribuya, ya sea al "espíritu", la "palabra interna", la "luz interna", la "razón", la "ciencia", la "Iglesia", el "Papa", o cosas similares. A menos que aceptemos plenamente la doctrina bíblica de que el Espíritu Santo se halla unido a la Palabra de la Escritura en forma indisoluble, no podemos considerar este precioso Libro de Dios como la única fuente y regla de la fe. Por esta razón defendieron tan enérgicamente nuestros teólogos luteranos la unión inseparable entre la Palabra y el Espíritu. Hollaz, por ejemplo, escribe: "La eficacia de la Palabra de Dios no es sólo objetiva u orientadora, como la estatua de Mercurio, que señala el camino, pero no da al caminante el poder y la fortaleza para andar en él, sino también eficaz, porque no sólo señala el camino de la salvación, sino que también salva almas"(Doctr. Theol. p. 504).

Cada vez que en nuestras oraciones cristianas pedimos a Dios que "dé su Espíritu y poder a la Palabra", no sugerimos que el Espíritu Santo a veces se encuentra ausente de la Palabra con su poder divino y eficaz, sino que confesamos que de nada sirve nuestro propio esfuerzo humano al aplicar la Palabra de Dios, 1 Cor. 3:6. Lutero, en su explicación del Salmo 8:3, escribe sobre este punto: "Tenemos que echar a un lado la creencia insensata de que nosotros mismos, mediante la Palabra, podemos efectuar algo en los corazones de nuestros oyentes; al contrario, debemos perseverar diligentemente en la oración de que Dios solo, sin nosotros, haga que sea poderosa y activa en los oyentes, la Palabra proclamada por sus predicadores y maestros" (St. L., IV, 626).

En su controversia con los entusiastas, afirmaron los teólogos luteranos que la Sagrada Escritura es eficaz también *extrausum*. Por esta frase quisieron decir que el Espíritu Santo se halla perpetuamente unido a la Palabra, de modo que ella retiene su poder aun cuando no se use. Tuvieron que mantener esta verdad también contra el teólogo luterano Rathmann, quien sostenía que "la divina eficacia no reside dentro de la Palabra, sino fuera de ella". Contra este error se mantuvo la eficacia de la Palabra aun cuando no se use *(extra usum)*, para que la Palabra de Dios no se redujese al nivel de las palabras humanas (cf. *Doctr. Theol.*, p. 507). Se usó esta declaración respecto a la eficacia de la Palabra de Dios *extra usum*, para afirmar la verdad bíblica de que la Palabra es siempre en sí misma poder de Dios para salvación, Rom. 1:16.

Aunque el Espíritu Santo es siempre activo mediante la Palabra, no debemos juzgar su actividad por el sentimiento *(ex sensu)*. La *Fórmula de Concordia* comenta sobre este punto: "Respecto a la presencia, obra y don del Espíritu Santo no debemos ni podemos juzgar siempre *ex sensu*, es decir, según la manera cómo se experimentan en el corazón; sino que, como muchas veces actúan en forma encubierta y sin que nos apercibamos de ello debido a la debilidad de nuestro ánimo, debemos estar seguros por medio de la promesa de que la Palabra de Dios predicada y oída es (verdaderamente) oficio y obra del Espíritu Santo, por la cual Él, es de cierto eficaz y activo en nuestros corazones, 2 Cor. 2:14 y sig.; 3-5 y sig." (Decl. Sól., II, 56).

Mientras atribuimos eficacia divina a toda la Palabra de Dios según se halla en la Sagrada Escritura, no dejamos de distinguir entre la eficacia que es propia de la Ley y la que es propia del Evangelio. La Ley divina tiene el poder de convencer a los hombres de su culpabilidad delante de Dios, Rom. 3:19, "porque por medio de la Ley es el conocimiento del pecado", Rom. 3:20, más que esto no puede hacer la Ley; sirve para obrar la contrición *(terrores conscientiae)*. El Evangelio, por otro lado, obra la fe y así la regeneración y conversión, Rom. 10:17; 5:1. Pero, mediante esta misma operación inscribe la Ley divina en el corazón, Jer. 31:31 y sig.; esto es, hace que los hombres obedezcan la Ley con buena voluntad, Sal. 110:3; Rom. 12:1; Gál. 2:20 *(Lex praescribit, evangelium inscribit)*. Además, precisamente por esta operación, libra también al hombre del temor a la muerte y le da el poder de vencer a este último enemigo, 1 Cor. 15:55. Mediante el poder del Evangelio el pecador, que por naturaleza está sujeto a la muerte, Heb. 2:15, y sin esperanza en el mundo, Efe. 2:12, es recibido en el Reino de Gracia de Cristo, Juan 3:16-18, y por fin en su Reino de Gloria, Filip. 1:3-6; Efe. 1:16-19; 1 Ped. 1:3-5.

### C. LA PERFECCIÓN DIVINA, O SUFICIENCIA, DE LA SAGRADA ESCRITURA

La perfección divina, o suficiencia de la Sagrada Escritura, es aquella propiedad por la cual enseña lo que es necesario para la salvación. Gerhard define esta propiedad de la Escritura corno sigue (II, 286): "Las Escrituras nos instruyen completa y perfectamente respecto a todas las cosas necesarias para la salvación". La prueba bíblica para esta doctrina se ve claramente en 2 Tim. 3:15-17; Juan 17:20; 1:3-4. Como la Sagrada Escritura es suficiente, o perfecta, no necesita el suplemento de las tradiciones (los papistas), ni de las nuevas revelaciones (los entusiastas), ni del progreso o desarrollo doctrinal (los teólogos racionalistas modernos). El camino de la salvación enseñado en la Biblia es absolutamente completo, Mat. 28:20; Mar. 16:15-16. Gerhard, al argumentar contra los romanistas, dice con razón: "Echando a un lado la tradición nos adherirnos a la Escritura únicamente".

Al considerar la suficiencia divina de la Sagrada Escritura, debemos observar cuidadosamente los siguientes puntos:

a. La Sagrada Escritura no contiene todo lo que pueden saber los hombres pues, en cuanto a materias referentes a lo terrenal ofrece muy poca instrucción (la Biblia no es un "libro de texto científico"). La Sagrada Escritura trata asuntos terrenales sólo porque éstos tienen que ver con el consejo divino para la salvación (la creación del mundo etc.).

b. La Sagrada Escritura no revela todas las cosas que desearía saber el hombre, pues también en la esfera espiritual su propósito verdadero es salvar a los peca dores, 2 Tim 3:16-18; 1 Cor. 13:12; Rom. 11:33.

c. Sin embargo, la Sagrada Escritura contiene todas las cosas que "necesitamos saber para la fe y vida cristianas y, por consiguiente, para el logro de la salvación eterna" (Quenstedt). Todos los que niegan esta verdad rechazan la doctrina cristiana básica de que la Sagrada Escritura es la única fuente y norma de la fe. Los papistas hacen de la Escritura una norma restringida (norma remissiva) y enseñan una perfectio implicita Scripturae Sacrae; es decir, consideran la Escritura como suficiente sólo cuando añaden a sus enseñanzas las de la Iglesia, o del Papa. Los papistas degradan así la Escritura a una norma normata.

La Escritura expone sus enseñanzas divinas ya en palabras directas (*kata reton*), ya según el sentido (*kata o anoian*). Para el primer caso podemos citar la enseñanza clara de la salvación por la gracia, mediante la fe en Cristo, Juan 3:16; Rom. 3:24, 28; para el segundo, la doctrina de la Trinidad, Mat. 28:20. Sin embargo, la Sagrada Escritura jamás expone meros "principios generales", de los cuales han de "desarrollar" las doctrinas el teólogo cristiano o la Iglesia Cristiana; pues ella no es un libro de "principios generales", sino de doctrinas. Para que el teólogo se abstenga de enseñar doctrina falsa, debe tener en cuenta que sólo ha de enseñar lo que enseña la Escritura en palabras claras. Eso lo recalca Lutero cuando escribe: "En la doctrina cristiana no debemos afirmar nada que no enseña la Escritura" (St. L. XIX. 592). Y: "Todos los artículos de doctrina cristiana deben ser de tal naturaleza que no sólo aparezcan como ciertos a los cristianos mismos, sino que también estén confirmados de tal modo por pasajes expresos y claros de la Biblia, que puedan tapar la boca de todos (los adversarios), para que éstos no puedan decir nada contra ellos" (St. L., XVIII, 1747).

### D. LA PERSPICUIDAD DIVINA DE LA SAGRADA ESCRITURA

Cuando decimos que la Sagrada Escritura es perspicua, o clara, queremos decir que expone todas las doctrinas de la salvación en palabras tan sencillas y simples, que pueden ser entendidas por toda persona de sentido común. El dogmático luterano Baier expresa este pensamiento del modo siguiente: "Cualquier persona que conoce el idioma, posee juicio común y se fija debidamente en las palabras, puede aprender el sentido verdadero de las palabras... y aceptar las doctrinas fundamentales". La perspicuidad de la Escritura se enseña en pasajes muy claros: Sal. 119:105; 130; 19:7-8; 2 Ped. 1:19; 2 Tim. 3:15. Además de estos, se halla en todos aquellos pasajes en que se exhorta a los hombres a escudriñar las Escrituras para la salvación, Juan 5:39; Luc. 16:29; Hech. 17:11; 2 Tes. 2:15; Isa. 34:16; 1 Juan 2:13-14. Cualquiera, pues, que niegue la perspicuidad de la Biblia (los papistas, entusiastas, teólogos racionalistas modernos), tiene que rechazar también la verdad básica de que la Escritura es el único *principium cognoscendi*, obligando así al creyente a edificar su fe sobre las exposiciones humanas producidas por la Iglesia, o por individuos dentro de la Iglesia o fuera de ella.

Teniendo en cuenta que la Sagrada Escritura es un libro claro, el exégeta cristiano debe cuidarse con el mayor celo de no insertar subrepticiamente sus propias ideas subjetivas en el sagrado texto *(eisegesis)*, y debe considerar que su única función es exponer el verdadero significado de la clara Palabra de Dios *(exegesis)*; en otras palabras, debe permitir que la Escritura se explique a sí misma *(Scriptura Scripturam interpretatur; Scriptura sua luce radiat)*. Negativamente hablando, la función del exégeta cristiano es quitar todas las dificultades textuales mediante la debida instrucción gramatical, y todas las interpretaciones falsas hechas por expositores equivocados; positivamente hablando, incumbe al exégeta la exposición del sentido verdadero del texto *(manuductio ad nudam Scripturam)* a la luz de su contexto y pasajes paralelos.

Por consiguiente, todo exégeta cristiano debe poseer las siguientes cualidades: a) Debe considerar la Biblia entera como la Palabra infalible de Dios; b) debe tratar la Sagrada Escritura como un libro que es claro en sí mismo; c) debe exponer escrupulosamente el sentido verdadero del texto, y d) debe ser capaz de refutar las opiniones falsas que han sido impuestas al texto, por expositores falsos o por teólogos ortodoxos que no lo han entendido bien.

Respecto a la perspicuidad de la Sagrada Escritura podemos mencionar aún los siguientes puntos:

a. La Sagrada Escritura es muy clara en cuanto a aquellas cosas que son necesarias para la salvación. Admitimos francamente que la Escritura contiene pasajes que son bastante obscuros no sólo para el lego, sino también para el teólogo cristiano. Pero este hecho no impugna la doctrina de la perspicuidad de la Biblia. Los pasajes que en sí son obscuros no exponen artículos fundamentales de la fe cristiana, sino que se refieren por lo regular, según han dicho nuestros dogmáticos, a "asuntos onomásticos, cronológicos, topográficos, alegóricos, típicos o proféticos" (Quenstedt). De los pasajes que exponen doctrinas, algunos no son tan claros como otros o, según observa Gerhard: "Lo que se expresa obscuramente en un pasaje se explica más claramente en otros", y en tales casos, los que son más obscuros deben ser interpretados a la luz de los claros (sedas doctrinae; analogia fidei). Pero este hecho tampoco impugna la doctrina de la perspicuidad bíblica. En su explicación del Salmo 37 Lutero comenta magistralmente: "Pero si alguno de ellos (los papistas) os molesta y os dice: "Es necesario que tengáis la interpretación de los Padres, puesto que la Escritura es obscura", entonces debéis replicar: "Eso no es verdad. No hay libro más claro en el mundo que la Sagrada Escritura, que en comparación con todos los otros libros, es como el sol en relación con todas las otras luces". Dicen tales cosas, sólo porque quieren alejarnos de la Escritura y elevarse a sí mismos al puesto de amos sobre nosotros, para que creamos sus desvaríos... Pues esto es en verdad cierto: Algunos pasajes de la Escritura son obscuros, pero en éstos no halláis nada que no se encuentre ya en otros pasajes claros y sencillos. Entonces vinieron los herejes y explicaron los pasajes obscuros según su propio razonamiento, y de este modo combatieron los claros pasajes y el fundamento de la fe. Por su parte los padres los combatieron con los pasajes claros, y con éstos aclararon los obscuros, probando así que lo que parece obscuro en algunos pasajes se expone claramente en otros. No permitáis que se os aparte de la Escritura, por más que se empeñen (los papistas) en hacerlo. Pues si os desviáis de la Escritura, estáis perdidos; entonces os manejarán como a ellos se les antoje. Pero si permanecéis en la Escritura, habréis triunfado y podréis considerar el furor de ellos del mismo modo como un peñasco del mar se ríe de las olas que lo azotan. Todos sus escritos no son nada más que olas que se desvanecen.

Estad completamente seguros de que no hay nada más claro que el sol, quiero decir, la Sagrada Escritura. Si una nube lo tapa, no pierde por eso su brillante luz. Si halláis, pues, un pasaje obscuro en la Escritura, no os alarméis, pues de seguro de la misma verdad que se expone en él se enseña claramente en otro lugar de la Escritura. De modo que si no podéis entender los textos obscuros, no por ello abandonéis lo claro" (St. L., V., 334 y sig.). Estas declaraciones desafiantes de Lutero no son más que el eco de las verdades claras que enseña la Sagrada Escritura misma en cuanto a su perspicuidad, Sal. 119:105; 2 Ped. 1:19 y sig. (Cf. también la manera en que Lutero defiende la perspicuidad de la Escritura en su famosa obra De Servo Arbitrio , St. L., XVIII, 1681 y sig.).

b. La perspicuidad de la Escritura no debe identificarse con la comprensibilidad de sus misterios de la fe (perspicuitas rerum). Permanecerán siempre ininteligibles a la razón humana precisamente aquellas doctrinas que debemos creer para nuestra salvación, tales como la encarnación de Cristo, la Trinidad, la unión personal de las dos naturalezas en Cristo, la expiación mediante la muerte vicaria de Cristo, etc. (res inevidentes). Pero estos misterios incomprensibles de nuestra fe se exponen en palabras tan inteligibles (perspicuitas verborum), que toda persona de inteligencia normal, que entiende el lenguaje humano, puede recibirlas en su mente (apprehensio simplex) y también apropiárselas espiritualmente mediante la obra sobrenatural del Espíritu Santo (apprehensio spiritualis sive practica). Por esta razón nuestros dogmáticos luteranos han llamado la perspicuidad de la Escritura una claritas verborum, o claritas grammatica, etc. Gerhard cita a Lutero (1, 26), del modo siguiente: "En lo que a la claridad interna se refiere, debernos señalar que mediante los poderes naturales, de su mente, nadie puede entender ni siquiera una sola tilde en la Escritura, a menos que tenga el Espíritu de Dios; pues por naturaleza todos los hombres tienen corazones obscuros. Si os referís a la claridad externa de la Escritura, cabe decir que no hay nada que quede oscuro o ambiguo, sino que son perfectamente claras todas las cosas que aparecen en la Escritura (Doctr. Theol., p. 73). Toda la doctrina de la claridad de la Escritura puede resumirse de este modo: Toda la Escritura es clara externamente (claritas verborum) a todos los hombres de mente cabal, internamente (claritas spiritualis) sólo a los creyentes, y esencialmente (claritas rerum, al entendimiento de los misterios de la fe) sólo a los santos en el cielo, 1 Cor. 13:12.

De todo esto se deduce claramente para quiénes ha de ser la Escritura un libro oscuro, a saber, para todos los que:

a. No entienden el lenguaje humano en general ni el lenguaje bíblico en particular;

b. Tienen tanto prejuicio que no pueden considerar desapasionadamente las palabras de la Escritura;

c. Tratan insensatamente de comprender los misterios divinos por medio de su razón ciega;

d. Están llenos de odio contra las verdades que enseña la Escritura, Sal. 18:26; Juan 8:43-47; 2 Cor. 4:3-4. Esto explica por qué tantas personas equivocadas rechazan arrogantemente la Sagrada Escritura como un libro oscuro. "La incredulidad ciega yerra de cierto, y en vano escudriña la obra de Dios" (Cowper).

"La incredulidad ciega" ha sugerido también las objeciones que se han propuesto contra la perspicuidad de la Sagrada Escritura. Entre estas objeciones podíamos mencionar las siguientes:

a. La institución del santo ministerio. Respuesta: Cristo instituyó de cierto el santo ministerio, pero no con el propósito de aclarar la Biblia, sino para predicar el Evangelio que propone la Biblia tan claramente, Mar. 16:15-16; Mat. 28:19-20, y por este medio, conducir hombres al cielo, Heb. 13:17; Eze. 3:18.

b. Las disensiones y facciones dentro de la Iglesia Cristiana visible. Respuesta: Es verdad que existen tales facciones, pero sólo porque los hombres insisten en rechazar las claras doctrinas de la Escritura, Juan 8:31-32; 1 Tim. 6:3 y sig.

c. En la Escritura se hallan pesajes oscuros. Respuesta: Tales pasajes no impugnan la perspicuidad de la Escritura, puesto que las doctrinas de la salvación se enseñan en ella con gran claridad. San Agustín dice con razón: "En los pasajes claros de la Escritura se encuentra todo lo necesario para la fe y vida".

d. Los misterios ininteligibles de la fe. Respuesta: Estos misterios están en verdad fuera del alcance de la razón humana, pero se enseñan en un lenguaje tan claro que aun puede entenderlos un niño normal.

e. *Ciertos pasajes de la Escritura admiten aparentemente su oscuridad.* Los que niegan la perspicuidad de la Escritura han señalado pasajes como 2 Ped. 3:16 y 1 Cor. 13:12 para apoyar su argumento. *Respuesta:* San Pedro declara que entre las cosas que escribe San Pablo en sus epístolas (*en eis*) hay *algunas* difíciles de entender (*dysnoetai*). La Sagrada Escritura contiene en verdad algunas cosas que hay que admitir como "difíciles de entender". Sin embargo, esto no impugna su perspicuidad, pues cada vez que enseña el camino de la salvación, lo hace en palabras claras.

En 1 Cor. 13:12 San Pablo no habla acerca de la Sagrada Escritura, sino del conocimiento que tenemos respecto a Dios y su verdad divina. Ese conocimiento es ahora mediato e imperfecto, pero en el cielo será inmediato y perfecto. Por consiguiente, tampoco este pasaje impugna la perspicuidad de la Escritura.

Tanto los papistas como los entusiastas niegan la perspicuidad de la Escritura. Dice el Cardenal Gibbons en *La Fe de Nuestros Padres,* p. 111: "Las Escrituras no son claras e inteligibles en sí mismas aun en asuntos de suprema importancia". Los papistas afirman que las Escrituras deben ser interpretadas por la Iglesia, o el Papa, mientras los entusiastas afirman que deben ser interpretadas mediante la "luz interna". A la postre, tanto los papistas como los entusiastas recurren a la razón para explicar la Escritura; así también lo hacen los racionalistas modernos, los cuales aseveran que la Biblia debe ser interpretada a la luz de los conocimientos e investigaciones actuales. En todos los tres casos la acusación contra el Libro santo y claro, dado por Dios para la salvación del hombre, se debe a la oposición deliberada al bendito Evangelio de Cristo, 1 Cor. 1:22-23.

# LA DOCTRINA ACERCA DE DIOS

## 1. EL CONOCIMIENTO NATURAL DE DIOS

Todo lo que sabe el hombre acerca de Dios, lo sabe gracias a la revelación que da Dios de sí mismo, ya sea en el reino de la naturaleza, ora en el reino de gracia, es decir, ya sea mediante la obra divina de la creación y la providencia, ora mediante su santo Libro, la Biblia. Por consiguiente, distinguimos con razón, un conocimiento natural de Dios y un conocimiento sobrenatural o revelado (cristiano) de Dios, Si Dios no se hubiera revelado a sí mismo el hombre jamás habría podido conocerlo, pues Dios es la Personalidad absoluta y perfecta "que habita en luz inaccesible, a quien ninguno de los hombres ha visto ni puede ver", 1 Tim. 6:16.

Mediante el conocimiento natural de Dios el hombre sabe que existe un Ser Divino personal, eterno y omnipotente, que ha creado el mundo y aún conserva y gobierna todas las cosas, y que es santo y justo, exigiendo lo bueno y castigando lo malo. Este conocimiento natural de Dios se imparte al hombre:

a. Mediante las obras divinas de la creación (poiemata Zeou. creaturae Dei), las cuales por si mismas sirven de testimonio a su omnipotente Creador. En Rom. 1:20 San Pablo afirma que, aunque Dios mismo es invisible, el hombre no obstante sabe algo de Él y, en particular, de su personalidad, eternidad y soberanía "por medio de las cosas hechas". El testimonio de muchos filósofos paganos, como Aristóteles y Cicerón, confirma la verdad de esta declaración. Cicerón escribe (Tascul, Disput., 1, 28): "Deum non vides; tamen Deum agnoscis ex operibus eiaus". Este conocimiento natural de Dios es tan innegable, que el apóstol dice que no hay excusa alguna para los agnósticos y ateos que niegan la existencia divina y los mandamientos divinos (la prueba cosmológica de la existencia de Dios).

b. Mediante la continua actividad divina en el reino de la naturaleza y de la historia humana. En Hech. 14:15-17, asevera San Pablo que Dios "no se dejó a sí mismo sin testimonio, haciendo bien, dándonos lluvias del cielo y tiempos fructíferos, llenando de sustento y de alegría nuestros corazones". El conocimiento que obtiene el hombre de la continua manifestación que hace Dios de sí mismo en la historia humana, lo describe el apóstol en Hech. 17:26-28, al declarar que Dios ha hecho y gobierna a todos los hombres para que "busquen a Dios", añadiendo que "en Él vivimos, y nos movemos y somos", por lo cual hasta algunos poetas paganos llegaron a asegurar: "Linaje suyo somos" (la prueba histórica de la existencia de Dios).

c. Mediante la Ley divina escrita en el corazón del hombre. Por medio de esta Ley los hombres han "entendido el juicio de Dios", Rom. 1:32, y aun sin poseer una Ley revelada, como la tenían los judíos, "hacen lo que es de la ley....dando testimonio por naturaleza su conciencia, y acusándoles o defendiéndoles sus razonamientos", Rom 2:14-15 (la prueba moral de la existencia de Dios). Todo esto demuestra que las teorías antiteístas que sostienen algunos no son el resultado de un razonamiento lógico, sino más bien, el efecto de la supresión perversa e intencional que ha hecho el hombre del conocimiento natural de Dios; de ese conocimiento que ha sido sembrado por Dios mismo en el corazón humano, Rom. 1:18. Tales teorías no representan progreso en el pensamiento religioso de los hombres, sino más bien decadencia espiritual y moral.

El *ateísmo* niega la existencia de Dios, aunque ya por naturaleza el hombre sabe perfectamente que existe un Dios, Rom, 1:19; Sal. 14:1. El *politeísmo* propugna la existencia de muchos dioses, aunque es monoteísta el conocimiento natural que el hombre tiene de Dios (Rom. 1:20: "Su eterno poder"). El *materialismo* reduce a la materia todo cuanto existe, incluso el alma, ignorando la distinción que debe observarse entre lo material y lo espiritual, de modo que en el materialismo no hay Dios ni alma humana ni tampoco existe la inmortalidad, sino solamente la persistencia de la materia y la energía. El *panteísmo* es la doctrina de que Dios está en todo y todo es Dios, de modo que nada existe fuera de Dios. El *deísmo* admite que existe un Dios personal, que ha creado el mundo y ha implantado en él las leyes que lo gobiernan, pero enseña que después de haber hecho esto, Dios se alejó del mundo y lo dejó entregado al imperio de las leyes de la naturaleza. El *pesimismo* enseña que todo en el mundo y en la vida es esencialmente malo y declara que el mundo, si no es tan relajado como podría ser, es al menos suficientemente malo como para que su inexistencia total sería preferible. La *evolución ateísta* niega la existencia de Dios, sostiene que la materia y la energía son eternas y atribuye el desarrollo del cosmos a las fuerzas puramente naturales. La *evolución teísta* mantiene que Dios creó la materia primordial y que desde entonces ha sido la evolución su *modus operandi* para alcanzar la forma y condición que tiene ahora. El *agnosticismo* enseña que no podemos saber si Dios existe o no. El *positivismo* alega que podemos conocer solamente los fenómenos, pero no el nóumeno o la esencia de las cosas. Por consiguiente, es agnóstico respecto a Dios, al alma y a la substancia de las cosas.

Todas estas teorías antibíblicas son contrarias al conocimiento natural de Dios, que la Sagrada Escritura atribuye al hombre con tanta claridad y énfasis, Rom. 1:19-20, 32; 2:14-15.

El conocimiento natural de Dios es verdadero dentro de sus límites, Rom. 1:18, pues lo que enseña respecto a la personalidad, eternidad, omnipotencia, soberanía, santidad y justicia de Dios concuerda con la religión revelada. Aunque es un conocimiento innato (Rom. 2:14-15: "Ley para sí mismos"; "la obra de la Ley escrita en sus corazones"), no obstante, puede ser extendido y confirmado más ampliamente mediante la contemplación de las obras de Dios y sus modos de proceder en la naturaleza y en la historia, Hech. 17:27-28, aunque también puede ser corrompido y cambiado en error (las teorías antiteístas), mediante la depravación moral que existe en el hombre, Rom. 1:18.El conocimiento natural de Dios es de gran beneficio para el hombre, porque es el fundamento de la justicia civil del hombre natural, Rom. 2:14; Hech. 17:27, y el punto de partida para los misioneros cristianos en su proclamación de la Ley revelada. Lutero declara con razón que, si Dios no hubiese escrito la Ley en el corazón del hombre, necesitaríamos mucha predicación antes que el hombre sintiera el golpe de la Ley en su conciencia (St. L., III, 1053). Cuando San Pablo predicó la Palabra de Dios a los filósofos atenienses, empezó refiriéndose al conocimiento natural de Dios innato en aquellos hombres, Hech. 17:23-29.

El conocimiento natural de Dios es de gran valor también, porque sirve de fundamento para elaborar lo que se conoce con el nombre de pruebas racionales que contribuyen a corroborar la existencia de Dios, y combatir la incredulidad. Así la *prueba ontológica* parte del concepto de Dios inherente en el hombre, para conducir finalmente a la realidad de la existencia de Dios. La *prueba cosmológica* infiere que el mundo tiene que tener una Causa Primaria, que precede a todas las causas secundarias activas en la naturaleza. La *prueba teleológica* arranca del designio y propósito definido que se evidencia en todas partes de la naturaleza. La *prueba moral* toma como base la existencia de nuestra constitución moral, para declarar indispensable la existencia de un Ser Supremo Moral. *La prueba histórica* extrae de la historia del hombre, la conclusión de que existe un Soberano supremo que rige todo el destino del mundo para obtener cierto fin prefijado. La *prueba teológica* demuestra la existencia de Dios, procediendo del hecho de que en ningún caso es necesario explicar jamás la existencia de Dios al hombre, puesto que toda persona en el mundo sabe lo que quiere decir ese término. Por consiguiente, debe concederse la debida importancia al conocimiento natural de Dios, pues Dios lo ha dado al hombre para gobernarlo en su Reino de Poder, hace al hombre responsable de su actitud hacia ese conocimiento, Rom. 1:18-32, y recompensa con bendiciones temporales el respeto y la obediencia que se rinda a ese conocimiento, Ex 1:20-21.

Pero a pesar de todo esto, el conocimiento natural de Dios no es suficiente para lograr la salvación del nombre; Quenstedt escribe sobre este punto (I, 261): "El conocimiento natural de Dios no es adecuado para obtener la vida eterna, ni por él sólo se ha redimido jamás, ni podrá redimirse, ningún ser mortal", Hech. 4:12; Rom. 10:17; Mar. 16:15-16; Gal. 3:11; Efe. 4:18; 2:12; Gál. 4:8. (*Doctr. Theol., p.* 110). Puesto que el conocimiento natural de Dios no incluye al Evangelio,

1 Cor. 2:7-10, sino solamente a la Ley, Rom. 2:14-15, el temor a la muerte, Heb. 2:15, la realidad de la condenación, Gál. 3:10, y completa desesperación espiritual, Efe. 2:12. El hombre sabe por naturaleza que hay un Dios justo y santo, Rom. 1:21, pero no sabe que Cristo, mediante su satisfacción vicaria, satisfizo las exigencias eternas de la justicia perfecta de Dios, 1 Cor. 1:21. Además, mientras el hombre sabe por naturaleza que hay un Dios, no sabe, sin embargo, quién es ese verdadero Dios, 1 Cor. 1:21; Hech. 17:24-25; Mat. 28:19-20.

Aunque el conocimiento natural de Dios que posee el hombre, coincide en algunos puntos con el conocimiento sobrenatural o revelado de Dios *(articuli mixti)*, el teólogo cristiano, en todo lo que enseña acerca de Dios, pone la Sagrada Escritura como fundamento, porque la Sagrada Escritura es la única fuente y norma señaladas por Dios para nuestra fe *(principium cognoscendi)*. Ella sola puede enseñamos las preciosas verdades del Evangelio divino, por las cuales se salva el hombre *(articuli puri)*. El dogmático luterano Chemnitz escribe a ese respecto lo siguiente (*Loci Theol.*, I, 22): "El conocimiento *salvador* de Dios, mediante el cual obtenemos la vida eterna, es el revelado por medio de la Palabra, en la cual Dios se da a conocer a sí mismo y expone su voluntad. Dios ha ordenado que su Iglesia debe atenerse a esta revelación, y la Iglesia conoce, adora y glorifica a ese solo Dios que se ha revelado a sí mismo en su Palabra, a fin de que de este modo pueda distinguirse la verdadera y única Iglesia de Dios de todas las religiones paganas" (*Doctr. Theol.*, p. 111).

El *conocimiento cristiano* que tiene el creyente acerca de Dios, y que se obtiene de la Sagrada Escritura y no de alguna otra fuente, no es solamente teísta, sino también trinitario; esto es, el creyente cristiano conoce y adora a Dios sólo como al Dios Trino Padre, Hijo, y Espíritu Santo, tres personas distintas en un esencia indivisible. El conocimiento cristiano que tiene el creyente acerca de Dios no es un mero suplemento del conocimiento natural de Dios, sino una revelación enteramente nueva, por la cual es capaz el hombre de conocer a Dios en toda verdad y plenitud, Mat. 28:19-20; 1 Cor. 8:4-6, y adorarlo mediante la verdadera fe como a su Salvador, Isa. 41:14; 42:5-8; 43:1-3, 10-12; 44:1-8; 45:20-25.

Por esta razón, cada descripción cristiana que hace el creyente acerca de Dios ha de incluir también a la Santísima Trinidad; es decir, cada vez que un teólogo cristiano describe a Dios, ha de describirlo como el Dios uno que es Padre, Hijo, y Espíritu Santo; Calov dice con mucha razón (II, 282): "Los que en su descripción de Dios no incluyen una mención expresa de las tres Personas, no presentan esa doctrina en una forma del todo genuina y completa, puesto que sin tal declaración no se da a entender aún quién es el verdadero Dios" (*Doctr. Theol.*, p. 117).

## 2. LA SANTÍSIMA TRINIDAD

Según la Sagrada Escritura Dios es uno en esencia, pero en esta una esencia hay tres Personas distintas, Padre, Hijo, y Espíritu Santo. Esta es la doctrina cristiana acerca de Dios (Lutero: "*Scriptura Sancta docet esse Deum simplicissime unum el tres, ut vocant, personas verissime distinctas*" (St. L., X, 176 y sig.). La Iglesia Cristiana expresa esta doctrina de la Escritura con el término "Trinidad".

La Sagrada Escritura enseña con toda claridad que Dios es uno en esencia, aunque en tres personas; su doctrina acerca de Dios, tanto en el Antiguo como en el Nuevo Testamento, es exclusivamente monoteísta. Según la Escritura, Dios es uno, y además de este Dios uno, no existe ningún otro Dios, Deut. 6:4: "Oye, Israel: Jehová nuestro Dios, Jehová uno es"; 1 Cor. 8:4: "No hay más que un Dios". La Sagrada Escritura dice de los dioses paganos que "no son dioses", Jer. 2:11; que son "ídolos" o "nada", *elil* Lev. 19:4, o cosas completamente desprovistas de existencia real. Cf. las descripciones de los ídolos en Isa. 44:6-20; Jer, 2:26-28; Sal. 115:1-9; 135:15-17. En el Nuevo Testamento escribe San Pablo con igual énfasis: "El ídolo nada es en el mundo", 1 Cor. 8:4, y de esto extrae la siguiente doctrina cristiana fundamental: "Para nosotros, sin embargo, sólo hay un Dios", 1 Cor. 8:6.

A la verdad suprema de la existencia de Dios añade la Sagrada Escritura inmediatamente que Dios debe ser adorado. El Dios uno y verdadero, que se ha revelado en su Palabra, debe ser adorado y servido por todos los hombres (Ex. 20:3: "No tendrás dioses ajenos (otros dioses) delante de mí"; Mar, 12:29-30: "Jesús le respondió: El primer mandamiento de todos es: Oye, Israel, el Señor nuestro Dios, el Señor uno es. Amarás al Señor tu Dios con todo tu corazón, y con toda tu alma, y con toda tu mente, y con todas tus fuerzas"). Así como el politeísmo elimina el concepto mismo de Dios, así también destruye la verdadera adoración. Por consiguiente, si los paganos han de adorar a Dios, antes que nada deben dejar sus ídolos y acudir al verdadero Dios, Hech. 14:15: "Os anunciamos que de estas vanidades os convirtáis (*apo toutōn tōn mataiōn*) al Dios vivo".

Pero, mientras la Sagrada Escritura enseña muy claramente la doctrina de la unidad de Dios, enseña también al misino tiempo, que el Dios uno es la Santísima Trinidad. Cuando Cristo envió sus discípulos para hacer discípulos a todas las naciones, les dijo muy expresamente que bautizaran "en el nombre del Padre, y del Hijo, y del Espíritu Santo", Mat. 28:19. Las palabras "Padre, Hijo y Espíritu Santo" señalan tres personas; por lo tanto, la Iglesia Cristiana enseña, de acuerdo con la Escritura, que "Dios es uno, y que no obstante hay tres personas distintas en la única esencia divina" ("Padre, Hijo, y Espíritu Santo, tres personas distintas en una esencia y naturaleza divinas, son un solo Dios que ha creado los cielos y la tierra", *Art. de Esmalcalda,* Primera Parte). Así como la Sagrada Escritura, al presentar la doctrina de la unidad de Dios, exige que sea adorado este Dios único, así también exige que sea adorado como la Santísima Trinidad este Dios único y verdadero. En otras palabras, no sólo debe ser adorada una persona de la Deidad, sino las tres personas. (1 Juan 2:23: "Todo aquel que niega al Hijo, tampoco tiene al Padre"; 5:12: "El que no tiene al Hijo de Dios, no tiene la vida"; Juan 5:23: "Todos honren al Hijo como honran al Padre; el que no honra al Hijo, no honra al Padre que le envió"). De acuerdo con esta clara doctrina de la Escritura, afirma la *Apología de la Confesión de Augsburgo* (Art. I): "Creemos y enseñamos que hay una esencia divina, indivisa, etc., y no obstante, que hay tres personas distintas, de la misma esencia divina y coeternas, Padre, Hijo y Espíritu Santo. Siempre hemos enseñado y defendido este artículo, y creemos que él tiene testimonios seguros y firmes en la Sagrada Escritura que no pueden ser refutados. Y afirmamos constantemente, que los que piensan de otro modo están fuera de la Iglesia de Cristo, son idólatras e insultan a Dios".

Para que nos mantengamos firmes en la pura doctrina bíblica referente a la Santísima Trinidad, hay que sostener, de acuerdo con la Escritura, que cada Persona en la Deidad es el Dios completo *(totus Deus),* o que cada Persona tiene toda la esencia divina sin división o multiplicación *(sine divisione et multiplicatione)* "De estas Personas cada una es el Dios completo, fuera del cual no existe otro Dios" (Lutero). Con la expresión *sine divisione* queremos decir que no se halla dividida entre las tres Personas la esencia divina con sus atributos, de modo que un tercio corresponde al Padre, otro tercio al Hijo, y el último tercio al Espíritu Santo, sino que cada Persona tiene toda la esencia divina, completa e indivisa. Esta no es una "construcción dogmática", sino una doctrina bíblica, Col. 2.3: "En Cristo están escondidos todos los tesoros de la sabiduría y del conocimiento", 2:9: En Cristo Habita corporalmente toda la plenitud de la Divinidad. Con la expresión *sine multiplicatione* declaramos que no hay tres grupos distintos de atributos divinos, de modo que el Padre tiene un grupo, al Hijo otro, y el Espíritu Santo otro, sino que una y la misma esencia con todos sus atributos divinos, pertenece al Padre, al Hijo, y al Espíritu Santo, según el número y no meramente según la especie. Respecto de los hombres tenemos que decir que hay tantas esencias como hay personas *(quot personae, tot essentiae),* pero en cuanto a Dios, testifica la Sagrada Escritura que las tres Personas de la Deidad, tienen cada cual una y la misma esencia con todos sus atributos. *Tres personae, una esentia divina, individua, unus Deus.* La Sagrada Escritura enseña esta verdad sublime en los pasajes siguientes: Juan 10:30: "Yo y el Padre uno somos"; Juan 5:17: "Mi Padre hasta ahora trabaja, y yo trabajo", 5:19: "No puede el Hijo hacer nada por sí mismo, sino lo que ve hacer al Padre; porque todo lo que hace el Padre también lo hace el Hijo igualmente": 10:37: "Si no hago las obras de mi Padre, no me creáis". El Credo de Atanasio profesa esta verdad del modo siguiente: "Veneramos a un sólo Dios en la Trinidad, y la Trinidad en la Unidad, no confundiendo las Personas, ni dividiendo la Substancia. Una es la Persona del Padre, otra la del Hijo, otra la del Espíritu Santo. Pero una sola es la Divinidad del Padre, y del Hijo, y del Espíritu Santo; igual es la gloria, y coeterna la majestad. Cual el Padre, tal el Hijo, tal el Espíritu Santo... El Padre es eterno, el Hijo es eterno, el Espíritu Santo es eterno. Sin embargo, no son tres eternos, sino un Eterno... Así que el Padre es Dios, el Hijo es Dios, el Espíritu Santo es Dios. Sin embargo, no son tres dioses, sino un solo Dios... y en esta Trinidad ninguno es primero o postrero; ninguno mayor o menor; sino que todas las Tres Personas son coeternas juntamente y coiguales; así que en todas las cosas como queda dicho, debe ser venerada la Trinidad en la Unidad, y la Unidad en la Trinidad".

La doctrina bíblica de la Santísima Trinidad es absolutamente incomprensible al entendimiento humano, pues de acuerdo con la Escritura profesamos un Dios indiviso e indivisible, de modo que cada Persona es el Dios completo *(totus Deus)*, y sin embargo, confesamos tres Personas realmente distintas, de modo que, cuando el Hijo encarnó, Él solo se hizo humano y no el Padre o el Espíritu Santo, y cuando el Hijo padeció y murió, Él solo padeció y murió y no el Padre o el Espíritu Santo. Esta verdad está más allá de la razón, pues según la razón, la Unidad anula la Trinidad y la Trinidad la Unidad. En otras palabras la razón humana tiene que inferir que existe un Dios o que existen tres dioses. No puede reconciliar la Unidad con la Trinidad ni la Trinidad con la Unidad. En consecuencia, ya niegan la Unidad, ya la Trinidad todos los que yerran en este punto.

### 3. CONTROVERSIAS SOBRE LA DOCTRINA DE LA SANTÍSIMA TRINIDAD

La doctrina cristiana de la Santísima Trinidad ha sido el blanco de enérgicas controversias tanto por parte de los que niegan las tres Personas (los monarquianos, unitarios, antitrinitarios), como por parte de los que niegan la unidad de la esencia (los triteístas). Los monarquianos pueden dividirse en dos clases: los *monarquianos modales* o *patripasianos*, conocidos en la Iglesia Oriental como *sabelianos*, todos los cuales sostenían que las tres Personas de la Trinidad son solamente tres diferentes energías o modalidades de la misma persona divina, de manera que el Hijo y el Espíritu Santo no son más que diferentes manifestaciones *peosōpa* del Padre; y los *monarquianos dinamistas*, o *adopcionistas*, los cuales sostenían que el Hijo era simple hombre, y el Espíritu Santo la energía divina del Padre que actúa en las criaturas (los samosatenos, fotinianos, arrianos, socinianos, unitarios, modernistas). En oposición al monarquianismo, que niega las tres Personas distintas, mantiene la Iglesia Cristiana que el Padre, el Hijo, y el Espíritu Santo no son tres formas o energías de una persona, sino tres Personas distintas, o individuales. Compruébase esta verdad: a) Por los términos mismos de Padre, Hijo, Espíritu Santo, que nunca señalan cualidades o energías inherentes en una persona, sino siempre Personas de existencia propia e independiente (*Conf. de Augsb.*, Art. I): "Y úsase la palabra *persona* en el mismo sentido en que la usaron los escritores antiguos eclesiásticos al tratar esta materia, para significar, no una parte o una cualidad en otra persona, sino lo que subsiste por sí mismo". Compruébase también esta verdad: b) Por las obras personales de las Personas individuales, tales como hablar, desear, amonestar, etc., que atribuye la Escritura no sólo al Padre, sino también al Hijo y al Espíritu Santo. *(Actiones semper sunt personarum sive suppositorum intelligentium Opera sunt personis propia)*. La Escritura atribuye al Hijo la acción de conocer, Mat. 11:27, de declarar, Juan 1:18, de querer (desear), Juan 17:24, etc.; al Espíritu Santo le atribuye la acción de hablar, Hech. 28:25, de enseñar, Juan 14:26, de convencer, Juan 16:8, etc. Demuéstrase además esta verdad: c) Por los claros pasajes de la Escritura en que el Padre es llamado otro *allos* diferente del Hijo, Juan 5:32, 37, o en que el Espíritu Santo es llamado otro *allos* diferente del Hijo, Juan 14:16.

Así como los monarquianos niegan las tres Personas de la Deidad, así niegan otros la unidad de Dios, y enseñan tres esencias divinas distintas en lugar de la una esencia divina indivisa e indivisible. Son ellos los triteístas, que coordinan las tres esencias, y los subordinacionistas, que las subordinan, atribuyendo al Padre prioridad de esencia. Todos los subordinacionistas niegan al único Dios verdadero y enseñan el politeísmo; pues como afirman que el Hijo y el Espíritu Santo son "Dios en un grado menor" que el Padre, presumen que hay tres esencias divinas distintas, o tres dioses, de los cuales uno es el Dios supremo, mientras los otros son deidades inferiores. En oposición a este error enseña la Iglesia Cristiana que las tres Personas en la Deidad única están plenamente coordinadas, esto es, que son Dios en la misma manera y en el mismo grado, porque la esencia que es numéricamente una, pertenece a cada Persona en forma íntegra e indivisa. Esta doctrina tiene como fundamento pasajes bíblicos claros y decisivos. En Mat. 28:19 se mencionan tres Personas distintas y enteramente coordinadas como poseyendo uno y el mismo nombre (*onoma*). Además, se atribuyen al Hijo y al Espíritu Santo: a) Los mismos nombres divinos que se atribuyen al Padre, incluso el nombre esencial e incomunicable *yehovah* al Hijo, Jer. 23:6; Juan 1:1; al Espíritu Santo: 2 Sam. 23:2; Hech. 5:3-4); b) los mismos atributos divinos, tales como eternidad, omnipotencia, omnisciencia, omnipresencia, bondad, misericordia, etc. al Hijo: Col. 1:17; Juan 10:28; Juan 21:17; Mat. 28:20; 2 Cor. 13:14; al Espíritu Santo: Heb. 9:14; Isa. 11:2; 1 Cor. 2:10-12; Sal. 139:7; c) las mismas obras divinas, tales como creación, preservación, milagros, etc. al Hijo: Juan 1:1-3; Col. 1:16; Juan 5:17; 6:39; al Espíritu Santo: Sal. 33:6; Job 33:4; Hech. 10:38; d) adoración divina al Hijo: Juan 5:23; Filip, 2:10; al Espíritu Santo: Isa. 6:3; 2 Cor. 13:14; Núm. 6:26. Así la Sagrada Escritura afirma categóricamente la verdadera divinidad del Hijo y del Espíritu Santo.

Cada vez, pues, que se aplica al Padre el nombre de la Primera Persona de la Deidad, al Hijo el de la Segunda, y al Espíritu Santo el de la Tercera, esto no denota ninguna subordinación o desigualdad respecto a tiempo de origen o dignidad, sino que recalca meramente la verdad bíblica de que el Hijo procede del Padre, Juan 1:14, y el Espíritu Santo procede del Padre y del Hijo, Mat. 10:20; Gál. 4:6. O dicho de otra forma, este método de enumeración demuestra la manera divina como subsisten las tres Personas de la Deidad (*modus subsistendi*). Pero el hecho de que el Hijo fue engendrado por el Padre no hace que el Hijo sea inferior al Padre, ni la espiración del Espíritu Santo hace que el Espíritu sea inferior al Padre y al Hijo, porque el engendramiento divino y la espiración divina son actos eternos, o procesos independientes de todas las limitaciones de tiempo, por los cuales el Hijo y el Espíritu Santo, juntamente con el Padre, poseen la misma esencia y majestad divinas. El Credo de Atanasio declara: "En esta Trinidad ninguno es primero o postrero; ninguno mayor o menor; sino que todas las tres Personas son coeternas juntamente y coiguales; así que en todas las cosas, como queda dicho, debe ser venerada la Trinidad en la Unidad, y la Unidad en la Trinidad". Cuando Cristo dice de sí mismo: "El Padre mayor es que yo", Juan 14:28, habla de sí mismo según su naturaleza humana en su estado de humillación. Atanasio: *Aequalis Patri secundum divinitatem, minor Patre secundum humanitatem.* El Padre era "mayor" que el Hijo en el estado de humillación de Cristo, pero esta diferencia quedó anulada cuando el Hijo entró en su estado de exaltación, Juan 14:28; Efe. 1:20-23; Filip. 2:9-11.

Por otra parte, cuando la Escritura dice que Dios hizo el universo *por su Hijo,* Heb. 1:2; Juan 1:3, ella no enseña en modo alguno que el Hijo esté subordinado al Padre, sino antes bien explica la manera como Dios obra (*modus operandi) ad extra.* Así como el Hijo es del Padre, así también es del Padre su manera de obrar, mientras la del Espíritu Santo es del Padre y del Hijo. No obstante, la manera de obrar permanece una sola según el número (*una numero potentia*) y pertenece a cada persona íntegramente, de modo que no se distribuye entre las tres Personas. Por esta razón, la Sagrada Escritura atribuye algunas veces la obra entera de la creación a una sola Persona sin mencionar las otras. (La obra de la creación se atribuye al Hijo en Juan 1:1-3; Heb. 1:10.); Gerhard escribe (IV, 4): "Ese Dios uno y verdadero es Padre. Hijo, y Espíritu Santo; por lo tanto, en la Escritura se atribuye la obra de la creación al Padre y al Hijo y al Espíritu Santo. Al Padre: 1 Cor. 8:6; al Hijo: Juan 1:3; Col. 1:16; al Espíritu Santo: Job 26:13; 33:4; Sal. 104:30. Concluimos, pues, que la creación es una acción indivisa del único y verdadero Dios — Padre, Hijo y Espíritu Santo" (*Doctr. Theol.,* p. 162). Y Hollaz escribe: "En la Sagrada Escritura y el Credo Apostólico, se atribuye la obra de la creación especialmente a Dios el Padre a) debido al orden de las obras divinas: por esta razón todo lo que el Padre tiene de sí mismo para hacer y crear, el Hijo y el Espíritu Santo lo tienen del Padre; b) porque en la obra de la creación el Padre manifestó su omnipotencia mediante el mandato de su muy eficaz palabra, Gén. 13; c) porque la creación es la primera obra *ad extra* y, por consiguiente, se atribuye, por apropiación, a la Primera Persona de la Deidad". (*Ibid*).

## 4. LA DOCTRINA DE LA SANTÍSIMA TRINIDAD Y LA TERMINOLOGÍA DE LA IGLESIA CRISTIANA

Se ha debatido la pregunta de si debemos usar términos que no se hallan en la Escritura cuando presentamos o enseñamos cierta doctrina de la religión cristiana, por ejemplo, la doctrina de le Santísima Trinidad. En respuesta a esta pregunta diremos que deben usarse, sin la menor vacilación, todos los términos que expresan la clara doctrina de Dios revelada en la Escritura, especialmente aquéllos en que la Iglesia Cristiana defiende la verdad divina contra el error. Además, es menester declarar que todos los que creen como cree la Iglesia, han de hablar como habla la Iglesia. Los que sin necesidad o frívolamente inventan nuevos términos, no sólo producen confusión en la Iglesia mediante expresiones nuevas e insólitas, sino que también se exponen a la sospecha de que están buscando su propia gloria, y tratando de introducir doctrinas nuevas y erróneas. Por lo tanto, debe evitarse el uso de nuevos términos en la doctrina de la Santísima Trinidad.

Contra los monarquianos, por un lado, y contra el triteísmo, por otro, enseña la Iglesia Cristiana que hay tres Personas en una esencia (*treis ypostaseis kai mia ousia*).Contra el arrianismo en particular, que afirmaba que el *logos* es una criatura de Dios (*ktisis poiema*) declaró el Concilio de Nicea que el Hijo es "consubstancial al Padre" (*omoousios*). Este término no quiere decir que el Hijo es de esencia *similar a* la del Padre (*omoiousios*), sino que una y la misma esencia, que existe una sola vez en Dios, es igualmente la esencia del Padre como la del Hijo, de modo que el Hijo es "Dios de Dios" y "verdadero Dios del verdadero Dios". Esta doctrina es enteramente bíblica, Juan 10:30.

La palabra esencia (*ousia*) usada con referencia a Dios, significa la naturaleza divina con todos sus atributos, que existe una sola vez (*singularis*) en las Tres Personas (*una numero essentia*). "El término *esencia*, (*ousia*) significa la naturaleza divina según su propia existencia, toda la cual, con sus atributos, es sencillamente una y singular, y así también es la esencia solamente una con respecto a las Tres Personas" (Baier). El término *esencia*, por lo tanto, se aplica a Dios en un sentido único. Cuando se aplica a los hombres, es decir para señalar algo que es común a todos los hombres, se usa la palabra como término genérico (*nomen universale*) o como nombre abstracto (*nomen abstractum*), que señala algo que no existe en forma concreta, sino que es meramente abstraído de los seres humanos que existen concretamente. (Ejemplo: El pensar y desear son esenciales del hombre.) En cambio, cuando hablamos de la esencia divina que es común al Padre, Hijo, y Espíritu Santo, el término *esencia* no es ni genérico ni abstracto, sino concreto, señalando algo que existe real y concretamente, y pertenece por igual a las tres Personas divinas sin existir más de una vez. En otras palabras, el término esencia, denota a Dios mismo según su existencia divina de un solo Dios en tres Personas. "La esencia divina es la naturaleza espiritual e independiente de Dios, la cual es común a las tres Personas divinas" (Hollaz).

Por el término *persona* (*ypostasis*) se entiende en el reino del pensamiento humano, un ser individual y racional que existe por sí mismo (*suppositum intelligens*). Así, son personas todos los hombres y ángeles. Pero también este término, cuando se usa con referencia a Dios, se aplica en un sentido único. Pues cuando decimos que el Padre, Hijo, y Espíritu Santo son tres personas (*ypostaseis prosōpa*) por un lado, rechazamos la opinión errónea de que existen tres manifestaciones o energías, y afirmamos que son tres individuos racionales; sin embargo, por otra parte, negamos que las tres Personas sean tres esencias distintas, o tres Dioses distintos, y afirmamos que, si bien son tres individuos racionales, de modo que el Padre no es el Hijo, ni el Hijo es el Espíritu Santo, no obstante, las Tres Personas tienen solamente una y la misma esencia divina, y ejercen solamente uno y el mismo poder *ad extra*. Por consiguiente, mientras las tres Personas se distinguen entre sí no meramente en concepto, sino en realidad, son numéricamente una en esencia. Cuantas personas, tantas esencias, es un axioma que se aplica a los hombres; pero este axioma no se puede aplicar a Dios, pues hay tres Personas divinas distintas, y no obstante, hay una sola esencia divina, o un solo Dios.

Respecto al término *Trinidad*, Lutero admite que "no parece propio llamar así a Dios"; pero añade que, puesto que la doctrina acerca de la Santísima Trinidad sobrepasa tanto nuestro entendimiento y el lenguaje humano, Dios tiene que perdonarnos si tartamudeamos o hablamos como niños al referirnos a ella, siempre que nuestra Fe se conserve pura y recta, pues el término *Trinidad* , expresa meramente la verdad de que Dios es tres en persona y uno en esencia divina. Por esto se ve claramente que el término *Trinidad*, al igual que todos los demás términos usados para explicar la doctrina acerca de Dios, no se ha inventado para complacer la razón, sino solamente para expresar la doctrina bíblica referente al verdadero Dios. La razón humana al juzgar la doctrina cristiana acerca de Dios, tiene que elegir entre el unitarismo o el triteísmo; en otras palabras, ora tiene que negar las tres Personas divinas (el monarquianismo) ora la esencia divina única (el triteísmo; la subordinación). Por esta razón tiene que desistir *a priori* el teólogo cristiano, de presentar la doctrina de la Santísima Trinidad con el propósito de hacerla comprensible a la razón. Los que emprenden tal intento o se engañan a sí mismos, esto es, tratan de explicar lo que no puede explicarse, o renuncian a la doctrina cristiana acerca de Dios. Pero, aunque la doctrina de la Santísima Trinidad está más allá de la razón, sin embargo, no es contraria a la razón ni se contradice a sí misma, puesto que la Unidad no se aplica a Dios en la misma relación que la Trinidad. Existiría una verdadera contradicción solo si la doctrina cristiana afirmase lo siguiente: "Hay una esencia, y hay tres esencias; hay una persona y hay tres personas". Pero tal no es el caso, pues la doctrina cristiana acerca de Dios dice así: "Hay una esencia divina, y hay tres Personas divinas".

Respecto a la relación de las tres Personas entre sí mismas enseña la Iglesia Cristiana lo siguiente: La verdadera distinción de las Personas *(realis distinctio, non tantum notionalis)* se basa sobre el hecho de que el Padre ha engendrado al Hijo desde la eternidad, Juan 1:14, mientras el Padre y el Hijo han espirado al Espíritu Santo, Juan 14:26; 15:26.

Estos actos divinos de generación y espiración se llaman actos personales, puesto que no son comunes a las tres Personas, sino que pertenecen a las Personas individuales de la Deidad, y las distinguen una de la otra. La Sagrada Escritura atribuye al Padre el acto de generación, Juan 1:14, por la cual el Padre comunicó al Hijo la plenitud de la Divinidad, o toda la esencia divina, Col. 2:3, 9. Por consiguiente, el Padre posee la esencia divina en forma inmanente, mientras el Hijo la posee por un acto de generación (*gennezōs*).

La Escritura afirma también que el Padre y el Hijo han espirado el Espíritu Santo, Mat. 10:20; Gál. 4:6; pues así como la segunda Persona es llamada el Espíritu del Padre y del Hijo. El Espíritu Santo, al ser espirado, recibió toda la esencia divina, Mat. 28:19; Hech. 5:3-4, de modo que el Espíritu Santo es desde la eternidad verdadero Dios con el Padre y el Hijo.

Basándonos en los *actos personales,* o las obras *ad intra* (el engendrar, el ser engendrado, el proceder), distinguimos las *notiones personales* de las tres Personas: la *agennesia (innascibilitas)* del Padre, la *gennesia* (nascibilitas) del Hijo, la *ekporeusis (procesio, spiratio passiva)* del Espíritu Santo, y también *las proprietates personales*; la paternidad (*paternitas*) del Padre, la filiación (*filiatio)* del Hijo, la procesión (*processio*) del Espíritu Santo. Por *proprietates personales* entendemos las peculiaridades que posee una Persona de la Deidad en relación a una de las otras Personas o a ambas, y por *notiones personales* entendemos las señales que permiten reconocer en general a una Persona como distinta de la otra. Estos términos no deben considerarse como superfluos; son necesarios para distinguir a las Personas divinas, según lo hace la Escritura misma.

Respecto a la espiración del Espíritu Santo es preciso considerar también el punto sobre el término *Filioque,* es decir, si el Espíritu Santo fue espirado también por el Hijo. La Iglesia Oriental negó el *Filioque,* mientras la Iglesia Occidental, basándose en la Escritura, lo afirmó; pues la Sagrada Escritura atribuye al Hijo la misma relación que existe entre el Padre y el Espíritu Santo. Así como se le llama el Espíritu del Padre en Mat. 10:20, así también se le llama el Espíritu del Hijo en Gál. 4:6; y así como se dice que es enviado del Padre, Juan 14:16, así también se dice que es enviado del Hijo, Juan 15:26. Puesto que el Espíritu Santo procede también del Hijo, Cristo pudo soplar en sus discípulos y concederles el Espíritu Santo, Juan 20:22.

Los actos personales se llaman también *operaciones interiores* (*opera ad intra)* porque ocurren dentro de la Deidad y se entienden de una Persona a otra (la generación y la espiración). De las operaciones internas distinguimos las *operaciones externas (opera ad extra),* o las obras en que participan las tres Personas de la Deidad (la creación, la redención, la santificación, etc.). El siguiente axioma se aplica a las operaciones internas: "Las operaciones internas son divisas". A las externas se aplica el siguiente: "Las operaciones externas son indivisas". Estos axiomas expresan la verdad bíblica de que las operaciones internas son ejecutadas por cada Persona en particular, mientras las operaciones externas son ejecutadas por las tres Personas en conjunto. Si la Escritura atribuye a veces la creación al Padre, la redención al Hijo, y la santificación al Espíritu Santo, esto lo hace por *apropiación*, lo que sin embargo, no excluye la cooperación divina de las otras Personas. La única operación externa en que no participaron el Padre y el Espíritu Santo, fue la obra de la redención propiamente dicha (la encarnación, el sufrimiento, la muerte, la resurrección y la exaltación de Cristo); pues aunque es verdad que para llevar a cabo su obra redentora, el Hijo fue enviado por el Padre y sostenido por Él, y aunque es verdad que en la ejecución de su obra el Hijo fue ungido con el Espíritu Santo (Sal. 45:7; Heb. 1:9; Hech. 10:38), la Escritura, no obstante, atribuye la obra de la redención a Cristo únicamente, Efe. 2:13; Col. 1:20; 1 Juan 1:7. Para expresar este carácter único de la obra redentora de Cristo, los dogmáticos la han llamado una operación mixta, o una obra que Cristo ejecutó solo, pero no sin que estuviesen presentes el Padre y el Espíritu Santo. (Para los datos personales véase la exposición de Lutero sobre los Tres Símbolos (St. L., X, 993 y sig.).

El nombre *Padre* se usa a veces *esencialmente* (*ousiōdōs*) refiriéndose a las tres Personas divinas por igual, Sant. 1:17; 2 Cor. 6:17, 18; Luc. 12:32, y a veces *personalmente ypostaticōs* refiriéndose únicamente a la Primera Persona de la Deidad, Juan 10:30; 14:9; 1 Juan 2:23. Así también, el nombre *Espíritu* se usa *esencialmente,* Juan 4:24, y *personalmente,* Mat. 12:3; Mar. 1:10.

Por el término *perijōresis* (*immanentia, immeato, circumincessio*), se entiende la compenetración mutua y singularísima por la cual una Persona está dentro de la otra debido a la unidad de la esencia divina, Juan 14:11; 17:21. Con este término la Iglesia Cristiana excluye el error de considerar a las tres Personas como si subsistiesen separadamente una al lado de la otra. Con el término *igualdad,* la teología cristiana expresa el hecho de que una Persona divina no es mayor que la otra, con el término *identidad,* el que las tres Personas tienen la misma naturaleza, y en consecuencia cooperan también en las mismas operaciones externas, Juan 5:17, 19.

Basándose en la Sagrada Escritura, Hollaz define las tres Personas del modo siguiente: a) Dios el Padre es la primera Persona de la Deidad, quien no es engendrado ni procede de nadie, sino que desde la eternidad engendró al Hijo, el cual es su propia imagen substancial, y con el Hijo espiró al Espíritu Santo desde la eternidad; también creó todas las cosas y aún las preserva y gobierna, y envió a su Hijo como Redentor de la raza humana y al Espíritu Santo como Santificador. b) El Hijo es la segunda Persona de la Deidad, engendrado del Padre desde la eternidad, de la misma esencia y majestad que el Padre, quien con el Padre espiró al Espíritu Santo desde la eternidad, y en el cumplimiento del tiempo, recibió en su Persona la naturaleza humana para redimir y salvar a la raza humana. c) El Espíritu Santo es la tercera Persona de la Deidad, de la misma esencia con el Padre y el Hijo, quien procede del Padre y del Hijo desde la eternidad, y es enviado a la tierra por ambos, para santificar los corazones de aquellos que han de ser salvos". (*Doctr. Theol*, p. 134).

En relación a la terminología que usa la Iglesia Cristiana respecto de la doctrina acerca de Dios, podemos considerar la muy discutida cuestión de si Dios puede ser lógicamente definido o no. En respuesta a esta pregunta, distinguen nuestros dogmáticos entre "una definición perfecta, que concuerda exactamente con las reglas de la lógica, y una descripción general sacada de la Escritura" (Gerhard.) Los que dicen que no es posible definir a Dios con toda exactitud basan su argumento en las razones siguientes: a) Dios carece de género, pues no lo posee en el sentido real y lógico, y b) Dios, como Ser supremo, es la perfección divina (Gerhard). Sin embargo, aunque no se puede dar de Dios una definición detallada como de las criaturas, puesto que Dios es el único en su clase, nos basta una descripción general de Él sacada de la Escritura, para adquirir el conocimiento divino que es necesario para la salvación. Por consiguiente, Dios ha sido descrito como "el primer Ser de existencia propia, y la Causa de todo lo que existe". Melanchton nos da esta definición más amplia (*Loci Theol.* I, 13): "Dios es una esencia espiritual; es inteligente, eterno, verdadero, bueno, puro, justo, misericordioso, muy libre, de inmenso poder y sabiduría — el Padre eterno, que engendró al Hijo, su propia imagen, desde la eternidad, y el Hijo, la imagen coeterna del Padre, y el Espíritu Santo, que procede del Padre y del Hijo".

## 5. LA SANTÍSIMA TRINIDAD REVELADA EN EL ANTIGUO TESTAMENTO

Todos los cristianos admiten como hecho, que la doctrina de la Santísima Trinidad se enseña claramente en el Nuevo Testamento. Cuando decimos todos los cristianos, naturalmente, no incluimos a los unitarios, pues éstos niegan aun las pruebes claras del Nuevo Testamento respecto a la Trinidad, y se hallan fuera del gremio de la Iglesia Cristiana. La Santísima Trinidad se revela: a) En la solemne fórmula bautismal que nos dio Cristo, Mat. 28:19, en la que se representan las tres Personas de la Deidad como guales en autoridad, dignidad y esencia; b) en la ocasión del bautismo de Cristo, Mat. 3:16-17, en que se manifestaron de un modo muy claro las tres Personas de la Deidad; c) en la inspirada bendición de San Pablo, 2 Cor. 13:14, en que se nombran muy explícitamente las bendiciones espirituales de las Tres Personas de la Deidad. La autenticidad del pasaje en 1 Juan 5:7, no está suficientemente comprobada como para que se pueda usar como prueba de la Santísima Trinidad. Se nos dice que Cipriano (200- 258) lo cita en su obra *De Unitate Ecclesiae: "Et iterum de Patre et Filio et Spiritu Sancto scriptum est: Et tres unum est."* No obstante, es preferible no aducir este pasaje como texto comprobante de la doctrina de la Santísima Trinidad.

Pero, aunque todos los cristianos reconocen que el Nuevo Testamento enseña categóricamente la doctrina de la Trinidad, se ha afirmado que el Antiguo Testamento, si bien, contiene indicaciones y señales de la Santísima Trinidad, no expone esta doctrina de un modo suficientemente claro, para que sea creída y enseñada mediante pesajes tomados de ese Testamento (Calixto; los teólogos modernos). A esto contestan nuestros dogmáticos (Gerhard, III, 218): "No decimos que se hallen en el Antiguo Testamento la misma claridad y evidencia de los testimonios, acerca de la Trinidad como en el Nuevo Testamento; pero sí afirmamos que del Antiguo Testamento pueden y deben citarse, algunos testimonios al suponer esta doctrina, pues Dios se ha revelado así desde el principio, para que la Iglesia en todo tiempo, lo reconozca, adore y alabe ... como tres Personas distintas en una esencia" (*Doctr. Theol*, p. 157). En realidad, el Antiguo Testamento contiene no meramente simples "indicaciones" acerca de la Santísima Trinidad, sino claros pasajes que exponen inequívocamente esta doctrina. Tales pasajes son aquellos en que: a) Dios habla de sí mismo en plural, Gén. 1:26; b) Jehová menciona a Jehová, Gén, 19:24; c) se hace mención expresa del Hijo de Dios, Sal. 2:7; d) se enumeran muy distintamente las tres Personas de la Deidad, Gén. 1:1, 2; 2 Sam. 23:2; Sal. 33:6; Isa 42:1; 48:16-17; 61:1; e) se enuncia tres veces en la misma relación el nombre de Jehová o Dios, Núm. 6:24-26; Sal. 42:1-2; Isa. 33:22; Jer. 33:2; Dan. 9:19; f) los ángeles pronuncian el trisagio, Isa. 6:3; g) se identifica, con Dios el Ángel de Jehová *malak yehovah*, Gén. 48:15-16; Ex. 3:1-7. Además de esto, Cristo citó el Antiguo Testamento para comprobar su divinidad (cf. Mat. 22:41-46 con Sal. 110:1). En verdad nadie jamás ha sido salvo sin la fe en el verdadero Dios (el Dios Trino) y el verdadero Salvador del mundo (la Segunda Persona de la Trinidad), puesto que esta verdad se halla revelada muy claramente en la Escritura, Hech. 4:12; Juan 5:23; 1 Juan 2:23. Ni tampoco es diferente el plan de salvación que se enseña en el Nuevo Testamento, del que se enseña en el Antiguo Testamento, Rom. 3:21-24; 4:1-3. Sostenemos, pues, con razón, que la doctrina de la Santísima Trinidad se halla expuesta con tanta claridad en el Antiguo Testamento, que los creyentes del Antiguo Testamento tuvieron, sin la menor duda, un amplio conocimiento acerca de Dios y de su Hijo amado, el Mesías prometido.

## 6. ESENCIA Y ATRIBUTOS DE DIOS

### 1. La Doctrina en General

La Sagrada Escritura describe a Dios como el Ser Supremo (*ens omnium axcellentissimum*) o como la única Esencia Perfecta (Deut. 10:17: "Dios de dioses y Señor de los señores"; 1 Tim. 6:15, 17: "El bienaventurado o solo Soberano" (*monos dynastes*), o sencillamente como el Ser Absoluto (*ens primum*), que "es antes de todas las cosas, y todas las cosas en Él subsisten", Col. 1:17. Algunas veces aplica la Escritura el nombre *dios o dioses* a criaturas (*dii nuncupativi, legomenoi zeoi*), ora porque desempeñan funciones divinas reales (Juan 10:35; Sal. 82:6) o supuestas (Deut. 4:28), ora porque debido a esas funciones han sido revestidas real o falsamente de autoridad divina (1 Cor. 8:5, *propter analogiam quandam, vel veram, vel fictam*). Sin embargo, la Escritura distingue claramente entre los dioses supuestos (*dii nuncupativi*) y el Dios único, verdadero y viviente, 1 Cor. 8:5-6; Mat. 19:17. Aunque a los magistrados (Sal. 82:6) y a los ídolos (Deut. 4:28) se les da por cierto el nombre de (*helohim zeoi*), no obstante, Dios solo es Jehová (*yehovah nomen Dei Essentiale el incommunicabile*).

Los nombres que aplica la Sagrada Escritura al verdadero Dios no son vanos títulos, sino que describen a Dios según su esencia, atributos y obras divinas. Esto lo notamos particularmente en el nombre esencial e incomunicable "Jehová", que Dios mismo explica como el "Yo Soy El Que

Soy" (Ex. 3:14, 15), esto es, el Ser divino eterno e inmutable. Esto explica por qué el nombre jamás se aplica a criaturas, Isa. 42:8: "Yo, Jehová; éste es mi nombre". La verdadera pronunciación del tetragrámaton es quizás *Yahveh*, pero como la pronunciación "Jehová" es la que se ha aceptado unánimemente en toda la Iglesia, sería pueril pedantería insistir en que se conserve la "pronunciación original".

Al hacer una descripción de los seres humanos, les atribuimos naturaleza y atributos. De igual modo la Sagrada Escritura, acomodándose a las leyes del pensamiento y lenguaje humanos, describe a Dios por lo regular, como el poseedor de una esencia divina y atributos divinos. En otras palabras, menciona los atributos de Dios, tales como omnipotencia, gracia, amor, etc., como inherentes en la esencia divina. Sin embargo, los atributos de Dios no son accidentes, sino su propia esencia divina, puesto que Dios es absolutamente sencillo en su Ser divino, Ex. 3:14-15. "Las propiedades o atributos de Dios, son su propia esencia. No puede afirmarse que tenga Dios accidentes". Corno se nos hace imposible formar un concepto claro de un ser absolutamente sencillo, Dios en su gracia ha condescendido revelársenos según sus atributos.

De esta manera obtenemos un concepto adecuado respecto de Dios, y este concepto, aunque incompleto, es esencialmente correcto, 1 Cor. 13:9-12. Gerhard escribe acerca de los atributos divinos (III, 84): "Los atributos existen inseparablemente en Dios, pues así como es imposible que se separe del objeto mismo la esencia de un objeto, así tampoco pueden separarse de Dios los atributos, pues son la esencia misma de Dios". (*Doctr. Theol.*, p. 122). Y Calov escribe sobre este mismo punto (II, 222): "Si los atributos difiriesen realmente de la esencia a la manera de los accidentes, podría decirse que existe una composición en Dios" (*Ibid*). Nuestros dogmáticos, por lo tanto, tienen razón al decir que "los atributos divinos se distinguen de la esencia divina, no de un modo real, sino únicamente según nuestra manera de formar conceptos". *"Essentia et attributa in Deo non raaliter, sed nostro concipiendi modo differunt; distinguuntur autern et ab essentia divine et ínter se propter intellectus nostri imperfectionem. Attributa divina, quamvis in Deo non dístincta, in nostris tamen conceptibus distinguenda sunt".* Pero así como la Escritura hace una distinción cuidadosa entre los varios atributos de Dios, así también debe hacerlo el teólogo cristiano, como por ejemplo, entre la justicia divina y la gracia divina, entre la ira divina y el amor divino etc.. Quienes no observan esta distinción, falsifican toda la teología (Cf. el caso en que se rechaza la Ley debido al Evangelio).

Cuando se discute la doctrina de la esencia divina y los atributos divinos, se suscita a veces la siguiente pregunta: "¿En qué sentido se aplican esencia y atributos a Dios y a las criaturas?" Esta pregunta se contesta así: a) No unívocamente, de modo que pertenezcan a Dios y a las criaturas en el mismo sentido exacto; b) ni equívocamente, de modo que los atributos, cuando se usan para describir a Dios, tengan un significado enteramente diferente del que tienen cuando se usan para describir a las criaturas; c) sino análogamente, de modo que los atributos que se aplican a las criaturas tengan analogía, o similitud, con los atributos de Dios, es decir, los atributos pertenecen legítimamente tanto a Dios como a los hombres, pero no en el mismo modo ni en el mismo grado. Cuando decimos: "Dios vive y el hombre vive," o "Dios ama y el hombre ama", atribuimos a Dios vida y amor perfectos, absolutos e independientes, y al hombre atribuimos vida y amor imperfectos, relativos y dependientes. Los mismos atributos que Dios posee en sí mismo como parte de su perfecta esencia divina, los da al hombre como dones gratuitos y el hombre los posee, no como esencia, sino como accidentes que se pueden perder, Col. 1:17: "Dios es antes de todas las cosas, y todas las cosas en Él subsisten", Hech. 17:28: "En Él vivimos, y nos movemos y somos". La diferencia fundamental entre el Creador y las criaturas determina también la diferencia en posesión de los atributos. Lo importante que es aclarar debidamente la cuestión se ve al hacer los siguientes conclusiones: Si atribuirnos la esencia y los atributos a Dios y a las criaturas unívocamente (Dun Escoto 1274-1308), se niega la diferencia esencial entre Dios y las criaturas, y éstas se coordinan con Dios y se hacen divinas (el panteísmo). Por otro lado, si atribuimos la esencia y los atributos a Dios y a las criaturas equívocamente (Pedro Aurelio m. 1321; los franciscanos), se nos hace imposible conocer a Dios (el agnosticismo), pues no podemos determinar lo que significan los atributos en Dios (¿Qué significa cuando se nos dice que Dios es Amor?, 1 Juan 4:16). Pero sí atribuimos la esencia y los atributos a Dios mediante la analogía o similitud, entonces, al contemplar a Dios, nos levantamos de la imperfección de los atributos humanos a la perfección absoluta de lo divino, Isa.49:15. San Agustín dice: *"Condescendit nobis Deus, ut nos consurgamus".*

Los atributos divinos se han dividido en negativos y positivos, o quietos y activos, o absolutos y relativos, o inmanentes y transeúntes, etc. Pero no importa cómo clasifiquemos los atributos divinos, tenemos en todo caso que conocerlos mediante la Sagrada Escritura, y nunca jamás mediante la razón o la especulación. En otras palabras, Dios mismo ha de impartirnos lo que debemos saber, y para esto usa su omnipotencia divina, amor divino, gracia divina, etc. Algunos teólogos han incurrido en muchos errores perniciosos porque han tratado de determinar los atributos divinos *a priori,* o mediante la razón. Por ejemplo, al decir que Dios no puede castigar al impío porque Dios es amor, muchos han caído en el error de negar la justicia divina y la necesidad de la expiación vicaria de Cristo (el modernismo, unitarismo) y la posibilidad del castigo eterno (el russelismo, universalismo). Así como la doctrina de la Santísima Trinidad está más allá de la razón, así también lo está la de la esencia divina y los atributos divinos, pues Dios es absolutamente incomprensible; lo que sabemos de sus atributos, lo sabemos porque Él mismo nos lo ha revelado.

En tiempos más recientes los dogmáticos han clasificado los atributos divinos según la relación que Dios tiene o no tiene con el mundo, o según la esencia absoluta de Dios (eternidad, etc.), su soberanía absoluta (omnipotencia, etc.) y su bondad absoluta (amor, etc.), o según su divina existencia, conocimiento y voluntad, etc.. Aunque algunas de estas clasificaciones modernas son útiles e interesantes, no obstante, en lo que se refiere a su valor *práctico,* en nada mejoran generalmente las clasificaciones de los dogmáticos más antiguos. Todas las clasificaciones de los atributos divinos son, a la postre, poco más o menos inadecuadas.

## 2. Los Atributos Negativos

Los atributos negativos, son aquellos mediante los cuales se quitan de Dios todas las imperfecciones que observamos en las criaturas, pues a Dios no podemos atribuir nada imperfecto. Se han llamado también atributos *quietos* (*anenergeta*), porque no tienen referencia específica a las acciones de Dios, o atributos *inmanentes,* porque describen la esencia divina absoluta e independientemente. Estos atributos son: Unidad, simplicidad, inmutabilidad, infinidad, inmensidad, eternidad y omnipresencia divinas.

a. La unidad divina es el atributo divino, por virtud del cual la esencia divina es absolutamente sencilla; no solamente indivisa, sino también indivisible. La unidad se atribuye a Dios a) de un modo absoluto, es decir, la esencia divina no es dividida ni divisible, Juan 4:24; Ex. 3:14-15, y b) de un modo exclusivo, puesto que fuera del verdadero Dios no hay otro Dios, Deut. 6:4; 4:35.

b. La simplicidad divina es el atributo divino, por virtud del cual Dios no es compuesto en modo alguno (no es compuesto de materia y forma, de partes integrales, de substancia y accidentes, de naturaleza y subsistencia). Hollaz escribe: "Dios es uno, no en especie, sino en número, porque es un ser enteramente único, no sólo indiviso en sí mismo, sino también indivisible debido a la completa simplicidad de su esencia divina, puesto que no hay composición en Dios" (Ex. 3:14, 15: "Yo Soy El Que Soy"). El atributo de espiritualidad, Juan 4:24, se encierra en el de simplicidad.

c. La inmutabilidad divina es el atributo divino, por virtud del cual Dios no está sujeto a ningún cambio, ni en cuanto a existencia (Rom. 1:23; 1 Tim. 1:17, 6:16) ni en cuanto a accidentes (Sant. 1:17), ni en cuanto a voluntad y propósito (Núm 23:19; Prov. 19:21; Mal. 3:6). Si la Sagrada Escritura atribuye a Dios cambio de parecer (Gén. 6:6; 1 Sam. 15:11) o cambio de lugar (Gén. 11:5), lo hace para acomodarse a nuestro modo de percepción. Estos pasajes no afirman que Dios está sujeto a cambios como los hombres (1 Sam 15:29), sino que deben ser entendidos según la modalidad de Dios (zeoprepōs). Gerhard escribe: "Las afecciones que atribuye la Escritura a Dios no prueban ninguna mutabilidad en la esencia divina; pues aquellas cosas que se mencionan antropopatéticamente anzropōpazōs, deben ser entendidas según la modalidad de Dios (zeoprepōs)." Así, pues, la Escritura habla de Dios de dos maneras: a) Según es en sí mismo, inmutable e incorruptible, glorificado para siempre sobre el espacio y el tiempo, 1 Sam. 15:29; Sal. 90:4; y b) según se acomoda a sí mismo a nuestro concepto del espacio y del tiempo, 1 Sam 15:11; Gén. 11:5. Sin embargo, cada vez que la Escritura describe a Dios de un modo antropomórfico o antropopatético, esto no es un simple modus loquendi, sino una verdadera descripción de Dios, aunque adaptada a nuestro modo de percepción. En otras palabras, cuando se nos dice que el Dios inmutable resiste a los soberbios y da gracia a los humildes, 1 Ped. 5:5, debamos considerarlo tal como lo describen estas expresiones, aunque de una manera conforme con la perfección divina. In Deum nulla cadit mutatio.

A la pregunta de si han cambiado al Dios inmutable, la obra de la creación o de la encarnación responde Gerhard así (I, 124): "De ningún modo; pues Dios hizo aquí en la tierra lo que ya en su inmutable voluntad había decretado desde la eternidad". La razón para esto es evidente, la creación no fue algo que ocurrió en Dios (el panteísmo) sino algo fuera de Dios (el dualismo cristiano), a saber, dar existencia a cosas que no habían existido antes, sino que habían sido determinadas por Dios desde la eternidad (el decreto de la creación). Tampoco fue la encarnación cambio alguno en la esencia divina, sino la asunción de la naturaleza humana en la persona del *logos*, según lo había determinado Dios desde la eternidad (el decreto de la redención).

d. La infinidad divina es el atributo divino, por virtud del cual Dios no está limitado al tiempo (eternidad) ni al espacio (inmensidad). La Escritura atribuye a Dios infinidad a) en cuanto a su esencia, Sal. 145:3, y b) en cuanto a sus atributos. Sal. 147:5. Por consiguiente, decimos con toda razón, que Dios no sólo es infinito en sí mismo (la esencia divina), sino que también son infinitos su conocimiento, poder, sabiduría, gracia, amor, etc. (los atributos divinos).

e. La Inmensidad divina es el atributo divino, por virtud del cual Dios no puede ser medido por ningún confín local o incluido en Él, Jer. 23:24; 2 Rey. 8:27. Quenstedt define la inmensidad divina como "la interminable ubicación, por virtud de la cual Dios tiene que estar en todas las partes en su propia esencia, o como "la absoluta interminabilidad de su esencia divina". Puesto que Dios no puede ser medido por ningún confín local o incluido en Él, Isa. 40:15-17, no debemos juzgarlo según nuestra razón (los unitarios), sino considerarlo precisamente corno lo describe la Escritura, 1 Tim. 6:16, a saber, como el Ser divino, ensalzado sobre todas las criaturas.

f. La eternidad divina (nombre absoluto que denota lo contrario de "largo tiempo") es el atributo divino, por virtud del cual la esencia divina no tiene principio ni fin, sucesión ni cambio, Sal, 102:27; 90:2; Gén. 21:33; Isa. 40:28; 1 Tim, 1-17; Apoc. 1:4, etc. La Escritura usa la doctrina de los atributos divinos tanto para nuestra advertencia como para nuestro consuelo. Pues cuando nos oponemos a Dios, nos oponemos al Ser divino que es uno, inmutable, infinito, inmenso y eterno, cuya ira y castigo no tienen fin, 2 Tes. 1:9; y por otro lado, cuando ponemos nuestra confianza en Dios, ponemos nuestra confianza en el Ser divino que es uno, inmutable, infinito, inmenso y eterno, cuyo amor y misericordia son igualmente sin fin, 1 Tes. 4:17; 2 Cor. 5:1.

En relación con la eternidad divina podemos considerar también la aseidad divina, por virtud de la cual Dios existe por sí solo y no depende de cosa alguna que esté fuera de Él, Rom. 11:33-36. (*Aseitas est anributum, quo Deus liberrima ipsius causa est et nemini quidquam debet, sed ipse solus est rerum omnium Auctor*).

g. La omnipresencia divina es el atributo divino, por virtud del cual Dios está esencialmente presente en todas las partes, pero sin restricciones locales. Quenstedt: "Dios se encuentra realmente presente entre todas sus criaturas". Con respecto a la omnipresencia de Dios debemos notar lo siguiente:

1. Dios es omnipresente en lo que toca a su esencia, y no solamente en lo que toca a su operación divina, Jer. 23:24; en otras palabras. Dios jamás obra en ausencia (los calvinistas), pues

dondequiera que Él ejecuta sus obras, allí está Él, Sal. 139:7-10. Gerhard escribe (III, 122): "Dios se halla presente entre todas las cosas, no sólo por virtud y eficacia, no sólo por vista y conocimiento, sino también en su esencia completa e individual, pues es inmenso e infinito, no sólo en poder y conocimiento, sino también en esencia" (Doctr. Theol., p. 125).

La Escritura atribuye a Cristo, según su naturaleza humana, presencia con límites locales (Luc. 2:12), presencia sin límites locales (Juan 20:19) y presencia que llena el universo entero (Efe. 1:23; 4:10).

2. Dios está presente en todas las criaturas, pero no es parte de ellas, sino que permanece siempre el Dios superior al universo material. Deus nunquam in compositionen creaturum venit. La omnipresencia de Dios no debe tomarse, pues, en el sentido de la inmanencia panteísta. Mientras es verdad que Dios está tan íntimamente unido a sus criaturas de modo que en Él vivimos, y nos movemos, y somos, Hech. 17:28; Col. 1:17, no obstante, la diferencia entre Dios y sus criaturas permanece siempre tan grande como la diferencia entre lo infinito y lo finito, Núm. 23:19; 1 Sam. 15:29. Gerhard escribe (III, 122): "Dios está presente en todas las partes, no de un modo synektōs, para que Él sea contenido en las cosas, sino de un modo synektikōs, para que Él contenga y encierre todas las cosas". (Doctr. Theol., p. 125), y prosigue Gerhard: "Los escolásticos dicen que Dios está en todas las partes, no de un modo local o mediante la circunscripción ... ni definitivamente ..., sino del modo en que la Escritura dice que Dios llena todas las cosas; pero esto no debe entenderse en un sentido material o corpóreo ..., sino en un sentido divino, de modo que Dios, aunque no se limita a ningún sitio debido a la inmensidad de su esencia, no obstante, abarca todos los sitios", ibid). Contra la objeción de que Dios no puede estar presente en "lugares inmundos" (Erasmo), hay que sostener que "Dios está en todas las partes y llena todas las cosas", Deum esse ubique et repiere omnia (Lutero). De que Dios está, pues, en todas las partes, tanto entera como potentemente es una doctrina muy clara de la Biblia, Efe. 1 20-23; 4:10.

3. Dios es omnipresente, pero a) sin multiplicación de su esencia (el politeísmo), b) sin extensión, c) sin contracción, d) sin división y e) sin conmixtión. En otras palabras, no debemos pensar en la omnipresencia de Dios de un modo corpóreo, como si Dios, en su omnipresencia, ocupase espacio o estuviese sujeto a espacio (1 Rey. 8:27; Isa. 66:1); pues "la presencia de Dios es a) Ilimitada, b) indivisible, c) incomprensible a nuestra razón, d) efectiva y activa y e) la que llena todas las cosas" (Gerhard). La verdadera doctrina de la omnipresencia de Dios es de singular importancia en el entendimiento bíblico de la doctrina de la Santa Cena (la Presencia Real).

En relación con la doctrina de la omnipresencia divina, pueden considerarse algunas preguntas tales como: 1. "¿Es el universo infinito?" o "¿Existe algún espacio fuera de este universo?" De acuerdo con la Escritura hay que contestar esta pregunta negativamente, pues el espacio pertenece a la creación, y todas las criaturas subsisten en Dios, Col. 1:17; Hech. 17:28. Aplicar infinidad al espacio sería equivalente a deificar el universo que, como criatura, no puede ser infinito. *Deus dat loco et rebus, quae sunt in loco, suum esse.* 2. "¿Existe alguna aproximación especial de la esencia de Dios en las manifestaciones divinas de la ira o la gracia?" En vista de la inmensidad de Dios hay que contestar esta pregunta negativamente, pues la esencia divina jamás se separa de las criaturas, sino que está siempre presente; sin embargo, como expresiones antropopatéticas, tales declaraciones bíblicas como Juan 14:23; Gén. 11:5, deben considerarse, no como un simple modo de hablar, sino como una afirmación de la verdad que, si se entiende debidamente (*zeoprepōs*) nos sirve, ora para nuestro consuelo, ora para nuestra advertencia 3. "¿Era Dios esencialmente activo antes de la creación?" Esta pregunta pertenece a la categoría de las preguntas tontas, que son sin provecho y vanas, Tito 3:9. Puesto que Dios no ha revelado nada respecto de su obra creadora precedente a la creación del mundo, es inútil especular sobre este punto. Pero aunque por un lado, no debemos considerar a Dios de haber sido jamás esencialmente inactivo: por otro lado, sin embargo, no tenemos ningún fundamento bíblico para inferir que Dios haya creado algún universo antes del que existe en la actualidad. La presencia de Dios nos sirve de advertencia según Jer. 23:24 y Sal. 139:7 y sig., y de consuelo según Sal. 23:4 y Mat. 28:20.

### 3. Los Atributos Positivos

Les atributos positivos son aquellos mediante los cuales atribuimos a Dios, de un modo especifico y singular, tedas las perfecciones que hallamos en sus criaturas. Estas son: Vida, conocimiento, sabiduría, voluntad, santidad, justicia, verdad, poder, bondad (gracia, misericordia, amor, paciencia, etc.).

a. La vida divina es el atributo divino, por virtud del cual Dios es siempre activo y se muestra siempre activo. En particular, Dios es vida 1) esencialmente, ya que Él es autoxōos con vida en eautō, Juan 5:26, es decir, Él es vida en sí mismo y de sí mismo, por su propia naturaleza y esencia; 2) efectivamente, ya que Él es la causa y el origen de toda vida que se halla fuera de sí mismo, Hech. 17:28; Deut. 32:39. Negativamente se expresa este atributo por medio de la inmortalidad, 1 Tim. 6:16, y la incorruptibilidad, Rom 1:23; 1 Tim. 1:17. Por contradistinción a los ídolos de los paganos, Dios es el "Dios vivo", Hech. 14:15, a quien todas las criaturas deben su existencia, Hech. 17:25. La advertencia relacionada con este atributo se deduce de Heb. 10:31; el consuelo de 1 Tim. 3:15; 4:10.

b. El conocimiento divino es el atributo divino, por virtud de cual Dios mediante un acto simple y eterno de su pensamiento, conoce todas las cosas que han sido, son y serán, o que en cualquier modo pueden ser, es decir, todas las cosas que son condicionalmente futuras o posibles, 1 Sam. 2:3; 1 Juan 3:20; 1 Reyes 8:39: Sal. 7:9; 34-15; 139:1; Prov. 15:3. El conocimiento divino se distingue del conocimiento humano: a) Por su extensión, puesto que Dios sabe todas las cosas (Juan 21:17, omnisciencia), las cosas futuras (Isa. 41:22-23, presciencia), todas las cosas posibles y condicionalmente futuras o posibles (1 Sam. 23:12; Mat. 11:23, ciencia mediata) ; b) por su manera de conocer, puesto que Dios sabe todas las cosas, no importa cuáles sean, mediante un acto simple y eterno de su pensamiento (Deus res non per species intelligibiles sed in se sive in esse proprio cognoscit Homo res adspicit, Deus perspicit). Así Dios sabe cualquier pensamiento del hombre, 1 Reyes 8:39; Hech. 15:8; Juan 2:25. La relación del conocimiento perfecto de Dios debe servirnos de advertencia, Isa. 41:22-23; Sal. 139:12, y de consuelo, Isa. 66:2; Mat. 6:32. Para describir el conocimiento perfecto de Dios, nuestros dogmáticos lo han dividido en: 1) Conocimiento natural, según el cual Dios se conoce plenamente a sí mismo; 2) conocimiento libre, según el cual Dios sabe todas las cosas qua se hallan fuera de sí mismo y 3) conocimiento mediato, según el cual Dios conoce todas las cosas posibles y condicionalmente futuras o posibles.

Aquí podernos considerar la importante pregunta: "¿Cómo concuerda la presciencia infalible de Dios con la libertad de la voluntad del hombre y la responsabilidad humana?". La pregunta es importante, porque fundamentándose en la presciencia infalible de Dios, algunos han negado la libertad de la voluntad del hombre y la responsabilidad humana (el estoicismo), y otros, fundamentándose en la responsabilidad humana, han negado la presciencia infalible de Dios, o su omnisciencia (el ateísmo, el agnosticismo). Aunque la pregunta encierra misterios que no podemos resolver en esta vida, la Escritura no obstante, enseña lo siguiente: a) La presciencia de Dios abarca todas las cosas y es infalible, Sal. 139:1-4; Apoc. 3:15. b) La presciencia divina no es la causa eficiente *del* mal que Dios prevé. La *Fórmula de Concordia* expone esto magistralmente: "La presciencia de Dios no es otra cosa que el conocimiento que Dios tiene de todas las cosas antes que éstas acontezcan, según está escrito: Dan. 2:28. Este conocimiento se extiende igualmente sobre los buenos y los malos, pero no es la causa del mal ni del pecado, a saber, de las acciones perversas, pues éstas tienen su origen en el diablo y en la voluntad mala y perversa del hombre, ni de la perdición del hombre, de la cual es responsable el hombre mismo; sino que sólo regulariza el mal y fija límite a su duración, con el fin de que todo esto sirva a los electos para su salvación ..." (Epítome, XI, 3, 4).

De esta manera hace nuestra confesión, una distinción debida a) entre la presciencia divina y el origen del mal y b) entre la presciencia divina en general y la presciencia divina en particular (Amos 3:2; Gál. 4:9: *nosse cum affectu et affectu),* a la cual los hijos de Dios deben su elección y salvación, Rom. 8:29-30: "A los que antes conoció, también los predestinó". En cuanto a los misterios que aún quedan sin resolverse a pesar de estas revelaciones, la *Fórmula de la Concordia* exhorta muy al caso a todos los creyentes a "no razonar en sus pensamientos; ni llegar a conclusiones, ni averiguar indiscretamente esos asuntos, sino a adherirse a la Palabra revelada de Dios, a la cual nos dirige Él" (Decl. Sól., XI, 54-57).

Cuando se hace la pregunta: "¿Suceden todas las cosas según Dios las prevé?" entonces tenemos que contestar de un modo afirmativo. Cuando se hace la pregunta: "¿Ejecutan los hombres sus acciones movidos por la coerción?" la respuesta tiene que ser negativa. La traición que Judas hizo a Jesús fue una acción voluntaria de lo malo, Juan 14:26-30, y la confesión que Pedro hizo acerca de Jesús fue una acción voluntaria de lo bueno, Juan 6:65-71. Ninguno fue movido por la coerción, aunque el uno estaba bajo el pecado y el otro bajo la gracia. La Sagrada Escritura excluye muy enfáticamente toda especulación fatalista o determinista.

Aunque en Dios no existe nada anterior ni posterior, sino que todas las cosas están desnudas y abiertas a sus ojos, Heb. 4:13, no obstante, la Sagrada Escritura, acomodándose a nuestro débil entendimiento, habla de la presciencia de Dios, pues nosotros no tenemos ningún concepto del perpetuo "hoy" o lo presente, Sal. 2:7. Así, pues, debe hablar el teólogo cristiano cuando describe el conocimiento divino con relación a los acontecimientos futuros. La pregunta de si también debe atribuirse presciencia a los hombres, ángeles y las almas de los difuntos, tiene que ser contestada negativamente, Mat. 24:36; Mar. 13:32.

c. La sabiduría divina es el atributo divino, por virtud del cual Dios dispone y ordena todas las cosas de la manera más admirable para lograr su fin, Job 12:13, 28:20; Rom. 11:33. Existe una relación muy íntima entre la sabiduría de Dios y el conocimiento de Dios, de modo que tanto la una como el otro aparecen juntos en la Escritura (Rom, 11:33: sofias kai gnōseōs;1 Cor. 12:8: logos sofias logos gnōseōs). Aunque la Escritura no expone la distinción exacta entre los dos atributos, podemos, no obstante, para fines prácticos hacer la distinción, tal como lo hacemos entre inteligencia y sabiduría de manera que denote la aplicación práctica de (gnosis). La Escritura atribuye a Dios sabiduría especialmente a) en el reino de la naturaleza (Sal. 104:24, la creación y preservación) y b) en el reino de gracia (1 Cor. 2:6 y sig.). Por consiguiente, no debemos censurar la sabiduría del Dios que sabe todas las cosas, 1 Tim. 1:17; Rom. 16:27, como lo hacen los modernistas y ateístas cuando rechazan la Escritura como la única fuente de la verdad y blasfeman el método divino de la creación, según se halla en el Génesis, y el de la satisfacción vicaria; antes debemos admirar y adorar esa sabiduría, Rom. 11:33, con reverencia y temor santos.

d. La voluntad divina ha sido tratada por nuestros dogmáticos algunas veces como atributo separado y algunas veces como suplementario del atributo divino de la sabiduría. En tal caso deducen de la voluntad de Dios los atributos de santidad, justicia, verdad, bondad, etc. (Baier). La manera de tratar el asunto es indiferente siempre que sea bíblica la doctrina que se presenta.

Así como la Escritura atribuye a Dios una mente inteligente (Rom. 11:34 *nous*), así también le atribuye voluntad, 1 Tim. 2:4; Juan 6:40; 1 Tes. 4:3. La voluntad de Dios es la esencia divina misma, que busca lo bueno y se opone a lo malo. En cuanto a las causas de la voluntad divina, la Escritura describe a Dios a) En su majestad suprema, como independiente de todo lo que existe fuera de sí mismo, o como absolutamente soberano en sí mismo, Rom. 11:36. Considerado desde este punto de vista, Dios no puede ser movido por nada, sino por sí mismo; o podríamos decir, en Él coinciden la causa y el efecto. *Non sunt in Deo causae formaliter causantes.* Pero la Escritura habla también de Dios b) desde el punto de vista del entendimiento humano, es decir, puesto que no podemos entender a Dios en su esencia divina, la Escritura nos conduce a distinguir en Él la causa y el efecto, y a considerarlo como provocado a ira por el pecado del hombre, Jer. 2:19, y movido a misericordia por la redención de Cristo, Rom. 3:24. *In Deo sunt causae virtualiter causantes.* Sólo cuando hablamos de Dios de este modo bíblico, podemos hacer la debida distinción entre la Ley y el Evangelio.

Aunque sólo existe una voluntad en Dios, la cual es idéntica con su esencia divina (no existen en Él voluntades contradictorias), no obstante, según la Escritura, podemos distinguir entre:

1. La primera y la segunda voluntad divina. En su primera voluntad Dios desea anuentemente la salvación de todos los pecadores, Juan 3:16-17; en su segunda voluntad, Dios juzga y condena a todos los que rechazan su gracia en Cristo Jesús, Juan 3:18. Sostenemos esta distinción para combatir la doble elección del calvinismo, según la cual, Dios desde la eternidad eligió a algunos para la salvación y a otros para la condenación.

2. La voluntad divina irresistible y la resistible. La voluntad divina es irresistible cada vez que se ejecuta de un modo absoluto, o sea cada vez que Dios actúa en su majestad y soberanía absolutas (la Creación, el Juicio Final, 2 Cor. 5:10; Mat. 25:31 y sig.); es resistible cada vez que se ejecuta de un modo mediato (el rechazamiento de la gracia divina ofrecida en el Evangelio, Mat. 23:37). Sin embargo, no deben ser abusadas estas distinciones con el propósito de defender el sinergismo.

3. La voluntad divina absoluta y la mediata. La voluntad absoluta de Dios se ejecuta sin medios, Juan 2:1-11; Luc. 1:15; la mediata se ejecuta con medios (la conversión mediante los medios de gracia, Rom. 10:17; Tito 3:5; 1 Ped. 1:23 y sig.; Mar. 16:16; Mat. 28:19-20). Rechazar los medios de gracia ordenados por Dios equivaldría a defender el error de los entusiastas.

4. La voluntad divina de la gracia y la condicional. La voluntad divina de la gracia se ejecuta en la salvación de los hombres, pues Dios quiere que todos los hombres sean salvos por la gracia, mediante la fe, sin las obras de la Ley, o las buenas obras, Rom. 3:28; Efe. 2:8, 9; Rom. 11:6; Gál. 3:10 y sig.; la voluntad divina condicional, es aquella por la cual Dios exige obediencia perfecta de los que quieran ser salvos por medio de la Ley, Gál. 3:10, 12. Desde la Caída nadie puede ser salvo por medio de las obras de la Ley; la voluntad divina condicional condena, pues, severamente a todos aquellos que en su insensatez procuran ser salvos por medio de las obras, Luc. 10:28.

5. La voluntad divina revelada y la escondida. La voluntad divina revelada abarca toda la revelación de la Escritura, 1 Cor. 2:12-16; la voluntad divina escondida incluye todas las cosas que Dios ha dejado sin revelar en su Palabra, Rom. 11:33, 34. Aunque es nuestro deber cristiano estudiar con diligencia la voluntad divina revelada en la Escritura, no debemos, sin embargo, tratar de explorar la voluntad divina escondida, pues tal cosa sería sandez y arrogancia.

e. La santidad divina es el atributo divino, por virtud del cual Dios en conformidad con su propia Ley, desea todas las cosas que son justas y buenas, Deut. 32:4; Sal. 92:15; Lev. 11:14; 1 Ped. 1:15. En particular, Dios es santo a) esencialmente, por cuanto mediante su esencia divina está supremamente exaltado sobre todas las criaturas; en este sentido, la palabra santidad denota la suprema majestad de Dios y encierra todos los demás atributos divinos, Isa. 6:3; Juan 12:41; b) eficientemente, por cuanto es el autor de toda santidad y lo contrario de todo lo que es pecado, 1 Ped. 1.16; Lev. 11:44-45. La santidad divina debe impulsarnos a comparecer ante Dios con gran reverencia, Gén. 18:27; Ex. 3:5, y, al mismo tiempo, con gran valor y confianza, puesto que Cristo, mediante su satisfacción vicaria, hizo la reconciliación entre el Dios Santo y el hombre pecador, Rom. 5:1; 5:10; Efe. 3:11-12.

f. La justicia divina es el atributo divino, por virtud del cual Dios es perfectamente justo y recto en su esencia divina, Sal. 92:15, y por el cual, en conformidad con su propia esencia perfecta y recta, exige del hombre lo que es justo, Ose. 14:9; Sal. 1:5-6. Hollaz define muy acertadamente la justicia divina de este modo: "La justicia es un atributo divino, por virtud del cual Dios desea y hace todas las cosas que se ajustan a su Ley eterna, Sal. 92:15, prescribe leyes convenientes para las criaturas, Sal. 19:7, cumple las promesas hechas a los hombres, Rom. 2:5-7; 2 Tes. 1:6-7, y castiga a los malvados, Sal. 119:137; Hech. 17:31; 2 Tes. 1:6; Rom. 3:8, 19". Puesto que Dios es Dios, no está sujeto a la Ley, sino que Él mismo es la norma perfecta de la justicia. Deus iustus est, quia omnia suae legi conformlter vult au facit.

La justicia de Dios, aplicada a los hombres es: a) Justicia legal, o la justicia divina revelada en la Ley, y b) justicia evangélica, o la justicia divina revelada en el Evangelio, la cual ha sido adquirida para los pecadores mediante la expiación vicaria de Cristo. La justicia legal puede a la vez describirse como: a) Legislatoria, por cuanto es la norma de la justicia humana, Mat. 22:37 y sig.; b) remuneratoria, por cuanto recompensa el bien, 2 Tim. 4:8; y c) vengativa, por cuanto castiga el mal, 2 Tes. 1:4-10. La justicia evangélica es la esencia de la religión cristiana, puesto que sobre ella se fundamenta la salvación del hombre. La pregunta de si Dios, según su justicia vengativa, castiga el pecado de un modo adecuado, hay que contestarla de un modo afirmativo.

g. La verdad divina es el atributo divino, por virtud del cual Dios jamás deja de hablar la verdad y cumplir sus promesas, Num. 23:19; Heb. 6:18; Deut. 32:4. La revelación de este atributo implica condescendencia por parte de Dios, ya que mediante la incredulidad niega el hombre tanto las amenazas de la Ley como las promesas del Evangelio, Sal. 90:11; Isa. 53:1; Juan 12:38. Precisamente debido a la incredulidad del hombre, ha tenido Dios a bien revelarnos que Él es la Verdad, Tito 1:2; Juan 3:33; Heb. 6:18; Mat. 24:35; Juan 10:35, y que todos los hombres son mentirosos, Sal. 116:11; Rom. 3:4. Como Dios es la Verdad, debemos temer su ira, Gál. 6:7, y confiar en sus promesas, Rom. 10:11; Tito 1:2.

h. El poder divino es el atributo divino, por virtud del cual Dios puede hacer todas las cosas sin implicar contradicción alguna en su esencia divina. Quenstedt define así el poder de Dios (I, 293): "El poder divino es aquel por virtud del cual, Dios, mediante la eterna actividad de su esencia divina, puede hacer de un modo independiente y absoluto todas las cosas que no implican contradicción" (Doctr. Theol., p. 120). El poder perfecto de Dios se distingue del poder imperfecto y relativo del hombre tanto en modo como en extensión, pues en cuanto al primero, el poder de Dios es su voluntad, Gén. 1:3; Sal. 115:3 (Deus producit volendo), mientras en cuanto a la segunda, su poder abarca todas las cosas que están en conformidad con su esencia perfecta, Mat. 19:26; Luc. 1:37. Por cuanto Dios tiene poder infinito, no debemos decir que su poder se agotó cuando creó este universo (el panteísmo), ni tampoco debemos concluir, basándonos en el poder de Dios, qué, a nuestro juicio, debe hacer Dios. Así, es una blasfemia la conclusión de los teólogos racionalistas de que como Dios es todopoderoso, debe perdonar pecados sin necesidad de la expiación vicaria de Cristo.

Dios ejerce su poder de dos maneras, a saber: a) Por medios y b) sin medios. El primero es su poder mediato; el segundo, su poder absoluto. En ambos casos ejerce Dios el mismo poder, Sal. 33:6-9. Nos confrontamos con un milagro cada vez que Dios obra con poder absoluto, lo que comúnmente efectúa por medios (Juan 2:11, *semeia*; Hech. 2:43: *tepata kai semeia*). Con respecto a los milagros debemos sostener según la Escritura: a) Que Dios puede obrar milagros cada vez que quiere pues es el Señor soberano, y que las leyes de la naturaleza, que de por sí jamás son invariables (los evolucionistas), no son sino su propia voluntad divina aplicada a las cosas creadas; pero, b) que debemos usar los medios ordenados por Dios, tanto en el reino de la naturaleza como en el de gracia, y en nuestra arrogancia no exigir milagros para nuestro propio beneficio, Luc. 11:16; Mat. 12:39. La fe heroica, que obra milagros por su extraordinaria confianza en Dios, no se incluye en esta clasificación; pero el que se propone hacer milagros, debe primero estar seguro de que su "fe" es realmente una fe heroica y no una presunción.

Comete sofistería blasfema todo aquel que afirma que Dios no es omnipotente porque no puede mentir, hurtar, morir, etc. *Sun sophismata, quibus definitio reí tollitur.*

1. La bondad divina en el sentido objetivo es el atributo divino, por virtud del cual la esencia divina se aviene perfectamente a la voluntad divina, o su perfección absoluta, Mat. 19:17. De un modo relativo también son buenas las criaturas de Dios, Gén. 1:31, aún después de la Caída, por cuanto son criaturas de Dios, 1 Tim. 4:4. Sin embargo, las criaturas no poseen ninguna bondad esencial o perfección, son buenas sólo porque proceden de la creación divina. En contraposición a todas las criaturas, Dios solo, es bueno, o bueno en sí mismo o por sí mismo (to autoagazon). Gerhard escribe de este modo sobre la bondad de Dios: "Deus est vere donus et solus bonus et omnis bonitatis causa". La doctrina bíblica de que Dios solo, es absoluta y esencialmente bueno y de que los hombres no son más que relativa o dependientemente buenos, debe guardarnos del orgullo y la envidia e inducirnos a la humildad y gratitud, 1 Cor. 4:7; 1 Ped, 2:1. Gerhard escribe: "Todo lo bueno que recibe la humanidad viene de Dios. El que envidia a su prójimo no sólo se opone a Dios, el Dador de todos los dones, sino que también viene a ser un zeomajos (uno que lucha contra Dios").

Mientras la bondad divina en su sentido objetivo denota la perfección divina absoluta o la bondad divina esencial, en su sentido subjetivo denota la misericordiosa disposición y conducta de Dios hacia sus criaturas, Sal. 145:9; 36:6-7. Según la Escritura, Dios es bueno a) en general, para con todas las criaturas, Sal. 136, b) en particular, para con todos los hombres, Mat. 5:45, c) más especialmente, para con todos los hombres como pecadores, Juan 3:16; y d) en un sentido muy especial, para con todos sus creyentes, Rom. 8:28; 1 Cor. 2:9; Deut. 33:3; Juan 16:27. La bondad de Dios para con nosotros, debe inducirnos siempre a amarlo con gratitud, 1 Juan 4:19.

Bajo el atributo de la bondad divina en su sentido relativo podemos agrupar a) la gracia divina, como bondad que no han merecido los hombres. Tito 3.5; Rom. 3:24; b) la misericordia divina, como bondad para con los necesitados, Luc. 1:78-79; c) el amor divino, como bondad que desea comunión con los hombres, Juan 3:16; d) la paciencia divina, como bondad que espera el arrepentimiento del hombre, 1 Ped. 3:20; 2 Ped. 3:9. Estos atributos merecen consideración especial, pues forman el verdadero objeto de la Escritura y el gran tema en que se basa la predicación cristiana, 1 Cor. 2:2; Todo el mensaje del Evangelio puede resumirse en el atributo divino de la bondad, pues lo que proclama el Evangelio, no es otra cosa que la manifestación de la gracia, el amor, la misericordia, la paciencia, la amistad, etc., del Padre en Cristo Jesús, Señor nuestro, 1 Juan 4:9. La revelación de los demás atributos divinos sería en verdad terrible, si no fuese por la bondad de Dios en Cristo. Y así como Dios es bueno, así también deben ser buenos, benignos y misericordiosos, los que se han hecho sus hijos mediante la fe en Cristo, Luc. 6:36; Mat. 5:44-45; Efe. 4:32; Col. 3:12.

Muchos han alegado en contra de la bondad de Dios, por el hecho de que los castigos divinos son con frecuencia severos y destructivos. Mientras la Escritura no niega el hecho de que los castigos de Dios son a veces severos y destructivos, Mat. 24:21-22, ella señala la gran verdad, de que aun tales castigos proceden del amor salvador de Dios, pues por ellos llama a los pecadores al arrepentimiento, Luc. 13:1-3. Sin embargo, jamás podrán participar de las eternas bendiciones de la bondad, la gracia y el amor de Dios, los que niegan que la Biblia es la única fuente de la fe, el Dios Trino, el único Dios verdadero y Cristo el único que puede salvar del pecado.

# LA DOCTRINA DE LOS DECRETOS DIVINOS

Las obras de Dios se dividen en dos clases: Obras internas y obras externas. Las últimas pueden ser, ora inmediatas (hechas sin causas intermediarias), ora mediatas (hechas mediante causas intermediarias).

Las obras internas de Dios se dividen a la vez en personales y esenciales. Las obras internas personales de Dios tienen sus límites dentro de la Deidad y se refieren a las Personas divinas, por quienes son hechas como obras peculiares de tales Personas (la generación y la espiración). Las obras internas esenciales de Dios tienen sus límites también dentro de la Deidad, pero en ellas cooperan las tres Personas de la Trinidad. Las obras internas esenciales de Dios se llaman los decretos eternos de Dios. De éstos hay tres: a) el decreto de la creación, b) el decreto de la redención y c) el decreto de la predestinación.

a. El decreto de la creación es la obra interna esencial del Dios Trino "por el cual Él en el principio determinó crear los cielos y la tierra y todas las criaturas para la manifestación de su sabiduría, bondad y poder" (A. L.Graebner).El decreto de la creación se enseña en Job 28:26-27; Hech. 15:18; Gén. 1:26, Hech. 17:26; Sal. 136:5-9.

b. El decreto de la redención es la obra interna esencial del Dios Trino por el cual Él en su gracia y sabiduría y mediante la expiación vicaria de Jesucristo, el Hijo encarnado de Dios determinó redimir a la humanidad caída y perdida y así preparar el camino de la salvación para todo el mundo, cuya caída Dios había previsto, pero no decretado. El decreto de la redención se enseña en Hech. 2:23: "Entregado por el determinado consejo y anticipado conocimiento de Dios"; Hech. 4:28: "Para hacer cuanto tu mano y tu consejo habían antes determinado que sucediera"; Efe. 1:7-10: "En quien tenemos redención por su sangre,... según las riquezas de su gracia; que hizo sobreabundar para con nosotros en toda sabiduría e inteligencia... según su beneplácito, el cual se había propuesto en sí mismo"; 1 Ped. 1:19-20: "Cristo... ya destinado de antes de la fundación del mundo"; Gál. 4:4-5: "Cuando vino el cumplimiento del tiempo, Dios envió a su Hijo, nacido de mujer, y nacido bajo la Ley, para que redimiese a los que estaban bajo de la Ley", Juan 3:16: "De tal manera amó Dios al mundo, que ha dado a su Hijo unigénito", etc.

c. El decreto de la predestinación es la obra interna esencial del Dios Trino por el cual Él desde la eternidad, movido únicamente por su gracia y la redención que es en Cristo, determinó santificar y salvar por la fe, mediante los medios de gracia, a todos los santos que por fin entran en la vida eterna. El decreto de la predestinación se enseña en Efe. 1:3-4: "El Dios y Padre... nos escogió en Él (Cristo) antes de la fundación del mundo"; 2 Tes. 2:13: "Dios os haya escogido desde el principio para salvación"; Efe. 3:11: "Conforme al propósito eterno, que hizo en Cristo Jesús nuestro Señor"; 2 Tim. 1:9: "Nos salvó... según el propósito suyo y la gracia, que nos fue dada en Cristo Jesús antes de los tiempos de los siglos"; Rom. 11:5: "Ha quedado un remanente escogido por gracia"; Hech. 13:48: "Creyeron todos los que estaban ordenados para vida eterna"; Rom. 8:29-30: "A los que antes conoció, también los predestinó para que fuesen hechos conformes a la imagen de su Hijo,... a los que predestinó, a éstos también llamó; y a los que llamó; a éstos también justificó; y a los que justificó, a éstos también glorificó"; 1 Ped. 1-2: "Elegidos según la presciencia de Dios Padre en santificación del Espíritu, para obedecer y ser rociados con la sangre de Jesucristo"; Mat. 22:14: "Muchos son llamados, y pocos escogidos"; Mar. 13:20,22: "Por causa de los escogidos que Él escogió, acortó aquellos días... Porque se levantarán falsos Cristos... para engañar, si fuese posible, aun a los escogidos".

La doctrina de la elección será discutida más ampliamente bajo su propio encabezamiento. La mencionamos aquí sólo por el hecho de que pertenece a los decretos eternos de Dios. Pero de paso podemos decir que hay que excluir del decreto eterno de la predestinación toda forma de sinergismo (rechazamiento de la sola gracia) y toda forma de calvinismo (rechazamiento de la gracia universal). Por esta razón afirmamos: a) Dios no eligió a los escogidos en vista de la fe de éstos (*intuitu fidei*) y b) Dios no predestinó a nadie a la condenación, sino que desea fervorosamente la salvación de todos los hombres (*vocatio seria*). Reconocemos como misterio la aparente discrepancia entre la elección particular y la gracia universal, misterio que está más allá del alcance de nuestra razón, pero que no debemos censurar ni tratar de explicar. Todo esfuerzo por tratar de concordar las dos doctrinas ha tenido por resultado ya el sinergismo (los escogidos fueron elegidos en vista de su buena conducta, lo cual es contrario a Rom. 3:22-23), ya el calvinismo (Dios no quiere salvar a todos los hombres, lo cual es contrario a Juan 3:16; 2 Cor. 5:19-20; 2 Ped. 3:9; Hech. 17:30; 1 Tim. 4:2), La *Fórmula de Concordia* dice con razón: "Sin embargo, ya que Dios ha reservado este misterio para su sabiduría y no nos ha revelado nada sobre él en su Palabra, y mucho menos nos ha mandado a investigarlo con nuestro pensamiento, sino al contrario, nos desanima seriamente a que lo hagamos, Rom, 11:33 y sig., no debemos razonar en nuestro pensamiento, ni llegar a conclusiones, ni inquirir con curiosidad sobre estos asuntos, sino adherirnos a su Palabra, a la cual nos dirige Él". (Decl. Sól., XI, 55).

El Dr. A. L. Graebner da el siguiente resumen del decreto de la predestinación: "El decreto de la predestinación es un acto *eterno* de Dios (Efe. 1:4; 3:11; 2 Tim. 1:9; 2 Tes. 2:13), quien *por causa de su bondad* (2 Tim. 1:9; Rom. 9:11; 11:5) y debido a *los méritos del* preordinado *Redentor* de toda la humanidad (Efe. 1:4; 3:11) determinó conducir a la vida eterna (Hech. 13:48; 2 Tim, 2:10; Rom. 8:28-29), por el modo y los medios de salvación designados para *toda la humanidad* (Efe. 1:4-5; 1 Ped. 1:2), cierto número (Hech. 13:48; Mat. 20:16; 22:14) de ciertas personas (2 Tim. 2:19; Juan 13:18), y procurar, obrar y promover lo que atañe a su salvación final (Rom. 8:30; Efe. 1:11; 3:10-11; Mar. 13:20,22)".

# LA DOCTRINA ACERCA DE LA CREACIÓN

## 1. LA DEFINICIÓN DE LA CREACIÓN

Por contradistinción al panteísmo pagano, que considera el universo como una emanación o manifestación divina, de modo que vienen a ser idénticos Dios y el universo, y al dualismo pagano, que atribuye existencia eterna a la materia (*yle amorfos to me on*) y deduce que cierta deidad (*nous to on*) formó de esa materia este mundo presente, la Sagrada Escritura enseña que el Dios Trino creó de la nada todas las cosas que existen, esto es, el universo. Por "la nada" no queremos decir alguna materia que ya existía (*nihil positivum*), sino un estado de inexistencia (*nihil negativum*). De Gén. 1:1; Heb. 11:3 y Rom. 4:17, aprendemos que antes de la creación del mundo no existía nada, sino solo Dios. Calov escribe (III, 899): "La creación no consiste en una emanación de la esencia de Dios, ni en una generación, ni en una moción, o cambio natural,... sino en una acción externa, por la cual se producen cosas de la nada mediante un poder infinito". (*Doctr. Theol.*, p. 164 y sig.). Gerhard dice (IV, 7): "¡Fuera con los sueños de los estoicos! que inventaron dos principios eternos: la mente *nous* o Dios, y la materia *yle*, la cual era, según ellos, un caos confuso durante las edades de la eternidad y que en cierto tiempo llegó por fin a recibir forma por medio de la mente". (*Ibid.*). Contra el panteísmo, tanto antiguo como moderno, escribe Hollaz de este modo: "La creación es una acción divina libre, porque Dios formó el universo, no impulsado por la necesidad, como si necesitase los servicios de las criaturas,... sino libremente, pues era capaz de crear o no crear y de dar forma a lo creado, sin limitación de tiempo o manera". (*Ibid.*). La pregunta de por qué no creó Dios el mundo más temprano la clasifica Hafenref'fer de "pregunta de locos que, llevados por la curiosidad, tratan de investigar asuntos de ningún provecho". (*Ibid.*).

## 2. EL ORDEN DE LA CREACIÓN

Según la Sagrada Escritura, Dios no creó todas las cosas "inmediatamente, sino gradualmente, observando un orden admirable". Según lo indica el primer capítulo del Génesis, Dios, al crear todas las cosas, procedió de menor a mayor, hasta que por fin hizo al hombre, la corona de su obra creadora. En general, la obra de la creación comprende tres pasos: a) la producción, en el primer día, del material crudo, "que era la fuente germinal, podríamos decir, del universo entero" (Quenstedt); Lutero: *moles coeli et terrae;* b) la separación y disposición de criaturas simples durante los primeros tres días (la luz en el primer día; la expansión en el segundo; la tierra y las aguas en el tercero); c) proveimiento final y completamiento del mundo, cuya perfección se realizó en tres días más (los cuerpos celestes en el cuarto día; los peces y las aves en el quinto; la creación de bestias reptiles y fieras, y la del hombre en el sexto).

Así diferenciamos entre la creación inmediata y la mediata, siendo la primera la creación del *moles coeli et terrae* de la nada, y la segunda el arreglo del material previamente creado.

Sin embargo, este orden de la creación no debe ser interpretado como un proceso de evolución; pues según la Sagrada Escritura el mundo no se desarrolló por medio de fuerzas residentes en la materia misma, sino por medio del poder creador de Dios. (Gén. 1:1: "creó Dios"; v. 3: "dijo Dios"). Las criaturas deben, pues, su existencia a la autoridad omnipotente del Creador personal y divino. Nuestros dogmáticos han expresado esta verdad en la declaración: "La causa eficiente de la creación es Dios, y sólo Dios" (Calov). Tampoco puede contradecir esta verdad la ciencia experimental, pues no puede comprobar que las cosas orgánicas se desarrollaron de las inorgánicas (*generatio aequivoca*) ni que las formas más altas se desarrollaron de las más bajas (teoría de la descendencia).

La evolución ni siquiera tiene un fundamento racional en qué sostenerse pues a) no explica la existencia de la materia primitiva y b) descansa sobre un principio refutado por la naturaleza, a saber, sobre la supuesta transmutación de lo homogéneo a lo heterogéneo (la transmutación de las especies). La Escritura, por otro lado, concuerda con la razón en los siguientes puntos: a) la creación de todas las cosas por medio de un Dios omnipotente; b) el procedimiento metódico en la obra de la creación; c) la propagación de las criaturas según su género, Gén. 1:21. Del mismo modo en que las criaturas recibieron su existencia por medio de la autoridad creadora de Dios, de ese mismo modo se conservan y se propagan por medio de la voluntad omnipotente de Dios, Hech. 17:28. La existencia del universo hoy día con todas sus múltiples criaturas, se debe a la bendición que pronunció Dios sobre toda la creación al terminar su gran obra, Gén. 1:22; Col. 1:17.

### 3. LOS SEIS DÍAS

La Sagrada Escritura enseña claramente que todo el universo fue creado en seis días de veinticuatro horas cada uno. Cambiar los seis días a un mero momento (Atanasio, Agustín, Hilario) o extenderlos a períodos de millones de años es igualmente contrario a la Escritura. (Gén. 1:31; 2:2; Ex. 20:9, 11: "Seis días trabajarás... En seis días hizo Jehová los cielos y la tierra"). Puesto que el relato de la creación escrito por Moisés es el único relato auténtico que tenemos del milagro de la creación (ningún ser humano estuvo presente en la creación, y nadie puede demostrar por el mundo que ahora existe cómo obtuvo este mundo su existencia), tenemos que considerar como pretensión no científica todo esfuerzo por corregir en manera alguna el relato del Génesis. La evolución, según el concepto general, es ateísta e inmoral, ya que la evolución teísta no concuerda con la Escritura ni con los principios básicos de la evolución, según se concibe ésta generalmente. Negar la inspiración divina del libro del Génesis equivale a contradecir el testimonio del Cristo divino y omnisciente, que aceptó también este libro como canónico, Mat. 19:4-6; Juan 5:39.

### 4. LOS SEIS DÍAS DE LA CREACIÓN CONSIDERADOS EN SUS PORMENORES

El Día Primero. - La expresión: "En el principio" (*bereshit*) quiere decir tanto como si dijéramos: "Cuando este mundo empezó a ser". "No existía material para la creación (*materia ex qua*) cuando hablamos de las cosas creadas en el día primero" (Quenstedt). El principio empezó a existir sólo desde el momento en que empezaron a aparecer cosas fuera de Dios. Antes de eso no existía "el principio", porque Dios no tiene principio, Sal. 90:1-2, y fuera de Él no existía nada. El tiempo y el espacio datan, por lo tanto, del fíat omnipotente de la creación divina; son criaturas del Dios infinito. Las palabras: "En el principio", Gén. 1:1, corresponden a las mismas palabras (*en arje*) que se hallan en Juan 1:1, con la diferencia de que el libro del Génesis relata lo que hizo Dios en el principio, mientras el Evangelio de Juan nos Informa quiénes existían en el principio, a saber, el Padre y el Hijo.

La expresión: "los cielos y la tierra" es el modo en que la Escritura señala el universo, o "todas las cosas" (*ta panta*) de que nos habla San Pablo en Col. 1:17 y Hech. 17:24: "el mundo y todas las cosas que en él hay". Pero como el relato divino en el Génesis describe en sus pormenores la manera cómo las varias criaturas fueron creadas de la sustancia original, bien entendemos que la expresión significa el material crudo, el cual era la "fuente germinal del universo entero". Juntamente con la tierra, creó Dios el agua, pues ésta rodeaba la tierra, Gén. 1:2.

El término *los cielos* no debe ser interpretado como "la parte más elevada de los cielos" (cielo empíreo), o región de fuego en que mora Dios con los ángeles y santos, según la enseñanza de los papistas y los calvinistas. Quenstedt con razón llama al empíreo un *merum figmentum*. La expresión *los cielos y la tierra* en Gén. 1:1 (*et ha shamaim bet haharetz*) simplemente significa la sustancia de que está hecho el mundo.

El término *toju vaboju*, que nuestra Biblia traduce "asolada (desolada) y vacía" en Jer. 4: 23, significa exactamente lo que da a entender la traducción; una tierra asolada, arrasada. Pero en Gén. 1:2 significa la condición caótica de todas las cosas creadas antes que la mano creadora de Dios las separase y las pusiese en orden. La teoría de que Gén. 1:1 relata la restitución de un mundo previamente creado, pero destruido durante la caída de los ángeles malos, no tiene ningún fundamento bíblico y debe ser rechazada como invención de la especulación humana.

La "luz" que creó Dios en el día primero era la luz elemental, a la cual añadió en el día cuarto las dos grandes "lumbreras en la expansión de los cielos" para regir el día y la noche, las estaciones, los días y los años, Gén. 1:14. Según la Escritura, la luz existía antes que los cuerpos celestiales. "Por la Palabra de su poder creó Dios la luz, la luz elemental, le dio existencia en medio de las tinieblas, y "mandó que de las tinieblas resplandeciese esa luz" 2 Cor. 4:6. La reaparición del día y de la noche ha señalado, desde el primer día del mundo, el período de un día de veinticuatro horas según la división actual". (Kretzmann, *Pop. Com.*, I, 2.).

**El Día Segundo.** - En el día segundo creó Dios la expansión (raqia'), con lo que se indica no la capa de atmósfera que está sobre la tierra, sino la bóveda visible del cielo (Lutero). Según Gén. 1:6-8, la expansión separa las aguas que están sobre la expansión de las aguas que están debajo de la expansión, lo que quiere decir que hay agua más allá de la bóveda visible del cielo. El relato de la creación pone de manifiesto el gran poder de Dios y su majestad, pero no contesta todas las preguntas que emanan de la curiosidad del pensamiento humano.

**El Día Tercero.** - En el día tercero juntó Dios las aguas que estaban debajo de los cielos en un mismo lugar para que apareciera lo seco. "Dios en este instante terminó la creación de la materia inanimada al mandar, mediante su omnipotente autoridad, que se juntasen en un solo lugar las aguas que estaban debajo de la expansión. En el caos era tan completa la mezcla de la materia sólida y la líquida que se excluía la designación de "lo seco". Pero ahora había de separarse la materia sólida de la líquida, de manera que se hiciera visible la tierra seca, tal cual la conocemos hoy día". (Kretzmann, Pop. Com., I, 2). Tan pronto corno Dios hizo aparecer la tierra seca, la adornó con "hierba que da semillas y árbol que da fruto, cuya semilla está en él, según su género", Gén. 1:12 (la ley de la propagación). De acuerdo con la Escritura, las plantas precedieron a la semilla, pues Dios creó plantas ya formadas, que "daban semilla".

**El Día Cuarto.** - En el día cuarto creó Dios el sol, la luna y las estrellas, Gén. 1:14 y siguientes. No se nos dice de qué sustancia (*materia ex qua*) hizo Dios los cuerpos celestiales; pero el santo escritor describe el propósito (*finís cuius*) y los recipientes (*finís cui*) de las *bendiciones* de esos cuerpos celestiales, Gén. 1:14-18. Aunque la Sagrada Escritura no enseña un sistema astronómico, acentúa no obstante las siguientes verdades: a) La tierra precedió al sol, así como la luz precedió también al sol; b) La tierra no sirve al sol, sino viceversa, el sol sirve a la tierra, y tanto el sol como la tierra sirven al hombre, que fue creado con el propósito de servir a Dios. Todos los sistemas astronómicos sugeridos por los hombres se basan en hipótesis que no tienen el respaldo de pruebas positivas. Contra los sistemas astronómicos de los hombres de ciencia tiene que sostener, pues, el teólogo cristiano: a) La Escritura nunca yerra, ni aun en materias científicas, Juan 10:35; 2 Tim. 3:16. b) La Escritura se adapta a sí misma a los conceptos humanos, pero jamás a los errores humanos, puesto que ella es siempre la verdad, Juan 17:17. c) Los datos astronómicos que poseemos son tan limitados que ni es sabio ni científico añadir algo a la Escritura, corregirla o censurarla basándonos sobre los sistemas especulativos de los hombres, d) Es indigna de nuestra vocación cristiana descartar la Palabra infalible de la Escritura en favor de los "resultados seguros" de lo que comúnmente se llama ciencia. Por consiguiente, cada vez que se suscita una controversia sobre este punto, el cristiano debe sostener siempre la autoridad divina de la Escritura. Pero no debe pensar que puede convertir a un incrédulo convenciéndolo de que es verdadero el relato de Moisés en el Génesis, pues la conversión se efectúa únicamente mediante la predicación de la Ley y el Evangelio.

**El Día Quinto.** - En el día quinto creó Dios toda cosa viva que se mueve en las aguas y toda ave que vuela sobre la tierra, Gén. 1:20-21. La matería ex qua de las primeras fue agua; la de las segundas, no se nos menciona directamente. Sin embargo, la materia de que fueron hechas estas y otras criaturas no se creó por sí misma (la evolución). Materia est principium passivum; non concurrit cum Deo ad aliquid creandum.

**El Día Sexto.** - En el día sexto creó Dios los animales de la tierra, y también al hombre, la corona de la creación divina, Gén. 1:24,27. La pregunta de si fueron creados durante este tiempo los animales y las plantas que después de la Caída vinieron a ser perjudiciales al hombre, puede contestarse así: Fueron por cierto creados durante los seis días de la creación, pero sus funciones concordaban enteramente con el bienestar del hombre. Aun hoy día puede usar el hombre para su provecho las "cosas perjudiciales", como animales, plantas y minerales venenosos. Pero como antes de la Caída no estaba todavía la naturaleza bajo la maldición y corrupción del pecado, aun estas criaturas prestaban servicio voluntario al hombre.

La gloria suprema del hombre, como la corona de la creación, se evidencia mediante los siguientes hechos: a) La creación del hombre fue precedida por una deliberación divina en que participaron las tres Personas de la Deidad, Gén. 1:26. b) Mientras todas las criaturas recibieron su existencia mediante la palabra pronunciada por Dios, el Creador formó el cuerpo del hombre del polvo de la tierra, y sopló en su nariz aliento de vida, y fue el hombre un ser viviente, Gén. 2:7. c) Dios dotó al hombre de inteligencia y razón para que el hombre, en su lugar, tuviera dominio sobre toda la creación, Gén. 1:28. d) Dios hizo al hombre a su imagen, de modo que el hombre era como Dios en santidad, justicia y sabiduría, Efe. 4:24; Col. 3:10. e) Dios proveyó a Adán de una ayuda idónea, que fue hecha a la imagen divina y dotada de inteligencia y alma inmortal, Gén. 2:22-24.

El asunto de la dicotomía o tricotomía ha de decidirse de acuerdo con aquellas citas bíblicas que describen al hombre según sus partes esenciales, Mat 10:28; 16:26; Gén. 2:7. Fundándose en estos pasajes bíblicos, se han declarado en favor de la dicotomía los más de los dogmáticos luteranos. Los tricotomistas citan los siguientes pasajes: Luc. 1:46-47; 1 Tes. 5:23, etc.; pero ninguno de estos pasajes proporciona evidencia incontrovertible para comprobar la tricotomía. En la Escritura son sinónimos los términos *espíritu* (*pneuma*) y *alma* (*psyje*) pues a los que han pasado de esta vida a la otra se les da el nombre bien de espíritus (1 Ped. 3:19), bien de almas (Apoc. 6:9). La dicotomía ofrece, además, menos dificultad cuando tratamos de explicar los fenómenos de la existencia humana en general.

El relato de la creación en el Génesis no debe considerarse como alegoría o mito, sino que debe aceptarse como relato verdadero de un acontecimiento que realmente sucedió. Sólo hace justicia al texto una interpretación literal.

Según a Sagrada Escritura, la creación fue el acto libre del Dios Trino por el cual "en el principio, para su propia gloria, creó Dios, sin el uso de materiales preexistentes, todo el universo visible e invisible" (Strong). Esta doctrina está en íntima relación con la santidad y benevolencia de Dios, Rom. 8:20-23; 2 Cor. 4:15-17, al igual que con su sabiduría y libre voluntad, Sal. 104:24; 136:5. Los que niegan la doctrina de la creación según se enseña en la Escritura pueden negar también con mucha facilidad la doctrina bíblica de la redención, pues el relato de la primera no es menos inspirado que el de la segunda. *Toda* Escritura es inspirada por Dios, 2 Tim. 3:16, y Cristo manda que la *Biblia entera* sea aceptada como verdad divina, Juan 5:39; 10:45.

## 5. LA UNIDAD DE LA RAZA HUMANA

A base de la Escritura sostenemos que Adán, creado por Dios en al día sexto, fue el primer hombre y el padre de toda la raza humana, 1 Cor. 15, 45, 47; Gén. 2:5; Hech. 17:26; Rom. 5:12. Por consiguiente, rechazamos el error de Isaac Peyrere (1665), quien enseñó que, mientras los judíos descendieron de Adán, Gén. 2:7 y sig., los gentiles descendieron de los preadamitas, Gén. 1:26 y sig., de modo que éstos datan de siglos anteriores a la creación de los antecesores de los judíos. Pero el relato del Génesis no permite la falsa suposición de la existencia de los preadamitas ni de los coadamitas, pues enseña muy enfáticamente que Adán es el padre de todos los hombres, Hech. 17:26. Con esta doctrina concuerdan también las conclusiones de sobresalientes antropólogos que, sin tener que recurrir a la revelación divina, han afirmado la unidad de la raza humana (Alejandro de Humboldt).

Mientras Adán fue creado primera e independientemente, Gén. 2:18, Eva fue creada de Adán, y hecha un ser completamente racional, tomado del hombre en cuerpo y alma, Gén. 2:21-24. La costilla de la cual hizo Dios a Eva, no debe considerarse como una simple costilla, sino una sustancia viva y vital, que incluía toda la composición esencial de la mujer, Gén. 2:23; Hech. 17:26. (Cf. la explicación de Lutero sobre este punto, St. L., I, 157.) Aunque Eva gozaba igualmente con

Adán de las bendiciones divinas, su posición social estaba subordinada a la de Adán, para cuyo beneficio fue creada, Gén. 2:18; 1 Cor. 14:34-36; 1 Tim. 2:11-15.

### 6. PREGUNTAS ESPECIALES ACERCA DEL RELATO DE LA CREACIÓN

a. Aunque la Sagrada Escritura nos relata de un rnodo exacto cómo y cuándo fue creado el hombre, nada nos dice sobre la creación de los ángeles. No obstante, ellos también fueron hechos durante los seis días, Gén. 2:1-2. Puesto que la Escritura nos revela todo lo necesario para la salvación, no debemos tratar de añadir cosa alguna al testimonio divino mediante la especulación humana.

b. En cuanto a la pregunta de si recibió Moisés los hechos expuestos en su relato por revelación directa o mediante la transmisión oral, contestamos que es un asunto indiferente. El libro del Génesis es parte de la Escritura inspirada por Dios, 2 Tim, 3:16; Juan 10:35, y por consiguiente, contiene el relato que Dios mismo ha dado acerca del principio del mundo y de la raza humana.

c. No existe contradicción alguna entre las dos narraciones del Génesis acerca de la creación (capítulos 1 y 2); antes bien, el capítulo 2 sirve de suplemento al relato del capítulo 1. En el capítulo 1 tenemos una descripción general de la obra de la creación, mientras el capítulo 2 presenta el hecho de la creación en relación con la historia de la Iglesia de Dios en el Antiguo Testamento. Por esta razón, es tanto suplementario como explicativo el capítulo 2 del Génesis. (Cf. 'elohim en Gén. 1; y yehovah 'elohim en Gén. 2). La historia de la Iglesia de Dios, el Creador ('elohim), que empieza en Gén. 2, se narra, por lo tanto, como la historia de la Iglesia de Jehová (yehovah), el eterno Señor de su pueblo.

d. Así como el alma de Eva fue producida de Adán mediante la propagación, asimismo se sostiene entre los dogmáticos luteranos que el alma de los niños se produce mediante la propagación (el traducianismo, y no el creacionismo). "El alma del primer hombre fue creada por Dios directamente; pero el alma de Eva fue producida mediante la propagación, y las almas del resto de la humanidad no se crean diariamente... sino que las propagan los padres per traducem, por virtud de la bendición divina". (Quenstedt). El traducianismo se infiere: a) de la bendición original de Dios, Gén. 1:28; 9:1; b) de la producción del alma de Eva, Gén. 2:21-22; c) de que Dios cesó de todo trabajo el día séptimo, Gén. 2:2; d) de la descripción general de cómo Adán engendró un hijo a su semejanza, etc.; e) del Sal. 51:5, etc.

e. El acto de la creación debe considerarse como un acto libre del Creador, de modo que Dios no se vio obligado a crear el mundo impulsado por una necesidad interna de su esencia divina, Sal. 115:3. Decir que el acto de la creación fue un acto necesario por parte de Dios, equivale a enseñar el panteísmo y a nulificar el concepto mismo de un Dios personal y soberano.

f. Mientras la Sagrada Escritura nos asegura que el universo, según salió de la mano creadora de Dios, era "bueno en gran manera" (Gén. 1:31); sería insensatez afirmar que el mundo, según lo creó Dios, fue lo mejor que Dios pudo haber creado (el "optimismo" de Leibniz, el cual se resume en la siguiente frase: "Todo está perfectamente en el mejor de los mundos posibles".) Tenemos que juzgar al mundo según las normas que nos exhibe Dios mismo en su Palabra. Por esta razón decimos que el mundo era bueno en gran manera en el sentido de que concordaba perfectamente con la voluntad divina o que era tan bueno como quería Dios que lo fuera.

### 7. LA CREACIÓN ES UN ACTO EXTERNO DE DIOS

La creación, como un acto externo, es la obra del Dios Trino. Por ende, se atribuye al Padre (1 Cor. 8:6), al Hijo (Heb. 1:10; Juan 1:3; Col. 1:16), y al Espíritu Santo (Gén. 1:2; Sal. 33:6). Pero, aunque obraron juntamente en esta obra las Tres Personas de la Trinidad, no obstante, es numéricamente uno el poder creador, u omnipotencia, a que debe su existencia el universo, de manera que no debemos hablar de tres creadores, sino solamente de uno, Juan 5:17. "La creación es un acto del Dios que es uno... Es asimismo un acto de Dios únicamente, que no ha de atribuirse ni puede ser atribuido a ninguna criatura". (Chemnitz.) Ni tampoco debemos hablar de una distribución del poder divino entre las Tres Personas, como si el Padre hubiese hecho un tercio de la obra de la creación, el Hijo otro tercio y el Espíritu Santo el último tercio. La Sagrada Escritura jamás distribuye el acto divino de la creación entre las Tres Personas, aunque algunas veces lo atribuye a cierta persona divina (cf. las citas a que hemos aludido).

Además, cuando la Escritura declara de vez en cuando que todas las cosas fueron hechas por el Padre mediante el Hijo o el Espíritu Santo, Sal. 33:6, esto "no debe entenderse como desigualdad entre las Personas, al modo del arrianismo, el cual declaraba blasfemamente que en la creación Dios usó al Hijo como instrumento, de la misma manera en que el hachero usa su hacha" (Chemnitz); sino que este modo de hablar indica más bien el misterio de la Santísima Trinidad, según el cual el Hijo tiene su esencia divina y su poder divino del Padre desde la eternidad, y el Espíritu Santo tiene su esencia divina y su poder divino del Padre y del Hijo desde la eternidad.

Chemnitz dice con razón refiriéndose a este punto (*Loci Theol.*, I, 115): "Las; preposiciones (*apo dia en*) no dividen la naturaleza, sino que expresan las propiedades de una naturaleza que es una e inconfusa". Asimismo dice Hollaz: "Las tres Personas de la Deidad no son tres causas asociadas, ni tres Autores de la creación, sino una Causa, un Autor de la Creación, un Creador". Flacius: *"Vox autem PER non significat hic INSTRUMENTUM, SED.PRIMARIAM CAUSAM".* Lutero: "Es el modo de la Escritura decir: El Padre hizo el mundo por medio de Cristo y el Espíritu Santo... Usa este modo de hablar para indicar que el Padre tiene su esencia divina no del Hijo, sino, viceversa, que el Hijo la tiene del Padre, siendo el Padre la primera y original Persona en la Deidad, Por lo tanto, no dice que Cristo hizo el mundo por medio del Padre, sino que el Padre lo hizo por medio del Hijo, de modo que el Padre permanece la Primera Persona, y de Él, y sin embargo por medio de su Hijo, salen todas las cosas. Por esta razón dice San Juan (Juan 1:3): "Todas las cosas por Él fueron hechas"; y en Col. 1:16 leemos: "Todo fue creado por Él y para Él"; y en Rom. 11:36: "De Él, y por Él, y en Él son todas las cosas". (St, L., XII, 157 y sig.). Chemnitz añade esta advertencia (*Loci Theol.*, I, 115): "No debemos argumentar demasiado sobre la distinción de las Personas en la obra de la creación, antes estemos satisfechos de que todas las cosas fueron creadas por el Padre eterno, por medio del Hijo, mientras el Espíritu Santo revoloteaba sobre ellos. (Rom. 11:36.)" (*Doctr. Theol.*, p. 162 y sig.).

## 8. El PROPÓSITO PRINCIPAL DE LA CREACIÓN

Según la Sagrada Escritura, el propósito principal de la creación es la gloria de Dios. Prov. 16:4; Sal. 104:1 y sig. Por esta razón se exhorta no sólo a los hombres, sino también a todas las criaturas a alabar al Señor, Sal. 148. Por medio de su creación manifestó Dios en particular: a) su bondad, Sal. 136; b) su poder, Sal. 115; c) su sabiduría, Sal. 19:1 y sig.; 104:24; 136:5. Se ha objetado que es indigno del concepto de Dios decir que Él hizo todas las cosas para su propia gloria. Tal objeción es: a) antibíblica, puesto que la Sagrada Escritura misma enseña esta verdad, Rom. 11.36; b) irrazonable, puesto que juzga a Dios de acuerdo con las normas humanas; c) ateísta, puesto que destrona a Dios y pone al hombre en su lugar. Además, si el mundo no fue hecho principalmente para la gloria de Dios, será, pues, el hombre mismo el propósito principal de la creación. Aunque el propósito principal de la creación es la gloria de Dios, esa obra, empero, tiene también como propósito intermediario el beneficiar al hombre, Sal. 115:15-16. Quenstedt escribe (I, 418): "Dios hizo todas las cosas por causa del hombre, pero hizo al hombre por causa suya, Sal. 115:16; 60:7-8", *Finis cuius creationis mundi gloria Dei; finis cui homo. Macrocosmus in gratiam microcosmi conditus est.*

# LA DOCTRINA ACERCA DE LA PROVIDENCIA DIVINA

## 1. DEFINICIÓN DE LA PROVIDENCIA DIVINA

Así como Dios creó el mundo, así también lo sostiene y cuida de todas sus criaturas, pero en particular del hombre. Eso precisamente queremos decir cuando hablamos de la providencia divina (*pronoia dioukesis*). Agustín dice: "Dios no es como un obrero, que después de haber terminado su obra, la deja por su cuenta y sigue su camino". Gerhard: "Dios, el Creador de todo, no abandonó la obra que hizo, sino que por su omnipotencia la conserva hasta este momento, y por su sabiduría gobierna y rige todas las cosas que hay en ella".

Aunque el hombre puede conocer el hecho de la providencia mediante la contemplación de la naturaleza, Rom, 1:19-20; Hech. 14:17, y el estudio de la historia, Hech, 17.26-28, la Sagrada Escritura, debido a la ceguedad y perversidad del entendimiento humano, Isa. 1:2-3, lo enseña con gran énfasis y amplio pormenor, Mat. 6:25-32. Gerhard (IV, 52) escribe: "Es débil e imperfecto el conocimiento de la providencia divina que se busca en el libro de la naturaleza, no por culpa de la naturaleza misma, sino por culpa de nuestro entendimiento; pero es más cierto y perfecto el conocimiento de la providencia divina que se obtiene de la Escritura". (*Doctr. Theol.,* p. 174). El teólogo cristiano considera la Escritura como la única fuente (*principium cognoscendi*) de donde extrae también esta doctrina.

La .providencia de Dios se manifiesta a sí misma particularmente: a) en la benigna preservación divina de todas las criaturas, Sal. 36:6 (*conservatio*); b) en la benigna cooperación divina con todo lo que ocurre, Hech. 17:28 (*concursus*); c) en la benigna dirección y gobierno de todo el universo, Jer. 10:23; Prov. 20:24, (*gubernatio*). La siguiente es una definición completa de la providencia divina: "La providencia divina es el acto externo de la Trinidad entera por el cual Dios a) sostiene con toda eficacia todas las cosas creadas, tanto total como individualmente, tanto las especies como los individuos; b) coopera en sus acciones y efectos; c) gobierna libre y sabiamente todas las cosas para su gloria y el bienestar y la seguridad del universo, especialmente de los creyentes".

El acto de la providencia divina incluye la conservación de todas las criaturas, no sólo en su existencia, Hech. 17:28; Col.1:17, sino también en sus actividades, Mat 5:45; Hech. 14:17; Sal. 104:10-30. En otras palabras, las criaturas no sólo tienen su existencia en Dios, sino que también desempeñan sus acciones por medio de Él. Por esta razón han llamado nuestros dogmáticos a la conservación del mundo una creación continua. Debidamente entendida, es bíblica esta expresión. Mientras la providencia divina es la obra del Dios Trino, es de especial consuelo para todos los creyentes el que la Sagrada Escritura atribuya la preservación y el gobierno del mundo a nuestro Señor y Salvador Jesucristo, a quien Dios ha puesto por Cabeza de su Iglesia, Heb.1:3; Col.1:17; Efe. 1:20-23.

## 2. LOS OBJETOS DE LA PROVIDENCIA DIVINA

Según la Sagrada Escritura, la providencia divina incluye no sólo el universo en general, Col. 1:17, sino también todas las criaturas individualmente: a) plantas, Mat. 6:28-30; b) animales, Mat. 6:26; c) hombres, Hech. 17:26; Sal. 33:12-15. El objeto especial de la providencia divina, según la Escritura, es la Iglesia Cristiana, por cuya causa existen todas las cosas y para cuyo bienestar todos deben servir, Rom. 8: 28; Heb. 1:14; Mat 16:18. Han de rechazarse como nociones perversas del corazón carnal e incrédulo, que destruyen el concepto mismo de Dios todas las objeciones que se han hecho a la verdad bíblica de que la providencia divina incluye todas las cosas, aún las más pequeñas, Mat. 10:30; Luc. 21:18; 12:6, por ejemplo, de que sería demasiada carga para Dios, cuidar de todas las cosas o de que los asuntos menos importantes de la vida recibirían en comparación, mucho más énfasis que los más importantes; pues Dios cuida de todas las cosas, precisamente porque es Dios, Hech. 17:28.

### 3. LA RELACIÓN ENTRE LA PROVIDENCIA DIVINA Y LAS CAUSAS SECUNDARIAS

En su providencia cooperadora, Dios emplea causas secundarias, o medios, por las cuales preserva y dirige las cosas que ha hecho. Eso precisamente queremos decir cuando hablamos de la cooperación divina. Ha de notarse cuidadosamente la relación entre la providencia divina y tales medios secundarios; pues en el acto de la cooperación obran tanto Dios como los medios. Sin embargo, la operación de los medios no es coordinada a la de Dios, sino subordinada a ella, de manera que las causas secundarias sólo pueden obrar cuando Dios obra por medio de ellas. Sal. 127:1. Para hacer resaltar esta verdad han declarado nuestros dogmáticos luteranos que la cooperación divina no es un acto previo, sino que es numéricamente una la acción divina y la de los medios. En otras palabras, ambas acciones se efectúan al mismo tiempo. "La cooperación no es antecedente, sino que ocurre cuando se produce la acción misma". (Hollaz.) Así el pan alimenta, la medicina sana, el agua quita la sed, etc., sólo porque Dios ejerce una influencia continua sobre las criaturas. Por esta razón llamamos a Dios la Causa Primaria y a la criatura la causa secundaria, aunque es simultánea la acción de Dios y la de la criatura. Tal es la doctrina bíblica de la cooperación, la cual es tan opuesta al deísmo como lo es al panteísmo.

Con respecto a las leyes de la naturaleza, enseña la Escritura que éstas no se separan de la voluntad divina, sino que son simplemente la voluntad de Dios ejecutada en la existencia y la acción de las criaturas, con el fin de que se conserven las criaturas tanto en su existencia como en su operación. La Escritura no reconoce leyes inmutables de la naturaleza fuera de la voluntad divina; pues aunque puedan ser inmutables al hombre débil, no lo son al Dios omnipresente, quien, como todopoderoso, gobierna todas las cosas según su voluntad, Sal. 115:3; 135:6.

### 4. LA COOPERACIÓN DIVINA EN LAS ACCIONES BUENAS Y EN LAS MALAS

Con respecto a la cooperación divina en las acciones de las agencias morales (los hombres, los ángeles) es necesario hacer una distinción entre los actos buenos y los malos. En cuanto a los actos malos (los pecados) la Escritura enseña: a) que Dios en su santidad perfecta no sólo se opone a toda obra mala, sino que también la prohíbe y la condena de una manera absoluta (el Decálogo); b) que Dios previene con frecuencia el que ocurran actos malos, Gén. 20:6; y c) que, cada vez que permite que acontezcan, los gobierna de tal modo que han de servir sus sabios y santos propósitos, Gén. 50:20; Rom. 8:28. Sin embargo, tenemos aún que considerar la siguiente pregunta: "¿Cómo coopera Dios en las acciones malas que realmente ocurren?" Por un lado, no podemos decir que éstas ocurren sin Dios, pues esto sería negar su cooperación divina (el ateísmo); pero por otro lado, no podemos atribuirlas a Dios (el panteísmo), porque son actos malos. En otras paleras, la cooperación divina no hace a Dios el autor o cómplice de actos malos.

La dificultad desaparece muy fácilmente si tomamos en cuenta la línea divisoria que sugiere la Escritura respecto a este punto; pues aunque es verdad que Dios coopera en actos malos, no debemos olvidar que lo hace por cuanto son actos *(quoad materiale)*, pero no por cuanto son malos *(quoad formale)*. "Dios coopera a producir el efecto, pero no el defecto". La prueba para lo primero *(quoad materiale)* se nos da en Hech. 17:25-28; pues los hombres viven, se mueven y son en Dios, y reciben de Dios vida, respiración y todas las cosas, no sólo cuando hacen el bien, sino también cuando hacen el mal. La prueba para lo segundo *(quoad formale)* se nos da en Deut. 32:4; Sal. 92:15, etc.; pues en esos pasajes se nos dice que "Jehová es recto" y que "en Él no hay injusticia". La obra de Dios es perfecta; pues Él es "Dios de verdad y sin iniquidad": "Es justo y recto".

Esto naturalmente no explica todo el misterio de la cooperación divina, pero nos demuestra hasta dónde debemos limitar nuestros pensamientos en este asunto. El que vaya más allá de esto, bien se engaña a sí mismo, bien niega las verdades de la Escritura (Hech. 17:28; la providencia divina; Deut. 32:4; la justicia divina). Tanto la Escritura como la conciencia nos obligan a sostener tenazmente esta doctrina de que el hombre sólo, es responsable de sus acciones malas aunque

Dios coopera en ellas. Este error panteísta de que Dios tiene que ser responsable de la transgresión humana lo rechazan no sólo la Escritura, sino también la conciencia del hombre (Rom. 2:15: "acusándoles sus razonamientos").

La Sagrada Escritura llama también permiso a la cooperación divina en las acciones malas (providencia permisiva). Hablamos, pues, en lenguaje bíblico cuando decimos: "Dios permite el mal, o deja que acontezca". Sal. 81:12; Hech. 14:16: Rom. 1:28, etc. Según nos indica Hollaz muy al punto, tal permiso no es: a) ni una indulgencia bondadosa, como si el pecado del hombre no ofendiese a Dios; b) ni una mitigación de la Ley, como si Dios concediese al hombre licencia para pecar bajo ciertas circunstancias; c) ni una debilidad en Dios ni falta de conocimiento o poder por su parte, como si Él ignorase el pecado humano o no pudiese saberlo; d) ni una indiferencia hacia el pecado, como si Dios fuese un testigo indiferente cuando lo observa; sino que tal permiso es: e) un acto negativo, por cuanto Dios no pone dificultades insuperables en el camino del pecador, sino que permite que el pecador se arroje a la iniquidad, Mat. 26:23. "Dios de cierto permite, pero tal permiso no es parte de su voluntad". (Quenstedt) En su justicia vengativa Dios también castiga con frecuencia el pecado con el pecado, Rom. 1:24-28. Pero aun en tales casos no es parte de su voluntad el acto original de ese mal ni se complace en el pecado sobreañadido. Dios nunca es la causa o el instigador del pecado. Sal. 5:4-6; Rom. 1:18 y sig.

En cuanto a la cooperación de Dios en los actos buenos hemos de hacer una distinción entre los actos que se hacen: a) en su Reino de Poder y b) en su Reino de Gracia. Los primeros son obras civilmente buenas y los segundos son obras espiritualmente buenas. Dios obra su justicia civil en el no regenerado, mediante su todopoderoso gobierno de todas las cosas y la recompensa con bendiciones terrenales y temporales, Ex. 1:20-21. Dios obra la justicia espiritual en el regenerado mediante la operación misericordiosa del Espíritu Santo, que concede no sólo la habilidad de hacer el bien, sino que Él mismo obra el acto de hacer el bien, según lo testifica la Escritura con toda claridad, Filip. 2:13; 2 Cor. 3:5; Filip. 1:29.

## 5. LA PROVIDENCIA DIVINA Y LA VOLUNTAD LIBRE

Aunque los hombres viven, se mueven y son en Dios, permanecen seres libres, que son responsables a Dios por todo lo que hacen (*libertas a coactione,* libres de coerción). La Escritura enseña esta verdad. Hech. 17:30, y la experiencia la respalda. (Rom. 1:32: "Quienes habiendo entendido el juicio de Dios, que los que practican tales cosas son dignos de muerte").

Aquí podemos considerar también la siguiente pregunta: "¿Tienen que suceder las cosas tal como suceden (la necesidad inmutable), o podrían suceder de otro modo (la contingencia de las cosas)?" A base de la Escritura sostenemos tanto la necesidad inmutable como la contingencia de las cosas; la primera, desde el punto de vista de la providencia divina; la segunda, desde el punto de vista de la responsabilidad humana. Así Cristo tuvo que ser traicionado, sentenciado y crucificado porque Dios en su misericordioso plan de la salvación del hombre, había decretado desde la eternidad de que sucedería todo esto, Hech. 4:27-28; Mat. 26:54. Dios empero, no ejerció coerción sobre Judas ni Pilato para que éstos perpetraran los crímenes por los cuales fue entregado a la muerte el Salvador, Luc. 22:21-23; Mat. 26:24; Juan 19:12. Por esta razón han dicho nuestros dogmáticos: *Ratione provi- dentiae Dei, quae omnia regit, necessario omnia fieri recte dicuntur; respectu hominis libere et contingenter res fiunt et aguntur omnia in rebus humanis.* Si se niega la necesidad inmutable, la alternativa es el ateísmo o el epicureísmo ("Las cosas suceden sin la intervención divina"), si se niega la contingencia de las cosas, la alternativa es el fatalismo o el estoicismo ("El hombre peca porque se le obliga a pecar").

En vista de que "con respecto al hombre todas las cosas suceden libre y contingentemente" (*respectu hominis libere et contingenter res fiunt*), el hombre está limitado, tanto en el reino de la naturaleza como en el de gracia, a los medios que le ha señalado Dios para su bienestar. Para la enfermedad del cuerpo tiene que recurrir a las medicinas; para la enfermedad de su alma tiene que recurrir a los medios de gracia (la Palabra y los Sacramentos), mediante los cuales Dios obra y conserva la fe, Rom, 10:17. Además de insensato es pecaminoso tratar de determinar la providencia divina *a priori,* desechando los medios que ha prescrito Dios; pues en tal caso tratamos arrogantemente de sondar a Dios en su majestad soberana (Lutero: *in nuda maiestate*) para así provocarlo a ira, Mat. 4:6-7.

Muy similar a la verdad que acabamos de referirnos es el asunto del fin de la vida humana. Aquí también tenemos que sostener tanto la necesidad inmutable como la contingencia de las cosas; pues la Escritura enseña, por un lado, que los días del hombre están ya determinados de tal modo que no puede traspasar los límites que se le han señalado; y esto se dice con respecto a la providencia divina. Por otro lado, la Escritura enseña que Dios cambia a veces el límite natural de la vida humana tanto en los justos como en los injustos. Prolonga la vida de los justos ya como recompensa de su obediencia, Ex. 20:12, Prov. 3:1-2; 4:10, ya para el bienestar común de su Iglesia, 2 Cor. 1:10-11; Filip. 1:23-24; o les acorta la vida para librarlos de aflicciones y males, Isa. 57:1-2. Cada vez que Dios acorta la vida de los impíos, lo hace para imponerles el justo castigo que merecen por sus maldades, Gén. 38:7, 10. Todo esto, empero, se dice "respecto del hombre", o desde el punto de vista de la contingencia.

Desde el punto de vista de la contingencia ("respecto al hombre"), tenemos que decir, por lo tanto, que no se ha decretado de una manera absoluta e inmutable el límite de la vida humana, Isa. 38:5. En obsequio de la claridad han dicho nuestros dogmáticos que los hombres mueren ya por la providencia dispensadora de Dios, ya por la permisiva; es decir, si los hombres usan los medios que se han prescrito (Hech. 27:33 y sig.: El alimento; 1 Tim. 5:23, la medicina; Efe. 6:2-3, la piedad; 2 Reyes 20:1-6, la oración; Hech. 9:25, el evitar el peligro, etc,), llegarán por la gracia de Dios al límite de vida señalado por la providencia dispensadora de Dios; pero si desechan los medios que se han prescrito y optan por traspasar las leyes divinas y vivir en la maldad, será acortada su vida por la providencia permisiva de Dios, 2 Sam. 18:14; 17:23, Gén. 9:6; Ex. 21:12, etc. Todos los pasajes bíblicos que describen el fin de la vida en términos de la contingencia hay que considerarlos así: La gracia divina condesciende a nuestro débil entendimiento a fin de que usemos, para nuestra advertencia y nuestro consuelo, las verdades divinas que nos ha revelado benignamente el Todopoderoso para nuestro bienestar temporal y eterno. Pero aún en los casos en que se ha acortado o prolongado la vida, no hemos de considerar a Dios como mutable en su esencia y decretos, pues ha sido decretado por Dios desde la eternidad lo que a nosotros nos parece acortamiento o prolongación de la vida. En otras palabras, el hombre muere en el momento preciso en que Dios ha dispuesto que muera, Luc. 12:20; 2:26; Filip. 1:23-24; Sal. 90:3-10. Más allá de esto no osan ir nuestros pensamientos, ya que la Escritura misma establece este límite.

# LA DOCTRINA ACERCA DE LOS ÁNGELES

## 1. LA EXISTENCIA DE LOS ÁNGELES

La doctrina acerca de los ángeles ha de extraerse no de la razón, según la cual la existencia de los ángeles es a lo mejor solamente probable, sino únicamente de la Escritura, la cual enseña desde el Génesis hasta el Apocalipsis la existencia de estos seres, Gén. 3:24; 32:1-2; Sal.104:4; Apoc. 12:7. En otras palabras, también por lo que respecta a esta doctrina, es la Escritura el único *principium cognoscendi.* La teología racionalista moderna rechaza la doctrina acerca de los ángeles cuando nos dice "No existe un diablo personal; ni tampoco puede comprobarse la existencia de los ángeles buenos". Esto lo hace porque no considera la Escritura como la única fuente de la fe.

Sin embargo, mientras la Sagrada Escritura enseña claramente la existencia de tos ángeles, no expone definitivamente el tiempo de su creación, aunque esto aconteció durante el período de los seis días. No hay la menor duda de que los ángeles no fueron creados antes que el mundo, pues antes de la creación no existía criatura alguna. Juan 1:1-3; Col. 1:16, Ni tampoco fueron creados después del día sexto de la creación, ya que Dios cesó de crear en ese día, Gén. 2:2-3. La Escritura nos informa definitivamente que en el día sexto "fueron acabados los cielos y la tierra, y todo el ejército de ellos". Gén. 2:1, y esto incluye por cierto a los ángeles,

## 2. EL NOMBRE "ÁNGEL"

El término *ángel* (heb *malak*; gr *anggelos*) por el cual designa la Sagrada Escritura a esta clase de criaturas no describe su esencia, sino su oficio (nomen *officii*) y significa "uno que es enviado" o un mensajero. El término *espíritu* (*pneuma*) describe la naturaleza de los ángeles. No hay duda de que el nombre *ángel* es una designación de oficio, pues la Escritura lo aplica a) a los ministros de la Palabra divina, Mat. 2:7, 11:10, y b) al Hijo de Dios, el "Ángel no creado", como el Mensajero supremo y singular de Dios, Mal. 3:1; Juan 3:17, 34; Isa. 63:9; Gén. 48:16, etc. La importante pregunta: "¿Cuándo se refiere la expresión bíblica *Ángel del Señor* (heb *malak Yehovah*) al *Ángel increado,* esto es, a Cristo?" la contestan nuestros dogmáticos de este modo: "Cada vez que la Escritura atribuye al Ángel el nombre de Jehová u obras divinas, entiéndese que este Ángel es el Hijo de Dios".

## 3. LA NATURALEZA DE LOS ÁNGELES

Los ángeles son espíritus (*peumata*) es decir, seres espirituales, sin ninguna forma corpórea. Atribuirles tan siquiera una corporeidad etérea, según se ha hecho en el pasado y aún se hace en la actualidad, equivale a oponerse a Luc. 24:39 y Efe. 6:12, donde se afirma que los espíritus no tienen cuerpo. Los cuerpos en que los ángeles aparecieron de tiempo en tiempo a los hombres, Gén. 18:2, 19:1, fueron únicamente una unión accidental. El uso de alimentos por parte de los ángeles, Gén. 18:8; 19:3, ni puede ser considerado como un comer natural ni como una simple forma, sino como un acto que nos es tan incomprensible corno lo es la asunción temporaria de un cuerpo accidental. *"Homines edunt et bibunt ob egestatem, angeli autem instar flammae consumunt cibum ob potentiam",* dice Andrés Osiánder. El consumimiento temporario de alimentos al igual que la asunción temporaria de un cuerpo, fueron usados por los ángeles para convencer a las personas a quienes aparecían de la realidad de su presencia. Mientras los ángeles son espíritus, Heb. 1:14, y Dios es Espíritu, Jun 4:24, sin embargo, la diferencia entre los ángeles y Dios es tan grande como la criatura finita y el Creador infinito. En contradistinción al alma humana, que es un espíritu incompleto, porque ha sido creada como parte esencial del hombre en unión al cuerpo, los ángeles son espíritus completos, porque existen propiamente como espíritus. En contradistinción a Dios, el Creador infinito, los ángeles son criaturas finitas. En este sentido son personas reales ypostaseis como los hombres, dotadas de inteligencia y voluntad, Efe. 3:10; Heb. 1:14. Inteligencia y voluntad se atribuyen también a los ángeles caídos, Gén. 3; Mat. 4, aunque es perversa su mente y depravada su voluntad. Puesto que los ángeles son seres inteligentes, son capaces de conocerse los unos a los otros y de conocer a los hombres, Luc. 1:13, 19. Su conocimiento es, empero, un conocimiento como el de las criaturas y no como el de Dios, de manera que no podemos atribuirles omnisciencia ni presciencia. Cualquier conocimiento que tengan lo tienen: a) por virtud de su naturaleza peculiar (2 Sam. 14:20: conocimiento natural); b) mediante la revelación divina (1 Ped. 1:12.; Luc. 2:9-12: conocimiento revelado); c) por la visión beatífica de que gozan (Mat. 18:10: conocimiento beatífico).

Como los ángeles son seres espirituales, les apropiamos los siguientes atributos: a) indivisibilidad, que se debe al hecho de que son seres incorpóreos o inmateriales; b) invisibilidad, puesto que son seres espirituales; c) inmutabilidad, por cuanto no están sujetos a cambios físicos; ni engendran ni son engendrados, Mat. 22:30; ni se multiplican ni se disminuyen; ni envejecen ni descaecen; y sin embargo, no son absolutamente inmutables, como lo es Dios, sino relativamente, o en relación a los hombres; d) inmortalidad, por cuanto no mueren, aunque Dios podría destruirlos, si tal fuese su voluntad; e) duración sin fin, por cuanto tienen principio, pero no tienen fin, Mat. 18:10; Judas 6; f) la cualidad de no estar circunscriptos a cierto espacio o lugar, pues como seres incorpóreos, no ocupan espacio o lugar, sino que están presentes en cierto sitio de un modo *definitivo,* aunque no de un modo omnipresente como Dios, quien se halla presente en todos los sitios de un modo *repletivo;* g) agilidad o velocidad, puesto que son capaces de cambiar el lugar de su presencia con extremada aceleración, aunque sin moción circunscripta, ya que esta última puede atribuirse sólo a cuerpos materiales.

Como seres inteligentes los ángeles poseen, además, libertad de voluntad y, en vista del servicio que prestan, gran poder. La voluntad de los ángeles es libre no sólo en: a) actos inmanentes, tales como escoger y rechazar, Judas 6, sino también en: b) actos externos, tales como moverse, hablar, alabar a Dios, etc., Luc. 2:9-15. Los ángeles malos, como enemigos declarados de Dios, no pueden sino oponerse a Dios; pero al oponerse a Dios, lo hacen de su propia voluntad, Juan 8:44. El poder de los ángeles es muy grande. Sal; 103:20, 2 Tes. 1:7; 2 Reyes 19:35; sin embargo, es un poder finito, completamente dirigido por Dios, Job. 1:12. Aunque su poder es sobrehumano, Sal. 91:11-12, o mayor que el del hombre, Luc. 11:21-22, no son omnipotentes, sino súbditos de Dios, que los gobierna. Dan. 7:10. Aunque, estrictamente hablando, sólo Dios obra milagros (Sal. 72:18), no obstante la Sagrada Escritura enseña que los ángeles buenos (2 Reyes 19:35) y los profetas (2 Reyes 6:5-6) y los apóstoles (Hech. 3:6-12) obraron milagros en el nombre y por el poder de Dios (Ex. 15:23-25). Cada vez que el diablo hace ciertas obras que a los hombres parecen milagros, éstas son en realidad "milagros mentirosos" u "operación de error", con que les permite Dios engañar a todos los que "no creyeron a la verdad, sino que se complacieron en la Injusticia", 2 Tes. 2:9-12.

La aserción de que los ángeles una vez tomaron mujeres de entre los hijos de los hombres, según la falsa interpretación que se da a Gén. 6:2, es completamente contraria a la Biblia, Mat. 22:30.

## 4. EL NÚMERO DE ÁNGELES Y SUS GRADOS DE DIGNIDAD

Según la Sagrada Escritura el número de ángeles es muy grande (Dan. 7:10: "millares de millares, y millones de millones"; Luc. 2:13: "una multitud de las huestes celestiales"; Sal. 68:17: "millares de millares"). Todas estas expresiones son números simbólicos, que denotan innumerables miles. ¡Cuán grande es la bondad de Dios, que creó a tantos ministros santos para el beneficio del hombre!

También según la Escritura existen grados de dignidad entre los ángeles (Gén. 3:24: Querubines; Isa. 6:2: Serafines; Col. 1:16: Tronos, dominios, principados, potestades; 1 Tes. 4:16: Arcángel). Entre los ángeles malos existen también grados de mayor y menor importancia (Mat. 25:41: "El diablo y... sus ángeles"; Luc. 11:15, 18:19: "Beelzebub, príncipe de los demonios"). Sin embargo, no podemos determinar el número exacto de ángeles ni describir sus grados de dignidad, ya que la Sagrada Escritura en ninguno de los dos casos nos da una información adecuada sobre este asunto; tampoco enumera los grados de dignidad angelical según su orden (cf. Col. 1:16 con Efe. 1:21), de manera que no podemos distinguir cuál es el superior y cuál es el inferior. Gregorio Niceno: *"Ordo angelorum notus est ei, qui ipsos ordínavit"*. Baier advierte muy hábilmente que, mientras existe una diferencia entre los ángeles en lo que respecta a sus grados, no hay diferencia alguna en cuanto a su especie y esencia. Al conferir grados de dignidad a los ángeles muestra Dios su gran sabiduría, pues Él "no es Dios de confusión", 1 Cor. 14:33.

## 5. ÁNGELES BUENOS Y ÁNGELES MALOS

En cuanto a su primer estado, todos los ángeles fueron creados original e igualmente justos, buenos y santos, pues habrían de glorificar a Dios y rendirle servicio santo (estado de gracia). Esto quiere decir que al principio todos los ángeles eran positivamente buenos, sin ninguna indiferencia moral o proclividad a lo malo. Esto lo demuestra el claro veredicto de "bueno en gran manera" en Gén. 1:31. El hecho de que existen ahora dos clases de ángeles, los buenos y los malos, se debe a que algunos ángeles no permanecieron en su estado original, sino que de su propia voluntad se alejaron de Dios y cayeron en el pecado. Del estado de gracia pasaron así al estado de miseria.

Los ángeles buenos son los que perseveraron en la bondad, justicia y santidad en que fueron creados originalmente. Dios los confirmó en lo bueno como recompensa de gracia por su obediencia, de modo que ya no pueden perder su bondad y cometer lo malo. Así los ángeles buenos llegaron a la meta para la cual habían sido creados originalmente; pues se hallan para siempre con Dios rindiéndole servicio santo, habiendo pasado del estado de gracia al estado de gloria. Esta verdad se enseña en Mat. 18:10, 6:10; 1 Tim. 5:21; Luc. 20:36; Gál. 1:8.

Puesto que la Escritura identifica los ángeles buenos con los "ángeles escogidos" (1 Tim. 5:21), se ve claramente que los ángeles buenos perseveraron en la justicia y santidad concreadas de acuerdo con la eterna elección de Dios. La Escritura empero, en ningún sitio enseña que los ángeles malos cayeron en el pecado porque desde la eternidad habían sido predestinados a la condenación; al contrario, los ángeles malos abandonaron su propia morada. Judas 6, esto es, pecaron de su propia voluntad.

Los ángeles malos son, pues, aquellos que no perseveraron en la bondad, justicia y santidad con que fueron creados originalmente, sino que dejaron a Dios, se hicieron enemigos perpetuos de Dios y del hombre y han sido destinados por Dios a los tormentos eternos. El castigo eterno de los ángeles malos se enseña en Mat. 25:41; Apoc, 20:10; 2 Ped. 2:4; Judas 6. La Escritura no enseña con certeza qué motivo especial impulsó a los ángeles malos a la desobediencia, pero es probable que los indujo a apostatar de Dios el orgullo impío. Tampoco puede determinarse con certeza el tiempo en que los ángeles pecaron por primera vez; pero su rebelión ocurrió antes de la caída del hombre, ya que tal caída fue instigada por el diablo, Gén. 3:1-14; Juan 8:44. Aun los ángeles malos mismos saben que no pueden ser restituidos a la santidad y bienaventuranza, Mat. 8:29; por lo tanto, cometen un gran error los que contradicen la verdad de la Escritura sobre este punto (los universalistas), pues la Palabra de Dios nos dice que es un fuego eterno el fuego que ha sido preparado para el diablo y sus ángeles, Mat 25:41. Mientras los ángeles buenos fueron confirmados en bienaventuranza cuando entraron en su estado de gloria, Mat. 18:10, 25:31, los ángeles malos, al entrar en el estado de miseria, se endurecieron en el mal, de tal modo que de continuo piensan perversamente respecto de Dios y las cosas divinas. Hollaz escribe: "Los ángeles malos conocen a Dios, pero tiemblan terriblemente ante el conocimiento divino", Sant. 2:19.

A la pregunta: "¿Por qué los ángeles malos no pueden ser restituidos a la gracia de que gozaban antes?" contesta Gerhard: "Es mejor proclamar la maravillosa filantropía y misericordia del Hijo de Dios para con la raza humana caída en el pecado... que escudriñar más allá de los límites debidos las causas de ese muy justo juicio, por el cual dispuso Dios que fuesen arrojados a las tinieblas del Infierno los ángeles que se habían alejado de Él, y que fuesen reservados allí para el juicio final". (Doctr. Theol., p. 215).

## 6. EL SERVICIO SANTO DE LOS ÁNGELES BUENOS

Los ángeles buenos están tan confirmados en su santidad que contemplan siempre a Dios y gozan perpetuamente de su bondad, Mat. 18:10. A esta visión beatífica está unido indisolublemente el amor más puro de Dios; pues en el estado de gloria los ángeles ni pueden pecar (impecabilidad) ni desean pecar (2 Cor. 11:14: "Angel de luz"). Se basa en un concepto falso de la libertad moral, la objeción de que los ángeles buenos en el estado de gloria ya no son moralmente libres porque son impecables. Los ángeles son agentes morales libres, y no obstante, su voluntad se inclina sólo a lo santo (Apoc. 14:10: "delante de los santos ángeles"). En este sentido los santos en el cielo serán "iguales a los ángeles", Luc. 20:36. Con respecto a la elección de los ángeles (1 Tim. 5:21), tenemos que sostener a base de la Escritura: a) que los ángeles no fueron elegidos en vista de la redención de Cristo, puesto que jamás se hicieron pecadores, Heb. 2:16; b) que los ángeles malos no fueron desechados mediante un decreto eterno absoluto (los papistas y los calvinistas), sino que fueron reservados para el juicio por causa de su apostasía, 2 Ped. 2:4.

Según su visión beatífica y el amor perfecto hacia Dios, los ángeles buenos rinden servicio perpetuo a Dios, Isa. 6:3; Luc. 2:13, y a los que son de la comunión de los santos en la tierra, Sal. 104:4; 103:20-21; Heb. 1:14. Por lo que respecta a Dios, él no *necesita* el servicio de los santos ángeles, pues no lo ha menester para su propia bienaventuranza *(non ex quadam Dei indigentia);* no obstante, tal es su voluntad *(ex voluntate Dei libera).* En particular, los santos ángeles sirven a los niños, Mat. 18:10; pero también a todos los creyentes en su trabajo y vocación, Sal. 91:11-12, y en su muerte, Luc. 16:22. La pregunta de si todo creyente y especialmente todo niño cristiano tiene un ángel guardián especial no la contesta la Escritura con suficiente claridad, Mat. 18:10; Hech. 12:15.

Mientras los santos ángeles, según la Escritura, también sirven al estado político. Dan. 10:13; Isa. 37:36, y al estado doméstico, Sal. 34:7; Mat. 18:10, el objeto de su ministerio especial es la Iglesia Cristiana; pues ellos: a) reverencian y promueven el mensaje de la salvación, Luc. 2:13; 1 Ped. 1:12; Efe. 3:10; b) se gozan cada vez que un pecador se arrepiente, Luc. 15:10; c) vienen a anunciar la Palabra de Dios a los hombres, Deut. 33:2; Gál. 3:19; Luc. 2:10-12; d) protegen a los cristianos, Judas, 9; e) están presentes en el culto público, 1 Cor. 11:10; 1 Tim. 5:21 y sig.; f) anunciarán el Juicio final, Mat. 24:31; 13:41; 25:31; 13:32, 50; Mar. 13:27,

Debido a este servicio santo debemos tener en mucha estima a los benditos ángeles de Dios (la teología racionalista moderna juzga superflua la doctrina de los ángeles), regocijarnos en su ministerio, pensar en ellos con piadosa reverencia, 1 Tim. 5:21; sin embargo, no debemos rendirles adoración divina, ya que son solamente criaturas, a quienes no se les debe rendir culto, Apoc, 22:8-9. Baier escribe asi: "Debido a estas perfecciones que descubrimos en los ángeles y debido a que nos favorecen y ayudan tanto, es también propio que los alabemos y amemos y nos cuidemos de no ofenderlos con obras malas. Pero no es propio que nos dirijamos a ellos en oración, pues tal cosa es impía e idólatra". *(Doctr. Theol.,* p. 213).

## 7. LAS OBRAS MALAS Y EL CASTIGO ETERNO DE LOS ÁNGELES MALOS

Los ángeles malos son malos no porque fueron creados así, sino porque de su propia voluntad se apartaron de Dios *(non ortu, sed lapsu).* No podemos decir por qué Dios no proveyó un Redentor para los ángeles pecadores como lo hizo para el hombre pecador; pero Quenstedt sugiere como razón probable, el hecho de que los ángeles pecaron sin ser tentados (Judas 6), mientras Eva fue tentada por Satanás (Gén. 3: 1-7) y Adán fue tentado por su mujer. Pero en ningún caso debe usarse esta explicación para limitar la libre compasión del Dios de gracia para con los hombres. La caída de los ángeles malos afectó la inteligencia de ellos *(vis intelligendi intellectus).* La Escrilura los describe, por un lado, como excesivamente astutos, Gén. 3:1-7; 2 Cor 11:3; Efe. 5:11, y por otro, como indescriptiblemente estúpidos, porque frustran sus propios planes y designios. Así la muerte de Cristo, instigada por Satanás, Luc. 22:53, causó la ruina final del diablo.

Los ángeles malos manifiestan y ejercen constantemente su enemistad contra Dios, Apoc. 12:7, y buscan la ruina temporal y eterna del hombre, Gén. 3:1 y sig., 1 Ped. 5:8. En su empeño de perjudicar al hombre le hacen mal: a) en su cuerpo, Luc, 13:11, 16; b) en sus bienes terrenales, Job 1:12 y sig.; Mat. 8:31-32; c) en su alma. Juan 13:27: Hech 5:3; Efe. 2:2-3. La incredulidad, que incurre en el terrible castigo de la eterna condenación. Mar. 16:16, es el resultado de la obra perniciosa de Satanás en los hombres, Efe. 2:1-2; 2 Cor. 4:4; Mat. 13:25. Todos los que rehúsan creer el Evangelio lo hacen a instancias de Satanás, pues éste los tiene en su potestad, Hech. 26:18; Col. 1:13. Aun el negar la existencia personal del diablo es el resultado de la obra de ese ser maligno en el corazón del hombre, 2 Cor. 11:14.

A base de la Sagrada Escritura establecemos una diferencia entre, la obsesión espiritual y la obsesión física. La primera se aplica en un sentido más amplio a todos los incrédulos, a quienes Satanás tiene cautivos en las tinieblas espirituales, Col. 1:13, y en un sentido más limitado a todas aquellas personas impías cuyas mentes Satanás posee, llena y pone en acción de una manera intensa (Judas, los fariseos). Los pasajes que tratan acerca de la obsesión espiritual en esle sentido son: Luc. 22:3; Juan 13:2; Hech. 5:3; 2 Tes. 2:9-11; 2 Cor. 4:4, La obsesión espiritual no quita la responsabilidad humana, Mat. 25:41, pues la persona así obsesionada peca de su propia voluntad, Juan 8:43-45. La obsesión física ocurre cuando el diablo habita en el cuerpo humano y lo gobierna de un modo inmediato y sin limitación local, actuándolo según su voluntad. Mar. 5:1-19; Luc, 8:26-39. La obsesión física es una aflicción que nos puede suceder aun a los más fieles cristianos, según lo indican las citas bíblicas que acabamos de mencionar. En todos los casos de obsesión física, la persona no tiene de suyo, funciones intelectuales, emocionales y volitivas, mas en tanto que dura la obsesión, Satanás, que está presente en ella personalmente (*kat' ousian*) actúa la persona y obra por medio de ella, de manera que cesa la responsabilidad humana en todos los casos de obsesión física. (Cf. los casos en que personas que están obsesionadas físicamente deploran, en momentos de recobro, las blasfemias que han pronunciado).

Los ángeles malos lanzan su furia especialmente contra la Iglesia de Cristo; pues: a) en general tratan constantemente de destruirla por medio de sus furiosas embestidas, Mat. 16:18; b) tratan de prevenir que los oyentes acepten la Palabra de Dios, Luc. 8:12; c) diseminan doctrina falsa, Mat.13:25; 1 Tim, 4:1 y sig.; y d) incitan a persecuciones contra el reino de Cristo, Apoc. 12:7. En particular, Satanás ha causado indecible daño en la Iglesia sujetándola a la tiranía y las perversiones doctrinales del Anticristo, 2 Tes. 2. Con el fin de arruinar la Iglesia, el diablo perturba también al estado político (1 Crón. 21:1; 1 Reyes 22:21-22) y al estado doméstico (1 Tim. 4:1-3; 1 Cor. 7:5, Job 1:11-19). La Escritura enseña además, que Dios usa los ángeles malos para castigar a los impíos, porque éstos rechazan la verdad (2 Tes. 2: 11-12) y para probar a los fieles (Job 1:7 y sig. 2 Cor. 12:7).

El castigo de los ángeles malos es el tormento eterno en el infierno, Mat. 25:41. Tenemos que dejar sin decidir la pregunta de si el fuego del infierno es material (fuego real) o inmaterial (tormento); pues, por un lado, la Escritura habla del fuego del infierno en términos de fuego real. Mar. 9:43; Apoc. 14:10-11; 21:8; por otro, enseña que con el Día del Juicio cesarán todas las cosas materiales en su forma presente, 2 Ped. 3:10-12. En uno u otro caso el tormento será indeciblemente grande, Luc. 16:24; Mat. 25:46; 2 Tes. 1:9; Judas 6-7. Todos los que niegan que es eterna la condenación del diablo y sus ángeles, tienen que negar también la salvación *eterna* de los creyentes, Mat. 25:46, pues el término (*aiōnios*) se usa para describir la interminable duración tanto del cielo como del infierno.

En conclusión, no olvidemos que todas las cosas que revela la Escritura con referencia a la caída, las obras y el castigo de los ángeles malos, se han escrito para nuestra advertencia de manera que, por la fe en Aquel que vino para deshacer las obras del diablo, 1 Juan 3:8, nos libremos del justo juicio de Dios.

# LA DOCTRINA ACERCA DEL HOMBRE

La doctrina acerca del hombre se divide en dos partes: a) el estado de integridad y b) el estado de corrupción.

## A. EL HOMBRE ANTES DE LA CAÍDA

### 1. EL HOMBRE CREADO A LA IMAGEN DE DIOS

El estado de integridad es la condición en que se hallaba el hombre originalmente. El hombre fue creado a la imagen de Dios, en sabiduría, santidad y justicia. El estado de integridad lo expone La Escritura: a) mediante el veredicto general de Dios de que todo era "bueno en gran manera", Gén. 1:31, y b) mediante la declaración especial de Dios de que Él hizo al hombre a su imagen, Gén. 1:26-27. Para todo fin práctico deben tratarse como sinónimas las designaciones imagen, (*tzelem*) y semejanza (*demut*) Lutero: *"ein Bild, das uns gleich sei"*; Baier: *"imago simillima"*.

En su estado original el hombre se asemejaba a Dios, porque Dios mismo sirvió de modelo, o arquetipo, para la creación del hombre. Según la Escritura, Adán fue creado conforme a la semejanza del Dios Trino, Gén. 1:26, y no conforme a la de Cristo únicamente (el error de Osiánder).

### 2. LA DEFINICIÓN DE LA "IMAGEN DE DIOS"

La imagen divina no consistía simplemente en el don de inteligencia y voluntad que concedió Dios al hombre al crearlo, para que, en contradistinción a todos los animales, fuese un ser racional, sino ante todo en la disposición debida de su intelecto y voluntad, de manera que mediante su intelecto puro conocía a Dios y las cosas divinas, y mediante su voluntad incorrupta deseaba solamente aquellas cosas que deseaba Dios. Su apetito sensitivo estaba también de acuerdo con la norma divina de la santidad, de manera que en su estado de integridad el hombre era enteramente justo e incorrupto en todos sus dones, virtudes y atributos. Calov escribe (IV, 389): "Se llama el estado de integridad porque en ese estado el hombre era justo e incorrupto (Ecl. 7:29) en intelecto, voluntad, afectos físicos y dones, y perfecto en todas las cosas. Se llama también el estado de inocencia porque el hombre era inocente y santo, libre de todo pecado y contaminación". (*Doctr. Theol.*, p. 220). El estado de integridad del hombre se determina también por el hecho de que Adán y Eva estaban en perfecto acuerdo con los mandamientos de Dios, Gén. 2:19 y sig.; 3:2-3. En el Nuevo Testamento la imagen de Dios se describe en Col. 3:10 ("conocimiento") y Efe. 4:24 ("justicia y santidad de la verdad").

Es, pues, antibíblica la noción evolucionista de que el hombre era originalmente un ser irracional, desprovisto de la facultad del habla y dones morales. Según la Escritura, el hombre no fue creado como animal irracional, sino como señor de todas las demás criaturas de Dios, Gén. 1:26-31; 2:16-23. Además de la perfección moral, también había recibido el hombre grandes facultades intelectuales, de manera que poseía un claro y bienaventurado conocimiento acerca de Dios, así como un conocimiento intuitivo en cuanto a las criaturas de Dios (ciencia), tal cual no ha obtenido ningún hombre de ciencia desde la Caída, Gén. 2:19-20, 23-24. Lutero comenta muy al punto que Adán era un filósofo insigne.

Así como rechazamos el engaño evolucionista, así también rechazamos el error papista de que el hombre se encontraba originalmente en un estado de indiferencia moral (*In statum purorum naturalium)*, en que ni era positivamente bueno ni positivamente malo, sino moralmente "neutral", o indiferente. En oposición a esta opinión falsa, la Escritura enseña que originalmente la voluntad del hombre estaba en completa conformidad con la voluntad de Dios (*sanctae Dei voluntati conformis et amore fiducia Dei praeditus)*. No solamente tenía la inclinación de hacer todo lo bueno y lo que es agradable a Dios, sino que era de sí mismo positivamente bueno y santo. Las excelencias espirituales y morales del hombre en su estado de integridad se resumen en la expresión *justicia original concreada*, que describe su absoluta conformidad con la santidad divina y la pureza absoluta de sus deseos y apetitos.

## 3. LA RELACIÓN ENTRE LA IMAGEN DIVINA Y LA NATURALEZA DEL HOMBRE

La sabiduría, justicia y santidad del hombre en su estado original no eran un don "sobrenatural" de Dios, que se le sobreañadió al hombre para completar y perfeccionar su estado original (los papistas: *donum supernaturale, donum superadditum)*, sino un don concreado (*donum concreatum, iustitia originalis, iustitia concreata)*, puesto que recibió la imagen de Dios en el momento mismo en que fue creado, Gén. 1 26, 31. Por esta razón, la naturaleza del hombre después de la Caída no se halla ya en un estado incorrupto (los papistas enseñan que sí se halla: *natura integra, in puris naturalibus)*, sino en un estado de corrupción (*natura corrupta, natura sauciata)*. Aunque la imagen de Dios no constituye la naturaleza del hombre, pues aun después de la Caída el hombre es todavía verdadero hombre, no obstante, la imagen divina pertenecía a la naturaleza del hombre incorrupto o a la naturaleza humana incorrupta. Es por cierto una demostración de la corrupción total el que el hombre, aunque fue creado para la gloria de Dios y aún conoce la existencia y las exigencias divinas (Rom. 1:19), no ama ni adora al Creador, sino que rinde culto a la criatura. Por lo tanto, a base de la Escritura declaramos que el hombre, debido a la Caída, ha perdido por completo la imagen divina con que fue hecho, esto es, su sabiduría, justicia y santidad concreadas, de modo que su intelecto está ahora envuelto en tinieblas espirituales, 1 Cor. 2:14, y su voluntad es contraria a la de Dios, Rom. 8:7.

En vista de esto, se suscita la pregunta: ¿Cómo hemos de entender tales pasajes como Gén. 9:6 y Sant. 3:9? Lutero y otros dogmáticos los explican de este modo: Estos pasajes describen al hombre según era originalmente y según volverá a ser mediante la fe en Cristo Jesús (el restablecimiento de la imagen divina por medio de la regeneración). Melanchton, Baier, Quenstedt y otros lo explican así: Estos pasajes exponen una imagen divina en un sentido más amplio, a saber, "en el sentido de que el hombre, aun después de la Caída, es todavía un ser racional con inteligencia y determinación propia, y que aún en la actualidad, aunque débilmente, tiene dominio sobre las criaturas de Dios. Pero también estos teólogos que hablan de una imagen de Dios en el sentido más amplio admiten que la imagen divina en el sentido propio se perdió mediante la Caída, Col. 3:10: Efe. 4:24. En obsequio a la claridad y exactitud es preferible adoptar la explicación que da Lutero de los pasajes citados. Los no regenerados están tan lejos de poseer la imagen divina que, según la Biblia, están sin esperanza y sin Dios en el mundo, Efe. 2:12, y que los que sacrifican, a los demonios lo sacrifican y no a Dios, 1 Cor. 10:20.

La imagen divina no fue asentada en el cuerpo, sino en el alma; pues el conocimiento de Dios juntamente con la santidad y la justicia reside propiamente en el alma. Sin embargo, también el cuerpo participaba de la imagen divina, pues es el órgano del alma. Por esta razón, tan pronto como el hombre recibió la imagen divina, recibió también la inmortalidad del cuerpo como resultado inmediato. La muerte entró en el mundo por medio de la Caída, Gén, 2:17; Rom. 5:12; 6:23. Es una enseñanza pagana sostener que es la causa de la muerte la materia de que se compone el cuerpo. Puesto que el hombre originalmente no tenía pecado, estaba también exento de todo dolor y pena, Gén. 3:16 y sig. La condición original del hombre era, por lo tanto, una de suprema felicidad; pues: a) su alma era sabia y santa; b) su cuerpo estaba libre del sufrimiento y la muerte; c) su vida era enteramente bienaventurada, y d) su vivienda era muy placentera, pues Dios lo había puesto en el primoroso huerto llamado el Paraíso para morar allí y gozar de la bondad divina para siempre, Gén. 2:8-15.

La Escritura misma cita como prueba del estado de integridad la íntima comunión y la bienaventurada asociación del hombre incorrupto con el Dios santo, Gén. 2:19 y sig.; así como también el hecho de que nuestros primeros padres estaban desnudos, pero no les causaba vergüenza la desnudez, Gén. 2:25. (Cf. Lutero, St. L., I. 170).

## 4. LOS RESULTADOS INMEDIATOS DE LA IMAGEN DIVINA

Según la Escritura, los resultados inmediatos de la imagen divina en el hombre fueron: a) la inmortalidad, b) el dominio.

De que Adán y Eva fueron creados inmortales se evidencia en Gén 2:17; Rom. 5:12; 6:23. Si no hubiesen pecado, no habrían muerto jamás. Se les había amenazado con la muerte si desobedecían al Creador. Nada nos dice la Escritura respecto de si habrían de vivir para siempre en el Paraíso o si Dios habría de recibirlos en el cielo cuando Él así lo determinase. Con respecto a la inmortalidad hacemos la distinción debida entre la inmortalidad absoluta y la relativa, o condicional. La primera denota el estar absolutamente libre de la muerte y su poder destructor. En este sentido son inmortales Dios, los ángeles, el alma del hombre y los cuerpos de los santos en el cielo y de los condenados en el infierno. La segunda denota el estar libre de la tendencia natural a la muerte, pero de tal modo que la muerte puede acontecer bajo cierta eventualidad. En este sentido era inmortal el hombre en el estado de integridad. Una cosa es decir no ser capaz de morir, otra *ser capaz de no morir,* y aun otra *no ser capaz de no morir.* La primera se aplica a los santos en el cielo; la segunda, a Adán y Eva en su estado de integridad; la tercera, a todos los pecadores después de la Caída (Quenstedt).

Según la Escritura, tan pronto como el hombre recibió la imagen divina *(iustitia originalis concreata),* recibió también dominio sobre las criaturas como resultado inmediato. El dominio que tenía el hombre sobre las criaturas hay que considerarlo como soberanía real, de tal manera que le servían todas las otras criaturas. Después de la Caída el hombre posee solamente un vestigio débil de este dominio absoluto *(species dominii, nudus titulos dominii),* pues ahora se ve obligado a recurrir a la fuerza y a la maña, para subyugar las criaturas sobre las cuales trata de imponer su dominio. La rebelión de las criaturas contra el hombre es la consecuencia directa de la rebelión del hombre contra Dios, o de la pérdida de su sabiduría, santidad y justicia concreedas, de todo lo cual debe guardar memoria para que no se olvide de la atrocidad del pecado y el horror de sus efectos, Sal. 39:4-6.

## 5. LA IMAGEN DIVINA Y LA MUJER

No sólo Adán, sino también Eva poseía la imagen divina. Esto lo evidencia: a) Gén. 1:27; b) Col. 3:10; Efe. 4:24, comparado con Gén. 3:28; pues en lo que respecta a la renovación de la imagen de Dios no existe diferencia alguna entre el hombre y la mujer; y c) Gén. 1:28, donde se atribuye dominio tanto a la mujer como al hombre. Sin embargo, la mujer en su relación con el hombre ocupaba un puesto de sujeción aún antes de la Caída; pues no sólo fue tomada del hombre, sino también creada para que fuera su ayuda idónea, Gén. 2:18-22; 1 Cor. 11:7-9; 1 Tim. 2:11-13.

Este orden divino no debe subvertirse, ya que es la voluntad de Dios de que la mujer no usurpe la autoridad del hombre ejerciendo dominio sobre él. Pero, por otro lado, la mujer no debe ser tiranizada ni esclavizada; pues aunque no fue tomada de la cabeza de Adán para que lo gobernara, tampoco fue tomada de sus pies para que él la pisoteara. Lutero dice: "La mujer ha de ser tratada con reverencia, pues ella es obra de las manos de Dios, El Creador la hizo pera que fuera la ayuda idónea de su marido, engendrara hijos y los criara en la fe y la piedad". El hombre y la mujer prestarán mejor servicio si conservan la relación o esfera en que Dios los creó, Efe. 5:21-33; Tito 2:3-5; 1 Cor. 7:20; pero la abrogación del orden divino tendrá por resultado confusión y perjuicio para la sociedad en que viven, Prov. 1:24-33. (Cf. Lutero, St. L., V, 1517; II, 540; XVI, 2280).

## 6. EL PROPÓSITO FINAL DE LA IMAGEN DE DIOS EN EL HOMBRE

En su gracia infinita Dios confirió al hombre su imagen divina para que éste: a) conociera a Dios, le sirviera y experimentara el gozo perfecto en comunión con Él, y b) fuera el gobernante representativo de Dios en la tierra, Gén. 1:27-28. Así como después de la Caída la redención del hombre fue motivada por el amor divino, Juan 3:16, así también lo fue la creación de la imagen divina en el hombre antes de la Caída, Sal. 104:23-24; 136:1-9. Aunque el hombre en el estado de integridad conocía a Dios íntimamente, no conocía el decreto eterno de la redención, pues tal decreto le fue revelado especialmente a él después de la Caída, Gén. 3:15. Por consiguiente, nuestros primeros padres conocían a Dios como a un Dios de gracia en sí mismo, pero no como a un Dios de gracia debido a la expiación vicaria de Cristo. Por esta razón, después de la Caída y la promulgación del primer evangelio se ha hecho diferente el objeto divino de lo que conoce y adora el hombre; pues ahora el hombre confía en Dios y lo adora como a un Dios de gracia sólo mediante la inestimable redención obrada por el Salvador, Luc. 1:77. El concepto bíblico de la salvación (*soteria*) no se puede aplicar al estado de integridad del hombre, puesto que ese concepto presupone tanto el pecado como la redención, Luc. 19:10.

### *B. EL ESTADO DE CORRUPCIÓN*

Por medio de la Caída el hombre ha perdido su justicia y santidad con que fue creado, de manera que está ahora en un estado de corrupción. Quenstedt define este estado del modo siguiente (II, 48): "El estado de corrupción es aquella condición en que se precipitó el hombre voluntariamente al alejarse de su Bien supremo, volviéndose así malvado y miserable". (*Doctr., Theol., p.* 231.) La caída del hombre no fue, por lo tanto, ni su exaltación (el agnosticismo), ni el más afortunado acontecimiento de la historia humana (Schiller), ni un período crítico en el desarrollo de su evolución (el evolucionismo moderno), ni un paso necesario en su progreso moral e intelectual (el panteísmo). Al caer en el pecado, el hombre apostató de su Dios, Gén. 3:14-19, y por lo tanto, tal apostasía fue mala tanto en su esencia como en sus efectos, Gén. 3:22-24; Rom. 5:12. Por consiguiente, sólo como pecador es el hombre parte de la materia de la teología sagrada, cuyo propósito es restablecer en él la imagen de Dios mediante la fe en Cristo Jesús, 2 Cor. 3:5-6, 18. Por esta razón viene a ser parte esencial de la teología cristiana la doctrina que trata acerca del pecado, Rom. 1:18-32; 2:1-12, Comúnmente la doctrina respecto al pecado se trata bajo tres encabezamientos: a) El Pecado en general; b) El Pecado Original, c) Los Pecados Actuales.

### *A. EL PECADO EN GENERAL*

#### 1. LA DEFINICIÓN DEL PECADO

Según la Escritura, el nombre debe estar en completa conformidad con la voluntad divina, según se revela ésta en la Ley (*nomos*) divina. Todo desvío de la norma de la Ley divina es pecado (*anomia*). Bien que consista éste en un estado o condición, bien en acciones externas e internas. Considerado etimológicamente, el pecado es, en primer lugar, un concepto negativo (*anomia*), y como tal, denota la falta de conformidad que tiene el hombre con la Ley divina. Así lo define la Escritura cuando nos dice en 1 Juan 3:4 que "el pecado es *anomía*". Pero el pecado es también un concepto positivo, y como tal, denota oposición a la Ley, o transgresión, infracción de ella, de manera que de un modo positivo el pecado es una violación de la Ley. Así también lo describe la Escritura en 1 Juan 3:4: "traspasa... la Ley", *ten anomian poiei* y en Mat. 7:23: "hacedores de maldad", *ergadsomenoi ten anomian*. La razón para esto es obvia. El hombre, desprovisto de la santidad, está al mismo tiempo en rebelión constante y activa contra la Ley divina. En otras palabras, después de la Caída, el hombre obstinadamente rehúsa reconocer la obligación que tiene para con Dios (Rom. 1:18, 32) y de continuo infringe la Ley divina, por cuanto su intención carnal es enemistad contra Dios, Rom. 8:7. A base de la Sagrada Escritura describimos, pues, el pecado: a) negativamente, como falta de justicia de conformidad con la voluntad divina; b) positivamente, como una oposición real a la voluntad divina.

Al definir el pecado, debemos guardarnos del error de los papistas y racionalistas, que condenan de pecaminosos sólo aquellos actos que se hacen consciente y deliberadamente. Contra este error pernicioso declara la *Apología:* "Pero en las escuelas ellos (los papistas) extrajeron de la filosofía ideas enteramente diferentes, enseñando que debido a las pasiones no somos ni buenos ni malos, ni merecedores de alabanza ni de culpa. De igual modo, que una cosa para ser pecado tiene que ser voluntaria (los deseos y los pensamientos interiores no son pecados si no consiento del todo en ellos). Estas nociones fueron expresadas entre los filósofos en lo que respecta a la justicia civil y no en lo que respecta al juicio de Dios". (Art. II (I) s 43). Según la Escritura, son pecados tanto las obras malas, 2 Sam. 12:13 como los pensamientos y los deseos malos, Sant. 1:15; Ron. 7:17; Mat 5:28, aunque todo esto se haga en ignorancia y sin premeditación, Rom. 7:19; 1 Tim. 1:14. Aún más, según la Escritura, es por cierto pecado en un sentido absoluto aún la corrupción heredada, que todavía se halla arraigada en el cristiano y que el cristiano deplora tan seriamente, Efe. 2:3; Juan 3:5-6; Rom. 7:19,24.

## 2. LA LEY DIVINA Y EL PECADO

Puesto que el pecado es transgresión o infracción de la Ley (*anomia*) es necesario saber qué quiere decir la Escritura cuando nos dice que "el pecado es infracción de la Ley". El que pervierte la doctrina que trata de la Ley divina añadiéndole o quitándole algo, también pervierte la doctrina que trata del pecado. Es necesario, por lo tanto, que definamos la Ley de este modo: Viene a ser pecado cualquier pensamiento u obra que se haga en transgresión de la Ley. La *Fórmula de Concordia* describe la Ley en el sentido en que la usamos aquí como una "doctrina divina en que se revela la justa e inmutable voluntad de Dios, y que expone cuál ha de ser la cualidad del hombre en su naturaleza, sus pensamientos, palabras y obras para que pueda agradar a Dios y serle aceptable". (Decl. Sól., Art. V, 17). Esta definición es bíblica; porque sólo Dios puede decretar leyes para los hombres, puesto que tal es su prerrogativa, Sant. 4:12. Las leyes establecidas por los hombres son obligatorias sólo si Dios mismo ha dado a los hombres autoridad para establecerlas y de este modo ha concedido sanción divina a las leyes humanas. Esto se aplica a todas las leyes del gobierno civil y a todos los mandamientos paternales, Rom. 13:1; Col. 3:20, siempre que no contravengan a la Ley divina, Hech. 5:29. Pero esto no se aplica a lo que se conoce con el nombre de "leyes de la Iglesia", pues Dios ha negado expresamente a la Iglesia toda autoridad legislativa, Mat. 23:10: Por consiguiente, en la Iglesia han de reconocerse como obligatorias sólo aquellas leyes que han sido promulgadas por Dios mismo.

En todos los asuntos donde no existen leyes divinas especiales, han de guiarse los creyentes por el amor cristiano para llegar a un acuerdo mutuo, 1 Cor. 16:14... Lutero nos dice con mucha razón que el papa ha llenado a todo el mundo con obediencia satánica, pues ha enseñado que los hombres obedezcan, no las leyes divinas, sino las leyes perniciosas que él mismo ha promulgado (St. L., I, 765). Mientras es cierto que sólo la voluntad inmutable de Dios constituye la Ley divina que es obligatoria a todos los hombres, también es igualmente cierto que ha de enseñarse en la Iglesia toda la Ley divina, con todas sus exigencias y prohibiciones. Pues así como la Iglesia no tiene de suyo autoridad de promulgar leyes, así tampoco tiene autoridad de desechar ninguna de las leyes decretadas por Dios, Mat. 5:17-19; Mar. 7:6-13.

Puesto que las leyes ceremoniales del Antiguo Testamento han sido abolidas por la venida de Cristo, Gál. 4:9-11; 5:1-4, ya no están en vigor en el Nuevo Testamento, Col. 2:16, de manera que ha de identificarse con la Ley moral la inmutable voluntad de Dios que es ahora obligatoria a todos los hombres, Mat. 22:37-40; 1 Tim. 1:5. Por esta razón, definimos el pecado en general como un desvío de la Ley Moral divina, no importa que la Ley haya sido escrita en el corazón humano o comunicada al hombre mediante un precepto positivo. Para los judíos en el Antiguo Testamento constituía también un pecado todo desvío de las leyes ceremoniales o políticas; pero como en el Nuevo Testamento estas leyes han sido abolidas por la expresa voluntad de Dios, Col. 2:16, sería un pecado restablecerlas como necesarias y obligatorias en la conciencia de los creyentes del Nuevo Pacto, Mat. 15:9; Gál. 1-4. Las leyes que Dios ha promulgado como temporarias no debe declararlas el hombre como permanentes.

## 3. CÓMO HA DE SER CONOCIDA LA LEY DIVINA

Mediante la Caída se debilitó u oscureció grandemente el conocimiento absoluto de la voluntad divina que había plantado Dios en el alma humana durante la creación. Por esta razón, el hombre después de la Caída, ya no conoce con certeza la voluntad divina, o la Ley, aunque su conciencia *syneidesis* todavía funciona en cierto grado. Además, después de la Caída la conciencia puede errar, de modo que el hombre a veces considera ilícito lo que permite Dios (el comer ciertos alimentos en ciertos tiempos, el beber licores espirituosos, etc.), o viceversa, considera permisible lo que prohíbe Dios (el culto a los ídolos, el confiar en las obras para la salvación, etc.) La conciencia puede igualmente dudar de la rectitud de ciertos actos, o puede sugerir sólo una mera probabilidad de lo que es bueno o malo, de manera que el hombre: Permanece en la incertidumbre en lo que respecta al curso que debe seguir. La conciencia, después de la Caída, ya no es, pues, una norma segura para decidir lo que quiere o prohíbe Dios. La única norma infalible, por la cual ha de conocerse con certeza la inmutable voluntad de Dios, es la Sagrada Escritura, que contiene una revelación completa de la Ley divina, Mat. 5:18-19; Gál. 3:23-24, aunque en realidad la Ley fue dada a los hombres por causa del Evangelio, Rom. 3:19-22.

De la Sagrada Escritura sabemos con certeza cuáles leyes fueron dadas como temporarias y cuáles, por otro lado, han de ser obedecidas en todo tiempo por todos los hombres, Col. 2:16-17; Gál. 5:1-2. La inmutable voluntad de Dios es la *Ley Moral,* que es obligatoria a todos los hombres y les exige obediencia, Mat. 22:37-40; Rom. 13:8-10. Aunque la Ley Moral se encierra sumariamente en el Decálogo, no deben identificarse los Diez Mandamientos, en la forma en que fueron dados a los judíos Ex. 20:1-17, con la Ley Moral, pues ellos contienen rasgos ceremoniales, Ex. 20:8-11; Deut. 5:12-15. Sólo a la luz del Nuevo Testamento puede identificarse el Decálogo con la Ley Moral, o la inmutable voluntad de Dios, Rom. 13:8-10. Sant. 2:8; 1 Tim. 1:5. (Cf. Lutero, St. L., XX, 146 y sig.).

Es claro y evidente que mandamientos dados a ciertos creyentes en particular (mandamientos especiales), Gén. 22, no deben interpretarse como aplicables a todos los hombres en general. De que las leyes mosaicas respecto a los grados de consanguinidad y afinidad no permitidos, Lev. 18, se aplicaban no sólo a los judíos, sino también a todos los hombres en general, lo evidencia el texto mismo. Lev. 18:24-30; el levirato empero era temporario y aplicable solamente a los hijos de Israel (Deut. 25:5-10; cf. v. 10: "Su nombre será llamado Israel", etc.).

## 4. LAS CAUSAS DEL PECADO

Aunque el hombre, en su estado de depravación, tiene siempre la tendencia de echar la culpa de su pecado a Dios o a otras criaturas, Gén. 3:12-13, la Sagrada Escritura enseña expresamente que Dios no es en modo alguno la causa del pecado del hombre. Por consiguiente, Dios no puede ser culpado de pecado ni directamente ("Dios creó al hombre con la inclinación al pecado") ni indirectamente ("Dios es una de las causas del pecado, por cuanto coopera en las acciones malas", *quoad matariale).* Tales preguntas como "¿Por qué creó Dios al hombre sujeto a la tentación?" o "¿Por qué permite Dios que el hombre sea aún tentado al pecado?" pertenecen a los juicios y caminos incomprensibles e inescrutables de Dios, Rom. 11:33-36. No podemos contestar esas preguntas ni debemos tratar de contestarlas, Job 40:1-5; 42:1-6. La razón pervertida, ora trata de acusar a Dios de ser la causa del pecado (el determinismo panteísta), ora niega la realidad del pecado (el ateísmo). Pero, según la Escritura, Dios no fue la causa del pecado ni en el diablo, Juan 8:44, ni en el hombre, Gén. 1:31; Dios tampoco aprueba el pecado ni lo fomenta en ninguna persona, Gén. 2:17; 3:8; 4:6-7; Sal. 5:4-5. Ni aun en las acciones malas, en que Dios copera *quoad matariale,* desea Él la perversidad de tales acciones (cf. Juan 19:11 con Luc. 22:52-53). Tampoco debe inferirse de que Dios es la causa del pecado por el hecho de que permite el pecado (Hech. 14:16) o castiga el pecado con el pecado (Rom. 1:26; 2 Tes. 2:11), pues en todos estos casos manifiesta su justicia vindicativa. Según la Escritura, *la causa principal del pecado es Satanás* (la causa externa, o remota), puesto que Satanás pecó primero y después hizo que el hombre también cayera en el pecado, Juan 8:44; 2 Cor. 11:3; Apoc. 12:9, mientras *la causa eficiente del pecado es la voluntad corrupta del hombre* (la causa interna, o directa), que permite ser seducida por Satanás (Gén. 3:6,17; Juan 8:44. "Los deseos de vuestro padre queréis hacer"). La *Confesíón de Augsburgo* dice (Art. 19): "Aunque Dios crea y conserva la naturaleza, sin embargo, la causa del pecado reside en la voluntad desordenada de los malos, esto es, del diablo y de los impíos". El hombre, pues, es responsable de su pecado *(subiectum quod peccati)*, a pesar de que es seducido y de que el diablo lo tiene cautivo en el pecado,

Efe. 2:2. El *subiectum quo,* o el verdadero lugar del pecado, es el alma (el intelecto y la voluntad) del hombre, aunque el cuerpo participa del pecado por el hecho de que es el órgano del alma. Afirmar que el alma es pura y el cuerpo inmundo es un error pagano (el agnosticismo). Puesto que la Sagrada Escritura declara que todos los hombres son pecadores, Rom. 3:4-23, hay que rechazar como anticristiana la doctrina papista de la inmaculada concepción de María, 2 Tes. 2:9-10.

### 5. LAS CONSECUENCIAS DEL PECADO

Puesto que el pecado es infracción de la Ley (*anomia*), y puesto que Dios lo prohíbe expresamente, el hombre por medio del pecado se hace culpable delante de Dios, Rom. 3:19, (*reatus culpae*) y está expuesto a sus muy justos castigos, Gál. 3:10 (*reatus poenae*). Cómo el pecado debe castigarse (la manera y la extensión del castigo) no es algo que ha de decidir el hombre culpable, sino que ha sido determinado y decretado por Dios, Deut. 9:5; Rom. 6:23; Mat. 25:41.

La transgresión de nuestros primeros padres fue seguida inmediatamente por la muerte (Gén. 2:17; Rom. 5:12) en sus tres aspectos de: a) muerte espiritual, por cuanto perdieron la imagen divina, se alejaron de Dios y se volvieron enteramente corruptos en toda su esencia, Gén. 5:3; Juan 3:5-6; b) muerte temporal, por cuanto estaban entonces expuestos a la disolución física con todas sus enfermedades y aflicciones incidentales, Gén. 3:16-19; y c) la muerte eterna, por cuanto se hallaban entonces bajo la maldición de la eterna condenación, 2 Tes. 2:1, 9; Mat. 25:41. La sentencia de muerte recibió empero una cesación temporal cuando se dio al hombre pecador la promesa del divino Redentor, Gén. 3:15. Puesto que todos los descendientes de Adán participan en la culpa y corrupción de éste, Rom. 5:12; Sal. 51:5, todos sin excepción están bajo la maldición y condenación de la Ley, Rom, 3:19-23. Pero así como participan del pecado de Adán, así participan también de la redención del Salvador, que fue prometido a nuestros primeros padres, Rom. 5:15-21.

El teólogo cristiano debe afirmar constantemente la enseñanza respecto de la culpa y del castigo del pecado, pues el hombre en su depravación rehúsa creer lo que enseña la Ley divina en cuanto al pecado y sus consecuencias. Niega los castigos temporales que son el resultado del pecado (la enfermedad, la muerte), explicándolos como acontecimientos naturales; y niega el castigo eterno del pecado, Mat 25:41; 2 Tes. 1:9, aunque su conciencia lo acusa y lo condena. Rom. 1:32; 2:15. Aun los creyentes, en tanto que poseen la carne pecaminosa, rehúsan creer la severidad de las amenazas de Dios, Sal. 90:11-12, por lo que Cristo mismo tuvo que proclamar muy enérgicamente la verdad de que es eterno el castigo divino del pecado, Mar. 9:43-48.

Mientras la efusión de la ira divina sobre los impíos debe ser considerada como un castigo real debido al pecado (*poena vindicativa*), los sufrimientos de los creyentes en esta vida (1 Cor. 11:32) son en realidad correcciones paternales (*castigationes paternae*), que no emanan de la ira, sino del amor (Sal. 94:12; Heb. 12:6; Apoc. 3:19), aunque en forma y apariencia no difieren de los castigos que impone Dios a los impíos. Lutero llama con razón a las correcciones de Dios para con sus santos "castigos amorosos y placenteros".

## *B. EL PECADO ORIGINAL*

### 1. LA DEFINICIÓN DEL PECADO ORIGINAL

El pecado origrinal, o el estado de depravación, que fue consecuencia de la transgresión de Adán y que es ahora inherente en toda su posteridad, comprende: a) la culpa hereditaria; b) la corrupción hereditaria. La Sagrada Escritura enseña que la culpa de Adán fue imputada a todos los descendientes de éste, Rom, 5:18: "Por la transgresión de uno vino la condenación a todos los hombres"; 5: 19: "Por la desobediencia de un hombre los muchos fueron constituidos pecadores". La corrupción hereditaria de todos los descendientes de Adán se enseña claramente en Sal. 51:5: "En maldad he sido formado, y en pecado me concibió mi madre"; Juan 3:6 "Lo que es nacido de la carne, carne es". La palabra *carne* (*sarx*) denota corrupción (la carne corrupta), según se ve en Juan 3:5: "El que no naciere de agua y del Espíritu no puede entrar en el reino de Dios". Por lo tanto, el término se usa aquí (precisamente como en Rom. 8.7: "La mente carnal" (*to fronema tes sarkos*). La Escritura enseña, pues, que Dios imputa (*logidsetai*) la culpa de Adán a todos los descendientes de éste (Rom, 5:12: "por cuanto todos pecaron").

Por consiguiente, mientras la expresión "pecado original" no es una expresión bíblica (*vox agrafos*) sino una creada por la Iglesia, la enseñanza que ella imparte es, no obstante, completamente bíblica. A la corrupción hereditaria se ha dado el nombre de pecado original porque: a) se deriva de Adán, la raíz y el principio de la raza humana; b) se relaciona con el origen de los descendientes de Adán; y c) es el origen y la fuente de todas las transgresiones que se cometen (Hollaz). En la Escritura se describe como: a) pecado que mora o habita en el hombre, Rom. 7:17; b) ley en los miembros, Rom. 7:23; y c) concupiscencia (*epizymia*) Sant. 1:14-15. Todas estas expresiones describen el pecado original en lo que respecta a su naturaleza o sus efectos. Hollaz define el pecado original de este modo: "El pecado original es la corrupción completa de la naturaleza humana, la que debido a la caída de nuestros primeros padres ha sido privada de su justicia original y es propensa a todo lo malo". La *Fórmula de Concordia* declara: "El pecado original no es una mancha superficial, sino una corrupción tan profunda de la naturaleza humana que no ha quedado nada saludable o incorrupto en el cuerpo o en el alma del hombre, ni en sus facultades internas o externas" (Epít., Art. I, 8). Quenstedt nos da una definición más extensa (II, 52): "El pecado original es falta de justicia original; procede del pecado de Adán y se transmite a todos los hombres que son engendrados por el proceso común de la generación; incluye la terrible corrupción y depravación de la naturaleza humana y de todas sus facultades; excluye a todos los hombres de la gracia de Dios y la vida eterna y los somete a los castigos temporales y eternos, a menos que nazcan de nuevo del agua y del Espíritu u obtengan la remisión de sus pecados per medio de Cristo". (*Doctr. Theol.*, p. 242).

En oposición a la doctrina bíblica del pecado original, afirman todos los pelagianos y teólogos racionalistas modernos, que ni es posible ni justo imputar un pecado ajeno a los descendientes de Adán. Afirman, además, que los hombres son culpables únicamente de las malas obras que ellos mismos cometen. La Escritura enseña empero que la culpa de Adán es imputada a los descendientes de éste, y lo hace de tal manera que, si se niega la imputación de la culpa de Adán, hay que negar también la imputación de la justicia de Cristo a los descendientes de Adán, Rom. 5: 18-19: "Así que, como por la transgresión de uno vino la condenación a todos los hombres, de la misma manera por la justicia de uno vino la justificación de vida a todos los hombres. Porque así como por la desobediencia de un hombre los muchos fueron constituidos pecadores, así también por la obediencia de uno, los muchos serán constituidos justos". La imputación de la culpa original pertenece a las enseñanzas inflexibles que la Escritura expone como verdad innegable. La objeción de que la culpa de Adán no se debe imputar a sus descendientes porque "el hijo no llevará el pecado del padre", Ezeq. 18:19-20, ignora el hecho de que "Dios como Juez, de acuerdo con su suprema autoridad judicial, castiga también en los descendientes el crimen que comete el hombre contra la majestad divina" (Quenstedt). No hay duda, pues, de que Dios imputa la culpa de Adán a los descendientes de éste, pero al hacerlo lo hace de acuerdo con su justicia. Ese mismo Dios, por otro lado, también imputa a los pecadores la justicia de Cristo para que sean salvos.

La corrupción hereditaria se transmite a los hombres mediante el proceso común de la generación: Sal. 51:5; Juan 3:6. Puesto que Cristo fue concebido por obra del Espíritu Santo en el seno de la virgen María, Luc. 1:35, su naturaleza no recibió la corrupción del pecado (la inmaculada concepción). María empero, no tuvo concepción inmaculada, pues ella nació según el proceso común de la generación, Luc. 1:27, y por consiguiente, ella misma necesitaba un Salvador, Luc. 1:47. En respuesta a la objeción de que los padres piadosos no pueden transmitir el pecado a sus hijos, puesto que los pecados de aquellos han sido perdonados, dice Gerhard: "La generación carnal no es según la gracia, sino según la naturaleza"; y Agustín: "Los padres, al engendrar, no dan la regeneración, sino la generación" (*Doctr. Theol.*, p. 243).

Aunque por medio de la razón puede conocerse hasta cierto punto la corrupción hereditaria (Horacio: *"Nam vitiis nemo sine nascitur"*; Cicerón: *"In omni continuo pravitate et in summa opiniorum perversitate versamur, ut paene cum lacte nutricis errorem suxisse videamur")*, los *Artículos de Esmalcalda* declaran con razón: "Este pecado hereditario es una corrupción tan profundamente mala de la naturaleza humana que la razón no es capaz de reconocerlo, sino que es menester creer en su existencia *según la revelación de la Sagrada Escritura*" (Tercera Parte, Art. I, 3). Y la *Fórmula de Concordia:* "Pero si se sigue inquiriendo qué clase de accidente es el pecado original, tendremos que decir que ésa es otra pregunta, sobre la cual no puede dar la debida explicación ningún filósofo, ni papista, ni sofista, aún más, ni la razón humana, no importa cuán aguda sea, sino que para entenderlo y explicarlo es menester acudir únicamente a las Sagradas Escrituras, las cuales testifican que el pecado original es un mal execrable y una corrupción tan completa de la naturaleza humana, que no resta nada puro o bueno en ella y en todas sus facultades internas y externas, sino que todo es corrupto, de manera que debido al pecado original el hombre está de cierto muerto espiritualmente ante los ojos de Dios, o con todas sus facultades muerto a todo lo que es bueno" (Decl. Sól., I, 60).

Con respecto a la corrupción original yerran todos los que: a) la niegan por completo, afirmando que los niños no la reciben por medio de la propagación, sino por medio del mal ejemplo de otros; b) admiten la corrupción de la naturaleza humana, pero niegan que es pecado, ya que es solamente pecado la transgresión *voluntaria;* y c) califican la corrupción original de trivial (los semipelagianos y los sinergistas). Hay que advertir también que el que reduce al mínimo la doctrina de la corrupción original, también pervierte la doctrina de la sola gracia, pues esta última doctrina, presupone siempre la corrupción total de la naturaleza humana.

## 2. LA CORRUPCIÓN DEL INTELECTO Y DE LA VOLUNTAD DEL HOMBRE

La Sagrada Escritura es muy explícita en la descripción de los efectos de la corrupción original en el intelecto y la voluntad del hombre. En lo que respecta al *intelecto,* el pecado original implica la carencia total de la luz espiritual, de manera que el hombre por naturaleza no puede conocer o entender las verdades de la Palabra de Dios concernientes a su conversión y salvación. Aún más, es tan ciego espiritualmente que el Evangelio le es una insensatez, 1 Cor. 2:14, y mira a la Ley que lo condena, Gál. 3:10-12, como si fuera el verdadero camino de la salvación, Gál. 3:1-3; Efe. 4:17-18. La educación y la cultura no pueden quitar estas densas tinieblas espirituales, 1 Cor. 2:6-9; Col. 2:8; sólo puede hacerlo el Espíritu Santo por medio del Evangelio, Hech. 16:14; 2 Cor. 4:6. Mientras el intelecto del hombre corrupto es incapaz de conocer el Evangelio y por ende, tiene la culpa negativamente, no obstante, está dispuesto positivamente a juzgar de un modo precipitado y falso las cosas espirituales, Hech. 2:13; 17:18, 32, y hacerse insensible a la verdad divina, Hech. 7:51.

La *Fórmula de Concordia* describe así este estado deplorable del hombre natural: "Debido a la caída de nuestros primeros padres, el hombre quedó tan corrupto que por naturaleza es ciego en las cosas divinas concernientes a la conversión y salvación de su alma, de manera que cuando se le predica la Palabra de Dios, ni quiere ni puede entenderla, sino que le es insensatez; tampoco se acerca a Dios por sí mismo, sino que es y permanece enemigo de Dios hasta que se convierte, recibe el don de la fe, se regenera y se hace nueva criatura por el poder del Espíritu Santo mediante la Palabra que lee u oye, todo de pura gracia, sin ninguna cooperación de su parte". (Decl. Sól., II, 5). Y prosigue: "Aunque es cierto que la razón humana o el intelecto natural tiene aún una chispa débil del conocimiento de que existe un Dios, y también de la doctrina acerca de la Ley, Rom. 1:19 y sig., no obstante es tan ignorante, ciega y perversa que, aún cuando los hombres más ingeniosos y eruditos de la tierra leen u oyen el Evangelio del Hijo de Dios y la promesa de la salvación eterna, no tienen la facultad de percibirlo, comprenderlo, entenderlo o creerlo y considerarlo como verdadero, sino que cuanta más diligencia y fervor usan en su empeño de comprender estas cosas espirituales con la razón, tanto menos las entienden o creen, y antes de que el Espíritu Santo los ilumine y enseñe, consideran todo esto sólo como insensato y falso, 1 Cor. 2:14; 1:21; Efe. 4:17 y sig.; Mat. 13:11 y sig.; Luc.8:18; Rom. 13:11-12. Por esta razón nos dice la Escritura categóricamente que el hombre natural, en lo que se refiere a las cosas espirituales y divinas, es tinieblas, Ef. 5:8; Hech. 28:18; Juan 1:5. Del mismo modo enseña la Escritura que el hombre pecador no sólo es espiritualmente débil y enfermizo, sino también difunto y enteramente muerto, Efe. 2:1,5; Col.2:13". (Decl. Sól., II, 9-10).

Con respecto a la *voluntad* del hombre pecador enseña la Escritura: a) que real y constantemente se opone a la Ley divina, Efe.2:3; 1 Ped.4:3-4, y b) que debido a su corrupción total no puede menos que oponerse a la voluntad de Dios. Rom. 8:7: "No se sujeta a la ley de Dios, ni puede". La voluntad natural del hombre está, pues, tanto en constante oposición a Dios como en constante armonía con Satanás y su voluntad impía, Rom. 8:7, Efe.2:1; Juan 8:44; Rom. 6:17,20; Heb. 2:15. Aun las buenas obras externas del nombre natural no emanan del verdadero amor a Dios, Efe.2:12, sino a lo mejor de la simpatía natural o la compasión o causas similares, aunque generalmente tales "buenas obras" tienen su fuente en la vanagloria o en el empeño del hombre de obtener la salvación por medio de las obras, Mat. 23:25-28.

La *Confesión de Augsburgo* declara muy al punto (Art. II): "Desde la caída de Adán todos los hombres, engendrados según la naturaleza, nacen con pecado; esto es, sin temor de Dios, sin confianza en Dios, y con la concupiscencia". Y la *Fórmula de Concordia* dice: "En las cosas espirituales y divinas el intelecto, el corazón y la voluntad del hombre no regenerado son completamente incapaces, mediante sus propias facultades naturales, de entender, creer, aceptar, pensar, desear, empezar, efectuar, hacer u obrar cosa alguna o cooperar en ella; sino que son corruptos y están enteramente muertos a lo bueno; de manera que en la naturaleza del hombre desde la Caída, antes de la regeneración, no existe ni se observa la menor chispa de poder espiritual por la cual el hombre mismo pueda prepararse para la gracia de Dios o aceptarla cuando se le ofrece, no ser capaz por sí mismo de poseerla ni de aplicarse o acomodarse a ella, ni por sus propias facultades ayudar o hacer algo en su conversión o cooperar en lo más mínimo para obtenerla, sino que es siervo del pecado, Juan 8:34, y cautivo del diablo, que lo manipula a su antojo, Efe. 2:2; 2 Tim. 2:26, según su naturaleza y disposición pervertidas, es fuerte y activo sólo en lo que es *dasagradable y contrario a Dios*". (Decl. Sól., II, 7).

Así como se opone a Dios la voluntad del hombre natural, así también se opone a Él su *apetito sensitivo* que, impulsado por deseos desordenados, lo inclina a arrojarse a toda clase de vicios que aparecen agradables a los sentidos perversos, aunque los prohíbe la Ley de Dios, Rom.1:32; 1:26 y sig.; 13:13. El pecado original es, por lo tanto, "la raíz y la fuente de todos los pecados actuales", según lo declara muy acertadamente la *Fórmula de Concordia* (Decl. Sól., I, 5).

Esta constante oposición a la voluntad divina y la inclinación habitual a lo malo hace del pecado original un mal positivo, o pecado en todo el sentido de la palabra, aún más, "el pecado mayor" (*principium et caput omnium peccatorum*). La *Confesión de Augsburgo* declara: "Esta enfermedad o vicio de origen es verdaderamente pecado, que ahora mismo condena y trae la muerte eterna a los que no nacieron otra vez por el Bautismo y el Espíritu Santo, Condenamos a los pelagianos y otros, que niegan que el vicio de origen sea pecado y, teniendo en poco la gloria del mérito y de los beneficios de Cristo, sostienen que el hombre puede ser justificado delante de Dios por sus propias fuerzas racionales".

### 3. EL LADO NEGATIVO Y EL POSITIVO DEL PECADO ORIGINAL

Según se ha indicado, la Sagrada Escritura describe el pecado original: a) como un defecto, o carencia de la justicia concreada, y b) como una concupiscencia, esto es, una constante y viciosa inclinación habitual a lo malo. Esto se enseña en Rom. 7:23: "Veo otra ley en mis miembros, que se rebela contra la ley de mi mente"; Gál.5:17: "El deseo de la carne es contra el Espíritu", etcétera. Como concupiscencia el pecado original es algo positivo. Sin embargo, el pecado no es positivo en el sentido de que es una substancia material, que subsiste por sí misma. El pecado original no es una substancia, esto es, una esencia que subsiste por sí misma, sino un accidente, esto es, una materia accidental, que esencialmente no existe por sí misma, sino que es inherente en una esencia que existe por sí misma. Por esta razón, tenemos que hacer una distinción entre la naturaleza humana, que también después de la Caída es la obra de Dios, y entre la corrupción de la naturaleza humana, o el pecado original, que es la obra del diablo.

La *Fórmula de Concordia* sostiene enfáticamente esta verdad contra toda forma de maniqueísmo, que enseña la existencia de dos substancias, de las cuales una es esencialmente buena y la otra esencialmente mala. (*Fórmula de Concordia,* Art. I. Agustín: "El pecado original no es la naturaleza misma, sino un defecto accidental en la naturaleza". Decl. Sól., I, 55).

Por otro lado, nuestra confesión contiende con igual severidad contra el pelagianismo y el sinergismo, y afirma que el pecado original, como un accidente, no es "una mancha leve e insignificante asperjada sobre la naturaleza humana o un borrón salpicado en ella o una corrupción sólo en algunas cosas accidentales, con las cuales y debajo de las cuales, la naturaleza humana no obstante posee y retiene su integridad y poder aun en las cosas espirituales" (Decl. Sól., I, 21), sino "un mal tan execrable y una corrupción tan completa de la naturaleza humana, que no ha quedado nada puro o bueno en ella ni en todas sus facultades internas y externas, sino que todo es enteramente corrupto, de manera que debido al pecado original ha quedado el hombre verdaderamente muerto delante de Dios" (Decl. Sól., I, 60). Así evita nuestra confesión luterana tanto el Escila del maniqueísmo como el Caribdis del pelagianismo.

### 4. LA UNIVERSALIDAD DEL PECADO ORIGINAL

La Sagrada Escritura enseña muy enfáticamente que *todos* los descendientes de Adán han caído en la corrupción debido al pecado original, de manera que ningún ser humano después de la Caída, es incorrupto o está libre de la mancha y la contaminación del pecado, Rom. 5:12; 3:23; Juan 3:5-6. Por esta razón dicen nuestros dogmáticos que el *subiectum quod* del pecado original son todos los hombres nacidos en el curso de la naturaleza. Cristo no estaba sujeto al pecado original porque tue concebido por la obra milagrosa del Espíritu Santo, Mat. 1:20; Luc. 1:35. Fue un decreto antibíblico el del papa Pío IX (1854), en favor del culto de hiperdulía, el atribuirle a la madre de Cristo una inmaculada concepción.

La doctrina de la universalidad del pecado original es de suprema importancia para entender debidamente la doctrina de los medios de gracia. En particular, es el fundamento de la doctrina del Bautismo; pues como cada niño que nace en el mundo "es nacido de la carne", Juan 3:6, y el Bautismo es el lavamiento de la regeneración ordenada por Dios, Tito 3:5, respecto del cual dijo Cristo que fuesen bautizados "todas las naciones", Mat.28:19, es evidente que los niños, a quienes Dios quiere salvar por los medios de gracia, Mat. 19:14-15, deben recibir el Santo Bautismo. La opinión de que los niños nacidos de padres cristianos no tienen la mancha del pecado es contraria a la clara enseñanza de la Escritura, Sal. 51:5; Juan 3:6.

### 5. LA CAUSA DEL PECADO ORIGINAL

La causa del pecado original no es Dios, quien en su justa ira condena y castiga el pecado, Efe.2:3, sino: a) el diablo (la causa remota), que sedujo a nuestros primeros padres, Gén. 3:1 y sig., Juan 8:44; 2 Cor. 11:3; y b) nuestros primeros padres mismos (la causa propincua), que permitieron ser tentados, Rom. 5:12; 1 Tim.2:14. Hollaz escribe "Nuestros primeros padres fueron la causa inmediata de nuestra mancha original, de cuya naturaleza impura ha penetrado en nuestros corazones la contaminación original. Todas las cosas siguen las semillas de su propia naturaleza. Ningún cuervo negro produce jamás una paloma blanca, ni un león feroz engendra un cordero manso; y ningún hombre contaminado con el pecado innato puede producir jamás un niño "santo". (*Doctr. Theol.,* p. 239).

### 6. LOS EFECTOS DEL PECADO ORIGINAL

Los efectos del pecado original en el hombre son: a) la muerte con todos sus castigos temporales y eternos y b) los muchos pecados actuales, de los cuales es culpable todo ser humano, ya que todo ser humano nace en el pecado.

El pecado original ocasiona ante todo, la muerte espiritual, o sea, la separación entre el hombre pecador y el Dios santo, Efe. 2:1, 5, 12. A menos que se quite la muerte espiritual mediante la conversión, sigue a la muerte temporal. Sal. 90:7-9, que es un castigo directo de la primera transgresión, Gén.2:17, la muerte eterna, o sea, la condenación perpetua, Mat. 25:41; 2 Tes. 1:9.

La prohibición divina: "El día que de él comieres, ciertamente morirás", Gén.2:17, se cumplió literalmente, pues la muerte espiritual siguió luego a la transgresión y nuestros primeros padres quedaron sujetos inmediatamente a la muerte temporal y a la eterna.

La respuesta a la pregunta ¿cómo el comer del fruto del árbol prohibido pudo producir consecuencias tan fatales? la da la Escritura misma: Los resultados desastrosos de la primera transgresión no se debieron a ninguna substancia venenosa contenida en la fruta misma ni al hecho de que el diablo se había posesionado del árbol, sino a la infracción que cometieron Adán y Eva contra el mandamiento divino al comer de la fruta prohibida, Gen. 2:17. A la otra pregunta ¿por qué Dios no dio otra clase de mandamiento para probar la obediencia del hombre? contesta el teólogo luterano Brenz: "Puesto que la Ley Moral ya estaba escrita en el corazón del hombre, plugo a Dios probar la fe del hombre por un mandamiento que aún no se le había dado a conocer". Por supuesto, no hay que olvidar que al fin y al cabo todas estas preguntas pertenecen a los juicios inescrutables de Dios, que están fuera del alcance de la razón humana.

El pecado original es la fuente de todas las transgresiones actuales, de modo que todo pecado actual procede de los adentros del hombre, Mar. 7:21-23; Sal. 51:3-5, pues como ha sido contaminada la fuente, son igualmente impuras las aguas que de ella fluyen. Puesto que Dios no es el autor del pecado, sino que odia el pecado y lo condena, Sal. 11:5; 5:4-5, descansan sobre el hombre culpable la ira y el castigo divino, Rom. 3:19, tanto por causa del pecado original como por causa de los pecados actuales, Efe. 2:3; Rom. 5:18.

## *C. LOS PECADOS ACTUALES*

### 1. LA DEFINICIÓN DEL PECADO ACTUAL

Entiéndese por el pecado actual toda infracción que se hace o se comete contra la Ley de Dios (*anomia*). Así pues, se diferencia de aquella *animia* que heredan de sus padres todos los hombres mediante la generación carnal y por la cual quedan condenados como pecadores, aun cuando no hayan quebrantado todavía la Ley divina por medio de la infracción de cualquier mandamiento en particular, Rom.5:19. Hutter da la siguiente definición del pecado actual: "La transgresión actual es todo acto, ya sea externo o interno, que está en conflicto con la Ley de Dios". Lutero llama muy propiamente al pecado original "pecado de persona", "pecado de naturaleza", o "pecado de esencia", porque "no es pecado que se comete", sino uno que "es inherente en la naturaleza, substancia y esencia del hombre, de manera que, aunque no se suscitase jamás ningún pensamiento impío en el corazón del hombre corrupto, ni se pronunciase palabra vana, ni se cometiese ninguna obra mala, no obstante, la naturaleza humana es corrupta debido al pecado original". (*Fórmula de Concordia,* Epít., I, 21). Los pecados actuales se dividen en pecados de comisión y de omisión, es decir, en pecados que se ocasionan haciendo lo que prohíbe la Ley divina u omitiendo lo que exige la Ley divina. Por esta razón define Hollaz los pecados actuales de este modo: "El pecado actual es un desvío, ya sea por un acto de comisión o de omisión, de la regla de la Ley divina, por el cual incurre el individuo en la responsabilidad de la culpa (*reatus culpae*) y se expone al castigo (*reatus poenae)". (Doctr. Theol.,* p. 252).

La omisión de lo bueno que exige la Ley es un pecado actual, porque dan impulso a tal omisión el odio contra Dios, el amor a lo malo y el descuido voluntario del cumplimiento del deber en oposición a la conciencia, Rom. 1:32; Luc. 12:47-48. A los pecados actuales pertenecen también todos los pensamientos y deseos malos tanto en lo que se refiere a la doctrina como en lo que se refiere a la vida, Mat. 5:28; Gén. 20:9; Mat. 15:19; Rom. 7:7. La Sagrada Escritura llama a los pecados actuales "obras de la carne", Gál. 5:19; "obras infructuosas de las tinieblas" Efe. 5:11; "el viejo hombre con sus hechos", Col. 3:9; "obras muertas", Heb.6:1; 9:14; "hechos inicuos", 2 Ped.2:8. Todas estas expresiones caracterizan a estos pecados con respecto a su naturaleza y fuente. Nuestro Catecismo Luterano define muy aptamente el pecado actual como "toda transgresión de la Ley divina en deseos, pensamientos, palabras, y obras". Recomendamos esta definición porque es clara, sencilla y eminentemente práctica.

## 2. LAS CAUSAS DEL PECADO ACTUAL

Las causas de los pecados actuales se hallan dentro del hombre y fuera del hombre.

La causa real de los pecados actuales dentro del hombre es la corrupción hereditaria del hombre, según lo declara la Escritura, Rom.7:17. En particular, la Escritura menciona como causas de los pecados actuales: a) la ignorancia espiritual que es el resultado de la corrupción hereditaria, 1 Tim. 1:13; Mat. 26:65-66, cf. con Hech.3:17; b) las emociones y pasiones pecaminosas, tales como el miedo (Mat. 14-30, Mar.14:66 y sig.; Gál. 2:12), la ira (Luc. 9:54-55; 4:28-29) y otras similares; pero hay que tener en cuenta que ni la ignorancia del hombre ni sus pasiones pecaminosas excusan las malas obras que se cometen debido a ellas, ni tampoco quitan lo pecaminoso de tales obras, 1 Tim. 1:15, Luc.22:62; c) la habitual inclinación a lo malo producida y confirmada por repetidos actos pecaminosos, Jer. 13:23; pues aunque la inclinación a lo malo es *innata* en el hombre, existe también una inclinación a lo malo *adquirida,* o una *tendencia viciosa,* que tiene su origen en los hábitos pecaminosos. Es evidente que el hombre es también responsable de los pecados que tienen su origen en los hábitos viciosos, Rom. 1 24-27 y que puede deplorar en momentos de seria reflexión (por ejemplo, un borrachín inveterado).

Como causas de pecados actuales fuera del hombre la Escritura menciona: a) al diablo que no sólo activa al no regenerado, Efe. 2:2; 1 Cor. 10:20, sino que trata también de seducir al regenerado, 1 Crón. 21:1; Luc.22:31; Mat. 16:23, dándonos como claro ejemplo de este último caso la tentación de Cristo por satanás, aunque en esa tentación Satanás no puede prevalecer contra Cristo, Mat. 4:1 y sig.; b) a personas que tratan de engañar a otros por medio de enseñanzas falsas, Rom. 16:17-18; 2 Tim 2:17, palabras y escritos impíos o inmorales, 1 Cor. 15:33, y obras impías. 2 Ped. 2: l-3.

Aunque Dios no es en manera alguna la causa del pecado actual, o de obras malas, no obstante es el autor del mal en lo que se refiere a tribulaciones y aflicciones, lsa. 45:7; Amós 3:6. La Escritura expone esta verdad para el consuelo de todos los creyentes que tienen que pasar por padecimientos y pruebas en esta vida. Hech.14:22, para el bienestar de ellos, Rom. 8:28, y para la gloria de Dios, 2 Cor. 12:9.

## 3. LA DOCTRINA EN CUANTO A LOS ESCÁNDALOS O TROPIEZOS

La Escritura nos dice que causa escándalos o tropiezos, Rom. 16:17, cualquiera que comete el pecado de tentar a otro a lo malo; pues el que causa escándalos o tropiezos enseña o hace algo, por lo cual da lugar a que otra persona ya no crea, ya crea el error, ya lleve una vida impía, al extremo de ponerle en peligro la fe o hasta hacer que la pierda. Por esta razón nos advierte muy solemnemente la Escritura que nos guardemos del crimen de causar escándalos, Mat. 18:6 y sig.; Mar. 9:42 y sjg., Luc. 17:1-2.

Sin embargo, según la Escritura, causa escándalos no sólo el que hace lo malo, sino también el que usa en forma imprudente de cosas indiferentes, o medianas. (Rom.14: Comer carne, beber vino); pues de esta manera se puede dar lugar a que los hermanos débiles en la fe hagan algo que sea considerado pecado por sus conciencias erráticas. Rom. 14:20,23. El cristiano no debe sostener ideas erróneas en cuanto a cosas indiferentes, Rom. 14:14,22; pero, si no posee el conocimiento verdadero, 1 Cor.8:7, por el hecho de que es débil en la fe, por ningún motivo debe hacer algo que considere pecado, Rom. 14:15, 21, 23.

De esto sigue la regla general de la conducta cristiana, de que los creyentes deben estar siempre dispuestos a ceder su libertad cristiana toda vez que no pongan en peligro la verdad del Evangelio, Gál. 5:1,12. Pero si alguna persona que dice ser débil en el conocimiento cristiano exige que su error sea reconocido como verdad, e insiste en promulgarlo como tal, ya no es un "hermano débil", cuya "debilidad" ha de ser tolerada, sino un falso profeta, que juzga y condena a los fieles creyentes por el hecho de que éstos usan el conocimiento verdadero, Col. 2:16; Gál.5:1-3. Si alguna persona se da por ofendida porque el cristiano que confiesa el nombre de Cristo se ve obligado a usar su libertad cristiana al hacer esa confesión, ninguna culpa recae sobre tal cristiano cuando usa su libertad para promover la causa del Evangelio. La culpa recae más bien sobre aquellos que obligan al verdadero cristiano a que insista en el ejecución de su libertad, cf. Gál.2:4-5 con Hech.16:3.

A base de la Escritura podemos hacer una clara distinción entre el causar escándalos y el darse uno por escandalizado. Se da por escandalizado el que, debido a su corrupción y ceguedad espiritual, toma como ocasión de pecar palabras y hechos que de por sí no son malos. Así los judíos, creyéndose justos en sí mismos, se dieron por escandalizados en Cristo y en su Evangelio, Rom. 9:32, mientras los gentiles, en su orgullo carnal, se dieron por escandalizados en el Crucificado, 1 Cor. 1:22-23. Esta clase de escándalo perdurará hasta el fin de los siglos, Luc. 2:34; Rom. 9:33; 1 Ped. 2:8. Los cristianos se escandalizan en Cristo cuando lo niegan a causa del sufrimiento que ocasiona el confesarlo, Mat.24:10; 13:21. Por esta razón advierte Cristo muy seriamente a sus seguidores: "Bienaventurado es el que no halle tropiezo en mí". Mat. 11:6.

## 4. LA DOCTRINA ACERCA DE LA DUREZA DE CORAZÓN

Los impíos cometen el pecado de endurecer sus corazones contra la verdad divina, cada vez que se escandalizan en la Palabra divina de tal modo que mientras más la oyen, más resisten al Espíritu Santo que obra por medio de ella, Ex. 8:15; Sal. 95:8; Juan 12:40. En el proceso de esta dureza de corazón hay que reconocer ciertos grados, de manera que no es irremediable todo caso de dureza, Hech. 3:14-17. Así como Dios no es la causa de que muchos se escandalicen en su Palabra, así tampoco es la causa de la dureza de aquellos que se niegan a creer, Hech. 7:51-54, aunque la Escritura nos dice también que Dios endurece a veces el corazón del hombre, Ex. 7:3; Rom.1:24-26. La causa directa de la dureza de corazón es: a) el diablo, que ciega el entendimiento humano y llena de maldad el corazón, 2 Cor. 4:4; Hech. 5:3; Efe. 2:2; y b) el hombre mismo, quien de su propia voluntad rechaza la gracia divina, Mat. 13:15; 23:37. Dios no endurece el corazón del hombre causalmente, sino judicial y permisivamente. Por consiguiente, el acto divino de la dureza de corazón puede describirse como un acto judicial de Dios, mediante el cual Él permite en su justicia, que el obstinado pecador debido a una maldad antecedente, voluntaria y persistente, endurezca su corazón, al quitarle Dios su Espíritu Santo y al entregarlo al poder de Satanás, Luc.22:3.

## 5. LA DOCTRINA BÍBLICA ACERCA DE LA TENTACIÓN

Según la Escritura, hay dos clases de tentación: a) la tentación a lo bueno (*tentatio probatíonis*) y b) la tentación a lo malo (*tentatio seductionis*). La primera viene de Dios, y con ella prueba Dios a sus hijos a fin de purificarles y fortalecerles la fe. Gén. 22 1-18; Deut. 13:1 y sig.; 66:10 y sig. Dios no se hace el autor del pecado cuando envía tentaciones a lo bueno sobre sus hijos; pues: a) proporciona todas sus pruebas al crecimiento de sus santos. 1 Cor.10:13, y b) en Su gracia sostiene en la fe a sus amados cada vez que éstos son tentados, Luc. 22:31-32; 1 Cor. 10:13. Por esta razón los que resisten la tentación y la vencen, lo hacen no por su propio mérito o poder, sino únicamente por la gracia de Dios, Rom. 11:20-22; 2 Cor. 12:9.

Las tentaciones a lo malo vienen: a) del diablo, Mat. 4:1 y sig.; 1 Ped. 5:8; b) del mundo, 1 Juan 2: 15: 17 y c) de la carne, Sant. 1:14; cf. 1 Tes.3:5; 1 Cor 7:5; 1 Tim. 6:9; Mar. 14:38. Es de gran consuelo para todos los creyentes saber que Cristo, que también fue tentado, ha prometido sostener a sus hijos cuando son tentados, Heb. 2:18; 4:15; 2 Ped. 2-9.

## 6. LA CLASIFICACIÓN DE LOS PECADOS ACTUALES

La clasificación de los pecados actuales se hace con el propósito de indicar y describir de un modo más definido y claro las numerosas transgresiones a que está sujeto el creyente, Job 9:2-3. Se puede ver, pues, que nuestro interés en tal clasificación es enteramente práctico. Nos estimula a pensar en las muchas tentaciones con que Satanás, el mundo y nuestra propia carne nos quieren seducir al vicio y a la afrenta, Mat. 26:41; 1 Cor. 10:12, a limpiarnos de toda inmundicia de la carne y del espíritu por medio del arrepentimiento diario, y a perfeccionar la santidad en el temor de Dios, 2 Cor. 7:1; Heb .12:1-2. La clasificación de los pecados actuales no es, por lo tanto, innecesaria o inútil, sino más bien muy provechosa, máxime porque la Sagrada Escritura misma hace distinción entre pecados, 1 Juan 5:16; Sant. 4:17; Juan 19:11". Precisamente porque toda la Escritura es útil para corregir y educar en justicia, 2 Tim. 3:16, nos pinta esa misma Escritura en cuadros muy vivos, ora por palabras expresas, 1 Cor. 5:9-11, ora por el ejemplo, 2 Sam. 11:4, 24, las innumerables transgresiones que amenazan al cristiano en su vida aquí en a tierra. Sal.19: 12-13.

a. Pecados voluntarios y pecados involuntarios. De acuerdo con las claras declaraciones de la Escritura hacemos distinción entre pecados voluntarios y pecados involuntarios. Los primeros son aquellos actos pecaminosos con que el hombre, voluntaria y deliberadamente, infringe la Ley divina actuando en contra de los dictámenes de su conciencia, Juan 13:26,30. Los segundos son aquellos actos pecaminosos que comete el hombre sin darse cuenta (pecados de ignorancia, 1 Tim. 1:13) o sin el deliberado propósito de la voluntad (pecados de flaqueza, Luc. 22:55-62). Los pecados involuntarios se dividen, pues, en pecados de ignorancia y pecados de flaqueza. Sin embargo, sólo en lo que respecta a los cristianos podemos hablar de pecados de flaqueza, puesto que todos los incrédulos, ya que están muertos en sus transgresiones y pecados, Efe. 2:1, y cautivos en la potestad de Satanás, Efe.2:2; 2 Tim. 2:26, desean aun aquellos pecados a que son seducidos por el diablo, Efe. 2:3; Juan 8:44. El creyente, empero, como nueva criatura que es en Cristo, 2 Cor. 5:17, detesta los pecados que comete. Rom. 7:15, y con todo fervor quiere lo bueno, Rom.7:19, 22-24. Hay que considerar también como pecados de flaqueza, o pecados involuntarios, las emociones pecaminosas, es decir, los pensamientos y deseos irregulares (motus inordinati subitanei) que se levantan súbitamente en el corazón carnal de los cristianos, sin que así lo deseen éstos, Gál. 5:17,24. (Cf. Lutero, St. L., IX, 1032.) Los niñitos no son culpables de pecados deliberados (peccata proaeretica: Deut. 1:39; Jonás 4:11); pero no pueden ser declarados libres de pecados actuales, porque son carne nacidos de la carne, Juan 3:6, y como tales se oponen siempre a la voluntad divina, Gál. 5:17; Gén.8:21; Sal. 51:5. Por otro lado, el Espíritu Santo, por los medios de gracia (el Bautismo, Tito 3:5) obra la fe, Mat. 18:6, y las obras de la fe, Sal. 8:2, también en los niñitos, de modo que éstos, como nuevas criaturas en Cristo, resisten las emociones pecaminosas de la carne, Mat. 18:3-4.

Los pecados voluntarios deben ser considerados no sólo en lo que respecta a la voluntad, sino también en lo que respecta a la conciencia. Por esta razón son también pecados voluntarios los que se cometen contra la conciencia. Estos pecados son de cuatro clases, por cuanto una persona puede pecar: a) contra una conciencia recta, la cual está de acuerdo con la Ley divina, Rom. 1:32; o b) contra una conciencia errónea, y en tal caso peca no sólo cuando desobedece a su conciencia errónea (Rom. 14:14; 1 Cor.8:7,10-12), la cual se opone siempre a la Palabra divina, sino también cuando la sigue; lo que demuestra que una conciencia errónea conduce al pecado, tanto cuando se obedece como cuando se desobedece (cf. el caso de una persona que se ve obligada por la conciencia a rendir culto a los santos); o c) contra una conciencia probable, ya que en tal caso, ora descuida el deber de establecer el curso recto de acción, Sal. 119:9,11, ora obra con dudoso proceder, Rom. 14:23; o d) contra una conciencia dudosa, ya que en tal caso no debe obrar en modo alguno, Rom. 14:23.

b. Pecados de comisión y pecados de omisión. Los pecados de comisión son actos positivos, por los cuales se infringen los preceptos negativos de Dios. Los pecados de omisión consisten en dejar de hacer los actos proscriptos por los preceptos afirmativos de Dios (Hollaz). En los pecados de comisión se hace en efecto lo que ha prohibido Dios, Ex. 20:13-17; en los pecados de omisión se omite lo que exige Dios, Sant. 4:17. Aunque los pecados de omisión no siempre se hacen intencionalmente o mediante el propósito expreso de la voluntad perversa, no obstante, toda omisión de lo bueno es pecado en el verdadero sentido de la palabra, pues el hombre ha sido creado precisamente para servir a Dios en la ejecución de lo bueno, es decir, de lo que ordena Dios. Ipsum non-facere, quod praeceptum, peccatum est, Mat.28:20; Ezeq. 37:24.

c. Pecados contra Dios, contra el prójimo y contra uno mismo. Pecados contra Dios son los que se cometen contra la Primera Tabla del Decálogo, Mat. 22:37-38; Gen.39:9. Pecados contra el prójimo son los que se cometen específicamente contra la Segunda Tabla, Mat. 22:39; Lev. 19:17. Pecados contra uno mismo son aquellos que, como la fornicación y la impureza en general, deshonran el cuerpo, 1 Cor. 6:18. Sin embargo, hay que recordar que todo pecado contra el prójimo o contra uno mismo, es pecado sólo porque se comete principalmente contra Dios, Sal. 51:4; Gén. 39:9. Omne peccatum in Deum committitur.

d. Pecados graves y pecados manos graves. Toda transgresión de la Ley divina es rebelión contra Dios (anomia) y por consiguiente, condenable, Gál. 3:10. Desde el punto de vista de la condenación no podemos hablar, pues, de pecados "menores" y pecados "mayores". Sin embargo, la Escritura cita grados de pecado (Juan 19:11, (meidsona amartian). Los niños, antes de llegar a la edad de discreción, son menos culpables que los adultos, Deut. 1:39. Los siervos que conocen la voluntad del Señor y no obran conforme a ella, recibirán muchos azotes, Luc. 12:47, mientras los que pecan contra Él en ignorancia, recibirán pocos azotes, v.48. De esto se ve claramente de que así como existen grados de pecado, así también existen grados de castigo para los condenados. El más grave de todos los pecados es la incredulidad, Juan 3: 18-19; 16:9. La clasificación de los pecados en pecados del corazón, de la boca y del hecho real no indica siempre grados, puesto que un pecado del corazón (la incredulidad, el odio implacable, etc.), puede ser más grave que un pecado de la boca o del hecho real (cf. una palabra de ira pronunciada precipitadamente; una acción mala cometida sin malicia, incontinenti). Al tratar de determinar si un pecado es más grave que otro, es menester considerar: a) la persona que peca; b) la causa impelente; c) el objeto implicado, d) la Ley que se ha infringido, y e) la consecuencia del pecado. Todo pecado empero hace al hombre culpable delante de Dios, Rom. 3:19.

e. Pecados mortales y pecados veniales. Los pecados mortales son todos aquellos pecados que realmente precipitan al transgresor a un estado de ira, muerte y condenación, con el resultado de que si el pecador muere sin arrepentirse de ellos, su castigo será la muerte eterna, Juan 8: 21,24; Rom. 8:13. Todos los pecados de los incrédulos son pecados mortales, pues los incrédulos rechazan a Cristo, por cuya causa únicamente perdona Dios los pecados, Rom. 3:24; Efe. 1:7; Hech. 4:12. Cuando hablamos de pecados mortales de los "creyentes", nos referimos a aquellos pecados que contristan al Espíritu Santo, Efe. 4:30, y destruyen la fe (el crimen de David y su adulterio, Sal. 32:3-4). "El pecado mortal es aquel por el cual los regenerados, vencidos por la carne y abandonando el estado de la regeneración, infringen la Ley divina mediante un acto voluntario y deliberado y contrario al dictamen de su conciencia, y así pierden la fe, rechazan la influencia misericordiosa del Espíritu Santo y se precipitan a un estado de ira, muerte y condenación". (Hollaz). Los pecados veniales son los pecados involuntarios de los creyentes; los pecados que, aunque en sí merecen la muerte eterna, son perdonados por causa de Cristo en quien confía el creyente y en cuyo poder se arrepiente diariamente de sus pecados, Sal. 19:12-13; 51:9-12.

En este punto yerran los papistas al enseñar que ciertos pecados son en sí mortales (soberbia, avaricia, lujo, ira, gula, envidia, acedia), mientras otros son en sí veniales y por ende sólo merecen castigos temporales. También los calvinistas yerran en este punto al enseñar que los electos no pierden jamás la fe o caen de la gracia, aun cuando cometen pecados enormes.

Con los pecados mortales se identifican los pecados que se conocen con el nombre de dominantes, y con los veniales los que se conocen con el nombre de no dominantes. En los incrédulos son dominantes todos los pecados, pues los incrédulos están muertos en transgresiones y pecados y cautivos en la potestad de Satanás, Efe. 2: 1-3. Sólo en los creyentes se halla el bienaventurado estado, en que el pecado ya no es dominante en el hombre, Rom.6: 12,14. Si los creyentes abandonan la lucha contra el pecado, Gál. 5:16-17, y permiten que vuelva a dominarlos el pecado, caen de la gracia y pierden la fe, Gál. 5:4, 1 Cor. 5.11.

f. Pecados que piden venganza al cielo. Los pecados que piden venganza al cielo son los que invocan el castigo de Dios de un modo particular. Ejemplos que menciona la Escritura de pecados que piden venganza al cielo son los siguientes: a) el fratricidio que cometió Caín, Gén. 4:10; b) los pecados de los sodomitas, Gén. 18:20; c) la opresión cometida por los egipcios contra los israelitas, Ex. 3:9; d) el oprimir a las viudas y a los huérfanos. Ex. 22:22-23: e) el defraudar a los obreros de su jornal, Sant. 5:4; f) la persecución contra los cristianos, Apoc. 6:9-10. En general, podemos clasificar de pecados que piden venganza al cielo todos los crímenes que se cometen contra los desamparados (las viudas, los huérfanos, los pobres, los oprimidos etc.), cuya causa aboga y defiende Dios mismo, Ex, 3:7-9; 22:21-24; Isa. 3: 13-15.

g. Pecados perdonables y el pecado imperdonable. Los pecados perdonables son aquellos de los cuales puede uno arrepentirse, mientras el "pecado imperdonable" excluye la posibilidad del arrepentimiento. Puesto que todos los pecados son perdonables menos el pecado contra el Espíritu Santo, Mat. 12:31-32; Mar. 3: 22-30; Luc. 12:10, el cual es el único pecado irremisible que menciona la Escritura, es preciso dar especial consideración a este pecado. Pero la clasificación que acaba de darse no debe ser abusada para promover la seguridad carnal y la indiferencia hacia el pecado. Todo pecado es perdonable sólo si el pecador en verdadero arrepentimiento confía en la satisfacción vicaria de Cristo. Únicamente desde el punto de vista de la gracia divina son perdonables los pecados y no desde el punto de vista del mérito humano, Rom. 4:5-8. Delante de Dios no existe ningún "pecado libre de culpa'", Rom. 3:19; Gál. 3:10.

h. El pecado contra el Espíritu Santo. El pecado contra el Espíritu Santo lo describe la Escritura como una "blasfemia contra el Espíritu Santo", Mar. 3:28-29. Esta blasfemia es distinta de la que se dirige contra Cristo, Mat. 12:32, pues esta última, según la expresa enseñanza de nuestro Salvador, es perdonable. Como pruebas para el pecado contra el Espíritu Santo aducen también nuestros dogmáticos las siguientes citas bíblicas: 1 Juan 5:16 y Heb. 6:4-6; 10:26-27.
El pecado contra el Espíritu Santo es imperdonable porque se dirige, no contra la divina persona del Espíritu Santo, sino contra su divino oficio o su operación de gracia en el corazón humano. *Peccatum in Spiritum Sanctum non in personam, sed in officium Spiritus Sancti committitur.* Ésa es la naturaleza, o la esencia, de ese pecado. Sin embargo, no toda resistencia contra la obra del Espíritu Santo se clasifica bajo el encabezamiento de este pecado; de lo contrario, toda persona en el mundo cometería este pecado imperdonable, ya que por naturaleza todos los hombres resisten al Espíritu Santo, 1 Cor. 2:14; Rom. 8:7.

El pecado contra el Espíritu Santo se comete únicamente cuando el Espíritu Santo ha revelado con toda claridad la verdad divina al pecador y éste, no obstante, profiere blasfemias contra ella, Por consiguiente, no debe identificarse este pecado: a) con el de la impenitencia final ni b) con la blasfemia que, como resultado de la ceguedad espiritual, 1 Tim. 1:13, se comete contra la verdad divina ni c) con el rechazamiento de la verdad divina debido al temor, Luc. 22:61-62. El pecado contra el Espíritu Santo consiste en negar y rechazar con perversidad y persistencia la verdad divina después que ésta ya ha sido suficientemente reconocida y aceptada como tal, y en blasfemarla con premeditación maliciosa. En otras palabras, es el rechazamiento malicioso y blasfemo del Evangelio por parte del pecador endurecido, quien mediante la misericordiosa iluminación del Espíritu Santo ha recibido la plena convicción de que el Evangelio es la verdad divina. Hollaz escribe: *"Peccatum in Spiritum Sanctum est veritatis divinae evidenter agnitae et in conscientia approbatae malitiosa abnegatio, hostitis impugnatio, horrenda blasphematio et omnium mediorum salutis obstinata et finaliter perseverans reiectio".*

Los más de los dogmáticos enseñan que sólo los regenerados pueden cometer pecado contra el Espíritu Santo, mientras algunos dogmáticos, entre ellos Saier, sostienen que los no regenerados también cometen este pecado, y que esto ocurre en el momento preciso en que el Espíritu Santo está para convertirlos, y con tal fin los convence de la verdad divina. La razón por la cual es imperdonable el pecado contra el Espíritu Santo se debe a que el pecador resiste con malicia y persistencia la obra con que quiere convertirlo y santificarlo el Espíritu Santo, es decir, la única obra que puede salvar a los pecadores.

Los calvinistas yerran al enseñar que la razón por la cual es imperdonable el pecado contra el Espíritu Santo se debe a que Dios desde la eternidad ha predestinado para la condenación a todos los que resisten maliciosamente la verdad divina. Contra este error podemos citar el hecho de que Cristo, con todo fervor, procuró salvar aun a aquellos fariseos que rechazaron su Palabra y cometieron el pecado contra el Espíritu Santo, Mat. 1 2:22-32, 23:37.

La pregunta de si aún ocurre el pecado contra el Espíritu Santo hay que contestarla afirmativamente, puesto que Mat. 12:31-32 y otras citas similares son afirmaciones generales y, como tales, se aplican a todos los tiempos. De 1 Juan 5:16 se deduce que en ciertos casos podemos reconocer a los que cometen el pecado contra el Espíritu Santo; pues en esa cita se pide a los creyentes que no intercedan por los tales. Al mismo tiempo debemos cuidarnos de no acusar a alguien de este pecado sólo porque parezca haberlo cometido, sino el contrario, debemos seguir dando testimonio de la verdad según se presente la oportunidad, adviniendo al malhechor cuán grave es la ofensa que tan seriamente condena nuestro Señor, así corno Él mismo amonestó con tanto fervor a los fariseos, Mat. 12:22-32.

La pregunta de si Heb. 6:4-6 y 10:26-27 tratan del pecado contra el Espíritu Santo, pertenece a la exégesis, aunque algunos teólogos creen que esas dos citas tratan de este pecado. En Heb. 12:17 la palabra "arrepentimiento" se refiere a Isaac y no a Esaú, pues el texto significa que Esaú, aunque lo procuró con lágrimas, no consiguió que le diera su padre la bendición que había recibido Jacob, Gén. 27: 34-38.

Sólo la gracia divina pueda prevenir que cometamos el pecado contra el Espíritu Santo. Si no fuera por la preservación divina cometeríamos este atroz pecado, todos los que hemos probado de la obra misericordiosa del Espíritu Santo. Todos los que tienen conflicto mental porque temen haberlo cometido, deben consolarse en el hecho de que cometen este pecado imperdonable sólo aquellos que desdeñan y rechazan maliciosa y blasfemamente la gracia de Dios en Cristo Jesús, y no aquellos que se arrepienten de sus pecados y ansían el perdón que ofrece el Evangelio, A éstos últimos se aplican tales pasajes como Mat. 11:28, 9:13; Juan 6:37.

i. Pecados secretos y pecados manifiestos. Los pecados secretos son aquellos de que tienen conocimiento ora el transgresor únicamente (Sal. 32:3-5), ora, además de él, otros pocos que desean encubrirlos, ya para bien (Mat. 18:15-16), ya para mal (Lev. 6:1; Prov. 29:24), Los pecados manifiestos son aquellos que han llegado al conocimiento de muchos, 1 Tim. 5:20; 1 Cor. 5:1. Esta división es de mucha importancia para tratar debidamente los casos disciplinarios.

j. Pecados personales y pecados ajenos de cuya culpa participamos. Los pecados personales son aquellos que comete el pecador mismo, 2 Sam.12:13, mientras los pecados ajenos, de cuya culpa participamos, son trasgresiones cometidas por otros con nuestro conocimiento, sanción, cooperación o ayuda. Participamos de los pecados ajenos si ordenamos, aconsejamos o toleramos que otros cometan obras malas, o no nos oponemos a ellas ni las revelamos, de manera que nos hacemos moralmente responsables de tales pecados, 2 Sam. 11:15-21.

La Sagrada Escritura nos advierte muy enérgicamente que no participemos de los pecados ajenos. Efe. 5:7,11; 1 Tim. 5:22; 2 Juan 11; Apoc. 18:4. En particular, los creyentes deben apartarse de todos aquellos que enseñan doctrinas falsas, de lo contrario darían a entender que consienten en la enseñanza de tales doctrinas, 2 Juan 11; 2 Cor. 6:14-18; Rom. 17:18. Ofendemos también en este punto si nos complacemos en los pecados ajenos. Rom.1:32, Estimulamos tal complacencia en los pecados ajenos particularmente, si prestamos atención a conversaciones inmorales o blasfemas 1 Cor. 15:33; Efe. 4:29; 1 Tim. 6:20; 2 Tim. 2:16, o si nos asociamos con los malhechores en general (el unionismo, Sal. 1:1; Efe. 5:11: Sal. 26:4-5).

# EL LIBRE ALBEDRÍO

Entre los efectos causados por el pecado original tenemos que enumerar también la pérdida del libre albedrío en los asuntos espirituales. El término "libre albedrío" se usa en dos sentidos. En primer lugar, denota la facultad que tiene el hombre de determinarse a ciertos actos *(facultas volendi)*, por la cual se distingue el hombre de todas las criaturas irracionales. El libre albedrío en este sentido se llama también libertad formal, o incoercible *(libertas a coactione)*.

Cuando usamos el término en este sentido, decimos que la Caída no causó en el hombre la pérdida de su libre albedrío; pues aunque el hombre corrupto se ha pervertido tanto que no puede hacer otra cosa sino pecar *(non potest non peccare)*, no obstante, peca no contra su voluntad, sino de su propia voluntad. En otras palabras, no se le obliga a pecar, sino que peca porque así lo prefiere, Juan 8:44. Hutter escribe: "Úsase algunas veces el término *albedrío, o voluntad,* para designar la facultad del alma, aún más, para designar la existencia del albedrío mismo, cuya única función es simplemente la de determinarse a ciertos actos. Considerado así, difícilmente puede negársele al hombre el libre albedrío". Y Gerhard: "No se trata de si la esencia del albedrío ha sobrevivido la Caída; pues esto lo sostenemos tenazmente, a saber, que el hombre no ha perdido su albedrío, sino la rectitud del mismo". *(Doctr. Theol.* p. 260).

Sin embargo, se ha usado el término "libre albedrío" en el sentido de "facultad espiritual" mediante la cual el hombre corrupto es capaz de desear lo espiritualmente bueno, prepararse para la gracia divina, cumplir la Ley divina por amor a Dios, aceptar el Evangelio y creerlo, y con todo esto convertirse a sí mismo enteramente o al menos cooperar en su conversión. Para establecer una distinción entre el "libre albedrío" en este sentido y la simple facultad que tiene el hombre de determinarse a ciertos actos, los dogmáticos han llamado a ese "libre albedrío" *libertad espiritual o libertad material.* Cuando el término "libre albedrío" se usa en este sentido, negamos tenazmente que el hombre después de la Caída posea un "libre albedrío", y para ello tenemos el testimonio de la Escritura, 1 Cor. 2:14; Juan 6:44; Rom. 8:7; Efe. 2:1.

Si el hombre carnal no recibe, pues, las cosas que son del Espíritu de Dios, sino que las considera tontería; si por cierto está muerto en transgresiones y pecados y en enemistad contra Dios, no tiene, por lo tanto, la facultad de determinarse a lo espiritualmente bueno, ni de apropiarse la gracia divina, ni de prepararse para su conversión o cooperar en ella. Gerhard escribe: "Entendiendo el término *libertad* como una descripción del libre poder y facultad que poseía Adán de escoger lo bueno y rechazar lo malo, sostenemos que Lutero tuvo mucha razón al decir: "El libre albedrio es un título sin la cosa misma, o una cosa con sólo el título".

Similarmente dice la *Fórmula de Concordia:* "En las cosas espirituales y divinas, que atañen a la salvación del alma, el hombre es como una estatua de sal, como la mujer de Lot, como un leño y una piedra, como una estatua sin vida, que ni usa los ojos ni la boca, ni el sentido en el corazón. Pues el hombre no ve ni percibe la terrible y furiosa ira de Dios debido al pecado y a la muerte, sino que continúa en su seguridad, aún a sabiendas y de su propia voluntad. Ningún efecto tiene en él la enseñanza y la predicación hasta no ser iluminado, convertido y regenerado por el Espíritu Santo" (Decl. Sól., II, 20-21). Dice además esa misma Confesión: "Por consiguiente, las Escrituras niegan al intelecto, corazón y voluntad del hombre carnal toda clase de aptitud, destreza, capacidad y habilidad, de por sí mismo pensar, entender, ser capaz de hacer, comenzar, desear, emprender, poner en acción u obrar cualquier cosa buena en asuntos espirituales, o aun cooperar en la ejecución de tal cosa, 2Cor. 3:5; Rom. 3: 12; Juan 8:37; 1:5; 1 Cor. 2:14; Rom.8:7; Juan 15:5; Filip. 2:12". (Decl. Sól. II. 12-14).

Pero mientras nuestras Confesiones enseñan que el hombre no tiene libre albedrío en asuntos espirituales, admiten que el albedrío del hombre carnal es libre en asuntos terrenales y hasta cierto punto en el ejercicio de la justicia civil *(iustítia civilis, carnalis, operum)*. La *Apología de la Confesión de Augsburgo* afirma: "El albedrío humano tiene la libertad de escoger las obras y las cosas que la razón comprende por sí misma. Hasta cierto punto *(aliquo modo)* puede adjudicar la justicia civil, o la justicia de las obras; puede hablar acerca de Dios, rendir cierto servicio a Dios mediante una obra externa, y obedecer al gobierno y a los padres; en la preferencia de una obra externa puede impedir el crimen, el adulterio y el robo. Puesto que en la naturaleza humana quedan aún la razón y el juicio en cuanto a objetos que están sujetos a los sentidos, también quedan la preferencia entre estas cosas y la libertad y facultad de adjudicar la justicia civil". (Art. XVIII, 70).

La modificación que se hace aquí, a saber, de que en las cosas enumeradas el hombre tiene libre albedrio sólo "hasta cierto punto" *(aliquo modo),* es muy importante, ya que por naturaleza el hombre está tan muerto en transgresiones y pecados y cautivo en la potestad de Satanás, Efe. 2:2; Col. 1:13; 2 Tim.2:26; Hech. 26:18, que su justicia civil deja mucho que desear. Con mucha razón añade pues, la *Apología.* "El poder de la concupiscencia es tal, que los hombres obedecen con frecuencia a las malas inclinaciones antes que al sano juicio. Y el diablo, que ahora obra en los hijos de desobediencia, como dice Pablo en Efe. 2:2; no deja de incitar a esta débil naturaleza a cometer diversas ofensas. He aquí por qué es rara entre los hombres la justicia civil, según se ve en el caso de los mismos filósofos que, al parecer, aspiraron a tal justicia, pero jamás la lograron". (Art. XVIII, 71).

Los sinergistas y los semipelagianos han negado siempre y rotundamente, la doctrina bíblica de que en asuntos espirituales el hombre no tiene ningún libre albedrío, sino que está muerto en transgresiones y pecados y es ciego y enemigo de Dios. La *Fórmula de Concordia* describe del modo siguiente este error sinergista: En asuntos espirituales el hombre no está absolutamente muerto a lo bueno, sino malamente herido y medio muerto. Por consiguiente, aunque el libre albedrío es demasiado débil para tomar el primer paso y por su propio poder convertirse a Dios y obedecer de corazón a la Ley de Dios, no obstante, cuando el Espíritu Santo da el primer paso y nos llama por el Evangelio y nos ofrece su gracia, el perdón de los pecados y la salvación eterna, entonces el libre albedrío, de su propio poder natural, puede acercarse a Dios y hasta cierto punto, aunque débilmente hacer algo, ayudar y cooperar para obtener su conversión; también puede hacerse apto para la gracia, buscarla con diligencia, recibirla y aceptarla, y creer el Evangelio, también puede cooperar con el Espíritu Santo en la continuación y el mantenimiento de esa obra. (Decl. Sól., II, 77).

En oposición a este error declara la *Fórmula de Concordia:* "En las cosas espirituales y divinas el intelecto, el corazón y la voluntad del hombre son completamente incapaces, mediante sus propias facultades naturales, de entender, creer, aceptar, pensar desear, empezar, efectuar, hacer u obrar alguna cosa o cooperar en ella; sino que son corruptos y están enteramente muertos a lo bueno, de manera que en la naturaleza del hombre desde la Caída, antes de la regeneración, no existe ni se observa la menor chispa de poder espiritual por la cual el hombre mismo pueda prepararse para la gracia de Dios o aceptarla cuando se le ofrece, ni ser capaz por sí mismo de poseerla ni de aplicarse o acomodarse a ella, ni por sus propias facultades ayudar o hacer algo en su conversión o cooperar en lo más mínimo para obtenerla, sino que es siervo del pecado, Juan 8:34, y cautivo del diablo, que lo manipula a su antojo, Efe. 2:2; 2 Tim. 2:26. Por consiguiente, el libre y natural albedrío del hombre, según su naturaleza y disposición pervertidas, es fuerte y activo sólo en lo que es *desagradable y contrario a Dios".* (Decl. Sól., II, 7).

Entre los argumentos que se han usado en oposición a la doctrina bíblica de que el hombre ha perdido totalmente el libre albedrío en asuntos espirituales, se consideran los siguientes como los más importantes:

1. Tiene que ser cierto que el hombre natural posee libre albedrío en asuntos espirituales, pues San Pablo declara que los gentiles hacen por naturaleza lo que es de la Ley, Rom.2:14 — Respuesta: San Pablo describe aquí únicamente la obediencia externa (quoad materiale): Pues el mismo apóstol que declara que los gentiles hacen lo que es de la Ley, también declara que están sin Dios y sin esperanza en el mundo, Efe. 2:12, que se han enajenado de Dios, Col. 1:21, y que son enemigos de Dios, Rom. 8:7. Aunque hasta cierto punto los paganos pueden ejercitarse en la justicia civil, son incapaces de hacerlo en la justicia espiritual. Home reiicit evangelium natura, credit gratía.

2. El hombre natural tiene que poseer libre albedrío en asuntos espirituales, pues Dios, le manda obedecer la Ley y creer el Evangelio, Mat. 22:37-39; Hech. 16:31. — Respuesta: Del mandato divino no debemos inferir que el hombre tiene la habilidad de obedecer al mandato divino. (A praecepto divino ad posee humanum non valet consequentia). La misma Palabra de Dios que exige obediencia a la Ley, Gal. 3:10, y fe en el Evangelio, Mar. 1:15. Hech. 16:31, también enseña que el hombre natural no puede obedecer la Ley, Ecl. 7:20; Sal. 143:2; Isa. 64:6, ni por su propio poder creer en Cristo, Juan 6:44; 2 Cor. 3:5. Pero tampoco son inútiles los mandatos de la Ley (adhortationes legales), Luc. 10:28, ni vanas las exhortaciones del Evangelio (adhortationes evangelicae), Mat. 11:28, pues por los primeros obra el Espíritu Santo el conocimiento del pecado, Rom. 3:20, y por las segundas obra la fe, Rom. 10:17; 1 Cor. 12:3, de modo que la misericordiosa voluntad de Dios se cumple en el pecador, que es llamado al arrepentimiento, mediante la predicación de la Palabra divina.

3. El hombre natural tiene que poseer libre albedrío en asuntos espirituales, pues su conversión, sin que él coopere en ella, implicaría coerción por parte de Dios. — Respuesta: La conversión del pecador es por cierto la obra de la soberana grandeza del poder de Dios, Efe. 1:19; pero ese poder no es irresistible o coercitivo, puesto que puede ser resistido, Mat. 23:37. Además, la naturaleza misma de la conversión excluye la idea de la coerción, pues la conversión consiste esencialmente en que Dios mismo atrae al pecador, Juan 6:44, y esto lo hace por los medios de gracia, Rom. 10:17. La Fórmula de Concordia dice: "Rechazamos también el uso de las siguientes expresiones: ... a saber, de que... el Espíritu Santo se da a aquellos que lo resisten con toda intención y persistencia, pues, como dice Agustín, Dios hace de personas involuntarias personas voluntarias y mora en éstas". (Epít. II, 15).

4. El hombre natural tiene que poseer libre albedrío en asuntos espirituales, pues Dios obra únicamente el poder para creer y no la fe misma. — Respuesta: Este argumento se basa en una premisa falsa: "porque Dios es el que en vosotros poduce así el querer como el hacer, por su buena voluntad", F ilip. 2:13. (Cf. también Efe. 1:19; Filip. 1:29). En otras palabras, aun la fe con que somos salvos es don y obra de la gracia de Dios para con nosotros.

5. El hombre natural tiene que poseer libre albedrío en asuntos espirituales, pues sin su cooperación en la conversión no sería él el que cree, sino el Espíritu Santo. — Respuesta: El error de este argumento se ve claramente al considerar que, aunque la vida temporal es el don de Dios, concedido al hombre sin su cooperación, no obstante, la persona que recibe este don vive por sí misma, de manera que Dios no vive por ella. Así sucede con la fe, que es por cierto el don de Dios, pero al mismo tiempo un don que posee el creyente mismo. 2 Tim. 1:12: "Yo sé a quién he creído".

6. El hombre natural tiene que poseer libre albedrío en asuntos espirituales, pues puede leer la Biblia, oír la Palabra de Dios, obrar la justicia civil, etc. — Respuesta: Todas estas obras son solamente externas, y no necesariamente el fruto de la verdadera fe en Cristo y del verdadero amor hacia Dios. El fariseo que se creía justo a sí mismo permaneció sin convertirse a pesar de todas las obras buenas de que se jactaba, Luc. 18:10-14.

7. El hombre natural tiene que poseer libre albedrío en asuntos espirituales, pues si puede condenarse a sí mismo al no querer creer, se deduce con lógica irresistible que también puede salvarse a sí mismo al desear y procurar creer. — Respuesta: La Escritura enseña con toda claridad que lo uno no sigue a lo otro, Oseas 13:9.

Todas éstas y muchas otras objeciones del sinergismo con respecto a la conversión, proceden del corazón carnal, que es orgulloso y se cree justo en su propia estimación. Todos los que aducen estos argumentos pueden clasificarse en tres clases:

a) Los pelagianos, "que enseñan que el hombre por su propio poder, sin la gracia del Espíritu Santo, puede acudir a Dios, creer el Evangelio, obedecer de corazón a la Ley de Dios y así merecer el perdón de los pecados y la vida eterna". (*Fórmula de Concordia,* Epitome, II, 9 y sig).

b) Los semipelagianos (los arminianos), "que enseñan que el hombre por su propio poder puede dar comienzo a su conversión, pero no puede completarla sin la gracia de Dios". (*Ibid).*

c. Los sinergistas, que enseñan "que... si el Espíritu Santo por la predicación de la Palabra ha dado comienzo a la conversión del hombre y en esa Palabra le ha ofrecido su gracia, entonces la voluntad del hombre, de su propio poder natural, puede para tal fin añadir algo, aunque sea poco y débil; puede cooperar, habilitarse y prepararse para recibir la gracia divina, abrazarla y aceptarla, y creer el Evangelio". (Ibid).

Hacemos distinción entre el sinergismo craso de Melanchton, que enseñó que el hombre puede cooperar en su conversión mediante sus facultades naturales, y el sinergismo sutil de los dogmáticos más recientes, como Latermann, que afirma que el hombre puede cooperar en su conversión mediante las facultades espirituales que le concede el Espíritu Santo. Ambas clases de sinergismo ponen la causa de la conversión y salvación en el hombre mismo. El hombre empero no puede cooperar en su conversión ni con sus facultades naturales ni con las espirituales. No puede hacerlo con sus facultades naturales porque por naturaleza es enemigo de Dios, y no puede hacerlo con las facultades espirituales que recibe, porque tan pronto como las recibe ya está convertido.

La *Fórmula de Concordia* enseña lo siguiente en cuanto a este punto: "Por estos medios, a saber, por la predicación y el oír de la Palabra, obra Dios en el hombre, quebranta su corazón y lo atrae a sí mismo, de manera que mediante la predicación de la Ley viene el hombre al conocimiento de sus pecados y la ira de Dios, y experimenta en su corazón verdadero terror, contrición y pesar, y mediante la predicación y consideración del santo Evangelio, que habla del misericordioso perdón de los pecados en Cristo, se enciende en él una chispa de fe, con la cual acepta el perdón de los pecados por causa de Cristo y se consuela a sí mismo en la promesa del Evangelio; y de este modo se envía al corazón del hombre el Espíritu Santo que obra todo esto, Gál. 4:6". (Decl. Sól., II, 54).

# LA GRACIA DE DIOS PARA CON EL MUNDO PECADOR

## 1. LA NECESIDAD DE LA GRACIA DIVINA

De acuerdo con la clara enseñanza de la Sagrada Escritura, ningún hombre después de la Caída puede ser justificado y salvo por las obras de la Ley, o mediante las buenas obras, Rom. 3:20. Todos los que tratan de obtener la salvación por las obras de la Ley, no serán justificados, sino condenados, Gal. 3:10. Esto se debe a que nadie después de la Caída puede guardar la Ley de Dios o satisfacer las exigencias de la justicia divina, Rom. 3:10; 3:23. Por lo tanto, en lo que respecta a la Ley divina, todos los hombres después de la Caída están perdidos y condenados para siempre, Mat. 19:26; Rom. 8:3-4.

No obstante, también de acuerdo con la clara enseñanza de la Sagrada Escritura, Dios en su gracia no quiere que ningún pecador en el mundo se pierda, 2 Ped. 3:9; 1 Tim. 2:4. Por esta razón Dios ha provisto muy misericordiosamente un camino de salvación por el cual puede ser salvo todo pecador, Juan 3:16; Mat. 18:11, a saber, el camino de la gracia, mediante la fe en Cristo, sin las obras de la Ley. Rom. 3:24: "Siendo justificados gratuitamente por su gracia, *dōrean te autou jariti,* mediante la redención, *dia tes apolytrōseōs,* el rescate, que es en Cristo Jesús"; Efe. 2:8-9: "Por gracia sois salvos por medio de la fe; y esto no de vosotros, pues es don de Dios; no por obras, para que nadie se gloríe". Este camino de la salvación por la gracia se revela en el Evangelio, y por esta razón se le ha dado a éste el nombre de "el Evangelio de la gracia de Dios", Hech. 20:24. La doctrina de la salvación por la gracia mediante la fe, es el artículo fundamental y distintivo del cristianismo, por el cual se diferencia la religión cristiana de todas las religiones inventadas por los hombres, y se distingue como la única religión verdadera y divina. Mar. 16:15-16; Hech. 4:12; pues mientras todas las religiones inventadas por los hombres enseñan que la salvación es por medio de las obras, el cristianismo proclama como mensaje central y fundamental, que la remisión de los pecados es por la gracia mediante la fe en Cristo Jesús, Hech. 10:43; 26:18.

Puesto que el hombre pecador es salvo únicamente por la gracia, las declaraciones bíblicas de que los pecadores son salvos por el Evangelio, Rom. 1:16, o por el Bautismo, 1 Ped. 3:21, o por la fe, Luc. 7:50, han de entenderse en relación a la gracia salvadora. En particular, estas declaraciones describan los medios por los cuales el pecador, sin ningún mérito u obra de su parte, recibe y se apropia la gracia salvadora. Ser salvo por el Evangelio, por el Bautismo, por la fe, etc., quiere decir ser salvo por la gracia, sin las obras de la Ley, por los medios que ha señalado Dios, mediante los cuales únicamente pueden ser recibidos los méritos de Cristo.

Desde el punto de vista del pecador hablamos de la *necesidad* de la gracia divina, ya que sin la gracia es imposible la salvación del pecador. Sin embargo, desde el punto de vista de Dios hay que mirar a la gracia divina, no como una necesidad, sino como un don, porque Dios, al salvar al pecador, no fue impulsado por ninguna necesidad inherente en su esencia, sino únicamente por su misericordia y compasión, Juan 3:16; Luc. 1:78. Hay que rechazar, pues, como engaño panteísta la aserción de que la redención del mundo fue una manifestación necesaria de la esencia divina.

## 2. LA DEFINICIÓN DE LA GRACIA DIVINA

La gracia salvadora *(gratia salvifica) jaris sōterios* que impulsa a Dios a perdonar el pecado y a otorgar la salvación al pecador, es su disposición misericordiosa *(gratuitus Dei favor),* o su inclinación benévola, obtenida mediante la expiación vicaria de Cristo, revelada en el Evangelio y testificada al mundo para que sea creída por todos los hombres, Rom. 3: 24-25; Juan 20:31. Lutero: "El amor o el favor de Dios que Él nos tiene o nos otorga por sí mismo". *Gratia Dei al quid in Deo, te affectus Dei benevolus est, non qualitas animi in hominibus.* Los sinónimos de la palabra gracia, usada en este sentido, son amor (Juan 3:16), misericordia (Tito 3:5), bondad (Tito 3:4) etc., todos los cuales describen más ampliamente la disposición benévola ele Dios que lo impulsa a no condenar al mundo pecador, sino a salvarlo mediante la fe en su Hijo amado.

Aunque el término gracia denota propiamente el favor gratuito de Dios en Cristo Jesús, la Escritura lo usa también para describir los dones espirituales o las excelencias que Dios, como Señor de gracia, obra en todos los creyentes y por virtud de los cuales empiezan los creyentes a cumplir la Ley (sirviendo a Dios con gozo y fidelidad, 1 Ped. 4:10; sufriendo con paciencia 1 Ped. 2:19; desempeñando de un modo concienzudo el oficio ministerial. Rom. 15:15-16; etc.). En este caso se te da al efecto, por vía de metonimia, el nombre de la causa, o a los dones de gracia se les da el nombre de su Fuente divina. *Nomen gratiae per metonymian (effectus pro causa) pro donis ex benevolentia Dei in nos collatis sumitor.*

La gracia en este sentido ha de excluirse como causa del perdón de los pecados y la salvación, pues la Escritura enseña expresamente que el pecador es justificado y salvo sin las obras de la Ley. Rom. 3:28; Efe. 2:8-9. El creyente debe su salvación no a la gracia inherente o infusa, o a la gracia que es en él, sino únicamente a la disposición benévola de Dios, o al *gratuitos Dei favor.* En otras palabras, cuando decimos que somos salvos por la gracia no nos referimos a la gracia divina según el efecto que tiene ella en nosotros, sino según se halla fuera de nosotros, esto es, en Dios. Así tampoco justifica y salva la fe, ya como una buena cualidad *(nova qualitas),* ya corno una buena obra *(opus per se dignum),* ya como un don de Dios *(donum Spiritus Sancti),* ya como una fuente de buenas obras en nosotros, sino únicamente como el medio recipiente *organon leptikon* por el cual el hombre, que de sí mismo es impío, se apropia la gracia de Dios y los méritos de Cristo, mediante una confianza implícita en las promesas del Evangelio.

En resumen, la fe justifica sólo por virtud de su objeto, que es Jesucristo, el Crucificado, Gal. 216; 1Cor. 2:2. Lutero: *Non per se aut virtute aliqua intrínseca fide iustificat, sed simpliciter quatenus habet se correlative ad Christum.* Esta verdad la enseña la Escritura con toda claridad, poniendo a la fe en oposición a las obras cada vez que describe la manera como se justifica el pecador, Rom. 4:5; Efe. 2:8-9.

En el artículo de la justificación por la fe es de suma importancia esta clara distinción entre la gracia como un favor inmerecido de Dios y la gracia como un don de Dios *(donum gratiae);* pues inculcan la salvación por las obras y han caído de la gracia, Gál. 5:4, todos los que enseñan que la gracia, en el sentido de la gracia infusa, es la única causa o una causa concomitante de la justificación. En realidad, mientras retienen la terminología cristiana, están enseñando la doctrina pagana de la salvación por las obras.

Esta mezcla perniciosa de la gracia y los dones de la gracia es el error fundamental de la Iglesia Católica Romana, que en las *Decisiones del Concilio de Trento* (Ses. VI, Can. XI) impuso el anatema sobre todos los que enseñan que la gracia que justifica es un *gratuitus Dei favor,* del cual hay que excluir por completo la gracia infusa. Pero también los calvinistas se ven obligados a depender de la gracia infusa para la justificación, pues niegan que la gracia de Dios (la gracia universal) se ofrece formalmente a todos los pecadores en el Evangelio y en los Sacramentos. Para tener la seguridad personal de su justificación se ven, pues, precisados a confiar en algo dentro de ellos mismos o en su renovación, o sus buenas obras, en resumen, en la gracia infusa. Lo mismo puede decirse de todos los entusiastas, no importa con qué nombres sean conocidos, que suponen una operación reveladora y santificadora del Espíritu Santo fuera de los medios de gracia (la Palabra y los Sacramentos). Dice Zuinglio en *Fidel Ratio: "Dux autem vel vehiculum Spiritui non est necessarium".* Ya que en este caso no puede depender el creyente, para su justificación y salvación, de las promesas objetivas de Dios, tiene que depender de la sensación de la gracia *(sensus gratiae)* dentro de su corazón, o de la influencia que ejerce en él la gracia divina.

No es de negarse que dondequiera que se acepta en verdadera fe la gracia de Dios en Cristo Jesús, allí tienen que seguir las buenas obras, y a veces habrá también la sensación consoladora de la gracia divina. Pero si el creyente pone su confianza en su renovación espiritual o en la presencia de la gracia en su corazón, niega la obra perfecta de la redención consumada por Cristo, o la reconciliación objetiva obrada por Él, 2 Cor. 5:19. Y así se niega también la esencia de la fe que justifica, que es confianza en las divinas promesas objetivas de la gracia, Rom. 4:18,25. Y a la postre se niega también la certidumbre de la salvación; pues si la salvación se fundamenta sobre las buenas obras, es inútil la esperanza de heredar el cielo.

Al reafirmar que *est gratuitus Dei favor* la verdadera definición de la gracia que justifica, y al excluir de esa gracia el concepto falso de la gracia infusa, corrigiendo en este sentido aun a San Agustín, la Iglesia de la Reforma restituyó su pureza apostólica a la fe cristiana. Toda iglesia luterana verdaderamente confesional sigue en los pasos del gran Reformador, y en el artículo de la justificación hace una clara distinción entre la gracia y los dones de la gracia, o entre el favor inmerecido de Dios y sus benéficos efectos en el corazón del creyente. Por esta razón tiene que testificar de continuo no sólo contra el romanismo, el zuinglianismo y los entusiastas, sino también contra el sinergismo (el arminianismo), que niega la sola gracia y hasta cierto punto fija la causa de la justificación del hombre en el hombre mismo *(aliquid in homine),* induciéndolo así a que confíe, para su salvación, tanto en la gracia divina como en la bondad humana.

Mientras en la fe que justifica los sinergistas incluyen la conducta moral del hombre, o su propia indecisión, o su actitud hacia la gracia, los arminianos insisten en que la fe que justifica incluye también las buenas obras de los creyentes. Según esta enseñanza, el creyente, para estar seguro de su salvación, tiene que confiar en la gracia divina dentro de sí mismo (la gracia infusa), o en su santificación.

Por lo anterior se ve cuán importante es para el teólogo cristiano sostener la definición bíblica de la gracia que justifica; pues sin ella, ni puede enseñar la doctrina verdadera de la justificación, según se revela en el Evangelio, ni excluir de la justificación la doctrina de la salvación por las obras, ni tampoco puede consolar debidamente al pecador que desee estar seguro de su salvación. Por lo tanto, el que pervierte la doctrina bíblica de la gracia que justifica, también pervierte y paganiza toda la doctrina cristiana. Por esta razón insistieron vigorosamente Lutero y todos los teólogos luteranos ortodoxos en que se enseñase en la Iglesia esta doctrina: La gracia que justifica es el favor inmerecido de Dios en Cristo Jesús. La *Apología* declara: "Es imprescindible que en la Iglesia de Cristo se retenga el Evangelio, esto es, la promesa de que por causa de Cristo son remitidos gratuitamente todos los pecados. Los que no enseñan nada respecto de esta fe... anulan por completo el Evangelio". (Art. IV (II), 120. *Triglotta,* p.155). Chemnitz dice: *"Gratia in artículo iustificationis intetligenda est de sola gratuita misericordia Dei".* Con esta definición de la gracia que justifica se sostiene o cae la Iglesia Cristiana *(articulis stantis et cadentis ecclesiae).*

### 3. LOS ATRIBUTOS DE LA GRACIA QUE JUSTIFICA

Los atributos de la gracia que justifica son los siguientes:

a. La gracia que justifica es gracia en Cristo. La gracia que justifica no es gracia absoluta, o gracia conferida al pecador mediante un mandato absoluto de la soberana voluntad divina, sino gracia medida por Cristo. En otras palabras, según la Escritura, Dios extiende su gracia al mundo pecador y condenado sólo por el hecho de que el Hijo encarnado de Dios, mediante su expiación vicaria (satisfactio vicaria), ha redimido a todos los pecadores de la maldición y condenación de la Ley. Rom. 3: 24: "Siendo justificados gratuitamente por su gracia, mediante la redención que es en Cristo Jesús. Cristo pagó el precio de la redención de la humanidad culpable al someterse, de su propia voluntad, tanto a la obligación de la Ley divina (Gál. 4:4-5, la obediencia activa) como a la maldición y al castigo (Gál. 3:13, la obediencia pasiva) de esa Ley divina que había infringido el hombre.

La gracia divina no excluye, por lo tanto, la justicia divina *(iustitia Dei vindicativa),* sino más bien presupone la satisfacción de sus exigencias mediante la muerte vicaria de Cristo, Rom. 8:3-4, por esta razón el Evangelio, que ofrece la gracia divina a todos los hombres, Tito 2:11, no es un mensaje de gracia fuera de la muerte de Cristo (los modernistas, los racionalistas, Harnack: "El Hijo de Dios no forma parte del Evangelio"), sino "la Palabra de la Reconciliación, *logos tes katallages,* 2 Cor. 5:19, es decir, el singular mensaje de que Dios nos reconcilió consigo mismo por medio de Jesucristo, o de que Dios estaba en Cristo reconciliando consigo al mundo, 2 Cor. 5:18-19.

La Escritura declara, pues, que no hay gracia sin el pago del castigo que se le impone al hombre por su pecado. Dios, ni perdona el pecado pasando por alto su justicia, ni acepta el precio inútil de la redención por las buenas obras con que trata el hombre de satisfacer las exigencias de la justicia divina. La gracia divina para los pecadores puede conseguirse únicamente mediante el sacrificio inefable de la obediencia vicaria de Cristo, Heb. 7:26-27; Efe. 2:13-16; Col. 1:20-22. De ahí el axioma "La gracia divina excluye el mérito humano; pero la gracia divina incluye los méritos divinos de Cristo".

Lutero escribe muy hábilmente sobre este punto: "Ya lo he dicho varias veces que no es suficiente la fe en Dios únicamente, sino que hay que pagar también el *costo.* Los turcos y los judíos creen también en Dios, pero sin los medios y el costo. ¿Y cuál es el costo? Eso lo enseña el Evangelio. ... Cristo enseña aquí (Juan 3: 16) que no nos perdemos, sino que tenemos vida eterna, es decir, que Dios nos amó de tal manera que con gusto pagó el costo: Puso a su único y amado hijo en nuestra miseria, en el infierno y la muerte, todo lo cual tuvo que beber Cristo hasta las heces". (St. L., XI, 1085 y sig.) y otra vez: "Aunque la gracia se nos da de balde, de manera que no nos cuesta nada, no obstante, otro pagó un gran precio en nuestro lugar; pues se ha obtenido mediante un tesoro incontable e infinito, a saber, mediante el Hijo de Dios mismo. *(Ibid).*

Tales preguntas como "¿No pudo Dios, como Juez supremo, extender su gracia a los hombres por medio de su poder soberano, sin necesidad de la expiación de Cristo?" o: "¿No es un pensamiento indigno de Dios, que su gracia para con los pecadores tenga que ser primero comprada por la obediencia perfecta de su Hijo?" son tanto inútiles como tontas, pues la Escritura afirma muy claramente que Dios extiende su gracia a los pecadores sólo por causa de Cristo, todo lo cual tiene que ser creído por los hombres si es que han de obtener la gracia divina y la vida eterna, 2 Cor. 5:18 20. Todos los que enseñan que Dios extiende su gracia a los pecadores sin la muerte de Cristo (los unitarios, los modernistas, Ritschi, Harnack, etc.) rechazan la fe cristiana, defienden la doctrina pagana y se hallan fuera del seno de la Iglesia Cristiana; pues la Iglesia Cristiana es la comunión de los creyentes; que confían en la misericordiosa remisión de los pecados mediante la sangre de Cristo, Gál. 3:26; Efe. 1:7. Así escribe Chemnitz: *Extra Christum nulla gratia et misericordia Dei erga peccatores nec debet nec potest recte cogitari. (Harm. Ev.,* c. 28. p. 152) Por consiguiente, todos los que niegan la expiación vicaria de Cristo niegan igualmente la gracia de Dios.

Pero también niegan la gracia divina todos los que afirman que la expiación de Cristo no fue por sí misma adecuada para servir de rescate, sino que la simple voluntad de Dios la declaró y aceptó como tal para la absolución del pecador (la teoría de la aceptilación: Los escotistas, los arminianos). Esta teoría, al fin y al cabo, atribuye el perdón de los pecados a la soberana voluntad de Dios y así reduce el valor de la Pasión y muerte vicaria de Cristo. Pero la Escritura fundamenta la gracia divina, *enteramente,* sobre la obra expiatoria de Cristo y no simplemente sobre cierta parte de ella, de modo que no existe otra gracia para los pecadores que la que es en Cristo Jesús, Rom. 3:24; Hech. 4:12. Según la Escritura, son sinónimas las expresiones "el evangelio de la gracia de Dios" (Hech. 20:24) y "Jesucristo, y a éste crucificado" (1 Cor. 2:2), de manera que el que predica la una tiene que predicar la otra también.

La *Confesión de Augsburgo* da la debida importancia a esta verdad cuando dice: "Nuestras iglesias enseñan que los hombres no puedan ser justificados delante de Dios por su propio poder, mérito u obras, sino que son justificados gratuitamente por causa de Cristo mediante la fe, si creen que son recibidos en la gracia y que sus pecados son perdonados por causa de Cristo, quien por su muerte hizo satisfacción por nuestros pecados. Esta fe Dios la cuenta por justicia delante de sí mismo, Rom. 3 y 4". (Art. IV. Cf., también Lutero, St. L., XII, 261 y sig).

b. La fe que justifica es universal (la gracia universal). Es favor y amor inmerecido de Dios en Cristo Jesús, se extiende no simplemente a algunos (a los electos), sino a todos los hombres sin excepción. Gratia Dei salvifica erga homines lapsos non particularis, sed universalis est. Esta verdad suprema la enseña la Escritura en todos aquellos pasajes en que declara

a) que Cristo es el Salvador de todo el mundo, o de todos los hombres, Juan 3:16; 1:29; 1 Juan 2:2; 1 Tim. 2:4; Tito 2:11; b) que Dios desea encarecidamente la salvación de todo pecador, 2 Ped. 3:9; Ezeq. 33:11; 18:23, 32; c) que se ha obtenido la salvación aun para aquellos que rechazan la gracia de Dios y por ende, se pierden debido a su incredulidad, Mat. 23:37; Hech. 7:51; 1 Cor. 8:11; 2 Ped. 2:1. Niegan la universalidad de la gracia divina todos los que enseñan que sólo los electos son el objeto del propósito y la eficacia de la gracia divina (el particularismo, la gracia particular).

Divídanse en tres grupos los que cometen este error: a) los supralapsarios: Dios determinó crear a algunos para la condenación; b) los infralapsarios: Dios determinó dejar a algunos en el estado de la condenación en que habían caído por su propia culpa *(praeterito);* c) los amiraldistas (de la doctrina de Moisés Amiraldo, 1596-1664): Dios por cierto ofrece su gracia a todo el mundo, la confiere empero sólo a los electos.

Toda forma de particularismo es antibíblica, pues se basa en el error de que, ya que en realidad no se salvan todos los hombres, Dios no desea la salvación de todos. Engañados por su error, aseveran todos los particularistas que el término *mundo* (Juan 3:16, 1:29) significa "los electos", y enseñan, en vez del consejo universal de Dios en cuanto a su gracia (1 Tim. 2:4), una voluntad revelada *(voluntas signi),* en oposición a la cual está la voluntad de su beneplácito *(voluntas beneplaciti).* En otras palabras. Dios por cierto desea salvar a todos los hombres de acuerdo con la voluntad que ha revelado en la Escritura *(voluntas signi);* pero de acuerdo con la voluntad de su beneplácito *(voluntas beneplaciti),* esto es, la voluntad secreta que Él no ha revelado en la Escritura, desea salvar sólo a los electos.

Según la doctrina calvinista, es Dios, al fin y al cabo, la causa porque algunos no se salvan; la Escritura empero enseña expresamente que los que no se salvan perecen, porque no creen en la gracia divina o la rechazan, Luc. 7:30; Hech. 13:46; 7:51; Mat. 23:37. Carlos Hodge escribe: "No es de suponerse que Dios desee lo que jamás se puede cumplir, que se proponga hacer lo que no ha de llevar a cabo. ... Si no son salvos todos los hombres, es porque Dios jamás se propuso salvarlos, ni trazó un medio y lo puso en operación para alcanzar tal fin. Tenemos que inferir que *el resultado es la interpretación del propósito de Dios". (Systematic Theol.,* II, 323).

Para respaldar la doctrina del particularismo, el Sínodo de Dort (1618-19) declaró que Dios nunca puede ser resistido cuando ofrece encarecidamente su gracia a los hombres *(la gracia irresistible).* Pero esta doctrina es también antibíblica; pues la Escritura afirma que puede ser resistida la obra que hace el Espíritu Santo por medio del Evangelio, Hech. 7:51; Mat. 23:37, aunque procede del poder divino la operación misma, Efe. 1:19-20. Así como en el reino de la gracia puede ser resistido Dios cuando obra por medios, así también lo puede ser en el reino de la naturaleza; pues la vida, que tiene su origen y sostenimiento en la omnipotencia divina, Hech. 17:28, puede no obstante ser destruida por el débil ser humano. Es imposible resistir a Dios cuando trata con el hombre en su soberana majestad (Lutero: *in nuda maiestate,* Mat.25:31 y sig.); pero cuando usa medios para acercarse al hombre, es posible la resistencia por parte del hombre.

Si se alega que Dios se hace la causa de la condenación del pecador al menos en aquellos casos en que Él endurece el corazón humano (cf. el juicio divino, en cuanto a la dureza de corazón), replicamos que, según la Escritura, Dios ofrece muy encarecidamente su gracia aun a aquellos que endurecen sus corazones para no recibirla. Rom. 10:21; Ex. 5:1 y siguientes. El juicio divino de la dureza de corazón no es jamás absoluto o arbitrario; Dios endurece únicamente a aquellos que primero han endurecido sus corazones al rechazar su Palabra y su voluntad. Rom. 11:7,20.

c. La gracia que justifica es seria y eficaz (la gracia seria y eficaz). A pesar de que la gracia divina puede ser resistida (la gracia resistible), no debemos juzgarla de "deseo infructífero" o de "complacencia indiferente por la cual no desea Dios llevar a cabo u obtener las cosas que son de su agrado" (otiosa complacentia, nuda velleitas), sino de seria y eficaz. En otras palabras, es la seria intención de Dios, valiéndose de medios suficientes y eficaces, de hacer efectiva la salvación de todos los hombres, Rom. 2:4; 1:16.

Demuestran esta verdad: a) el mandato divino de predicar el Evangelio a *toda criatura,* Mar. 16:15-16, y de hacer discípulos a *todas las naciones,* Mat. 28:19-20, lo cual no debe tomarse en modo alguno como burla por parte de Dios; b) la promesa de Dios de conceder su Espíritu Santo a todos los que oyen su Palabra, de modo que Él pueda obrar en ellos la fe que salva, Zac. 12:10; Hech.2: 17-18; Ezeq. 11:19-20; 36:26-27; Hech. 2:38; 7:51; c) la confianza consoladora de que Dios no sólo ha de empezar la buena obra en todos los creyentes, sino que también ha de perfeccionarla y terminarla, Filip. 1:6; y d) el muy serio esfuerzo por parte de Dios de obrar la fe en aquellos que resisten al Espíritu Santo, Mat. 23:37; Hech. 7:51 de modo que si perecen los impíos, ello se debe a su incredulidad. 2 Cor. 4:3-4.

En oposición a la Escritura niegan la eficacia de la gracia divina: a) todos los particularistas (los calvinistas), que limitan el deseo eficaz de Dios cuando enseñan que sólo en los electos quiere Dios hacer efectiva su salvación; b) todos los sinergistas, que enseñan que Dios obra en el hombre sólo la habilidad de creer y no la fe misma, puesto que la fe, según ellos, depende de la propia decisión del hombre, o de su buena conducta, o de la omisión de su oposición maliciosa. Pero según la Escritura, Dios concede no sólo el poder para creer, sino también la fe misma. Filip. 1:29. En oposición al pelagianismo y al sinergismo enseña la Escritura, que todos los que creen en Cristo lo hacen únicamente por virtud de la gracia divina y no por su propio poder o esfuerzo (la sola gracia), mientras en lo que respecta a los calvinistas, afirma que los que permanecen en la incredulidad lo hacen, no porque sea ineficaz en ellos la gracia divina, sino porque maliciosamente resisten al Espíritu Santo.

No es de negarse, cuando por un lado sostenemos la gracia universal y la gracia seria y eficaz, y por otro la sola gracia, que se suscita la siguiente pregunta: "¿Por qué, pues, se salvan unos y otros no *(cur alii, alii non)* aunque por naturaleza todos los hombres se hallan en la misma culpa y corrupción *(in eadem culpa)?"* Los particularistas (los calvinistas) contestan la pregunta negando la gracia universal; los sinergistas, negando la sola gracia. Ambas soluciones son igualmente antibíbllcas, pues la Sagrada Escritura enseña con toda claridad tanto la gracia universal como la sola gracia. La Iglesia Luterana verdadera no trata en ningún modo de resolver el problema, sino que lo considera un misterio irresoluble, que no debe tratar de explorar la razón humana. La Sagrada Escritura revela estas dos verdades en cuanto a la salvación del hombre: a) Los que se salvan, se salvan sólo por la gracia, sin ningún mérito humano; b) los que se pierden, se pierden por su propia culpa. Más allá de estas dos verdades reveladas en la Escritura no debe osar ir ningún teólogo cristiano. (Cf. *Fórmula de Concordia,* XI, 54-59).

También en lo que respecta a los paganos hemos de sostener la gracia universal, porque la Escritura incluye a todos los hombres en el misericordioso consejo de la salvación. Negar la enseñanza bíblica de la gracia universal, por el hecho de que muchos paganos nunca han recibido el Evangelio de la salvación, es una ofensa contra la gracia divina misma que ha enriquecido al mundo con su verdad salvadora, Mar. 16:15-16; Mat. 28:19. A base de la Escritura creemos, pues, que la misericordiosa voluntad de Dios se extiende también a los paganos, aunque en realidad, miles de ellos perecen sin haber tenido el Evangelio. Tampoco hemos de suponer que los paganos pueden ser salvos sin los medios de gracia señalados por Dios, Efe. 2:12, pues la Escritura enseña que se han señalado los medios de gracia (la Palabra y los Sacramentos) para la salvación de todos los pecadores, Mar. 16:15-16; Mat. 28:19-20. La cita en 1 Ped. 3:17 y sig., no nos dice que es posible la salvación después de la muerte, sino que nos habla de la condenación de aquellos que durante su vida aquí en la tierra, rehusaron aceptar la Palabra salvadora de Dios.

## 4. LA TERMINOLOGÍA TEOLÓGICA EN CUANTO A LA VOLUNTAD DIVINA DE LA GRACIA

El favor y amor inmerecido que extiende Dios en Cristo Jesús a todos los pecadores se llama también la voluntad divina de la gracia, 1 Tim. 2:4; *Zeos zelei.* A base de los claros pasajes bíblicos en que se expone la disposición de Dios hacia el mundo pecador, clasificamos la voluntad divina de dependiente, condicional, antecedente y consecuente, revelada y oculta, etc. pero hay que tener cuidado de que se entiendan y se usen estos términos en su sentido propio y debido.

a. La voluntad divina, por la cual Dios desea encarecidamente la salvación de todos los hombres (voluntas gratiae) no es absoluta, sino dependiente, por cuanto depende de la obediencia vicaria de Cristo, y en lo que respecta a Dios, incluye los medios con que se confiere (la Palabra y los Sacramentos, media dotika), y en lo que respecta al hombre, el medio con que se recibe (la fe, medium letikon). En otras palabras, Dios desea encarecidamente salvar a todos los hombres, pero únicamente por causa de Cristo y por la fe, la cual obra Él mismo en el hombre por los medios de gracia. Mar. 16:15-16; Rom. 10:17. Puédese llamar absoluta la voluntad divina de la gracia, sólo en el sentido de que es enteramente independiente del mérito o dignidad del pecador; no es absoluta, en el sentido de que sea independiente del mérito de Cristo.

b.La expresión voluntad condicional es ambigua, y por ende, hay la posibilidad de que se use correcta o incorrectamente. Se usa incorrectamente cuando se emplea en el sentido sinergista de que la salvación del hombre depende, por lo menos en parte, de la cooperación humana en la conversión, o que la salvación del hombre depende de la buena conducta de éste.
Si se objeta que la Escritura misma enseña que la salvación del hombre depende de su obediencia, diremos que es necesario hacer una distinción entre la voluntad de Dios revelada en la Ley y la voluntad de Dios revelada en el Evangelio. La Ley divina exige por cierto obediencia perfecta de todos los hombres, Mat. 22:37-40, y a esta exigencia se añade la promesa: "Haz esto, y vivirás", Luc. 10:28. Tales promesas legales presuponen siempre una condición real; pues merece la vida eterna todo el que guarde la Ley perfectamente.

Como el hombre, después de la Caída, no puede guardar perfectamente la Ley divina, Dios en su gracia infinita ha dado a la humanidad perdida la promesa maravillosa del Evangelio de que todo pecador será salvo por la gracia, mediante la fe sin las obras de la Ley, Rom. 3:28; Gál. 12:16. Esa es la voluntad divina de la gracia revelada en el Evangelio, que imparte la salvación a todos los hombres como un don gratuito, Efe. 2: 8-9. Por consiguiente, en todos los pasajes bíblicos en que se nos dice que todo aquel que cree, tiene vida eterna, Juan 6:47; 20:29, Hech. 13:39; 16:31, no ha de considerarse la prótasis como condición real, sino simplemente como demostración del *modo* y la *manera* como se salva el pecador. La declaración de Cristo "El que cree en mí, tiene vida eterna", Juan 6:47, no quiere decir: "Con tal que cumplas el requisito de la fe, serás salvo", sino: "Por medio de la fe tienes vida eterra", siendo la fe en tal caso, el medio por el cual se recibe la salvación y no la causa meritoria de la salvación, Rom. 3:28. Dice Heerbrand: *Fides non est conditio, neque ut conditio requiritur... sed est modus quidam, oblatum beneficium et donatum per et propter Christum accipiens. Manus non conditio dicitur, sed medium et instrumentum, quo eleemosyna accipitur.*

c. La distinción entre la voluntad antecedente primaria y la voluntad consecuente secundaria es bíblica si se entiende según Juan 3:16-18. Es por cierto la voluntad divina de la gracia, de que todos los hombres crean en Cristo y sean salvos mediante la fe en Él (la voluntad antecedente). Pero si los pecadores rechazan la gracia de Dios y maliciosamente rehúsan creer en Cristo, en tal caso, la voluntad de Dios es que sean condenados, Mar. 16:15-16. La voluntad antecedente se aplica, pues, a todos los hombres, mientras la voluntad consecuente a todos aquellos que perecen debido a su incredulidad.

Sin embargo, según reseña Gerhard muy al punto, esta división se aplica no a la voluntad en sí misma, que en Dios es una e indivisa, así como también es una su esencia, sino a su doble relación. De acuerdo con la primera, según comenta Gerhard, Dios obra como un padre muy benigno; de acuerdo con la segunda, como un juez muy justo, Las expresiones *voluntad antecedente* y *voluntad consecuente* no se han usado siempre en el mismo sentido, todo lo cual ha resultado en mucha confusión. Hollaz, por ejemplo, usa el término *voluntad consecuente* en un sentido antibíblico cuando dice: "La voluntad consecuente es aquella por la cual Dios... elige para la vida eterna a los que, según la presciencia de Él, han de usar los medios prescritos y han de perseverar en la fe hasta el fin". (*Doctr, Theol.*, p. 282.)

Declaramos, pues, que la voluntad de Dios es antecedente o consecuente, pero no: a) en lo que respecta a tiempo, como si precediese la voluntad antecedente a la consecuente en tiempo, pues Dios no está sujeto a limitaciones de tiempo; ni b) en lo que respecta a la voluntad divina misma, como si en realidad existiesen dos voluntades distintas en Dios; sino más bien, c) según el concepto humano, para que veamos claramente que Dios desea salvar a todos los creyentes y condenar a todos los incrédulos. Por esta razón, se define la voluntad antecedente de Dios como su voluntad de misericordia, y la voluntad consecuente como su voluntad de justicia. Lutero: "Dios no nos trata según su majestad, sino que se viste en forma humana y nos habla en toda la Escritura como de hombre a hombre". (St. L., I, 1442).

d. La distinción entre la voluntad divina revelada y la voluntad divina oculta se usa correctamente si se refiere la primera a la voluntad divina revelada en la Escritura, 1 Cor. 2:10,16, y la segunda a la voluntad divina que no conoce ni puede conocer el hombre, Rom. 11:34. La voluntad divina revelada comprende tanto la Ley, por la cual Dios exige perfecta obediencia de todos los hombres y amenaza castigar a los que infringen sus mandamientos, como el Evangelio según el cual Dios quiere salvar a todos los pecadores por la gracia, mediante la fe en Cristo, sin las obras de la Ley. Esta voluntad revelada se ha llamado muy propiamente la "voluntad de la señal" (voluntas signi) porque Dios nos la ha manifestado por la señal de su Palabra. La voluntad oculta encierra los "juicios insondables" de Dios y "sus caminos inescrutables", según se evidencian en la vida de los individuos y de las naciones (Esaú y Jacob, los judíos y los gentiles, Rom. 9:11).

El teólogo cristiano no debe tratar de explorar estos juicios insondables de Dios; mucho menos debe empeñarse en explicarlos (*Cur non omne*), ya negando la gracia universal (el calvinismo: "Dios no quiere la salvación de todos los hombre"), ya negando la sola gracia (el sinergismo, el arminianismo, el semipelaginismo: "El hombre no es salvo únicamente por la gracia"). La insensatez tanto del calvinismo como del sinergismo consiste en el empeño inútil de querer cambiar la voluntad oculta de Dios en una voluntad revelada, o de querer determinar lo que no ha revelado Dios en su Palabra, empeño que ha de ser necesariamente inútil, puesto que las "revelaciones" que así se añaden no vienen de Dios, sino de la mente ciega e ignorante del hombre.

# LA DOCTRINA ACERCA DE CRISTO

Puesto que la gracia de Dios para con el mundo pecador no es absoluta, o arbitraria, sino mediata (en Cristo Jesús, Rom. 3:24), su fundamento indispensable es la redención obrada por nuestro Salvador, 1 Cor. 3:11.

La doctrina acerca de Cristo (Cristología) sigue, pues, muy lógicamente a la de la gracia divina, y constituye el artículo cardinal de la fe cristiana, con el cual queda en pie o cae la Iglesia Cristiana (*articulus stantís et cadentis ecclesiae*). Aunque esta expresión se aplica por lo regular a la doctrina de la justificación, y con mucha razón, no debemos olvidar que sin la satisfacción vicaria de Cristo no puede existir la doctrina de la justificación por la gracia, mediante la fe. Por lo tanto, así como la obra redentora de nuestro Señor es el fundamento de la doctrina de la gracia divina, así también es el fundamento de la doctrina de la justificación. Esto se hace evidente cuando consideramos que la fe justifica únicamente si el pecador pone toda su confianza en Cristo como en el Redentor divino, que murió por nuestros pecados (Mat. 16:13-17; 1 Tim. 2:6: *antilytron yperpantōn*). En cambio, la fe carece de poder justificador, si el pecador pone su confianza en un Cristo transformado en un nuevo "Maestro de principios éticos", o en un "Ideal perfecto", o en el "gran Revelador de la paternidad de Dios" y cosas similares. Todo esto, pues, pone de manifiesto la importancia capital de la doctrina acerca de Cristo.

La doctrina acerca de Cristo se trata comúnmente en un triple aspecto: A. la Doctrina de la Persona de Cristo (*de persona Christi sive de Christo zeanzrōpō*); B. la Doctrina de los Estados de Cristo (*de stationibus exinanitionis et exaltationis*); C. la Doctrina de la obra de Cristo (*de officio Christi*). Bajo estos tres títulos pueden agruparse todas las verdades que revela la Sagrada Escritura respecto de nuestro Señor y su obra, y refutar además cualquier error que se promulgue contra dichas verdades.

Hay quienes suponen que el Hijo de Dios habría encarnado aun sin que el hombre hubiese caído en el pecado. Pero esta suposición ha de ser rechazada como especulación inútil y peligrosa. Es inútil, pues, a menos que Dios mismo lo revele, la razón humana jamás podrá descubrir qué habría hecho Dios si el hombre no hubiese destruido su felicidad por medio del pecado. Es peligrosa, porque no sólo prepara el terreno para divagaciones panteístas, sino que también pasa por alto el hecho de que el único propósito mencionado en la Escritura para la encarnación de Cristo es la salvación de la humanidad perdida y condenada, Mat. 18:11; 1 Tim. 1:15, Gál. 4:5. Agustín: *Si homo non periisset, Filius Hominus non venisset.*

## *A. LA DOCTRINA DE LA PERSONA DE CRISTO*

### 1. INTRODUCCIÓN

La Sagrada Escritura afirma categóricamente que Cristo es verdadero Dios y le atribuye todas las propiedades divinas; pero con igual énfasis lo llama verdadero hombre y le atribuye todas las propiedades comunes a los hombres. Cristo es por lo tanto verdadero Dios y verdadero hombre, o Dios-hombre (*zeanzrōpos*).

Por esta razón tenemos que calificar de antibíblica toda doctrina que niega o limita: a) la verdadera deidad de Cristo (los monarquianos, los unitarios), b) su verdadera humanidad (los docetas, los gnósticos, los anabaptistas) y c) la unión personal de las dos naturalezas en una sola persona (*unio personalis*). Naturalmente es también antibíblica toda doctrina que niega o limita las doctrinas que resultan de la unión personal, es decir, la comunión de las dos naturalezas (*communio naturarum*) y la comunicación de los atributos (*communicatio idiomatum*). Las controversias sostenidas por los luteranos en defensa de estas últimas dos doctrinas, fueron dirigidas no sólo contra los calvinistas, sino también contra los papistas.

## 2. LA VERDADERA DEIDAD DE CRISTO

La Sagrada Escritura afirma, sin dejar lugar a duda alguna, que Cristo es verdadero Dios, coeterno y consubstancial al Padre. Las pruebas para esta doctrina se pueden agrupar como sigue. La Escritura atribuye a Cristo:

a) El nombre de *Dios* (*Zeos*) Juan 1:1) el *Hijo de Dios* (*uios tou Zeou* Mat. 16:16). Estos nombres se le atribuyen no en sentido figurado, ya que en tal sentido se atribuyen también a las criaturas (*Zeoi legomenoi, dei nuncupativi*, 1 Cor. 8:5: Juan 10:35), sino en sentido propio, o metafísico, lo que prueba que Cristo no sólo desempeña funciones divinas, sino que también posee la esencia divina y única. Juan 10:30: "Yo y el Padre uno (*en*) somos"; Juan 1:14: "Gloria como del unigénito del Padre" (*doxan ōs monogenonus para patros*). Por añadidura se le da a Cristo el nombre de Jehová, designación específica e incomunicable para "Dios" (*yehovah*), Sal. 97:1, 7, compárese con Heb. 1:6;

b) Atributos divinos: eternidad. Juan 8:58; 17:5; 1:1; omnisciencia, Juan 21:17; omnipotencia, Juan 10:28-30.

c) Obras divinas: la creación y preservación. Col. 1:16-17; Juan 5:17-19; la resurrección de los muertos, Juan 5:21, 28, 29; los milagros hechos por su propio poder, Juan 2:11.

d) Adoración y culto divinos, Juan 20:28; 5:23; Filip. 2:9 y siguientes. Así pues la Escritura describe a Cristo de diferentes maneras como igual a Dios en majestad, gloria y honra divinas. Filip. 2:6.

Si los subordinacionistas modernos alegan que Cristo es llamado Dios solamente en el predicado, pero jamás en el sujeto, respondemos: a) que eso no es verdad (cf. Heb. 1:8; Juan 20:28) y b) que, si Cristo es llamado Dios en el predicado, esto afirma su deidad aún más enfáticamente que si fuese llamado Dios en el sujeto, ya que es la función del predicado describir al sujeto según su verdadera esencia, Rom. 9:5. A esto podemos añadir que el término *Dios,* cuando se usa en su sentido propio, jamás es término genérico, sino siempre nombre propio, pues invariablemente significa la esencia divina que sólo existe en número de una (*una numero essentia divina*),

También se alega que Cristo es por cierto Dios según su esencia, pero sólo en un sentido limitado del término (los subordinacionistas). A esto replicamos que tal alegación es antibíblica y se basa en un concepto triteísta o politeísta acerca de Dios, como si la Santísima Trinidad constase de un Dios supremo y dos deidades inferiores. Aunque es verdad que Cristo describió al Padre como mayor que Él, Juan 14:28, lo que se refiere a la naturaleza humana de Cristo en su estado de humillación, no obstante, la Escritura atribuye al Hijo la esencia divina en toda su plenitud y con todas sus perfecciones. Col. 2:3, 9, comprobando así que Cristo es Dios de la misma manera como lo es el Padre.

La alegación subsiguiente de que Cristo en tal caso no pudo haber sufrido solo, puesto que la esencia divina única, necesariamente debía atraer a su sufrimiento también al Padre (los patripasianos), puede contestarse así: Aceptamos las dos doctrinas (la unidad de la esencia divina y la exclusión del Padre del sufrimiento y la muerte de Cristo), de acuerdo con la autoridad de la Escritura, como parte del gran misterio de la milagrosa encarnación de Cristo (1 Tim. 3:16: *omologoumenōs mega mysteriōn*).

Todo rechazamiento de la deidad verdadera y esencial de Cristo se basa, no en la falta de pruebas bíblicas, sino en la tendencia racionalista del corazón carnal, para el cual, el Evangelio de Cristo es insensatez y tropezadero, 1 Cor. 1:23; 2:14. Si Cristo no fuese verdadero Dios, sino solamente un profeta humano. Mat. 16:13 y sig., entonces quedaría anulado todo el Evangelio de la redención vicaria de Cristo, y sería menester aceptar la doctrina pelagiana de la salvación por las obras; pues en tal caso, el hombre pecador no tendría un Salvador divino, 1 Cor. 15:3-4, 17 y sig., y, por consiguiente, se vería obligado a ganarse su salvación por medio de las buenas obras. Y no obstante, en tal error, se gloría la mente orgullosa y vanidosa del hombre no regenerado. (Cf. Lutero, S. L., IX, 237 y sig., 376 y sig.; XVI, 1688 y sig.; VII, 1263 y sig.).

## 3. LA VERDADERA HUMANIDAD DE CRISTO

Se ha hecho ineludible presentar con amplios pormenores las pruebas referentes a la verdadera humanidad de Cristo. Pues los que han errado en este punto han negado la verdadera naturaleza humana de Cristo, ora, a) del todo (el docetismo: El cuerpo de Cristo fue solo imaginario, ficticio), ora, b) en parte, negando su alma humana (el arrianismo: el *logos* tomó el lugar del *nous*), o su voluntad humana (el monotelismo), o su verdadero nacimiento humano (el gnosticismo, el heresiarca Valentín: El cuerpo de Cristo fue de origen celestial). Cristo, sin la naturaleza humana, no podría ser el Salvador del mundo, como tampoco lo podría ser sin su naturaleza divina. 1 Juan 1:7: "La *sangre* de Jesucristo, *Su Hijo,* nos limpia de todo pecado".

Por consiguiente, la Escritura usa palabras muy claras y enfáticas al atribuir a Cristo verdadera humanidad, como lo hace también al atribuirle verdadera deidad. Le atribuye: a) nombres humanos, 1 Tim. 2:5; Juan 8:40; b) carne y sangre humanas de la misma substancia que la del hombre, Heb. 2:14; c) procedencia humana, Rom. 9:5; Mat. 1:1 y sig.; Luc. 3:23 y sig.; Gén. 22:18 cf. con Gál. 3:16; d) una concepción verdaderamente humana, aunque milagrosa, en el seno de María, Luc. 1:42; e) las partes constituyentes de un ser humano, Juan 2:21; Luc. 24:39; Mat. 26:39; Luc. 23:46; 22:42; f) emociones humanas. Mar. 3:5; 14:34 g) las funciones y necesidades propias de la naturaleza humana, Mat. 4:2; Juan 19:28; Luc. 8:23; h) el padecimiento y la muerte de un ser humano, Mat. 27:46; Juan 19:30.

Por lo tanto, el *logos* no trajo su cuerpo del cielo, sino que asumió la naturaleza humana en el cuerpo de María, y de esta manera se hizo verdadero hombre, Luc. 1:35. Todos los que niegan la verdadera humanidad de Cristo lo hacen, no porque sea inadecuada la evidencia de la Escritura, sino porque se dejan engañar por consideraciones racionalistas ("lo finito no es capaz de lo infinito") o por consideraciones pelagianas ("era innecesario que el Hijo de Dios se hiciera el Substituto y Redentor del hombre").

Contra el pelagiamsmo en cualquiera de sus manifestaciones sostenemos, basándonos en la Escritura, que el Redentor divino tenía que ser verdadero hombre para poder llevar a cabo la estupenda obra de la redención, Isa. 53: 7-11, cumplir la ley de Dios en lugar del hombre. Gal. 4:4-5, y expiar el pecado de la humanidad, Isa. 53:1-6. No hay la menor duda, pues, de que negar la verdadera humanidad de Cristo equivale a negar su expiación vicaria, Heb. 2:14; Juan 1:14.

Cristo, según su naturaleza divina, es *omoousios,* consubstancial al Padre; según su naturaleza humana es *omoousios,* consubstancial al hombre, pero no *secundum numerum,* sino *secundum speciem.*

La expresión *Hijo del Hombre* que nuestro Salvador comúnmente usaba cuando hablaba de sí mismo, no describe a Cristo como el "Hombre Ideal", sino como el Descendiente singular del hombre, Gén. 3:15; 26:24; 28:14; 2 Sam. 7:12, en el cual encarnó el Hijo de.Dios, Isa. 7:14; 9:6. Esa es la explicación que Cristo mismo da respecto al nombre que adoptó para su usual designación, según se ve en Mat. 16:13-17 (cf. v.16: "el Cristo, el Hijo del Dios viviente"). Así, pues, el "Hijo del Hombre" es el *Dios-hombre,* profetizado en el Antiguo Testamento, Dan. 7:13-14, que vino a destruir las obras del diablo, 1 Juan 3:8, y quien por lo tanto tuvo que ser verdadero Dios, Mat. 9:2, 4,6; 12:8; 26:63-64; 25:31 y sig., y al mismo tiempo verdadero hombre, Mat. 8:20, 11:19; 17:12,22-23; 20:18-19.

Aunque Cristo es verdadero hombre, de la misma substancia que todos los demás hombres, se distinguen en su naturaleza humana ciertas peculiaridades (propiedades individuales) que no se hallan en otros seres humanos. Entre estas peculiaridades notamos:

*La manera sobrenatural en que Cristo fue concebido (extraordinaria conceptio).* Contrario a la afirmación de los ebionitas y modernistas, Cristo no era el hijo de José y María, sino que fue concebido por el Espíritu Santo en el seno de María, la virgen, Mat. 1:18; Luc 1:35 *(conceptio miraculosa).* La *causa efficiens* del Hijo del Hombre fue el Espíritu Santo; la *materia ex qua,* su virgen madre. Mat. 1:20. Cf. el Credo Apostólico: "Concebido por el Espíritu Santo, nació de la virgen María". Si se objeta que un milagro como éste violaría las "leyes inmutables de la naturaleza" la Escritura misma ofrece una respuesta adecuada, Luc. 1:34-37. La manera sobrenatural corno Cristo fue concebido fue un milagro de la omnipotencia y la gracia de Dios, que debemos reconocer como gratitud, Luc. 1:38.

*La perfecta impecabilidad de Cristo (anamartesia).* Mientras todos los demás hombres son concebidos y nacen en pecado, Sal. 51:5; Juan 3:6; 5:12-20, el Hijo del Hombre era sin pecado, Isa. 53:9; Juan 8:46; Luc. 1:35; 2 Cor. 5:21; 1 Ped. 1:19; 2:22 y, para poder salvarnos, Él debía ser libre de pecado, Heb. 7:26-27; 1 Ped. 1:19. Aunque a Escritura atribuye pecado a Cristo, explica muy expresamente que fue pecado imputado, esto es, el pecado nuestro que fue cargado sobre Él, Isa. 53:6; 2 Cor. 5:21.

Pero la Escritura no sólo recalca el hecho y la necesidad de la impecabilidad de Cristo, sino que también explica por qué tuvo que ser concebido y nacer sin pecado. Ello no se debió: a) a que una simiente santa (*massa sancta*) se preservó y propagó en Israel hasta que naciese el Salvador (los teólogos escolásticos), o b) a que mediante un perfeccionamiento progresivo María llegó a ser una persona santa (los teólogos racionalistas modernos, Olshausen), o el a la inmaculada concepción de María (proclamada por el papa Pío IX, el 8 de diciembre de 1854), sino al asombroso hecho de que, mediante el Espíritu Santo, María vino a ser la madre de Cristo en lo que a la naturaleza humana de Éste se refiere, Mat. 1:18: "del Espíritu Santo" *ek pneumatos hagiou).*

Como consecuencia de su concepto sobrenatural Cristo no tenía ni pecado original ni pecado actual. Esta verdad surge de todos aquellos pasajes de la Escritura que describen la impecabilidad absoluta de Cristo, Heb. 7:26-27; 1 Juan 3:5, así como de aquellos que afirman que Él se hizo hombre, no según el proceso natural (Lutero: *non ex carne contaminata horribiliter polluta),* sino mediante el Espíritu Santo, Mat. 1:18; Luc. 1:35. Puesto que Cristo no descendía de simiente pecaminosa, estaba libre de la corrupción hereditaria y de la culpa hereditaria, que se imputa a todos los hombres que son nacidos de la carne pecaminosa, Juan 3:6; Rom. 5:16,19.

No obstante, aunque la naturaleza humana de Cristo estaba exenta de pecado, no dejó de ser una verdadera naturaleza humana, porque el pecado no pertenece a la esencia del hombre, sino que es accidental. Por consiguiente. Cristo era por cierto verdadero hombre; pero un hombre que, respecto a su persona, no estaba sujeto a la Ley, sino que era Señor de ella, Mat. 12:8.

Puesto que la naturaleza humana de Cristo fue recibida en el *logos* tenemos que negar que hubo en Él siquiera la posibilidad de pecar, Juan 8:46; 1 Ped. 1:19; el Salvador santo *no podía pecar (Christus sacerdos impeccabilis).* A pesar de todo esto, no podemos considerar la tentación de Cristo como mera ficción, sino como una tentación real con su consecuente sufrimiento físico, que padeció por nuestra salvación, Mat. 4:1 y sig.; Heb. 2:18; 4:15.

Las consecuencias de la impecabilidad de Cristo fueron:

a. Su inmortalidad (*azanasia*); pues según la Escritura, la paga del pecado es muerte, Gén. 2:17; 3:17-19; Rom. 5:12; 6:23. Cristo murió por su propia voluntad y por su propio poder como el Salvador de la humanidad *(non aligua necessitate, sed libera voluntate),* Juan 10:18; 1 Cor. 15:3. La muerte del Impecable, quien de por sí era inmortal, fue el rescate (Mat. 20:28; 1 Tim. 2:6) con el cual obtuvo la vida para el mundo pecador (λύτρον, ἀντιλυτρον). *Christus mortuus est propter peccatum imputatum.*

b. Dones naturales mayores (*singularis excellentia),* como sabiduría. Luc. 2:52, porque no hubo en su cuerpo ningún efecto pecaminoso que pudiese perturbarlo y pervertirlo. (Cf. los dones naturales de Adán antes de la Caída, Gén. 2:19-20, 23).

Mucho se ha dicho en cuanto a la apariencia externa de Cristo; pero del Sal. 45:2 no debemos inferir una extraordinaria hermosura física, ni de Isa. 53:2 una extraordinaria deformidad, pues la primera cita describe a Cristo en su hermosura como Salvador y la segunda en su honda humillación. Los evangelistas describen por cierto la gracia de las palabras de Cristo, Luc. 4:22, pero jamás mencionan hermosura alguna en su persona. No debemos olvidar empero que durante todo su estado de humillación, Cristo padeció las consecuencias de nuestros pecados, de manera que siempre aparecía en forma de siervo (morfe doulou) y en la semejanza de hombres (*en homoiōmati anzrōpōn)*, Filip. 2:7; Rom. 8:3. Su apariencia física no era, pues, como la del hombre antes de la Caída, sino antes bien como la del hombre después de haber caído y de hallarse en el pecado (*en homoiōmati sarkos amartias. Simílitudo... propter assumptas infirmitates peccatri visa est.*

Con respecto a las fragilidades humanas que padeció Cristo, la Escritura nos demuestra que en efecto sufrió las fragilidades comunes, o generales, de los hombres *(infirmitates communes)*, tales como hambre, sed, cansancio, tristeza, etc., pero no las fragilidades personales *(infirmitates personales)*, tales como enfermedad física, ceguera, o cualquier otro defecto físico; pues de estos no hallamos indicio alguno.

c. *La impersonalidad de la naturaleza humana de Cristo (anypostasia, enypostasia).* Entre los rasgos peculiares de la naturaleza humana de Cristo notamos también que ella carecía de personalidad, esto es, que la naturaleza humana de Cristo no formaba una persona de existencia propia *(carentia propria subsistentiae)*. Cristo no constaba de dos personas, una divina y otra humana, sino que en Él se unieron en una persona indivisa e indivisible la naturaleza divina y la humana, 1 Tim. 2:5. *Humana Christi natura non habet propriam subsistentiam, personalitatem, upostasis.*

Este hecho es consecuencia del modo peculiar de la encarnación *(modus incarnationis)*. Pues cuando encarnó el Hijo de Dios, no asumió una persona humana, sino únicamente la naturaleza humana, en otras palabras, la naturaleza humana fue recibida en la persona del *logos*, Gál. 4:4-5; Juan 3:14; Heb. 2:14. Por consiguiente, negativamente hablando, atribuimos *anypostasia* a la naturaleza humana de Cristo, basándonos en la verdad bíblica de que la naturaleza humana de Cristo no posee personalidad propia; positivamente hablando, atribuimos *anypostasia* a la naturaleza humana de Cristo, basándonos en la verdad bíblica de que la naturaleza humana de Cristo subsiste en el *logos (subsistentia humanae naturas in divina natura tou logou)*.

Contra esta doctrina se hace la objeción de que el término *Hijo del Hombre* evidencia claramente la existencia de una casona, lo mismo que el término *Hijo de Díos*, y que por lo tanto hay Que considerar la naturaleza humana de Cristo como una persona distinta. Pero tal conclusión no tiene fundamento, ya que estos términos no indican dos personas distintas, sino una y la misma persona, que es a la vez Dios y hombre. Mat. 16:13-17. En la persona de Cristo hay *hallo kai hallo*, pero no *hallos kai hallos*. Para todos los demás hombres rige el axioma: *Quot humanae naturae, tot personae humanae;* pero este axioma no es aplicable a Cristo porque el Verbo asumió la naturaleza humana en su persona divina, Col. 2:9.

La teología racionalista moderna ha renunciado a la doctrina bíblica de la impersonalidad de la naturaleza humana de Cristo. Luego, para ser consecuente, tiene que renunciar también a la doctrina de la encarnación, puesto que esta consiste esencialmente en el hecho de que el Hijo de Dios recibió en su persona divina la naturaleza humana, de modo que en el mismo instante en que su naturaleza humana fue creada *(productio)*, se unió también al *logos (unitio)*, Luc. 1:43.

Así como la teología racionalista moderna niega la encarnación, así también afirma que las dos naturalezas en Cristo se incorporaron gradualmente la una a la otra, o se coligaron y que de esta manera se efectuó la unión *(unitio)* de las dos naturalezas. La Escritura empero no enseña una unión de las dos naturalezas en Cristo por medio de la coligación, sino una unión por medio de la encarnación, Juan 1:14. Si la teología moderna se opone a esta doctrina por considerar indigna de Dios la unión del Hijo de Díos con un embrión, replicamos que este "hecho indigno de Dios" es manifestado claramente en la Escritura, Luc. 1:35. y si además se alega que es irrazonable una unión íntima como la que presupone la encarnación, replicamos que la Escritura misma nos dice que la encarnación es un gran "misterio de la piedad" no sin antes aseverar que lo es "indiscutiblemente", 1 Tim 3:16.

Para recalcar la verdad de que el Hijo de Dios asumió por cierto la naturaleza humana, pero no una persona humana, nuestros dogmáticos dicen: *Deus assumpsit naturam humanan, o humanitatem* pero no dicen: *Deus assumpsit hominem.* En vista de que la teología racionalista moderna ha cambiado la doctrina de las dos naturalezas en una doctrina de dos personas, esta distinción es muy importante. Los extremistas entre los teólogos modernos consideran a Cristo corno un mero hombre, en quien Dios se reveló en un grado superior al de un hombre común (Ritschl, el modernismo); en otras palabras, la diferencia entre Cristo y todos los demás hombres es sólo una diferencia de grado, y no de clase.

## 4. LA UNIÓN PERSONAL

Dios se halla en todo tiempo esencial y activamente presente en todas las criaturas. Jer. 23:23-24: Efe. 4:10; y a esta unión con el Dios Trino, todas las criaturas deben su subsistencia, Hech. 17:28; Col. 1: 16-18. A esta unión se le ha llamado, pues, la unión general *(unio generalis)* porque incluye todas las cosas que existen en el reino de la naturaleza, sean animadas o inanimadas, racionales o irracionales. Además de esta unión, la Escritura enseña también una unión especial *(unio specialis, unio spiritualis)* es decir, la unión que en su gracia tiene el Dios Trino con los creyentes *(unio mystica)*, por la cual, la comunión de los santos es el templo viviente y espiritual de Dios, Juan 14:23: 1 Cor. 3:16 y sig.; 6:17-19; Efe. 1:22-23. En tercer lugar, la Sagrada Escritura enseña una unión sacramental *(unio sacramentalis)*, por la cual, en la Santa Cena, se hallan real y substancialmente presentes el verdadero cuerpo y la verdadera sangre de nuestro Señor Jesucristo, y se distribuyen y se reciben en, con y bajo el pan y el vino.

Distinta de todas estas uniones es la unión personal *(unio personalis)*, por la cual la naturaleza divina y la humana de Cristo están íntimamente unidas en la persona única del Dios-hombre (la unión hipostática, *unio hypostatica)*. Hollaz define la unión personal así: "La unión personal es la conjunción de las dos naturalezas, la divina y la humana, que subsiste en la hipóstasis (*hypostasis, persona)* única del Hijo de Dios, y que produce una comunión mutua e indisoluble de las dos naturalezas". *(Doctr. Theol.*, p. 296). Esta unión personal se efectuó cuando el *logos* en su encarnación, asumió la naturaleza humana en su persona divina *(actus unitionis)* de tal manera que en el Cristo encarnado (*logos ensarkos*), Dios y hombre son para siempre una persona indivisa e indivisible *(status unionis, enosis hypostatike)*. Éste es el "misterio de la piedad", del cual testifica San Pablo que lo es "indiscutiblemente", *homologoumenōs mega*, 1 Tim. 3:16, o el milagro de los milagros.

La unión personal se comprueba incontrovertiblemente por medio de las proposiciones personales *(propositiones personales)*, esto es, por medio de citas bíblicas en las que se nos dice, con referencia al Cristo encarnado, que Dios es hombre y que el hombre es Dios. Mat. 16:13-17: El Hijo del Hombre es el Hijo del Dios viviente; Luc. 1: 31-32: El Hijo de María es el Hijo del Altísimo; Jer. 23:5-6: El Renuevo de David es Jehová, Justicia nuestra, Rom. 9:5: El Cristo que es procedente de los padres es Dios, bendito por los siglos. Juan 1:14: El Verbo fue hecho carne; Rom. 1:3-4: El que fue hecho de la simiente de David es el Hijo de Dios, Señor nuestro; etc. Estas proposiciones personales pueden explicarse sólo por el hecho de que la naturaleza divina y la humana se hallan tan íntima y permanentemente unidas en la persona de Cristo, que Él, es a la vez, verdadero Dios y verdadero hombre.

La unión personal, o hipostática, de las dos naturalezas en Cristo es del todo singular, es única en su género; es decir, en todo el reino de la naturaleza y en el de la gracia, no existe otra unión entre Dios y el hombre que pueda compararse a la que existe en Cristo. Quizás pueda ilustrarse con la unión del alma y cuerpo que existe en el hombre, y con la del hierro y el fuego en un trozo de ese metal en ignición; pero estas uniones son solamente similares, no iguales, a la unión personal. Así pues, podemos decir que en Cristo, Dios es hombre y el hombre es Dios; más no podemos decir que en el hombre el alma es cuerpo o que en el hierro candente el hierro es fuego.

Por esta razón las proposiciones personales han sido llamadas insólitas o singulares (*propositiones inusitatae)*, o proposiciones para las cuales no existe analogía. Pero aunque las proposiciones personales son únicas en su género, no obstante son reales y no meramente verbales; propias, y no metafóricas o figuradas. Esto quiere decir que en Cristo están verdaderamente unidas las dos naturalezas, así como lo afirman las proporciones personales, de manera que Cristo es Dios-hombre (*zeanzrōpos*) en todo el sentido del término *(persona synzetos persona composita)*.

Mientras la Iglesia Cristiana enseña la unión personal de las dos naturalezas en Cristo, basándose en los dichos claros de la Escritura, rechaza con toda energía: a) el error de Eutiques (el monofisismo), que enseñó que la unión se efectuó por medio de una mezcla de las dos naturalezas entre sí, o la conversión de una naturaleza en la otra *(unio per mixtionem et conversionem)*, de manera que de esa mezcla o conversión resultó un tercer objeto (*tertium quiddam*). b) el error de Nestorio, quien, aunque sostenía la existencia de una conexión *synafeia* de las dos naturalezas, no obstante las consideraba como separadas (*Fórmula de Concordia:* "dos tablas pegadas con cola"), y así negaba la unión personal y en particular la comunión de las naturalezas y la comunicación de los atributos (María no es *zeotokos*).

Contra estos dos errores declaró el concilio de Calcedonia (451): "Confesamos que Jesucristo es uno y el mismo, el unigénito Hijo y Señor, en dos naturalezas (*en duo fusesin*) sin mezcla (*asygxitōs*) sin cambio (*atreptōs*), [contra Eutiques], sin división (*adiairetōs*), sin separación (*axōristōs*). [contra Nestorio]". El error de Nestorio fue enseñado más tarde por Zuinglio (*alloiōsis*), que declaró: "Dondequiera que la Escritura dice que Cristo padeció, debes leer: La naturaleza humana sola padeció".

Para refutar el error de Eutiques al igual que el de Zuinglio (enseñado primeramente por Nestorio), nuestros dogmáticos dicen: "Las dos naturalezas en Cristo están unidas: a) inconvertiblemente (la naturaleza divina no se cambió en carne; contra Eutiques), b) inconfundiblemente (las dos naturalezas no se mezclaron para componer un tercer objeto; contra Eutiques), c) inseparablemente y sin interrupción (contra Nestorio); es decir, las dos naturalezas en Cristo jamás pueden ser separadas por ningún intervalo de tiempo o lugar. La unión ni se disolvió por la muerte (tiempo), ni después de la encarnación se halla el *logos* presente fuera de la carne, en lugar alguno (lugar). Después de la encarnación el Hijo de Dios es siempre y en todo lugar el Hijo de Dios encarnado. *Neque caro extra logos, Neque logos extra carnem.* Juan 1:14; Col. 2:9; Rom. 5:10; etc.

En oposición a todos los que sobre esta doctrina han errado en el pasado y a todos los que aún yerran en el presente, la Iglesia cristiana confiesa que la unión personal es:

a. No una unión nominal (unio nominalis), como si el Hijo del hombre fuese Dios sólo de nombre (Deus nuncupativus). Cristo es verdadero Dios de verdadero Dios. Juan 10:30, de manera que la unión personal es real (unio realis). Aunque todos los unitarios están dispuestos a llamar Dios a Cristo, niegan muy tenazmente que Cristo es en realidad Dios. (Ritschl: "Para nosotros Cristo tiene el valor de Dios; por consiguiente podemos estimarlo como Dios, si bien no podemos atribuirle realmente la deidad"; Harnack: "A Cristo puede llamársele Hijo de Dios porque proclamó a los hombres la paternidad de Dios").

b. No una unión natural (unio naturalis), como la del alma y el cuerpo, los cuales fueron creados para estar naturalmente unidos. La unión personal no es una unión natural, pues ella une íntima e inseparablemente al Creador y a la criatura, a Dios y al hombre, en una sola persona (ens increatum et creotum).

Esta unión es por lo tanto incomprensible a la razón humana, 1 Tim. 3:16. Para hacerla inteligible al menos hasta cierto punto, algunos teólogos escolásticos han dicho que el Hijo de Dios fue unido a la naturaleza humana mediante el alma, puesto que sólo de este modo pueden unirse dos seres inmateriales (Dios y el alma son ambos espíritus). Pero así como el cuerpo, también el alma es una criatura, de manera que esa expresión no resuelve el gran problema de cómo *Dios* pudo unirse con una *criatura* para formar una sola persona. Tal expresión resulta, pues, contraria a la escritura. Cierto es que Cristo al morir entregó su espíritu, Mat. 27:50; Mar. 15:37; Juan 19:30, de modo que cesó la unión natural del alma y el cuerpo; sin embargo, no por esto cesó la unión personal (Rom. 5:10: La muerte de Cristo fue la muerte del Hijo de Dios). Por esta razón, la unión personal no puede ser una unión natural, o una unión mediante el alma.

c. No una unión accidental (unio accidentalis), como cuando dos tablas se unen con cola o un cuerpo humano es revestido de ropas. Una unión accidental no une dos cosas en una, como lo hace la unión personal al unir dos naturalezas en una sola persona. De dos cosas unidas accidentalmente, una puede recibir daño y la otra no (el vestido se puede romper mientras el cuerpo permanece ileso); por el contrario, la naturaleza humana de Cristo estaba unida de tal modo a la divina que, cuando la naturaleza humana padeció, derramó sangre y murió, también el Hijo de Dios padeció, derramó su sangre y murió, 1 Juan 1:1,7; 1 Cor. 2:8; Hech. 20:28.

d. No una unión sostenedora (unio sustentativa, nuda parousia side parastasis), por la cual Dios, mediante su mera presencia divina, se halla presente en todas las criaturas y las sostiene. Col. 1:17; Hech. 17:28. Es verdad que la naturaleza divina sostuvo a la humana en el gran sufrimiento de Cristo, Mat. 26:42; no obstante, la esencia de la unión personal no consiste en ese acto sostenedor, sino antes bien en la más íntima conjunción de las dos naturalezas en la persona única de Cristo. Las criaturas jamás se incorporan en la Deidad a pesar de la presencia sostenedora de Dios; pero mediante la unión personal, la naturaleza humana de Cristo fue recibida en la persona del Hijo de Dios.

e. No una unión relativa (unio habitualis, relativa, sketike), que si bien pone dos cosas en cierta relación una con la otra, aún las deja esencialmente separadas. Así, dos amigos se juntan mediante la unión del mutuo afecto; no obstante, permanecen dos individuos distintos, hasta separados a veces por considerable distancia. Pero la unión personal de las dos naturalezas en Cristo no fue relativa (Teodoro de Mopsuestia, † hacia 428), ya que la plenitud de la Deidad habita en Cristo corporalmente, Col. 2:9. Las dos naturalezas en Cristo se hallan inseparablemente unidas, y mediante su íntima y permanente unión constituyen el Cristo único e indivisible. Mientras la unión forjada por la amistad puede dejar de existir, jamás deja de existir la unión personal.

f. No una unión esencial o mezclada (unio essentialis sive commixtiva), por la cual, mediante la unión personal, se coligaron las dos naturalezas para formar una sola naturaleza o esencia (el eutiquianismo).

Puesto que se acusó a los luteranos de que ellos también incurrían en la falta de mezclar las dos naturalezas (*conversio aut confusio aut exaequatio*), la *Fórmula de Concordia* refutó esta acusación errónea, diciendo (Decl. Sól., VII, 62 y sig.): "Bajo ningún concepto ha de sostenerse o afirmarse la conversión, confusión, o igualamiento de las naturalezas en Cristo o de sus atributos esenciales. Por ende, jamás hemos entendido las palabras 'comunicación real'... esto es, el impartimiento o comunión que ocurre real y efectivamente, en el sentido de comunicación física o transfusión esencial... por la cual se coligarían las naturalezas en su esencia o atributos esenciales... sino que las hemos opuesto a ´comunicación verbal´".

g. No una unión por adopción (unio per adoptionem, el adopcionismo; Félix de Urgel, Elipando de Toledo, en el siglo VIII; condenados por varios sínodos de 792 a 799, mayormente a instigación de Alcuino, † hacia 804), conforme a la cual se ha dicho que Cristo, según su naturaleza humana, es el Hijo adoptivo de Dios (Filius Dei adoptivut). El adopcionismo es una forma del nestorianismo; presupone dos personas en Cristo, una divina y la otra humana, y sostiene que la humana fue adoptada por la divina. En oposición a este error, nuestros dogmáticos luteranos enseñan que Cristo, según su naturaleza humana, por el hecho de su nacimiento, es el Hijo de Dios (Filius Dei natus vel ab ipsa nativitate). La encarnación no fue una adopción de la persona humana por Dios, sino la asunción de la naturaleza humana en la persona del logos.

El eutiquianismo y el nestorianismo, y consecuentemente el error de Zuinglio, tienen por objeto hacer inteligible a la razón humana el misterio de la encarnación, bien mezclando las dos naturalezas, bien separándolas. Pero ambos errores, que igualmente anulan la unión personal, niegan a la postre la expiación vicaria de Cristo, ya que sólo el Dios-hombre pudo efectuar la redención de la humanidad perdida y condenada. Tanto el eutiquianismo como el nestorianismo conducen al unitarismo (el modernismo), al error de que Cristo fue un mero hombre.

Lo mismo puede decirse del error del quenosismo (despojo), o la doctrina de que el Hijo de Dios en su encarnación se despojó a sí mismo (*ekenōsen*, Filip. 2:7) de los atributos divinos de la omnipotencia, omnipresencia y omnisciencia (Thomasius Delitzsch, Kahnis Luthardt, etc.), o de su divina conciencia y personalidad (Gess, Holmann, Frank). Por medio de esta "limitación personal" del Hijo de Dios se explica por cierto el misterio de la encarnación; pero el precio funesto de tal explicación es la inevitable negación de la verdadera deidad de Cristo. Pues si Dios se ha despojado de sus atributos divinos, también se ha despojado de su esencia divina y se ha cambiado así en un ser mutable, pues no puede ser verdadero Dios.

Así como rechazamos el quenosismo, tenemos que rechazar también el error del autohipostasismo (*autohypostatos*), según el cual el Hijo del Hombre constituía una persona distinta o separada (*idiosystatos*) quien, o se coligó gradualmente con la persona divina del *logos* (Dorner), o permaneció completamente separado (Seeberg, kirn, etc). Si eso fuese verdad, Cristo sería un mero hombre, en quien Dios simplemente obró en cierta medida extraordinaria. Si se adopta el autohipostasismo, se sacrifica y se pierde la unión personal, o la doctrina de las dos naturalezas de Cristo, sólo queda como única alternativa el modernismo extremo, con su negación absoluta de la deidad de Cristo.

El misterio de la encarnación nunca podrá ser explicado por medio de la razón; hay que aceptarlo totalmente o rechazarlo totalmente. En este punto, como en todos los que se refieren a los misterios de la revelación divina, se halla el teólogo cristiano, podríamos decir, en una encrucijada, y tiene que escoger o el camino de la fe cristiana o el camino de la incredulidad pagana.

## 5. LA COMUNIÓN DE LAS NATURALEZAS

Se ha hecho necesario tratar de un modo especial la comunión de las naturalezas. Pues aunque es cierto que tanto los calvinistas como los papistas admiten la unión de la naturaleza humana de Cristo con la persona (*hypostasis*) del *logos*, no obstante, niegan la comunión real y directa de una naturaleza con la otra. Mientras admiten que existe la unión personal, rechazan la comunión de las naturalezas. Se oponen a esta última doctrina que la Escritura enseña con tanta claridad, porque se basan en el axioma racionalista de que "lo finito no es capaz de recibir lo infinito" Así, pues, escribe el teólogo calvinista Danaeus: "Absolutamente nada de lo que es propio y esencial en la Deidad puede ser comunicado en modo alguno a una cosa creada, tal como la naturaleza humana asumida por Cristo". (Pieper, *Christl, Dogmatik*, II, 135 y sig.) Los teólogos calvinistas insisten tanto en este principio que no vacilan en acusar de eutiquianismo, o de coligar las dos naturalezas, a los luteranos que, de acuerdo con la Escritura, enseñan la comunión de las naturalezas.

Sin embargo, al negar la comunión de las naturalezas, los calvinistas y papistas se contradicen a sí mismos y niegan su propia doctrina en cuanto a la *unión personal*. Si lo finito es incapaz de recibir lo infinito, entonces es prácticamente imposible la unión de la naturaleza humana con la persona del *logos* (la unión personal), puesto que la persona del Hijo de Dios es tan infinita, como su *naturaleza* divina. En otras palabras, no podría existir la unión personal. Además, habría que negar como imposible toda la encarnación del Hijo de Dios, ya que ésta consiste esencialmente en la unión de Dios con el hombre. De ahí que, para ser consecuentes, los calvinistas y papistas deberían rechazar todo el misterio de la piedad: "Dios fue manifestado en carne", 1 Tim. 3:16. La doctrina de la comunión de las naturalezas sigue directamente a la de la unión personal, de manera que si cae una, cae también la otra.

Pero el error calvinista y papista se dirige también contra la Sagrada Escritura. La comunión de las dos naturalezas en Cristo se comprueba: a) con pasajes generales, tales como Juan 1:14, Heb. 2:14-15, etc., los cuales demuestran que el Hijo de Dios se unió de tal manera a la carne (*sarx*) que su naturaleza divina tiene verdadera comunión con la humana, b) con pasajes específicos, como Col. 2:3,9: "En Él habita corporalmente" (*sōmaticōs*) toda la plenitud de la Deidad. De estos pasajes aprendemos, en particular, que:

a) La naturaleza divina entró en una unión verdadera y real con la naturaleza humana, ya que en Cristo habita *corporalmente* la plenitud de la Deidad. Basándose en este y otros pasajes, escribe Hollaz: "La comunión de las naturalezas en la persona de Cristo es la participación mutua de la naturaleza divina y la humana de Cristo, mediante la cual la naturaleza divina del *logos*, habiéndose hecho partícipe de la naturaleza humana, penetra en ésta, la perfecciona, la habita y se la apropia; la naturaleza humana, por su parte, habiéndose hecho partícipe de la naturaleza divina, es penetrada, perfeccionada y habitada por ésta" (*Doctr. Theol.*, p. 316 y sig).

b) En Cristo no existe una mera contigüidad (*synafeia*) de las dos naturalezas, sino la más profunda e íntima interpenetración (*perixōresis*), puesto que la naturaleza divina penetra en la humana, así como el alma penetra en el cuerpo.

c) A pesar de esta interpenetración tan íntima, no existe coligación, mezcla o cambio de las dos naturalezas, porque la plenitud de la Deidad habita en la naturaleza humana. Así como una persona de la Trinidad penetra en las otras sin que se mezclen, o así como el alma habita en el cuerpo sin que ambos se coliguen, así penetra el *logos* en la carne, de tal manera que ninguna de las naturalezas se mezcla o coliga con la otra (*asygkytos, amiktos, atreptos*).

d) Debemos descartar el concepto de que la naturaleza divina se extiende más allá de la humana, ya que la plenitud de la Deidad habita *en el cuerpo*. O expresado de otro modo: así como el alma se halla en el cuerpo viviente, pero nunca fuera de él, así se halla el *logos* en la carne para no estar jamás fuera de ella (*neque caro extra logon, neque logos extra carnem*).

e) La comunión de las dos naturalezas en Cristo es inseparable (*akōsistos*), puesto que las dos naturalezas están unidas permanentemente (*adiastatōs*), o de tal manera que la una está siempre donde está la otra. La doctrina de la comunión de las naturalezas según la enseñan los teólogos luteranos es por lo tanto verdaderamente bíblica.

Quenstedt presenta la doctrina del modo siguiente: "La comunión de las naturalezas es aquella íntima participación (*koinōnia*) y combinación (*synduasis*) de la naturaleza divina del *logos* y la naturaleza humana asumida por Él, por la cual el *logos*, mediante la más íntima y profunda Interpenetración (*perikōresis*) penetra, habita y se apropia la naturaleza humana unida a Él personalmente, de tal modo que de ambas, en su intercomunicación mutua, resulta el sujeto único e incomunicable, a saber, una persona". (*Doctr. Theol.,* p. 310). La doctrina opuesta de Zuinglio (el nestorianismo) la describe Quenstedt de este modo: "Condenamos la antítesis de los calvinistas, algunos de los cuales enseñan que es sólo la persona del *logos* y no al mismo tiempo su naturaleza divina la que se ha unido a la naturaleza humana... Así inventan una doble unión, la mediata y la inmediata, diciendo que las dos naturalezas están unidas, no inmediatamente, sino por el medio de la persona del *logos*". (*Doctr. Theol.*, p. 316).

Los teólogos calvinistas se oponen a la comunión de las naturalezas por el hecho de que en tal caso, según ellos, habría que imaginar una naturaleza humana de Cristo "muy grande", puesto que de lo contrario no podría estar presente en todas partes con la naturaleza divina (extensión local); aún más, opinan que en tal caso no podría considerarse en modo alguno como verdadera naturaleza humana, ya que se le atribuirían propiedades de que no es capaz la naturaleza humana. En respuesta a esto decimos que la naturaleza humana de Cristo no fue agrandada físicamente mediante la encarnación, sino que es omnipresente con la naturaleza divina, Mat. 28:20, no por medio de una *extensión local,* sino mediante una *especie de presencia ilocal,* Juan 20:19-26; Luc. 24:31, que posee además de su común modo de presencia local, Juan 4:3-4, por virtud de la unión personal.

Si los teólogos calvinistas vuelven a preguntar cómo puede ser posible esto sin que se incurra en la destrucción de la naturaleza humana, replicamos que la Sagrada Escritura lo enseña como hecho indiscutible (Juan 1:14: Mat. 28:18-20), aunque afirma que es un gran misterio (1 Tim. 3:16), y que por lo tanto esta doctrina no debe ser negada, sino creída. Y otra vez, si aseveran que la naturaleza humana de Cristo recibío dones finitos extraordinarios (*dona finita extraordinaria),* pero no en realdad dones divinos (*dona divina),* les recordarnos que consideren los pasajes bíblicos que directamente atribuyen *dones divinos* a la naturaleza humana, 1 Juan 1:7; Mat. 9:6; Juan 5:27; Mat 28:18-20. Mientras la naturaleza humana ejecuta actos naturales (comer, beber, sufrir, morir, etc.), que son comunes a todos los hombres, también ejecuta actos personales (perdonar pecados, juzgar a los vivos y a los muertos, etc.) que son el resultado directo de su íntima comunión con la naturaleza divina.

Así como se usan las proposiciones "Dios es hombre" y "el hombre es Dios" para comprobar la unión personal, se usan también para comprobar la comunión de las naturalezas en Cristo.

Zuinglio, siguiendo a los nestorianos, objeta que las proposiciones personales, en lo que atañe a la comunión de las naturalezas *(quoad communionem naturarum),* son simplemente nominales *(propositiones verbales, propositiones tropicae).* A lo que replicamos que en tal caso hay que considerar también como nominales y figuradas la encarnación, la unión personal y todo lo que enseña la Escritura con respecto a la persona de Cristo; pues lo que es verdad en cuanto a cierta parte de un misterio, es verdad también en cuanto a todo el misterio. Aún más, si en la Escritura hemos de considerar como nominales o figuradas todas las cosas a que se opone la razón ciega del hombre, tendríamos que negar a la postre todo artículo de la fe cristiana.

Contra el eutiquianismo y el nestorianismo declara la *Fórmula de Condordia* (Art. VIII. 13 y sig.): "Las dos naturalezas se hallan unidas no como dos tablas pegadas con cola, de manera que realmente, esto es, en realidad y de hecho, la una no tiene comunión con la otra" (contra Nestorio y Pablo de Samosata), ni a la manera de "una mezcla o igualdad de las naturalezas, como cuando se hace hidromiel de agua y de miel, que ya no es más miel y agua puras, sino bebida mixta" (contra Eutiques), sino como "el alma y el cuerpo, o el fuego y el hierro, que tienen comunión mutua, no en virtud de cierto modo de hablar o debido a un juego de palabras, sino en realidad y en verdad".

Contra los errores de los calvinistas (los nestorianos), los papistas y los eutiquianos nuestros dogmáticos han hecho la siguiente breve descripción de la interpenetración (*perikōresis*) de las dos naturalezas: La interpenetración es: a) íntima y perfectísima; b) mutua, pues ambas naturalezas se penetran recíprocamente; c) inseparable (*akōristos*); sin confusión, mezcla o cambio (*asygkytos, amiktos, atrepios*), pero de tal manera que las dos naturalezas en Cristo se hallan unidas continuamente (*adiastatoi, sive sibi mutuo presentes*) y jamás se halla una fuera de la otra (*nuspiam ultra, nuspiam extra).*

## 6. LA COMUNICACIÓN DE LOS ATRIBUTOS

Puesto que la unión personal no puede ser perfecta e interpenetrante sin la participación mutua de las propiedades, la comunicación de los atributos (*communicatio idiomatum*) de las dos naturalezas en Cristo es el resultado necesario de la unión personal. Cuando el Hijo de Dios asumió en su persona la verdadera naturaleza humana, asumió también las propiedades intrínsecas de la naturaleza humana (ser una criatura, nacer, padecer, morir, ascender y descender, ir de un lugar a otro, etc.). Todos los que niegan la comunicación de los atributos, se ven precisados a negar también la unión personal, o el supremo misterio de que el Verbo fue hecho carne.

Hollaz describe la comunicación de los atributos del modo siguiente: "La comunicación de los atributos es la participación verdadera y real de las propiedades de la naturaleza divina y la humana como resultado de la unión personal en Cristo, el Dios-hombre, que es denominado por una o ambas naturalezas". (*Doctr. Theol.,* p. 321).

Por el término propiedades (*idiōmata propria*), que se usa aquí en su sentido más amplio, entendemos no sólo las propiedades naturales mismas, sino también lo que hacen y lo que padecen (*energemata kai apotelesmata. actiones et passiones*), por lo cual las propiedades efectúan alguna cosa (crear - ser creado; dar vida - perder vida).

Pese a que los atributos de las dos naturalezas se aplican al concreto de ambas naturalezas (Cristo - el Dios-hombre) o al concreto de cualquiera de las dos naturalezas (Dios - el Hijo del Hombre), no ha de inferirse de esto que las propiedades de una naturaleza se vuelven las propiedades de la otra (Dios no es mortal; el hombre no es eterno); pues mediante la unión personal las dos naturalezas no se cambian substancialmente, sino que cada una retiene los atributos que le son esenciales a los atributos que le son naturales. (*Doctr. Theol.,* p. 313). Por lo tanto, sólo a la persona, sin más distinción, pueden atribuírsele los atributos de la una o la otra naturaleza. Esta verdad se dilucidará más adelante.

Cuando hablamos del "concreto de la naturaleza divina" nos referimos a términos tales como *Dios,* el *Hijo de Dios,* el *logos,* etc.; cuando hablamos del "concreto de la naturaleza humana" nos referimos a términos tales como *Hombre*, el *Hijo de María,* etc.; cuando hablamos del "concreto de la persona", o de las dos naturalezas, nos referimos a términos tales como *Cristo, Mesías, Emanuel,* etc., designaciones específicas para la persona que consiste en ambas naturalezas.

Es verdad que todo lo que se presentará bajo el título "Comunicación de los Atributos" ya está Incluido en la doctrina de la unión personal. No obstante, volveremos a tratar, bajo tres títulos distintos, lo que enseña la Escritura a este respecto. Pues así se podrá comprender más fácilmente la doctrina de la comunicación de los atributos, y se podrá refutar con mayor facilidad la antítesis de los que yerran en este punto. Tenemos, pues, nuestras fundadas razones para hablar de los *Tres Géneros de la Comunicación de los Atributos.*

## EL PRIMER GÉNERO (GENUS IDIOMATICUM)

El primer género de la comunicación de los atributos lo describe Hollaz del modo siguiente: "El primer género de la comunicación de los atributos consiste en esto: Aquellas propiedades que son peculiares a la naturaleza divina o a la humana se atribuyen verdadera y realmente a toda la persona de Cristo, bien que se hable de una de sus naturalezas o de ambas". (*Doctr. Theol.*, p. 314). 1 Cor. 2:8: "Nunca habrían *crucificado al Señor de gloria"*; Hech. 3:15: *"Matasteis al Autor de la vida"*; Heb. 13:8: "Jesucristo es el mismo ayer, y hoy, por los siglos"; Juan 8:58: "Antes que Abraham fuese, yo soy", etc. En todos estos pasajes y en otros similares, se atribuyen a toda la persona peculiaridades que pertenecen a una naturaleza o a la otra.

La importancia del primer género de la comunicación de los atributos deriva de la falsa interpretación que ciertos teólogos han dado a los pasajes bíblicos que atribuyen peculiaridades humanas o divinas a toda la persona de Cristo. Así se ha afirmado, que no es propio aplicar al Hijo de Dios los atributos humanos de "nacer" "padecer" y "morir". Nestorio se opuso a que María fuese llamada *neotokos* o sea, la "Madre de Dios". Zuinglio recurrió a una figura retórica para excluir al Hijo de Dios de la Pasión y muerte de Cristo. Según Zuinglio, la expresión: "Cristo padeció" quiere decir: "La naturaleza humana padeció"; y la expresión: "Mi carne es verdadera comida" quiere decir: "Mi naturaleza divina es verdadera corrida". En resumen, tanto Nestorio como Zuinglio negaron que "la sangre de Jesucristo, el Hijo de Dios, nos limpia de todo pecado", 1 Juan 1:7, o en otras palabras, que la Pasión y muerte de Cristo fue la Pasión y muerte de Dios.

La Escritura empero, afirma esto categóricamente: El Hijo de Dios fue hecho de mujer (Gal. 4:4) y padeció y murió (1 Cor. 2:8): y es precisamente el hecho de que *Dios* padeció y murió por nosotros lo que da a la sangre de Cristo el poder de limpiarnos de todo pecado, 1 Juan 1:7. Las Escrituras atribuyen así a toda la persona de Cristo dos clases de propiedades: divinas y humanas, aunque en muchos casos, señalan la naturaleza según la cual ha de atribuirse a toda la persona la propiedad de que se trata. Rom. 1:3: "Acerca de su Hijo, nuestro Señor Jesucristo, que era del linaje se David *según la carne"*. Algunas veces las propiedades se refieren al concreto de la naturaleza divina (Hijo de Dios, Señor de Gloria, Príncipe de Paz), otras, al concreto de la naturaleza humana (Hijo de David. Hijo del Hombre), y aún otras, al concreto de las dos naturalezas (Cristo, Emanuel, nuestro Señor Jesucristo, pero los atributos siempre se consideran como pertenecientes a todo el Cristo.

De esta manera la Escritura atribuye a Cristo eternidad (Juan 8:58) y edad determinada (Luc. 3:23); el haber sido engendrado por el Padre desde la eternidad (Juan 1: 14,18; Rom. 8:32) y el haber nacido de la virgen María, en el cumplimiento del tiempo (Gál. 4:4; Luc. 1:35; 2:7); omnisciencia (Juan 21:17; 2: 24-25) y conocimiento limitado (Luc. 2:52; Mar. 13:32); omnipotencia (Mat. 28:18; Mar. 4:39) y poder limitado (Juan 18:12); vida, esencial y absoluta (1 Juan 1:2; Juan 10:18; 5:26) y muerte y resurrección (Mat. 16:21; 1 Cor. 2:8, Hech. 3:15). Ambas clases de atributos, los divinos y los humanos, pertenecen a Cristo en forma igual, real y verdadera, porque las dos naturalezas, la divina y la humana, también le pertenecen real y verdaderamente. Sin embargo, los atributos divinos pertenecen a Cristo según su naturaleza divina, mientras que los atributos humanos le pertenecen según su naturaleza humana, pues así lo indica la Escritura muy claramente mediante las partículas diacríticas, como le vemos en Rom. 1:3; 9:5.

Al describir la obra redentora de Cristo, es preferible emplear las expresiones concretas "El *Hijo de Dios* padeció y murió" en vez de las abstractas: "La *Divinidad* padeció y murió", porque éstas, pueden ser interpretadas en el sentido del teopasianismo. Sin embargo, si se entienden bien, estos términos son correctos. Lutero y los dogmáticos del siglo dieciséis los emplearon con frecuencia en el sentido de la "Deidad en la carne". (Cf. Col. 2:9). Entre paréntesis podemos añadir que nuestros dogmáticos jamás afirmaron que *Dios en su naturaleza* puede padecer y morir. Lo que enseñaron es que Cristo, el Hijo encarnado de Dios, quien es verdadero Dios y verdadero hombre, padeció y murió *según su naturaleza humana.*

## EL SEGUNDO GÉNERO (GENUS MAIESTATICUM)

El segundo género de la comunicación de los atributos es aquel por el cual el Hijo de Dios, debido a la unión personal, comunica verdadera y realmente las propiedades de su naturaleza divina a la naturaleza humana que ha recibido en su persona, para común posesión, uso y designación (Hollaz). Así como el *genus idiomaticum* es consecuencia de la unión personal, así lo es también necesariamente el *genus maiestaticum*, pues como la persona del *logos* asumió la naturaleza humana, ésta, participa de toda la gloria y majestad de la naturaleza divina y por lo tanto, también de sus atributos divinos, Juan 1:14; 5:27; 6:51. Puesto que la encarnación es real, tiene que ser real también la comunicación de los atributos divinos a la naturaleza humana, ya que mediante la unión personal ha entrado en comunión con la naturaleza humana no sólo la persona, sino también la naturaleza divina, que no puede ser separada de la persona.

Pero, a pesar de que la Sagrada Escritura enseña esta verdad tan claramente, hallamos que muchos la han negado en forma rotunda y obstinada. En particular se ha afirmado que la naturaleza humana no puede recibir divina omnipotencia, omnisciencia y omnipresencia, porque lo finito es incapaz de estas propiedades infinitas (los calvinistas, los papistas). Aún más, los que yerran en este punto, alegan que se destruiría la naturaleza humana si ésta, por fuerza, tuviese que participar de los atributos divinos. Así pues, según ellos, mediante la unión personal la naturaleza humana de Cristo recibió, no omnipotencia, sino solamente gran poder; no omnisciencia, sino solamente gran conocimiento; no omnipresencia, sino solamente una gloriosa presencia local a la diestra de Dios. En resumen, la doctrina calvinista concede a la naturaleza humana de Cristo no dones divinos, sino únicamente dones finitos extraordinarios, de los cuales es capaz la naturaleza humana en general. Pero el que niega la comunicación de los atributos divinos a la naturaleza humana, niega también la unión personal; pues si la naturaleza humana de Cristo no pudiera participar de los atributos divinos, tampoco podría ser recibida en la persona del *logos*, de manera que no podría haber encarnación. Lo que conduce al resultado práctico de que los calvinistas y los papistas, al rechazar la doctrina de la comunicación de los atributos, rechazan también la doctrina de la encarnación (la unión personal), aunque la sostengan en la teoría.

En oposición al error calvinista y papista, la Escritura afirma que Cristo, según su naturaleza humana, recibió omnipotencia divina (Mat. 28:18: "Toda potestad me es dada"; Juan 5:27: "Autoridad de hacer juicio"; 6:51: Poder de dar vida; cf. Mat. 16:27; Hech. 17:31), omnisciencia divina (Col. 1:19; 2:3,9), omnipresencia divina (Mat. 18:20, 28:20; Juan 3:13; Efe. 1:23; 4:10), majestad divina (Mat. 11:27; Luc. 1:33; Juan 6:62; Filip. 2:6; Heb. 2:7), gloria divina (Mat. 26:64; Mar. 14:62; Rom. 8:34; Efe. 1:20; 4:10; Heb. 8:1). Además de estos pasajes, hay otros que también enseñan el *genus maiestaticum,* como por ejemplo, Juan 1:14, donde se declara expresamente que la gloria dada a la naturaleza humana fue vista aun en el estado de humillación de Cristo, y Col. 2:9, donde se nos dice que en Cristo habita corporalmente toda la *plenitud* de la Deidad, de manera que toda la esencia divina fue comunicada evidentemente al cuerpo de Cristo, o sea, a su naturaleza humana.

De acuerdo con la Escritura sostenemos, pues, que mediante la unión personal, la naturaleza humana de Cristo vino a poseer todos los atributos divinos del *logos*, no esencialmente *(formaliter),* sino por comunicación *(per communicationem),* he aquí, en pocas palabras, lo que entendemos por el "segundo género" de la comunicación de los atributos.

Para dar una explicación más amplia del segundo género, el *genus maiestaticum*, añadimos lo siguiente:

a. Hay que distinguir entre la posesión (ktesis) y el uso (jresis) de los atributos divinos comunicados a la naturaleza humana. En lo que respecta a la posesión, las propiedades divinas fueron comunicadas a la naturaleza humana en el momento preciso o acto mismo de la unión (la concepción), de manera que ya el niñito Jesús poseía toda la gloria y majestad divinas, Juan 1:14; Luc. 1:35. Sin embargo, según su naturaleza humana en el estado de humillación, Cristo no usaba siempre ni completamente la majestad divina comunicada a su naturaleza humana, aunque con frecuencia dejaba traslucir destellos de su divina omnipotencia, omnisciencia, etc., Juan 12:28; Mat. 3:17; Juan 14:11, 11:43 y sig.; Mat. 17:2 y sig. El uso pleno y constante de la majestad divina comunicada a la naturaleza humana empezó sólo con la exaltación de Cristo a la diestra de Dios, Efe. 1:23; 4:10; Filip. 2:9 y sig.

b. La comunicación recíproca que hallamos en el primer género, no ocurre en el genus maiestaticum; pues no puede haber humillación, despojo o menoscabo de la naturaleza divina (tapeinōsis, kenōsis, elattōsis) así como hay mejoramiento o exaltación (beltiōsis, yperypsosis) de la naturaleza humana. La naturaleza divina es inmutable y por lo tanto, no puede ser perfeccionada o disminuida, exaltada o humillada. La mutación corresponde, pues, a la naturaleza que es asumida y no a la que asume. (Quenstedt).
Nuestras Confesiones Luteranas rechazan por lo tanto, lo que se conoce con el nombre del cuarto género (*genus takeinōticon*), por el cual Cristo, en su estado de humillación, había echado a un lado y abandonado "toda potestad en el cielo y en la tierra" inherente a su naturaleza divina. (Cf. *Fórmula de Concordia*, Epít. VIII, 39). Nuestras Confesiones observan con toda razón, que mediante esta "perversión blasfema" "se prepara el camino para la maldita herejía arriana, de modo que por fin se niega la eterna deidad de Cristo, y así perdemos por completo a Cristo, y al perder a Cristo, perdemos nuestra salvación". (Cf. el error del quenosismo).

c. La naturaleza humana de Cristo poseía, además de sus propiedades esenciales, dones finitos más excelentes que los que posee el hombre pecador; éstos se atribuyen a ella debido a su perfección e impecabilidad, Luc. 2:47, 52. Sin embargo, además de estos dones, se impartieron a Cristo, según su naturaleza humana y mediante la unión personal, Col. 2:3, 9, "dones verdaderamente divinos, increados, infinitos e inconmensurables", o "todos los atributos divinos" de la naturaleza divina, para usarlos plena y abiertamente en su exaltación y después de ella, Filip. 2:9 y sig.

d. Puesto que la naturaleza divina de Cristo comunicó sus propios atributos a la naturaleza humana, imputamos los atributos divinos a Cristo según sus dos naturalezas, la divina y a humana. A la naturaleza divina empero, los atribuimos esencialmente o como pertenecientes a ella por inherencia, mientras que a la humana los atribuimos mediante la comunicación. Así habla la Escritura, Col. 2:9, y de este modo evitamos el error de afirmar que la comunicación ocurrió mediante "una infusión esencial o natural de las propiedades de la naturaleza divina en la humana". Este error lo condenan nuestras Confesiones al declarar: "De ningún modo puede sostenerse o admitirse la conversión, confusión o igualamiento de las naturalezas en Cristo o de sus atributos esenciales". (Fórmula de Concordia, Art. VIII 62 y sig.
Debido a las controversias sobre este punto, se hace necesario considerar en sus pormenores las propiedades divinas individuales que, según la Escritura, fueron comunicadas a la naturaleza humana.

a. Omnisciencia. Según Juan 3:34, la naturaleza humana de Cristo recibió el Espíritu sin medida (ouk ek metron), Por lo tanto, puesto que el Espíritu Santo es el Espíritu de sabiduría y de inteligencia, Isa. 11:2; 1 Cor. 2:10-11, Cristo recibió, según su naturaleza humana, sabiduría e inteligencia infinitas. Por consiguiente, distinguimos en Cristo un doble conocimiento, a saber, el conocimiento divino infinito que comunicó la naturaleza divina a la naturaleza humana mediante la unión persona (actus personalis) y el conocimiento que poseía la naturaleza humana como natural y esencial (actus naturalis). El primero es conocimiento infinito u omnisciencia [divina ommscientia); el segundo es conocimiento finito, capaz de crecer (scientia naturahs, habitualis, experimentalis). A este último conocimiento se refiere el evangelista cuando dice: "Jesús crecía en sabiduría" (Luc. 2:52). El conocimiento infinito y divino que fue comunicado a la naturaleza humana de Cristo se menciona en Col. 2:3.

Lo dicho en Mar. 3:32 no niega a la naturaleza humana la comunicación del conocimiento infinito y divino, antes bien describe al Cristo encarnado en su estado de humillación, estado en que se abstuvo de usar plenamente los atributos que se le habían comunicado. Según su naturaleza humana, Cristo empleaba los dones divinos que se le habían comunicado sólo cuando éstos eran necesarios para su obra redentora. La redención del hombre pecador no requería empero, la promulgación del día y la hora en que habría de sobrevenir el día del Juicio. Si los teólogos calvinistas objetan que es imposible concebir al conocimiento comunicado y divino como parcialmente inactivo (*actus primus*) y parcialmente activo (*actus secundus*), es preciso recordarles que la mente humana es incapaz de comprender el "misterio de la piedad", 1 Tim. 3:16, ya sea total o parcialmente. Sin embargo, la relación entre el conocimiento activo e inactivo de Cristo puede compararse hasta cierto punto con el alma humana, que mientras duerme tiene conocimiento y sin embargo no lo usa. Hay que afirmar que yerran en este punto tanto los calvinistas como los papistas, al negar la comunicación del conocimiento divino a la naturaleza humana de Cristo, pues aseveran que el Hijo del Hombre, aún en su estado de exaltación, ignora muchas cosas.

b. Omnipotencia. El hecho de que Cristo, según su naturaleza humana, recibió omnipotencia divina es una verdad que la Escritura enseña en términos muy claros, Dan. 7:13-14; Mat. 28:18; Heb. 2:8. Aun en su estado de humillación estaba dotado de omnipotencia. Mat. 11:27; Juan 13:3; 3:35; Isa. 9:6 y sig., de modo que podía sanar a los enfermos, Mat. 4:23; Mar. 1:34; Luc. 4:40, echar fuera a los demonios, Luc. 4:41; 11:14; resucitar a los muertos, Juan 5.21, 12:1, y, en resumen, obrar todos los milagros que según la profecía, serían obrados por el Mesías, Isa. 35:4-6; 61:1-2; Luc. 4:17-21; Mat. 11:4-6.

Que Cristo poseía omnipotencia divina, también según su naturaleza humana, lo evidencian en particular aquellos pasajes que declaran expresamente que esta propiedad le fue dada porque era el Hijo del Hombre, Juan 5:26-27; Mat. 16:27; Luc. 22:69; Dan.7:13-14; Col. 2:9. Por consiguiente, el Hijo del Hombre obró sus milagros no como un simple agente, en representación del Padre (*instrumentum aergon*), sino por su propio poder (*instrumentum synergon*), como lo expresa la Escritura con toda claridad, Juan 2:11; 6:51-58.

Con respecto a los pasajes que declaran que Cristo recibió propiedades divinas aquí en la tierra, Juan 5:26-27; 13:3; Mat. 11:27; 28:18, afirma el canon de la Iglesia Cristiana primitiva: "Todo lo que Cristo recibió en la tierra, lo recibió según su naturaleza humana y no según la divina". En otras palabras no se refieren estos pasajes a su eterna generación, sino a su encarnación. "Todo lo que dice la Escritura en cuanto a lo que el Verbo recibió aquí en la tierra... lo dice con respecto a su *humanidad* y no con respecto a su *divinidad*". (Atanasio. *Triglotta,* p.111 7).

Además del poder infinito y divino que Cristo recibió según su naturaleza humana, poseía también, en su estado de humillación, poder finito, o limitado, pues para hacer posible su obra redentora, no usaba siempre ni completamente las prerrogativas divinas comunicadas a su naturaleza humana, 2 Cor. 8:9; Juan 10: 17-18; Filip. 2:6-8. Sólo de este modo podía Él "crecer en sabiduría", Luc. 2:52, y padecer y morir, Filip. 2:8; lo que sin embargo no le impedía dar pruebas de su poder divino también en su estado de humillación, Juan 11:40-44. La oposición tenaz que ofrecen los teólogos calvinistas a la doctrina bíblica de la omnipotencia comunciada a Cristo se evidencia de la declaración de Hodge: "La omnisciencia y omnipotencia de la naturaleza humana de Cristo no sobrepasan la omnipotencia de un obrador de milagros". (*Syst. Theol.,* 11,417.).

c. Omnipresencia. Así como la Sagrada Escritura atribuye omnisciencia y omnipotencia a la naturaleza humana de Cristo, así también le atribuye omnipresencia, Mat. 28:18-20; Efe. 1:20-23; 4:10. Pero la omnipresencia de la naturaleza humana de Cristo se enseña también en Juan 1:14 y Col. 2:9; pues estos pasajes declaran que se halla presente el λόγος después de su encarnación, se halla presente como el logos ensarkos (Filius Dei incarnatus). (Neque logos extra carnem, neque caro extra logos).

Nuestros dogmáticos fundándose en la Escritura, rechazan categóricamente lo que se ha dado en llamar el *extra illud Calvinisticum,* o sea, la afirmación calvinista de que el *logos* se unió de tal manera a la naturaleza humana que en realidad la habita por completo, pero que al mismo tiempo, porque es inmenso e infinito, existe y obra también por completo fuera de la naturaleza humana. El *extra illud Calvinisticum* no sólo es antibíblico, sino que también se contradice a sí mismo.

Además de considerar absurda toda la doctrina de la comunicación de los atributos, los teólogos calvinistas condenan en particular como monstruosa invención *(monstrosum figmentum)* o monstruo de impiedad *(impium monstrum)* la doctrina bíblica de la omnipresencia que fue comunicada a Cristo (Cf. Pieper, *Christliche Dogmatik,* II, 183 v sig.). Al negar la presencia personal de la naturaleza humana de Cristo, enseñan una presencia sólo de su *eficacia,* y acusan a los teólogos luteranos de exponer la enseñanza absurda de la *ubicuidad,* o de la *extensión local* de la naturaleza humana, aunque los teólogos luteranos siempre han rechazado esto como pueril fantasía; pues los luteranos explican la omnipresencia de la naturaleza humana de Cristo, no mediante una extensión local, sino mediante su modo de presencia, que es ilocal y sobrenatural.

Los argumentos que aducen los teólogos calvinistas contra la omnipresencia de Cristo se basan en el hecho de que Cristo subió a los cielos, que está sentado a la diestra de Dios Padre y que desde allí ha de venir a juzgar a los vivos y a los muertos, etc., como si estos actos presupusiesen una mera presencia local. Pero tal argumentación revela un concepto pueril acerca de Dios y las cosas celestiales. Igualmente infundado es el argumento de que, como todo cuerpo real tiene que ocupar siempre un lugar determinado, también la naturaleza humana de Cristo tiene que ocupar necesariamente siempre un lugar determinado. El universo es por cierto un cuerpo material creado; sin embargo no se halla en cierto espacio, sino en Dios. Hech. 17:28.

Así como la naturaleza humana de Cristo recibió omnisciencia y omnipotencia divinas en el *primer momento* de la unión personal, así también recibió omnipresencia divina. Esto no quiere decir que la naturaleza humana, mediante la unión personal perdió sus propiedades naturales, de modo que el cuerpo de Cristo cesó de estar en cierto lugar determinado; pues la omnipresencia de la naturaleza humana, no fue "física, difusiva, expansiva densa, local, corpórea y divisible", sino divina y sobrenatural. Nuestros dogmáticos hacen la debida distinción entre la omnipresencia simple de Cristo (*nuda adessentia, praesentia partialis, adiatasia*) y su omnipresencia triunfante (*omnipraesentia totalis, omnipraesentia modificata*), la cual existe siempre en relación con el dominio divino. El primer modo de omnipresencia lo poseía Cristo en su estado de humillación, Juan 1:14; Col. 2:9; Juan 3:13, ya que después de la encarnación jamás se halla el *logos* fuera de la carne. El otro modo de omnipresencia lo posee Cristo en su exaltación. Efe. 1:20-23; 4:10.

Además de la omnipresencia divina, que le fue comunicada mediante la unión personal (*actus personalis, praesentia illocalis, supernaturalis, repletiva*), la naturaleza humana de Cristo en su estado de humillación, poseía también un modo natural de presencia (*actus naturalis, praesentia localis*), Luc. 2:12.

A base de la Sagrada Escritura, nuestros dogmáticos atribuyen a la naturaleza humana de Cristo tres modos de presencia, a saber, a) *praesentia localis, praesentia circumscriptiva,* b) *praesentia illocalis, praesentia definitiva,* Juan 20:19, y c) *praesentia repletiva, divina, supernaturalis,* Efe. 1:23; 4:10 (Cf. *Christl. Dogmatik,* II 195 y sig.). A estos modos de presencia puede añadirse la *praesentia sacramentalis,* según, la cual el cuerpo de Cristo se halla realmente presente en la Santa Cena, Mat. 26:26.

El "estar sentado a la diestra de Dios Padre" no debe considerarse como un "espacio circunscrito o físico", ya que, como nos dice Gerhard con mucho acierto, "la diestra de Dios no es un lugar físico, circunscrito, limitado o definido, sino el poder infinito de Dios y su plena majestad en el cielo y en la tierra, o su absoluto dominio por el cual Dios preserva y gobierna todas las cosas", Sal. 18:35; 44:3; 108:6; 63:8, etc. Así también escribe Hollaz; "Sentarse a la diestra de Dios quiere decir, por virtud de la unión personal y la exaltación que la sigue, gobernar todo el universo de la manera más poderosa, más eficaz y más gloriosa que se conoce, 1 Cor. 15:25-27; Sal. 110:1-2; Heb. 2:7-8". (Cf. *Doctr. Theol.,* p. 403).

d. Adoración. Así como la Sagrada Escritura atribuye a Cristo, según su naturaleza humana, majestad y gloria divinas, Col. 2:9, así también le atribuye adoración divina, Juan 5:20-23; Filip. 2:9-11; Apoc. 5:9-10. Los calvinistas y los papistas enseñan a base de Isa. 42:8 y Jer. 17:5 que no debe rendírsele adoración a la naturaleza humana de Cristo. Pero por medio de tal enseñanza demuestran que, a pesar de sus declaraciones para probar lo contrario, sostienen la doctrina nestoriana, separan las dos naturalezas en Cristo y niegan el misterio de la encarnación (la unión personal). Todos los que enseñan correctamente la unión personal nunca consideran la naturaleza humana como separada de la naturaleza divina, sino como unida siempre a ella en la persona única e indivisible de Cristo, de manera que el que adora la naturaleza divina, adora al mismo tiempo la naturaleza humana, o al Cristo encarnado.

Al tratar el segundo género, se ha debatido la pregunta de si las expresiones abstractas como: "La naturaleza humana de Cristo da vida" o "la naturaleza humana de Cristo es todopoderosa", etc., deben ser reemplazadas con las expresiones concretas como: "Cristo da vida" o "el Hijo del Hombre es todopoderoso", etc., ya que las primeras pueden conducir a los neófitos a creer que la naturaleza humana, independiente de la unión personal (*in abstracto reali*), está dotada de tal poder, o que la naturaleza humana posee omnipotencia divina como don especial, independiente de la omnipotencia de la naturaleza divina.

Tal concepto falso debe ser corregido; sin embargo, el uso de estas expresiones no ha de ser condenado, ya que la Escritura misma las emplea. Juan 6:51; 1 Juan 1:7. Además, dichas expresiones están destinadas a afirmar con el mayor énfasis la doctrina de la comunicación de los atributos, o la verdad bíblica de que en Cristo las dos naturalezas, con todos sus atributos, están muy íntimamente unidas, unión que comprende no sólo los atributos que se conocen con el nombre de atributos operativos (*energetika*) como omnipotencia, omnisciencia, sino también los atributos latentes (*anenergeta*), como eternidad, infinidad, inmensidad. Col. 2:9; Juan 1:14, etc.

Lutero escribe sobre este particular: "Según el nacimiento temporal y humano, también se le ha dado a Cristo el eterno poder de Dios, pero esto sucedió en el tiempo y no desde la eternidad. Pues la humanidad de Cristo no ha sido desde la eternidad como la divinidad; sino que según nuestro calendario, Jesús, el Hijo de María, tiene actualmente 1543 años. Desde el instante empero en que la divinidad y la humanidad fueron unidas en una sola persona, el hombre, el Hijo de María, es y se le llama Todopoderoso, Dios eterno, que tiene poder eterno y ha creado todas las cosas y las sostiene aún mediante la comunicación de los atributos, por la razón de que ese hombre forma con la divinidad una sola persona y es verdadero Dios". *Fórmula de Concordia,* Decl. Sól., VIII, 85).

Por otra parte, aunque la Escritura atribuye a la naturaleza humana la plenitud de la Deidad, Col. 2:9, jamás aplica directamente a la naturaleza humana de Cristo los atributos latentes (eternidad, inmensidad, infinidad), sino solamente los atributos operativos (omnipotencia, omnipresencia, omnisciencia, etc.). La razón para esto la dan nuestros dogmáticos del modo siguiente: A pesar de la unión personal, las propiedades divinas siguen siendo los atributos esenciales de la naturaleza divina y nunca se convierten en atributos esenciales de la naturaleza humana por medio de la transfusión. Pero estos atributos esenciales de la naturaleza divina se aplican a la naturaleza humana por cuanto se hacen activos en la naturaleza humana como en el cuerpo de Cristo (la naturaleza lumana da vida, ejecuta el Juicio, etc.). Así pues, atribuimos omnipotencia divina a la naturaleza humana no como un atributo esencial, sino por cuanto el Hijo de Dios ejerce su omnipotencia divina en su naturaleza humana, que, mediante la unión personal, está unida con su naturaleza divina. Por otro lado, no pueden atribuirse directamente a la naturaleza humana aquellas propiedades divinas, que dentro de la esencia, permanecen latentes y no se ejercen *ad extra*.

Los calvinistas objetan que, a menos que se apliquen todos los atributos divinos a la naturaleza humana, no se le puede atribuir ninguno. A esto contestamos lo siguiente:

a. También en este asunto nos adherimos estrictamente a la Escritura, que por cierto atribuye a la naturaleza humana de Cristo omnipotencia divina, omnisciencia y omnipresencia, pero no eternidad, infinidad, inmensidad, etc. Por esta razón tiene que ser rechazado como antibíblico el "o se atribuye o el no se atribuye" de los calvinistas.

b. Pero este "o se atribuye o no se atribuye" es también irrazonable; tan irrazonable, en efecto, corno si alguien arguyera: "Si el cuerpo humano, mediante su unión con el alma, está dotado de vida, deberá hacerse igualmente inmaterial como el alma. Pero corno no se hace inmaterial, no recibe vida". Pues bien, así como el alma imparte vida al cuerpo (un atributo operativo), pero no inmaterialidad (un atributo que no es operativo), así también, según la Escritura, la naturaleza divina de Cristo ejerce directamente en la naturaleza humana sus atributos operativos, pero no los latentes, esto es, los que no son operativos.

No obstante, los atributos latentes de Cristo no se excluyen enteramente de su actividad como Dios y hombre: pues ellos se ejercen *ad extra* mediante los atributos *operativos*. Así como Dios hizo el mundo en tiempo mediante su omnipotencia *eterna* e *inmensa*, así también Cristo resucitó a Lázaro de entre los muertos mediante el poder infinito de su *eterna* Deidad.

Además de eso, la Escritura describe expresamente como *infinita* la omnipotencia que fue comunicada al Hijo del Hombre. Dan. 7:14: "Y le fue dado dominio, gloria... Su dominio es *dominio eterno*". En este pasaje se aplica claramente a la *naturaleza humana* de Cristo el atributo latente de la eternidad; pues la gloria que recibió el Hijo del Hombre es *eterna*. Así también, de acuerdo con Juan 17:5, Cristo fue glorificado con gloria eterna; pues la naturaleza humana, según lo declara Cristo mismo, recibió la misma gloria que Él, como el preexistente *logos*, tenía antes de la fundación del mundo. (Cf. *Fórmula de Concordia*, VIII, 48 y sig.).

## EL TERCER GÉNERO DE LA COMUNICACIÓN DE LOS ATRIBUTOS (GENUS APOTELESMATICUM)

Gerhard escribe. "El tercer género de la comunicación de los atributos es aquel según el cual, en el desempeño de la función mesiánica, cada naturaleza obra lo que es peculiar a ella misma, con la participación empero de la otra", 1 Cor. 15:3; Gál. 1:4; Efe. 5:2. La suprema importancia de este género se hace patente cuando consideramos que Cristo pudo efectuar la obra de la redención sólo porque en Él se habían unido la naturaleza divina y la humana.

Con su habitual maestría observa Chemnitz con respecto a este género: "Esta unión de la majestad real y el sacerdocio del Mesías se hizo para efectuar la redención, en bien nuestro y para nuestra salvación. Pero como eran necesarios el sufrimiento y la muerte para llevar a cabo la redención, se necesitaba una naturaleza humana. De modo que agradó a Dios, para nuestro consuelo, emplear también la naturaleza humana en los oficios de Cristo como Rey, Sacerdote y Señor y obrar así, en, con y por medio de las dos naturalezas los actos [oficiales] (*apotelesmata*) de los oficios de Cristo". (*Doctr. Theol.*, p. 337).

Se ha hecho necesario dedicar particular atención a este género debido a la antítesis de los calvinistas, los cuales enseñan que las dos naturalezas desempeñan *solas* su cometido, *sin* que la una participe en las obras de la otra. Asimismo, aseveran que la naturaleza humana de Cristo contribuyó a la ejecución de los milagros sólo como un mero instrumento pasivo (*instrumentum aergon*), que no contribuyó más a los milagros que la franja del vestido que tocó la mujer, Mat. 9:20, o la naturaleza humana de los apóstoles en el caso de los milagros de ellos. Hech. 3:6, o la vara de Aarón, Ex. 8:16. Calvino llamó al mérito de Cristo directamente el mérito de un hombre y así excluyó la naturaleza divina de la adquisición activa de la salvación del hombre. Esto concuerda plenamente con el punto de vista calvinista, según el cual, la comunicación de los atributos no puede referirse a las obras efectuadas por Cristo en su oficio de Salvador (*apotelesmata*). En la práctica, esto significa que la naturaleza humana de Cristo ha de ser excluida de todas las obras de nuestro Salvador que implican el uso de su omnipotencia, omnipresencia y omnisciencia divinas. Los calvinistas afirman además que la omnipresencia de Cristo en su Iglesia, Efe. 1:20-23: 4:10, pertenece no a la nautraleza humana, sino a la divina exclusivamente, de manera que la naturaleza humana de Cristo se halla presente en su Iglesia en una medida no mayor que la de Abraham o Pablo en la gloria. Por esta razón se ha hecho necesario tratar el tercer género de la comunicación de los atributos con especial atención.

Por el término *actos oficiales* (*apotelesmata*) entendemos todas las funciones que Cristo, como el Salvador de todos los hombres, desempeñó en el estado de humillación y aún desempeña en su estado de exaltación, tales como morir por los pecados del mundo, destruir las obras del diablo, estar presente con su Iglesia y gobernarla y protegerla, etc. Los pasajes bíblicos que nos hablan de estas obras oficiales pueden agruparse como sigue: a) los que describen las funciones oficiales de Cristo mediante un término concreto (*nomen officit concretum*), como Salvador, Mediador, Profeta, Rey, Sacerdote, etc.; b) los que describen actos oficiales particulares de Cristo, como, por ejemplo, quitar los pecados del mundo, Juan 1:29; morir por los pecados del mundo, 1 Cor. 15:3; darse a sí mismo por nuestros pecados, Gál. 1:4; entregarse a sí mismo por nosotros como ofrenda y sacrificio a Dios, Efe. 5:2; deshacer las obras del diablo, 1 Juan 3:8; herir o quebrar la cabeza de la serpiente, Gén. 3:15.

Si se pregunta: "¿Según qué naturaleza ejecutó Cristo sus funciones oficiales para llevar a cabo la salvación del mundo?" contestamos a base de la Escritura: Sea cual fuere el pasaje de la Escritura que atribuya a Cristo el tercer género, bien que describa al Salvador según las dos naturalezas (1 Tim. 1:15: Cristo Jesús), bien que lo describa según una sola naturaleza, ya sea la divina (Hech. 20:28: Dios) o la humana (Mat. 18:11: El Hijo del Hombre), las obras de su oficio son ejecutadas siempre por toda la persona según las dos naturalezas, puesto que cada naturaleza contribuye con lo que es propio de ella y así obra en comunión con la otra, o con la participación de la obra. (*apotelesmata sunt operationes zeandrikai*).

Esta es la verdadera doctrina de la Escritura, doctrina que también creyó y confesó la Iglesia antigua. Atanasio escribe: "Dios el Verbo, habiéndose unido al hombre, obra milagrosa, no independiente de la naturaleza humana; al contrario, es su voluntad ejecutar su poder divino por ella y en ella y con ella". (*Catálogo de Testimonios. Triglotta*, p. 1141) Y León el Grande: "Cada naturaleza hace lo que le es peculiar en comunión con la otra, es decir, el Verbo obra lo que pertenece al Verbo (el Hijo de Dios) y la carne ejecuta lo que pertenece a la carne". (Ibid., p. 1109).

Es verdad que Cristo sufrió, y murió según su naturaleza humana, pero por virtud de la unión personal la naturaleza divina participó en el sufrimiento y la muerte de la naturaleza humana, ya que la naturaleza humana estaba siempre unida a la naturaleza divina, y de esta unión deriva su valor redentor la santa y vicaria Pasión de nuestro Salvador. Así, pues, declara Gerhard: "Los sufrimientos y la cruenta muerte de Cristo no tendrían resultado salvador si la naturaleza divina no hubiese otorgado valor infinito a los sufrimientos y la muerte que Él padeció por nosotros". (*Doctr. Theol.*, p. 336). Y Chemnitz: "Si la redención, la expiación, etc., se hubiesen podido ejecutar por la naturaleza divina sola o por la naturaleza humana sola, el descenso del cielo y la encarnación del *logos* para la salvación de nosotros, los pecadores, habrían sido en vano y completamente superfluos". (*Ibid*).

Gerhard tiene mucha razón cuando declara, al comentar el pasaje 1 Juan 3:8: "El Hijo de Dios asumió la naturaleza humana con el expreso propósito de ejecutar en, con y por medio de ella, la obra de la redención y las diferentes funciones de su oficio de Mediador".

Por esta razón que acabamos de citar se hace necesario conservar el tercer género en su pureza bíblica; pues sobre él descansa todo el consuelo que el Evangelio de la reconciliación proclama a la humanidad perdida y condenada. Todos los que niegan este género, privan al creyente del consuelo más dulce que tiene, a saber, de la verdad evangélica de que "...la sangre de Jesucristo, su Hijo, nos limpia de todo pecado" 1 Juan 1:7.

Felizmente, los que se oponen al *genus apotelesmaticum* no extraen las conclusiones que sus falsas premisas en realidad sugieren, sino que mediante una inconsecuencia extraña, y sin embargo afortunada, retractan en la práctica lo que sostienen en la teoría. Hodge, por ejemplo, dice en cierto lugar: "El alma que es omnisciente no es alma humana. Perdemos al Cristo de la Biblia y del corazón humano, si esta doctrina fuese verdad...; la omnisciencia no es un atributo de que puede hacerse órgano una criatura". Pero en otro lugar dice: "El uso de expresiones como *Dei mors, Dei passio, Dei sanguis,* está respaldado tanto por la Escritura como por la Iglesia. De esto se colige que la satisfacción de Cristo tiene *todo el valor* que representan la obediencia y los sufrimientos del *Hijo eterno de Dios,* y su justicia, tanto activa como pasiva, es *infinitamente* meritoria". (*Syst. Theol.*, II, 416, 168). Es precisamente esta verdad la que desean recalcar los luteranos con la doctrina del *genus apotelesmaticum.*

### *B. LA DOCTRINA DE LOS ESTADOS DE CRISTO*

#### 1. LA DEFINICIÓN DEL ESTADO DE HUMILLACIÓN DE CRISTO

La encarnación de Cristo consistió esencialmente en el supremo milagro de que el Hijo de Dios, con la plenitud de la Deidad, entró en una indisoluble unión personal con la naturaleza humana, Juan 1:14; Col. 2:9. Por consiguiente, desde el mismo momento de su concepción, Luc. 1:35, la naturaleza humana de Cristo estaba en posesión (*ktesis*) de todos los atributos divinos y de toda la majestad y gloria divinas. Juan 1:14; 2:11. Sin embargo, para poder redimirnos mediante su santa y perfecta obediencia (la activa. Gál. 4:4-5; la pasiva, Isa. 53:4-6), Cristo se abstuvo del uso (*kresis*) pleno y constante de los atributos, majestad y gloria que se le habían comunicado, Filip. 2:6 y sig., y lo hizo desde el momento en que fue concebido hasta el momento en que fue revivificado en el sepulcro. Durante toda su vida terrenal, hasta la consumación de su obra redentora, andaba en la forma de siervo, llevando todas las flaquezas que son propias de los humanos y sometiéndose a la obligación (Mat. 3:15; Gál. 4:4) y maldición (Gal. 3:13) de la Ley divina.

Esta condición de renunciamiento voluntario por parte de Cristo la designamos como el "estado de humillación de Cristo" (*status exinanitionis*). La humillación de Cristo no consistió esencialmente en el acto de la encarnación, aunque la asunción de nuestra naturaleza no deja de ser una condescendencia de gracia por parte del Hijo de Dios. Pues mientras el estado de humillación cesó con el entierro de Jesús, Filip. 2:8 y sig., la unión personal, que resultó de la encarnación, jamás cesó, Efe. 1:2-23; 4:10. Además, mientras en la encarnación el Hijo de Dios entró en una unión real y verdadera con la naturaleza humana, el estado de humillación no pertenece a la naturaleza divina de Cristo, sino solamente a la humana (contra el quenosismo moderno). Baier define el estado de humillación del siguiente modo: "El estado de humillación consiste en que Cristo por un tiempo desistió en forma verdadera y real, bien que voluntariamente, del ejercicio completo de la majestad divina, para que Él pudiese sufrir y morir por la salvación del mundo". (*Doctr. Theol.*, p. 377).

La doctrina de la humillación de Cristo, según queda expuesta en las Confesiones de la Iglesia Luterana, es verdaderamente bíblica. La Escritura no sólo establece claramente la doctrina de los dos estados de Cristo en general, Filip. 2:6-11, sino que también atribuye a su naturaleza humana en los días de su carne, la posesión plena de todos los atributos divinos y de toda majestad y gloria divinas, Juan 1:14; 2:11; 5:17. Mat. 11:27; Col. 2:3, 9 etc., mientras en otros pasajes presenta al mismo Cristo como no usando sus prerrogativas divinas, de modo que el Cristo único, que es inefablemente rico, fue también pobre, Mat. 8:20; 2 Cor. 8:9; que el Dios todopoderoso, Juan 6:68-69; Isa. 9:6, fue también débil, Luc. 22:42-43; que el Creador y Señor de todas las cosas, Juan 1:1-4; Mat. 8:28-29, estuvo también sujeto a los hombres, Luc. 2:51-52; que el Príncipe de la Vida, Hech. 3:15; Apoc. 1:18, fue también prendido por hombres, Luc. 22:54, 63, y por fin matado, Luc. 23:33-37, 46.

Estas declaraciones aparentemente contradictorias las explica la Escritura mediante el hecho de que el Hijo del Hombre no siempre, ni completamente, usaba las prerrogativas divinas que fueron comunicadas a su naturaleza humana (Juan 10:18: Cristo murió porque no usó de su poder para vivir; Filip. 2:6-8: Cristo murió porque se humilló a sí mismo). Por consiguiente, el estado de humillación se hizo posible y real, porque Cristo se abstuvo voluntariamente de usar por completo, y sin interrupción, la plenitud de la Deidad que moraba en Él corporalmente desde el momento en que fue concebido.

La Escritura nos da la razón del por qué nuestro Salvador se abstuvo de usar constantemente la plena majestad divina que le fue comunicada: Se debió a que ejecutó la obra de la redención mediante su satisfacción vicaria, Isa. 53:1-6; 2 Cor. 5:19-21. Si hubiese usado siempre y completamente su majestad divina, como lo hizo en su transfiguración y después de su resurrección, Mat. 17:1-8; Juan 20:17,19, no habría podido ser nuestro substituto, Filip. 2:6-8; Isa. 53:1-6, ni habría rendido obediencia perfecta, Gál. 4:4-5; 3:13, a su Padre celestial en nuestro lugar. Pero como se humilló a sí mismo (*ekenōsen*) al abstenerse de usar siempre y completamente su majestad divina, al asumir la forma de siervo y al hacerse semejante a los hombres, para rendir así obediencia perfecta a su Padre, Filip. 2:6-8, se ha hecho nuestro verdadero Redentor (Jer. 23:6: "Jehová, justicia nuestra"), cuya pobreza es nuestra riqueza (2 Cor. 8:9), cuya obediencia es nuestra redención (Gál. 4:4-5) y cuya muerte es nuestra propiciación (Rom. 3:24-25).

Sin embargo, cuando el desempeño de su obra redentora así lo exigía, Cristo usaba, por cierto, la majestad y gloria divinas que se le habían comunicado. No sólo lo hizo cuando obró sus milagros antes de su gran Pasión, Juan 2:11, o cuando ejerció su ministerio profético, Juan 1:18, sino también cuando, como nuestro gran Sumo Sacerdote, se entregó a sí mismo por nosotros como ofrenda, Luc. 23:34; pues en la agonía de su terrible Pasión, Mat, 26:38-39, 27:46, no sólo fue sostenida su naturaleza humana mediante las propiedades divinas que le habían sido comunicadas, sino que através de las densas tinieblas de su sufrimiento, resplandecieron muy evidentemente los rayos de su gloria divina, Juan 19:25-27; Luc. 23:43.

## 2. IDEAS ERRÓNEAS EN CUANTO A LA HUMILLACIÓN DE CRISTO

a. La humillaciór no debe considerarse como idéntica con la encarnación, pues en tal caso la humillación pertenecería a la naturaleza divina por cuanto ésta asumió la naturaleza humana (epidosis) y glorificación consistiría en despojarse Cristo de la naturaleza humana. La encarnación de Cristo implicó por cierto una condescendencia muy maravillosa, y a veces esta verdad se ha expresado, aun en los círculos ortodoxos, con el término "humillación" (exinanitio sensu ecclesiastica accepta). Sin embargo, cuando la Escritura habla de la humillación de Cristo en su sentido propio (exinanitio sensu biblico accepta), en este sentido se contrapone a la exaltación, ello quiere decir que Cristo se hizo hombre en pobreza y miseria, o que asumió la forma de siervo (morfe doulou), aunque poseía la forma de Dios (morfezeou), según lo declara Filip. 2:5-7. Strong observa acertadamente: "Podemos desechar como indigno de seria consideración ese concepto de que la humillación consistía esencialmente er la unión del logos con la naturaleza humana; pues esta unión con la naturaleza humana continúa en el estado de exaltación". (Syst Theol., p 701).

b. La humillación de Cristo no consistía en el hecho de que el Hijo de Dios, para encarnarse, se despojó a sí mismo de sus atributos operativos, o relativos, tales como omnipotencia y omnipresencia, de modo que la naturaleza divina fue reducida o disminuida, por la encarnación. Esta es la doctrina de los quenosistas modernos (Thomasius, Delitzsch, Luthardt, etc.). Los quenosistas extremados (Gess, Hofmann y Frank) hasta aseveran que el Hijo de Dios en su encarnación se despojó de todos sus atributos divinos, o que su personalidad divina fue reemplazada con una personalidad humana.

El quenosismo, pues, despoja a Cristo de su deidad para justificar el "verdadero desarrollo humano" de la naturaleza humana de Cristo. Pero al hacer esto, contradice todos aquellos pasajes de la Escritura que declaran, por un lado, que Cristo, en su estado de humillación era en esencia uno con el Padre, Juan 10:30, 38: 14:10, de manera que su *modo divino de subsistencia* no fue cambiado por la encarnación, Col. 2:3,9, y por otro lado, que Él ejecutó sus obras divinas conjuntamente con el Padre, de manera que tampoco su *modo divino de operación* fue alterado por su encarnación, Juan 5:17-19. La doctrina del quenosismo es por lo tanto racionalista y antibíblica.

El verdadero desarrollo humano de Cristo, Luc. 2:52, así como el hecho de que sus oraciones fueron contestadas, Luc. 22:43; Juan 17:5, los explica la Escritura muy adecuadamente cuando nos declara que nuestro Salvador no siempre usaba los atributos divinos que habían sido comunicados a la naturaleza humana; pues como el Hijo del Hombre no siempre empleó su majestad divina, pudo, como lo hace cualquier ser humano, pedir al Padre y recibir de Él, Filip. 2:7.

Sin embargo, además de negar los claros pasajes de la Escritura referentes a la encarnación, el quenosismo moderno comete también el grave error de transformar al Dios inmutable (Sal. 102:26-27; 1 Tim. 6:16; Mal. 3:6) en un ser que está sujeto a cambios; así destruye el verdadero concepto respecto de Dios. Pero ni siquiera así alcanza su propósito; pues siempre que el quenosismo afirme la unión de Dios y el hombre, queda en pie al misterio de la encarnación, aun si fuese posible imaginarse a Dios como falto de algunos de sus atributos. El misterio de la encarnación puede desaparecer, sólo cuando se rechaza en todos sus pormenores en cuanto se considera a Cristo como un simple hombre, desprovisto de atributos divinos (los modernistas).

Este hecho ha sido reconocido por teólogos racionalistas de otro tipo (Dorner, etc.), quienes para poder explicar el misterio de la encarnación, atribuyen a la naturaleza humana de Cristo una existencia personal independiente. Pero este substituto racionalista es tan poco convincente como el quenosismo mismo, pues destruye el concepto fundamental de la encarnación, o el hecho de que el Hijo de Dios asumió la naturaleza humana. En tal caso no existiría la unión personal, sino en el mejor de los casos una unión por adopción (los adopcionistas).

c. La humillación no consiste en el simple encubrimiento del uso de la majestad divina que fue comunicada a la naturaleza humana (krypsis tes jreseōs) sino en el real desistimiento del uso pleno de la majestad divina que fue comunicada a la naturaleza humana (kenōsis tes jreseōs). En la controversia de los criptistas y quenosistas, 1619-1627, entre los teólogos de Tubingen (Osiánder, Nicolai, Thumius) y los de Giessen (Mentzer y Feuerborn) se discutió ampliamente acerca de este punto. Los teólogos de Tubingen atribuían a la naturaleza humana de Cristo el sentarse a la diestra del Padre aún en el estado de humillación, con lo que querían decir que nuestro Señor, aún en ese estado, usó plenamente la majestad divina, aunque de un modo oculto (kyrios), de ahí recibieron el nombre de criptistas. Esta posición es insostenible a la luz de aquellos pasajes de la Escritura que atribuyen el sentarse a la diestra de Dios, a la naturaleza humana de Cristo en el estado de exaltación. Los teólogos de Tubingen admitieron empero, que Cristo en la ejecución de su oficio sacerdotal, o en su Pasión y muerte, desistió de usar completamente la majestad divina comunicada a su naturaleza humana. Los teólogos de Giessen, por otra parte, aseveraron que la naturaleza humana de Cristo en el estado de humillación no estaba presente con todas las criaturas, y tendían a excluirla de la preservación y el gobierno del universo, ya que Cristo se había despojado a sí mismo (Filip. 2:7), según su naturaleza humana, de tal propiedad de su majestad divina. Por esta razón se les llamó quenosistas. Pero no sostenían el punto de vista de los quenosistas modernos de que Cristo, según su naturaleza divina, se despojó a sí mismo de sus atributos divinos. No enseñaban un desistimiento absoluto del uso de la majestad divina, sino que admitían francamente este uso en el caso de los milagros. Su posición es insostenible a la luz de Juan 5:17.

En cuanto a la terminología que emplea la Iglesia respecto a los estados de humillación y de exaltación de Cristo, observamos lo siguiente:

a. La Fórmula de Concordia emplea como sinónimas las expresiones encubrimiento (krypsis) y represión de la majestad divina de Cristo comunicada a la naturaleza humana. (Decl. Sól., VIII, 26,65: "Esta fue encubierta y reprimida (en su mayor parte) durante la humillación"). Este uso de los dos términos es bíblico, pues la humillación de Cristo implicaba un encubrimiento real de la majestad divina de Cristo, por cuanto Él era verdadero Dios de verdadero Dios, Col. 2:9, y no obstante apareció como un mero hombre, Juan 19:5. Por otro lado, la humillación de Cristo implicaba también un desistimiento real, no por cierto de los atributos según su naturaleza divina, sino de la aparición en forma de Dios (morfe Zeou), o del uso pleno de los atributos divinos que se le habían comunicado; pues apareció positivamente en forma de siervo (morfe doulou).

b. Las expresiones "estar en el cielo", Juan 3:13, y "sentarse a la diestra de Dios", Mar. 16:19, no son sinónimas, pues la primera se aplica a Cristo en su humillación, mientras la segunda es el acto triunfante de su exaltación.

c. Al describir la omnipresencia de Cristo según su naturaleza humana, nuestros teólogos han usado las expresiones omnipraesentia intima y omnipraesentia extima. La expresión omnipraesentia extima se usa correctamente cuando se emplea como sinónima de sessio ad dextram Dei. Pero cuando se entiende en el sentido de que Cristo no estaba presente con las criaturas durante su estado de humillación, dicha expresión niega la unión personal. Los términos se usan correctamente cuando con el uno se designa la presencia del Hijo del Hombre antes de la exaltación, y con el otro, su gloriosa presencia después de le exaltación.

d. Se ha dicho que Cristo artes de su exaltación, en el estado de humillación, obró en y con la naturaleza humana (in et cum carne), pero no siempre por medio de la naturaleza humana (non per carnem). La expresión non per carnem en esta declaración, es bíblica si se la emplea con miras al uso perpetuo y triunfante de la majestad divina de Cristo comunicada a la naturaleza humana (usus plenarius), o la elevación de su naturaleza humana a la diestra de Dios. Es incorrecta si se usa para negar la verdad bíblica de que Cristo, también en su estado de humillación, obró sus milagros y ejecutó su ministerio profético y la obra de preservar y gobernar todas las cosas, Juan 5:17, 1:18, dentro o por medio de la carne, Juan 1:14; Col. 2:3,9; pues todo lo que hace Cristo después de la encarnación, no lo hace fuera de la carne (extra carnem), sino como el Dios-hombre, o como el Cristo encarnado, 1 Juan 1:7; Heb. 9:14; 2:8-9; Juan 5:26-27; Luc. 22:69; Filip 2:9; etc., es decir, lo hace dentro de la carne, y en consecuencia por medio de ella.

### 3. LOS DIFERENTES PERÍODOS DE LA HUMILLACIÓN

La humillación de Cristo encierra todos los acontecimientos de su vida terrenal desde su concepción hasta su sepultura, incluyendo también este último hecho. El descenso de Cristo a los infiernos ha de excluirse de su estado de humillación, 1 Ped.3:18; Col. 2:15. El tiempo durante el cual nuestro Salvador moraba en la tierra, lo llama la Escritura "los días de su carne", *ai emerai tes sarkos*, Heb. 5:7. La humillación de Cristo incluye por lo tanto:

a. Su concepción y nacimiento. Hemos dicho que la encarnación de por sí no fue una humillación, sino una gran condescendencia de gracia por parte de Cristo. Sin embargo su concepción y nacimiento pertenecen al estado de humillación, porque ocurrieron en medio de circunstancias extremadamente humillantes. Pues el Hijo de Dios, al encarnar, cargó con toda la miseria y desgracia que el pecado había traído sobre la raza humana, 2 Cor. 8:9; Luc. 9:68; Filip. 2:6-7; Mat. 8:17. Cristo fue concebido y nació como el Salvador del mundo, Luc. 2:11; pues por su inmaculada concepción y su santo nacimiento, expió nuestra mancillada concepción y nuestro pecaminoso nacimiento, Sal. 51:5; Gál. 4:4-5. El nacimiento virginal de nuestro Señor es un hecho que es atestiguado claramente por la Escritura, Isa. 7:14; Mat. 1:23; Luc. 1.34. Dios había dispuesto que el Mesías fuese el Hijo de una virgen, Mat. 1: 22-23; Isa. 7:14, verdadero hombre, pero sin pecado Heb. 7:26.

Lutero escribe: "Por lo tanto, la Simiente de la Mujer no podía ser un hombre común, pues tenía que destruir el poder del diablo, del pecado y de la muerte; y como todos los hombres están sujetos al diablo y a la muerte debido al pecado. Él debía ser absolutamente libre de pecados. Como queda dicho, la naturaleza humana no puede producir tal simiente o fruto, ya que todos estamos bajo el poder del diablo debido al pecado. De manera que el único medio para obtener el fin deseado fue éste, la Simiente ha de ser un Hijo verdadero y real de la mujer, pero no nacido de la mujer según el procedimiento natural, sino mediante un acto extraordinario de Dios, para que se cumpliese la Escritura de que el Mesías sería la Simiente de una mujer y no de un hombre, pues el texto [Gén. 3;15) dice claramente que Él sería la Simiente de una mujer". (St. L. XX, 1796 y sig.).

La pregunta de si nuestro Salvador nació *clauso utero* no hay que considerarla como cuestión pendiente, aunque tal cosa es posible debido a la comunicación de los atributos. (Cf. *Fórmula de Concordia,* Decl. Sól., VIII, 24; VII, 100.) Negar el nacimiento virginal de nuestro Salvador, como lo hacen los racionalistas y los modernistas (Teodoro Kaftan: "Tal concepto no tiene ningún valor religioso"), es contrario al claro testimonio de la Escritura y es también prueba concluyente de que es incrédulo el que lo niega.

La pregunta de si María, como esposa de José, tuvo más tarde otros hijos o no *(semper virgo)* la contestan negativamente tanto la Iglesia antigua como Lutero y los antiguos dogmáticos luteranos, aunque entre los exégetas más recientes hay diferencia de opinión sobre el asunto. La pregunta es puramente histórica y se puede dejar pendiente, ya que la Escritura no la contesta con suficiente claridad. Véase Mat. 1:25; Luc. 2:7; Mat. 12:46 y sig.; 13:55 y sig.; Juan 2:12; 7:3 y sig.; Gál. 1:19... El término *primogénito* (Luc. 2:7) no prueba que María tuvo otros hijos.

b. La circuncición, educación y vida de Cristo. Así como todos los niños varones de los judíos eran circuncidados al octavo día, así también Jesús fue puesto bajo la Ley mediante la circuncisión al octavo día, Luc. 2:21, aunque era el Señor de la Ley, Mat. 12:8; Mar. 2:28. Por consiguiente, la circuncisión de Cristo se considera con razón como parte de su obra redentora.

Cierto es que Jesús no tenía faltas que requiriesen corrección por medio de la educación, sino que en su más tierna infancia ya era un modelo acabado de virtud, Luc. 2:51-52, pues era "santo, inocente, sin mancha, apartado de los pecadores", Heb. 7:26. No obstante, mediante el estudio creció en sabiduría en lo que se refiere al conocimiento natural de su naturaleza humana *(secundum scientiam naturalem et experimentalem),* porque en su estado de humillación no hacía uso constante ni completo de la omnisciencia divina comunicada a su naturaleza humana, Filip. 2:6-7.

Durante su permanencia visible aquí en la tierra, Cristo apareció en forma de siervo y se hizo a la semejanza de hombres, padeciendo todo lo que es común a los hombres, como dificultades, peligros, tentaciones, reproches y otras vicisitudes, Mat. 8:20. También se sometió voluntariamente al gobierno civil, Mat. 17:27, y por lo regular aparecía como un simple hombre, hasta el punto de ser considerado como igual o inferior a los demás, Mat. 9:14; 16:13-14.

c. El sufrimiento, la muerte y la sepultura de Cristo. El sufrimiento de Cristo se extendió por todos los días de la vida visible del Señor aquí en la tierra. Mat. 2:13; Luc. 2:1 y sig., pero culminó en su magna Pasión durante los últimos dos días de su vida terrenal.

La magna Pasión es el indecible sufrimiento en cuerpo y alma que nuestro Redentor padeció desde el Getsemaní hasta el Calvario, al experimentar hasta el fin la más intensa y amarga agonía, para expiar nuestros pecados, Isa. 53:4-6; 2 Cor. 5:21.

Lo que Jesús sufrió en su alma al ser desamparado por Dios, Mat. 27:46, fue la ira divina contra los pecados del hombre, tal como si Él mismo hubiese cometido las transgresiones que le fueron imputadas. O expresado en otras palabras, fue el padecimiento de los dolores infernales, que consisten esencialmente en la separación entre Dios y el hombre, Mat. 8:12; 25:41; 2 Tes. 1:9.

Expresándose muy correctamente, nuestros dogmáticos describen la agonía de Cristo al ser desamparado por Dios como el *sensus irae divinae propter peccata hominum imputata* Pero es antibíblico atribuir a Cristo desesperación *(desperatio)* en su intensa agonía, ya que la desesperación es maldad, y por ende, no concuerda con el carácter impecable de Cristo, Sal. 22:2, 19; Luc. 23:46; Gál. 4:4-5.

La muerte de Cristo fue una muerte verdadera; por medio de ella se separó el alma del cuerpo, Mat. 27:50; Mar.15:37; Luc.23:46; Juan 19:30. En la muerte de Cristo no sólo su alma permaneció en comunión con la naturaleza divina, sino también su cuerpo (la unión personal), de modo que su muerte fue verdaderamente la muerte del Hijo de Dios, Hech.3:15. Debido al gran misterio que ella encierra, Cristo mismo tuvo que explicar la posibilidad de su muerte bajo tales circunstancias, Juan 10:17-18. Pudo morir porque no siempre ni completamente usaba la majestad divina comunicada a su naturaleza humana.

La sepultura honorable que recibió Cristo, y la preservación de su cuerpo en el sepulcro, son presentadas por la Escritura como una prerrogativa especial del Mesías, Isa. 53:9; Sal. 16:10; Hech. 2:31; 13:35-37; quien, después de la consumación de su obra redentora, Isa. 53:10-12, había de ser ensalzado soberanamente sobre todas las cosas, Filip. 2:9-11; Efe. 1:20-23.

Los teólogos escolásticos han suscitado la pregunta, de si Cristo podía ser llamado verdadero hombre también mientras su cuerpo yacía en el sepulcro. Quenstedt designa esto como una pregunta que procede de la curiosidad, y que se basa en una falsa definición de lo que es un ser humano *(ens vivum, animal).* La Escritura afirma claramente que Cristo se entregó a sí mismo por nosotros como verdadero hombre, 1 Tim. 2:5-6, lo cual incluye que fue verdadero hombre también en la muerte.

## 4. EL ESTADO DE EXALTACIÓN

El estado de exaltación de Cristo empezó cuando Cristo revivió en el sepulcro; y se manifestó cuando el Señor se presentó vívo a los condenados en el infierno, y a todo el mundo mediante su resurrección, y más tarde cuando Cristo subió a los cielos y se sentó a la diestra de Dios Padre.

Nuestros dogmáticos definen el estado de exaltación como "el estado de Cristo, el Dios-hombre, en el cual Él, según su naturaleza humana y habiéndose despojado de las flaquezas de la carne, recibió y asumió el ejercicio pleno de la majestad divina" (Baier).

La doctrina de la exaltación de Cristo se halla claramente expuesta en Filip. 2:9-11; Efe. 1:20-23, etc. De un modo muy preciso y enérgico la *Fórmula de Concordia* rechaza el error de que Cristo fue exaltado según su *naturaleza divina;* pues declara: "Rechazamos y condenamos la enseñanza de que la suprema potestad en el cielo y en la tierra fue restablecida, esto es, devuelta a Cristo según su naturaleza divina, cuando resucitó y subió a los cielos, como si la hubiese echado a un lado y abandonado también según su divinidad, en su estado de humillación". El motivo para tal afirmación se da en las palabras "Mediante esta doctrina no sólo se pervierten las palabras del testamento de Cristo, sino que también se prepara el camino para la maldita herejía arriana, de modo que por fin se niega la eterna deidad de Cristo, y así perdemos a Cristo por completo; y al perderlo a Él, perdemos nuestra salvación, sí esta falsa doctrina no se combate tenazmente con la inconmovible y clara Palabra divina y nuestra sencilla fe cristiana". (Art. VIII, Epít., 39.)

Tanto la humillación de Cristo como su exaltación se efectuaron para un único fin, para nuestra salvación, de modo que en la doctrina de los dos estados se halla encerrado todo el Evangelio de la reconciliación. Rom. 4:25; 2 Cor. 5:18-21. Nuestra fe cristiana descansa tanto en el Cristo crucificado como en el Cristo exaltado, 1 Cor. 15:1-23; Rom.4:25.

## 5. LOS DIFERENTES PERÍODOS DE LA EXALTACIÓN

a. El descenso de Cristo a los infiernos. La doctrina del descenso de Cristo a los infiernos se basa en 1 Ped. 3:18-20, donde se describe en sus pormenores tanto la naturaleza como el propósito del descenso. El pasaje Col. 2:15 contribuye a esclarecer esta doctrina. De acuerdo con 1 Ped. 3:18, el descenso a los infiernos consistió en el glorioso acto del Cristo vivificado (dsōopoiezeis), por el cual Él, con alma y cuerpo (contrario a lo que sostienen los papistas y los teólogos modernos), según su naturaleza humana, fue (poreuzeis) a la cárcel o prisión (fylake) de los espíritus malos y los condenados (apeizesasō) y les predicó (ekerydsen). La palabra griega keryssein no quiere decir necesariamente "anunciar salvación", sino que se refiere a la acción de predicar en sí, por la cual se puede entender tanto la predicación de la Ley como la predicación del Evangelio. Se usa para denotar la predicación de la Ley en Mat. 3:1; Hech. 15:21; Rom. 2:21; Apoc. 5:2; Luc. 12:3. En 1 Ped. 3:19, según lo demuestra el contexto, el término denota manifiestamente la predicación de la Ley, ya que Cristo fue al infierno como un "heraldo" (peruk). Para llevar la proclamación de su victoria a aquellos que habían oído su divina Palabra en la tierra, pero que habían rehusado aceptarla (apeizesasin). A estos incrédulos, Cristo les apareció como el Juez divino, cuya autoridad habían desdeñado en la tierra. El mismo contexto comprueba que éste y no otro es el significado; pues en los versículos que preceden se exhorta a los cristianos a que lleven con paciencia el sufrimiento causado por los impíos, y que confien en el justo Juez, quien en su segunda venida castigará debidamente a todos los enemigos de su Iglesia.

El descenso de Cristo a los infiernos prefiguraba el juicio final sobre los impíos; y es por esta razón que San Pedro lo menciona en este pasaje.

Hollaz dice muy acertadamente, al tratar la doctrina acerca del descenso de Cristo a los infiernos: "Cristo descendió a los infiernos, no con el propósito de dejarse maltratar por los demonios, Juan 19:30; Luc. 24:26, sino para triunfar sobre los diablos, Apoc. 1:18; Col. 2:15, y para convencer a los condenados de que es justo el encarcelamiento a que se hallan sometidos en la prisión infernal, 1 Ped. 3:19. La predicación de Cristo en el infierno no fue evangélica, sino legal, acusatoria y terrífica; y no sólo convenció verbalmente a los réprobos de que habían merecido el castigo eterno, sino que de hecho les infundió un espantoso terror". (*Doctr. Theol.*, p. 396).

En oposición a las diferentes interpretaciones erróneas que se han formulado respecto de esta doctrina, sostenemos que el descenso de Cristo a los infiernos no tuvo como fin:

1) Predicar el *Evangelio* a los espíritus malos y sus cautivos (según Orígenes y todos los que enseñan una completa restauración), o al menos a aquellos réprobos que en su vida terrenal no tuvieron la oportunidad de oír el Evangelio (como sostienen los Padres de la Iglesia y los teólogos modernos). La declaración en 1 Ped. 4:6, de que "el Evangelio fue predicado también a los muertos" no se refiere a la predicación de Cristo en el infierno, sino a la predicación del Evangelio a los hombres mientras éstos vivían aún en la tierra. Esto se colige de las palabras que siguen, las cuales explican el propósito de tal predicación a los muertos: "para que sean juzgados en carne según los hombres". De todos modos, el pasaje no enseña en modo alguno una rehabilitación después de la muerte.

2) Sufrir los tormentos del infierno (así Aepinus y Flacius) o pagar a Satanás, como al guardián de la cárcel, cierto rescate por las almas redimidas (según opinión de Orígenes). Pues el descenso de Cristo a los infiernos no fue parte de su humillación, Luc. 23:43-46, ni tampoco tenía Satanás autoridad alguna para triunfar sobre el hombre y tenerlo cautivo, 1 Juan 3:8; Heb. 2:14-15. El pasaje Hech. 2:24 no debe entenderse en el sentido de que Cristo tuvo que sufrir después de la muerte; pues la expresión "dolores de la muerte" es equivalente al "poder de la muerte", según lo evidencia claramente el contexto.

Juan Parsimonio, basándose en el concepto de que el infierno no tiene restricción local, sostuvo que Cristo "descendió a los infiernos" sólo en el sentido de que durante toda su vida sufrió los tormentos del infierno. En oposición a esto, nuestros dogmáticos declararon que la Escritura nos enseña que nuestro Salvador descendió a los infiernos de una manera verdadera y real, aunque no por efecto de cierta restricción local, puesto que el Cristo vivificado ya no se hallaba en forma de siervo, sino en forma de Díos, y así usaba constantemente la majestad divina comunicada a su naturaleza humana.

Al igual que Juan Parsimonio, también los calvinistas niegan que Cristo descendió de hecho a los infiernos, pues algunos asocian el descenso a todo al estado de humillación (Sohnius), otros a su sepultura (Bucer, Beza) y aún otros a los dolores que sufrió en su alma durante su gran Pasión (Calvino). En el Artículo IX de la *Fórmula de Concordia*, la Iglesia Luterana ha fijado clara y definitivamente la doctrina bíblica del descenso de Cristo a los infiernos. Hollaz define el descenso a los infiernos así: "El descenso de Crsto a los infiernos es el movimiento verdadero, real y sobrenatural, por el cual el Cristo resucitado, habiendo roto las cadenas de la muerte, descendió en su persona entera a los infiernos para mostrarse a los espíritus malos y a los réprobos como el Vencedor de la muerte". (*Doctr. Theol.*, p. 379).

b. La resurrección de Cristo. La resurrección de Cristo la ha definido Hollaz como "la acción gloriosa y victoriosa por la cual Cristo, el Dios-hombre, con poder divino igual que el del Padre y del Espíritu Santo, levantó su cuerpo, reunido al alma y glorificado, y lo mostró vivo a sus discípulos mediante varias evidencias fehacientes, para la confirmación de nuestra paz, comunión, dicha y esperanza en nuestra propia resurrección futura". (Doctr. Theol., p. 380). Esta definición es muy bíblica y completa.

Según la Escritura, la resurrección de Cristo fue, por un lado, la obra de Dios el Padre, que obró como su Causa eficiente. Efe. 1:20; Rom. 6:4. Siendo así, la resurrección de nuestro Salvador fue realmente la absolución, o justificación, de todo el mundo; pues mediante la resurrección o justificación obrada por el divino substituto del hombre, Dios declaró libres del pecado a todos los pecadores, Rom. 4:24-25; 10:9. Por esta razón, la resurrección de Cristo es el objeto de la fe que justifica, 1 Cor. 15:14, 17 ,21. Calov escribe sobre este punto: "Así como Dios castigó en Cristo los pecados nuestros, que fueron cargados sobre Él e imputados a Él como a nuestro substituto, así también, al resucitar a Cristo de entre los muertos, lo absolvió a Él de los pecados nuestros que se le habían imputado, y así también nos absolvió a nosotros en Él". (*Biblia Ilustr.*, sobre Rom. 4:25.)

Por otro lado, la Escritura señala también a Cristo mismo como la Causa eficiente de su resurrección, Juan 2:19; 10:17-18, por cuanto es verdadero Dios y posee el mismo poder divino (*una numero omnipotencia*) que el Padre y el Espíritu Santo, Juan 5:19. Considerada desde este punto de vista, la resurrección de Cristo comprueba muy poderosamente la deidad de Cristo y el hecho de que Él es nuestro Salvador, Juan 2:18-21.

El cuerpo de Cristo que, reunido al alma, salió del sepulcro, fue el mismo cuerpo que el Hijo de Dios asumió en el seno de María, y el mismo cuerpo que sometió al sufrimiento y a la muerte, Juan 20:27. Pero el cuerpo resucitado de Cristo poseía *nuevas propiedades (ídem corpus essentia, novum qualitatibus)*. El cuerpo animal o natural (*sōma psyjikon*, 1 Cor. 15:44) se había vuelto cuerpo espiritual (*sōma pneumaticon* 1 Cor. 15:44), esto es, un cuerpo glorificado (*soma tes doxes*, Filip. 3:21).

La resurrección de Cristo ocurrió *clauso sepulchro*, es decir, quedando el sepulcro cerrado y sellado, Mat 28:1-6. Esta verdad la niegan los teólogos calvinistas porque rechazan la comunicación de los atributos, Juan 20:19.

El hecho de que el Señor resucitado tomó y comió alimento, Luc. 24:43, se debió no a la necesidad, sino a su voluntad de hacerlo; sirvió no para alimentar su cuerpo, sino para fortalecer la fe de los discípulos.

Con respecto al propósito de la resurrección, Hollaz dice muy correctamente que Cristo resucitó para manifestar la victoria que había obtenido sobre la muerte y el diablo, Hech. 2:24; Heb. 2:14-15, y para ofrecer y aplicar a todos los hombres el fruto de su Pasión y muerte, Rom. 4:25; 1 Ped. 1:3-4; Juan 11:25-26; 14:19: 2 Cor. 4:14; 1 Tes. 4:14; Rom. 6:4; 2 Cor. 5:15. Por esta razón, la doctrina de la resurrección de Cristo es fundamental para toda la religión cristiana.

c. Los cuarenta días entre la resurrección y la ascensión de Cristo. En cuanto a los cuarenta días entre la resurrección y la ascensión de Cristo, la Escritura sólo da una información fragmentaria. Después de su gran victoria sobre la muerte, nuestro Salvador ya no se asoció con sus discípulos de ese modo tan íntimo como en los dias de su carne, Luc. 24:44. Sin embargo, les aparecía muy a menudo, Hech. 1:3, 1 Cor. 15:4-8, conversaba y comía con ellos, Luc. 24:41-43, y los convenció de que Él era el Cristo, el Hijo de Dios, Juan 20:19-31.

d. La ascensión de Cristo. La ascensión de Cristo puede considerarse, bien en el sentido más amplio, que incluye el sentarse a la diestra de Dios, Hech. 2:33-34; Efe. 4:10, bien en el sentido más limitado, que encierra sólo la elevación visible de Cristo a lo alto, Luc. 24:51; Hech. 1:9-11. En este artículo usamos el término en el último sentido.

En contraste con la resurrección, la ascensión ocurrió delante de testigos, Hech. 1:9-14. Esencialmente consistió en un movimiento local (*motus localis*) hacia arriba, hasta que una nube recibió al Salvador, Hech. 1:9.

El cielo al cual subió Cristo no es sólo el cielo de la bienaventuranza eterna de los santos (Juan 14:2: *domicilium beatorum ascensionis ad quem proprius*), sino también la *diestra de Dios (coelum maiestaticum)*. La diestra de Dios no es un lugar definido, sino su poder ilimitado, que llena el cielo y la tierra, Mat. 26:64; Ex.15:6; Heb. 1:3; 8:1; 12:2; Sal. 139:10; Efe.1:2-23.

El propósito de la ascensión fue: a) en lo que respecta a Cristo, la demostración pública y triunfante de que Él era el Salvador del mundo, o su entronización solemne según su naturaleza humana, Juan 6:60-62, y b) en lo que respecta a todos los creyentes, la gloriosa seguridad de que ellos también seguirán a Cristo al cielo, Juan 14:2 y sig.; 17:24.

Los calvinistas consideran al cielo como un lugar creado, en el cual está encerrada la naturaleza humana de Cristo (*Christus comprehensus et circumscriptus*), de modo que, según su naturaleza humana. Él no está presente ni en la Santa Cena, ni en ningún otro lugar fuera del espacio celestial por el que está circunscrita su naturaleza humana. Hech. 3:21 nos comprueba el error de los calvinistas. (Cf. *Fórmula de Concordia*, Decl. Sól., 119.)

Hollaz define la ascensión de Cristo en los siguientes términos: "La ascensión es el glorioso acto de Cristo por el cual Él, después de haber sido resucitado, se elevó a sí mismo, según su naturaleza humana, mediante un movimiento local, verdadero y real, por su libre determinación (*per liberam oeconomiam)* y de una manera visible, hasta ser recibido por una nube; y desde esa nube se elevó, de una manera invisible, hasta el cielo común de los bienaventurados y hasta el mismo trono de Dios, para que, habiendo triunfado sobre sus enemigos, pudiese ocupar el reino de Dios, Hech. 3:21, abrir de nuevo el paraíso, Apoc. 3:7, y prepararnos una herencia permanente en el cielo, Juan 14:2". (*Doctr. Theol.*, p. 380).

e. El estar sentado a la diestra de Dios. Puesto que la diestra de Dios es su omnipresente poder y actividad, Sal. 139:9-10, 118:15-16, el que Cristo está sentado a la diestra de Dios Padre significa que hace uso completo e incesante de la majestad divina comunicada a la naturaleza humana, para gobernar absoluta y gloriosamente en los reinos de poder, gracia y gloria, 1 Cor. 15:25, 27; Sal. 110:1; Heb. 2:7-8. Por lo tanto, el estar sentado a la diestra de Dios representa para Cristo su exaltación, según su naturaleza humana, para gobernar y regir todas las cosas soberanamente. Efe. 1:20-23; 4:10; 1 Ped. 3:22; Hech. 3:21. (Cf. Fórmula de Concordia, Decl. Sól., VIII, 27.)

Respecto de la patticipación de la naturaleza humana en la omnipotente operación de la naturaleza divina en los estados de humillación y exaltación, hemos de notar lo siguiente: Así como la majestad divina (*doxa*) estuvo siempre en la naturaleza humana después de la encarnación, Juan 1:14; Col. 2:9, pero se reveló de manera especial en el momento de la transfiguración, Mat. 17:1-8, así también, el poder infinito de la naturaleza divina estuvo siempre en la naturaleza humana después de la encarnación, pero se revelo en toda su gloria después de la exaltación de Cristo a la diestra de Dios.

Según la detallada Definición de Hollaz, el estar sentado a la diestra de Dios es "el grado supremo de gloria, en que Cristo, el Dios-hombre, habiendo sido exaltado según su naturaleza humana al trono de la majestad divina, gobierna poderosa y personalmente todas las cosas que existen en los reinos de poder, gracia y gloria, para alabanza de su propio nombre, y para consuelo y protección de su afligida Iglesia". (Hollaz, *Doctr. Theol.*, p. 381),

El consuelo especial que para el creyente emana del hecho de que Cristo está sentado a la diestra de Dios, lo expresa admirablemente la *Fórmula de Concordia* en las siguientes palabras (Decl. Sól., VII, 78 y sig.): "Sostenemos... que Cristo, según la naturaleza humana que asumió y en plena posesión de ella, puede hallarse y en efecto se halla presente dondequiera que lo desee; en particular se halla presente en su Iglesia y congregación en la tierra como Mediador, Cabeza, Rey y sumo Sacerdote, no sólo en parte, sino en toda su persona, a la cual pertenecen las dos naturalezas, la divina y la humana; no sólo según su divinidad, sino también según la naturaleza humana que asumió, mediante la cual Él es nuestro Hermano y nosotros somos, carne de su carne y hueso de sus huesos; así como ha instituido su Santa Cena para la firme seguridad y confirmación de que, también mediante aquella naturaleza por la cual tiene Él carne y sangre, estará con nosotros y morará, obrará y será eficaz en nosotros".

f. La segunda venida de Cristo. La doctrina que trata de la segunda venida de Cnsto en su gloria y en forma visible, para celebrar el Juicio final, será considerada más adelante en el capitulo pertinente, el de la "Escatología".

## *C. LA DOCTRINA DEL OFICIO DE CRISTO*

La encarnación del Hijo de Dios se verificó para que se realizara la obra de la redención decretada por Dios desde la eternidad, juan 17:4; 3:16 Mat.1 8:11; Luc. 19:10, 1 Tim. 1:15. La *Confesión de Augsburgo* declara (Art. III): "El Verbo, esto es, el Hijo de Dios, adoptó la naturaleza humana en el seno de la bienaventurada virgen María,... para reconciliarnos con el Padre y ser sacrificio no solamente por la culpa original, sino también por los pecados actuales de los hombres". Por lo tanto, todo lo que Cristo hizo como el Dios-hombre, en su estado de humillación, Luc. 1:30-31, Mat. 1:21, 25; Luc. 2:21, y lo que aún hace como tal en su estado de exaltación, pertenece a su oficio divino, u obra.

Acerca del oficio mediador de Cristo, Quenstedt escribe: "El oficio mediador es una función que pertenece a toda la persona del Dios-hombre y consiste en acciones realizadas por Él. Por medio de esta función, Cristo ejecutó perfectamente, y aún ejecuta, todas las cosas que son necesarias para nuestra salvación. Y dichas cosas las ejecutó y ejecuta en, con y mediante ambas naturalezas, por vía de adquisición y aplicación" (*Doctr. Theol.,* p. 338). O expresado más brevemente: La obra mediadora de Cristo comprende todo lo que Él hizo y todo lo que todavía hace para proporcionar la salvación a los hombres.

Si se pregunta: ¿Desde cuándo ejecuta Cristo su obra mediadora? replicamos: a) No sólo desde el tiempo de su bautismo, pese a que el bautismo fue su solemne instalación en su ministerio público como mediador, sino b) ya desde el momento mismo de su encarnación, ya que su concepción, nacimiento, circuncisión, obediencia filial, etc., tienden todos al mismo fin: la salvación del mundo pecador, Gál. 4:4-5; 1 Juan 3:8.

Muchos conjeturan que el Hijo de Dios se encarnó no precisamente para redimir a la humanidad, sino por diversos otros motivos (los socinianos, los pelagianos, el racionalista Schleiermacher, los teólogos modernos: "Cristo vino como el segundo Adán para perfeccionar la creación"). Pero todos ellos se oponen a la Escritura, que enseña expresamente que Cristo vino al mundo sólo para salvar a los pecadores, Juan 3:16; 1 Tim.1:15; 1 Juan 4:9-10.

Si se pregunta por qué el *logos* esperó cuatro mil años antes de encarnar, no podemos sino contestar con la única respuesta que da la Escritura, esto es, que tal fue la voluntad de Dios, Gál. 4:4-5.

Como Salvador del mundo pecador, Cristo tenía que llevar a cabo tres obras distintas: a) Tenía que enseñar a los hombres el camino de la salvación, Luc. 4:18; Juan 1:18; Heb. 1:1; Mat. 17:5. b) Tenía que reconciliar al mundo con Dios, 2 Cor. 5:18-19; Mat. 20:28; Rom. 5:10; 1 Juan 2:2. c) Tenía que gobernar su Iglesia como Cabeza de ella, y todas las cosas como Rey soberano del universo, Luc. 1:33; Efe. 1:20-23; Juan 18:33-37. Por consiguiente, hablamos de los tres oficios de Cristo: a) el de Profeta (*munus propheticum*), b) el de Sacerdote (*munus sacerdotale*) y c) el de Rey (*munus regium*). Ya en el Antiguo Testamento, el Mesías había sido mencionado como el divino Profeta, Sacerdote y Rey, Deut. 18:15-19; Sal. 110; 2:6-12.

Todas las acciones que ejecutó Cristo como nuestro Profeta, Sacerdote y Rey las ejecutó como el Dios-hombre; esto es, todas las cosas que fueron necesarias para nuestra salvación Cristo las ejecutó según sus *dos* naturalezas.

A pesar de que Cristo siempre ejerció sus tres oficios simultánea y conjuntamente, conservamos la clasificación que acabamos de mencionar (*munus triplex*) por razones de mayor claridad en la presentación de la obra de Cristo, aunque algunos dogmáticos, combinan el oficio de Profeta con el de Sacerdote, y así obtienen sólo dos oficios de Cristo.

## *A. EL OFICIO DE CRISTO COMO PROFETA*

### 1. EL DESEMPEÑO DE ESTE OFICIO EN EL ESTADO DE HUMILLACIÓN

En su estado de humillación Cristo no enseñaba como lo hicieron los profetas de Israel, sino como el singular Profeta enviado por Dios (*Propheta kat exojen, Propheta omnibus excellentior*), Luc. 7:16; Juan 4:19; 6:14, esto es, no por instrumentos mediatos, sino directamente (*autoprosōpōs*), y por su propia autoridad, Juan 7:46; 1:18. Nuestro Señor no recibió sus doctrinas divinas por inspiración divina, 2 Ped. 1:21, sino que las poseía como el Hijo omnisciente de Dios, Mat. 23:8,10; Luc. 24:19; 4:32; Mat. 7:29; Juan 6:63. Ni tampoco poseía su conocimiento divino según su naturaleza divina solamente; pues mediante la unión personal (la comunicación de los atributos) también su naturaleza humana participaba en la omnisciencia de su naturaleza divina, Col. 2:3,9. (*In Christo igitur Deus ipse munere prophetico fungitur,* Heb. 1:2.) Agustín: *"Doctor doctorum Christut, cuius schola in terra et cathedra in coelo est"*.

Con respecto al *mensaje* que Cristo proclamó, la Escritura declara expresamente que Él se anunció *a sí mismo* como el divino Salvador que vino a rescatar a la humanidad del pecado, de la muerte y del poder del diablo, Mat. 4:17; Juan 6:40, 3:14-15: Mat. 20:28; Juan 6:51-65. Así corno Pablo colocó al Cristo crucificado en el centro de su mensaje, 1 Cor. 2:2; 2 Cor. 4:5, asimismo nuestro divino Salvador centralizó toda su predicación en la Buena Nueva: Mediante la muerte vicaria del Hijo de Dios viene la salvación a los hombres, Luc. 18:31-34; Mat. 16:21-23; Mar. 8:27-33. Y del mismo modo en que Pablo proclamó la salvación por la gracia, mediante la fe en el Cristo crucificado y resucitado así también Cristo mismo anunció el Evangelio de la salvación por la gracia, mediante la fe en Él, Mat. 11:28;. Juan 6:29, 32-33, 35.

Cierto es que nuestro divino Señor, el "Profeta semejame a Moisés" que Dios levantó, Deut. 18:15, promulgó también la Ley divina, Mat. 5-7. Pero no promulgó una Ley nueva (los modernistas), sino la misma Ley Moral que Dios había proclamado en el Antiguo Testamento, Mat. 22:34-40, el cumplimiento de la cual es el amor, Rom. 13:10. Aun el Sermón del Monte, Mat. 5 y 7, no fue una nueva ley, sino la explicación correcta de la Ley Moral, en oposición a las falsas interpretaciones de los escribas. El mandamiento del amor se enseñaba en el Antiguo Testamento con tanta claridad, lev. 19:18, que los judíos del tiempo de Cristo estaban perfectamente enterados a ese respecto, Luc. 10:27. El "nuevo mandamiento", Juan 13:34, era nuevo sólo con respecto de los fieles y los motivos con que era puesto an vigor (Lutero: "nuevo mediante los nuevos poderes espirituales"); pues, los discípulos habían de amarse los unos a los otros a imitación de su divino Maestro, en quien creían.

Muchos afirman erróneamente que Cristo fue en esencia un nuevo Legislador (los pelagianos, semipelagianos, modernistais y papistas: Cristo proclamó una nueva ley de consejos, evangélicos: Castidad, pobreza y obediencia). En oposición a todos ellos, la Iglesia declara lo siguiente a base de la Escritura: "Cristo fue por cierto Maestro de la Ley, pero no un nuevo Legislador". (*Christus quidem fuit, legis doctor, sed non novus legislator).* Pero aunque Cristo predicó también la Ley divina, su oficio profético consistió propiamente en la proclamación del Evangelio de la salvación mediante su expiatoria Pasión y muerte, Juan 1:17.

### 2. EL DESEMPEÑO DEL OFICIO PROFÉTICO EN EL ESTADO DE EXALTACIÓN

En su estado de exaltación Cristo ya no proclama el Evangelio inmediatamente (*autoprosōpōs*), sino mediatamente, esto es, por medio de la obra ministerial de la Iglesia, Juan, 20:21; Mat. 28:19-20; Mar. 16:15-16; 2 Cor. 13:2-3; 1 Tim. 1:9-11. No obstante, también en su estado de exaltación Cristo sigue siendo el verdadero Profeta y Maestro de su Iglesia, Col. 3:16; Efe, 4:10-12, de suerte que sólo la Palabra suya debe ser predicada a los hombres, Juan 8:31-32; 1 Ped. 4:11; 1 Tim. 6:3-5. Todos los que predican su propia sabiduría en lugar de la Palabra de Dios no son ministros cristianos, sino falsos profetas (*antijristoi*), de quienes los creyentes deben apartarse, Mat. 15:7-9; 7:15; Rom. 16:17-18; 1 Juan 2:18. El Dr. A. Strong comenta con mucho acierto: "Toda profecía moderna que sea verdedera no es sino la republicación del mensaje de Cristo, la proclamación y exposición de la verdad ya revelada en la Escritura". (*Syst. Theol.*, p. 389.) De todos los falsos profetas, el papado es el más insidioso y pernicioso, puesto que pervierte la palabra de Dios y se opone al oficio profético de Cristo, con la pretensión de que su representante es el gerente y vicario de Cristo en la tierra. Por esta razón es *el Anticristo* (*antijristos kat' exojen*). 2 Tes. 2:3 y sig.

También en el Antiguo Testamento el Hijo de Dios, el *logos* preexistente, fue el verdadero Maestro y Profeta de la Iglesia; pues fue Él quien habló con los santos de aquel tiempo y les reveló la verdad de la salvación. Este importante hecho lo enseña la Escritura al declarar: a) que fue el Espíritu de Cristo el que inspiró a los profetas a predecir la gracia que habría de venir, 1 Ped. 1:10-12, y b) que fue el Hijo de Dios quien reveló a Israel las verdades salvadoras de Dios, Juan 12:41; cf. Isa. 6:1 y sig.; 1 Cor. 10:4. Lutero: "En casi todas las ocasiones en que Cristo se halla revelado en el Antiguo Testamento, se halla llevando el nombre de Dios". (St. L., II, 853.)

### B. EL OFICIO DE CRISTO COMO SACERDOTE

La gracia de Dios que Cristo proclamó como el Profeta divino, la obró Él mismo como el sacerdote divino de los hombres. De manera que todos aquellos que niegan o pervierten la doctrina bíblica del oficio sacerdotal de nuestro Salvador, tienen que negar y pervertir también su oficio profético. Todos los racionalistas que rechazan la expiación vicaria de Cristo no pueden considerar al Salvador como el verdadero Profeta de la gracia y el perdón, sino que tienen que considerarlo simplemente como un maestro de moralidad, que vino al mundo para inducir a los hombres a obtener su salvación mediante sus buenas obras o su justicia. En resumen, si Cristo no es el Sacerdote divino, tampoco es el Profeta divino en el sentido bíblico.

El oficio sacerdotal de Cristo, quien es llamado Sacerdote (heb *cohen leolam*, gr *iereus megas arjiereus*) tanto en el Antiguo como en el Nuevo Testamento (Sal. 110:4; Zac. 6:13; Heb. 5:6; 8:4; 10:21, etc.), es la obra del Dios-hombre por la cual reconcilió al mundo consigo mismo, 2 Cor. 5:19. La Sagrada Escritura describe tanto el modo (*modus reconciliatonis*) como el medio (*médium reconciliatonis*) por los cuales se llevó a cabo esta obra de gracia. El testimonio enfático de la Escritura es que Cristo se ofreció a sí mismo, o puso su vida, como rescate por los pecados del mundo, Juan 17:19; 1 Tim. 2:6; 1 Juan 2:2; Juan 1:29.

Al oficio sacerdotal de Cristo pertenece también su intercesión, de la cual hablaremos más tarde. Una definición completa del oficio sacerdotal de Cristo la da Quenstedt en las siguientes palabras: "El oficio sacerdotal de Cristo se compone de dos partes: satisfacción e intercesión. Según la primera, efectuó una satisfacción absolutamente perfecta por todos los pecados del mundo entero, y obtuvo la salvación. Según la segunda, intercede continua y diligentemente por todos para que se les aplique la salvación que Él obtuvo. El hecho de que el Mesías desempeñara estas funciones de Sacerdote se predice claramente en Isa. 53:12". (*Doctr. Theol.*, p. 347.)

En particular, el precio del rescate que Cristo pagó por nuestros pecados fue la sangre de Cristo derramada en el Calvario, 1 Juan 1:7, Heb. 10:29; 13:20. Lutero escribe sobre este punto: "La sangre que fluyó de las heridas de nuestro Señor Jesús es el tesoro de nuestra redención, el pago y la expiación por nuestros pecados. Pues mediante su inocente Pasión y muerte y mediante su santa y preciosa sangre, derramada en la cruz, nuestro Señor Jesucristo pagó por completo la deuda de la muerte eterna y la condenación, en la que nos hallamos todos debido a nuestros pecados. La misma sangre de Cristo intercede ante Dios por nosotros y exclama sin cesar: ¡Gracia! ¡Gracia! ¡Perdona! ¡Perdona! ¡Indulgencia! ¡Indulgencia! ¡Padre! ¡Padre! y obtiene para nosotros la gracia divina, el perdón de los pecados, la justicia y la salvación. Pues Dios el Padre acepta esa súplica e intercesión de su amado Hijo y nos extiende su gracia a nosotros miserables pecadores. Zac. 9:11". (Expl. de Juan 19:34; St. L, VIII, 965 y sig.)

En el Antiguo Testamento los sacerdotes sacrificaban corderos y toros y machos cabríos por los pecados del pueblo, Heb. 10:4; Cristo en cambio, el gran Sumo Sacerdote, Heb. 7: 26-27, se sacrificó a sí mismo, siendo Él tanto el Sacerdote como el Sacrificio en una sola persona, Heb. 9:12-14; Efe.5:2. (*Christus semetipsum sacrificavit.*) Este es el hilo dorado que corre por toda la Biblia: El maravilloso mensaje de la reconciliación (*hilasmos*) mediante la santa sangre de la divina Víctima Jesucristo, Hech. 10:43; Luc. 24:25-27.

Cristo desempeñó su oficio sacerdotal rindiendo obediencia perfecta a su Padre, quien de puro amor ofreció a su Hijo unigénito para la redención del mundo, Juan. 3:16; 1:29. La Escritura describe, pues, la obra redentora de Cristo como obediencia a Dios. La obediencia vicaria de Cristo comprende: a) su *obediencia activa*, por la cual nuestro divino substituto se sometió a sí mismo a las exigencias de la Ley divina, cumpliéndola en nuestro lugar mediante su vida santa y perfecta, Gál. 4:4-5; Rom. 5:19, Mat. 3:15, y b) su *obediencia pasiva*, por la cual se sometió a la maldición de la Ley y sufrió y murió por los pecados del mundo, Heb. 9:12; Efe. 5:2; lsa. 53 4-6. De modo que por su santa vida y su inocente muerte, Cristo obtuvo para nosotras ese mérito divino que es nuestra justicia delante de Dios, para nuestra salvación, Rom. 3:22-25; 2 Cor .5:19-21.

Las preposiciones *anti, hyper* (Mat. 20:28; 2 Cor. 5:14), traducidas en nuestra Biblia con "por", no quieren decir simplemente "en beneficio de", sino más bien: "en lugar de". Expresan el hecho de que Cristo sufrió y murió en nuestro lugar, o como nuestro verdadero substituto. Lutero lo expresa asi: "Cristo padeció la muerte, la maldición y la condenación, tal como si El mismo hubiese infringido toda la Ley y merecido cada sentencia que pronuncia la Ley sobre los criminales". (St. L., XII 236).

Puesto que mediante su perfecta obediencia Cristo ha liquidado el castigo de nuestro pecado y ha expiado nuestra culpa, nos ha librado también de las terribles consecuencias que el pecado, tanto el original como el actual, ha traído sobre nosotros; consecuencias tales como: a) la muerte, 2 Tim. 1:10; b) el poder del diablo, Heb.2:14; c) el dominio del pecado, Tito 2:14; etc. Todas estas infinitas bendiciones espirituales se encierran en la expresión "la redención de la raza humana", que Hollaz define corno "la liberación espiritual, judicial y muy costosa que arrancó a las hombres, atados por las cadenas del pecado, de la culpa, de la ira de Dios y del castigo temporal y eterno; liberación ésta, que fue obrada mediante la obediencia activa y pasiva de Cristo, el Dios-hombre, a quien Dios, el justo Juez, recibió en su gracia como al perfecto rescate (*lytron*), para que la raza humana, habiendo pasado a la litertad espiritual, pueda vivir para siempre con Dios", (*Doctr. Theol.*, c. 346.)

El orgullo y la vanidad del hombre carnal, 1 Cor. 1:23, se han opuesto siempre a la doctrina de la redención del mundo mediante la obediencia perfecta de Cristo (la activa y la pasiva). Algunos críticos han negado la necesidad y validez de la obediencia activa de Cristo ("Como hombre, Cristo obedeció a la Ley para su propio bien"; Anselmo Aepinus), otros han atacado violentamente la necesidad y validez de la obediencia pasiva de Cristo (el racionalismo, el unitarismo, el modernismo). En el insano afán de negar la satisfacción vicaria de Cristo, se ha afirmado falsamente: a) que el término redención (*apolytrōsis*) quiere decir simplemente liberación y no el rescate de los pecadores mediante el pago de un precio adecuado: b) que el concepto de la satisfacción se opone a la remisión gratuita de los pecados; c) que Dios no puede transferir el crimen de una persona a otra y castigar al substituto inocente en lugar del hombre culpable, etc.

Todas estas objeciones contradicen las claras doctrinas de la Escritura, que enseña: a) que en efecto, la redención de Cristo fue obrada mediante el pago del precio de la sangre del Redentor, 1 Cor. 6:20; 1 Ped. 1:18-19; Gál. 3:13; Efe. 1:7; Tito 2:14; Heb. 9:12, 15; Apoc. 5:9; b) que la misericordia de Dios al remitir el pecado es por cierto gratuita en el sentido de que no se exige satisfacción alguna por parte nuestra; pero no es gratuita en el sentido *absoluto*, puesto que exigió la satisfacción de Cristo, Rom. 3:24; Efe. 1:7; y el que Dios por cierto transfirió los pecados del hombre a Cristo y castigó a Cristo en lugar del hombre, Isa. 53:4-6; Juan 1:29; Gál. 3:13.

Gerhard hace una clasificación extensa de las declaraciones bíblicas que describen la obra sacerdotal de Cristo y en particular su satisfacción vicaria. He aquí su agrupación: a) Cristo es nuestro Mediador. 1 Tim. 2:5; Heb. 8:6; 9:15; 12:24; b) Cristo es nuestro Redentor, lsa. 53:4-6; Luc. 1:68; Rom. 3:24; 1 Cor. 1:30; Efe. 1:7; Col. 1:14; 1 Tim. 2:6; Heb. 9:12, 15; c) Cristo es la Propiciación (*ilasmos*) por nuestros pecados, 1 Juan 2:2; 4:10; Rom. 3:24-25; d) por Él somos reconciliados con Dios, Rom. 5:10-11; 2 Cor. 5:18-19; Efe. 2:16; Col. 1:20; e) Cristo dio su vida en rescate (*lytron kai antilytron*) por nosotros. Mat. 20:28; Mar. 10:45; Tito 2:14; 1 Ped. 1:18-19; Heb. 9:15; f) Cristo fue hecho pecado por nosotros, 2 Cor. 5:21; Rom. 8:3; g) Cristo fue hecho maldición por nosotros, Gál. 3:13; h) Cristo llevó en su cuerpo nuestros pecados y el castigo que éstos merecían, Isa. 53:4-6; Juan 1:29; 1 Ped. 2:24; i) Cristo derramó su sangre por nuestros pecados, Mat. 26:28; 1 Juan 1:7;

Heb. 9:12; j) Cristo canceló la cédula que era contra nosotros, Col. 2:14; k) Cristo nos redimió de la maldición de la Ley, Gál. 3:13; 4:5; l) Cristo nos libró de la ira de Dios, 1 Tes. 1:10; m). Cristo nos libró de la eterna condenación, 1 Tes. 5:9-10; n) en Cristo somos hechos justicia de Dios e hijos amados del Padre celestial, 2 Cor. 5:21. (*Doctr. Theol.*, p. 357).

Por consiguiente, si alguien niega la satisfacción vicaria que Cristo, el divino Sumo Sacerdote, brindó por los pecados del mundo, niega también el verdadero fundamento del mensaje bíblico de la redención. Si se quita de la Biblia la obra expiatoria de Cristo, perdemos todo el Evangelio. Es por esta razón que el oficio sacerdotal de Cristo constituye el corazón y el centro de la teología cristiana.

## 1. LA EXPIACIÓN VICARIA

La doctrina bíblica que trata de la redención que Cristo hizo por todos los hombres se denomina en la teología "satisfacción vicaria", o "expiación vicaria". La Escritura usa las siguientes expresiones como sinónimas de este término: propiciación (*hilasmos*, 1 Juan 2:2; *hilasterion*, Rom. 3:25); reconciliación (*katallage*, Rom.5:10; 2 Cor. 5:18); redención (*hapolytrōsis*, Efe. 1:7; Col. 1:14); rescate (*lytron* Mat. 20:28), expresiones todas, que declaran que la redención de Cristo fue hecha mediante el pago de un precio adecuado para libertar a los cautivos.

El término *satisfacción vicaria* se usa en particular para expresar las siguientes verdades: a) Dios, de acuerdo con su perfecta justicia (*iustitia lagislatoria, normativa*), exige de todos los hombres obediencia perfecta a su Ley, y su ira (*iustitia vindicativa*) es sobre todos aquellos que no la cumplen, Gál. 3:10; b) Cristo, mediante su perfecta obediencia (la activa y la pasiva), ha satisfecho en lugar del hombre las exigencias de la justicia divina, Gál. 4:4-5; 3:13; 1 Ped. 3:18, y así ha cambiado la ira de Dios en gracia, o favor, Rom. 5:10; c); mediante la satisfacción de Cristo todos los hombres fueron reconciliados con Dios, 2 Cor. 5:18-21; esto es, Dios ya no está airado con los pecadores y ya no les imputa las transgresiones que han cometido, sino que en su gracia les perdona todos sus pecados, Rom. 5:10, 18-19.

*La Fórmula de Concordia* acentúa así esta consoladora doctrina: "La perfecta obediencia de Cristo, activa y pasiva, es una completa satisfacción y expiación hecha para todos los seres humanos, por ella ha sido satisfecha la eterna e inmutable justicia de Dios, revelada en la Ley, y así la justicia de Cristo llega a ser nuestra justicia, que vale delante de Dios y que se revela en el Evangelio. La fe que salva descansa en esta justicia, imputada por Dios al creyente, según está escrito, Rom. 5: 19; 1 Juan 1:7, Hab. 2:4; Rom. 1:17". (Decl. Sól., III, 57.) Así también dice la *Apología:* "La Ley condena a todos los pecadores, pero Cristo, por llevar el castigo del pecado, a pesar de ser inocente, y por ser sacrificado en lugar nuestro, ha quitado a la Ley el derecho de acusar y condenar a aquellos que creen en Él, porque Él es la Propiciación por los pecados del mundo, y por causa de Él somos ahora considerados justos. Ahora pues, como los pecadores son considerados justos, la Ley no puede acusarlos o condenarlos, aunque en realidad no hayan satisfecho la Ley" (Art. III, 58.)

## 2. LA RECONCILIACIÓN OBJETIVA Y LA SUBJETIVA

La reconciliación que Cristo obró mediante su Pasión y muerte vicarias, se llama propiamente la *reconciliación objetiva*. Esta reconciliación se efectuó cuando nuestro divino substituto murió en el Calvario. 2 Cor. 5:18-19; Rom. 5:10. Pues entonces fueron satisfechas por completo las exigencias de la justicia divina, la ira de Dios fue cambiada en gracia y a todos los hombres les fue proclamado el perdón universal, Juan 19:30; Rom. 5:16, 18-19. Así se obtuvo la reconciliación (la justificación) sin obra o mérito alguno por parte del hombre pecador, de la misma manera como también la creación se efectuó sin la cooperación del hombre. La reconciliación objetiva no se realiza por lo tanto mediante la fe del hombre; antes bien, por el hecho de que ella existe, el hombre puede ahora ser salvo mediante la fe.

La reconciliación objetiva que Cristo obró mediante su muerte, Dios la proclamó y ofreció públicamente al mundo por medio de la gloriosa resurrección de Cristo; pues ésta es la verdadera absolución, o justificación, de todo el mundo, Rom. 4:25. El otro medio de anunciar a todos los pecadores la reconciliación objetiva, o justificación, es el Evangelio; por esta razón el Evangelio se ha llamado la Palabra de la Reconciliación (*logos tes katallages*), 2 Cor. 5:19. Lutero: "El Evangelio es proclamar a Cristo, verdadero Dios y hombre, quien por su muerte y resurrección, ha expiado los pecados de todos los hombres y vencido a la muerte y al diablo", (St. L., XIV, 88.)

La *reconciliación objetiva* de Cristo, o la absolución o justificación de todo el mundo pecador, se vuelve *reconciliación subjetiva,* cada vez que el pecador se apropia la justificación mediante la fe en las promesas del perdón que se hallan en el Evangelio, 2 Cor. 5:20. Esto es, mediante la fe, cada pecador obtiene para sí mismo el perdón que Cristo consiguió para todos los hombres por medio de su Pasión y muerte. La fe salvadora o justificadora puede definirse, pues, como la confianza personal que el pecador penitente deposita en la reconciliación que Cristo obró para todo el mundo. Tal fe justifica, no porque ella de por sí reconcilia a Dios, sino por el hecho de que obtiene y se apropia la reconciliación que ya existe y que se ofrece gratuitamente en el Evangelio a todos los pecadores. La *Apología* dice: "La fe, propiamente hablando, es la que *asiente a la promesa*" (Art. IV [II], 113). Y la *Fórmula de Concordia:* "La fe justifica, no porque sea una obra tan buena o una virtud tan ilustre, sino porque acepta y se apropia los méritos de Cristo que se ofrecen en el Evangelio". (Decl. Sól., III, 13).

La diferencia entre la reconciliación objetiva y la subjetiva debe ser observada cuidadosamente; pues todos los que rechazan la reconciliación objetiva de Cristo, no pueden enseñar la justificación por la gracia, mediante la fe, sin las obras de la Ley. Quien niega la afirmación bíblica de que Dios estaba en Cristo reconciliando consigo al mundo, no imputando a los hombres sus pecados, 2 Cor. 5:19, fatalmente tendrá que caer en la doctrina de la salvación por medio de las obras (el arminianismo, el semipelagianismo, el modernismo), pues al descartar la justificación gratuita, el pecador mismo, mediante sus propias obras, tiene que reconciliar a Dios. Todo el consuelo de los pecadores ansiosos de salvación, descansa en la reconciliación objetiva que Cristo obró en el Calvario. Su propia reconciliación subjetiva, o justificación, no es sino el fruto bendito de esa maravillosa obra de amor.

## 3. ERRORES QUE HAY QUE RECHAZAR RESPECTO DE LA EXPIACIÓN VICARIA DE CRISTO

La satisfacción vicaria de Cristo la rechazan todos aquellos que niegan la ira condenatoria de Dios (*iustitia Dei vindicativa*); pues de no existir la ira de Dios contra el pecado del hombre, no habría sido necesaria la muerte expiatoria de nuestro Salvador. (Cf. las enseñanzas anticristianas de los unitarios, los modernistas, Ritschl, Harnack, etc.). Muchas objeciones han hecho y hacen los racionalistas contra la doctrina de la redención presentada en el Evangelio: "Dios pudo perdonar el pecado sin la muerte de Cristo mediante un simple 'fíat' de su voluntad soberana"; "Es tener un concepto indigno acerca de Dios, el considerarlo tan enojado contra el pecado que Cristo tuvo que morir por el hombre pecador". "Cristo murió simplemente para revelar al amor de Dios para con los hombres". "Sería un acto de injusticia por parte de Dios castigar al Salvador inocente en lugar del hombre pecador". "El concepto de que Dios tuvo que reconciliarse con el hombre mediante la expiación vicaria de Cristo no es ético y es demasiado jurídico". Todas estas objeciones las refuta la Escritura mediante un sinnúmero de pasajes que afirman precisamente las verdades que niegan los que se dejan impulsar por conceptos racionalistas, Isa. 53:4-6; 2 Cor. 5:18-21. De los errores por los cuales se niega la expiación vicaria de Cristo, ya sea total o parcialmente, mencionamos los siguientes:

a. El error de la aceptilación. La expiación vicaria de Cristo no fue suficiente por sí misma, sino que fue aceptada como tal por la soberana voluntad de Dios (per liberam [gratuitam] acceptationem; Duns Escoto, Calvino, los arminianos). Cf. Heb. 9:11-14; 1 Juan 1:7; Hech. 20:28; 2 Cor. 5:18-21.

b. El error de la justicia por las obras según lo enseñan en diversas formas y grados los pelagianos, los semipelagianos, los arminianos, los sinergistas, los modernistas, etc. Si el hombre puede obtener su reconciliación por medio de sus buenas obras, sea total o parcialmente, no habría sido necesario que el Hijo de Dios encarnara y padeciera y muriera en lugar de los pecadores. Cf. Gál.

3:10-13; Rom. 8: 3-4; etc. Quenstedt: "Filius Dei non venisset nec humanam naturam assumpsisset, si homo in statu integritatis perstitisset".

c. El error de negar la obediencia activa de Cristo. (Anselmo, Parsimonio, los teólogos modernos). Si Cristo no hubiese guardado la Ley en nuestro lugar, nosotros mismos tendríamos que guardarla y así ganarnos la salvación, al menos en parte. Cf. Gál. 4:4-5; Rom. 5:18.

d. El error de que Cristo mediante su Pasión y muerte pagó el precio del rescate a Satanás (Orígenes). Según la Escritura, Cristo por cierto se entregó a sí mismo como ofrenda y sacrificio, pero se entregó no a Satanás sino a Dios, para satisfacer las exigencias de la perfecta justicia divina (iustitia Dei legislatoria et vindicativa).Cf. Efe. 5:2, 2 Cor. 5:18-21.

e. El error de que Cristo expió solamente los pecados de los electos (los calvinistas). Cf. 2 Cor. 5:18-21; 1 Juan 2:2; 1 Tim. 2:6.

f. Los errores implicados en las diferentes teorías acerca de la muerte de Cristo, con las cuales los racionalistas reemplazan la doctrina bíblica de la expiación vicaria. 1) La Teoría del Accidente. La muerte de Cristo fue un accidente tan imprevisto e inesperado como la muerte de cualquier otro mártir (los modernistas). Cf. Mat. 16:21; Mar. 9:30-32; Juan 10:17-18; etc. 2) La Teoría del Mártir. Cristo dio su vida, como cualquier otro mártir, por seguir fiel a cierto principio que Él creía verdadero (los modernistas). Cf. 1 Tim. 2:6; 1 Juan 2:2. 3) La Teoría del Ejemplo Moral (la teoría de la influencia moral, el concepto de que la expiación otorga poder moral). La muerte de Cristo influye sobre la humanidad para que ésta mejore moralmente. El ejemplo de su Pasión ablanda el corazón humano y ayuda al hombre a reformarse, arrepentirse y mejorar su condición (la transformación del carácter, Horacio Bushnell). Cf. Rom. 5:12-18; 1 Juan 1:7. 4) La Teoría Gubernamental. Dios puso a Cristo como ejemplo del sufrimiento para demostrar al hombre que a Él no le agrada el pecado; o: La manera en que Dios gobierna el mundo hace necesario que Él demuestre su ira contra el pecado (Hugo Grocio; los teólogos de Nueva Inglaterra). 5) La Teoría Declaratoria. Cristo murió para demostrar a los hombres cuánto los ama Dios (Ritschl). Sin duda alguna, la muerte de Cristo demuestra el gran amor de Dios para con el mundo pecador, pero el propósito principal de su muerte fue para redimir a los pecadores, Juan 3:16; 1 Juan 4:10. 6) La Teoría de la Garantía. La reconciliación se basa, no en lo que Cristo hizo para expiar el pecado, sino en la garantía de ganar adictos y vencer la corrupción pecaminosa en ellos (Schleiermacher, Kirn, Hofmann).

Todas estas teorías humanas acerca de la expiación niegan la satisfacción vicaria de Cristo y se fundan en el mismo pensamiento que las originó: La salvación por las obras, osea, la salvación mediante la santificación personal.

g. El error de la restitución (apokatastasis). Cristo murió también por los ángeles que cayeron en el pecado, de manera que también ellos serán restituidos a la santidad y perfección en la consumación de todas las cosas. Cf. Mat. 25:41, 46.

h. El error que encierra la Misa papista, la cual se ha establecido como "la repetición incruenta del sacrificio de Cristo, necesaria para la propiciación". Rechazamos esa Misa como negación blasfema de la eficacia de la redención única, completa y perfecta consumada por Cristo, Heb. 7:26-27; 9:12; 10:14 Juan 19:30.

**4. LA INTERCESIÓN SACERDOTAL DE CRISTO**

El oficio sacerdotal de Cristo consta de dos partes: a) la satisfacción y b) la intercesión.

Ya en su estado de humillación, Cristo había intercedido por los hombres (*intercesión terrenal*), Juan 14:16; 17:9; Heb. 5:6-10. Según su naturaleza, las intercesiones de Cristo se dividen en dos clases: a) *intercesiones generales*, Luc. 23:34, que fueron hechas en favor de los hombres en general; y b) *intercesiones especiales*, Juan 17: 9 y sig., que fueron hechas en favor de los creyentes.

Sin embargo, Cristo permanece Sacerdote también después de su exaltación, Heb. 7:24-25, y en este estado ejerce su oficio sacerdotal, no mediante la repetición de su obra expiatoria, Rom. 6:9-10; Heb. 9:12-15; 7:26-27, sino mediante la intercesión que hace por los escogidos de Dios (*intercesión celestial*). Esta intercesión perpetua de Cristo en su estado de exaltación *no tiene valor expiatorio (intercessio Christi in statu exaltationis non est satisfactoria)*, sino simplemente valor *aplicativo (intercessio Christi in statu exaltationis est applicatoria)*, Heb. 7:24-25; 1 Juan 2:1; Rom. 8:34; esto es, pertenece a la congregación y preservación de la Iglesia, o a la salvación de los electos (*Christut est Mediator raconciliationis*), Rom. 8:34; Heb. 7:25; 1 Juan 2:1.

Según la Escritura, la intercesión celestial de nuestro Señor glorificado es tanto real (*intercessio realis*) como verbal (*intarcessio varbalis*). De acuerdo con la intercesión real, Cristo presenta al Padre la santa sangre que derramó por los pecados del mundo (Chemnitz: *Ostendit vultui Dai, quae stigmata pro redemptione nostra accepit*, Heb. 9:12). De acuerdo con la intercesión verbal, Cristo realmente ora por los hombres, Heb. 7:25; Rom. 8:34; 1 Juan 2:1, aunque esto ha de entenderse de un modo que concuerde con la dignidad del Señor glorificado, quien se halla sentado a la diestra de Dios (*intercesión incomprensible*).

A diferencia de la intercesión del Espíritu Santo, Rom. 8:26-27, el Cristo glorificado intercede como el Dios-hombre y a base de sus propios méritos, mientras la intercesión del Espíritu Santo (Rom. 8:27 "conforme a la voluntad de Dios") descansa en el mérito de la redención de Cristo, Gál. 4:4-6.

La intercesión constante del Salvador glorificado, sentado a la diestra de Dios, proporciona al creyente la seguridad absoluta de su salvación final, Rom. 8:34-39.

Los unitarios y los modernistas niegan la satisfacción vicaria de Cristo rechazando así la intercesión de Cristo, que se basa en su expiación. Según el punto de vista unitario, la única función de Cristo como sacerdote es inspirar a los hombres mediante el precepto y el ejemplo para que ellos sean sus propios salvadores. Los papistas agregan a la obra intercesora de Cristo las intercesiones y los méritos de los santos, con lo que niegan la verdad bíblica de que Cristo es el único Mediador entre Dios y el hombre, 1 Tim. 2:5-6.

### C. EL OFICIO DE CRISTO COMO REY

El oficio de Cristo como Rey queda documentado en todos aquellos pasajes de la Escritura en que se afirma que al Salvador se le comunicó también dominio universal, Efe. 1:20-23; Mat. 11:27; 28:18; Sal. 2:6-8; 8:6; 1 Cor. 15:27, etc. El carácter universal del dominio de Cristo se expone claramente en la Escritura; pues ella nos enseña que el dominio del Hijo del hombre se extiende: a) a todas las naciones y pueblos, Dan. 7:13-14; b) a todas las cosas en la tierra, en el aire y en el mar, Sal. 8:6-8; y c) aun a los enemigos de Cristo, Sal. 110:2. En resumen, el glorioso reino de Cristo abarca la creación entera, excepto a Dios mismo, 1 Cor. 15:27. Por consiguiente, el oficio real de Cristo se ha definido con mucha precisión como "la función del Cristo divino y humano por la cual Él rige y gobierna, según sus dos naturalezas (ya que la naturaleza humana está ahora glorificada a la diestra de la majestad divina), todas las criaturas en el reino de poder, gracia y gloria, mediante su infinita majestad y potencia" (Quenstedt).

También en su estado de humillación Cristo fue verdadero Rey, pues poseía y ejercía el poder divino, no sólo según su naturaleza divina (esencialmente), sino también según su naturaleza humana (por vía de comunicación), como ya demostramos al tratar el segundo género de la comunicación de los atributos (*genus maiestaticum*). Al Cristo encarnado la Escritura le atribuye dominio, Isa. 9:6, reinado, Juan 18:37, y potestad divina, Mat 28:18, etc., en un grado absoluto, esto es, de la misma manera que a Dios mismo. Pero el uso completo y constante del dominio divino comunicado a la naturaleza humana, nuestro Salvador lo ejerce sólo desde su exaltación a la diestra de Dios, Efe. 1:20-23; 4:10; Filip. 2:9-11.

Basándose en los claros pasajes de la Escritura, nuestros dogmáticos hablan de tres reinos de Cristo: el de *poder*, el de *gracia* y el de *gloria*. Sin embargo, esta división no ha de entenderse cono si existiesen tres reinos distintos en los cuales gobierna el Señor. En realidad, el dominio de Cristo es uno y el mismo, aunque se ejerce en distintas esferas, según el carácter diferente de aquellos que son gobernados. (*Pro diversa ratione eorum, quos rex Christus sibi subiectos respicit et diversimode gubernat.* Baier.) Así Cristo gobierna a todos, los incrédulos los ángeles malos y las criaturas irracionales mediante su reino de poder, Sal. 2:9 y sig.; 45:5; 8:6-8; 97:7, 10; 1 Tim. 6:14-16; Apoc. 17:14.

En un sentido general, todas las criaturas, como tales, pertenecen al Reino de Poder de Cristo, porque ese reino es esencialmente el reino de la naturaleza (*regnum naturas*).

Todos los que han aceptado en verdadera fe la reconciliación que ofrece el Evangelio de Cristo. 1 Cor, 15:1, son gobernados misericordiosamente por Cristo mediante la Palabra revelada (el Reino de Gracia), Juan 8.31-32. Al Reino de Gracia pertenecen solamente aquellos que han sido justificados, por la fe o que por la fe son miembros verdaderos de la Iglesia Cristiana en la tierra (la Iglesia Militante), ya que "Iglesia" es sinónimo de "Reino de Gracia", Rom. 5:1-2, Hech. 5:14. Mientras Satanás actúa en todos los incrédulos como en "los hijos de desobediencia", Efe. 2:2, el Cristo glorificado ejerce su dominio de gracia en todos los que por la fe lo reconocen como su Señor, Juan 14:23.

Todos los creyentes, que en esta vida fueron súbditos de Cristo en su Reino de Gracia, serán para siempre sus súbditos en el Reino de Gloria, el cual es la continuación en un plano perfecto, del Reino de Gracia, Hech. 7:55- 56; 1 Ped. 5:4; 1 Juan 3:2. Entonces los miembros de la Iglesia Militante, Rom. 8:17, serán reunidos en la Iglesia Triunfante, Rom. 5:2, Juan 17:24. Señalar las inestimables bendiciones del Reino de Gracia de Cristo y la inefable bienaventuranza de su Reino de Gloria es la verdadera tarea de la predicación cristiana, cuyo propósito es no solamente hacer que los pecadores participen en la vida eterna, sino también infundir en ellos un ardiente anhelo por el cielo. 1 Cor. 1:7; Rom. 8:23; Tito 2:13; 2 Ped. 3:13; Filip. 3:20.

En este mundo el Reino de Poder es ejercido en provecho del Reino de Gracia, Mat. 28:18: Rom.8:28, pues en ambos reinos el mismo Señor gobierna todas las cosas para su gloria, Efe. 1:20-23, con la misma grandeza de su poder, Efe. 1:19; 1.Ped. 1:5, sosteniendo al mundo presente por causa de sus electos, Mat. 24:22; 2 Ped. 3:9, y protegiendo su Iglesia Militante contra todos los ataques del Maligno, Mat. 16:18.

Pese a que el dominio de nuestro Señor Jesucristo es uno, su Reino de Gracia no debe ser confundido con su Reino de Poder. Cristo mismo hace una distinción entre su Reino de gracia y los reinos de este mundo, Juan 18:36. Aunque el Reino de Gracia (la Iglesia) está en el mundo, sin embargo no es del mundo, 1 Juan 2:5; Juan 17:16. El mundo sirve sólo de domicilio al Reino de Gracia, Juan 17:11, 15; 1 Tim. 2:1-4, el cual no está edificado ni se mantiene según el modo de los reinos terrenales, Mar. 16:15-16. Los reinos de este mundo se forman y se sostienen mediante la institución divina del gobierno civil, Rom. 13:1-4, mientras que el Reino de Gracia tiene su fundamento y sostenimiento únicamente en los medios de gracia (la Palabra y los Sacramentos), Mat, 28:19-20.

Asi como hay que distinguir el Reino de Poder del Reino de Gracia, hay que distinguirlo también del Reino de Gloria, 1 Juan 3:2; Rom. 8:24-25, aunque formalmente los dos no pueden ser separados, Juan 5:24; 3:36; Col. 3:2-4; Gál. 4:26. Tienen en común el mismo Señor y las mimas bendiciones de la gracia divina, pero difieren, en primer lugar, con respecto a la manera de percibir las cosas divinas; pues mientras en el Reino de Gracia todo conocimiento es mediato, esto es, se obtiene mediante la fe en la Palabra (*cognitio abstractiva*), Juan 8:31-32 en el Reino de Gloria es inmediato, esto es, se recibe mediante la visión beatífica (*cognitio intuitiva*), 1 Cor. 13:12; difieren, además, con respecto a las diferentes condiciones externas de los miembros de los dos reinos, pues mientras la condición de la Iglesia Militante es el sufrimiento y la tribulación, Hech. 14:22, la de la Iglesia Triunfante es la gloria suprema, Apoc. 7:17; 21:3-4.

La doctrina del oficio de Cristo como Rey es un articulo de fe; es decir, según la Escritura *creemos* que Cristo gobierna gloriosamente en sus reinos de poder, gracia y gloria. En el Reino de Poder vemos por cierto los objetos que este reino abarca, pero no el cetro con que Cristo gobierna, Heb. 2:8. Aún más, muy a menudo se tiene la impresión de que Satanás está gobernando el mundo, y no Dios. En el Reino de Gracia de Cristo los medios son por cierto perceptibles, pues oimos el

Evangelio y vemos los Sacramentos en su faz externa; sin embargo, el reino mismo nos es invisible, puesto que es interno, esto es, se halla en el corazón del hombre, Luc. 17:20-21; 1 Ped. 2:5. Pero a pesar de la oposición del diablo, Mat. 16:18, de los falsos profetas, 2 Tim. 2:17-19, y del mundo, Juan 16:33, creemos que la Iglesia Cristiana, o el Reino de Gracia, existirá en la tierra hasta el fin del mundo, Mat. 28:20. El Reino de Gloria, que será erigido en el tiempo señalado por et Señor, Hech. 1:7, es, sin embargo, la esperanza más sublime del cristiano, 1 Juan 3:2: Rom. 5:2; 8:24-25, y por su venida espera de continuo y ora con todo el fervor de su alma, Filip. 3:20.

### Errores en Cuanto al Oficio de Cristo como Rey

Con respecto al oficio de Cristo como Rey yerran todos aquellos que, apartándose de la verdad divina, niegan la doctrina bíblica referente a la persona y la obra de Cristo. De los muchos que yerran en cuanto a este punto mencionamos los siguientes:

a. Los papistas y los calvinistas, que separan la naturaleza humana de la naturaleza divina al negar la comunicación de los atributos y al declarar que nuestro Señor Jesucristo es Rey sólo según su naturaleza divina, Cf. Mat. 28:18; 11:27; Filip. 2:9-11; etc.

b. Los quenosistas modernos, que niegan que Cristo fue Rey en su estado de humillación y aseveran que Cristo, al encarnar, se despojó por completo (ekenōsen) de los atributos divinos de la omnipotencia, omnisciencia y omnipresencia. En tal caso, Cristo no pudo ser Rey ni siquiera según su naturaleza divina (Cf. Col. 2:3,9; Juan 1.14.

c. Los subordinacionistas, que niegan que Cristo según su naturaleza divina es consubstancial (homoousiōs) al Padre, excluyendo así a Cristo de su reinado divino y eterno, mientras que la Escritura le atribuye dominio eterno, Luc. 1:33; Efe. 1:21. La sujeción de que habla San Pablo en 1 Cor. 15:27-28 se refiere al cambio del gobierno actual de Cristo, mediato y velado, en un gobierno inmediato y revelado, que es común tanto a Cristo como al Padre y al Espíritu Santo.

d. Todos los que rechazan el dominio de Cristo en su Iglesia reemplazando la Palabra y las ordenanzas de Cristo con doctrinas y ordenanzas humanas, Mat. 23:8; 15:9, como por ejemplo, todos los falsos profetas, 1 Juan 2:18, y sobre todo, el Anticristo, 2 Tes. 2:4.

e. Todos los que no hacen diferencia entre el reino de la naturaleza y el Reino de Gracia, y todos los que mezclan la Iglesia y el Estado. De una o ambas cosas son culpables los papistas, los calvinistas y los partidarios del iluminismo.

f. Todos los milenarios, que enseñan el establecimiento por parte de Cristo de un dominio que ni es Reino de Gracia ni Reino de Gloria, sino una caricatura de ambos, esto es, un reinado de mil años, que habría de preceder (los premilenarios) o seguir (los postmilenarios) a su segunda venida. Rechazamos esta interpretación ilusoria del milenio, porque, en oposición a la Escritura: a) cambia el reino espiritual de Cristo en un reino visible, o terrenal, y b) dirige la esperanza de todos los cristianos, no a la gloria perfecta del cielo, 1 Cor. 1:7; Filip. 3:20-21; Juan 17:24, sino a una gloria futura en la tierra, cosa que rechaza la Escritura en términos muy claros, Mat. 24:1-42.

g. Todos los modernistas, que niegan la expiación vicaria de Cristo; pues si Cristo no es el gran Sumo Sacerdote, tampoco puede ser el Rey que en su estado de gloria y exaltación gobierna el cielo y la tierra. El Cristo de los modernistas es simplemente hombre, que jamás podrá gobernar con poder a la diestra de Dios.

h. Todos los que enseñan la justicia por las obras (los papistas, los arminianos, etc.); pues todos los que tratan de ser justificados por la Ley, han caído de la gracia, Gál. 5:4, y por consiguiente, no pueden aceptar a Cristo como el Rey de gracia y gloria. Todos los que rechazan el

Reino de Gracia de Cristo tienen que rechazar también su Reino de Gloria. Lutero: "Todos los que no poseen a Cristo como Rey y no están vestidos de su justicia, se hallan, y por siempre se hallarán, en el reino del diablo, en el pecado y en la muerte". (St. L., V, 148.)

# LA DOCTRINA ACERCA DE LA SOTERIOLOGÍA

La doctrina de la Soteriología demuestra, cómo el Espíritu Santo aplica a cada pecador la completa y eterna salvación que Cristo obtuvo para la humanidad mediante su expiación vicaria. Otros títulos bajo los cuales puede tratarse la misma doctrina son: La Apropiación de la Salvación, *Applicatio Salutis a Chritto Acquisitae;* La Gracia Aplicadora del Espíritu Santo, *Gratia Spiritus Sancti Applicatriz;* El Camino de la Salvación, *Via Salutis, Ratio Consequendi Salutem;* El Orden de la Salvación, *Ordo Salutis;* etc.

Un examen general de la doctrina acerca de la Soteriología revela las siguientes verdades: La salvación, o el perdón de los pecados, que Cristo obtuvo para todos los hombres mediante su expiación vicaria, Luc. 1:77; Rom. 5:10; 2 Cor. 5:19, se ofrece al pecador en los medios de gracia, esto es, en el Evangelio y en los Sacramentos, 2 Cor. 5:19; Luc. 24:47. Mediante esta misericordiosa y eficaz oferta del perdón, es engendrada la fe en el corazón del pecador, Rom. 10:17, quien acepta, o se apropia, los méritos de Cristo ofrecidos en los medios de gracia.

Los medios de gracia ejercen así una doble función: Ofrecen y confieren el perdón (*media oblativa sive dativa*), y producen la fe, (*media operativa sive effectiva*). *Media dativa ex parte Dei gignunt fidem sive medium leptikon ex parte hominis.*

Al crear la fe en el corazón del pecador mediante la grandeza de su poder, 1 Cor. 2:14; Efe. 1:19-20, el Espíritu Santo convierte al pecador y lo justifica, Hech. 16:31; Rom. 5:1 y sig. Ahora el pecador no huye de Dios, sino que se torna a Él como al Señor reconciliado y misericordioso, Hech. 11:21.

Tan pronto como el pecador acepta mediante la fe el perdón general, o la justificación objetiva, el perdón se hace efectivo en su caso, y el pecador es justificado personalmente (la justificación subjetiva).

Así, pues, la justificación (como acto forense, y no médico) proviene de la gracia únicamente, no de las obras, Rom. 3:28. Hace al creyente poseedor de todos los méritos o bendiciones obtenidas por la obediencia perfecta de Cristo. El pecador justificado ha entrado en *el estado de gracia y paz,* en el cual tiene la seguridad de su salvación presente y final, Rom. 5:1-5, ya que su salvación final está garantizada por la gracia y la verdad de Dios, Rom. 5:1-11; 8:38-39; 1 Cor. 1:8-9. "La justificación es una cosa prometida gratuitamente por causa de Cristo; por tanto, el que la da es siempre Dios, y el que la recibe es únicamente el creyente." (*Apología*, Art. III, 96).

La justificación tiene por consecuencia la *unión mística*, por la cual la Santísima Trinidad, y en particular el Espíritu Santo, mora en el creyente, Gál. 3:2; Efe. 3:17; Juan 14:23; 1 Cor. 3:16; 6:19. Por medio de la unión mística Dios mora en el creyente de un modo peculiar, que no debe confundirse con la presencia general de Dios en todas las criaturas, pues Dios mora *esencialmente* en el creyente. Sin embargo, no es una transformación panteísta de la esencia del creyente en la esencia de Dios. La unión mística no es la causa, sino el resultado de la justificación, Gál. 3:2; Efe. 3:17.

La justificación produce la santificación. Enseñar que la santificación produce la justificación significa incurrir en el error fundamental de los papistas de que la justificación es por las obras, Rom. 7:5-6; 2 Cor. 3:6; Gál. 2:20; 3:2-3; Rom. 3:28.

La justificación hace al pecador miembro de la Iglesia Cristiana (el Reino de Gracia), Efe. 1:17-23; Hech. 4:4; 2:41, y del cielo (el Reino de Gloria), Luc. 23:43; Juan 11:25.

Respecto a esto, la Sagrada Escritura enseña también que la causa por la cual poseemos y gozamos de todas estas bendiciones es la elección eterna de gracia, Efe. 1:3 y sig.: Rom. 8:28-30; 2 Tim. 1:9; Hech. 13:48.

En el orden de la salvación hay que observar debidamente la relación que hay entre un artículo de fe y el otro. La satisfacción vicaria de Cristo y la reconciliación de Dios con el mundo forman el fundamento de todas las enseñanzas de la soteriología, mientras el artículo de la justificación del pecador mediante la fe es el artículo central y principal de la religión cristiana. La santificación sigue a la justificación, porque la justificación *produce* la santificación, La relación, pues, entre la doctrina de la justificación mediante la fe, y las demás doctrinas de la Sagrada Escritura es la de causa y efecto, o la de antecedente y consecuente. Precisamente en esto se basa la diferencia fundamental entre la religión cristiana y todas las religiones humanas. El cristianismo enseña la santificación como efecto de la justificación por la gracia, mediante la fe; las religiones humanas invierten el proceso y enseñan la justificación por las obras, o por la santificación.

Lutero dice: "En mi corazón reina de un modo supremo este solo artículo, a saber, el de la fe en Cristo, y este artículo es la fuente única y perenne de la cual emanan todos mis pensamientos teológicos". (Ed. Erl., I, 3. Cf. *Christl. Dogmatik*, II, 473-503; también *Apuntes Dogmáticos*, por el Dr. Engelder).

# LA DOCTRINA ACERCA DE LA FE SALVADORA

## 1. LA NECESIDAD DE LA FE

Mediante su expiación vicaria, Cristo obtuvo para la humanidad culpable y condenada una reconciliación perfecta con Dios, porque Él, en el lugar del hombre, cumplió las exigencias de la Ley divina y expió los pecados del mundo (la obediencia activa y la pasiva). En Cristo Jesús, por lo tanto, Dios extiende su gracia a todos los pecadores y los absuelve de toda su culpa (la justificación objetiva).

Este hecho consolador lo anuncia Dios al mundo mediante los medios de gracia ordenados por Él (la Palabra y los Sacramentos), y exige al mismo tiempo fe en el mensaje de la reconciliación, 2 Cor. 5:19-21; Hech. 2:38; 16:31; 10:42-43; 13:39; 26:27-29. Es la voluntad expresa de Dios que todos los hombres se apropien mediante la fe, la gracia salvadora que ha sido obtenida para ellos por el Redentor enviado para salvar a la humanidad, Mar. 1:14-15; Hech. 16:31. Aquellos que rehusan creer en la reconciliación efectuada por Cristo, se pierden a pesar de que también para ellos se ha obtenido la salvación, Mar. 16:15-16; Juan 3:16, 18,36; 2 Ped. 2:1. Por esta razón afirmamos que se necesita la fe para obtener la salvación (*necessitas fidei ad salutem consequendam*). La Escritura niega con toda energía, Gál. 3:10; 5:4, los conceptos racionalistas de que Dios extiende su gracia a los pecadores sin la satisfacción vicaria de Cristo, y que el hombre puede obtener la vida eterna mediante sus propias obras o su buena conducta (los modernistas). La Escritura enseña un solo camino que conduce a la salvación: El de la gracia, mediante la fe en la redención obrada por Cristo, Rom. 3:22-25.

Por lo tanto, nuestros dogmáticos tienen razón cuando declaran que la salvación es perfecta en lo que se refiere a la adquisición e intención (*exparte Dei*), pero no en lo que se refiere a su aplicación por el hombre (*ex parte hominis*), ya que esto tiene que ser ejecutado por medio de la fe. *Salus perfecta est quoad acquisitionem et intentionem, non quoad applicationem, quae fíde fíeri debet.* La declaración anterior significa que la salvación ha sido obtenida, por cierto, para todos los hombres, pero que cada pecador individualmente tiene que apropiársela mediante la fe, Mar. 16:15-16. *Fidet ex parte hominis ad salutem consequendam necessaria est.*

## 2. LA NATURALEZA DE LA FE SALVADORA

Si tenemos presente que la salvación ha sido ganada para todos los hombres mediante la satisfacción vicaria de Cristo, y que esta salvación se ofrece a toda la humanidad en los medios de gracia, ya queda patente en qué consiste la fe salvadora.

a. La fe salvadora no es una creencia general en la existencia de Dios o en la Ley divina; pues esta creencia la tienen también los paganos, Rom. 1:19-20. La fe salvadora tampoco es un simple conocimiento (notitia historica) de las verdades generales del Evangelio, esto es, de que Cristo vivió y murió por todos los hombres, ni un simple asentimiento (assensus historicus) a ellas; pues esta clase de fe (fides historica, fides generalis) se encuentra también en los demonios, Luc. 4:34; Sant. 2:19, y en los incrédulos, Juan 8:43, 45. Se ve, pues, que la fe salvadora (fides que iustificans) ni es un simple conocimiento de las enseñanzas de la Escritura en general, ni un simple asentimiento a ellas (los romanistas, los arminianos, los unitarios). La Ley, por ejemplo, no es el objeto de la fe salvadora, pues los pecadores son justificados sin las obras de la Ley, Rom. 3:28; Efe. 2:8-9. Tampoco es "la Escritura en general" el objeto de la fe salvadora, aunque los verdaderos creyentes, naturalmente, aceptan toda la Biblia como la Palabra de Dios; pues la Escritura misma testifica que el pecador es justificado delante de Dios sólo mediante su confianza en la expiación objetiva obrada por Cristo, Rom. 3:24. Aunque es verdad que todo aquel que rechaza la Palabra inspirada de Dios no puede ser salvo, es también verdad que la justificación del hombre puede realizarse únicamente por medio de su confianza personal en las divinas promesas del Evangelio. Fides salvifica (iustificans) est certa persuasio de venia peccatorum per Christum obtinenda.

b. La fe salvadora (fides iustificans) implica, por lo tanto, tener fe personal (fides specialis), o confiar de todo corazón (fiducia cordis), en el sublime mensaje del Evangelio de que Dios, por causa de Cristo, extiende su gracia a todos los que creen en la sangre expiatoria que su Hijo derramó en el Calvario por los pecados de todo el mundo Gál. 2:20; 1 Juan 1:7. Por consiguiente, la fe salvadora se halla solamente en el corazón que dice: "Creo que Jesucristo... es mi Señor: que me ha redimido a mí, hombre perdido y condenado, me ha rescatado y ganado de todos los pecados, de la muerte y del poder del diablo; no con oro o plata, sino con su santa, preciosa sangre, y con su inocente Pasión y muerte". En otras palabras, la fe salvadora tiene por su objeto el perdón de los pecados que fue obtenido por la obediencia perfecta de Cristo y que se ofrece ahora a todos los pecadores en el Evangelio, Mar. 16:15-16; Luc. 24:47. Todos los que rechazan la misericordiosa oferta del perdón que Dios hace por causa de Cristo, perecerán en la incredulidad, aunque asientan a la Ley divina o a "la Escritura en general". Lutero: "Tienes que poner toda tu fe en esto, que Cristo murió por tus pecados; tal fe te justifica". (St. L., VIII, 1376).

Para describir más ampliamente la fe salvadora, nuestros dogmáticos han dicho: a) La fe que salva es siempre *fe especial,* es decir, la convicción personal de cada pecador de que por causa de Cristo sus pecados le son remitidos. La naturaleza misma de la promesa general de Dios en el Evangelio exige esta aplicación individual Gál. 2:20; Job 19:25. La Iglesia de Roma prohibe esta aplicación y la tacha de presuntuosa. (Cf. *Concil. Trid.,* Ses. VI, Can 14). b) La fe salvadora es siempre *fe activa,* esto es, la *aprehensión* de la promesa divina *mediante un acto* del intelecto y de la voluntad. Sinónimos de la fe activa se hallan en la Escritura, Isa. 55:5-6; Juan 6:44, Gál. 3:27; Mat. 11:12, 28. Los teólogos escolásticos definieron la fe como un "hábito ocioso" (*otiosus habitus*), cosa que Lutero condenó como una "mera monstruosidad verbal, carente de todo sentido". También una fe débil y el ardiente deseo de la gracia en Cristo hay que consderarlos como fe activa, o fe verdadera, c) La fe salvadora es siempre *fe directa,* o la fe que se ocupa directa y personalmente en aceptar la promesa divina expuesta en el Evangelio. d) La fe salvadora no es es todos los casos *fe refleja,* o sea, fe de cuya existencia el creyente puede darse cuenta por medio del raciocinio. La fe de los niñitos es fe verdadera, Mat. 18:6, aunque les falta la fe refleja; tienen fe especial, que es fe activa que es fe directa. (Cf. *Apuntes Dogmáticos* por el Dr. Engelder; *Christl. Dogmatik,* II, 508 y sig).

Hollaz correctamente hace la siguiente distinción entre la fe especial y la fe general: "La fe general es aquella por la cual el hombre... acepta como verdad todo lo que la Palabra de Dios revela. A esta clase de fe no nos referimos ahora, porque estamos hablando de la fe como el medio de la salvación... La fe especial es aquella fe por la cual el pecador se aplica individualmente las promesas universales referentes a Cristo, el Mediador, y la gracia de Dios en Cristo, confiando mediante esa fe en que Dios desea ser propicio a él y perdonarle sus pecados por causa de la satisfacción vicaria de Cristo, obrada para todos los pecadores". (*Doctr. Theol.* , p. 419). Así también lo expresa la *Confesión de Augsburgo* (XX. 23); "Se advierte también a los hombres que aquí la palabra *fe* no significa solamente el conocimiento histórico, que tienen los impíos y los diablos, sino que indica aquella fe que cree no solamente la historia, sino también el efecto de la historia, es decir... que por Cristo obtenemos gracia, justicia y remisión de los pecados". Y la *Apología* (Art. XIII [VII], 21) dice: "Y aquí hablamos de la fe especial, que cree la promesa presente, no solamente aquella [fe] que cree en general que Dios existe, sino que cree que se ofrece la remisión de los pecados".

Por lo que acabamos de exponer se ve claramente por que hay que excluir la Ley como objeto de la fe salvadora. La Ley divina no contiene promesa alguna respecto de la gracia, sino que promete vida y salvación al que la cumple perfectamente, como recompensa del mérito personal, Luc. 10:28; Gál. 3:12. Si se objeta que la Escritura misma habla de la fe como de obediencia (*ypakoe*), Rom. 1:5; Hech. 6:7, replicamos que la fe es por cierto obediencia, pero no a la Ley, sino al Evangelio. Fe es obediencia en el sentido de que acepta las promesas de la gracia hechas por Dios en el Evangelio. Pero obediencia al Evangelio y obediencia a la Ley son dos cosas opuestas; pues el

Evangelio excluye las obras del hombre, Gál. 2:16, mientras la Ley las exige, Gál. 3:12. Es por esta razón que la Ley no puede ser el objeto de la fe. Aquellos que enseñan que la Ley es el objeto de la fe, o, lo que es lo mismo, que definen la fe salvadora como obediencia a la Ley divina, enseñan la salvación por las obras, cayendo así en el error del paganismo. Niegan la esencia misma del cristianismo, es decir, la doctrina fundamental de la salvación por la gracia.

Verdad es que la fe salvadora, que se apropia la gracia de Dios en Cristo, se manifiesta a sí misma tanto en la solícita disposición para aceptar la Palabra de Dios, como en la constante obediencia que se le otorga a la Ley; pero estas manifestaciones de la fe salvadora no constituyen la razón por qué salva. Antes bien, son el fruto de esta fe, y la evidencia clara de que en el corazón del creyente existe la verdadera fe que justifica, Rom. 3:28; Efe. 2:8-9; Juan 8:47; 13:35.

Los papistas niegan en forma rotunda que la fe es esencialmente (*formaliter*) la confianza que mora en el corazón del creyente (*fiducia cordis*), o la firme creencia en la gracia de Dios que el Evangelio ofrece por causa de Cristo a todos los pecadores. El Concilio de Trento declara (Ses. VI, Can. 12): "Si alguien dijese que la fe que justifica no es más que confianza (*fiducia*) en la compasión divina que perdona pecados por causa de Cristo, o que somos justificados únicamente por medio de tal confianza, sea anatema".

Pero la enseñanza que se anatematiza aquí, a saber, que la fe salvadora es la confianza que mora en el corazón del creyente (*fiducia cordis*), es una doctrina enseñada claramente en la Escritura, Rom. 4:3-5; 10:9. Las expresiones "creer en" (*pisteuein ies ton uion*, Juan 3:16, 18, 36; *eis Jriston* Gál. 2:16) no pueden significar otra cosa que "tener fe en", "confiar en", el Hijo, o Cristo.

La Apología tiene razón, pues, cuando declara (III, 183): "La fe no es solamente conocimiento adquirido con el intelecto, sino también confianza anclada en la voluntad; esto es, desear y recibir lo que se ofrece en la promesa, a saber, la reconciliación y la remisión de los pecados", Y en otra oportunidad (IV [II], 48): "La fe que justifica no es simplemente un conocimiento de la historia, ... sino que es asentimiento a la promesa de Dios, en la cual, por causa de Cristo, se ofrecen gratuitamente la remisión de los pecados y la justificación". Dondequiera que se rechaza la doctrina bíblica de que "creer" quiere decir confiar en las promesas del Evangelio y aceptarlas de todo corazón, tiene que seguir necesariamente la doctrina pagana de la justicia por las obras.

### 3. ACLARACIONES EN CUANTO A LOS TÉRMINOS "CONOCIMIENTO", "ASENTIMIENTO" Y "CONFIANZA"

Puesto que la fe se ha descrito como conocimiento (*notitia*), asentimiento (*assensus*) y confianza (*fiducia*), es necesario explicar estos términos y señalar la relación que existe entre ellos. La siguiente anotación ha de servir para elucidar la terminología:

a. Si el conocimiento y el asentimiento se conciben como fe histórica, ellos no son en realidad partes de la fe salvadora; pues también los diablos y los demonios tienen tanto el conocimiento como el asentimiento. Sobre la fe histórica, o sobre aquella que simplemente conoce la "historia" de Cristo o la considera como verdadera, escribe Lutero (XI, 126): "Tal cosa es una obra natural, desprovista de la gracia". "De tal fe no nos habla la Escritura, o la Palabra de Dios", es decir, cuando trata de la fe salvadora.

Sin embargo, mientras la fe histórica no tiene que ver nada con la función *salvadora* de la fe, ella es un requisito necesario de la fe que salva, ya que el Espíritu Santo engendra la fe salvadora sólo en aquellos corazones que conocen y entienden el Evangelio de Cristo, Rom. 10:17. Un completo absurdo es la fe que se conoce entre los papistas con el nombre de "fe implícita" (*fides implícita, fides carbonaria*), según la cual, los "fieles" sencillamente creen "lo que la Iglesia enseña", aunque ellos mismos ignoren la doctrina; pues sin conocimiento no puede existir la verdadera fe. Cuando Cristo envió sus apóstoles a hacer discípulos de todas las naciones, les dijo expresamente que predicaran el Evangelio a toda criatura, Mar. 16:15-16; Mat. 28:19-20. Con esto, el Señor mismo demostró que la fe salvadora tiene que estar arraigada en el conocimiento del Evangelio. El dogmático luterano Scherzer observa muy hábilmente a este respecto: "Quien alega creer lo que la Iglesia enseña, sin saber empero lo que ella enseña, es un mentiroso".

b. Mas si el término conocimiento se entiende en el sentido de verdadero conocimiento espiritual acerca de Cristo, obrado por el Espíritu Santo mediante el Evangelio (notitia spiritualis) y el término asentimiento se concibe como asentimiento espiritual a las promesas del Evangelio, obrado igualmente por el Espíritu Santo mediante el Evangelio (assensus spiritualis), entonces estos dos términos incluyen la fe que mora en el corazón del creyente fiducia cordis, o la sincera confianza del creyente en la gracia de Dios ofrecida en el Evangelio. En resumen, en tal caso los dos términos son sinónimos. Este hecho lo evidencia el uso bíblico de ambos términos; pues por un lado, la Escritura atribuye salvación al conocimiento, Juan 17:3; 2 Cor. 4:6; Filip. 3:8; Luc. 1:77, por otro, se la atribuye al asentimiento, 1 Juan 5:1, 5; 3:23, y por otro, se la atribuye a la confianza, Juan 3:16, 18, 36. En todos estos casos, el conocimiento, el asentimiento y la confianza son sinónimos de la fe salvadora, de manera que cada uno puede ser usado independientemente para describir la fe salvadora que mora en el corazón del creyente fiducia cordis. El dogmático luterano Buddeus dice muy correctamente: "El conocimiento sin el asentimiento, y el asentimiento sin la confianza, no es aquel conocimiento ni aquel asentimiento que constituye la fe que salva". Lutero: "La fe es una viva e intrépida confianza en la gracia de Dios, tan segura que uno moriría mil veces por ella". (Trigl., p. 941.)

## 4. POR QUÉ LA FE SALVADORA JUSTIFICA

La fe salvadora no existe jamás sin las buenas obras, Gál. 5:6. Aún más, es por sí misma una virtud excelentísima, por la cual el Señor es glorificado supremamente como el Dios de amor, quien debido a su gracia en Cristo Jesús recibe y absuelve a los pecadores penitentes, Apoc. 14:7. Pero aunque la fe es por sí misma una obra preciosísima y la propia fuente inagotable de las buenas obras, ella no salva como buena obra o como la fuente de las buenas obras, sino únicamente como el medio (médium *leptikon*), por el cual el creyente se apropia la gracia de Dios y los méritos de Cristo que se le ofrecen en el Evangelio. Asimismo, aunque la fe es un acto tanto del intelecto como de la voluntad del hombre, — pues no es el Espíritu Santo, sino el creyente mismo quien confía en la misericordia de Dios, — con todo, no justifica por cuanto es un acto u obra del hombre.

Estas dos verdades son de suprema importancia para el correcto entendimiento de la doctrina Cristiana de la salvación mediante la fe (). Nuestros dogmáticos las han expresado concretamente en la siguiente declaración: "La fe no justifica por sí *sola fide* misma, esto es, como un acto u obra de creer, ni mediante las obras que produce, sino en vista de su objeto, es decir, porque se apropia la gracia obtenida por Cristo y ofrecida en el Evangelio".

Hollaz escribe: "La fe que justifica es el órgano receptor, es la mano del pobre pecador con la cual toma y se apropia aquellas cosas que se le ofrecen gratuitamente en la promesa del Evangelio. Dios, el Monarca supremo extiende desde el cielo la mano de la gracia, la gracia obtenida por el mérito de Cristo, y con ella ofrece la salvación, Y cual pordiosero sentado en el abismo de la miseria, el pecador recibe en su mano la fe lo que así se le ofrece. La oferta y la recepción son términos correlativos. Por lo tanto, la mano de la fe, que toma y se apropia el tesoro que se le ofrece, corresponde a la mano de la gracia que ofrece el tesoro de la jusricia y la salvación", (*Doctr. Theol*, p. 420.)

La *Fórmula de Concordia* (Decl, Sól. III, II, 38) lo expresa así: "La fe es el don de Dios por el cual nos apropiamos debidamente a Cristo, nuestro Redentor, en el Evangelio", La fe es el medio e instrumento único y exclusivo, por "el cual aceptamos, recibimos y nos apropiamos la gracia de Dios y el mérito de Cristo que se ofrecen en la promesa del Evangelio". Esta importante verdad se enseña en todos aquellos pasajes de la Escritura, en que la fe salvadora es puesta en contraste con las obras humanas, Rom. 3:28; Efe. 2:8-9.

Todos los que enseñan y creen que la fe salvadora justifica por ser en sí misma una buena obra o la fuente de las buenas obras (los papistas, los arminianos, los racionalistas, los modernistas), han caído de la gracia y han negado la fe cristiana. Lutero: "Nadie ni nada más que Cristo me justifica a pesar de mis malas obras y sin contar mis buenas obras. Si así considero a Cristo, entonces me apropio el verdadero Cristo". (St. L., IX, 619).

## 5. LA FE CONSIDERADA COMO UN ACTO PASIVO O UN INSTRUMENTO PASIVO

Puesto que la fe salvadora no produce por sí misma la justicia (la gracia, la justificación, el perdón de los pecados) mediante la cual es salvo el pecador, sino que simplemente acepta los méritos obtenidos para el mundo por la obediencia de Cristo y ofrecidos a todos los hombres en el Evangelio, nuestros dogmáticos la han llamado un acto pasivo o un instrumento pasivo. J. A. Osiánder escribe así: *Receptio alicuius rei non est actio, sed passio.* Y Dannhauer: *Fides patitur sibi benefieri.*

Las expresiones "acto pasivo" e "instrumento pasivo" son bíblicas; pues en su conversión el hombre mismo no contribuye con nada, sino que lo recibe todo como don gratuito de Dios. Pero estos términos pueden aplicarse a la fe salvadora también, en vista de que la fe no es engendrada ni conservada por el hombre mismo, sino únicamente mediante la misericordiosa operación del Espíritu Santo, Efe. 1:9; Filip. 2:13. En otras palabras, el pecador penitente no puede creer en Jesucristo por su propia razón o poder, sino sólo porque el Espíritu Santo lo ha llamado por el Evangelio, iluminado con sus dones y santificado. La *Confesión de Augsburgo* dice (Art. XVIII, 9): "Aunque la naturaleza puede, de alguna manera, hacer las obras externas, ...no puede, sin embargo, producir las virtudes interiores, como el temor de Dios, confianza en Dios, castidad, paciencia, etc." En este sentido a la fe se le ha llamado un "acto pasivo" o un 'instrumento pasivo".

Sin embargo, estas expresiones no han de ser entendidas como si la fe, por sí misma, no fuese esencialmente un acto del creyente *(actus apprehendendi).* Negar la índole activa de la fe en este sentido equivaldría a negar la esencia de la fe; pues la fe salvadora es, por su naturaleza misma, un acto de confianza por el cual el creyente se apropia la gracia que se le ofrece en el Evangelio. Tal es el significado que la Escritura misma da a la fe cuando nos dice que creer, es recibir la reconciliación, Rom. 5: 11, o recibir a Cristo, Juan 1:12.

Para expresar el hecho de que la fe es esencialmente un acto de confiar en el Evangelio, nuestros dogmáticos han dicho que la fe salvadora es fe activa *(fides actualis).* Además, enseñan a base de la Escritura (Rom. 9:30; Col. 2:6; Isa. 55:5-6; 2:2-3; Juan 6:44; 2 Cor. 6:1; Gál. 3:27) que creer quiere decir "desear la gracia", "buscar a Cristo", "extender la mano hacia Cristo", "aceptar a Cristo", "venir a Cristo", "acercarse a Cristo", "acudir a Cristo", "asirse de Cristo", "mantenerse firmemente en Cristo", "unirse uno a Cristo", etc. (Cf, *Christl. Dogmatik,* Tomo II, p. 518 y sig.).

Todos los que niegan que la fe salvadora es esencialmente un acto de aprehensión *(actus apprehendendi)* y la consideran meramente como una "cualidad inactiva" *(otiosa qualitas)* o como una simple "capacidad para creer" *(potentia credendi)* incurren en una negación completa de la fe; pues la fe que no confia en Cristo no es fe en modo alguno, sino simple ilusión, Aún más, si se dice que la fe salva a los pecadores por cuanto es una buena cualidad, entonces la salvación se funda en las buenas obras, ya que en tal caso la fe salva como virtud humana.

Lutero declaró enfáticamente que el acto de apropiarse la gracia divina es la característica sobresaliente de la fe verdadera que es obrada por el Espíritu Santo, mientras una simple fe de la cabeza (la fe histórica) o un simple conocimiento de los hechos de la salvación no se asen de los méritos de Cristo ofrecidos al pecador en el Evangelio. La fe salvadora es, pues, siempre un acto del creyente, aunque es un acto obrado por el Espíritu Santo. Lutero: "La fe es tener al *Verbo* en el corazón y no dudar del Verbo". (*Christl. Dogmatik*, II, 522.)

## 6. ACLARACIONES EN CUANTO A LAS EXPRESIONES "FE VERDADERA" Y "FE VIVA"

En lo que respecta a estas expresiones existe confusión considerable en el lenguaje común de la teología. La *fe verdadera* es tener confianza personal en el hecho de que Dios perdona los pecados por causa de Cristo. La fe verdadera es, por ende, muy distinta de la fe implícita, o del asentimiento a las doctrinas de la Iglesia, aunque estas no sean conocidas por la persona, y de la fe histórica, o el simple conocimiento de las doctrinas generales de la Biblia y el asentimiento a ellas. Ni la fe implícita ni la fe histórica pueden justificar al pecador, pues la fe salvadora es siempre confianza personal en las promesas de gracia del Evangelio. Respecto al término *fe viva,* no debemos olvidar que la fe es viva sólo cuando se apropia los méritos de Cristo ofrecidos en los medios de gracia. La fe jamás se hace verdadera o viva mediante las buenas obras que la siguen. Por medio de la ejecución de las bueras obras la fe sólo se *manifiesta* como verdadera y vlva *delante de los hombres.* Podemos decir, por lo tanto, que toda fe verdadera es fe viva; y también, que toda fe verdadera se revela a sí misma como viva mediante frutos apropiados. Es necesario observar cuidadosamente estas distinciones para que el elemento de las obras no se inmiscuya en la fe que justifica, Rom. 4:4-5.

## 7. LA FE Y LA SEGURIDAD DE LA SALVACIÓN

Puesto que la fe que salva, es la confianza que tiene el creyente en la justicia perfecta obtenida por Cristo para todos los hombres mediante su satisfacción vicaria, — justicia que ya existía antes de que la persona llegara a la fe, — es claro que el creyente se halla en completa posesión del perdón divino, vida y salvación, desde el mismo instante en que pone su confianza en Cristo; pues en ese mismo instante se le imputan todos los méritos de la Pasión y muerte de Cristo, Hech. 16:31. Por esta razón el creyente está también seguro de su salvación; pues la fe salvadora es, por su misma esencia, la certeza más absoluta y más grande que existe. Si los papistas y algunos protestantes con tendencias romanas niegan que el creyente puede estar seguro de su salvación, lo hacen porque enseñan que la salvación, a lo menos en parte, depende de las buenas obras del creyente, o lo que es lo mismo, mezclan la justificación con la santificación. Es evidente que todos los que rechazan la sola gracia, y alegan que la salvación depende de la buena conducta del hombre, de su justicia y de sus buenas obras, tienen que negar también la seguridad de la salvación. La justicia por las obras produce siempre duda e incertldumbre, mientras la confianza personal en la expiación vicaria de Cristo y en su justificación objetiva, produce siempre la más bienaventurada seguridad de la salvación en el corazón del creyente. De esto sigue la regla que, si el creyente desea estar seguro de su salvación, tiene que asirse tenazmente de las promesas de gracia en el Evangelio. Tan pronto como les dé la espalda, se hallará perdido en un mar de dudas.

La seguridad de la salvación, que es producida mediante el Evangelio, no es natural (*fides humana*), sino sobrenatural y espiritual (*fides divina*), puesto que es obrada en el corazón del creyente por el Espíritu Santo mediante los medios de gracia. Por consiguiente, el no regenerado, el que funda su confianza en su cumplimiento de la Ley divina, sólo posee una seguridad pretendida de salvación, Luc. 18:11. Tal seguridad tiene que ser rechazada como presunción pecaminosa, ya que todos los que quieren ser justificados por las obras de Ley, están bajo maldición, Gal. 3:10. En cambio, la verdadera seguridad, que confía en la gracia divina sin las obras, es el don del Espíritu Santo, 1 Cor. 2:4-5.

## 8. ¿PUEDE ESTAR SEGURO EL CREYENTE DE POSEER LA FE SALVADORA?

En las discusiones, tocante a los diferentes aspectos de la fe, se ha hecho la pregunta si el creyente puede estar seguro de poseer la fe salvadora. Los papistas y aquellos protestantes que enseñan el sinergismo contestan la pregunta negativamente. La Sagrada Escritura, en cambio, la contesta muy afirmativamente, 2 Tim. 1:12; 4:7.

La verdad es que el creyente puede no estar siempre *consciente de su fe.* La fe salvadora (la fe directa, la fe activa) no necesita ser siempre fe *consciente* (la fe refleja), o fe que el creyente percibe. (*Fides reflexa et discursiva, qua homo renatus credit et sentit se credere.*) Así los creyentes, mientras duermen o están ocupados en los quehaceres diarios, poseen por cierto la fe directa, la cual realmente se apropia la gracia de Dios en Cristo Jesús, pero no la fe refleja, consciente. Pues en tales momentos no meditan en su acto de fe ni en su estado de fe. Puede ser que se hallen en un estado *comatoso*, al extremo de no poder reflexionar de ningún modo en cosas espirituales; o puede ser que se hallen en un estado de tentación, acosados por la creencia de no poseer fe porque han perdido la conciencia íntima que se tiene de ella. En todos esos casos la fe salvadora en realidad existe, aunque el creyente no esté consciente de ella. Aun en los niñitos que han sido bautizados, la fe no es una simple capacidad para creer (*potencia credendi*) o una cualicad inactiva (*otiosus habitus*), sino una fe activa, o la verdadera confianza en la gracia divina y la activa apropiación de ella *(actus apprehendendi)*, según lo atestigua Cristo directamente (Mat. 18:6 *oi mikroi oi pisteuontes eis eme)*.

Sin embargo no debe abusarse de la doctrina de la fe refleja para promulgar la seguridad carnal y el indiferentismo; pues Dios quiere que todos los creyentes estén seguros de su estado de fe y gracia, Rom. 5:1-2. Si los cristianos abrigan dudas en cuanto a su fe, tales dudas deben desaparecer. Para esto es menester la predicación de la Ley para demostrar que la incredulidad y la duda son pecaminosas y desagradables a Dios, Juan 8:46; Mat. 14:31. Pero ante todo, es menester la predicación del Evangelio, Rom. 5:20; 8:15-17, lo único que puede obar la certidumbre de la fe, Juan 8:31-32, y expeler toda duda.

Es muy propio también hacer saber al cristiano que abriga duda o tamor en cuanto a su salvación, que aun el deseo de ser salvo mediante Jesucristo ya es fe activa, o directa; pues tal deseo no se halla jamás en el corazón natural y no regenerado del hombre, 1 Cor. 2:14, sino que es el don del Espíritu Santo, Efe. 1:19: Rom. 8:23. La *Fórmula de Concordia* observa sobre este punto (Decl. Sol., II 14): "Para todos los cristianos que sienten o experimentan en su corazón, una *pequeña chispa de la gracia divina o el deseo de obtener esa gracia* y la salvación eterna, este pasaje (Filip. 2:13) es muy consolador; pues saben que Dios ha encendido en su corazón este comienzo de la verdadera santidad y que Él, además, ha de fortalecerlos y ayudarlos en su gran flaqueza para que perseveren en la verdadera fe hasta el fin". (Cf. Mat. 17:20: "Si tuviereis fe como un grano de mostaza").

Puesto que la seguridad que tiene el creyente en cuanto a su estado de gracia *(certitude gratie)* no se halla por naturaleza en el corazón del hombre, sino que es engendrada por el Espírtu Santo, se dice, con razón, que tal certidumbre descansa en el testimonio del Espíritu Santo. El testimonio del Espíritu Santo es tanto interno como externo. El testimonio interno, o directo, no es otra cosa que la fe, que asegura al creyente que es hijo de Dios, lo consuela y fortalece en toda adversidad y tentación, y lo conserva en la esperanza de la vida eterna, Rom. 8:15-16; 1 Juan 5:10; Filip, 1:6, Por lo tanto, el testimonio interno del Espíritu Santo no es algo que existe sin la fe o algo que acompaña a le fe, sino que es la fe misma, 1 Juán 5:10. Cf. la *Apología (Trigl.* p. 154, & 113, el texto en alemán): "Pero la *fe*, en su sentido propio *(proprie dicta)*, existe cuando mi corazón y *el Espíritu Santo en el corazón dice:* La promesa de Dios es verdadera y cierta. De esa *fe* habla la Escrtura".

El *testimonio externo* del Espíritu Santo consiste en esto, que Dios por los medios de gracia obra en el creyente los *frutos* manifiestos de la fe, tales como el amor a Dios y su Palabra, Juan 8:47; 1 Tes. 1:3-6; 2 Tes. 2:13-15, y el amor al prójimo, 1 Juan 3:14, que dan testimonio del estado de gracia, Gal. 5:22-24. Este testimonio externo del Espíritu Santo, que sólo se efectúa en los verdaderos creyentes, hay que distinguirlo de la confianza carnal que los no regenerados ponen en sus "buenas obras" externas, lo que prueba que los tales se consideran justos en su propia estimación y por lo tanto, no son hijos de Dios, Luc. 18:10-14.

Todo verdadero creyente en Cnsto está, pues, seguro de su estado de gracia y salvación; pues el Espíritu Santo, quien mediante el Evangelio ha engendrado la fe en él, le segura por esa misma fe que es hijo de Dios y heredero de la vida eterna, Rom. 8:15-17.

## 9. LA FE DE LOS NIÑITOS

Que la fe que salva *(fides directa, fides actualis)* se halla no sólo en los adultos, sino también en los niñitos regenerados, lo comprueba la Escritura del modo siguiente: a) la Escritura atribuye a tales niñitos la fe salvadora, Mat. 18:6; 1 Juan 2:13; Sal. 8:2; b) la Escritura les atribuye el fruto y el efecto de la fe que salva, a saber, la vida eterna, Mar. 10:14. El ejemplo de Juan el Bautista, Luc. 1:41-44, quien estaba lleno del Espíritu Santo mientras se hallaba aún en el seno de su madre, evidencia que los niños pueden creer antes de haber llegado a la edad de discreción, aunque en este caso no se emplearon los medios con que Dios comúnmente otorga la gracia (la Palabra y los Sacramentos). A los que de este caso excepcional quieren extraer la conclusión de que resulta superfluo aplicar a los niñitos los medios de gracia, replicamos que Dios por cierto, nos ha sujetado al uso de estos medios, Mar. 16:15-16; Mat. 28:19-20, pero que Él mismo no está sujeto a ellos.

Aunque nos es imposible describir en todos sus pormenores la fe de los niñitos, sostenemos que esa fe es, no obstante, una confianza activa en las promesas divinas de la gracia, o una apropiación activa de los méritos de Cristo, Mat. 18:6; Sal. 71:6. *Fides infantium fides actualis est, non habitus otiosus vel mera potentia.* Gerhard observa muy acertadamente: "No nos inquietan en lo más mínimo los *pormenores* respecto de esta fe, sino que simplemente asentimos al hecho de que los niñitos realmente creen. (*Doctr. Theol.*, p. 549.)

## 10. EL USO DEL TÉRMINO "FE" EN LA ESCRITURA

La Sagrada Escritura no siempre usa el término *fe* con el mismo significado. En algunos pasajes denota *fidelidad*, o *integridad*, tal cual se halla en Dios y en el hombre. La fe en este sentido se aplica a Dios en Rom. 3:3 y al regenerado en Gál. 5:22. La fe con el sentido de fidelidad es en los creyentes uno de los frutos de *la fe* que justifica, y como tal pertenece al artículo de la santificación y no al de la justificación. En otras palabras, la fe justifica y salva, no como fidelidad, o integridad, es decir, no como una buena obra en el regenerado, sino como el medio recipiente (*médium leptikon*), por el cual el creyente se apropia la gracia de Dios y los méritos de Cristo que se le ofrecen en el Evangelio. En su sentido propio, es decir, considerada como el medio por el cual el creyente recibe la gracia divina, la fe siempre denota confianza en las misericordiosas promesas de Dios en Cristo jesús, Mar. 16:15-16; 1:14-15; 9:23-24; Heb. 11:1. Podemos decir también: En este sentido la fe que justifica es siempre *fe pasiva*, la cual salva, no en vista de su propio mérito como virtud, sino en vista de su *objeto*, esto es, la gracia de Dios y los méritos de Cristo, que ella se apropia. Cf. la *Apología:* "La fe justifica y salva, no por ser una obra misma digna de por sí (*opus per se dignum*), sino únicamente porque recibe la misericordia prometida". (*Trigl.* p. 137).

En algunos pasajes de la Escritura, tales como Hech. 6:7; Gál. 1:23; Judas 3:20; etc., el término *fe* denota la doctrina cristiana (*fídes, quae creditur*), o el Evangelio de la salvación por la gracia, mediante la fe en Cristo. La fe en este sentido se llama fe objetiva, en contraposición a la fe que justifica que se denomina fe subjetiva, ya que se halla en el corazón de cada creyente. Para entender este uso del término *fe*, hay que recordar que la *confianza personal* en la gracia de Dios por causa de Cristo, es por cierto, el artículo central de toda la religión cristiana, de modo que en este caso, la doctrina cristiana recibe el nombre de su característica principal. Cuando nuestros dogmáticos hablan de *fides, quae creditur*, se refieren a la doctrina de la salvación que ha de ser creída; cuando hablan de *fides qua creditur*, se refieren a la fe que justifica o salva, esto es, los medios recipientes de la salvación (*médium leptikon*). Dicho sea de paso, hay algunos exégetas que aseveran que la palabra *pistis* en el Nuevo Testamento nunca se emplea en sentido objetivo, sino únicamente en sentido subjetivo, de modo que *pistis* denota siempre la *fides, qua creditur*, nunca la *fides, quae creditur*. (Cf. *Christl. Dogmatik*, Tomo II, p. 540 y sig.).

Resumiendo todo lo expuesto respecto de la terminología de la Iglesia en cuanto a la fe, podemos apuntar lo siguiente: 1) La *fe implícita* envuelve asentimiento a las doctrinas, aunque éstas no sean conocidas por el individuo (*fides carbonaria:* "Yo creo lo que la Iglesia enseña"). 2) La *fe explícita* es asentimiento a las doctrinas unido con un conocimiento personal de las mismas. 3) La *fe que justifica*, o la *fe salvadora*, es la confianza personal en la misericordiosa remisión de los pecados por causa de Cristo. 4) La *fe directa* es la fe que se ase de la gracia de Dios en Cristo Jesús. La fe que justifica es siempre directa. 5) La *fe refleja*, o consciente, es la fe por la cual el regenerado percibe lo que cree. Los niñitos, y los adultos mientras duermen o se hallan en un estado inconsciente, tienen la fe directa, pero no la refleja o consciente. 6) La *fe general* es asentimiento a todas las verdades reveladas en la Palabra de Dios. 7) La fe *especial* es la fe que justifica, o la confianza personal en la gracia de Dios por causa de Cristo. El objeto de la fe general es la *Biblia entera;* el de la fe especial es la *promesa del Evangelio* concerniente a la gracia de Dios y la remisión de los pecados mediante la satisfacción vicaria de Cristo. 8) *La fe falsa, o vana y muerta,* es sólo una seudo fe, porque no es más que vana jactancia o audaz pretensión por parte de los impenitentes que dicen poseer la misericordia y gracia de Dios. (Hollaz). 9) Se dice que la fe es *débil, o frágil,* cuando a) se posee sólo un conocimiento débil acerca de Cristo, o cuando b) tiene sólo una frágil confianza en Él. 10) La fe es *fuerte* cuando tanto el conocimiento acerca de Cristo, como la confianza en Él, es fuerte; pues el solo conocimiento no hace fuerte la fe. 11) La *fe objetiva* es la doctrina que es creída. 12) la *fe subjetiva* es la fe por la cual uno cree. 13) La *fe histórica* es simplemente conocer a Cristo sin poner en Él la confianza personal. 14) El *asentimiento general* es aquel por el cual se consideran verdaderas las promesas del Evangelio. 15) El *asentimiento especial* es aquel por el cual cada creyente aplica las misericordiosas promesas del Evangelio a su propia persona. 16) La fe salvadora es siempre fe activa, esta es una confianza activa en la gracia de Dios por parte del creyente.

Todos estos términos, expresan verdades que deben ser recordadas con respecto a la doctrina de la fe salvadora. Sin embargo, el estudiante debe recordar que estos términos no se han usado siempre en exactamente el mismo sentido, de modo que pueden variar las definiciones que de ellos dan los diferentes dogmáticos.

# LA DOCTRINA ACERCA DE LA CONVERSIÓN

## 1. EL FUNDAMENTO BÍBLICO PARA ESTA DOCTRINA

La Sagrada Escritura enseña claramente que es imposible para el hombre pecador cumplir con las exigencias de la justicia divina y expiar sus transgresiones por medio de sus buenas obras, Sal. 49:7-8; Mat. 16:26. Al contrario, todos los que traten de aplacar la ira de Dios por medio de las obras de la Ley, permanecen bajo la maldición y condenación de la Ley divina, Gál. 3:10. Aún más; debido al pecado, el hombre es por naturaleza tan ciego y corrupto, 1 Cor. 2:14; Efe. 2:1, que su corazón carnal abriga sólo enemistad contra Dios, Rom. 8:7, y por lo tanto es incapaz de amar y adorar a Dios como debe, 1 Cor. 10:20; Efe. 2:12. El hombre natural no puede, pues, salvarse a si mismo, Rom. 3:10-20.

Sin embargo, lo que resultó imposible para el hombre, lo hizo en bien del hombre Dios mismo, movido por su infinita misericordia, Rom. 8:3-4. Mediante la perfecta obediencia de su amado Hijo, Gál. 4:4-5; Isa. 53:4-6, reconcilió consigo al mundo, 2 Cor.5:19; 1 Juan 2:2. Borró la cédula de la Ley que era contra el mundo pecador, Col. 2:13-14, y ahora ofrece a todos los pecadores los méritos de Cristo por los medios de gracia (el Evangelio y los Sacramentos), deseando ansiosamente que todos los hombres acepten la muy consoladora y bienaventurada remisión que Él ofrece en Cristo Jesús, 2 Cor. 5:20-21. Este es el fundamento bíblico de la doctrina que trata de la conversión. En otras palabras, la conversión es posible sólo porque Cristo, mediante su Pasión y muerte, ha conseguido la salvación para el mundo pecador, Juan 1:29, y porque Dios, en su inefable gracia, ofrece esta salvación a todos los pecadores como un don gratuito, Efe. 2:8-9.

## 2. LA DEFINICIÓN BÍBLICA DE LA CONVERSIÓN

La conversión (*conversio, epistrofe, metanoia*) no consiste en el esfuerzo que pueda hacer una persona para corregir sus pecados y para aplacar la ira de Dios por medio de sus obras. Tampoco es una simple contrición o disgusto por los pecados, ni la solemne resolución de mejorar su vida por medio de las buenas obras; pues estas cosas las pueden hacer aun los que no se han convertido, Mat. 27:3-4; 1 Sam. 24:16-22. Antes bien, la conversión es esencialmente lo que ocurre cuando Dios otorga la fe (*donatio fidei*), en la salvación prometida por causa de Cristo al pecador que por medio de la Ley divina ha aprendido a conocer sus pecados y a lamentarse de ellos, Mar. 1:14-15.

Esa es la verdadera definición bíblica de la conversión; pues en Hech. 11:21 se nos dice que un gran número de personas creyeron y se convirtieron al Señor. La conversión de ese gran número de personas se efectuó mediente la fe en la predicación del Evangelio del Señor Jesús, según fue predicado; un gran número de personas creyeron en el Evangelio de Cristo, y así se convirtieron al Señor.

Según este pasaje y otros que nos hablan del mismo asunto, como Juan 1:45-50; Hech. 8:34-38; 16:30-34. Lutero define la conversión del modo siguiente: "Convertirse a Dios quiere decir creer que Cristo es nuestro Mediador y que por Él tenemos la vida eterna". (Cf. St. L., XIII, 1101; V, 590, Pieper, *Christl. Dogmatik*. II, 545 y sig.). Así también, declaran nuestros dogmáticos, que la conversión se efectúa en el momento en que el Espíritu Santo engendra la fe en el corazón del pecador penitente. Hollaz describe la conversión como "el acto de gracia por el cual el Espíritu Santo, mediante la Ley, estimula en el creyente la contrición sincera por sus pecados y enciende en él, por medio de la Palabra del Evangelio, la verdadera fe en Cristo". (*Doctr. Theol.*, p. 466).

En resumen, el individuo se convierte sólo cuando cree que Dios en su gracia le ha perdonado sus pecados por causa de Cristo; o dicho en otras palabras: La persona que se convierte es un verdadero creyente en el Cristo divino y humano, el único Salvador del mundo pecador. Por esta razón tenemos que rechazar todas aquellas definiciones que identifican la conversión con un simple "cambio de actitud" o con una simple "reforma de la vida". Tales definiciones son características de los racionalistas antiguos y modernos (los pelagianos, los unitarios, los modernistas y otros). No hay duda de que un incrédulo puede reformar su vida externamente (la justicia civil), y que puede reprimir este o aquel vicio y cultivar esta o aquella virtud, 1 Tim. 5:8; pero a menos que una persona reciba penitentemente la gracia de Dios que se le ofrece en Cristo Jesús, permanece espiritualmente perdida a pesar de tal cambio de conducta, Luc. 18:10-14, Sus "buenas obras" externas recibirán su debida recompensa en esta vida (en el Reino de Poder); pero como se halla fuera del Reino de Gracia, está sin Dios, Efe. 2:12, y sin la esperanza de la salvación, Mar. 16:15-16. Esta verdad la atestigua toda la Escritura. Lutero: "Dios no quiere ser misericordioso con nadie, sea judío o gentil, a menos que el tal se convierta, esto es, a menos que crea en Dios de todo corazón". (St. L., III, 1697.)

Como la doctrina bíblica acerca de la conversión es de tan grande importancia, debe ser mantenida libre de todo error. Para lograr este fin, el teólogo cristiano no sólo debe oponerse a toda doctrina antibíblica que se exponga en contra de ella, sino que también debe estar atentó a que la terminología que él mismo emplea esté de acuerdo con la Escritura. Por lo tanto, conviene que desde el principio considere con atención los siguientes puntos:

a. Toda enseñanza que haga de la conversión una obra meritoria, ejecutada por el hombre (los papistas la penitencia, los unitarios, el cambio moral) o producida, ya sea entera o parcialmente, por el poder del hombre (el pelagianismo, el sinergismo), destruye la fe cristiana y frustra la conversión y la Justificación del pecador.

b. Los dos elementos esenciales en la conversión son la contrición y la te, Mar. 1:15; Hech. 16:30-31; Jer. 3:13-14. La contrición (terrores conscientiae) no forma ni el principio ni la primera parte de la conversión, ni tampoco produce un mejoramiento espiritual en el pecador. Al contrario, el pecador aterrorizado odia más a Dios y huye de Él, porque ha llegado a conocer su pecado. La contrición pertenece a la conversión sólo por el hecho de que la fe no puede entrar en el corazón orgulloso y seguro; ella es "la preparación indispensable para la conversión". La contrición es el efecto de la predicación de la Ley, la cual, por sí sola, no puede salvar a un solo pecador, Gál. 2:16. (Cf. la contrición de Judas, Mat. 27:3-5).

c. Los pietistas y los metodistas exigen un grado fijo de contrición; pero lo que se requiere es "que el individuo no sólo tema los efectos temporales de sus pecados, sino que también se considere a sí mismo, como perdido para siempre debido a sus pecados, Luc. 18:13".

d. Aun la primera chispa de la fe en el corazón del pecador, o el desear fervorosamente la gracia de Dios en Cristo, constituye conversión. (Cf. Fórmula de Concordia, Decl. Sól., II, 54,14).

e. La conversión en sentido general incluye la santificación, que es la consecuencia imprescindible de la conversión en sentido limitado (donatio fldei). El no distinguir debidamente estos dos términos ha causado mucho error y no menos confusión.

f. La doctrina bíblica de le conversión la pervierten: 1) los papistas, al enseñar que el hombre recibe voluntariamente la gracia y sus dones, y que así el injusto se vuelve justo; 2) todos los racionalistas (los unitarios, los modernistas), que definen la conversión como la "reforma moral" del pecador; 3) los sinergistas, que hacen depender la obtención del perdón divino de ese "acto ético" que ellos llaman fe; 4) todos los que cometen el error de hacer del odio al pecado y el propósito de enmendar la vida el elemento constituyente de la conversión, o los que, como los pietistas y los metodistas, afirman que la contrición, nacida del amor hacia Dios, impulsa a Dios a ser misericordioso.

g. La conversión no se efectúa progresiva o gradualmente, sino instantáneamente; pues mientras la preparación para la conversión (motus preparatorii, que son principalmente los terrores que siente la conciencia, obrados por la Ley) puede prolongarse por cierto tiempo. La conversión misma, o el encender la fe en el corazón es instantánea. No existe un estado intermedio (status medius) en que el hombre se halla espiritualmente medio vivo. Juan 3:18. Los sinerglstas abogan por el estado intermedio, o la conversión progresiva o sucesiva, para introducir en cierto período del proceso la cooperación del hombre. Por otro lado, todos los entusiastas o Iluminados (los pietistas, los metodistas) violentan el sentido de la Escritura al afirmar que el individuo no está verdaderamente convertido, si no puede precisar el momento exacto de su conversión.

h. El término arrepentimiento se usa algunas veces por contrición y fe (conversión) y otras por contrición solamente. - En los cristianos, el arrepentimiento (conversio continuata, poenitentia stantium) continúa hasta la muerte debido al mal que siempre mora en ellos, Rom. 7:21; Heb. 1:12. El creyente, por lo tanto, acude diariamente con un corazón contrito al Evangelio del perdón de los pecados. El perfeccionismo niega esta conversión continua, Mat. 18:3.

i. La conversión de aquellos que han caído de la gracia (David, Pedro; Jer. 3:12; Juan 3:7; Gál. 4:19) es idéntica a la primera conversión. Los calvinistas, que, en oposición a Luc. 8:13; Mat. 12:43 y sig.; Gál. 5:4; 1 Tim. 1:20; 1 Cor. 9:27; 10:12, enseñan que los creyentes jamás pueden perder la fe, no aceptan la conversión reiterable (conversio reiterata, poenitentia lapsorum) y por lo tanto, la obstruyen. Lo mismo hacen los perfeccionistas.

j. La conversión no es un cambio substancial, esto es, no es la creación de una nueva esencia en el alma (Flacius, Weigel), sino la transformación completa del alma, o la creación de nuevas cualidades en el hombre, 2 Cor. 5:17; Sal. 51:10. Enseñar esta transformación no quiere decir enseñar el misticismo (los racionalistas), sino enseñar la verdadera doctrina bíblica acerca de la conversión.

k. La conversión no es una acción mecánica; pues en la conversión Dios obra en el hombre como en una criatura racional, y no como en una "piedra o un pedazo de madera" (Fórmula de Concordia), Joel 2:12.

l. La conversión no se efectúa por medio de la coerción; esto es, Dios no convierte a una persona contra la voluntad de ésta (mediante la gracia irresistible: el calvinismo); pues la conversión consiste en que "Dios cambia la nolición del hombre en volición (Agustín; Fórmula de Concordia, Epít. II, 15).

m. Nuestra Confesión condena con razón como afirmaciones que "no concuerdan con la forma de la sana doctrina" las siguientes expresiones: "Dios atrae, pero sólo atrae a los quieren ser atraídos". "En la conversión la voluntad del hombre no es inactiva, sino que también hace algo"; y: "Sólo demuestra que quieres convertirte, y Dios se te anticipará" (Fórmula de Concordia, Decl. Sól., II, 86). Conforme con la Escritura, esta Confesión describe la acción divina en la conversión como una "atracción por parte del Espíritu Santo" (Decl. Sól., II, 88), Juan 6:44; 12:32.

n. En la conversión el hombre es solamente el sujeto pasivo, o el sujeto que ha de ser convertido; esto es, el hombre "no hace ni obra cosa alguna, sino que sólo sufre" (Fórmula de Concordia, Decl. Sól., It, 89-90).

o. Contra el sinergisno nuestra Confesión declara a base de la Escritura: "En la conversión del hombre existen solamente dos causas eficientes: El Espíritu Santo Y la Palabra de Dios usada por el Espíritu Santo como Instrumento pera obrar la conversión," (Fórmula de Concordia, Epít., II. 19). Algunos de estos puntos serán considerados más tarde en sus varios pormenores y en capítulos especiales, Los mencionamos aquí para demostrar cuán necesario es mantener inalterada la doctrina bíblica de la conversión, y para indicar cuán esencial es definir correctamente esta doctrina. (Cf. *Christl. Dogmatik*, II, 542 y sig., *Apuntes Dogmáticos* por el Dr. Engelder).

## 3. EL PUNTO DE PARTIDA Y EL TÉRMINO DE LA CONVERSIÓN

Puesto que la conversión consiste esencialmente en otorgar la fe en Cristo, es evidente que el punto de partida (*terminus ad quo*) de la conversión es la incredulidad, mientras su término (*terminus ad quem*) es la verdadera confianza en Cristo, Hech. 26:18: "para que se conviertan de las tinieblas a la luz"; 2 Cor. 14-16. Quenstedt: "La conversión se realiza en el incrédulo... y así hay qua considerar la conversión como un cambio de la incredulidad a la fe".

El pecador se convierte sólo cuando su incredulidad, que por naturaleza se halla en todo corazón humano, 1 Cor. 2 14, es reemplazada por la fe en las misericordiosas promesas que Dios hace por causa de Cristo. Mientras una persona esté sin fe en Cristo, no ha sido regenerada, o convertida, no importa lo que sea a la vista del hombre, si criminal o santo, literato o sabio. Sobre todos los que están sin Cristo, la Escritura pronuncia el veredicto de que están sin Dios en este mundo y sin esperanza, Efe. 2:12,

Sin embargo, tan pronto cono una persona cree en Cristo, su conversión, o el acto de volverse a Dios, se ha realizado por completo, aunque su fe sea una pequeña chispa. Según las palabras de San Pablo en Efe. 2:13, es la fe en Cristo lo que distingue a los que antes estaban "lejos" de Cristo, esto es, a los no regenerados, de los que ahora se han "acercado" a Cristo, esto es, de los regenerados. En otras palabras, según la clara enseñanza del apóstol, la conversión se efectúa mediante la fe en la sangre de Cristo.

A menos que se tenga en cuenta esta verdad, es imposible evitar el error de considerar a los no convertidos como convertidos, o viceversa, a los convertidos como no convertidos.

Hablando en términos precisos, el punto de partida de la conversión es la incredulidad: su término, la verdadera fe en Cristo; y su rasgo esencial, el *encender la fe (donatio fidei)*. Sin embargo, como la incredulidad está siempre unida a las tinieblas espirituales, al dominio de Satanás, a la idolatría, al estado pecaminoso, etc., también estos factores pueden considerarse como punto de partida de la conversión. Por otro lado, la fe siempre está unida a la vida espiritual, la comunión con Dios, el cumplimiento de los mandamientos, etc., y por lo tanto, también estas cosas pueden considerarse como término de la conversión. Así, la Escritura misma habla de la conversión como del volverse de las tinieblas a la luz, de la potestad de Satanás a Dios, Hech. 28:18, de la idolatría al Dios vivo, Hech. 14:15; 1 Tes. 1:9, de la transgresión al cumplimiento de la Ley, Eze. 18:21, etc.

En todos estos pasajes se describen la incredulidad y la fe según sus manifestaciones externas, o sus frutos, de modo que podemos afirmar: Todos los que están en tinieblas espirituales, o bajo el dominio de Satanás, o en el poder del pecado, o en la servidumbre de la idolatría, no se han convertido; mientras los que tienen vida espiritual, están en comunión con Dios y poseen nuevas fuerzas espirituales para guardar los mandamientos de Dios, éstos se han convertido realmente. Pero no hay que olvidar que el convertirse, en su sentido especial y limitado, siempre quiere decir venir a la fe en el Evangelio de Cristo, el Salvador de los pecadores, Hech. 11:20-21; 1 Ped. 2:25, mientras la vida espiritual, la comunión con Dios y el cumplimiento de los mandamientos divinos son propiamente hablando, *frutos*, o *efectos*, de la conversión. La ejecución de la voluntad de Dios se produce sólo después que el pecador se ha vuelto a Dios mediante la fe en Cristo; en otras palabras, después de haber sido convertido.

## 4. LA CAUSA EFICIENTE DE LA CONVERSIÓN

La pregunta respecto de la causa eficiente de la conversión ha sido contestada de tres modos diferentes. En primer lugar, se ha dicho que el hombre mismo es la causa de su conversión (el pelagianismo). En segundo lugar, se ha afirmado que ambos, Dios y el hombre, cooperan para efectuar la conversión, ora que el pecador comienza la obra y Dios la completa (el semipelagianismo, el arminlanismo), ora que Dios la comienza y el pecador mismo, que ha sido despertado e iluminado, la completa (el sinergismo).

Respecto del semipelagianismo y del sinergismo dice la *Fórmula de Concordia* (Epítome, II, 10-11): "Rechazamos el error de los semipelagianos, los cuales enseñan que el hombre por su propio poder puede *comenzar su conversión*, pero que *sin la gracia del Espíritu Santo* no puede completarla;

rechazamos también la siguiente enseñanza: Que el hombre natural es, en efecto, *demasiado débil para comenzar su conversión,* para volverse a Dios por sus propias fuerzas y obedecerle; pero que no obstante, una vez que el Espfritu Santo ha hecho el principio mediante la predicación de la Palabra y el ofrecimiento de la gracia, *el hombre por su propio poder natural puede contribuir con algo a su conversión,* aunque en pequeña escala y de un modo débil; puede también ayudar y cooperar, habilitarse y prepararse para obtener la gracia, recibirla y aceptarla, y creer el Evangelio". Según esta afirmación clara y rotunda, la Confesión Luterana, a base de la Escritura, rechaza tanto el pelagianismo como el sinergismo y proporciona la tercera respuesta a la pregunta respecto de la conversión del hombre, a saber, que *Dios solo,* es la Causa eficiente de la conversión, mientras el pecador desempeña el papel del sujeto que ha de ser convertido y, como tal, se conduce de un modo *simplemente pasivo.*

Sobre esto dice la *Fórmula de Concordia* (Decl. Sól., II, 87): "La conversión de nuestra voluntad corrupta, que no es sino la resurrección de su muerte espiritual, es única y exclusivamente la obra de Dios, así como la resurrección de la carne en el postrer día hay que atribuirla a Dios solo, según se ha declarado ya ampliamente y comprobado por los claros testimonios de la Sagrada Escritura". La doctrina de la conversión que se ha expuesto aquí es la de la Sagrada Escritura, la cual enseña que si el pecador se convierte, ello se debe, no a algún esfuerzo propio, sino únicamente a la obra efectiva de la gracia divina, Efe. 1:19. La demostración bíblica de esta verdad puede exponerse del modo slgulente:

a. Positivamente hablando, la Escritura atribuye la conversión, o el engendramiento de la fe en el corazón del hombre, exclusivamente a Dios, Juan 6:44; Rom. 1:5-7; Col. 1:12-13; en particular, a su gracia, Fllip. 1:29; Efe. 2:8-9, y a la grandeza de su poder, Efe. 1:19; 2 Cor. 4:6. Además, describe la conversión como un nuevo nacimiento producido por Dios, Juan 1:12-13; 1 Juan 5:1, o como una resurrección espiritual, Col. 2:12-13. Todos estos pasajes describen la conversión como un acto de la gracia divina, y excluyen de ella toda operación o cooperación del hombre.

b. Con palabras inconfundibles, la Escritura niega al hombre no convertido el poder de conocer o creer el Evangelio, 1 Cor. 2:14; Juan 6:44, y lo culpa de resistir tercamente hasta el último momento antes de ser convertido, 1 Cor. 2:14; Rom. 8:7, la buena y misericordiosa voluntad de Dios, la cual desea fervorosamente su regeneración. Por consiguiente, todos estos pasajes describen la conversión como un acto de la gracia divina y excluyen de ella la operación o cooperación del hombre. Asi que: positivamente, la Escritura declara que la conversión es un acto de la gracia divina, y negativamente, rechaza toda forma de pelagianismo y sinergismo. Lutero: "Honramos a Dios en la forma debida si reconocemos que no somos salvos por nuestros méritos, y si ponemos toda nuestra confianza en su misericordia". (St. L., XI, 2217).

Que Dios solo, es la Causa eficiente de la conversión lo comprueba también la esencia misma de la conversión (*forma conversionis*). Como hemos visto, la conversión consiste esencialmente en esto: Que el pecador aterrorizado y penitente cree en Cristo y una vez en posesión de tal fe, rechaza con todo vigor la justicia por las obras y confía para su salvación en los méritos de Cristo únicamente. Pero tal fe en Cristo implica un cambio completo y absoluto en el corazón y en la mente del pecador. Por naturaleza, el hombre es adicto a la justicia por las obras, y no desea otro modo de salvación que el de la confianza en sus buenas obras.

Siendo así, el cambio en su corazón, por el cual repudia todas las obras y se ase únicamente de los méritos de Cristo, no puede proceder del hombre mismo; pues por naturaleza el hombre detesta el camino de la salvación ofrecido en el Evangelio y se opone a él, 1 Cor. 2:8,14; 1:23. Ese cambio tiene que ser efectuado por Dios, como por cierto lo es. La *Apología* observa muy correctamente (Art. III, 144 y sig.): "Esta inclinación funesta hacia la justificación por las obras de la Ley es inherente por naturaleza a la mente del hombre, y tampoco puede ser expulsada a menos que seamos enseñados por Dios. Mas es preciso arrancar de la mente tales opiniones carnales en cuanto a la Palabra de Dios".

Contra la doctrina bíblica de que Dios solo, obra y efectúa la conversión se ha afirmado lo siguiente: Verdad es que el hombre por naturaleza es incapaz de creer el Evangelio, de someterse al Espíritu Santo, de habilitarse para la gracia y de observar una conducta propia hacia la operación con que Dios lo llama y lo santifica, no obstante, bien puede hacerlo tan pronto como es dotado del poder espiritual.

A esta objeción replicamos que, si una persona es capaz de hacer todas estas obras espirituales con el poder que le ha concedido el Espíritu Sinto, ya está convertida; pues en tal caso su corazón ha cambiado por completo, su voluntad está de acuerdo con Dios y las cosas divinas, su mente ya no considera el Evangelio como insensatez, sino como sabiduría divina, y el Salvador crucificado, la Esperanza espiritual del mundo, ya no le es tropezadero. En otras palabras, en tal caso el hombre demuestra todas las características de una persona convertida, o de un creyente.

Referente al nombre natural, no convertido, la *Fórmula de Concordia* observa acertadamente (Decl. SóL., II, 7): "El libre albedrío natural, según su corrupta disposición y naturaleza, es *fuerte y activo sólo con respecto a lo que es desagradable y contrarío a Dios*". Sobre la conversión nos dice (ibid., § 83): "La conversión operada por el Espíritu Santo produce en el intelecto, la voluntad y el corazón del hombre un cambio tal que el pecador, mediante esta operación del Espíritu Santo, puede aceptar la gracia que se le ofrece". Así nuestra Confesión respalda la doctrina bíblica de que la recepción de poderes espirituales es lo mismo que la conversión. (*Donatio virium spiritualium est ipsa conversio.*)

Demostrar que Dios sólo es la Causa eficiente de la conversión es ei objetivo principal del Artículo II de la *Fórmula de Concordia.* Allí se Indica correctamente que el hombre, en lo que respecta a su conversión, no es activo, sino puramente pasivo, esto es, "no lace nada en su conversión, sino que sólo sufre lo que Dios obra en él" (Decl. Sól., II, 89). En otras palabras, la capacidad del hombre para la conversión tiene que ser considerada como enteramente pasiva (*capacitas passiva, non capacitas activa).* Su cooperación espiritual, por lo tanto, empieza sólo después de haber sido convertido.

Nuestra Confesión dice (Decl. Sól., II, 90): "El Intelecto y la voluntad del no regenerado son sólo el sujeto que ha de ser convertido; representan el intelecto y la voluntad de un hombre espiritualmente muerto, en el cual el Espíritu Santo obra la conversión y la renovación; y en esta obra el hombre con su voluntad no hace nada, sino que sólo Dios obra en él, hasta que es regenerado; después de esto, a la verdad, también el hombre coopera con el Espíritu Santo en las buenas obras subsecuentes, haciendo lo que agrada a Dios".

Por lo tanto, no hay tres causas eficientes de la conversión, a saber, el Espíritu Santo, la Palabra y la voluntad condescendiente del hombre, según afirmaban erróneamente Melanchton y los que lo seguían en su sinergismo, sino solamente dos, el Espíritu Santo y la Palabra de Dios. En su conversión el hombre es como un pedazo de madara o una piedra; aún más, peor que un pedazo de madera o una piedra, ya que por razón de su enemistad natural contra Dios, 1 Cor. 2:14; Rom. 8:7, resiste las operaciones del Espíritu Santo hasta que es convertido.

La *Fórmula de concordia* dice sobre esto (Decl. Sól., II, 59): "Una piedra o un pedazo de madera no resiste a la persona que lo mueve, ni entiende ni siente lo que se hace con él; no así el hombre, que con su voluntad resiste a Dios el Señor hasta que es convertido... Nada en absoluto puede hacer para su conversión... y en este respecto es peor que una piedra o un pedazo de madera; pues resiste la Palabra y la voluntad de Dios, hasta que Dios lo despierta de la muerte del pecado, lo ilumina y lo renueva".

Es verdad que la conversión no se efectúa sin un cambio completo del corazón, pues el pecador tiene que experimentar los terrores de la conciencia, y mediante la operación del Espíritu Santo tiene que creer el Evangelio, que rechazaba en su anterior incredulidad. Pero ni los efectos de la Ley en su corazón ni su fé en las promesas del Evangelio se deben a sus propios esfuerzos, pues con respecto a la Ley y el Evangelio, él es puramente pasivo y sólo sufre "lo que Dios obra en él" (*Ibid.,* § 89). "El hombre por sí mismo, o por su propio poder natural, no puede hacer nada ni ayudar nada en su conversión;... la conversión es ... única y exclusivamente la operación, dádiva y obra del Espíritu Santo, que la ejecuta y la efectúa por su poder y fortaleza, mediante la Palabra". (Ibid).

Con estas claras e inequívocas palabras, la *Fórmula de Concordia* sostiene la tesis de que la conversión es obra exclusiva del Espíritu Santo, rechazando así el sinergismo en todos sus matices.

Su doctrina es: "La conversión es la obra del Espíritu Santo únicamente, que actúa mediante la Palabra de Dios". (*Solus Deus convertlt hominem*).

A la acusación de que nuestra Confesión da demasiado énfasis a este punto, respondemos que los autores de la *Fórmula de Concordia* estaban bien persuadidos de que la adopción del sinergismo por parte de la Iglesia Luterana habría de destruir por completo el fundamento de la Reforma y conducir la Iglesia purificada al pelagianismo, el error fundamental del papado. Se dieron cuenta de que una Iglesia Luterana slnergista no podía enseñar la sola gracia en su verdad y pureza bíblica. De modo que al rechazar los ataques de los sinergistas, lucharon contra aquellos que querían "agarrar por el cuello" al cristianismo. (Cf. Las palabras de Lutero dirigidas a Erasmo: "Tú y sólo tú has visto el corazón del asunto y me has agarrado por el cuello". También la declaración del Dr. F. Bente: "El verdadero luteranismo habría sido estrangulado si el sinergismo hubiera salido victorioso en esta gran controversia entre la gracia y el libre albedrío" (*Concordia Triglotta,* Introducción Histórica p. 128).

## 5. LOS MEDIOS DE LA CONVERSIÓN

Aunque Dios solo, es la Causa de la conversión, sin embargo, no convierte al hombre inmediatamente o por una operación inmediata, sino por medios definidos y establecidos. Esta verdad la sostiene nuestra Confesión Luterana contra toda forma de iluminismo (el calvinismo, el anabaptismo, etc.). La *Fórmula de Concordia* declara (Decl. Sól., II, 4): "Además, tanto los Iluminados antiguos como los modernos, han enseñado que Dios convierte a los hombres y los conduce al conocimiento salvador de Cristo mediante su Espíritu, sin ningún medio o instrumento creado, esto es, sin necesidad de la predicación y el oír externo de la Palabra de Dios".

Con estas palabras, la *Fórmula de Concordia* señala los medios por los cuales el Espíritu Santo obra la conversión, o la regeneración en el corazón humano, a saber, por "la predicación y el oír externo de la Palabra de Dios". Como queda dicho, la conversión en su sentido propio es el hecho de que una persona, aterrorizada por la Ley debido a sus pecados, viene a ser creyente en Cristo, confiando para su salvación en las promesas divinas del Evangelio. El Evangelio es, por lo tanto, el *objeto* de la fe que convierte, pero es también el *medio* de la conversión. Por los mismos medios por los cuales Dios ofrece al hombre los méritos de Cristo (*vis evangelii dative vel collatlva*) también obra en el hombre la fe en la gracia que se le ofrece (*vis evangelli effectlva vel operativa).*

Esta verdad la Escritura la enseña claramente en los siguientes pasajes: Rom. 10:17; Sant. 1:18; 1 Tes.5; 2 Tes. 2:13-14; 1 Tes. 2:13.

Estos pasajes demuestran que el Evangelio no es una "letra muerta", sino un testimonio vivo, lleno de poder, Juan 6:63, porque el Espíritu Santo está siempre activo por medio de él para inculcar las promesas divinas en el corazón humano, Gál. 3:1-5; Rom.1:16; Isa. 55:11.

Lutero escribe sobre este particular: "Tal es la eficacia de la Palabra cada vez que se contempla, se oye y se usa con toda reverencia; jamás resulta sin fruto, sino que siempre despierta nuevo entendimiento, gozo y devoción y produce un corazón puro y pensamientos puros. Pues estas palabras no son inactivas o muertas, sino creadoras y vivas". (*Catecismo Mayor,* el Tercer Mandamiento.) El Evangelio es, por lo tanto, el medio efectivo por el cual el Espíritu Santo obra en el hombre la fe o la conversión.

Como el Evangelio está ligado al Bautismo, Hech.2: 38, y a la Santa Cena, Mat. 26:26-28, también los Sacramentos son medios efectivos (*media salutis*), por los cuales el Espíritu Santo obra la fe (el Bautismo: Tito 3:5) y la fortalece (la Santa Cena: 1 Cor. 11:26); en otras palabras, son los medios por los cuales Él, ora convierte a los pecadores (los niños), ora confirma y conserva en la fe a los que ya han sido convertidos (el bautismo de adultos; la Santa Cena).

Mientras el Evangelio es en realidad el medio por el cual el Espíritu Santo obra en el hombre la fe, o la conversión, la Ley divina es usada por Dios para *preparar al pecador para la conversión.* La fe salvadora jamás puede existir en una persona que no ha sido convencida previamente de la magnitud de su pecado y de la ira y condenación a que está sujeta, Sal. 34:18; 51:17; Isa. 66:2; Hech. 2:37-41; 16:27-31.

El verdadero arrepentimiento incluye, pues, tanto la contrición, que es obrada por la Ley, como la fe, que es obrada por el Evangelio. Por consiguiente, para que los pecadores sean convertidos, la predicación de la Ley tiene que preceder o acompañar a la del Evangelio, Rom. 3:19-20. En otras palabras, para que pueda haber conversión es menester la predicación de ambas doctrinas, Ley y Evangelio, en su debida relación y con la debida distinción de sus funciones y propósitos, Luc. 24:47.

La *Fórmula de Concordia* dice (Decl. Sól., V, 24-26): "Creemos y sostenemos que la Iglesia de Dios debe inculcar estas dos doctrinas [la Ley y el Evangelio] con toda diligencia y hasta el fin de los siglos..., aunque con la debida distinción de que ya hemos oído, para que por la predicación de la Ley y sus amenazas... los corazones de los impenitentes puedan ser aterrorizados y traídos al conocimiento de sus pecados y al arrepentimiento; pero no de tal manera que a raíz de este proceso pierdan el ánimo y se desesperen, sino para que... sean consolados y fortalecidos más tarde mediante la predicación del santo Evangelio de Cristo, nuestro Señor, a saber, mediante la sublime verdad de que a aquellos que creen el Evangelio, Dios les perdona todos sus pecados por Cristo, los adopta como hijos por causa de Él, y de pura gracia, sin ningún mérito de parte de ellos, los justifica y los salva".

Hollaz escribe en términos similares: "La conversión, entendida en un sentido especial [la conversión en el sentido propio], es aquel acto de la gracia divina, por el cual el Espíritu Santo produce en el pecador el arrepentimiento sincero por sus pecados mediante la Palabra de la Ley, y enciende fe verdadera en Cristo mediante la Palabra del Evangelio, para que así obtenga el pecador la remisión de los pecados y la vida eterna". *(Doctr. Theol.,* p. 466.)

A la predicación de la Ley la ayudan y la asisten las cruces y aflicciones que sobrevienen a los hombres, Luc. 15:14-18; Hech. 16:26-30; Sal. 119:71, al Igual que las innumerables bendiciones terrenales con que Dios llama a los pecadores al arrepentimiento, Rom. 2:4. Por esta razón, se le ha llamado predicación de la Ley mediante la acción, a la manera peculiar en que Dios obra con los hombres (*concio legis realis).* Sin embargo, ni la manifestación, por vía de hechos de la ira de Dios, ni la de su bondad, pueden tomar el lugar de la predicación de la Palabra divina; pues esta Palabra es el único medio que usa el Espíritu Santo para obrar la salvación en el hombre, Mar. 16:15-16.

A la objeción: Si Dios solo, es la Causa de la conversión, los medios externos son innecesarios (el calvinismo, el iluminismo), replicamos que tal operación divina por cierto excluye *la cooperación humana,* pero no el uso de los medios señalados por Dios.

Sobre esto nos dice la *Fórmula de Concordia* (Decl. Sól., II, 46): "Con esta doctrina respecto de la incapacidad y maldad de nuestro libre albedrío natural, y respecto de nuestra conversión y regeneración, a saber, que ella es la obra de Dios únicamente y no de nuestro poder, los iluminados y los epicúreos han cometido un gran abuso; ... pues dicen que, como por su propio poder no pueden convertirse a Dios, persistirán en su contumaz oposición a Dios, o esperarán hasta que Dios los convierta contra la voluntad de ellos mismos; o como no pueden hacer nada en estas cosas espirituales, ya que todo es obra de Dios y del Espíritu Santo únicamente, *no usarán, oirán, o leerán, ni la Palabra ni el Sacramento, sino que esperarán hasta que Dios, sin medio alguno,* les instile sus dones celestiales, de manera que realmente puedan sentir en su adentro que Dios los ha convertido". Lutero: "Dios no da dones internos excepto por medios externos; no envía el Espíritu Santo sin el medio de la Palabra".

## 6. EL PROCESO INTERNO DE LA CONVERSIÓN

Todo pecador que se convierte a Dios, experimenta en su corazón ciertas sensaciones. En primer lugar, alarmado por sus pecados, que la Ley divina le ha hecho conocer, Rom. 3:20, experimenta los terrores de la conciencia, esto es, verdadero temor y angustia de corazón, Hech. 16:29-30. Ahora bien, a pesar del conocimiento que el pecador alarmado tiene acerca del pecado y la ira de Dios, permanecerá sin ser corvertido, mientras no oiga nada acerca del Evangelio. Pero cuando al pecador ya alarmado se le predica el Evangelio, el Espíritu Santo engendra en su corazón la verdadera fe en las misericordiosas promesas del perdón, y es mediante este segundo elemento, esto es, la fe absoluta en Cristo, que es convertido, Hech. 16:31-34.

Estos dos factores, la contrición y la fe, se hallan en toda persona que ha sido verdaderamente convertida. Sal. 32:1-5. Donde no existen, no se ha efectuado aún la verdadera conversión.

Afirma la *Fórmula de Concordia* (Decl. Sól., II, 70): "En una conversión genuina tiene que efectuarse un *cambio,* una *nueva manera de sentir* y un *movimiento* en el intelecto, la voluntad y el corazón, esto es, el corazón debe percibir el pecado, temer la ira de Dios, abandonar el pecado, y debe además percibir y aceptar la promesa de la gracia en Cristo, tener buenos pensamientos espirituales, imponerse ideales dignos, ser diligente, y luchar contra la carne. *Pues donde no existe ni se ejecuta nada de esto, allí no existe tampoco la verdadera conversión*".

Sin embargo, donde la contrición y la fe se hallan presentes en el corazón, allí se ha efectuado la conversión, aunque todavía sean débiles los conocimientos que el creyente tiene acerca del pecado y la confianza que deposita en la gracia divina. Lá Escritura no exige en ningún lugar un grado determinado de contrición o fe aunque es natural que el regenerado siempre debe tratar de reconocer el pecado y de crecer en el conocimiento de la gracia divina, Col. 1:9-11: 2 Ped. 3:13. Se puede decir que la verdadera contrición existe en todo pecador que se considera eternamente perdido por causa de sus pecados, Hech. 16:30.

El verdadero amor a Dios no forma parte de la contrición; el amor es *fruto* de la fe, Gál. 5:22, o el efecto de la conversión. Pero la fe salvadora existe en el corazón tan pronto como el pecador penitente *ansía, o desea,* la gracia divina en Cristo Jesús, esto es, tan pronto como tiene un pequeño destello de fe, según lo enseña claramente la Escritura, Isa. 42:3; Marc. 9:24. La *Fórmula de Concordia* dice (*Decl. Sól.*, II, 141): "El pasaje Filip. 2:13 es muy consolador, para todos los cristianos que sienten y experimentan un pequeño destello de la gracia divina y la salvación eterna, o las anhelan fervorosamente; pues saben que Dios ha encendido en su corazón este comienzo de la verdadera santidad, y que además los fortalecerá y los ayudará en su gran flaqueza para perseverar en la verdadera fe hasta el fin".

## 7. LA CONVERSIÓN ES INSTANTÁNEA

Al discutir acerca del sujeto de la conversión, se ha dado mucha importancia a la pregunta de si la conversión es sucesiva o instantánea. Ya que la conversión se efectúa cuando el Espíritu Santo enciende la fe en el corazón de una persona, es claro que ella ocurre instantáneamente, es decir, en el mismo instante en que el Espíritu Santo, por los medios de gracia, engendra la fe en el pecador contrito. Por lo tanto, tan pronto como el pecador penitente posee el primer destello de la fe o el deseo de obtenerla, ya está completamente convertido. (*Conversio temporis momento fit,... veluti en ripe ommatos*. Calov).

La conversión puede llamarse sucesiva sólo en caso de que se consideren como parte de la conversión ciertos actos preparatorios que comúnmente la preceden. A estos actos preparatorios pertenecen el inculcar la Ley divina, el convencer al pecador de su culpa y condenación, el infundir en él los terrores de la conciencia, y cosas similares. Pero en realidad, estos actos del Espíritu Santo sólo *preparan* al pecador para la conversión, mas no lo convierten; pues la conversión, hablando propiamente, se efectúa en aquel instante en que el Espíritu Santo, por medio del Evangelio, cambia al alarmado y desesperado pecador en un gozoso creyente en Cristo.

Por esta razón no debemos hablar de un estado medio entre la conversión y la no conversión (*homo renascens, homo in statu medio constitutus*), pues el que así habla se opone a la Biblia y enseña el sinergismo, porque la Escritura reconoce solamente dos clases de hombres, los convertidos y los no convertidos, o lo que es lo mismo, los creyentes y los incrédulos, Juan 3:18,36; Mar. 16:16; 1 Ped. 2:25. Según la Escritura, es imposible para una persona estar en un estado medio siquiera un instante, pues no existe una condición media entre la fe y la incredulidad, entre la vida y la muerte, Luc. 11:23.

Los teólogos que, en oposición a la Escritura, rechazan el carácter instantáneo de la conversión y la explican como un proceso prolongado, durante el cual el pecador es primeramente iluminado, después despertado y por fin llevado a la decisión de aceptar a Cristo, lo hacen por lo regular para defender el sinergismo, es decir, para sostener su punto de vista erróneo de que el hombre que ha reconocido sus pecados, al fin y al cabo tiene que convertirse a sí mismo con el poder espiritual que le ha concedido el Espíritu Santo (Latermann).

La verdad es que las objeciones que aducen los teólogos racionalistas modernos contra el carácter instantáneo de la conversión, realmente no las aducen contra la conversión instantánea, sino contra la sola gracia; pues el racionalismo sinergista considera la conversión no sólo como un acto de la gracia divina, sino también como un acto meritorio por parte del hombre. Defiende la doctrina de la "conversión sucesiva" y del "estado medio", porque, según el concepto erróneo del racionalismo, Dios dota al pecador sólo de la capacidad para creer, y no de la fe misma. Según los teólogos racionalistas modernos, el hombre puede, de un modo libre, consciente e independiente, determinarse por sí mismo a creer, cosa que ejecuta mediante el poder espiritual que Dios le ha concedido. De todo esto se refiere que el ataque contra la doctrina bíblica de la conversión instantánea se dirige, al fin y al cabo, contra la enseñanza de que Dios solo, obra la conversión, o contra la sola gracia.

De más está decir que lo que se ha afirmado aquí acerca del sinergismo es aplicable también al arminianismo. Ambos defienden la conversión sucesiva porque ambos sostienen que el hombre por fin se convierte a sí mismo. "La voluntad del hombre en la conversión no es inactiva, sino que hace algo". Contra este error atestigua la *Fórmula de Concordia* (Decl. Sól., II, 62): "Antes de su conversión, no se le puede atribuir al hombre ni la más mínima capacidad de hacer algo en cosas espirituales".

### 8. LA GRACIA DE LA CONVERSIÓN ES RESISTIBLE

La conversión del hombre es, como queda dicho, la obra del poder de su fuerza divina, Efe. 1:19; 2 Cor. 4:6. Sin embargo, la gracia divina que convierte no es irresistible (la gracia irresistible), como enseñan los calvinistas, sino resistible (la gracia resistible) según lo afirma la Sagrada Escritura, Mat. 23:37; Hech. 7:51. La razón para esto es evidente. Aunque Dios es irresistible cada vez que trata con el hombre en su poder soberano *(in nuda maiestate),* Mat. 25:31-32, puede ser resistido cada vez que usa medios para ejercer la potencia de su fortaleza, Mat. 11:28; 23:27. Tanto en su Reino de Poder como en su Reino de Gracia, pueden ser rechazados los medios con que quiere bendecir al hombre. Así la vida, el don material más grande concedido por Dios, puede ser destruida por el hombre a pesar de ser creada y sostenida por la omnipotencia divina. Similarmente la vida espiritual, o la conversión, aunque ofrecida al hombre por el medio de la Palabra omnipotente de Dios, puede ser rechazada mediante la resistencia maliciosa del hombre.

Para defender la resistibilidad de la gracia que conviene, la iglesia Luterana confesional, se opone tanto al calvinismo como al sinergismo. Al negar la universalidad de la gracia, los calvinistas declaran que los electos son regenerados mediante la gracia irresistible, mientras que a los que no son electos sólo se les concede la gracia común. Los sinergistas, por otro lado, infieren de la resistibilidad de la gracia que, así como el pecador puede rechazar la gracia divina que se le ofrece, así también puede cooperar con el Espíritu Santo en su conversión, usando debidamente el poder espiritual que se le ha concedido. Ambos errores se oponen a la clara enseñanza de la Sagrada Escritura sobre este punto, 1 Tim. 2:4; Filip. 2:13.

### 9. LA CONVERSIÓN TRANSITIVA Y LA INTRANSITIVA

A base de la Sagrada Escritura, nuestros dogmáticos hablan de la conversión transitiva y la intransitiva. En otras palabras, se dice que Dios convierte al hombre, y otra vez, se dice que el hombre se convierte a sí mismo (Jer. 31:18; Hech. 3:19: *metanoesate*; Jer. 24:7). Entre las dos expresiones no existe realmente distinción alguna, ya que el hombre se convierte únicamente cuando Dios lo convierte. Ambas expresiones describen por lo tanto un mismo acto, del cual, Dios solo, es la Causa eficiente. Las expresiones no deben ser entendidas, pues, en el sentido sinergista, como si Dios empezase la conversión y el hombre mismo la ejecutase o completase. Si bien la expresión "conversión intransitiva" ("El hombre se convierte a sí mismo") es bíblica, no hay que olvidar que en la conversión es Dios el que efectúa así el querer como el hacer, Filip. 2:13.

El comentario de Baier sobre este punto es verdaderamente bíblico; escribe él: "En las Escrituras se toma la palabra *conversión* en dos sentidos, por cuanto algunas veces se nos dice que Dios convierte al hombre, y otras, que el hombre se convierte a sí mismo, aunque en lo que respecta a la cosa misma *(quoad rem)* la acción es una y la misma *(una et eadem)*". Que Dios solo, obra la conversión, lo muestra la Escritura en diversos pasajes, Jer. 31:18; Juan 6:44; Efe. 1:19; etc. Estos pasajes no permiten siquiera una forma moderada del sinergismo (la conversión del hombre, depende de la condición necesaria de pasividad y sumisión hacia el llamamiento del Evangelio; cf. Latermann, Dieckhoff etc.).

## 10. LA CONVERSIÓN CONTINUA

A base de la Escritura nuestros dogmáticos hablan también de la conversión continua, esto es, de aquella conversión que continúa por toda la vida del creyente, Mat. 18:3. Tal conversión continua es necesaria, porque los regenerados no están completamente santificados sino que retienen el Viejo Hombre, Heb. 12:1; Rom. 7:21-23, de modo que debido a la maldad de su carne y los muchos pecados actuales que de ella salen, tienen que vivir en arrepentimiento diario, Rom. 6:3-6. Este "arrepentimiento diario", es, pues, lo que con otras palabras se llama la "conversión continua" (la regeneración, resurrección e iluminación continuas). (La penitencia continua o diaria, es la contrición que aún retiene hacia el pecado).

La Sagrada Escritura hace una distinción clara entre la primera conversión *(conversio prima)* por la cual el no regenerado llega a creer en Cristo, y la segunda conversión *(conversio secunda)* del creyente, 1 Ped. 2:25 (cf. también el v.10), la cual continúa por toda su vida, Sal. 51:1-12. La primera conversión queda completa cuando el creyente es dotado del primer destello de la fe, en cambio, la segunda conversión jamás queda completa mientras el creyente vive en este mundo, Rom. 7:24. En la primera conversión el hombre es simplemente pasivo, mientras en la segunda coopera con el Espíritu Santo con el "nuevo hombre" (*esō anzrōpos; kainos anzrōpos*), Efe. 4:24, ingerido en él en su primera conversión, Gál. 5:17, 24; Rom. 7:22, 25. La segunda conversión no debe confundirse con la primera, como lo han hecho algunos sinergistas con la intención de negar la pasividad del hombre en su primera conversión, mediante la cual, el no regenerado se hace creyente. (Cf. Pieper *Christl. Dogmatik,* II, 559 y sig.).

## 11. LA CONVERSIÓN REITERABLE

Es una doctrina de la Sagrada Escritura que los creyentes en Cristo pueden caer de la gracia o perder su fe, Luc. 8:13-14; 1 Tim. 1:19. Esta verdad hay que acentuarla para contrarrestar al error de los calvinistas, los cuales enseñan que los creyentes cuando cometen pecados mortales pierden por cierto el ejercicio de la fe *(exercitium fidei),* pero no la fe misma.

Nuestra Confesión Luterana condena severamente esta doctrina calvinista por antibíblica y perniciosa. Dicen los *Artículos de Esmalcalda* (Art. III): "Existen ciertos sectarios... que enseñan que todos los que una vez recibieron el Espíritu Santo, o el perdón de los pecados, o se hicieron creyentes, aunque después pecasen, permanecerán todavía en la fe y no serán perjudicados por tal pecado... he tenido delante de mí muchos de esos hombres insanos y temo que en algunos permanece aún tal diablo". Por otro lado, hay que sostener que los que han caído de la fe pueden ser convertidos otra vez (la conversión reiterable). *(Poenitentia iterata lapsorum, qui ad meliorem frugem redeunt).* Esta verdad la sostenemos contra los antiguos novacianos y todos sus secuaces modernos. (*Conf. de Augsb.* XII, 9).

Sólo cuando el pecador ha cometido el pecado contra el Espíritu Santo es imposible la conversión reiterable Mat. 12:31-32; 1 Juan 5:16. Pero ya que únicamente en casos muy contados puede el hombre saber quién ha cometido el pecado contra el Espíritu Santo, es el deber de la Iglesia Cristiana predicar el arrepentimiento y la fe a todos los pecadores, según tenga la oportunidad de hacerlo, Ezeq. 18:23-32; 3:16-21.

Con respecto a la Controversia Terminista que se suscitó en la Iglesia Luterana a principios del siglo XVIII cabe decir lo siguiente: Los pietistas basándose en pasajes tales como Mat. 3:7 y sig.; 7:21; 20:1-16; 2 Ped. 2:20; Heb. 6:4 y sig., defendieron el "terminismo", esto es: La doctrina de que a cada individuo se le otorga sólo cierto término limitado *(terminus peremptorius salutis)* para la salvación; los luteranos ortodoxos en cambio, afirmaban a base de Luc. 23:40 y sig.; Rom. 5:20; Isa. 65:2, que Dios desea la salvación de cada pecador durante toda su vida, y que si hay cierto término limitado de la gracia *(terminus gratiae peremptorius),* esto se debe únicamente a que el pecador endurece su corazón para no recibir los medios de gracia. Para resolver esta cuestión basta la regla que se dio antes: La Iglesia no debe retener sino conferir la gracia del Evangelio, en tanto que el hombre esté dispuesto a recibir esa gracia, Mar. 16:15.

## 12. LAS OBJECIONES CONTRA LA DOCTRINA DE QUE DIOS SOLO, CONVIERTE AL HOMBRE

Entre las numerosas objeciones que se han hecho contra la doctrina bíblica de que Dios solo, convierte al hombre, las siguientes merecen especial atención:

a. Ya que Dios en su Palabra exige el arrepentimiento o la conversión por parte del hombre (Hech. 16:31; Mar. 1:15), éste tiene que ser capaz al menos en parte de convertirse a sí mismo. A esto replicamos que del mandato divino no puede extraerse conclusión alguna con respecto a la capacidad del hombre para cumplir con la voluntad de Dios. A debito ad posse non valet consequentia.

Al contrario, las exigencias y las exhortaciones divinas son los medios con que Dios obra lo que ordena. Así, mediante los mandatos de la Ley *(admonitiones legales),* humilla al hombre y obra en él el verdadero conocimiento del pecado, Luc. 10:28; Rom. 3:20, y mediante las exhortaciones del Evangelio *(admonitiones evangelicae),* obra en él la verdadera fe, Mat. 11:28. Como análogo al método que Dios emplea para obrar mediante su Palabra omnipotente aquello que Él desea, podemos citar la resurrección de Lázaro, Juan 11:43-44 (cf. también Hech. 3:6) y la obra de la creación, Gén. 1:3 y sig. Por lo tanto, no podemos razonar: "¿Por qué exigir al hombre lo que él es absolutamente incapaz de hacer? ¿Por qué pedirle que crea cuando no puede hacerlo?" sino, antes bien, debemos considerar tanto los mandatos de la Ley como las exhortaciones del Evangelio, como medios eficientes por los cuales Dios ejecuta su benéfico propósito de salvar a los pecadores. La Escritura demuestra, pues, claramente, Mat. 11:28, cf. con Juan 6:44, que es insostenible el argumento sinergista de que cuando se exige algo es porque se puede hacer.

Respecto a las cláusulas condicionales, Rom. 10:9, se puede decir que éstas señalan, no *condiciones reales* sino los *medios* por los cuales Dios ejecuta la salvación del hombre. Así la declaración: "Si creyeres en tu corazón... serás salvo" no quiere decir otra cosa, sino que: "Por la fe serás salvo".

b. A menos que el hombre coopere en su conversión, su conversión sería un acto de coerción o algo que hace por la fuerza; en otras palabras, en tal caso, el hombre se convertirla por la gracia irresistible, cosa que la Biblia condena. A esto replicamos que esta objeción ignora que la conversión consiste esencialmente en el acto divino mediante el cual Dios por los medios de gracia, cambia la nolición del hombre en volición, Juan 6:44. La conversión no es un acto por el cual Dios hace que el pecador acepte lo que no desea, o lo obliga a recibir lo que no quiere, sino que es una atracción efectuada por su gracia divina (Juan 6:44 elkyse), por la cual Dios obra en el pecador "el querer como el hacer", Filip. 2:13. Sobre este particular Lutero comenta con mucho acierto que Dios cuando convierte al pecador no lo trae hacia sí, corno el verdugo trae el criminal a la horca, sino que lo hace "ablandándole y cambiándole el corazón" por los medios de gracia. "Es un cariñoso llamar y atraer, así como un hombre afable atrae la gente" (St. L., VII, 2287 y sig.).

c. Dios obra la capacidad para creer pero no el veto de la fe, o Él prepara al hombre para la conversión, pero no la obra, pues la decisión final depende del hombre. A esto replicamos que según la Escritura el acto mismo de la fe es la obra y dádiva de Dios, Filip. 1:29; Efe. 1:19-20; Filip. 2:13. Admitimos, por cierto, que Dios obra en el hombre la capacidad para creer, pero tan pronto como se ha otorgado al hombre esa capacidad ya no está muerto espiritualmente sino vivo en Cristo, o lo que es lo mismo ya ha sido convertido. La muerte espiritual en tal caso ha sido quitada, y en su lugar se ha sembrado en el corazón la vida espiritual.

En este sentido entiende la *Fórmula de Concordia* la muy conocida declaración que los sinergistas citan con tanta frecuencia en favor suyo (Decl. Sól., II, 83): "La conversión operada por el Espíritu Santo produce en el intelecto, la voluntad y el corazón del hombre un cambio tal, que el pecador mediante esta operación del Espíritu Santo *puede aceptar* la gracia que se le ofrece" *(qua homo potest oblatam gratiam apprehendere).* Según la *Fórmula de Concordia,* la persona que "puede aceptar la gracia que se le ofrece" ya ha recibido la regeneración; pues afirma muy categóricamente (Decl. Sól., II 85): "El hombre que no ha sido regenerado resiste a Dios por completo y es en todo sentido un esclavo del pecado, Juan 8:34; Rom. 6:16. Mas el que ha sido regenerado se deleita en la Ley de Dios según el hombre interior". Por consiguiente, nuestra Confesión no favorece en absoluto la doctrina de los sinergistas más recientes, los cuales afirman que el hombre puede convertirse a sí mismo usando debidamente el nuevo poder espiritual que Dios le ha comunicado (Latermann discípulo de Jorge Calixto, † 1662) o lo que es lo mismo, que el hombre puede convertirse a sí mismo después que Dios le ha otorgado la capacidad para creer.

d. A menos que el hombre coopere en su conversión no es él mismo quien cree sino el Espíritu Santo; en otras palabras, en tal caso, no es el hombre el sujeto de la fe sino el Espíritu Santo. Si este argumento fuese empero correcto también se aplicaría a la vida natural del hombre, pues Dios "da a todos vida y respiración" Hech. 17:25. Y no obstante ser Dios el Autor y Preservador de la vida humana, Hech. 17:28, toda persona de cabal sentido reconoce que el hombre mismo vive, se mueve, trabaja, come, llora, se regocija, etc.; en otras palabras, que la vida, el movimiento y la actividad de una persona son propiamente suyas.

e. Sí el hombre puede resistir la gracia divina y así impedir su salvación, Mat. 23:37, Por ende, puede también coadyuvar la gracia divina y así hacer posible su salvación. Expresado más brevemente el argumento reza: Si el hombre puede condenarse a sí mismo, por lógica también puede salvarse a sí mismo. A este argumento replicamos que la conclusión es falsa. Pues si bien la Escritura atribuye al hombre el poder de destruirse a sí mismo, Oseas 13:9; Hech. 7:51, le niega categóricamente el poder de salvarse a sí mismo, 1 Cor. 2:14; Rom. 8:7; Filip.2:13. Por consiguiente de la declaración: "No quisiste" no debemos deducir la declaración opuesta: "Quisiste". Lo que es verdad en el reino de la gracia es verdad también en el reino de la naturaleza. El hombre al suicidarse puede destruir su vida, pero no es capaz de restablecer la vida que así ha destruido. Asimismo, en el reino de la conversión, no hay capacidad de volición que corresponda a la capacidad de nolición por parte del hombre.

f. Si el hombre es incapaz de cooperar en su conversión, la conversión no es, pues, un proceso "moral". Para responder a este argumento como es debido, cabe recordar ante todo que la expresión "moral" es ambigua. Admitimos que la conversión es un acto "moral", por cuanto en la conversión Dios no trata con el hombre como con una criatura inanimada (un pedazo de madera o una piedra); sino, antes bien, como con un ente moral dotado de razón y voluntad. Entendida de este modo la conversión, por cierto, puede ser llamada un proceso moral; pues en la conversión el Espíritu Santo ilumina el intelecto, cambia la voluntad y santifica el corazón. Sin embargo, la conversión no es un "proceso moral", en el sentido sinergista de que el hombre en su conversión coopera con la gracia divina para obtener su regeneración; pues la Escritura niega por un lado que el hombre tenga poder alguno para convertirse a sí mismo, 1 Cor. 2:14; Juan 6:44; Efe. 2:15, y por otro lado, declara positivamente que Dios es la causa única de la conversión del hombre, Efe. 1:19-20; 2:10; 2 Cor. 4:6; Juan 1:12-13. Por esta razón la Fórmula de Concordia afirma con acierto (Decl. Sól., II 87): "La conversión de nuestra voluntad corrupta, que no es sino la resurrección de su muerte espiritual, es única y exclusivamente la obra de Dios, así como la resurrección de la carne en el postrer día hay que atribuirla a Dios solo".

g. La conversión es un proceso "libre" en el hombre (El hombre se convierte libremente). A este argumento replicamos que si el término "libre" se usa para señalar lo contrario de coerción, su aplicación a la conversión es justificable, porque la conversión es aquel acto de Dios, por el cual la nolición del hombre es cambiada en volición. (Ex nolentlbus gratian; volentes gratiam facit) Pero no puede aplicarse a la conversión del término "libre" en el sentido sinergista; pues los que así lo hacen, dan a entender que el hombre antes de la conversión es "neutral", de manera que él puede decidirse por la gracia o en contra de ella (ut posse velle aut non). En la relación del hombre respecto a Dios no existe neutralidad alguna; pues el hombre, o es por Cristo o es contra Él, Mat. 12:30; Luc. 9:50. Lutero escribe; "Aqui no existe camino medio; o estamos en la cautividad del tirano Satanás, o enstamos bajo el Redentor Cristo en el cielo... Por consiguiente, todo hombre necesariamente tiene que ocupar una de estas dos posiciones: Amigo de Cristo y enemigo del diablo, o amigo del diablo y enemigo de Cristo" (St.L., VII, 172).

h. El hombre puede cooperar en su conversión puesto que es capaz de obrar la justicia civil (iustitia civilis probitas naturalis). En respuesta a este argumento decimos que si bien el hombre natural es por cierto capaz de obrar la justicia civil, de sí mismo es incapaz de obrar la justicia espiritual. Cierto es que externamente puede abstenerse de cometer pecados graves, pero internamente no puede en realidad amar a Dios ni guardar sus mandamientos en forma debida, ya que a pesar de toda su justicia externa, el hombre natural no cree el Evangelio de Cristo sino más bien lo odia y lo resiste, 1 Cor. 2:14. Los fariseos se gloriaban de su justicia civil; no obstante, Cristo los juzgó de este modo: "Los publícanos y las rameras van delante de vosotros al reino de Dios", Mat. 21:31. A pesar de su "justicia civil, los príncipes de este siglo crucificaron al Señor de gloria", 1 Cor. 2:8. El Cristo crucificado es tropezadero aun para los "mejores" judíos, y es locura, insensatez y tontería, para los "mejores" gentiles, 1 Cor. 1:23, hasta que son converidos.

i. El hombre es capaz de cooperar en su conversión puesto que puede usar los medios de gracia externamente, esto es, asistir a los cultos divinos, leer la Biblia etc. No cabe la menor duda de que el hombre natural puede usar los medios de gracia externamente. Esto lo afirma también la Fórmula de Concordia cuando declara (Decl. Sól., II 53): "Esta Palabra el hombre la puede oír y leer externamente, aunque todavía no haya sido regenerado y convertido a Dios; pues en estas cosas externas, como queda dicho, el hombre aún después de la Caída, tiene hasta cierto punto un libre albedrío, de manera que puede ir a la iglesia y oir el sermón o dejar de oírlo". Sin embargo, este uso externo de los medios de gracia no presupone habilidad alguna por parte de los hombres para arrepentirse de sus pecados y creer en Cristo; pues aun mientras leen u oyen la Palabra, "el velo está puesto sobre el corazón de ellos", 2 Cor. 3:15 y ese velo es "quitado por Cristo" v. 14, esto es mediante la fe en Cristo, obrada por el Espíritu Santo vv.16-18.

j. Si Dios solo, obra la conversión en el hombre, es falso afirmar que Él desea realmente la salvación de todos los hombres, ya que en realidad no convierte a todos. A esto replicamos que la Sagrada Escritura enseña tanto la sola gracia como la gracia universal; esto es. Dios solo, convierte y salva a los pecadores, y Él desea ardientemente salvar a todos los pecadores. Por ende, ambas doctrinas deben ser enseñadas una al lado de la otra, sin que ninguna sea sometida a modificación o restricción alguna. Por supuesto que cuando se hace esto, el teólogo se ve ante el delicado problema insoluble para la razón humana: "¿Por qué, pues, no se salvan todos?" (Cur alii, alii non? Cur alii prae aliis?) El calvinismo resuelve el misterio negando la gracia universal; el sinergismo negando la sola gracia; en cambio, el teólogo leal a la Escritura no trata en modo alguno de resolver el misterio, así como tampoco trata de resolver los misterios encerrados en las doctrinas de la Santísima Trinidad, la unión personal, la presencia real, etc. Naturalmente la razón arguye de este modo: Puesto que todos los hombres se hallan en el mismo estado de culpabilidad (in eadem culpa), y siendo así que el pecador sólo se salva por la gracia de Dios (la sola gracia) quien tiene el sincero deseo de salvar a todos los hombres (la gracia universal), hay que inferir que realmente todos los hombres se convierten. El verdadero teólogo no extrae empero su fe de principios racionales (principium cognoscendi); se sujeta a la Escritura como a la única fuente y regla de la fe, y al hacerlo, no trata de explicar este problema teológico (crux theologorum).

La Escritura afirma por cierto que Dios es la Causa única de la conversión y salvación del hombre, Filip. 2:13; Efe. 1:19-20, y por otro lado, también afirma que el no regenerado se pierde únicamente por su propia culpa Mat. 23:37; hech. 7:51; Oseas 13:9. Pero no explica por qué de dos pecadores que se hallan en la misma culpa (David, Saúl; Pedro, Judas) el uno se salva y el otro no. Por esta razón rechazamos la argumentación de Melanchton: "Puesto que la promesa es universal y no existen voluntades contradictorias en Dios, se infiere necesariamente, que hay en nosotros cierta causa distintiva (*aliqua discriminis causa*) que explica por qué Saúl fue rechazado y David aceptado; esto es, existe en estos dos cierta acción desemejante (*aliqua actio dissimilis*)". Esta explicación sinergista satisface por cierto a la razón humana pues explica por qué algunos se salvan y otros no; pero niega la sola gracia y así repudia la doctrina central de la Escritura.

La *Fórmula de Concordia* señala claramente la posición correcta del teólogo cristiano frente al misterio de la elección y la conversión. Dice esta Confesión (Decl. Sól., XI 54-58): "Ya antes de la fundación del mundo Dios previó con toda exactitud y certeza - y también ahora lo sabe - quiénes de los que son llamados han de creer y quiénes no... Sin embargo, esto es un misterio que Dios ha reservado a su sabiduría. En su Palabra no nos ha revelado nada respecto a este misterio, y mucho menos nos ha mandado que lo investiguemos con nuestros pensamientos, sino que positivamente nos advierte que desistamos de investigarlo, Rom. 11:33 y sig. Por eso no debemos razonar en nuestros pensamientos, fraguar conclusiones, ni inquirir curiosamente estos asuntos, sino adherirnos a su Palabra revelada a la cual nos dirige... Igual conducta debemos observar cuando vemos... que uno es endurecido, cegado y entregado a una mente réproba, mientras otro, que por cierto se halla en la misma culpa, es convertido, etc. — En éstas y otras preguntas similares Pablo (Rom. 11:22 y sig.) nos fija cierto límite al cual nos es lícito llegar, es decir, nos exhorta a considerar el triste fin de los impíos como el justo juicio de Dios y el castigo por los pecados. Pues si un país o pueblo que despreció la Palabra divina es castigado por Dios, de tal modo que las consecuencias se hacen sentir en lejanas generaciones (como por ejemplo en el caso de los judíos), ello no es sino una bien merecida pena por los pecados", etc.

## 13. EL CARÁCTER PERNICIOSO DEL SINERGISMO

Tanto los sinergistas manifiestos (Melanchton: "La voluntad condescendiente del hombre es una causa eficiente de su conversión") como los sinergistas sutiles (Latermann, el protestantismo evangélico moderno en general: "La voluntad del hombre es capaz de decidirse por la salvación mediante nuevas facultades concedidas por Dios"), pretenden enseñar la salvación por la gracia; pero en realidad niegan la doctrina bíblica de la salvación por la gracia y enseñan la salvación por la justicia de las obras. A la postre, tanto los sinergistas manifiestos como los sutiles, atribuyen la salvación del hombre en parte a su buena conducta, su decisión por Cristo, su determinación propia, su cesación en la resistencia maliciosa, etc. Por consiguiente, el sinergismo no reconoce la doctrina de la gracia en el mismo sentido en que la enseña la Escritura. Al contrario, representa un retroceso a la enseñanza del semipelagianismo de la iglesia Romana, que Lutero y los demás reformadores condenaron tan incesante e incansablemente. (Cf. las palabras de Lutero dirigidas a Erasmo en respuesta a su *Diatriba:* "Tú y sólo tú has visto el corazón del asunto y me has agarrado por el cuello"). La *Apología* dice (Art. III, 144): "Las obras de la Ley saltan a la vista. La razón humana naturalmente las admira, y como sólo se fija en las obras y no entiende o considera la fe, se imagina que estas obras merecen la remisión de los pecados y justifican. Esta opinión de la Ley es inherente por naturaleza en la mente del hombre, y no se puede expeler a menos que seamos enseñados por Dios".

Ahora bien, como el sinergismo niega que la gracia divina (la sola gracia) proceda únicamente de Dios, en realidad hace que la salvación del pecador sea imposible, ya que el hombre es salvo solamente por la gracia mediante la fe sin las obras de la Ley, Rom. 3:24-28; Efe. 2:8-9. Aún más, todos los que han sido convertidos y se han hecho hijos de Dios confiando únicamente en Cristo (la fe sola), caerán de la gracia y perderán la fe salvadora, si aceptan el error pernicioso del sinergismo, Gál. 5:3-4, 9, 11-12.

Finalmente, el sinergismo sumerge a sus secuaces en un mar de contradicciones y crea interminable confusión doctrinal entre todos aquellos que insisten en defenderlo, pues aun cuando el sinergismo sostiene que el hombre puede cooperar en su conversión, esto es, que sus propios esfuerzos son necesarios para la regeneración y salvación, se ve obligado, por otro lado, a recalcar la gracia como la única esperanza del pecador. El sinergismo es, pues, una afirmación y al mismo tiempo una negación, una mezcla de la gracia y la naturaleza, que si es sostenido, consecuentemente, destruye "la verdad cristiana central de la justificación por la sola gracia, y con ella, la seguridad de que tenemos un Dios de amor y poseemos la salvación eterna — el supremo postulado religioso de Lutero y toda la teología luterana". (Cf. la Introducción Histórica a la Controversia Sinergista por el Dr. F. Bente, *Concordia Triglotta,* p. 124 y sig.).

El sinergismo extrae su doctrina "no de ninguna de las claras declaraciones de la Biblia, sino de un proceso de razonamiento antibíblico y falaz" *(ibid);* y lo que lo hace más peligroso y pernicioso aún, es el hecho de que "reduce la cooperación del hombre a un mínimo, aparentemente inocente, y se viste de frases ambiguas y de fórmulas al parecer piadosas y plausibles" *(ibid).* Razona de este modo: "Puesto que todos los que no son convertidos o finalmente salvos, tienen que culpar, no a Dios, sino a sí mismos por haber rechazado la gracia, también aquellos que se convierten, tienen que ser acreedores por lo menos a una pequeña porción en la obra de su salvación, es decir, a una mejor conducta hacia la gracia que la de aquellos que se pierden". *(Ibid).* Esto empero en su efecto final, destruye todo el Evangelio de la gracia gratuita. Fue por esta razón que Lutero y todos los luteranos confesionales enseñaron con tanto énfasis, que Dios solo, es la Causa de la conversión. "El restablecimiento de esta maravillosa verdad enseñada por San Pablo, hizo a Lutero el gran Reformador de la Iglesia". *(Ibid).*

También en su forma sutil moderna, el sinergismo enseña que la conversión es el producto, al menos en parte, de las facultades *naturales* del hombre; pues es el pecador no convertido el que tiene que usar debidamente las nuevas facultades concedidas por la gracia, decidirse en favor de la conversión, cesar en su resistencia voluntaria y cosas similares. En su forma muy sutil, el sinergismo hace que la conversión dependa de la cesación en la resistencia voluntaria en cierto momento, o bajo cierta condición laborable, y de la buena actitud o conducta subsiguiente del hombre natural.

La teoría de que el Espíritu Santo quita la resistencia *natural* del hombre, pero que el pecador mismo tiene que suprimir toda resistencia *voluntaria*, no es otra cosa que puro pelagianismo; pues atribuye facultadades espirituales al no convertido. Bien es verdad que también algunos dogmáticos como Gerhard, Quenstedt, Calov etc., usaron la expresión antibíblica de que la elección se produjo en vista de la fe *(intuitu fidei),* pero repudiaron el concepto sinergista que según la lógica encierra esta frase, y enseñaron que la falta de resistencia no es en modo alguno la obra del hombre, sino antes bien, la obra de Dios, ya que el hombre no hace otra cosa que resistir la obra divina. (Cf. La *Conversión y la Elección* por el Dr. Pieper; Apuntes Dogmáticos por el Dr. Engelder).

### 14. LOS SINÓNIMOS DE LA CONVERSIÓN

Para que el camino de la salvación *(ordo salutis),* expuesto tan clara y simplemente en la Palabra de Dios, pueda ser presentado en su pureza y verdad bíblica, el teólogo debe comprender en todos sus pormenores la relación que existe entre la conversión y los siguientes términos: Regeneración, vivificación, renovación, iluminación, llamamiento, arrepentimiento, etc., todos los cuales, son términos que la Escritura emplea para describir ese acto de la gracia divina, por el cual el pecador es librado de la potestad de las tinieblas y trasladado al reino de Cristo, Col. 1:13. En realidad todos estos términos en su sentido estricto, son sinónimos de la conversión, de manera que la distinción entre ellos y la conversión, es solamente nominal o verbal, y no real. La diferencia que representan, radica únicamente en el punto de vista desde el cual describen la manera como el pecador vuelve a Dios.

a. La regeneración. La regeneración en su sentido estricto describe el nuevo nacimiento, Juan 3:5-6, por el que pasa el pecador en su conversión, o la adquisición de una nueva vida espiritual mediante la fe en Cristo. Según la Escritura, todo aquel que cree que Jesús es el Cristo es engendrado de Dios, 1 Juan 5:1. Por lo tanto, aplicado propiamente el término regeneración es sinónimo de conversión, Hech. 11:21. Podemos decir pues, que el pecador que ha sido convertido ha sido también regenerado y viceversa, ya que los dos términos designan un mismo acto del Espíritu Santo, Juan 1:12-13. Lutero escribe: "Todo el que cree en Cristo ... nace otra vez o nace de nuevo". (St. L., VII, 1862).

El medio que Dios usa para efectuar la regeneración es la Palabra de Dios, en particular el Evangelio de Cristo, 1 Ped. 1:23, así como también el Bautismo, Tito 3:5, ya que el Bautismo es el agua "comprendida en el mandato divino y ligada con la palabra de Dios" esto es, con la misericordiosa promesa divina de la remisión de los pecados, Hech. 2:38.

b. La vivificación o la renovación. Ambos términos designan el traslado del pecador del estado de la muerte espiritual al estado de la vida espiritual, Efe. 2:1-9, mediante la fe en Cristo Jesús, Col. 2:11-13. Por lo tanto, también estos dos términos son sinónimos de la conversión. La Fórmula de Concordia afirma (Decl. Sól., II, 87): "La conversión de nuestra voluntad corrupta, no es otra cosa que el resucitarla de la muerte espiritual".

Tanto los sinergistas como los pietistas, han empleado el término en un sentido antibíblico, para denotar cierto estado o condición en que el pecador, por cierto, es despertado para que sienta su culpa y desee la salvación por medio de Cristo, pero no se ha convertido aún, porque no se ha decidido a aceptar la gracia divina (el estado medio). Sin embargo, la Escritura afirma que todos los que en verdad han sido despertados (vivificados, resucitados) ya están convertidos Efe. 2:5-8.

Cierto es que el término *despertado,* puede usarse correctamente en el sentido de que el pecador ha sido alarmado por la Ley, aunque todavía no ha sido llevado a la fe en Cristo por medio del Evangelio. En ese sentido, se puede decir que fueron despertados Félix, Hech. 24:25 y el carcelero de Filipos, Hech. 16:30. Si se usa en este sentido, el "despertamiento" del pecador pertenece a los actos preparatorios de la conversión (*actus praeparatorii*) o a la gracia asistente de Dios (*gratia assistens*) que acciona sobre el pecador extrínsecamente (*extrinsecus*), según han dicho nuestros dogmáticos.

El gran error que cometieron los sinergistas y los pietistas, consistía en que aplicaron el término *despertados*, a aquellos que no sólo estaban aterrados por la Ley divina sino que también poseían ya "los primeros comienzos de la fe" (*prima initia fidei*) en otras palabras, a los que ya habían sido convertidos. Los *despertados*, según ellos, ni eran convertidos ni no convertidos. Tal estado medio sinergista no lo reconoce empero la Escritura como ya hemos dicho. Al contrario, según la Escritura todo pecador que tiene "los pnmeros comienzos de la fe" (*scintillula fidei*) ha sido verdaderamente convertido. Tal es también la enseñanza de la *Fórmula de Concordia* (Decl. Sól., II 14).

c. La iluminación. Este término designa la transición del hombre de su estado natural de tinieblas espirituales a un nuevo estado de luz espiritual, Efe. 5:8. La iluminación en su sentido estricto es por lo tanto sinónimo de la conversión; pues ella consiste esencialmente en el misericordioso acto de Dios, por el cual Él abre los ojos de los que se hallan espiritualmente ciegos, los lleva de las tinieblas a la luz y de la potestad de Satanás a Dios, para que reciban remisión de pecados y herencia mediante la fe, Hech. 26:18. Tanto la luminación como la conversión se efectúan mediante la fe en el Evangelio de Cristo; ambas tienen el mismo estado desde el cual proceden (terminus a quo), a saber, las tinieblas y la misma meta hasta la cual llegan (terminus ad quem), a saber, la fe. Esto lo comprueban las palabras de Cristo: "Yo, la luz, he venido al mundo; para que todo aquel que cree en mí no permanezca en tinieblas", Juan 12:46. Por consiguiente, en tanto que una persona es incrédula no ha sido iluminada. Con respecto a este punto los pietistas tenían razón al oponerse a sus adversarios ortodoxos, que atribuían aun a los ministros incrédulos cierta iluminación, o más bien, cierta "aluminación" (alluminatio); pues la iluminación puede atribuirse sólo a los verdaderos creyentes en Cristo.

d. El llamamiento. En la Escritura el término llamamiento denota a veces simplemente la promulgación del Evangelio, o el extender a los pecadores la invitación divina de la salvación. En este sentido, son llamados todos aquellos que oyen o leen el misericordioso mensaje del Evangelio, Mat. 20:16; 22:14. Sin embargo, en la mayor parte de los pasajes bíblicos, la palabra designa, no simplemente la misericoriosa oferta de la salvación madiante el Evangelio, sino el llamamiento eficaz extendido a los pecadores para que reciban vida espiritual, o el traslado real de los pecadores del reino de Satanás al reino de Cristo. En este sentido el término llamamiento es sinónimo de la conversión. Los llamados (kletoi) son los convertidos, es decir los verdaderos creyentes que mediante la fe se han apropiado las misericordiosas promesas del Evangelio, Rom. 15-6; 8:30; 1 Cor. 1:2, 26; 2 Tim. 1:9, etc.

e. El arrepentimiento. El término arrepentimiento (metanoia) se usa tanto en un sentido limitado como en un sentido más amplio. La Fórmula de Concordia (Decl. Sól., V, 7-8), dice acerca de este término lo siguiente: "El término arrepentimiento no se emplea en las Sagradas Escrituras en un solo sentido. Pues en algunos pasajes de la Sagrada Escritura denota toda la conversión del hombre, Luc. 13:5; 15:7. Pero en este pasaje, Mar. 1:15, como también en otros donde se mencionan como dos cosas distintas el arrepentimiento y la fe en Cristo, Hech.20:21, o el arrepentirse y la remisión de los pecados, Luc. 24:46-47, arrepentirse no quiere decir otra cosa que reconocer verdaderamente los pecados, sentirlos sinceramente en el corazón y desistir de ellos" (esto es desistir de los motivos externos que inducen al temor y al castigo; cf. el caso de Judas).

El término arrepentimiento denota pues: a) la contrición o el conocimiento del pecado obrado por la Ley (los terrores de la conciencia); éste es el significado de la palabra, en todos aquellos pasajes en que el arrepentimiento se distingue de la remisión de los pecados, Luc. 24:47; b) la contrición y la fe o toda la conversión del hombre, Luc. 13:5. En el último sentido, el término *arrepentimiento* es sinónimo de la conversión.

Baier escribe sobre esta distinción (III, 310): "Aunque el arrepentimiento se usa a veces en un sentido más estricto para designar aquella parte de la conversión que se llama contrición, se usa con frecuencia para designar toda la conversión". En términos similares describe el arrepentimiento la *Confesión de Augsburgo,* cuando dice (Art. XII): "El arrepentimiento propiamente dicho consta de estas dos partes: Una es la contrición o los terrores que atormentan la conciencia una vez conocido el pecado; la otra es la fe, la cual nace del Evangelio o de la absolución, y cree que los pecados son perdonados por los méritos de Cristo, consuela la conciencia y la liberta de los terrores".

La *Confesión de Augsburgo* añade con razón, que las buenas obras que imprescindiblemente deben seguir al arrepentimiento, son *frutos* del arrepentimiento.

Esta importante verdad hay que sostenerla contra el error de los romanistas, los cuales afirman que el arrepentimiento consta de la contrición, la confesión y la satisfacción (*contritio cordis confessio oris satisfactio operis).* El error papista, de que la satisfacción que el hombre hace con las obras por todas las transgresiones constituye una parte esencial del arrepentimiento, es una negación total de la doctrina bíblica acerca del arrepentimiento, Marc. 1:15, puesto que basa el perdón de los pecados en las buenas obras del pecador penitente. Según la enseñanza papista, hay que considerar como un acto meritorio por parte del pecador, no sólo la confesión y la satisfacción, sino también la contrición. Por consiguiente, el arrepentimiento según la doctrina de la Iglesia Católica Romana es del todo una obra del hombre.

Esto explica el motivo por que Lutero atacó tan vigorosamente el concepto papista del arrepentimiento, insistiendo a base de la Escritura, en que el arrepentimiento a la verdad siempre produce buenas obras, pero no es jamás el fundamento sobre el cual descansa el perdón de los pecados. Cf. la *Apología* Art. XII, (V), 16 y sig.: "Pues los siguientes dogmas son extraños, no sólo a la Sagrada Escritura, sino también a los Padres de la Iglesia: 1. que según el pacto divino merecemos la gracia a causa de las buenas obras, aun si las hiciéramos fuera de la gracia; 2. que por la atrición merecemos la gracia; 3. que para borrar el pecado ya es suficiente detestar el crimen cometido; 4. que debido a la contrición, y no mediante la fe en Cristo, obtenemos la remisión de los pecados", etc.

El concepto romanista de la contrición con su énfasis sobre las buenas obras del penitente, hace imposible, no sólo la verdadera fe en Cristo o la confianza en sus méritos, sino también la verdadera contrición (*contritio passiva*), o los terrores de la conciencia que Dios obra en el hombre mediante la Ley. A todo pecador que se "arrepiente", según la exigencia de la justicia por las obras enseñada en la Iglesia Romana, se le hace imposible creer en Cristo y ser salvo, Gál. 5:4.

# LA JUSTIFICACIÓN POR LA FE

## 1. LA DEFINICIÓN DE LA JUSTIFICACIÓN

En el instante en que el pecador contrito acepta por la fe la gracia divina ofrecida en el Evangelio, o en el instante en que deposita su confianza en la satisfacción vicaria de Cristo — en ese mismo momento, el tal pecador es justificado o declarado justo delante de Dios, Rom 3:23-24. Esto es lo que se llama *la justificación subjetiva,* Rom. 4:6, o la aplicación personal mediante la fe, de los méritos que Cristo ha obtenido para todo el mundo por su expiación vicaria (la *justificación objetiva*), 2 Cor. 5:19 y sig.

Con admirable sencillez la Sagrada Escritura describe el acto de la justificación: a) negativamente, como el "perdonar iniquidades" o el "cubrir pecados" o el "no imputar pecados", Rom. 4:6-8 y b) positivamente, como el "contar la fe por justicia", Rom. 4:5; Gál. 3:6; Rom. 4:3. La justificación subjetiva se puede definir por lo tanto, como el acto por el cual Dios liberta al hombre la culpa y pena del pecado, y le atribuye el mérito de Cristo. Baier define la justificación como "el acto por el cual el *pecador,* que es *responsable* de su culpa, y está sujeto al castigo (*reus culpae et poenae*) pero que cree en Cristo, es declarado justo por Dios el Juez" (*Doctr. Theol.* p. 424).

Por la justificación subjetiva no entendemos, pues, "una condición moral existente en el hombre o un cambio moral qua él experimenta, sino solamente un veredicto divino que modifica la relación entre el pecador y Dios" (*Ibid*). Muy oportuna es también la definición de Hollaz: "La justificación es un acto judicial y al mismo tiempo misericordioso, por el cual Dios, reconciliado por la satisfacción de Cristo, absuelve de sus delitos al pecador que cree en Cristo, y lo considera y declara justo". (*Doctr. Theol.,* p. 423).

Al definir la justificación por la fe, debemos tener en cuenta que la justificación sin las obras se basa en la justificación de todo el mundo obtenida por la satisfacción vicaria de Cristo, y ofrecida a todos los hombres en el Evangelio, Hech. 10:43. Gracias a la justificación objetiva (la reconciliación), la justificación subjetiva se efectúa "gratuitamente", Rom. 3:24, no siendo necesaria ninguna obra por parte del hombre para completar la justificación obrada por Cristo. Si se niega la satisfacción vicaria de Cristo, tampoco se deja lugar para la justificación por la fe. Por otro lado, la redención perfecta obrada por Cristo, no deja lugar para la enseñanza papista de la justificación por las obras. El Evangelio contiene perdón completo para cada pecador, y tan pronto como el pecador acepta el perdón mediante la fe, es justificado subjetivamente.

Todos los que niegan que los medios de gracia otorgan el perdón de los pecados (los iluminados, los calvinistas, algunos teólogos luteranos modernos) y que establecen como objeto de la fe, no la obra redentora sino la "persona de Cristo", o su "realidad histórica", enseñan que la justificación se obtiene por medio de las obras y no por la fe, es decir, que se obtiene mediante alguna cualidad en el hombre o mediante la gracia infusa. Cuando se dice empero que "la fe es contada por justicia", Rom. 4:5, ello quiere decir que la fe justifica no por la excelencia de su virtud, sino *debido al objeto de que se ase,* a saber, la promesa del Evangelio.

No es bíblico decir que solamente Cristo, o solamente el mérito de Cristo debe considerarse como objeto de la fe que justifica, haciendo caso omiso de la justificación objetiva. - Sólo la promesa directa del Evangelio puede darnos la seguridad perfecta del perdón de nuestros pecados. Toda justificación que ponga a las obras por fundamento, no puede menos que producir duda en el corazón del pecador (Cf. Rom. 4:16). La "teología de la duda" (*tmonstrum incertitudinis*) de la teología papista, es un concomitante necesario de la teología de la justicia por las obras (Cf. Concilio de Trento Ses. 6, Can. 13).

La secta católica romana es el enemigo más grande de la Iglesia Cristiana; pues todos los cristianos viven, se mueven y son en la doctrina de la justificación por la fe. Pero el papado no permite que sus adherentes acepten y crean esta doctrina. Al contrario, vitupera y maldice la doctrina bíblica de la justificación por la fe (cf. Concilio de Trento Ses. 6, Cánones 9,11-12,20) y enseña a sus secuaces a buscar la salvación por medio de las obras. La Iglesia de Roma ha matado físicamente a miles de personas porque se adhirieron a la doctrina de la justificación por la fe, y ha matado, y está matando espiritualmente, a millones al enseñarles que confíen en la justificación por las obras.

Duele decirlo, pero la Iglesia Católica Romana tiene razón al aseverar que la mayoría de los maestros protestantes modernos, son adictos a la doctrina católica romana de la justificación por las obras. Pues la mayor parte de los protestantes niegan la satisfacción vicaria, y enseñan la salvación mediante la "moralidad", o mediante un "acto ético", o; mediante la fe como un "acto o fuerza moral". No obstante, la doctrina de la justificación por la fe sin las obras, ha sido creída y será creída por todos los verdaderos miembros de la Iglesia Cristiana hasta el fin de los siglos, Rom. 1:16-17; 3:21-22; 4:3; Apoc. 7:14. (Cf. *Apuntes Dogmáticos* por el Dr. Engelder).

## 2. LA JUSTIFICACIÓN VIENE POR LA FE SOLA

Según la clara enseñanza de la Sagrada Escritura, el creyente es justificado sólo por la fe (*sola fide*) sin las obras de la Ley, Rom. 3:28; 4:5; Filip. 3:9. Esta verdad la afirma la Escritura: a) en forma positiva, atribuyendo la justificación directamente a la fe, Rom. 3:21-24, y b) en forma negativa, excluyendo de la justificación toda obra del hombre como causa meritoria, Rom. 3:27. La Escritura, por cierto, declara expresamente que todos los que quieren ser justificados por las obras de la Ley están bajo maldición, Gál. 3:10, e ilustra este hecho por medio de ejemplos que no dejan la menor duda, en cuanto a la necesidad de excluir las obras de la justificación, Rom. 4:1-3; Luc. 18:9-14.

Según la Escritura, el empeño por parte del hombre de obtener la justificación por medio de sus propios esfuerzos, es un celo que no es según ciencia, Rom. 10:2, y el insistir en que las buenas obras son necesarias para la salvación es una doctrina de la carne, Gál. 3:2-3. Por otro lado, la doctrina de que los pecadores son justificados delante de Dios sólo por la fe sin las obras, Gál. 1:8; 5:4-5, es la que caracteriza a la religión cristiana, la religión de Dios. Tenemos que excluir pues, del acto de la justificación no sólo: a) todas las buenas obras que Dios hace surgir en los hombres en su Reino de Poder (*iustitia civilis*), Rom. 2:14-15, sino también b) todas las obras espiritualmente buenas que proceden de la fe, Rom. 4:2-3; pues expresiones tales como "sin la Ley" "sin obras", "no por obras" etc., Rom. 3:28; 4:5; Efe. 2:8-9, excluyen del acto de la justificación todas las obras humanas.

La *Fórmula de Concordia* dice (Decl. Sól., III, 9): "En lo qua respecta a la justicia de la fe que vale delante de Dios creemos ... que el pobre hombre pecador es justificado delante de Dios, esto es, *absuelto y declarado libre y exento de todos sus pecados*, y de la bien merecida sentencia de la condenación ... sin mingún mérito o dignidad alguna de nuestra parte, y *sin ningunas obras precedentes presentes o subsiguientes*, de pura gracia, sólo por causa del único mérito, completa obediencia,amarga Pasión y muerte y resurrección, de nuestro Señor Jesucristo, cuya obediencia se nos cuenta a nosotros por justicia".

Además, según lo demuestra la *Fórmula de Concordia*, la Sagrada Escritura señala también las razones por que hay que excluir las obras humanas de la justificación, a saber: a) porque Dios quiere evidenciar la gloria de su gracia en la salvación gratuita del mundo pecador, Efe. 2:9; 1:6-7 y b) porque Él, en su gracia infinita, se ha propuesto proveer a la humanidad perdida, de una salvación de la cual el pecador puede estar absolutamente seguro y cierto, ya que ella se basa en la misericordiosa promesa divina, Rom. 4:16.

Al enseñar que la justificación viene por la fe, sin las obras de la Ley, la Sagrada Escritura rechaza los siguientes errores papistas: a) qué la justificación se basa en la gracia infusa o en alguna buena cualidad en el hombre; b) que la justificación es un acto médico por el cual el pecador es hecho justo mediante la santificación; c) que existen grados en la justificación, de manera que habría creyentes más justificados que otros; y d) que el creyente no puede estar seguro de su salvación.

Por su doctrina de que el pecador es justificado sólo por la fe, la Escritura afirma positivamente: a) que la justificación se basa en la misericordiosa disposición de Dios, originada por los méritos de Jesucristo (*gratuitus Dei favor propter Christum*) o en la gracia divina, que se halla fuera del hombre "en el corazón mismo de Dios", aunque revelada y ofrecida al hombre en el Evangelio (*Media gratiae instrumenta iustificationis sunt);* b) que la justificación es un acto forense por el cual Dios declara justo al pecador que cree en Cristo; c) que la justificación no tiene grados sino que es instantánea y completa, siendo justificado el creyente tan pronto como confía en Cristo para recibir su justicia; d) que la fe justifica no como una virtud o buena cualidad en el hombre, sino únicamente como el instrumento o el medio por el cual, el creyente se ase de la justicia perfecta del Salvador divino y humano; y e) que el creyente puede estar seguro de su salvación, porque la salvación no radica en dignidad alguna de su parte, sino en los méritos de Cristo imputados al creyente.

La doctrina de la justificación, que los reformadores expusieron en el Art. IV de la *Confesión de Augsburgo,* es por lo tanto, verdaderamente bíblica. Ella reza: "Los hombres no pueden ser justificados delante de Dios por su propio poder mérito u obras, sino que son justificados gratuitamente por causa de Cristo mediante la fe; es decir, son justificados si creen que son recibidos en la gracia, y que sus pecados son perdonados por causa de Cristo, quien por su muerte hizo satisfacción por nuestros pecados. Esta fe, Dios la cuenta por justicia delante de sí mismo. Rom. 3 y 4". Al pronunciar su anatema sobre esta doctrina tan consoladora de la Escritura, la Iglesia Romana ha demostrado que se opone a lo que Cristo mismo enseña.

La doctrina de la justificación por la fe sin las obras de la Ley, presupone como condiciones previas imprescindibles: a) la justificación objetiva o la doctrina de que Dios desea fervorosamente la salvación de todos los hombres; b) la gracia universal, o la doctrina de que Dios desea encarecidamente la salvación de todos los seres humanos; c) la salvación por la gracia únicamente, o la doctrina de que el pecador es salvo sin ningunas obras humanas precedentes, presentes o subsiguientes; d) los medios de gracia, o la doctrina de que la Palabra de Dios y los Sacramentos son los medios por los cuales Dios, en su misericordia, ofrece y comunica a los hombres el perdón de los pecados y la justicia que Cristo obtuvo mediante su muerte.

Todos los que niegan estas doctrinas (los romanistas, los calvinistas, los sinergistas), no pueden enseñar correctamente la doctrina bíblica de la justificación por la fe, pues el rechazamiento de estas enseñanzas conduce inevitablemente a la enseñanza de la justicia por las obras.

### 3. LA DOCTRINA DE LA JUSTIFICACIÓN - LA DOCTRINA CENTRAL DE LA RELIGIÓN CRISTIANA

No se necesitan muchas pruebas para demostrar que artículo de la justificaclón por la fe, es la doctrina central (*articulus fundamentalissimus artículus stantis et cadentis ecclesiae*) de toda la religión cristiana; pues es la enseñanza preeminente de las Sagradas Escrituras, en la cual convergen todas las excelsas verdades del Evangelio. Lo que la Palabra de Dios nos dice acerca de la encarnación de Cristo, su sufrimiento, muerte, resurrección, etc., es sólo el fundamento de esta suprema doctrina; pues Cristo encarnó, sufrió, murió, resucitó, etc., para que los pecadores que no podían ser salvos por sus propios esfuerzos pudiesen ser justificados por la gracia, mediante la fe en la expiación vicaria de Cristo. Por consiguiente, todos los que niegan la doctrina bíblica de la justificación por la fe niegan también toda la religión cristiana; pues se ven obligados a enseñar el camino pagano de la salvación por las obras, el cual da en tierra con el Evangelio de Cristo.

Es por esta razón que la Escritura insiste con tanta tenacidad, en que se promulgue clara y puramente la salvación por la fe en Cristo, Juan 3:16; Rom. 3:23-28; 1 Cor. 2:2 y sig.; Gál. 2:21; 5:4; Efe. 2:8-9; Filip. 3:8-9: Gál. 1:8-9; 3:1-3; 5:4; etc. Toda polémica de la Escritura culmina en refutar cualquier doctrina que pervierta el artículo de la justificación mediante la fe en Cristo, Juan 8:24; Hech. 10:42-43; Gál. 1:6-10; Filip. 3:2-9 etc. Las advertencias y exhortaciones de la Escritura, tienen el objeto común de instar al creyente a que permanezca firme en la fe de nuestro Señor Jesucristo, 2 Tim. 3:8; Tito 2:1-15; Heb. 4:14-16; 1 Ped. 4:1-5; 1 Juan 5:10 y sig. etc. Todas las doctrinas de la Biblia enfocan de una u otra manera la doctrina de la justificación; bien como antecedentes a ella (*articuli antecedentes*), Luc. 24:25-27, bien como consecuentes (*articuli consequentes*),

Apoc. 5:9-14. La justificación por la fe es el tema supremo del Antiguo Testamento, Isa. 53:4-6 y del Nuevo Testamento, 2 Cor. 5:19-21.

En resumen, la doctrina de la justificación por la fe en el Cristo crucificado y resucitado es todo el Evangelio. Dondequlera que esta doctrina se cree, allí se halla la Iglesia de Cristo, la comunión de los santos; dondequiera que no se cree, allí no se puede hallar la Iglesia Cristiana, ya que ésta la forman sólo aquellos que creen que Cristo murió por ellos y volvió a vivir, Mar. 16:15-16; 1 Cor. 15:3-4. Por consiguiente, todo pastor cristiano debe ejercer su oficio de tal modo que no falte a su deber de enseñar esta doctrina en su verdad y pureza, y de poner a descubierto y rechazar, todos los errores que sean contrarios a ella, Hech. 26:22-23; Tito 1:9.

Esto es lo que nuestras Confesiones Luteranas exigen a todos aquellos que desean servir como ministros del santo Evangelio de Cristo. Así pues, nos dicen los *Artículos de Esmalcalda* (II, 4-5): "Esto es menester creerlo, sin que sea posible alcanzarlo o comprenderlo por medio de obras, leyes o méritos; de lo cual se desprende, de modo indudable, que sólo la fe nos justifica, como el apóstol Pablo dice, Rom. 3:26, 28. Nadie debe pues, apartarse de este artículo o hacer concesiones dentro del mismo, aunque se hundan el cielo y la tierra y todo cuanto desista de permanecer. "*Porque no hay otro nombre bajo el cielo dado a los hombres en que podamos ser salvos*" dice Pedro, Hech. 4:12; "*Y por su llaga fuimos nosotros curados*", Isa. 53:5. "Este artículo es la base de todo cuanto predicamos y vivimos en contra del papa, del diablo y del mundo. Por tanto, afiancémonos en él sin dudar; si no, todo es perdido, y el papa y el diablo, y todo cuanto está contra nosotros, se alzará con la victoria y la razón". Cf. también Art. II, 1: "Por tanto, es menester que nos atengamos a este artículo sin hacer concesiones de ninguna clase, ya que el artículo primero así lo exige". (Traducción de Manuel Gutiérrez Marín).

La *Fórmula de Concordia* declara en términos similares (Art. III, 6): "Este artículo respecto de la justificación por la fe, según dice la *Apología*, es el *artículo principal de toda la doctrina cristiana*, sin el cual, ninguna conciencia atribulada puede tener firme consuelo, ni puede conocer a fondo las riquezas de la gracia de Cristo, como lo ha afirmado también el Dr. Lutero: "Si este solo artículo permanece incólume en el campo de batalla, la Iglesia Cristiana también permanece pura y en buena *armonía* y libre de sectas; pero si este artículo es abatido, no es posible resistir ningún error o espíritu fanático".

Esta posición firme de las Confesiones Luteranas la sostienen también nuestros dogmáticos luteranos, de entre los cuales citaremos a Chemnitz a modo de ejemplo (*Loc. Th.*, II, 216): "Este solo punto distingue a la Iglesia de todo lo que es pagano y supersticioso, como dice San Agustín: "La Iglesia distingue a los justos de los injustos, no por la ley de las obras sino por la ley de la fe". Este artículo es, podríamos decir, la fortaleza y principal defensa de toda la doctrina y religión cristiana, y si se le llega a obscurecer o adulterar, o trastornar, es imposible retener la pureza de la doctrina en otros puntos. Pero si esta doctrina permanece intacta, quedarán desvirtuadas todas las idolatrías, supersticiones y perversiones, que se cometan contra cualquier otra doctrina de la Biblia". (*Doct. Theol.*, p. 440 y sig.)

En realidad, todos los verdaderos cristianos se mantienen firmes en la doctrina de la justificación por la fe, pese a que su conocimiento y discernimiento cristiano respecto de otros asuntos sea quizás bastante exiguo, "porque todos somos hijos de Dios por la fe en Cristo Jesús" Gál. 3:26-28; cf. también 3:7. Todos los que repudian este artículo no pertenecen a la cristiandad (Gál. 3:10), o como dice Lutero: "Son judíos o turcos, papistas o herejes". Todo verdadero cristiano confiesa con Lutero: "Creo que Jesucristo, verdadero Dios y también verdadero hombre ...es mi Señor, que me ha redimido a mí, hombre perdido y condenado", etc. Esta verdad la atestiguan especialmente los muchos himnos cristianos expresiones de la fe personal de cientos de creyentes, los cuales, aunque proceden de diferentes lugares y tiempos, y pertenecen externamente a diferentes denominaciones, repiten unánimes el mismo cántico de gozo: "Por gracia sois salvos por medio de la fe", Efe. 2:8.

## 4. LA TERMINOLOGÍA CRISTIANA USADA PARA DESCARTAR ERRORES, EN CUANTO A LA DOCTRINA DE LA JUSTIFICACIÓN POR LA FE

a. "Por la gracia por causa de Cristo mediante la fe". Estos términos se usan para excluir del artículo de la justificación todas las obras humanas, ya sean precedentes, presentes o consecuentes. La Fórmula de Concordia declara (Decl. Sól., III, 25): "Al artículo de la justificación pertenecen y son necesarios, sólo la gracia de Dios, el mérito de Cristo y la fe".

La expresión *por la gracia,* atribuye la salvación únicamente a la misericordiosa disposición de Dios en Cristo *(gratuitus Dei favor),* y excluye como causa meritoria de la justificación, la "gracia infusa" de la teología papista. La expresión *por causa de Cristo,* quiere decir tanto como "por causa de la satisfacción vicaria de Cristo", pues Él ha satisfecho la Ley por nosotros y ha pagado nuestros pecados (*Fórmula da Concordia* Decl. Sól., III, 14).

La justificación por causa de Cristo tiene que ser sostenida: a) contra los papistas que consideran la gracia infusa, el amor, etc como causa de la justificación; b) contra todos los iluminados que basan la justificación, no en los méritos de Cristo, sino en el "Cristo en nosotros", o en la influencia santificadora que ejerce el Espíritu Santo en el corazón donde mora (Osiánder); y c) contra todos los teólogos racionalistas modernos que rechazan la justificación en su carácter forense, considerándola demasiado "jurídica", y la definen como un proceso ético o una transformación del hombre, mediante la influencia santificadora del Espíritu Santo *(actus medcinalis).*

La expresión *por la fe o mediante la fe,* designa la fe como el medio recipiente *(medium leptikon)* por el cual el creyente se apropia los méritos de Cristo que se le ofrecen en el Evangelio *(media dotika).* Las tres expresiones juntas afirman la verdad bíblica de "que toda nuestra justicia, ha de ser buscada fuera de los méritos las obras, las virtudes y la dignidad de nosotros y de todos los hombres, y que ella se funda únicamente en Cristo el Señor" (*Fórmula de Concordia* Decl. Sól., III, 55).

Esta verdad ha de ser defendida contra todos aquellos que cometen el error de basar su justificación no en la justicia objetiva de Cristo, la cual se halla fuera del pecador, sino en una justicia que se halla dentro del hombre (los papistas los iluminados los que dicen que la salvación depende de la experiencia religiosa etc.).

b. "La justificación no es un acto físico o médico sino un acto forense o judicial"; estas expresiones dan a entender que la justificación no consiste esencialmente en la transformación interna del pecador, o en su santificación, sino en el acto por el cual Dios declara justo al pecador por causa de Cristo. O expresado de otro modo, la justificación no es esencialmente un cambio por el cual el hombre es hecho justo, sino un cambio mediante el cual es declarado justo, por causa de la justicia perfecta de Cristo que el pecador se apropia por la fe. El cambio que sigue a la justificación es el fruto de la fe, y pertenece propiamente a la doctrina de la santificación, y no a la de la justificación.

Cuando hablamos de la justificación como un acto forense o judicial, es necesario advertir que existe cierta notable diferencia entre el juicio de los juzgados civiles y el de Dios. Los juzgados civiles justifican o declaran justos a los inocentes y condenan a los culpables. En lo que a juicios humanos se refiere, tanto el justificar al culpable, como condenar al inocente, es una abominación de Jehová, Prov. 17:15-16. Pero Dios en su acto de justificación justifica al impío, Rom. 4:5, por el bien fundado motivo de que Cristo, mediante su obediencia perfecta ha pagado la deuda por el pecador, Isa. 53:5-6; 2 Cor. 5-21.

La *Apología* declara (Art. 111, 185): "Además, en este pasaje (Rom. 5:1) *justificar* significa, según el uso forense, absolver al culpable y declararlo justo, pero por causa de la justicia de otro, es decir, de Cristo, cuya justicia se nos comunica mediante la fe. Por lo tano, ya que en este pasaje nuestra justicia es la atribución de la justicia de otro, no debemos considerar aquí la justicia como el resultado de las acciones que uno mismo efectúa, como sucede en la filosofía o en el mundo jurídico".

Esta distinción es muy importante; pues si Dios justificara solamente a los justos y condenara a todos los injustos como lo hacen los juzgados civiles, ni un solo pecador podría ser salvo, Luc. 18:14; Gál. 3:10, pues a pesar de todos sus esfuerzos morales, todos los hombres permenecen injustos delante de Dios, lsa. 64:6. La doctrina papista, de que Dios puede justificar sólo a aquellos que son justos, ya sea total o parcialmente, anula todo el mensaje evangélico de la justificación por la fe. Lutero llamó esta doctrina, con toda razón: "El veneno de Satanás" y "la peste más pestífera que existe" (*pestilentissima pestis;* St. L. V 517), puesto que priva al pecador de todo verdadero consuelo, y quita a Dios el honor que le pertenece como Dios de gracia, que perdona gratuitamente el pecado por causa de Cristo, Rom. 3:28; Efe. 2:7-9.

Es muy necesario recalcar esta verdad, porque no sólo todos los protestantes de tendencias romanas (Andrés Osiánder Schwenkfeld Weigel), sino también los arminianos y los sinerglstas, niegan la justificación como acto forense, es decir, en su sentido bíblico.

Que el verbo *dikaioun* quiere decir, "declarar justo" y no "hacer justo", se comprueba de una manera incontestable, no sólo por su uso constante en la Escritura, sino también por medio de las partículas excluyentes que en la Escritura se unen comúnmente a este término, Rom. 3:23-28; 4:5-8. Estas demuestran, que la justificación no es un proceso médico o santificador (*actus medicinalis)),* por virtud del cual se capacita al pecador para merecer la salvación mediante las buenas obras, sino antes bien, un acto forense, por el cual Dios por causa de Cristo, declara justo al pecador que de por sí es indigno e injusto, Rom. 4:5.

*c) "Sólo por la fe" (sola fide).* La insistencia de Lutero en que el pecador es justificado sólo por la fe fue motivada por causas poderosas. Sus adversarios papistas estaban dispuestos a admitir que el pecador se salva por la fe; pero rehusaban admitir que el pecador es justificado sólo por la fe (*sola fide).* Bien sabían que el Reformador al usar esta expresión, no intenta excluir de la justificación la gracia de Dios, el mérito de Cristo y los medios de gracia, como medios usados por Dios, para otorgar al mundo la justicia que Cristo obtuvo por su satisfacción vicaria (*media dotika);* sabían empero que los luteranos, al hacer hincapié en el término "sola fide", querían definir la fe como medio recipiente (*medium leptykon; medium aut instrumentum)* de la justicia de Cristo, ofrecida al pecador en el Evangelio; y a esta definición los papistas se oponían con toda persistencia; Cuando declaraban que el pecador es "salvo por la fe", definían la fe como una virtud o buena cualidad (*bona qualitas),* infundida por Dios en el pecador (la gracia infusa), de manera que a la postre, "salvación por la fe" quiere decir "salvación por las obras" (*fides quae per caritatem operatur).*

La *sola fide* de Lutero tenía, pues, el propósito de negar este error semipelagiano. De un modo positivo, afirmaba que la fe salva simplemente como medio; de un modo negativo, que en el artículo de la justificación no ha de considerarse la fe como una buena obra o cualidad.

Con sobrada razón los luteranos sostuvieron que sus adversarios, al negar que el pecador es salvo sólo por la fe, negaban también la salvación por la fe; en otras palabras, mantuvieron que la doctrina de los adversarios respecto de la justificación, estaba en oposición directa a de la Sagrada Escritura, Rom. 3:28; 4:5, que excluye de la justificación todas las obras humanas.

Así, pues, el "sólo por la fe", vino a ser el grito de combate de la Reforma; y en la actualidad es aún el lema de la Iglesia Luterana confesional, enarbolado para proclamar ante el mundo entero su principal artículo de la fe, a saber, que el pecador es justficado delante de Dios gratuitamente por la gracia (*dōrean te autou jarin*) aparte de las obras de la Ley (*jōris ergōn nomou),* Rom. 3:21-28. La *Enciclopedia Católica* al tratar el asunto de la "fe" dice: "Si se omite el detestable *sola,* el artículo (Art. IV de la *Confesión de Augsburgo)* bien puede ser interpretado en el sentido católico". (Cf. *Christl. Dogmatik,* II, 643 y sig.).

d. "La justificación no requiere ni aun la presencia de las buenas obras". (Neque praesentia operum ad iustificationen requiritur). Esta declaración debe ser entendida a la luz de la importante verdad de "que la fe jamás está sola, y no obstante, siempre justifica sola" (Fides nunquam est sola sed iustificat sola). Esta verdad la enseña claramente la Escritura. Por un lado, la fe que salva es seguida siempre de las obras, Rom. 5:1; Gál. 5:6; Sant. 2:20, por el otro, la fe jamás salva por cuanto produzca buenas obras, Rom. 3:28; 4:5.

Sobre esto declara la *Fórmula de Concordia* (Decl. Sól., III, 41): "Las buenas obras no anteceden a la fe, ni tampoco la santificación antecede a la justificación, sino que primero el Espíritu Santo enciende la fe en nosotros en la conversión. La fe se apropia la gracia de Dios en Cristo, y por esta gracia, la persona es justificada. Luego una vez que la persona es justificada, es también renovada y santificada por el Espíritu Santo, y de esa renovación y santificación, surgen después los frutos en forma de buenas obras. Esto no ha de entenderse como si la justificación y la renovación estuviesen separadas la una de la otra, de tal modo que la fe genuina no pudiese existir y continuar por un tiempo juntamente con una inclinación hacia lo malo, sino que aquí sólo queremos indicar el orden de como una antecede o sigue a la otra. Queda en pie lo que Lutero expone correctamente: La fe y las buenas obras concuerdan y se complementan muy bien (están unidas inseparablemente); pero es la fe sola, sin las obras, la que se apropia la bendición; y no obstante, jamás y en ningún momento está sola".

Las declaraciones: "En la justificación se exigen las buenas obras" o: "Las buenas obras son necesarias para la salvación" hay que condenarlas como falsas, pues reflejan la doctrina pelagiana de la cooperación humana en la conversión. Precisamente, para refutar tales declaraciones erróneas la Iglesia Luterana confiesa: "La justificación no requiere ni aun la presencia de las buenas obras".

e. "La justificación no es gradual" (Iutifícatio non admittit gradus non fit successive non recipit magis et minus). Esta declaración por parte de los luteranos se dirige contra las doctrinas de los papistas y protestantes de tendencias romanas, quienes al introducir la santificación en la justificación, suponen que la justificación es gradual, o sucesiva, por cuanto la gracia divina comunicada al hombre (la gracia infusa), obra gradualmente hacia la perfección, de manera que la justificación de una persona depende en realidad de su progreso en la santificación.
Contra este error la Iglesia Luterana confesional enseña a base de la Escritura, que la justificación es instantánea y por lo tanto completa, tan pronto como el pecador cree en Cristo, Rom. 4:7; Luc. 18:24; Rom. 5:1. De ahí la afirmación de Lutero: "La justificación no viene en porciones sino toda junta".

Es verdad que la fe admite grados, pues algunos cristianos tienen una fe fuerte y otros una fe débil; pero también la fe débil justifica tanto como la fe fuerte, porque aun la fe débil, es confianza en la justicia de Cristo. Lutero dice muy correctamente (St. L., XI, 1840): "Por lo tanto, todos somos iguales en Cristo mediante la fe. San Pedro puede tener una fe más fuerte que yo, no obstante, ambos tenemos la misma fe en Cristo.... El que recibe a Cristo lo recibe por completo, no importa si lo recibe débil o fuertemente".

f. "El perdón de los pecados encierra toda la justificación y no simplemente parte de ella". Esta verdad la afirman y reafirman nuestras Confesiones. La Apología declara (Art. IV [II], 76): "Lograr la remisión de los pecados es ser justificado según el Sal. 32:1: "Bienaventurado aquel cuya transgresión ha sido perdonada". Y la Fórmula de Concordia afirma (Epit. III, 7): "Según el uso de la Escritura, la palabra justificar quiere decir en este artículo, absolver, esto es, declarar a una persona libre de sus pecados"; y en otra ocasión, (Decl.Sól., III, 30): "La justicia delante de Dios proveniente de la fe; consiste únicamente en la misericordiosa reconciliación, o el perdón de los pecados".

Esta verdad la enseña San Pablo en Rom. 4:5-8, donde describe a los justificados, como a personas a quienes sus pecados les han sido cubiertos o perdonados. Aquellos dogmáticos nuestros que dividen la justificación en dos partes, a saber, la atribución de la justicia de Cristo y el perdón de los pecados, lo hacen en obsequio de la claridad. En realidad, la atribución de la justicia de Cristo es el requisito necesario del perdón; en otras palabras: Dios perdona al pecador sus pecados atribuyéndole la justicia perfecta de Cristo. En el veredicto divino de la justificación, la atribución de la justicia de Cristo y el perdón de los pecados ocurren simultáneamente; o podríamos decir, ambos constituyen un solo acto, a saber, el de la justificación.

Cuando la Escritura se refiere a la causa de la justificación a veces menciona a Cristo (Rom.3:22), y a veces la justicia de Cristo (Rom. 5:18), o la muerte y la sangre de Cristo (1 Cor. 2:2), o su resurrección de entre los muertos (Rom. 10:9), o su nombre (1 Juan 5:13), etc. Pero todas estas frases expresan la misma verdad, a saber, que el pecador es justificado por el mérito de la Pasión y muerte vicaria de Cristo, mérito que en el divino Evangelio es ofrecido gratuitamente a todos los hombres. En obsequio de la claridad, nuestros dogmáticos por lo regular hacen las siguientes distinciones en cuanto a las causas de la justificación: *La gracia divina es la causa impulsiva interna; Cristo* (su satisfacción vicaria), *la causa impulsiva externa o meritoria; el Evangelio, la causa instrumental por parte de Dios.* Estas distinciones nos ayudan a comprender la gran verdad, de que Dios en su gran misericordia, perdona los pecados de todos los que mediante la fe se apropian la justicia de Cristo ofrecida en el Evangelio. Y tal perdón es justificación.

## 5. LA JUSTIFICACIÓN A BASE DE LAS OBRAS

En algunos lugares la Escritura enseña también una justificación a base de las obras, es decir la justificación delante de los hombres. Cuando hablamos de esta clase de justificación, usamos el término en sentido más amplio. La verdadera justificación que vale delante de Dios (*enōpion Zeou*), y por la cual el pecador se hace hijo de Dios es por la fe, sin las obras de la Ley, Rom. 3:20-22. Sin embargo, únicamente Dios conoce tal fe; para los hombres permanece invisible. Por esta razón se dice que Dios justifica a sus creyentes delante de los hombres, por las obras que los creyentes hacen; o expresado en otras palabras, Dios comprueba la fe y la justificación de sus hijos, mediante los frutos que éstos llevan, Luc. 7:47; Juan 13:35; Mat. 12:37; 25:34-40. Así también, todos los cristianos deben reconocer su estado de gracia, mediante los frutos que el Espíritu Santo ha obrado en su corazones, 1 Juan 3:14; 2:3-4; 2 Ped. 1:10; Mat. 6:14.

La *Apología* observa acertadamente (Art. III, 154): "Cristo une con frecuencia la promesa de la remisión de los pecados a las buenas obras, no porque Él quiera decir que las buenas obras son una propiciación, pues ellas siguen a la reconciliación: sino por las dos razones siguientes: Primero, porque los buenos frutos tienen que seguir necesariamente a la remisión. Por consiguiente, nos hace saber que si no siguen los buenos frutos, el arrepentimiento es hipócrita y fingido. Y segundo, porque necesitamos señales externas respecto de tan grande promesa, pues una conciencia llena de temor necesita mucho consuelo. Así como el Bautismo y la Sama Cena son señales que continuamente advierten, estimulan y consuelan a las mentes desalentadas, para que crean con más firmeza que sus pecados son perdonados, así también, se hace estribar la misma promesa en las buenas obras, con el fin de que estas obras nos estimulen a creer más firmemente". La justificación a base de las obras se identifica así con el testimonio externo o indirecto del Espíritu Santo, en tanto, que la fe es un testimonio interno o directo.

Sin embargo, la justificación por la fe y la justificación por las obras no deben confundirse, Gál. 3:10. Por medio de la fe el pecador obtiene la salvación; en cambio las obras evidencian que es heredero de la salvación. Para aclarar bien este asunto, Lutero a veces habla del perdón interno y del extemo. Con el interno, se refiere a la justificación delante de Dios; con el extemo, a la justificación delante de los hombres. Por el perdón interno, el pecador se hace hijo de Dios; por el perdón extemo, se comprueba si es hijo de Dios. El considerar la justificación por las obras como base de la justificación del pecador, es precisamente el error fundamental del romanismo; pues así, hace que la salvación dependa de las buenas obras.

Es evidente que la doctrina de la justificaión por la fe (*sola fide*), no puede ser enseñada en toda su pureza, a menos que se observe la distinción bíblica entre la Ley y el Evangelio. La Ley jamás debe mezclarse en la justificación, pues este acto de la gracia de Dios pertenece enteramente al Evangelio. Cometen esta mezcla censurable todos aquellos que basan la justificación, ya sea total o parcialmente, en alguna virtud natural o espiritual en el hombre, o los que dicen que la fe justifica como una "buena cualidad", o como la fuente de la santificación, o como sumisión a las exigencias de la Ley, o cono el comienzo de la nueva vida en el cristiano, etc. En resumen, la Ley se mezcla en la justificación, cada vez que la justificación es basada total o parcialmente en las obras humanas (los pelagianos los sinergistas los arminianos).

Tal mezcla de la Ley en la justificación, destruye por supuesto, el bendito consuelo que Dios desea otorgar a los hombres mediante la gloriosa doctrina de la justificación por la fe. La doctrina de la justificación por la fe, da al creyente la seguridad completa de la salvación; en cambio, la doctrina de la justificación por las obras le quita esta seguridad; pues toma la salvación de la mano misericordiosa de Dios y la pone en la mano pecaminosa e impotente del hombre. Es de notarse, que todos los que niegan que el hombre se salva sólo por la fe, niegan también la verdad bíblica de que el creyente puede estar seguro de su salvación.

A la cabecera de los que yerran en este punto se halla el Papa, a quien Lutero desenmascaró como el Anticristo, demostrando que lo es, no tanto por sus obras inicuas, como por su ignominiosa perversión de la doctrina bíblica de la salvación por la gracia mediante la fe en Cristo. La afirmación de Lutero de que el Papa es el Anticristo mencionado en 2 Tes. 2, es correcta; pues hasta hoy día la Iglesia de Roma sostiene el anatema pronunciado por el Concilio de Trento, sobre todos los verdaderos cristianos que se adhieren a la doctrina bíblica de la justificación por la fe.

### 6. LOS EFECTOS DE LA JUSTIFICACIÓN

Tan pronto "corno una persona ha sido justificada por la fe, posee todas las bendiciones espirituales que Cristo ha obtenido para el mundo mediante su expíación vicaria, 1 Cor. 3:21; Rom. 5:1-5. Todo el que mediante la fe ha sido adoptado como hijo de Dios, Gál. 4:5; Juan 1:12, se hace también heredero de Dios y coheredero con Cristo, Rom. 8:17, de modo que no le falta ningún don espiritual, 1 Cor. 1:4-7; Efe. 1:3-8. Entre las bendiciones espirituales que la justificación otorga podemos mencionar las siguientes:

a. El estado de gracia. El creyente justificado ya no es hijo de ira, Efe. 2:1-3, sino que se halla en ese bienaventurado estado en el cual tiene paz con Dios, Rom. 5:1. Mediante la fe en Cristo está seguro, no sólo de la gracia divina, sino también de la salvación eterna en la vida venidera, Rom. 5:2. La certifumbre de la gracia divina y de la vida eterna, tiene que ser sostenida contra todos los semipelagianos (los papistas) y los sinerglstas, quienes afirman que el creyente no puede estar seguro de su salvación. En realidad, todos los que sostienen ese "monstruo de la incertidumbre", desconocen el significado real y bíblico de la justificación.

El "monstruo de la incertidumbre" es el resultado desafortunado de mezclar la justificación con la santificación, o del error fatal de que la salvación depende, por lo menos en parte, de las obras humanas. Las objeciones que se han hecho a la certidumbre de la salvación no tienen fundamento bíblico alguno; pues pasajes tales como, 1 Cor. 10:12; Rom. 11:20, etc. en los cuales se basan estas objeciones, no se han escrito con la intención de intimidar al creyente, sino, antes bien, para que sirvan de advertencia a aquellos que se han entregado a la seguridad carnal y a la indiferencia. Por consiguiente, dudas respecto de la certidumbre de la salvación, no deben ser consideradas o ensalzadas como virtud, sino que deben ser condenadas como incredulidad, Rom. 4:16; 8:17, 37-39.

b. La morada del Espíritu Santo y de la Santísima Trinidad en el corazón del creyente. Mediante la fe, el creyente justificado recibe el Espíritu Santo que mora en su corazón como en su santo templo, Gál. 3:2; 1 Cor. 3:16, para fortalecerle la fe, y estimularlo a que ore de continuo al Padre en los cielos, Gál. 4:6; Rom. 8:15-16.

Pero según la Sagrada Escritura, no sólo el Espíritu Santo sino también toda la Santísima Trinidad, mora esencialmente en el creyente, Juan 14:23. Esta hermosa unión de Dios con el creyente, se llama la unión espiritual o la unión mística, 1 Cor. 6:17; Efe. 5: 30-32. Esta unión mística, no transforma la substancia del creyente en la de Dios según han afirmado los místicos de todos los tiempos (Weigel Schwenkfeld); no obstante, nosotros sostenemos, a base de la Escritura, que en el creyente mora Dios mismo esencialmente, y no sólo sus dones como alegan los papistas y calvinistas.

Con igual vigor rechazamos también el error de Andrés Osiander, quien enseñó que la morada esencial de Cristo en el creyente es la justicia que vale delante de Dios; pues Cristo es nuestra Justicia, por cuanto nos ha redimido por medio de su expiación, y no porque Él, con su justicia esencial, more en nosotros. En otras palabras, nuestra justicia delante de Dios es la obediencia perfecta de Cristo (la obediencia activa y la pasiva), la cual nos apropiamos mediante la fe, Rom. 3:24; 5:18-19.

c. La santificación o la renovación. Por santificación o renovación, entendemos la transformación interna del creyente obrada por el Espíritu Santo (mutatio hominis interna per actum physicum vel medicinalem), mediante la cual el creyente es apartado del servicio al pecado, y hecho apto para el servicio a Dios en una nueva vida espiritual (la justicia inherente; la justicia de la vida).

Estos cambios espirituales internos, ocurren en el mismo momento en que el pecador es justificado por la fe; pues ellos son los frutos imprescindibles de la justificación, Rom. 6:1-11. Antes de ser justificado, no se hallan en el hombre ni la santificación ni las buenas obras, Efe. 2: 1-3; pero después de la justificación, es santificado de continuo, e impulsado a las buenas obras mediante la fe en Cristo, Efe. 2:10; Gál. 5:6. Por este motivo la santificación y las buenas obras, son indicios de que la justificación se ha consumado, 1 Tes. 4:9; Juan 14:15, aunque jamás son la causa de la justificación Efe. 2:8-9.

d. La libertad cristiana. Por libertad cristiana, entendemos que el creyente ha sido rescatado por completo de toda forma de tiranía en asuntos espirituales, Gál. 5:1-4. En otras palabras, el creyente justificado ya no es siervo de los hombres, 1 Cor. 7:23, obligado a obedecer y seguir doctrinas humanas, sino que es siervo de Dios, Rom. 6:22, y de Cristo, 1 Cor. 3:23, cuya Palabra, es la única norma de su fe, Juan 8:31-32. En lo que respecta a su relación con Dios todos los cristianos son subordinados, puesto que todos están igualmente sujetos a la Palabra y voluntad divinas, 1 Juan 5:3; Mat. 22:38-40; pero en lo que respecta a su relación entre unos y otros, todos son hermanos, Mat. 23:8, que a la vez obedecen a su divino Maestro, Luc. 17:10, y se sirven en amor los unos a los otros, Gál. 5:13-14.

Por lo tanto, en la glesia Cristiana no ha de prevalecer la palabra del hombre, sino únicamente la Palabra de Dios. La libertad cristiana consiste, pues, en que el creyente ha sido libertado de las doctrinas de los hombres, Mat. 15:9, para adherirse incondicionalmente a Cristo y su Palabra.

e. El privilegio de ser miembro de la Iglesia Cristiana y de poseer todos sus dones y bendiciones. La Iglesia Cristiana es la comunión de los santos, esto es de todos los que creen en Cristo, 1 Cor. 1:1-2; Efe. 1:1; 2:20; Hech. 5:14. Los hipócritas o los cristianos nominales no son miembros de la Iglesia, aunque en esta vida están unidos externamente a la Iglesia visible. Los derechos y privilegios de la Iglesia, comúnmente llamados el Oficio de las Llaves (potestas clavium) esto es, el poder peculiar que tiene la Iglesia para administrar los medios de gracia, para perdonar y retener los pecados, para predicar la Palabra en toda su pureza, para llamar y ordenar ministros, etc. pertenece a todos los creyentes y no simplemente al clero, Mat. 16:19; cf con 18:18; 28:19-20; 1 Cor. 3:21, según se demostrará más adelante.

# LA DOCTRINA ACERCA DE LA SANTIFICACIÓN Y LAS BUENAS OBRAS

## 1. LA DEFINICIÓN DE LA SANTIFICACIÓN

La justificación del pecador es seguida inmediatamente de la santificación o la renovación, Rom. 5:1-5; es decir, el pecador justificado se aparta del pecado para servir a Dios en buenas obras, Rom. 12:1-2; 1 Tes. 4:3-7; 5:23; 1 Ped. 1:15; Rom. 13:13-14. Como muchos otros términos teológicos, así también el término santificación (*hagiasmos, hagiōsyne*) se usa en un sentido general y en un sentido particular.

En su sentido general la santificación encierra todos los actos de la gracia divina, por los cuales el Espíritu Santo conduce a una persona del pecado a la santidad, y del servicio de Satanás al servicio santo y feliz de Dios, Heb. 13:12; Hech. 26:18. En otras palabras, la santificación en su sentido general incluye todas las obras divinas por las cuales Dios separa al pecador del mundo perdido y condenado y lo hace suyo, es decir, obras como la concesión de la fe, la justificación, la santificación en su sentido particular, o el cambio interno que santifica al hombre, su preservación en la fe hasta el fin, y su glorificación final en el día del Juicio, 2 Tes. 2:13; 1 Ped. 1:2.

En el sentido general del término, los cristianos son designados en la Escritura como los *llamados a ser santos* (*kletoi hagioi*), Rom. 1:7; 1 Cor. 1:2, o aquellos a quienes Dios en su gracia ha dotado de la fe, justificado y trasplantado a su reino, en el cual desea conservarlos mediante la fe hasta el Día de nuestro Señor Jesucristo, Filip. 1:3-6. En su sentido general usa Lutero el término *santificación*, cuando dice en su Catecismo Mayor (Art. III 40-41): "Creo que el Espíritu Santo me santifica como su nombre lo muestra. Y ¿cómo realiza el Espíritu Santo dicha santificación? ¿De qué modo y con ayuda de qué medios la lleva a cabo? Respuesta: Por medio de la Iglesia Cristiana, la remisión de los pecados, la resurrección de la carne y la vida eterna". Así escribe también Quenstedt: "La palabra santificación se usa a veces en un sentido general incluyendo la justificación según Efe. 5:26; Heb.10:10; por otra parte, empero, se usa en un sentido particular, y así es sinónima de la renovación en su sentido particular según Rom. 6:19 22: 1 Tes. 4:3-4, 7".

En su sentido particular o estricto, la santificación denota la transformación espiritual interna del creyente que sigue a la justificación y está inseparablemente unida a ella, Rom. 6:22; 2 Cor. 7:1. En cuanto al orden que existe entre la justificación y la santificación declara la *Fórmula de la Concordia* (Decl. Sól. III 40-41): "De la misma manera es preciso conservar el orden entre la fe y las buenas obras, e igualmente entre la justificación y la renovación o la santificación. Lo primero es que el Espíritu Santo en la conversión, enciende en nosotros la fe por medio del Evangelio. Esta fe se ase de la gracia de Dios en Cristo por la cual es justificado el pecador. Entonces, cuando el pecador es justificado, es también renovado y santificado por el Espíritu Santo, y de esta renovación y santificación, emanan luego los frutos en forma de buenas obras".

Invertir este orden, y presentar la santificación en su sentido particular como causa de la justificación (el papismo), quiere decir abandonar el artículo central de la fe cristiana y basar la salvación en la justicia por las obras, Gál. 5:4. La justificación y la santificación están por cierto, indisolublemente unida; sin embargo, no deben mezclarse la una con la otra. *La justificación es la fuente de la santificación.* Enseñar lo contrario, significa enseñar la doctrina anticristiana de la justicia por las obras, e impedir por ende, tanto la justificación como la santificación.

La justicia por la fe mediante la cual el pecador viene a la fe está fuera del hombre; pues Dios declara justo al pecador por causa de Cristo, Rom. 4:5. La santificación sin embargo, se verifica dentro del hombre, y por medio de ella el pecador es transformado en hombre santo, 2 Cor. 7:1. La justicia inherente o la justicia de la vida, no es en ningún modo parte de la justicia imputada, Filp. 3:9, sino que sigue a la justificación, Rom. 6:14; Tito 3:7-8.

En el lenguaje eclesiástico, la santificación y la renovación se usan comúnmente como sinónimas. La santificación es renovación por cuanto hace entrar al creyente en una vida nueva; la renovación es santificación por cuanto la vida nueva del creyente es una vida santa. A veces nuestra Confesión, hace también una distinción entre la santificación y las buenas obras, designándolas como causa y efecto. En este caso la santificación se concibe como el principio de la santidad de la cual proceden todas las buenas obras, Gál. 5:25 22.

Hablando en términos precisos, las buenas obras del creyente coinciden de hecho con su santificación, pues la santificación, vista en concreto, se verifica mediante la realización de buenas obras individuales, ya sea que el creyente suprima lo malo o ejecute lo bueno. La santificación, vista en concreto, no es jamás un estado o hábito inactivo, sino un acto continuo o una actividad incesante, ya que el Espíritu Santo se halla siempre activo en el creyente, Tito 2:11; Gál. 5:22-25.

Sobre la fe que es la causante directa de la santificación escribe Lutero: "¡Oh! la fe es una cosa tan viva, fecunda, activa y poderosa, que le es imposible no hacer continuamente lo bueno. Ni tampoco pregunta si se deben hacer buenas obras; sino que antes de hacer la pregunta, ya ha hecho las buenas obras y está siempre ocupada en hacerlas ... La fe es una confianza viva e intrépida en la gracia de Dios, tan cierta que uno morirá mil veces por ella ... y por esta razón, el hombre está gozosamente dispuesto, sin que sea obligado, a hacer bien a todo el mundo, a servir a todo el mundo, y a sufrirlo todo por amor y alabanza a Dios, quien le ha conferido esta gracia, de manera que es imposible separar las obras de la fe, así como es imposible separar del fuego la luz y el calor" (*Fórmula de la Concordia* Decl. Sól., Art. IV. 10 y sig.).

## 2. LA CAUSA EFICIENTE DE LA SANTIFICACIÓN

Así como Dios mediante el poder de su fuerza engendra en el hombre la fe, Efe.1:19; Juan 6:29, así también obra en el creyente la santificación como *fruto* de la fe, 1Tes. 5:23-24; 1 Cor. 3:16; 6:19; Efe. 2:10. Sin embargo, existe la siguiente distinción entre la conversión y la santificación: En la conversión el hombre es puramente pasivo; en la santificación coopera con el Espíritu Santo.

Es necesario, empero, entender debidamente esta cooperación. No está coordinada con la operación del Espíritu Santo sino que está subordinada a ella. En otras palabras, el hombre coopera en la santificación pero lo hace *dependiente de Dios;* es decir, obra porque el Espíritu Santo obra en él, Rom. 8:14: *osoi pneumati zeou hagontai*; Gál. 5:16-18: *ei de pneumati agesze.* Por consiguiente, todo nuevo impulso espiritual que tiene el creyente y toda nueva obra que hace, es despertada y ejecutada en él mediante el poder misericordioso del Espíritu Santo, Filip. 1:6; 2:13.

La *Fórmula de la Concordia* declara sobre este particular (Decl. Sól., II, 65): "Tan pronto como el Espíritu Santo ... mediante la Palabra y los santos Sacramentos ha empezado en nosotros esta obra de la regeneración y la renovación, nosotros, en efecto, podemos y debemos cooperar, aunque todavía en forma débil mediante el poder del Espíritu Santo. Pero esta cooperación no se verifica mediante nuestras virtudes carnales y naturales, sino gracias a las nuevas virtudes y los nuevos dones que el Espíritu Santo nos ha concedido en la conversión, según lo afirma San Pablo expresamente al declarar que, como colaboradores que somos con Dios no recibimos en vano la gracia de Dios, 2 Cor. 6:1. Ahora bien, esto ha de entenderse solo y únicamente de la siguiente manera: El que ha sido convertido hace el bien siempre que Dios lo rija, guie y conduzca por su Espíritu Santo; tan pronto, empero, como Dios aleja de él su mano misericordiosa no podrá perseverar, pero ni por un momento más en la obediencia a Dios. En cambio, resulta inadmisible entenderlo en el sentido de que el convertido coopera con el Espíritu Santo, a la manera como dos caballos tiran juntamente de un carro; pues quien así lo entiende ignora la verdad divina".

De manera pues, que no sólo la conversión, sino también la santificación, dependen enteramente de la gracia de Dios, 2 Cor. 5:17-18; 3:5: *he ikanotes ek tou zeou.* Esta gran verdad revelada con tanta claridad en la Escritura, debe ser para el creyente un continuo impulso a la santificación perfecta, Rom. 6:14; 2 Cor. 7:1; Heb. 12:1-2.

### 3. EL PROCEDIMIENTO INTERNO DE LA SANTIFICACIÓN

Mediante la fe en Cristo el hombre llega a ser una nueva criatura, Efe. 4:24; Col. 3:10; 2 Cor. 4:16; 5:17 que se somete a la voluntad de Dios, Rom. 7:22, y vive enteramente para Dios en la nueva vida espiritual en que ha entrado, Rom. 6:1-11.

Sin embargo, pese a que el creyente sirve así a Dios, según el hombre interior o el nuevo hombre que recibió en la conversión, Efe. 4:24; Rom. 7:22-25, aún queda en él también el viejo hombre o la corrupción de su naturaleza, Efe. 4:22; 2 Cor. 4:16; Rom. 6:6; 7:18, de modo que según el viejo hombre está sujeto al pecado, Rom. 7:18-24, y de continuo se opone al Espíritu y lucha contra Él, Gál. 5:17: *he sarx epizymei kata tou pneumatos.*

Es pues, así, como se verifica la santificación en el creyente: Según el hombre interior o el nuevo hombre, el creyente lucha contra las pasiones y deseos de la carne, Gál. 5:24, resiste sus malas tendencias, previene sus malos designios y obra lo que es agradable a Dios, y todo esto lo hace en oposición a los impulsos de su naturaleza perversa. Expresado negativamente: Por la fe el creyente se despoja siempre del viejo hombre *palaios antzrōpos*, y positivamente: De continuo se viste del nuevo hombre (*kainos antzrōpos*), que es creado según Dios en justicia y verdadera santidad, Efe. 4:24; Col. 3:10.

El "viejo hombre" es la naturaleza o la mente corrupta; el "nuevo hombre" la mente que es conforme a la voluntad de Dios. Aunque el creyente es perfectamente santo por ser un nuevo hombre, Rom. 6:1-11; Efe. 4:24; 1 Juan 3:9, el viejo hombre es y permanece enteramente corrupto, Rom. 7:18. La santificación se efectúa no mediante la reforma del viejo hombre, Rom.8:13; Gál. 5:24, sino mediante la crucifixión y mortificación de él Mat. 18:8-9.

Respecto a la lucha del Espíritu contra la carne, el cristiano debe tener en cuenta lo siguiente:

a. La lucha constante entre las dos naturalezas en el creyente, no es prueba de que el creyente ha caído de la gracia, cosa que muchos verdaderos cristianos se ven inclinados a pensar en el momento de la tribulación, sino al contrario, es prueba de que está viviendo en el estado de la gracia, Rom. 7:22-25. Existe la muerte espiritual sólo cuando ha cesado la lucha contra la carne, Rom. 8:13.

b. Ya que el viejo hombre en el creyente permanece siempre corrupto, de manera que según la carne los cristianos no son mejores que los incrédulos que jamás han nacido de nuevo, Juan 3: 5-6, el cristiano no debe sorprenderse si es tentado por su naturaleza carnal a cometer aun pecados muy graves, Rom. 7:18; 1 Tes. 4:3-7. Por otro lado, este hecho debe inducirlo a seguir mortificando sin cesar las obras de su cuerpo y crucificando la carne, Rom. 8:13; Gál. 5:24; Col. 3:5; 1 Cor. 9:27; Mat. 18:8-9.

c. La lucha contra la naturaleza carnal es, no sólo difícil, sino también penosa, puesto que es una lucha contra la propia carne corrupta del creyente, Heb. 12:1. Sin embargo, la buena batalla de la fe contra la carne seguirá hasta el fin, 1 Tim. 6:12; 2 Tim. 4:7. Es de gran consuelo para los creyentes saber que aun los más preclaros santos, se vieron obligados a luchar continuamente contra su carne corrupta, Rom. 7:24.

d. La Escritura asegura a los creyentes que en sus luchas contra la carne obtendrán por fin la victoria, si permanecen fieles a la Palabra de Dios, y permiten así que el Espíritu Santo obre eficazmente en sus corazones, Juan 15:7-8; Efe. 6:17; Rom. 8:37; Luc. 18:26-27; 2 Cor. 12:10; 4:8 y sig., etc. Es de entenderse además, que a tal uso constante de la Palabra de Dios, hay que añadir también la oración incesante y fervorosa, Mat. 26:41; Efe. 6:18.

e. En esta lucha el cristiano debe observar la importante regla de reemplazar siempre el mal impulso y deseo de la carne, con el buen impulso y deseo del hombre interior. En otras palabras, cuando el cristiano es tentado a murmurar contra Dios debe pensar en alabar a Dios y darle gracias; cuando se ve acosado de pensamientos impuros, debe luchar por obtener la castidad que el divino Salvador exige de sus discípulos; si se halla fastidiado de hacer el bien, debe perseguir con mayor celo la meta de la bondad que le fue trazada etc. Pero para poder llevar a cabo todo esto es menester que el cristiano conozca la Palabra de Dios, y que como Cristo, afronte toda tentación a lo malo con pasajes sacados de la Escritura, Mat. 4:1-11.

En conclusión, podemos añadir lo que dice Lutero sobre este importante asunto (Trad. de Holman III p. 31): "Esta vida no es santidad sino crecimiento en santidad; no es salud sino mejoramiento; no es una existencia consumada sino un llegar a ser; no es un descanso sino un ejercicio. No somos todavía lo que debemos ser sino que lo seremos; el procedimiento no se ha terminado aún sino que continúa; no es el fin sino el camino; todo no resplandece todavía en gloria sino que todo es purificado.

## 4. EL MEDIO POR EL CUAL SE VERIFICA LA SANTIFICACIÓN

El medio por el cual el viejo hombre es mortificado y el nuevo fortalecido es la Palabra de Dios; y en particular, no la Ley sino el Evangelio. La ley por cierto revela el pecado Rom. 3:20, pero no puede libertar al pecador de la maldición y el dominio del pecado, Rom. 7:5-13. Sin embargo, también en el transcurso de la santificación, el creyente debe usar la Ley con toda diligencia como medio de preparación para el camino del Evangelio; pues la Ley le demostrará lo terrible que es el pecado, y le indicará qué obras son en realidad agradables a Dios, 1 Cor. 6:1-10. Así el creyente usa la Ley como un espejo (Rom. 3:20), para que "sea conducido al conocimiento de sus pecados"; como un freno (1 Cor. 9:27), para "poner barreras a su revoltoso corazón humano"; y como una regla (Sal. 119:9), "según la cual regulariza y dirige toda su vida".

La *Fórmula de la Concordia* declara sobre este punto (Epít. VI, 4): "Pues aunque los creyentes han sido regenerados y renovados en el espíritu de su mente, sin embargo, en la vida presente esta regeneración y renovación no es completa sino que sólo ha empezado, y los creyentes hemos de sostener una lucha constante contra la carne, esto es, contra nuestra corrupta naturaleza y disposición que mora en nosotros hasta la muerte. Debido a este viejo Adán que aún reside tercamente, en el entendimiento, la voluntad y todas las facultades del hombre, es menester que la Ley del Señor resplandezca siempre delante de los creyentes (espejo), para que no escojan guiados de su humana devoción, cultos fingidos y no instituidos por la Palabra de Dios (regla); de igual modo, para que el viejo Adán tampoco ejerza su propia voluntad, sino para que sea subyugado en contra de su voluntad, no sólo por las advertencias y amenazas de la Ley, sino también por castigos y golpes (freno), de manera que pueda seguir al Espíritu y rendirse a Él, 1 Cor. 9:27; Gál. 6:14; Sal. 119:1 y sig.; Heb. 13:21 (Heb. 12:1)".

Mientras la Ley revela así el pecado (espejo), refrena la carne externamente (freno), y guía al cristiano a las buenas obras (regla), el poder para llevar a cabo la santificación y hacer buenas obras procede únicamente del Evangelio, Rom. 12:1; 1 Juan 4:10-11. Según la Escritura, es el Evangelio el que imprime la Ley en el corazón y capacita al creyente para guardarla, Jer. 31:31 y sig. Aunque es verdad que mediante la Ley se pueden producir buenas obras externas (la justicia civil) en los hombres, ya que éstos han sido creados para temer la ira de Dios y sus castigos, es sólo el Evangelio el que produce buenas obras espirituales (la justicia espiritual), esto es, obras que emanan de la verdadera fe en Cristo y del verdadero amor a Dios. (Cf. Lutero St. L., XII 318 y sig.).

Con respecto a las pruebas que Dios envía a sus santos aquí en la tierra, tales como pobreza, enfermedad, aflicción etc., podemos decir que aunque éstas de por sí no santifican a los creyentes, no obstante, son los medios por los cuales Dios induce a los creyentes a meditar en su Palabra, de manera que mediante el estudio de la Ley aprenden qué, por cierto, merecen esas pruebas que Dios les envía, y mediante el estudio del Evangelio, vuelven a consolarse en el amor permanente de su Padre celestial, Rom. 8:35-39. Además, las bendiciones de que Dios colma a sus santos en la tierra deben inducirlos al arrepentimiento, Rom. 2:4, es decir, impulsarlos a escudriñar las Sagradas Escrituras, en las cuales la gloria de la gracia divina resplandece en la faz de Jesucristo, y de las cuales constantemente extraen fortaleza para acrecentar la fe y servir a Dios con más santidad, Sal. 119:9-16, 105-112.

## 5. LA NECESIDAD DE LA SANTIFICACIÓN Y LAS BUENAS OBRAS

En la Iglesia Luterana se ha debatido con gran ardor la pregunta si es o no es correcto decir: "Las buenas obras son necesarias" (Cf. la *Fórmula de la Concordia* Art. IV). Los que contestaron la pregunta negativamente lo hicieron porque entendieron la palabra *necesidad* en el sentido de coerción, de manera que la declaración: "Las buenas obras son necesarias" se interpretó así: "Los creyentes son obligados a hacer buenas obras". Naturalmente esta declaración la consideraron como antibíblica, y por lo tanto, se opusieron a la firme exigencia de Lutero y otros luteranos de que "las buenas obras son necesarias".

La *Fórmula de la Concordia* admite la verdad de que "los creyentes hacen buenas obras, no por coerción sino de buena gana, puesto que su mente ha sido santificada por le fe"; no obstante, insiste en que es bíblica la declaración: "Las buenas obras son necesarias". Por esta razón declara (Decl. Sól. Art. IV 3): "Algunos han sostenido que las buenas obras no son necesarias sino que son voluntarias (libres y espontáneas), porque no son hechas bajo los efectos del miedo o el castigo de la Ley, sino que han de salir de un espíritu voluntario y un corazón gozoso".

Y prosigue esta Confesión (IV, 14-15): "En lo que respecta a la necesidad o voluntariedad de las buenas obras, es evidente que en la *Confesión de Augsburgo* y en su *Apología*, se usan y se repiten con frecuencia las expresiones que las buenas obras son necesarias; igualmente, que es necesario hacer buenas obras, las cuales han de seguir por necesidad a la fe y la reconciliación; igualmente, que por necesidad tenemos que hacer cualesquiera obras que Dios nos ordene. Similarmente se usan en las Escrituras mismas, las palabras necesidad y necesarias, así como *hemos* y *debemos* con respecto a lo que nos exigen la ordenanza, el mandato y la voluntad de Dios, según se evidencia en Rom. 13:5; 1 Cor. 9:9; Hech. 5:29; Juan 15:12; 1 Juan 4:21. Por lo tanto, los que han censurado y rechazado tales expresiones o proposiciones en este verdadero sentido cristiano, las han censurado y rechazado injustamente; pues se emplean y se usan propiamente para contrarrestar y rechazar el engaño vanidosos y epicúreo, por el cual muchos inventan para sí una fe muerta o ilusión, la cual es sin fe y sin buenas obras, como si pudiese existir en el corazón la verdadera fe y al mismo tiempo la malvada intención de perseverar y continuar en pecado, lo cual es imposible; o como si uno pudiese, por cierto, tener y retener la verdadera fe, la justicia y la salvación, aunque fuese y permaneciese un árbol corrupto e infructífero que no produce jamás buenos frutos, o aunque persistiese en cometer pecados contra la conciencia, o intencionalmente reincidiese en estos pecados, todo lo cual es incorrecto y falso".

De este modo la *Fórmula de la Concordia* excluye, por un lado, todo concepto falso en cuanto a las expresiones *necesidad, hemos, debemos* etc., y establece por el otro, el fundamento bíblico de la verdadera necesidad de la santificación y las buenas obras. Lo que la Sagrada Escritura enseña, respecto a la necesidad de la santificación y las buenas obras puede exponerse como sigue:

a. La santificación y las buenas obras no son necesarias para la salvación. Esta verdad se enseña claramente en la Escritura, que atribuye la salvación en forma exclusiva a la gracia divina en Cristo, Efe. 2:8-9; Rom. 4:6, excluyendo al mismo tiempo con todo vigor mediante el uso de partículas excluyentes: "Sin la Ley", "sin las obras", "por la gracia", toda obra humana ya sea antes o después de la justificación, Tito 3:3-7.

Los teólogos católicos romanos enseñan la necesidad de las buenas obras para la justificación y la salvación (el Concilio de Trento Ses. VIII, Can. 24). Mientras los jesuitas aseveran que la salvación se obtiene mediante las buenas obras únicamente; otros afirman que la salvación se obtiene mediante Cristo y las buenas obras (el Concilio de Trento). Sin embargo, ambos bandos anulan la gracia y conducen el pecador al infierno. Los teólogos racionalistas modernos también enseñan la necesidad y el mérito de las buenas obras para la salvación; este error es corolario de la doctrina falsa de la salvación por las obras.

La *Fórmula de la Concordia* declara lo siguiente sobre este particular (Decl. Sól. IV, 22-24): "Aquí debemos tener cuidado para que no se introduzcan y se mezclen las obras en al artículo de la justificación y la salvación. Por lo tanto, se rechazan las proposiciones de que *las buenas obras son necesarias para la salvación del creyente de modo que sea imposible ser salvo sin las buenas obras.* Tales proposiciones están diametralmente opuestas a las partículas excluyentes en el artículo de la justificación y la salvación, esto es, se oponen a las palabras por las cuales San Pablo ha excluido por completo nuestras obras y méritos del artículo de la justificación y la salvación, y ha atribuido todo a la gracia de Dios y al mérito de Cristo únicamente, según quedó explicado en el artículo anterior. Además, tales proposiciones quitan a las conciencias afligidas y atribuladas el consuelo del Evangelio, dan ocasión a la duda y son de varios modos peligrosas, y acrecientan la presunción de que uno puede salvarse mediante su propia justicia y la confianza en sus propias obras; y además de esto, son aceptadas por los papistas, quienes las aducen para atacar la doctrina pura de que el hombre es salvo sólo por la fe. Por último, son contrarias a las sanas palabras que nos hablan de la *bienaventuranza del hombre a quien Dios atribuye Justicia,* Rom. 4:6".

Nuestra Confesión condena enérgicamente el grave error de Major, quien enseñaba que las buenas obras son necesarias para la salvación o para obtener la salvación; con igual vigor rechaza como antibíblica también la forma modificada más tarde por Major y Menio, de que las buenas obras son necesarias para ***conservar*** la fe o la salvación. Como la salvación no se le da al hombre debido a sus obras, así tampoco las conserva mediante sus obras, sino que esto lo hace únicamente el Espíritu Santo mediante el Evangelio y la fe, Filip. 1:6; 1 Ped. 1:5; 2 Tim. 1:12-14; 2 Tes. 3:3.

La *Fórmula de la Concordia* rechaza con razón el error de Major, por el hecho de que dicho error emana del ominoso sinergismo de Melanchton (*Loci* de 1535: "Las buenas obras son la *causa sine qua non* y por consiguiente, son necesarias para la salvación") error que Lutero condenó con tanto énfasis, obligando al mismo tiempo a su colega a retractar su falsa doctrina. Cf. "Introducción Histórica a los Libros Simbólicos" por el Dr. Bente *Trigl.,* p. 112 y sig.: "Esta es precisamente la teología de Erasmo y nada puede ser más opuesto a nuestra doctrina", y: "Decir que la nueva obediencia es la *causa sine qua non* de la cual depende nuestra vida eterna, quiere decir pisotear a Cristo y su sangre".

Aunque es verdad que las malas obras destruyen la fe, Efe. 4:30; 5:5; 1 Cor. 6:9 y sig.; Gál. 5:21; Rom. 8:13; Col. 3:5-6, no es verdad que las buenas obras conservan la fe. La verdad del caso es, que si las obras, aun las mejores, se mezclan en el artículo de la justificación y la salvación se destruye la fe y se hace imposible la salvación, Gál. 3:10; 5:4.

Las buenas obras de los creyentes son por cierto, testimonios de su fe y de su estado de gracia; pero ellas no son la *causa sine qua non,* mucho menos la causa eficiente de la salvación. Los que enseñan que las buenas obras conservan la fe, niegan la doctrina cardinal de la justificación y la salvación según la enseñan las Escrituras y las Confesiones Luteranas, y sostienen el error semipelagiano de los papistas, de que la fe salva por cuanto obra por el amor (*fides caritate formata).* En otras palabras, habiendo rechazado la *sola fide* fundan su salvación en la justicia por las obras.

En lo que respecta al pasaje Heb. 12:14, con el cual Major trató de comprobar su doctrina falsa puede afirmarse: 1) Este pasaje presupone la fe, y por lo tanto, también la posesión de la salvación, Efe. 2:8-9; Juan 5:24; pues las palabras se dirigen a cristianos creyentes que deben seguir la santidad porque ya poseen la salvación, Heb. 12:1-2; Col. 3:1 y sig.; 2 Cor. 7:1. 2) Son una advertencia contra la seguridad carnal, según lo demuestra todo el contexto, y así, son parte de la Ley divina, y como tales han de aplicarse a los cristianos que pervierten la fe olvidándose de la santificación, Heb. 12:15-17. El pasaje, por lo tanto, no pertenece al artículo de la justificación y la salvación; en otras palabras, no debe usarse para mezclar la Ley en el Evangelio que fue el error fatal de Major.

Pero aun en lo que respecta a la nueva obediencia o la santificación, no es correcto declarar: "Las buenas obras son necesarias para la salvación". La nueva obediencia del cristiano es en su esencia el cumplimiento de la Ley, Rom. 13:8-10 y asi, como no podemos decir: "El cumplimiento de la Ley es necesario para la salvación", así tampoco podemos decir, que la nueva obediencia (las buenas obras) es necesaria para la salvación. El error de Major tiene pues, que ser condenado tanto en su forma original como en su forma modificada, tanto cuando se aplica al artículo de la justificación, como cuando se aplica al artículo de la santificación. La declaración de Major de que "las buenas obras son necesarias para la salvación", es intrínsecamente falsa y contraria a la sana doctrina

En oposición a Major, Amsdorf declaró que "las buenas obras son perjudiciales a la salvación". La *Fórmula de la Concordia* reconoce que esta declaración, originalmente quería expresar le verdad de que las buenas obras son perjudiciales a la salvación, *en caso de que el pecador deposite su confianza en ellas para obtener la salvación.* En este sentido, admite nuestra Confesión, las buenas obras son perjudiciales a la salvación.

Expresa la *Fórmula de la Concordia* (Decl. Sól., Art. IV. 37): "La explicación correcta de la proposición de que las buenas obras son perjudiciales a la salvación es la siguiente: Si alguien desease introducir las buenas obras en el artículo de la justificación, o basar en ellas su justicia o confianza para la salvación con el propósito de merecer la gracia de Dios y ser salvo por ellas, a éste, no le decimos nosotros, sino San Pablo mismo, por tres veces repetidas, Filip.3:7 y sig., que a tal hombre, sus obras no sólo le son inútiles y un obstáculo, sino también *perjudiciales.* Pero esto no es la culpa de las buenas obras mismas, sino de la falsa confianza que se deposita en ellas en contra de la clara Palabra de Dios".

Por otro lado, la *Fórmula de la Concordia* condena empero, la proposición de Amsdorf por tres razones: 1) porque "en los creyentes, las buenas obras hechas por causas verdaderas y para fines verdaderos, son testimonios de la salvación", Filip. 1:28; 2) porque es la voluntad de Dios y su expreso mandato, que los creyentes hagan buenas obras producidas en ellos por el Espíritu Santo"; 3) porque Dios, "les promete una gloriosa recompensa en esta vida y en la venidera". Por esas razones, no podemos decir "sencilla y rotundamente": "Las buenas obras son perjudiciales a los creyentes en lo que se refiere a su salvación"; sino que "esta proposición es censurada y rechazada en nuestras iglesias, porque como declaración rotunda es falsa y ofensiva, y puede perjudicar la disciplina y la decencia, e introducir y fortalecer una vida torpe, disoluta, vanidosa y epicúrea". *(Ibid).*

b. La declaración: "La santificación y las buenas obras son necesarias" es bíblica y debe sostenerse. La Escritura habla de la nueva obediencia como de una necesidad anagke, Rom. 13:5; dei; Hech. 5:29. "Es necesario" que los creyentes se sometan a la autoridad; "es menester" que obedezcan a Dios antes que a los hombres. Estas expresiones bíblicas jamás deben ser atenuadas o modificadas, sino que han de ser enseñadas en todo su significado y rigor. Cada vez que se susciten falsas interpretaciones, éstas deben ser corregidas; pero las exigencias de la voluntad de Dios no deben ser alteradas por el hombre, ni tampoco debe cambiarse su Palabra para complacer el capricho del corazón carnal. La santificación tiene que ser parte de la vida del creyente, y las buenas obras tienen que ser hechas por él porque así Dios lo ordena (necessitate voluntatis et praecepti sive mandati divini). 1 Tes. 4:3; 1 Juan 3:23.

La *Fórmula de la Concordia* enseña insistentemente la necesidad de la santificación y las buenas obras. Declara esta Confesión (Decl. Sól., IV, 31-32): "Debe censurarse y rechazarse vigorosamente la falsa ilusión epicúrea, según la cual algunos se imaginan que la fe, la justicia y la salvación que han recibido, no pueden perderse mediante pecados u obras impías, ni aun cuando esos pecados y obras impías fuesen hechos a sabiendas y con toda intención, y aseveran que el cristiano retiene la fe, la gracia de Dios, la justicia y la salvación, aunque se entregue a malos deseos, sin temor y vergüenza, resista al Espíritu Santo, e intencionalmente cometa pecados contra su conciencia. Para contrarrestar esta ilusión perniciosa, es necesario repetirles a los cristianos frecuentemente que son salvos por la fe, y fijar en su ánimo las siguientes amenazas, verdaderas, inmutables y divinas, y los siguientes severos castigos y advertencias: 1 Cor. 6:9; Gál. 5:21; Efe. 5:5; Rom. 8:13; Col. 3:6".

Mientras la *Fórmula de la Concordia* recalca así la necesidad de las buenas obras, al mismo tiempo sostiene firmemente que tal necesidad no surge de la coerción, sino de la ordenanza al mandato y la voluntad de Cristo y de nuestra propia obligación, puesto que es verdad que "las obras verdaderamente buenas, deben ser hechas voluntariamente por aquellos a quienes el Hijo de Dios ha hecho libres", Sal. 110:3; 54:6; 2 Cor. 9:7; Rom. 6:17. Dice esta Confesión (Decl. Sól.,

IV, 16-17): "Cuando se emplea esta palabra *necesidad,* no debe entenderse en el sentido de coerción, sino sólo como algo que ordena la inmutable voluntad de Dios. (*Vult enim mandatum Dei ut creatura suo Creatori obediat.*"

Si se pregunta por causa de quién los creyentes deben hacer buenas obras, la respuesta es la siguiente: 1) Por causa de Dios a quien sirven con obras santas, Rom. 12:1-2; 2) por causa de ellos mismos, es decir para que tengan un fiel testimonio de que se hallan en el estado de gracia, 1 Juan 3:14; Mat. 6:14-15; 1 Ped. 2:9, ya que la nueva obediencia y las buenas obras de los creyentes, son en realidad el testimonio externo del Espíritu Santo; 3) por causa de los hijos del mundo, a quienes los cristianos deben dar evidencia de la verdad y el poder del Evangelio mediante una vida santa, para que así, aquéllos sean inducidos a oír la Palabra de Dios y a ser salvos, 1 Ped. 2:12; 3:2; Mat. 5:13-16.

Sin embargo, esta nueva obediencia no emana de la coerción de la Ley, Rom. 7:22, aunque la Ley sirve también al creyente como espejo, freno y regla, Sal. 1:2; 119:1; 1 Cor. 9:27; Rom. 7:18-19; Deut. 12:8, 28, 32 —cosa que debe sostenerse contra toda forma de antinomismo (Juan Agrícola ca. 1535) — sino de la fe en el precioso Evangelio de Cristo que graba la Ley en el corazón, Jer. 31:31 y sig., y asi, hace al creyente deseoso y celoso de toda buena obra, Sal. 110:3; 2 Cor. 9:7; 1 Ped. 5:1-4. Sin embargo, los términos *deseoso, voluntario* etc. no han de interpretarse en el sentido "de que se dé a los creyentes la alternativa de hacer u omitir las buenas obras, o de que puedan obrar en contra de la Ley de Dios, y no obstante poder retener la fe en el favor y la gracia de Dios". (*Fórmula de la Concordia* Decl. Sól., Art. IV, 20).

## 6. LA IMPERFECCIÓN DE LA SANTIFICACIÓN CRISTIANA EN ESTA VIDA

Mientras la justificación es completa y por lo tanto no admite grados, la santificación, debido a la corrupción que permanece en la carne, Rom.7:24, no es jamás completa o perfecta en esta vida, Filip.3:12-14 sino gradual y capaz de crecer constantemente, Efe. 4:15-16; Col. 2:19. Esta verdad, que la Escritura imprime tan prominentemente en el corazón de los creyentes, es de suprema importancia para que ellos entiendan en forma correcta sus deberes cristianos.

Sobre la imperfección de la santificación cristiana en esta vida escribe Quenstedt: "La renovación (la santificación) en esta vida es parcial e imperfecta y admite grados; por lo tanto, jamás llega a la más alta cumbre de la perfección. Pues el pecado permanece en los regenerados y afecta su equilibrio y la carne lucha contra el Espíritu; por lo que nuestra renovación progresa de día en día y ha de continuar por toda la vida, 2 Cor. 4:16. La falta de perfección en la renovación no procede en modo alguno de cierta impotencia en Dios, el agente renovador, sino de la debilidad del hombre que es el recipiente de la acción divina". (*Doctr. Theol.,* p. 490).

Y otra vez: "La renovación avanza mediante actos piadosos y esfuerzos frecuentes. Si éstos se tornan esporádicos sigue una disminución, de manera que en cierto tiempo existe un incremento y en otro un decremento. Las Sagradas Escrituras afirman que en esta vida, la renovación del regenerado debe aumentar y crecer de continuo Efe.4:16".

Estas citas demuestran la gran importancia que dan nuestros dogmáticos luteranos a la imperfección de la santificación cristiana, y demuestran además, lo mucho que el creyente debe luchar diariamente por progresar en la gracia de la santidad. Nuestros teólogos luteranos reconocen por cierto, el hecho de que el regenerado según el nuevo hombre es espiritual, 1 Cor. 2.15; 14:37; Gál. 6:1, pero por otro lado, afirman que el regenerado es también carnal Rom. 7:14, es decir, en lo que se refiere a su carne pecaminosa (*sarx*), Rom. 7:22-23.

Hollaz comenta así sobre este particular: "Cuando al hombre renovado se le llama espiritual ello se hace en atención a aquello que es preponderante, a saber, el espíritu que prevalece (el nuevo hombre o el hombre interior); pero cuando al mismo hombre (el renovado) se le llama carnal, ello se hace en atención a aquello que es subordinado, a saber, la carne, la cual está por cierto subyugada pero aún se rebela y resiste, y con ella se bate continuamente la persona que ha sido justificada, entretanto que se encuentra en la lucha de esta vida". (*Doctr. Theol.,* p. 491).

La doctrina de la imperfección de la santificación cristiana está bien respaldada por la Escritura. Al considerar las imperfecciones de los creyentes les advierte que "crezcan en todo en ...

Cristo", Efe.4:15; que "abunden para toda buena obra", 2 Cor. 9:8; que "crezcan en la obra del Señor siempre", 1 Cor. 15:58; que "crezcan en el conocimiento de Dios", Col.1:10; que sean "fortalecidos con todo poder ... para toda paciencia y longanimidad", Col. 1:11; que "crezcan y abunden en amor los unos para con los otros, y para con todos" 1 Tes. 3:12; que "el amor de ellos abunde aún más y más, en ciencia y en todo conocimiento", Filip. 1:9; que "agraden a Dios y abunden más y más", 1 Tes. 4:1; etc.

Todas estas advertencias demuestran que el creyente, según el viejo hombre (*palaios anzrōpos*) que aún mora en él, es por cierto muy imperfecto, y que toda su vida debe ser un esfuerzo perpetuo con el fin de vencer sus malas inclinaciones, luchar contra el pecado, y tender hacia aquello que es agradable a la vista de Dios.

La *Fórmula de la Concordia* (Decl. Sól., II, 68) lo expresa magistralmente del siguiente modo: "Puesto que en esta vida recibimos solamente las primicias del Espíritu, y el nuevo nacimiento no es completo sino que sólo ha empezado en nosotros (*regeneratio nondum sit absoluta sed solummodo in nobis inchoata)* el combate y la lucha entre la carne y el espíritu, permanece aún en los que han sido elegidos y verdaderamente regenerados; pues se percibe una gran diferencia entre los cristianos, no sólo porque uno es débil y otro fuerte en el espíritu, sino también porque cada cristiano, se siente gozoso en el espíritu en ciertos momentos y temeroso y alarmado en otros; en ciertos momentos siente un amor ardiente hacia Dios al igual que una fe fuerte y una esperanza firme, y en otros momentos se siente frío y débil".

Para recalcar este punto nuestros dogmáticos han dicho: "La justicia de la fe, o la justicia que se nos atribuye es perfecta y completa; la justicia de la vida o la justicia inherente, ha empezado en el que cree pero no es completa ni perfecta".

Existe pues, en el creyente, una lucha constante entre el nuevo hombre (*nous, anzrōpos, kainos anzrōpos*) y su carne, según lo demuestra claramente San Pablo en Rom. 7:25. (Cf. Lutero St. L., XV, 1552).

La doctrina de la imperfección de la santificación cristiana, debe ser sostenida y defendida en toda su verdad y acentuación bíblica contra el error del perfeccionismo (los papistas los unitarios los arminianos (Limborch) los iluminados (Weigel Schwenkfeld etc.) los metodistas, Finney de Oberlín, etc.).

Si bien, el error del perfeccionismo se enseña en diferentes formas, de manera que es necesario distinguir los varios tipos de esta ilusión (el papista, el metodista, el de Oberlín etc.) la *Fórmula de Concordia* hace una acertada definición general de esta falsa doctrina cuando declara (Epít. II 12): "Rechazamos también el error de que el hombre después de haber nacido de nuevo, puede observar perfectamente la Ley de Dios y cumplirla por completo"; "de que el cristiano que ha sido verdaderamente regenerado por el Espíritu de Dios, puede observar perfectamente la Ley de Dios y cumplirla por completo en esta vida" (Epít. XII, 25).

Eso, en general, constituye la esencia del perfeccionismo. Se funda en la premisa antibíblica, de que sólo aquellas transgresiones que se cometen consciente y deliberadamente se pueden llamar verdaderamente pecados. Cf. Wesley: "Creo que una persona llena del amor de Dios es aún capaz de cometer transgresiones involuntarias. Tales transgresiones podéis llamarlas pecados si queréis; yo no". Strong, *Syst. Theol.* 878. Cf. También *Las Decisiones del Concilio de Trento* Ses. V, el *Decreto sobre el Pecado Original,* 5.

En lo que atañe a sus consecuencias, el perfeccionismo acaba por abandonar el artículo de la justificación por la fe (*sola fide*), porque la fe salvadora puede morar únicamente en un corazón contrito, que mediante el arrepentimiento diario (la contrición y la fe) se apropia los méritos de Cristo para cubrir sus pecados. En otras palabras, el verdadero creyente jamás niega su estado pecaminoso (el original y el actual) sino que siempre confiesa sus pecados delante de Dios, Sal. 32:5; 38:1 y sig.; 90:8; 143:2, etc. En vista de esto, hay que condenar el perfeccionismo como una especie de justicia por las obras, Luc. 18:11-12, que es tan ofensivo como pernicioso. Este perfeccionamiento llega a su colmo en la jactancia del romanismo, de que existen santos cuya suprema santidad produce obras de supererogación (*opera supererogationis*) esto es, obras que son más que suficientes, y que por lo tanto, pueden dispensarse a otros que no tienen suficiente perfección.

Contra el perfeccionismo declara la Escritura que "si decimos que no tenemos pecado nos engañamos a nosotros mismos y la verdad no está en nosotros"; aún más "si decimos que no hemos pecado lo hacemos a Él mentiroso y su palabra no está en nosotros", 1 Juan 1:8 10. Es verdad que el mismo apóstol que escribió estas palabras también dijo: "Todo aquel que es nacido de Dios no practica el pecado, porque la simiente de Dios está en él; y no puede pecar porque es nacido de Dios", 1 Juan 3:9. Sin embargo, en este pasaje el apóstol describe al creyente según el nuevo hombre ("porque es nacido de Dios") y no según su naturaleza corrupta (*sarx*) de la cual proceden todas sus transgresiones después de la conversión. Al mismo tiempo, el creyente como nueva criatura en Cristo ya no está bajo el dominio del pecado para que le obedezca en sus concupiscencias, Rom. 6:12 14. Cuando un verdadero creyente peca, no es su ser regenerado o el nuevo hombre en el que peca, sino su viejo Adán o su carne corrupta.

San Juan, en el pasaje que acabamos de citar (1 Juan 3:9) corrobora la declaración de San Pablo al hablar de sí mismo en Rom. 7:17. Esto lo explica San Pablo más extensamente en Rom. 7:22-23. El perfeccionismo no puede comprobarse pues, ni con 1 Juan 3:9, ni con Rom. 6:14.

Entre paréntesis podemos agregar, que el error del perfeccionismo es de por sí el resultado de la naturaleza perversa del hombre o de su razón presuntuosa, que rehúsa humillarse a sí misma delante de Dios, Luc. 18:9; 2 Ped. 2:18-19; 1 Ped. 5:5-6.

El hecho de que la santificación en esta vida es gradual e incompleta *(renovatio inchoata, imperfecta)*, no debe ser tomado por el cristiano como pretexto para no esforzarse por la santificación. A1 contrario, debe impulsar constantemente al cristiano para perseguir la santidad en el temor de Dios. Aunque la santificación perfecta es imposible en esta vida, no obstante, ella debe ser la meta suprema del cristiano.

Tal es la voluntad de Dios, 1 Cor. 1:30; 2 Tes. 2:13; Heb. 12:14; 1 Tes. 4:3-7, etc. La exigencia divina es que el creyente se limpie de *toda* inmundicia de la carne y del Espíritu, *perfeccionando* la santidad en el temor de Dios, 2 Cor. 7: 1, y que sea santo en toda su conducta, 1 Ped. 1:15. Expresado negativamente, el creyente debe despojarse de *todo* pecado, expresado positivamente, el creyente debe vestirse de *toda* virtud; pues solamente le sienta la santidad perfecta, como santo de Dios en Cristo Jesús, Col. 1: 10; filip. 4:8; cf. también Col. 3; Efe. 5 y 6; Rom. 12-15; etc. Así, la Sagrada Escritura, no sólo contiene múltiples consejos en cuanto a la santidad, sino que también establece para el creyente la norma más alta de su perfección, Mat. 6:24; Luc. 14: 25-35; Mat. 7:13-14; 18: 8-9; etc. La vida de fe significa una vida en que el creyente se niega a sí mismo y mortifica su carne, 1 Cor. 9:25, 27.

Aún más, Dios en su santa Palabra exige del creyente un grado tan perfecto de santificación, que el corazón tembloroso y penitente del que cree se ve obligado a preguntar: "¿Quién, pues, podrá ser salvo? " Mat. 19:25. La respuesta de Jesús a esta pregunta: "Para los hombres esto es imposible; mas para Dios todo es posible", Mat.19:26 confirma la verdad enseñada en tantos pasajes de la Escritura, de que la norma de la perfección cristiana establecida por Dios es tan alta, que sólo la gracia divina puede salvamos, Efe. 2:8-9.

En vista de estos pasajes se hace evidente la gran insensatez del perfeccionismo. El hecho de que esta doctrina se haya enseñado en la Iglesia se debe a que se ha confundido perniciosamente la Ley y el Evangelio, cosa que siempre sucede cuando los cristianos se apartan de la Palabra de Dios y se entregan a las doctrinas de la carne. El papismo, el arminianismo, el unitarismo, etc., enseñan el perfeccionismo porque por un lado han debilitado las severas exigencias de la Ley divina, y por el otro, han entenebrecido la gloria perfecta de la gracia de Dios en Cristo Jesús. Primeramente enseñaron la salvación mediante la justicia por las obras; y después, una vez que se arraigó en su sistema de enseñanza esta doctrina pagana, tuvo que seguir la "ilusión epicúrea" del perfeccionismo. Al principio les dijo la razón presuntuosa: "Puedo hacer buenas obras para merecer la salvación"; después añadió con toda arrogancia: "Puedo hacer aún muchas más obras de las que se requieren para la salvación".

Por consiguiente, no debemos decir: "Si es herejía la doctrina de la santificación perfecta, es aún mayor herejía la doctrina del contentamiento con la doctrina de la santificación imperfecta" (A. J. Gordon; cf. *Christl. Dogmatik*, Tomo III, p. 40) sino más bien: "Ambas son herejías intolerables que imposibilitan la salvación".

Pero al fin y al cabo, el perfeccionismo mismo equivale a tener en poco y repudiar la santificación cristiana, pues el perfeccionista en su arrogancia, y al negar el hecho de que puede pecar, rehúsa seguir el curso que le prescribe Dios en su Palabra respecto de la santificación cristiana. La verdadera santificación se verifica cuando el creyente mediante el sinceró arrepentimiento diario, pide a Dios en toda humildad, que por causa de Cristo le perdone sus muchos pecados, y después, en el poder de la fe, y confiando *en* la gracia de Dios, renueva su lucha contra el pecado y se reconsagra de nuevo a la santidad. La verdadera santificación presupone pues, un estudio continuo de la Ley con el propósito de obtener un conocimiento aún mayor acerca del pecado y de los mandatos divinos, una meditación continua sobre el Evangelio para obtener una seguridad aún mayor acerca del perdón, y una atención fijada en la meta que ha de perseguir el peregrino de Cristo en su jomada hacia el cielo, su verdadero hogar (Filip. 3:20-21). La vida de la verdadera santificación, es una vida en Cristo dedicada a Dios, guiada por el poder del Espíritu Santo en vista de la esperanza de la gloria eterna, Heb. 13:14: *ten mellousan* [πόλin] *epidsetomen.*

Con respecto al argumento de los perfeccionistas, de que Dios no ordena lo imposible, Mat. 5:48, tenemos que rechazarlo como falso y declarar *A praecepto ad posse non valet consequentia.* Con respecto a los pasajes bíblicos que los perfeccionistas aducen para respaldar su error, podemos decir en resumen: 1 Juan 3:9 describe al cristiano según el nuevo hombre; Filip. 3:15 habla de la lucha del cristiano para obtener la perfección; Heb. 5:13 expone la perfección de los que han llegado a la edad madura; Mat. 5:48 ordena que amemos como ama Dios, y no se refiere a la cantidad sino a la esencia; Col. 2:10 enseña la perfección de la justificación.

En conclusión, deseamos recordar al lector una vez más el hecho importante, de que el artículo de la santificación puede conservarse puro, sólo cuando el artículo de la justificación se enseña en toda su pureza bíblica. Los que yerran en la doctrina de la justificación tienen que errar también en la doctrina de la santificación.

A esta gran verdad dirige la atención la *Fórmula de Concordia* al declarar (Decl. Sól., III, 22): "Cuando enseñamos que mediante la operación del Espíritu Santo nacemos de nuevo y somos justificados, no queremos decir que después de la regeneración no queda ya ninguna injusticia en la persona y en la vida de los que han sido justificados y regenerados, sino que Cristo, mediante su obediencia perfecta, les cubre todos los pecados, que no obstante son inherentes en la naturaleza en esta vida. Pero independiente de esto, son declarados y considerados rectos y justos mediante la fe y por causa de la obediencia de Cristo... aunque debido a la corrupción de su naturaleza, aún son y permanecen pecadores hasta la sepultura... Tampoco queremos decir, por otro lado, que podemos o debemos entregarnos a los pecados y permanecer y continuar en ellos haciendo caso omiso del arrepentimiento, la conversión y la renovación".

Declara además esta Confesión (Decl. Sól., III, 32): "Se dice correctamente que los creyentes que han sido justificados en Cristo mediante la fe, en esta vida tienen primero la justicia imputada de la fe, y luego también la justicia de la nueva obediencia o las buenas obras. Pero estas dos no deben confundirse, o ser ambas inyectadas al mismo tiempo en el artículo de la justificación por la fe. Pues ya que esta incipiente justicia o renovación en nosotros, es incompleta e impura en esta vida debido a la carne, la persona no puede presentarse con ella y por medio de ella ... delante del tribunal de Dios, sino que delante del tribunal de Dios sólo vale la justicia de la obediencia, la Pasión y la muerte de Cristo que es atribuida a la fe, de manera que por causa de esta obediencia la persona (aún después de su renovación, cuando ya ha hecho muchas buenas obras y ha llevado la vida más santa) agrada a Dios y es aceptable a Él, y es recibida en la adopción y herencia de la vida eterna". (Cf. *Christi Dogmatik* III, p. 41 y sig.; también Lutero St. L., XV, 1551, 1554).

## 7. LA DOCTRINA ACERCA DE LAS BUENAS OBRAS

Trataremos esta doctrina bajo tres títulos: a) La Definición de las Buenas Obras; b) Las Obras de los Paganos; y c) El Crecimiento del Cristiano en las Buenas Obras.

### *A. LA DEFINICIÓN DE LAS BUENAS OBRAS*

Las buenas obras según la Sagrada Escritura son los frutos de la fe que justifica, 1 Juan 5:4; Gál. 2:20; 5:6; Heb. 11:4-39. Por consiguiente, cuando hablamos de las buenas obras en el sentido estricto en que la Escritura usa el término, incluimos todo pensamiento, deseo, palabra y obra que emana de la fe del que cree en Cristo Jesus. El elemento de la fe, por lo tanto, se recalca correctamente en todas las definiciones que nuestros dogmáticos han dado acerca de las buenas obras.

Hollaz define las buenas obras así: "Las buenas obras son actos libres de las personas justificadas, ejecutadas mediante la gracia renovadora del Espíritu Santo según lo prescrito en la Ley divina, precedidas de la verdadera fe en Cristo y obradas para la gloria de Dios y la edificación de los hombres". (*Doctr. Theol.*, p. 493). *La Confesión de Augsburgo* (Art. XX, 28-30) lo expresa de este modo: "Solamente por la fe se obtiene la remisión de los pecados, y esto gratuitamente, y como por la fe se recibe el Espíritu Santo también los corazones son renovados dotados de nuevos efectos para poder producir buenas obras. Así dice Ambrosio *"La fe es la madre de la buena voluntad y de las buenas acciones"*. La fe en Cristo es por lo tanto, la verdadera fuente de la cual emanan todas las obras verdaderamente buenas.

En oposición a la falsa definición acerca de las buenas obras tan corriente en la teología papista, Hollaz acentúa el hecho de que también deben ser considerados como buenas obras: "Los afectos internos del corazón y los impulsos de la voluntad" que emanan de la fe. Así escribe él "Por obras se entiende aquí, no sólo las acciones visibles externas (que proceden de la mano o a lengua), sino también los efectos internos del corazón y los impulsos de la voluntad, y así toda la obediencia y la justicia inherente del regenerado. Se debe hacer por lo tanto, una distinción entre las buenas obras internas y las externas. Las primeras son vistas únicamente por los ojos de Dios e incluyen los pensamientos internos de la mente, los impulsos de la voluntad y los puros efectos del corazón (tales como el amor, el temor a Dios la confianza en Dios, la paciencia y la humildad). Las segundas son vistas no sólo por Dios sino también por el hombre, y se manifiestan externamente mediante la conducta, las palabras y las acciones". (*Doctr. Theol.*, p. 494).

Es necesario recordar este punto cada vez que se considera la doctrina acerca de las buenas obras; de lo contrario alguien puede definir muy limitadamente las buenas obras, y así excluir de su esfera muchos elementos que propiamente pertenecen a ella.

Nuestros dogmáticos luteranos se vieron obligados a exponer y defender la doctrina bíblica acerca de las buenas obras, especialmente en oposición a la perversión que los papistas han hecho de ella. Por esta razón se vieron obligados, en primer lugar, a determinar la verdadera norma de las buenas obras cristianas. Según la Escritura, la norma o regla de las buenas obras no es: a) Ni la propia voluntad del hombre (Col. 2:23: "culto voluntario": cf. Lutero St. L., 866 y sig.) b) ni la voluntad de otros hombres (Ezeq. 20:18: "Ni guardéis sus leyes"; Col. 2:16: "Nadie os juzgue"); c) ni la voluntad de la Iglesia (Mat. 15:9: "Enseñando como doctrina mandamientos de hombres"); d) ni aun la "buena intención" del hombre, 1 Sam. 15-22; Juan 16:2; Hech. 26:9; sino e) la Palabra revelada y la voluntad de Dios (Deut. 5: 32: "Mirad pues que hagais como Jehová vuestro Dios os ha mandado"; Mat. 4:10: "Al Señor tu Dios adorarás y a Él solo servirás"). (*Las buenas obras son actos que ejecutan según la Ley de Dios y la fe).* Desechar la Palabra de Dios como la norma de las buenas obras, equivale a apartarse de Dios y así cometer idolatría grosera, 1 Sam. 15:22-23.

Lutero comenta muy correctamente: "La Escritura califica de horrible superstición. idolatría y servicio a los ídolos, el proponerse hacer algo sin la Palabra de Dios y en contra de ella en vez de obedecerla; y esto es por cierto, un terrible veredicto, especialmente cuando se observa cuán común es esto en el mundo y con cuánta frecuencia se hace" (St. L., I, 866).

Este juicio de Lutero es muy correcto. Todos los que ponen como fuente y regla de la fe los mandamientos de hombres en lugar de la Palabra de Dios, se degradan haciéndose "siervos de los hombres", 1 Cor. 7:23; aún más, por su obediencia ilegal, en realidad honran a los hombres como a dioses. Aun en lo que se refiere a las *aflicciones* del cristiano hay que advertir que sólo Dios puede imponerlas, 1 Ped. 3:17, y que no está en el creyente el infligírselas, 1 Ped. 4:15-16, 19: *pasjontes kata to zelma tou zeou.*

Quenstedt declara muy acertadamente: "La norma directiva según la cual han de verificarse y juzgarse las buenas obras, es la palabra de la Ley divina que ofrece una regla absolutamente perfecta de justicia y santidad divina, y prescribe no sólo lo que ha de hacerse sino también lo que ha de omitirse". (II. 1387: Cf. *Christl. Dogmatik,* III, 45). "Las obras verdaderamente buenas, no son aquellas que cada uno se impone procedentes de una buena intención o que se hacen según las tradiciones de los hombres, sino aquellas que Dios ha prescrito y ordenado". (*Trigotta,* p. 939).

Al establecer normas falsas respecto de las "buenas obras" (la propia devoción del hombres, los mandamientos de la Iglesia, el infame sistema de principios morales establecido por los jesuitas) la Iglesia de Roma comprueba su carácter antibíblico. Lutero condenó con razón, la santidad ficticia de ciertos monjes y ciertas monjas, y ensalzó la verdadera santidad de las obras hechas por todos los creyentes —no importa cuán humilde su posición— como obras que son santificadas por los mandamientos de Dios (St. L., IX, 952 y sig.).

La regla que se acaba de citar, no la aminora el hecho de que Dios en su Palabra ordena que los súbditos obedezcan al gobierno civil y los hijos a sus padres, Efe. 6:1 y sig.; Col. 3:20; Rom. 13:1-7, con la condición por supuesto, de que el gobierno y los padres no ordenen nada que sea contrario a los mandamientos divinos, Hech. 5:29. Todas las ordenanzas legales del gobierno y de los padres son ordenanzas que proceden de Dios, ya que Dios mismo les ha dado la autoridad de gobernar. Lo mismo se aplica a los ministros cristianos cada vez que en el nombre de Dios, y por la autoridad de la Escritura, mandan o exhortan a sus oyentes a que hagan lo que Dios les ordena, Heb. 13:7; 1 Tes. 5:12-13; 1 Tim. 5:17-18. Pero en todos los demás casos, los cristianos no deben reconocer como norma de sus obras la voluntad o los mandamientos de otros hombres, Mat. 15:9; Gál. 2:3, 5, 11-14. En ciertas circunstancias, hasta es el sagrado *deber* de los cristianos desechar las normas y reglas humanas, esto es en todos los casos en que éstas se hallen en conflicto con la Palabra de Dios, Gál. 5:1-3.

En resumen, pues, la norma de las buenas obras no es ni la voluntad de los hombres, Mat. 15:9; ni la conciencia, Juan 16:2; Hech. 26:9 y sig.; ni la Ley de Moisés, según fue dada a los judíos con su contenido de elementos ceremoniales y políticos designados solamente para el Antiguo Testamento, Lev. 11; Núm. 15:32 y sig. cf. con Col. 2: 16-17; ni los mandamientos especiales dados a ciertas personas individualmente, Gén. 22:1 y sig.; ni la Iglesia, Mat. 23:8; Mar. 7:7; sino únicamente la Ley Moral de Dios o su "voluntad inmutable", según se nos revela en pasajes claros del Antiguo y del Nuevo Testamento, Mat. 22:37-40; Rom.13:10. Los hombres pueden errar; la conciencia es falible; las leyes temporarias del Antiguo Testamento han sido abolidas; los mandamientos especiales se limitaban a ciertos individuos; la Iglesia misma está sujeta a la Palabra de Dios; pero la Ley Moral o la voluntad inmutable de Dios permanece para siempre como la norma y regla de la vida cristiana, Juan 12:48.

En su *Catecismo Mayor,* Lutero escribe en términos muy claros sobre la norma de las buenas obras: "En esto me fundo al afirmar que si pretendemos ser piadosos en nuestras obras y nuestra vida en general, de modo que ésta y aquéllas sean santas no tenemos otra guía que la Palabra de Dios. Por el contrario, toda vida u obra ajenas a la Palabra de Dios son ante Dios de carácter profano, aunque con su apariencia engañosa e hipócrita no lo parezcan y aunque se las recubra de santidad, como hacen aquellos clérigos y frailes que, sin conocer la Palabra de Dios buscan su santificación mediante buenas obras". (Trad. de M. Gutiérrez—Marin. *Cf. Triglotta,* p. 607. § 92-93; cf. también el sermón de Lutero sobre Tito 2: 13; St. L., IX, 952 y sig.).

Fundándose en la Escritura nuestros dogmáticos siempre han observado contra los romanistas, que la "buena intención" del hacedor jamás podrá hacer buena ninguna obra, ni tampoco podrá cambiar una mala obra en una buena obra.

Aunque la Ley Moral o la voluntad inmutable de Dios, según se revela en la Escritura, es la norma de las buenas obras no es sin embargo la *fuente* de ellas; pues las buenas obras de los cristianos no son "obras de la Ley" sino "frutos del Espíritu". Entre aquéllas y éstos, la *Fórmula de Concordia* hace correctamente la siguiente distinción (Epít. VI, 5-6): "Las obras que se hacen según la Ley, son y se llaman obras de la Ley, siempre que se extraigan involuntariamente del hombre mediante el acosamiento del castigo y la amenaza de la ira de Dios. Los frutos del Espíritu son empero, las obras que el Espíritu de Dios que mora en los creyentes ejecuta en los que han sido regenerados, y que son hechas por los creyentes por cuanto han sido regenerados (espontánea y libremente) como si no supiesen nada de mandato, amenaza o recompensa; pues de esta manera, los hijos de Dios viven en la Ley y andan según la Ley de Dios, a la cual San Pablo en sus epístolas llama la Ley de Cristo y la Ley de la mente, Rom. 7:25; 8:7; 8:2; Gál. 6:2".

Según lo enseña correctamente la *Fórmula de Concordia,* todas las buenas obras de los que han sido regenerados emanan de un espíritu voluntario o del amor hacia Dios. Esta es una doctrina expuesta muy claramente en la Escritura, Sal. 110:3; 54:6; Rom. 6:18; 7:22 y sig.; 2 Cor. 9:7. Aún más, toda obra que no emana del amor hacia Díos es una transgresión de la Ley de Dios, pues "el cumplimiento de la ley es el amor", Rom. 13:8-10. Es por esta razón que Lutero empieza sus explicaciones de los Diez Mandamientos con las tan enfáticas palabras: "Debemos temer y amar a Dios"; pues por estas palabras indica la verdadera fuente de donde ha de proceder toda obediencia a la Ley.

Todo esto comprueba que la verdadera obediencia a la Ley divina la pueden rendir solamente los verdaderos cristianos, a quienes el Espíritu Santo ha dotado de facultades espirituales mediante la fe, Filp. 4:13. Los incrédulos sólo ejecutan buenas obras externas, ya que éstas emanan, bien del amor natural hacia aquellos a quienes sirven (padres hijos patria etc.), bien de la pasión por la fama y el elogio, así como del deseo de obtener la salvación por medio de las buenas obras. Debido a la naturaleza perversa que aún queda en ellos, también los regenerados pueden ser seducidos a hacer buenas obras por los motivos que acabamos de citar. Pero todas las "buenas obras" que se hacen según la carne, son pecaminosas y no tienen ningún valor delante de Dios.

Sin embargo, según el hombre interior o como nuevas criaturas en Cristo, los creyentes hacen buenas obras para demostrar su amor y gratitud hacia Aquel que es su Padre en Cristo Jesús, 1 Juan 4:19. Tales obras espirituales no las hacen con el deseo de ganar el cielo, sino que son impulsadas por la feliz seguridad de que en Cristo ya poseen el cielo, Rom 12:1. (Cf. Lutero St. L., XII, 136.) Lutero tiene pues razón, al decir que la persona tiene primero que ser buena antes de que sus obras sean buenas; esto es, la persona tiene que ser santificada mediante la fe en Cristo antes de que sus obras puedan agradar a Dios.

La Apología se expresa en términos similares (III, 4): "Después que somos justificados por la fe y regenerados, empezamos a temer a Dios, a amarlo y a pedirle y esperar su ayuda. También empezamos a amar a nuestros semejantes, porque nuestro corazón tiene emociones espirituales y santas. Estas cosas no pueden suceder, a menos que siendo justificados por la fe y regenerados recibamos el Espíritu Santo." Este es también el significado del axioma teológico: "Las buenas obras no sólo deben ser buenas sino que también deben ser hechas de una manera buena" esto es, deben ser hechas en la fe, Heb. 11:6.

Aunque las buenas obras de los creyentes emanan de la fe, sin embargo, no son de por sí perfectas ya que llevan la mancha del pecado y la corrupción que aún adhiere a los creyentes, Rom. 7:14-19. Sus buenas obras, o no son hechas entera y exclusivamente según la norma de la Ley divina (otros motivos o consideraciones pueden impulsar sus acciones), o no son hechas con un espíritu completamente libre y voluntario, siendo estimuladas en parte por las amenazas de la Ley, Rom. 7:22-23. Por esta razón, las buenas obras de los creyentes son deficientes en cualidad, es decir, no son tan perfectas como Dios quiere que sean, Gál. 6:8.

A esto debemos añadir también la deficiencia en cantidad, pues el cristiano nunca hace todas las buenas obras que debe hacer, Gál. 6:9-10; 2 Cor. 2:8, 7, 10, 11; 1 Cor. 16:1-2. Por lo tanto, las buenas obras del que ha sido regenerado nunca son "buenas" en el sentido estricto del término, o lo que es lo mismo, nunca se ajustan a la norma perfecta de la voluntad divina, Rom. 7:24-25. Si Dios las acepta como buenas, ello se debe únicamente a que la justicia perfecta de Cristo, que los creyentes se apropian por la fe, cubre las imperfecciones de ellos. En otras palabras, Dios en su misericordia les perdona su insuficiencia por causa de Cristo, 1 Juan 2:1-2.

La *Fórmula de Concordia* lo expresa así (Decl. Sól., IV, 8): "Ni tampoco existe controversia alguna en cuanto a cómo y por qué las buenas obras de los creyentes, aunque en esta vida son impuras e incompletas, son agradables y aceptables a Dios; pues lo son por causa de Cristo por medio de la fe, porque la persona es agradable a Dios". Y otra vez (Decl. Sól., VI, 221: "Pero cómo y por qué las buenas obras de los creyentes, aunque en esta vida son imperfectas e impuras debido al pecado que mora en la carne, son no obstante aceptables y agradables a Dios es algo que no lo enseña la Ley, la cual requiere una obediencia completamente perfecta y pura si es que ha de agradar a Dios. Pero el Evangelio enseña que nuestros sacrificios espirituales son agradables a Dios, porque nacen de la fe y se hacen por causa de Cristo, 1 Ped. 2:5; Heb. 11:4 y sig.".

Y Quenstedt lo expresa de este modo: "Las obras de los que han sido regenerados consideradas por sí mismas no son perfectamente buenas, sino que la mancha del pecado las ha corrompido y contaminado; pero en Cristo son perfectamente buenas, y en tal sentido que lo que no es hecho en ellas es perdonado mediante Cristo y por causa de Él, y lo que les falta en perfección, es compensado por la muy perfecta obediencia de Cristo que es atribuida a los creyentes" (*Doctr. Theol.*, p. 493). El hecho es pues, que la sangre de Jesucristo el Hijo de Dios, tiene que limpiamos también de la impureza de nuestras buenas obras, 1 Juan 1:7.

### *B. LAS OBRAS DE LOS PAGANOS*

Puesto que San Pablo en su Epístola a los Romanos, afirma que los gentiles hacen por naturaleza lo que es de la Ley, Rom. 2:14-15; cf. también 1:19-20, 32, es necesario considerar la pregunta: ¿En qué sentido pueden hacer buenas obras también los paganos o los que no han sido regenerados? Aunque es verdad, que hablando en términos precisos, sólo podemos llamar buenas aquellas obras que emanan de la fe y del verdadero amor a Dios, Heb. 11:6, podemos, no obstante, aplicar el término "buenas", a todas las obras de los no regenerados que se hacen según la norma de la Ley divina escrita en sus corazones, Rom. 2:15; 1:32, tales como el dar de comer al que tiene hambre, dar ropa al que la necesita, ayudar a los que sufren, ser diligente en su propio oficio etc.. Lutero dijo en cierta ocasión, que observadas externamente estas obras sobrepasan con frecuencia las de los creyentes; pues, "Alejandro Magno, Julio César y Escipión, ejecutaron obras mayores que las de un cristiano" (St. L., II, 461 y sig.).

Pero a pesar de esto, tanto Lutero como nuestras Confesiones Luteranas, declaran que la diferencia entre las buenas obras de los creyentes y de los incrédulos, es una diferencia de clase y no de grado; es decir, las buenas obras de los que no han sido regenerados no han de equipararse en modo alguno con las buenas obras cristianas, sino que son buenas sólo externamente *y* no internamente. Lutero dice: "Malditas son todas las obras que no se hacen en amor" (St. L., X, 407; cf. también VII, 1862).

Las obras de los incrédulos son por cierto también causadas por Dios pero no en su Reino de Gracia, en el cual el Espíritu Santo produce buenas obras espirituales por los medios de gracia, sino en su Reino de Poder en que Dios con el propósito de preservar a este mundo, efectúa buenas obras civiles o buenas obras externas, mediante su Ley divina escrita en el corazón del hombre. Estas buenas obras externas son necesarias para el bienestar de la familia humana, y por consiguiente, Dios las recompensa con bendiciones temporales en su Reino de Poder. En este sentido pues, pueden llamarse buenas las obras de los que no han sido regenerados; se hacen según la norma divina, y ejercen una influencia saludable en el dominio de la vida terrenal.

Pero cuando estas obras se consideran con atención a la fuente de la cual emanan todas las buenas obras espirituales, a saber, a la fe, al corazón regenerado, a la nueva vida en Cristo, etc., no podemos de ninguna manera llamarlas buenas, sino que tenemos que condenarlas como completamente pecaminosas. La razón para esto es evidente, la Sagrada Escritura declara sin restricción alguna, que todos los que no han sido regenerados están "muertos en delitos y pecados", Efe 2:1; "ajenos (enajenados) de la vida de Dios por la ignorancia que en ellos hay", Efe.4:18; "sin esperanza y sin Dios en el mundo", Efe. 2:12, y dados "a los ídolos mudos" 1 Cor. 12:2, de modo "que lo que sacrifican, a los demonios lo sacrifican, y no a Dios", 1 Cor. 10:20.

Es de notar, que tanto los romanistas como los protestantes de tendencias romanas, consideran las obras "morales de los paganos" como buenas, meritorias y hasta dignas de la salvación. Esto demuestra que no entienden ni ia Ley ni el Evangelio. Consideran como buenas a las obras de los paganos, porque ellos mismos enseñan la doctrina pagana de la justicia por las obras, y así, han caído de la gracia.

Puesto que los que no han sido regenerados se hallan lógicamente en un estado de ignorancia espiritual y sin esperanza, no son en realidad capaces de hacer buenas obras que procedan de motivos espirituales. Además, como ellos mismos desagradan a Dios, Tito 1:16; Salmo 53:1-3, así también, sus obras desagradan a Dios porque son malas, Mat. 12:33; Luc. 5:43-44; por esta razón, en lo que respecta a las buenas obras de los que no han sido regenerados hacemos la siguiente distinción: En la esfera del Reino de Poder de Dios, o en asuntos terrenales pueden llamarse buenas; en la esfera del Reino de Gracia de Dios o en asuntos espirituales son pecados (Agustín: "pecados resplandecientes").

Tal es la clara enseñanza de nuestras Confesiones. La *Confesión de Augsburgo* (Art. XVIII) declara: "Aunque la naturaleza puede de alguna manera hacer las obras externas —puede cohibir sus manos del hurto y del homicidio— no puede sin embargo, producir las emociones interiores como el temor de Dios, confianza en Dios, castidad, paciencia, etc."

La Apología dice (Art. IV [II], 33 y sig.): "Si la mente carnal es enemistad contra Dios, la carne por cierto, no ama a Dios; si no puede estar sujeta a la Ley de Dios no puede amar a Dios. Si la mente carnal es enemistad contra Dios, la carne peca aun cuando hacemos buenas obras externas o civiles. Si no puede estar sujeta a la Ley de Dios de cierto peca, aun cuando según el juicio humano realiza obras que son excelentes y dignas de alabanza. Los adversarios tienen en cuenta únicamente los preceptos de la Segunda Tabla, los cuales contienen justicia civil que la razón entiende. Satisfechos con esto abrigan la creencia de poder cumplir la Ley cte Dios. Mientras tanto, no ven la Primera Tabla, que ordena que amemos a Dios, que declaremos como cierto el hecho de que Dios se aíra con el pecado, que verdaderamente temamos a Dios, que declaremos como cierto el hecho de que Dios oye la oración. Pero el corazón humano sin el Espíitu Santo o en su seguridad, desprecia el juicio de Dios, o en su castigo, huye de Dios y lo odia cuando Él Juzga. Por lo tanto, no obedece a la Primera Tabla. Ya que son pues, inherentes en la naturaleza humana, el odio a Dios y la duda respecto de sus amenazas y promesas, los hombres pecan en verdad aun cuando sin el Espiritu Santo hacen obras virtuosas, porque éstas proceden de un corazón malo, según Rom. 14:23... Pues tales personas hacen sus obras despreciando a Dios, así como Epicuro no cree que Dios tiene cuidado de él, o que es considerado como oído por Dios. Este desprecio echa a perder las obras aparentemente buenas, porque Dios juzga el corazón".

La *Fórmula de Concordia* citando a Lutero declara (Decl. Sól., II, 43): "Con esto rechazo y condeno como un rotundo error todos los dogmas que ensalzan nuestro libre albedrío, pues están en conflicto abierto con esta ayuda y gracia de nuestro Salvador Jesucristo. Ya que fuera de Cristo la muerte y el pecado son nuestros señores y el diablo es nuestro dios y príncipe, no puede haber jamás poder o fuerza, sabiduría o entendimiento, con los cuales podamos habilitamos o luchar para obtener la justicia y la vida; sino que tenemos que ser ciegos y siervos del pecado y pertenecer al diablo, para hacer y tramar aquellas cosas que son del agrado de estos enemigos y contrarias a Dios y sus mandamientos".

Por cuanto todas las obras que no emanan de la fe en Cristo son consideradas espiritualmente pecado ante Dios, se hace evidente por qué el hombre, por naturaleza, no puede habilitarse para la gracia o cooperar en su conversión, y por qué la conversión depende únicamente de la obra de Dios. Los que en su error enseñan que el hombre puede cooperar en su conversión (los pelagianos los semipelagianos [los papistas] los arminianos y los sinergistas) niegan también la verdad bíblica de que las buenas obras de los no regenerados son consideradas espiritualmente pecado ante Dios. El Concilio de Trento (Ses. VI, Can 7) llegó hasta el extremo de pronunciar el anatema sobre los que a base de la Escritura afirman esta doctrina: "Si alguien dijese que todas las obras que se hacen antes de la justificación, sean cuales fueren, son en realidad pecado, o merecen la ira de Dios, sea anatema".

Entre los teólogos protestantes modernos, Hofmann afirmó que también los paganos han de ser justificados por fin, a base de las buenas obras que hacen de acuerdo con la conciencia (*Schriftbeweis* I, 470 y sig.). Rechazamos esta doctrina antibíblica como una ficción de la razón, Efe. 2:12. Si los unitarios (los modernistas) atribuyen a los no regenerados buenas obras en el sentido estricto de la palabra, esto se debe a que todo su sistema antibíblico de enseñanza no les permite enseñar otra cosa; pues ellos mismos se jactan de sus buenas obras aunque se hallan fuera de la Iglesia, y sólo pueden producir malas obras en lo que a Dios respecta, Heb. 11:6.

### *C. EL CRECIMIENTO CRISTIANO EN LAS BUENAS OBRAS*

Es la voluntad de Dios revelada claramente en la Sagrada Escritura, que los cristianos hagan buenas obras en abundancia, 1 Tim. 6:18; 2 Cor. 8:7; 9:8-11. El que abunden en buenas obras, se debe al efecto lógico de la abundancia de las misericordias divinas que han recibido en Cristo Jesús, 2 Cor. 8:9. La Sagrada Escritura por lo tanto, describe a los verdaderos cristianos como personas regeneradas, que se consagran por completo en santidad y gratitud a servir a Dios en Cristo Jesús, Rom. 12:1; Isa. 60:6-9.

El comentario de Lutero sobre Isa. 60:6-9 es muy propio. Dice él: "Dondequiera que hay verdaderos cristianos, se entregan a sí mismos y ofrecen todo lo que tienen para servir a Cristo y a todos los que son de Él" (St. L., XII, 312). Esta nueva mente y disposición la poseen por cierto todos los creyentes según el nuevo hombre, o el hombre interior, Gál. 2:20; Sal. 110:3. Pero ya que su carne permanece corrupta aún después de la conversión, se encuentran siempre en el peligro de abusar de la doctrina de la justificación por la gracia, para olvidarse de las buenas obras. Así sucedía en la Iglesia Apostólica primitiva, según lo evidencian claramente las numerosas advertencias del Apóstol San Pablo, Gál. 5:13; 6:6-10; Tito 3:14.

Cuando Lutero restableció el Evangelio en su pureza apostólica, se vio obligado a emitir similares advertencias (St. L., XI, 216 y sig.; X, 456 y sig.) y en la actualidad, la situación en la Iglesia Cristiana es casi la misma. En vez de abundar en buenas obras, los cristianos impulsados por la corrupción de la carne, muchas veces son muy remisos en hacer las buenas obras que corresponden a su vocación cristiana, tales como constancia en la obra de la congregación, en la oración, en sus ofrendas en la obra misionera en general, etc.

Es por esta razón que la Escritura recalca tan repetidamente, no sólo la *cualidad,* sino también la *cantidad* de las buenas obras de los cristianos, insistiendo en que los creyentes crezcan constantemente en la gracia de hacer el bien que Dios les ordena, 2 Cor.8:7, 20; 9:8, 11. Según la Escritura, los creyentes deben ser "celosos de buenas obras", Tito 2:14; 2 Cor. 8:4; no deben "cansarse de hacer bien", Gál 6:9; deben "hacer bien a todos, entre tanto que tienen oportunidad", Gál.6:10; deben "aprovechar el tiempo" haciendo buenas obras, Efe. 6:16; deben "procurar ocuparse en buenas obras", Tito 3:8; etc. En resumen, la Escritura multiplica sus exhortaciones y repite sin cesar sus advertencias, para que los cristianos produzcan en abundancia los frutos de la fe (cf. por ejemplo el último capítulo de cada epístola de San Pablo.

Además de esto, la Escritura insiste en que los ministros cristianos estimulen constantemente a sus feligreses a fin de que se ocupen en las buenas obras, Tito 3: 8.14; a que hagan bien, sean ricos en buenas obras, dadivosos, generosos, atesorando para sí buen fundamento para lo por venir, 1Tim. 6:17-19. Los pastores cristianos son por lo tanto, los guardas de la grey cristiana, 1 Ped. 5:1-4, el deber de los cuales es estimular la ejecución, mediante la predicación de la Palabra divina, de todas aquellas obras que sean del agrado de Dios, tanto por su cualidad como por su cantidad. Para este propósito han de emplear la Ley y el Evangelio, la Ley para demostrar qué son buenas obras, Mat.22:37-40, y el Evangelio, para infundir el deseo de hacer buenas obras, Rom. 12:1; Heb.13:20-21.

Es en verdad muy necesario para los ministros cristianos prestar incesante atención a este importante deber de su santo oficio. Impulsados por el amor a Cristo, deben luchar también en este asunto para dar a sus congregaciones el grado máximo del servicio para el cual se han consagrado, ocupándose con celo intenso en su deber sagrado de estimular a sus feligreses a ser celosos de buenas obras. Mientras los profetas y pastores infieles, son "perros mudos que no pueden ladrar; soñolientos echados, que aman el dormir", Isa. 56:10, los verdaderos ministros de Cristo, siguiendo el ejemplo de su Señor y sus apóstoles, tratan constantemente de que sus feligreses se ocupen en aquellas cosas en que Dios quiere que se ocupen, 1 Cor.15:10; 1 Tim. 4:15; 2 Tim. 4:2, y en particular, que sean fructíferos en toda buena obra, Tito 3:8, 14.

Este hecho lo recuerda Lutero a todos los ministros de Dios y de la Iglesia cuando escribe (St. L., X, 5): "Por esta razón, mis queridos pastores y ministros reparan que nuestro oficio se ha vuelto ahora completamente diferente de lo que era bajo el Papa; pues ahora se ha vuelto serio y saludable. Pero precisamente, por esta razón, implica más trabajo y dificultad, peligro y sinsabor, y hay además muy poca gratitud o recompensa en este mundo. Cristo empero, será nuestra recompensa si trabajamos con fidelidad".

Por lo tanto, ya por lo que hace a él mismo, el ministro cristiano debe instar a sus feligreses a ser celosos de buenas obras, a fin de que pueda ser hallado como buen administrador de los misterios de Dios, 1 Cor. 4:1-2; 2 Cor. 6:3-10. Pero también debe instar a que se hagan buenas obras por causa de su congregación, es decir, para que los que han sido puestos a su cuidado, puedan agradar a Dios mediante muchas obras que sean dignas de alabanza, Tito 2:11-14. Para llevar a cabo todo esto debe instar a que se hagan buenas obras, no de un modo débil o tímido, sino con gozo, decisión y vigor, teniendo presente siempre que Cristo mismo exhortó constante y celosamente a sus oyentes, a ser fructíferos en toda buena obra, Mat. 5:13-16. Para conseguir este fin, debe distinguir debidamente entre la justificación y la santificación; pues es imposible enseñar la verdadera santificación, si no se conserva intacta la debida relación entre la justificación y la santificación, 2 Tim. 2:15.

Es un error muy serio, pensar que el insistir en la justificación conduce a menospreciar la santificación. Al contrario, donde no se enseña correctamente la justificación no puede existir la verdadera santificación; pues la justificación proporciona no sólo el motivo, sino también el poder para efectuar la santificación. Por consiguiente, si el ministro cristiano desea estimular a sus oyentes a hacer buenas obras, debe dirigirlos constantemente a la gracia de Dios, mediante la cual el creyente ha sido bendecido en Cristo con toda bendición espiritual en lugares celestiales, Efe. 1:3-7; Rom. 12:1; 2 Cor. 8:9.

Lutero tiene razón cuando dice (St. L., XII, 318 y sig.): "El predicador de la Ley obliga por medio de amenazas y castigos; el predicador del Evangelio atrae e incita por medio de la bondad y la gracia divinas reveladas al hombre; pues no quiere obras involuntarias ni servicio involuntario; en verdad sólo quiere que se le rinda a Dios un servicio alegre y gozoso. El que no permite ser movido y atraído por las dulces y sublimes palabras de la misericordia de Dios, que nos es dada y concedida tan abundantemente en Cristo, de manera que lo haga todo con gozo y amor para la gloria de Dios y el bienestar del prójimo, el tal no vale nada, y en vano se le predica el amor... No es la misericordia del hombre sino la de Dios la que se nos ha concedido; y ésa es la que San Pablo desea que consideremos para que nos inste y mueva a hacer buenas obras".

Con respecto al *diezmo,* que por ordenanza divina debían dar los judíos en el Antiguo Testamento, Lev. 27:30, debemos recordar por un lado que también este requisito pertenecía a la Ley Ceremonial, la cual ha sido abolida por Cristo, Col. 2:16-17, y por lo tanto, ya no es obligatoria a los cristianos en el Nuevo Testamento; pero por otro lado los cristianos no deben abusar de la abolición de la Ley del diezmo, con el propósito de reducir su liberalidad en las ofrendas, ya que en el Nuevo Testamento Dios exhorta a sus santos a ofrendar con frecuencia y liberalidad, 2 Cor. 8:7-10.

Pero a pesar de que Dios en el Nuevo Testamento desea que sus hijos ofrenden constante y liberalmente — tanto como lo deseaba en el Antiguo Testamento — lo hace sin embargo, no por medio de exigencias y amenazas sino recurriendo al amor de sus santos, el cual se halla hondamente arraigado en su propia manifestación de gracia y misericordia en Cristo, 2 Cor. 8:7-10.

A esta distinción entre el Antiguo y el Nuevo Testamento nos llama la atención Lutero cuando escribe (St. L., XII, 337): "En el Antiguo Testamento se ordenó a los judíos, además del diezmo anual que tenían que dar a los levitas, ofrendar un diezmo especial cada tercer año para los pobres, las viudas, los huérfanos etc.. Ahora, tal manera de ofrendar ni se determina expresamente en el Nuevo Testamento ni se exige por medio de leyes específicas; pues vivimos en el tiempo de la gracia, en que cada uno es exhortado a hacer esto voluntariamente según lo declara San Pablo, Gál. 6:6".

San Pablo mismo explica esta diferencia en Gál. 4:3-7. Puesto que en Cristo Jesús los creyentes son hijos de Dios, ya no están sujetos a leyes ceremoniales para que estén obligados por coerción a hacer la voluntad de Dios; sino que estando en la gracia crecen por la fe en la gracia del servicio cristiano voluntario, 2 Cor 8:9, amando porque Dios nos amó primero, 1

Juan 4:19; Gál. 6:6-10. Esto no quiere decir que los cristianos no deben ser instados a que obedezcan la Ley, o que no deben ser amonestados cuando se descuidan de ofrendar como deben, Gál. 6:7; pero sí significa que el pastor cristiano al enseñar la literalidad cristiana, debe referirse constantemente a la gracia de Dios que ha sido manifestada en Cristo Jesús nuestro Señor, para estimular en los cristianos el deseo de ofrendar para la causa de Dios, Tito 2:11-15. Sólo deteniéndose a los pies de la cruz del Calvario, puede el creyente aprender el arte de ofrendar al Señor.

## 8. LA RECOMPENSA DE LAS BUENAS OBRAS

La Sagrada Escritura enseña en términos muy claros que el pecador no es justificado por las buenas obras, Rom. 3:23-28; 4:4-5; Gál. 2:21; 3:10; etc. Por lo tanto, las buenas obras "no son necesarias para la salvación". Pero tampoco son "necesarias para preservar la fe", ya que el creyente es preservado en la fe para la salvación mediante el poder de Dios, Filp.1:6; 1 Ped. 1:5. Por consiguiente, todos los que hacen buenas obras con el fin de obtener la salvación están bajo la maldición; pues han caído de la gracia, Gál.3:10-11; 5:4. La Sagrada Escritura afirma además que las buenas obras emanan únicamente de la fe, o de la firme seguridad que tiene el creyente de que Dios ya le ha concedido el cielo como un don gratuito de la gracia por causa de Cristo, de modo que esas buenas obras se hacen libre, gustosa y voluntariamente, sin ninguna coerción y sin ninguna intención de que por ellas ha de merecer siquiera el menor grado de gracia, Gál.2:20. En vista de todo esto, parece que no hay fundamento para hablar de recompensa alguna en el caso de las buenas obras cristianas.

Sin embargo, la Escritura misma en muchos lugares asegura muy enfáticamente a los creyentes, que sus buenas obras han de ser recompensadas liberalmente, Mat. 5 12; Luc. 6:23, 35; 1 Cor.3:8; Heb. 6 10. En estos y en muchos otros pasajes, la Escritura habla claramente de la recompensa que ha de ser concedida a los creyentes por razón de sus buenas obras. Esta recompensa se concede tanto en esta vida, 1 Tim. 4:8, como en la venidera, Luc.14:14.

¿Cómo hemos de entender estas afirmaciones de la Escritura? ¿Anulan ellas la doctrina de la justificación por la gracia mediante la fe? ¿Es decir que el pecador se salva sólo por la fe? Para evitar todo error de la razón vanidosa del hombre en cuanto a este punto debemos recordar estos dos hechos: En primer lugar, aunque la Escritura habla de cierta recompensa de las buenas obras cristianas, ella enseña no obstante, que esta recompensa es de gracia y no de mérito, Rom. 4:4. Lutero en su exégesis de Gál. 3:22, explica este asunto correctamente cuando dice que puesto que el mundo no recompensa a los creyentes por las buenas obras que hacen, sino que por el contrario los odia por causa de ellas, Hech. 5:40; Rom. 8:36; 1 Cor. 4:13. Dios es tan bondadoso que se digna conceder promesas especiales y recompensas de gracia por motivo de las buenas obras (Cf. St. L., IX, 443). La *Apología* lo expresa de este modo: "En la predicación sobre las recompensas se muestra la *gracia*".

De manera que a base de la Escritura sostenemos las dos doctrinas: a) El creyente en Cristo recibirá por sus buenas obras una abundante recompensa de gracia, *ho miszos hymon polus*, Mat.5:12; pero b) todos los que exigen recompensa por causa de sus buenas obras no sólo pierden la recompensa de gracia concedida por Dios, sino que también pierden la salvación Gál. 5:4.

Estas dos doctrinas se exponen muy claramente también en Mat.19:27-30; 20:1-16, donde Cristo, por un lado, promete a sus apóstoles una segura recompensa de gracia, y por otro lado declara que cada vez que se exige una recompensa a base del mérito "los primeros serán postreros", Mat.20:16, esto es, los primeros o los que se creen justos en sí mismos, serán rechazados por completo.

En segundo lugar, las promesas de recompensa hechas por Dios a sus santos, tienen el excelente propósito de estimular a cada creyente a ser celoso de buenas obras, Mat. 5:12; Luc. 6:23, 35. Esta verdad la expone la *Apología* cuando afirma (Art. III, 78): "Mediante este ensalzamiento de las buenas obras (Mat. 5:10) los creyentes son estimulados a hacer buenas obras".

Lutero recalca este punto, cuando declara que en todos los pasajes de la Escritura que hablan de la recompensa que recibe el creyente (en Gén.15:1 es llamada "sobremanera grande";

cf. también Rom.2:6-7, etc.) se incita, exhorta y estimula a los creyentes a seguir, permanecer y vencer en hacer el bien, y a soportar el mal para que no se desconsuelen y desanimen (St. L., XVIII, 1810 y sig.).

Las promesas misericordiosas de recompensa que la Escritura ofrece a los creyentes, niegan por lo tanto la doctrina de la salvación por las obras o el mérito, y confirman la de la salvación por la gracia. En esta verdad el creyente debe pensar siempre, ya que tanto los papistas, como los protestantes racionalistas modernos, con el fin de ensalzar la justicia por las obras, abusan de la doctrina bíblica por la cual Dios, en su gracia, recompensa las buenas obras cristianas.

Lutero expone el asunto muy claramente cuando declara (St. L., VII, 677 y sig.): "Aprende pues, a contestar correctamente cuando se trate de aquellos pasajes en que se mencionan la recompensa y el mérito (diciendo): Oigo por cierto que Cristo dice: "Bienaventurados los pobres en espíritu porque de ellos es el reino de los cielos" y: "Bienaventurados sois cuando os vituperen y os persigan por mi causa, porque vuestro galardón es grande en los cielos", etc. Por estas palabras Cristo no me enseña el fundamento sobre el cual descansa mi salvación; sino que por ellas me hace una promesa, demostrándome cuán grande consuelo debo tener en mis aflicciones y en mi vida cristiana. Estas dos cosas no debes confundirlas ni mezclarlas; ni tampoco debes calificar de mérito lo que Dios me da gratuitamente en Cristo, mediante el Bautismo y el Evangelio. Pues Él no dice aquí que yo puedo ganarme tales cosas, o que ya no necesito a Cristo o el Bautismo, sino por el contrario, que sólo son verdaderos discípulos de Cristo aquellos a quienes Él predica aquí, y que por su causa tienen que sufrir muchas cosas, de modo que no saben cómo consolarse a sí mismos. Como la gente no los soporta aquí en la tierra deben por lo tanto, en mayor medida poseer todas las cosas en el cielo". (Cf. también la excelente presentación de esta doctrina por el Dr. Pieper en *Christliche Dogmatik,* III, 64 y sig.).

## 9. EL GRAN VALOR DE LAS BUENAS OBRAS

Aunque las buenas obras no tienen ningún valor en lo que respecta a la justificación del pecador, ya que la salvación no es por las obras sino por la gracia, Rom.3:28; Efe.2:8-9, es incorrecto declarar que las buenas obras no tienen ningún valor. Decir que las buenas obras no tienen valor alguno, como afirmaban los anabaptistas en el tiempo de Lutero, es no sólo antibíblico, ya que la Escritura muy encarecidamente enseña las buenas obras Efe. 2:10; Mat. 5:13-16, sino también irrazonable, ya que aun la conciencia a base de la Ley divina escrita en el corazón humano, urge al individuo a obrar lo bueno, Rom.2:14-15. En oposición a los iluminados, Lutero (St. L., IX, 442 y sig.) recalcó la verdad de que consideradas fuera del artículo de la justificación, las buenas obras merecen por cierto, el mayor encomio.

Contra los anabaptistas Lutero escribió (St. L., XIV, 310 y sig.): "¡Mirad con cuánta nobleza enseñan respecto de tan buenas obras, diciendo que darían todas sus buenas obras por un ardite! Con esto quieren imitar nuestra doctrina, habiendo oído que nosotros enseñamos que las buenas obras no hacen piadosos a los pecadores, no borran los pecados y no nos reconcilian con Dios. A esto, el diablo añade su suplemento y desprecia las buenas obras, tanto que las vendería por un ardite... Enseñamos que para reconciliar a Dios, infundir la piedad y borrar el pecado, se necesita una obra tan suprema, grande y gloriosa, que sólo Cristo, el Hijo de Dios, pudo hacerla, y que esto es realmente una obra distintiva, especial y peculiar, del único y verdadero Dios y de su gracia; y cuando comparamos nuestras obras con la obra de Dios, encontramos que nuestras obras no son nada ni pueden hacer nada. Pero que por esta razón las buenas obras no tengan importancia o valor alguno ¿quién ha oído jamás tal cosa, o de dónde puede proceder, sino sólo de la boca mentirosa del diablo? Yo no daría ni uno de mis sermones, ni una de mis conferencias, ni uno de mis escritos, ni uno de mis Padrenuestros; aún más, ni siquiera la más pequeña de las buenas obras que he hecho, o que aún quede hacer, por todos los bienes del mundo. En realidad, considero cada una de mis buenas obras mayor que mi propia vida, y la vida es y debe ser, para cada individuo, más preciosa que todo el mundo, pues cada una es una buena obra que Dios ha hecho por medio de mí y en mí. Mas si Dios la ha hecho, y si es la obra de Dios ¿qué es todo el mundo comparado con Dios y su obra? Y aunque no me santifico mediante tales obras, pues eso lo puede hacer únicamente la sangre y la justicia de Cristo, sin embargo, se verifican para la alabanza y gloria de Dios y para el bienestar y provecho de mi prójimo, de manera que ni siquiera una de ellas puede ser pagada por todo el mundo o comparada con las obras del mundo. ¡Y esta fina gentuza aceptaría un solo ardite por ellas! ¡Oh, qué bien se ha escondido Satanás en esto! ¿Quién no ha de descubrirlo en esto?".

Esta alta estimación del valor de las buenas obras cristianas, concuerda del todo con la clara enseñanza de la Escritura. Las buenas obras cristianas son en verdad de gran valor, y esto se debe a las siguientes razones:

a. Se hacen de acuerdo con la norma de la Ley de Dios. Mientras todas las obras que no se hacen de acuerdo con la norma de la Ley de Dios carecen de valor alguno y no son aceptas a Dios, las que se realizan de acuerdo con su noluntad son estimadas por Él como infinitamente preciosas, Apoc.2:2 y sig.

b. Son las obras que Dios mismo hace en nosotros; pues Él es la Causa eficiente de todas las buenas obras cristianas, Filip 2:13; 2 Cor. 3:5; 1 Cor. 12:6-11; Efe. 2:10. Mientras todas las "buenas obras" que son hechas por los hombres para merecer la salvación se condenan en la Escritura como "obras de la carne", Gál. 3:2-3, 10, las buenas obras de los creyentes se alaban y glorifican en la Sagrada Escritura como "frutos del Espíritu", Gál. 5:22-23, que Dios mismo obra en ellos para la gloria de su santo nombre, Efe. 2:10: Col. 1:5-6; 1 Tim. 6:17; Tito 2:11-14; etc.

c. Son señales y testimonios del estado de gracia, en que ha sido puesto el creyente mediante la fe en Cristo, Luc.7:47; 1 Juan 3:14. Como tales, son de gran valor para el creyente mismo, Apoc 2:19, y para todo el resto de la humanidad, Mat. 5:16.

d. Son imperecederas pues siguen al creyente hasta la vida eterna, donde Dios las recompensará por gracia, Apoc. 14:13: Mat. 5:12; 19:29; 10:42; Gál. 6:9, mientras todas las obras terrenales serán consumidas por fuego en el Día Final, Mat. 24:35; 1 Cor. 7:31; 2 Ped. 3:10.

e. Por razón de las buenas obras de los creyentes, de las cuales la predicación del Evangelio es la más importante, Dios pospone la venida del Día del Juicio, Mat. 24:14; 1 Ped. 2:9. Por esta razón, los cristianos deben en todo tiempo ser muy diligentes en la ejecución de buenas obras, Gál. 6: 10; Efe. 5:16; Col. 4:5, y los ministros cristianos deben enseñarlas constantemente, Tito 3:8; 1 Tim. 6:17 y sig.

f. La ejecución de buenas obras es el verdadero objeto de la vida del cristiano en la tierra. Tan pronto como una persona se hace creyente en Cristo, ya no pertenece a este mundo sino al reino de los cielos, Filip. 3:20; Juan 5:24. Pero Dios quiere que sus santos vivan en la tierra por un tiempo, para que sirvan a Cristo, divulguen su Evangelio y hagan muchas buenas obras para alabanza de su santo nombre, Mat. 5:13-16. Todo esto demuestra que las buenas obras cristianas son por cierto, de muy grande valor. Lutero dice (St. L., I, 867): "Las obras que hacemos en nuestra vocación mediante la fe en el Hijo de Dios, resplandecen delante de Dios, los santos ángeles y toda la Iglesia".

## 10. PERVERSIÓN DE LA DOCTRINA DE LAS BUENAS OBRAS

Ya que la Iglesia del Anticristo se arroga la distinción de ser la verdadera promotora de las buenas obras (el cardenal Gibbons: "La Iglesia Católica es una sociedad para la santificación de sus miembros") y condena a la Iglesia de la Reforma, como a una iglesia que, al recalcar indebidamente la doctrina de la justificación, trata a la santificación con notoria negligencia, es necesario advertir que la Iglesia de Roma no es la que fomenta, sino por el contrario, la que pervierte la doctrina de las buenas obras.

La acusación de que Lutero disminuyó el valor de las buenas obras se hizo ya al principio de la Reforma (el Edicto de Worms en 1521: "Lutero enseña una vida desenfrenada y terca que, excluye todas las leyes divinas y es del todo bestial"). Esta acusación injusta y falsa, se sigue haciendo aún en la actualidad, a pesar de que se ha demostrado claramente con palabras y hechos que es una mentira maliciosa. La verdad es que Lutero, precisamente porque enseñó la verdadera doctrina de la justificación enseñó también la verdadera doctrina de la santificación, es decir, con toda energía y sin cesar, insistió en que las buenas obras son frutos y demostraciones de la fe viva de los verdaderos creyentes.

Por otro lado, el papado hace todo lo que puede para impedir la ejecución de las buenas obras cristianas, puesto que anatematiza la doctrina básica de la fe cristiana, la doctrina de la justificación por la gracia de la cual emanan todas las obras verdaderamente buenas. Las verdaderas buenas obras cristianas son los frutos de la justificación por la fe; por consiguiente, dondequiera que se suprime o anatematiza esta doctrina, desaparecen las buenas obras en el sentido en que la enseñan Cristo y su Palabra. La Iglesia Católica Romana exige por cierto, las obras pero éstas no son "buenas" sino obras paganas, pues se hacen con el propósito de ganar la salvación, Gál. 3:10; 5:4. Cada vez que se hacen buenas obras cristianas en la Iglesia del Anticristo, ello se debe a que tal o cual creyente, rechaza por su parte la doctrina pagana de la justicia por las obras que le es enseñada por sus sacerdotes, y cree que sus pecados le son perdonados por la gracia, por causa de Cristo, sin las obras de la Ley, Rom. 3:28. Esta fe lo pone en condiciones de hacer obras verdaderamente buenas.

Condenamos las "buenas obras" del romanismo en particular por dos razones: En primer lugar ellas encierran el negar y rechazar maliciosamente la suficiencia de la obra redentora de Cristo, pues se hacen para *merecer justicia* delante de Dios (*meritum de congruo, meritum de condigno).* Pero las buenas obras que se hacen con este fin insultan a Dios y se burlan de Él, ya que Dios en su Palabra ofrece a todos los pecadores mediante la fe, la justicia completa y perfecta, que su amado Hijo ha obtenido para el mundo por medio de su expiación vicaria. Esta es la clara doctrina de la Escritura, pues San Pablo declara en términos muy explícitos que si la justicia es por medio de la Ley, entonces Cristo murió en balde Gál. 2:21. Las "buenas obras" de los papistas están por lo tanto, sujetas a maldición Gál. 3:10. Cuando el cardenal Gibbons (*La Fe de Nuestros Padres,* p. 35) describe a la Iglesia Católica como a "una sociedad para la *santificación* de sus miembros", afirma oficialmente que su iglesia, es en principio una secta anticristiana y pagana, que como todos los cultos paganos basa la salvación en las buenas obras.

Lutero tiene toda la razón cuando dice (St. L., IX, 443): "Las obras que se hacen sin ser acompañadas de la fe, no importa cuán santas puedan aparecer según su aspecto externo, son pecaminosas y están bajo maldición. Por esta razón todos los que desean obtener la gracia, la justicia y la vida eterna por medio de ellas, no sólo se quedan sin esas bendiciones, sino que también agregan un pecado a otro. De esta manera hacen buenas obras "el hombre de pecado, el hijo de perdición" y todos los que le siguen. De esta manera también hacen sus obras los que se creen justos en sí mismos, y los herejes que han caído de la fe cristiana".

Que todo el procedimiento de la santificación en la Iglesia Católica Romana se realiza de un modo antibíblico y anticristiano, lo demuestra el hecho de que esta iglesia ha pervertido y condenado el Evangelio de Cristo (Concilio de Trento Ses. VI, Cánones 11-12, 20) y perseguido a los evangélicos (Lutero fue llamado oficialmente el diablo en forma de hombre", "un cerdo salvaje y voraz", "una bestia muy rapaz", "cuya memoria debe ser borrada de la comunión de los creyentes en Cristo") en contra de la expresa advertencia de Cristo, Luc. 10:16 Juan 13:20; Filip. 2:29, por lo tanto, las "buenas obras" del papado tienen que ser condenadas como fraude beato perpetradas por él, con el fin de engañar a los simples (2 Tes. 2:9: "Milagros mentirosos").

En segundo lugar repudiamos las "buenas obras" de la Iglesia Católica Romana, porque no son hechas de acuerdo con la norma de la Ley divina; en otras palabras, no son hechas en el sentido en que Dios las ha ordenado. Al contrario, son el producto de los "mandamientos de hombres", y por esta razón caen bajo la severa condenación de nuestro Señor. Mat. 15:9. La santificación papista no es, en modo alguno, la santificación cristiana, sino únicamente una caricatura de la verdadera santificación que Dios exige de sus hijos como fruto de la fe.

Según la Escritura, los que han sido regenerados o justificados por la fe, sirven a Dios con gusto y gratitud en toda vocación a que Él los haya llamado, ya que sea en la Iglesia o fuera de ella,

Rom. 5:16; 1 Cor. 7:20 y sig.; Col. 3:23-24; Efe.6:7; 1 Tim. 2:15. El papado prescribe empero, nuevas normas de buenas obras, los consejos evangélicos, la obediencia, la pobreza, la castidad, además de esto ha inventado para las buenas obras un nuevo fin antibíblico y anticristiano, a saber, el de obtener por ellas la salvación.

A los cristianos católicos comunes se les enseña a ganarse la salvación en cuanto está en su poder, mediante la "segunda tabla" esto es, mediante la penitencia que formalmente consiste en hacer las "buenas obras" de la contrición del corazón, la confesión auricular y la satisfacción mediante las obras. La clase privilegiada de los "buenos obreros" entre los papistas (los frailes las monjas etc.) además de la penitencia, observan los consejos evangélicos por los cuales son capaces de ganarse, no sólo méritos suficientes, sino aun méritos superabundantes que mediante el pago de cierto precio, el Papa otorga a las "pobres almas" en el purgatorio (Concilio de Trento, Ses. VI, Canon 30). La iniquidad de esta enseñanza papista es evidente a todo cristiano que ha probado la dulzura del Evangelio y conoce a fondo la doctrina bíblica de la justificación por la fe. Así como la justificación papista (por medio de la santificación), está diametralmente opuesta a la justificación bíblica, así también la santificación papista está diametralmente opuesta a la santificación bíblica; es una santificación de la carne o del corazón carnal y no la del Espíritu, Gál. 3:1-3.

La doctrina perniciosa de la justicia por las obras, según la presenta la Iglesia Católica Romana, llega a su punto culminante en las perversiones de los jesuitas, por las cuales las transgresiones manifiestas hasta cesan de ser pecados, y se vuelven obras eminentemente buenas si son ordenadas por los superiores de la orden.

El *Index Generalis* declara expresamente: "Los superiores pueden obligar a sus miembros a pecar por virtud de la obediencia que el miembro debe a su superior, siempre que esto confiera grandes beneficios". (Cf. *Index Generalis,* Tomo II. *sub Obedientiae et Obedire;* también *Christl. Dogmatik* III, p. 80 y sig.). Esta negación blasfema de la Palabra de Dios, y esta tiranía contra las conciencias, no son sino el resultado inevitable del rechazamiento papal de la Palabra de Dios como la única fuente de la fe *(principium congnoscendi),* y la servidumbre a que han sido sometidas generalmente las conciencias por dicha Iglesia (cf. la exigencia del sacrificio del intelecto y la voluntad).

El Papa exige obediencia implícita de todos los miembros de su Iglesia, tanto en los artículos que se refieren a la fe como en los asuntos que se refieren a la vida, de manera que peca mortalmente todo el católico que funda sus decisiones en cuanto a la doctrina o la vida, en su conciencia o en la Sagrada Escritura. (Cf. Concilio de Trento Ses. IV; Lutero St. L., XIX, 341 y sig.; IX, 1235 y sig.).

La Sagrada Escritura exige que todo pensamiento (*pan noema*) sea cautivado a la obediencia de Cristo, 2 Cor. 10:5; pero el papado exige que todo pensamiento de sus embaídos secuaces, sea cautivado a la obediencia de la mente perversa de él. En vista de estas horrorosas perversiones, Lutero llamó al papado una confluencia de todas las herejías, y afirmó que el papado de Roma fue fundado por el diablo.

Es verdad que todos los herejes enseñan doctrinas impías, pero el papado, no sólo adorna sus doctrinas impías con el nombre de Cristo y la Iglesia Cristiana, sino que también alega ser el vicario de Cristo en la tierra, y como tal, el maestro infalible de la verdad divina. Esta es precisamente la característica principal del papado. Ser un fiel secuaz de éste quiere decir creer doctrinas impías y hacer obras impías, contrarias a la Palabra de Dios por causa de la salvación.

No sólo la Iglesia de Roma, sino también el protestantismo racionalista moderno pervierte la doctrina de las buenas obras. Mientras el papado se guía por el error pernicioso del semipelagianismo, el protestantismo racionalista se corrompe a sí mismo por los errores igualmente perniciosos del arminianismo y el sinergismo. El resultado es el mismo en ambos casos.

Así como el romanismo rechaza la doctrina de la justificación, que es el postulado necesario de las buenas obras, así también el protestantismo racionalista, no importa qué iglesia lo enseñe, rechaza esta doctrina central de la Escritura. Como el concepto forense de la justificación, según lo enseñan Lutero y las Confesiones Luteranas, se considera demasiado "jurídico" y no lo suficientemente "ético", se ha consignado al desecho del olvido teológico, y al pecador se le enseña a cooperar en su conversión, y así confiar en sus buenas obras para ser salvo. Como resultado, también el protestantismo racionalista moderno enseña la justificación por medio de la santificación, es decir, la salvación por medio de las buenas obras. De esta manera se vuelve a sacar a la luz y se establece como dogma, el antiguo concepto de la Iglesia de Melanchton y después de Major, de que "las buenas obras son necesarias para la salvación". Así la enseñanza de la justicia por las obras conduce al protestantismo moderno al bando del romanismo semipelagiano, y tanto el uno como el otro son enemigos del Evangelio de Cristo.

## 11. LA SANTIFICACIÓN Y LA VIDA CRISTIANA

Trataremos este asunto bajo tres títulos: a) La Vida Cristiana y la Cruz; b) La Vida Cristiana y la Oración; y c) La Vida Cristiana y la Esperanza de la Vida eterna.

### *A. LA VIDA CRISTIANA Y LA CRUZ*

Es plenamente justificado, que en un libro de doctrina cristiana se dedique una sección especial a la cruz y la tribulación por las que tiene que pasar el creyente, ya que la Esentura misma trata ampliamente tan importante asunto. Así algunos de nuestros dogmáticos luteranos como Quenstedt y Calov, han incorporado el asunto en su descripción de la vida cristiana, y en este libro queremos hacer lo mismo.

El asunto es digno de que se le considere cuidadosamente. Mediante la fe en Cristo, los creyentes se hallan por cierto, en un estado de inefable bienaventuranza. Dios es "por ellos", Rom 8:31; son hijos de Dios y herederos de la vida eterna, Juan 1:12-13; Gál. 3:26; Rom. 8:17; los santos ángeles les sirven, Heb. 1:1 4; en la Palabra de Dios tienen abundante consuelo para toda dificultad que se presente en la vida, y poder para vencer lodo lo que venga a perturbar su salvación. Sin embargo, a pesar de todo esto, no se les ha revelado aún la gloria que poseen en Cristo Jesús, 1 Juan 3:2. Andan en la misma humildad, humillación y aflicción por las que tuvo que pasar Cristo en su vida aquí en la tierra, 1 Ped. 4:1. Esta vida de dolor y sufrimiento, la llama la Escritura muy propiamente la cruz de los cristianos, Mat. 10:21, 38; 16:24; luc. 14:27 (Cf. también Lutero St. L., XII, 729 y sig.).

1. Lo que quiere decir la cruz cristiana. La Sagrada Escritura jamás aplica el término cruz a las aflicciones de los incrédulos, Sal. 32:10; 34:21; 16:4. Se nos dice que sólo el cristiano puede llevar la cruz, y esto materialmente, mientras ejerce su vocación cristiana en el mundo. Lutero escribe (St. L., 544 y sig.): "El cristiano, por cuanto es cristiano, está sujeto a su querida santa cruz, de manera que tiene que sufrir de parte de otras personas, o del diablo mismo que lo atormenta y aterroriza con la tribulación, persecución, pobreza, enfermedad o internamente en su corazón, mediante sus flechas venenosas". Especialmente cuando los cristianos confiesan a Cristo y su Evangelio con toda fidelidad, o cuando llevan una vida santa según la Palabra de Dios, tienen que contar siempre con tribulaciones y cruces, Mat. 10:25. Por lo tanto, al hablar de la cruz del creyente, nos referimos al sufrimiento que tienen que padecer los cristianos por causa de Cristo, Mat. 10:16-32.

Es verdad que los creyentes son aún pecadores, y por esta razón merecen, no sólo castigos temporales, sino también la condenación eterna, Rom. 7:24. Sin embargo, como viven en arrepentimiento diario, y mediante la fe reciben el perdón constante de todos sus pecados, los castigos que Dios les envía en su amor paternal, no son castigos en el sentido estricto de la palabra, ya que no proceden de la ira divina sino antes bien, son correcciones misericordiosas que tienen por objeto su bienestar temporal y eterno, Rom. 8:28; Heb. 12 6; 1 Cor. 11:32; lsa. 26:16.

Pero no es debido a los pecados de los creyentes, que Satanás y el mundo impío atormentan a los hijos de Dios. Lutero dice muy acertadamente (St L., XIII, 434 y sig.): "El viejo Enemigo y el mundo, no están airados con los cristianos por el hecho de que éstos sean pecadores y tropiecen y caigan de vez en cuando. Al contrario; el diablo y el mundo con gusto toleran esto y hasta lo aprueben. Mas los odian porque aceptan la Palabra de Dios y tienen fe en Cristo, es decir, porque ponen su esperanza en el Hijo de Dios, se consuelan en su muerte y resurrección, temen a Dios y desean vivir de acuerdo con su voluntad, deseando fervorosamente que mediante su confesión, otros también vengan al conocimiento de Cristo y a la fe. Eso no pueden soportarlo ni el diablo ni el mundo, y por esta razón atormentan de continuo a los cristianos".

Pero la cruz cristiana no la ocasionan solamente el diablo y sus siervos los hijos del mundo; procede también de la carne de los cristianos, la cual lucha constantemente contra el Espíritu, y de esta manera los tienta y los perturba de continuo. Por lo tanto, para que los cristianos puedan soportar su cruz, tienen que luchar sin cesar contra la carne Gál. 6:12; 5:17; negarse a sí mismos continuamente, Mat.16:24; rechazar todo lo que quiera impedirles el seguir a Cristo, Luc.14:33; repudiar su misma sabiduría carnal en asuntos espirituales, Mat. 11:25-26; dimitir gustosa y voluntariamente la paz y la tranquilidad de la vida, Mat 10:34; Luc. 12:51; tener en poco la estima que el mundo les pueda otorgar, Mat. 5:11; Luc. 6:22; 1 Ped. 4:14; renunciar a la amistad aun de padre y madre, hermana y hermano, Mat. 10:35-37; Luc. 12:52-53; estar dispuestos a perder los bienes terrenales, 1 Cor. 7:30; Mat. 19:21-22; aún más, hasta odiar su propia vida, Luc. 14.26. El cristiano al llevar su cruz, tiene que pelear pues, sin cesar, la buena batalla de la fe contra su propia carne, Gál. 5:24; Col. 3:5; Rom. 6:6.

2. La íntima relación entre el cristianismo y la cruz que lleva el creyente. El llevar la cruz tiene una relación tan íntima con la profesión cristiana, que es imposible considerar como verdaderos cristianos a los que rehúsan llevar la cruz, Mat. 10:38-39; Mar. 8:34-35; Luc. 9:23-24, 57-62; Rom. 8:17; Luc. 14:25-35. El comentario de Lutero sobre este asunto es muy pertinente, escribe el Reformador (St. L., II, 467): "El que no es cruciano — si se me permite la expresión — no es tampoco cristiano. Quiere decir que el que no lleva su cruz no es cristiano, pues no conforma su vida a la de Cristo, su Maestro".

A pesar de todo esto, hay que recordar que el cristiano no debe imponer cruces sobre sí mismo, (1 Ped. 3:17; 1:6) ni sobre otras personas, Rom. 13:10; Mat. 22:37-40; pues no sabe si la cruz que ha escogido ha de ser para su bien, ni si Dios ha de darle el poder para soportarla, 1 Cor. 10:13. Lutero llama con razón a los que se imponen cruces "santos de obras" o "santos del diablo", dando a entender, que ya que quieren ganarse la salvación por medio de sus cruces, tienen que sufrir la instigación del diablo (St. L., IX, 1130).

3. Cómo el cristiano debe considerar su cruz. Por cuanto el llevar la cruz es algo muy doloroso para la carne del creyente, éste con frecuencia juzga que Dios lo está tratando cruel e injustamente al hacerlo sufrir tanto, y hasta a veces deduce que Dios se ha olvidado de él o se ha vuelto su enemigo, Lam. 5:20; Sal. 13:1 Job 30:21; Isa. 49:14. Por esta razón, muchos "en el tiempo de la prueba" pierden la fe y se apartan de Dios, Luc. 8:13. La Escritura por lo tanto, es muy clara al explicar la verdadera naturaleza y el verdadero propósito de llevar la cruz, Heb. 12:6-11; 1 Cor. 11:32. El llevar la cruz es un testimonio del Espíritu Santo, de que los santos de Dios no pertenecen al mundo condenado sino a Cristo, y que son coherederos con Él si con fidelidad sufren juntamente con Él, Rom. 8:16-17; 1 Ped. 4:14; Mat. 5:11-12. Su cruz pues, debe dirigirles siempre a la gloria que ha de ser revelada en ellos, Rom. 8:18; 2 Tes. 1:5-7; 2 Cor. 4:7-8. Es el distintivo de los peregrinos que se hallan en su camino hacia el cielo (Lutero. St. L. XII, 718 y sig.) y por esta razón, deben sentir verdadero gozo por tener el privilegio de poder sufrir por causa de Cristo, Mat. 5:12; Luc. 6:23; sabiendo que así como sufren con Él, así también serán glorificados con Él, 1 Ped. 4:13; 3:14-15. Así los apóstoles en Jerusalén se regocijaban en sus persecuciones, Hech. 5:41, y así en particular, se regocijaba San Pablo en sus sufrimientos, Hech. 16:25; Rom. 5:3.

Los cristianos llevan su cruz con gozo, porque saben que Dios no sólo les acomoda la cruz a la habilidad que tienen para llevarla, sino que también les ayuda en efecto a llevarla, 1 Cor. 10:13; 2 Cor. 12:9. Por consiguiente, la cruz de cada cristiano no es jamás demasiado pesada para él; se le otorga en misericordia, y se le proporciona a la medida de su fe, 2 Cor. 4:17.

4. Los beneficios que recibe el cristiano al llevar su cruz. Todo lo que Dios dispone para sus hijos en la tierra es de grande y eterno valor, Rom. 8:28. Así también, es de incalculable valor la cruz que llevan los cristianos. Les señala el cielo, Hech. 14:22; los hace humildes delante de Dios, 2 Cor. 12:7; les enseña a tener confianza absoluta en la gracia divina, 2 Cor. 12:8-9; les fortalece la fe, 1 Ped. 1:6-7; los estimula a la oración, Sal. 18:6; lsa. 26:16; crucifica al viejo hombre y deshace el cuerpo del pecado, Rom. 6:6; 1 Ped. 4:1; y los impulsa a que alejen su vista de las cosas transitorias de este mundo y la fijen en las cosas eternas, 2 Cor. 4:18. Al llevar su cruz con paciencia y fidelidad, los creyentes estimulan también a otros para que permanezcan firmes en sus tribulaciones, y en la esperanza de las gloriosas promesas del Dios vivo, 2 Cor .1:6; 1Tes. 1:6-7. La elección de la cruz gloriosa de Cristo, la enseña mejor aquel que ha llevado victoriosamente su propia cruz, 2 Cor. 1:4; 12:10. (Cf. Lutero St. L., IX, 1131).

5. El poder para llevar la cruz. Por su propio poder, ni aun el mejor y el más fiel de los creyentes puede llevar la cruz que se le ha impuesto, 2 Cor. 12:7-9. Para llevar la cruz con paciencia, se necesita pues, la gracia divina, 2 Tim. 1:8; 2 Cor. 4:7. En particular, el cristiano que lleva alguna cruz recibe poder para soportarla, y este poder procede de la gloriosa seguridad del perdón de todos sus pecados, Rom. 5:1-5; de la segura esperanza de la vida eterna, Rom.8:18; de su nueva vida espiritual con Cristo en Dios, Col. 3:3-4; de las gloriosas promesas divinas de que en el cielo recibirá una recompensa de gracia, Mat. 5:12; en resumen, de la fe firme y santificadora en el Cristo divino y humano, que lo amó y se entregó a sí mismo por él, Gál. 2:20.

Lutero hace la oportuna observación, de que la persona que no está segura de la vida eterna, y no fija su vista en esa bendita esperanza (Tito 2:13) no puede tener ni sumisión ni paciencia (St. L., IX, 956), mientras los cristianos cuyo hogar está en los cielos, tienen el poder de regocijarse aun en las más grandes tribulaciones.

Acerca de San Pablo escribe Lutero (St. L., XII, 717 y sig.): "Mirad cómo San Pablo da la espalda al mundo y anticipa la revelación venidera, tal como si no hubiese visto dificultad o miseria alguna sobre la tierra, sino solamente gozo. Aún más, por mucho que tengamos que sufrir ¿qué importancia tiene ese sufrimiento - dice él - cuando lo comparamos con el gozo y gloria inefables que han de ser revelados en nosotros? ... Se ve pues, que San Pablo considera todo el sufrimiento de esta tierra, como una pequeña gota y una pequeña chispa, pero él hace de la gloria que buscamos un océano infinito y un fuego muy grande. Y al decir que es una gloria que ha de ser revelada en nosotros, nos indica por qué sufrimos con tan poca voluntad, a saber, porque nuestra fe es "todavía débil, de manera que no fijamos nuestra vista en la gloria aún oculta en esta vida, que ha de ser revelada en nosotros. Pues si fuese una gloria que pudiésemos ver con nuestros ojos, seriamos por cierto, los mártires mejores y más pacientes que conocerse puedan".

Lutero cierra ese hermoso párrafo con la muy pertinente observación, de que ya que debido a la ceguedad de nuestra miserable y débil carne, no podemos comprender la grande e insuperable bondad y gracia a que nos llama Dios al enviamos nuestras cruces cristianas "el Espíritu Santo tiene que ser nuestro Maestro en este asunto, y poner tal consuelo en nuestros corazones". Con esto está de acuerdo todo cristiano que sufre. A menos que el Espíritu Santo nos conceda gracia para llevar nuestra cruz, jamás poseeremos suficiente poder para soportarla, ni siquiera la más liviana.

6. La cruz y el pecado del cristiano. En relación con este asunto, se ha preguntado si el pecado que aún mora en el creyente puede ser considerado como parte de la cruz que tiene que llevar. Esta pregunta hay que contestarla afirmativamente, pues cada vez que el creyente peca, hace algo que le es abominable, Rom. 7:15. El verdadero cristiano deplora profundamente el hecho de que está tan "vendido al pecado", Rom. 7:14; que de continuo comete pecados que no quiere cometer. Rom. 7:15; y con todo fervor, suplica a Dios que lo libre del cuerpo de esa muerte,

Rom. 7:24. Por esta razón nuestros dogmáticos afirman correctamente, que también la carne pecaminosa que está vendida al pecado, Rom.7:17-19, pertenece a la cruz que los creyentes tienen que llevar en esta vida (Cf. Lutero St. L., XII, 727-728, 735).

### B. LA VIDA CRISTIANA Y LA ORACIÓN

1. *La íntima relación entre la vida cristiana y la oración.* Mientras una persona permanece en su estado natural de pecado e ira, teme a Dios, y por lo tanto, huye de Él, Heb. 2:15; Gén. 3:8. Pero tan pronto como entra por la fe a la nueva vida espiritual, empieza a tener comunión con Dios, Rom. 8: 15. A esta comunión espiritual del creyente con Dios la llamamos oración.

La oración cristiana se ha definido correctamente como "la comunión de un corazón creyente con Dios", Sal. 27:8. Aunque las palabras de la boca no son absolutamente necesarias para hacer de la oración una "comunión con Dios", Isa. 65:24; Rom. 8:26-27, sin embargo, no deben ser consideradas superfluas, Hech. 7:59; 17:25.

Puesto que la oración cristiana, es el fruto de la fe que tiene el creyente en el perdón misericordioso de sus pecados por causa de Cristo, ella es continua, 1 Tes. 5:17, porque el corazón regenerado bajo la dirección del Espíritu Santo se dirige a Dios de continuo, y se halla en comunión incesante con Dios, Rom. 8:14-15.

Por consiguiente, el cristiano ora aun cuando no se da cuenta de ello, como cuando está ocupado en su trabajo, o cuando debido a una gran tribulación se considera incapaz de orar (Cf. Lutero St. L., IX, 922). Así como el pulso natural late sin cesar en tanto que hay vida en el cuerpo, así el pulso de la oración late constantemente, en tanto que una persona tiene vida espiritual.

Lutero lo expresa de este modo (St. L., VIII, 363) "Dondequiera que hay un cristiano, allí está también el Espíritu Santo que ora sin cesar. Pues aunque el cristiano no siempre mueve la boca, o pronuncia palabras, no obstante, su corazón espiritual siempre se mueve y palpita, así como se mueven y palpitan su pulso y su corazón natural con tales suspiros incesantes, como: Amado Padre sea santificado tu nombre; venga tu reino; hágase tu voluntad entre nosotros y todos los hombres, etc... Por consiguiente, no hallarás un solo cristiano que no esté orando siempre, así como no podrás hallar una persona viva que no tenga pulso que jamás está quieto, sino que siempre late, aunque la persona esté durmiendo u ocupada en cualquier otra cosa y no lo note".

Es propia la división de la oración en súplicas y acciones de gracias, ya que también se clasifican como súplicas las intercesiones que se hacen por el gobierno y por todos los hombres (1 Tim. 2:1-3; Jer. 29:7) por los creyentes (Efe. 6:18) y por los incrédulos y los enemigos (Mat. 5:44; Luc. 23:34; Hech. 7:59) (Cf. Lutero St. L., X, 2204).

2. *Lo que la oración cristiana presupone.* La oración cristiana presupone mucho más que la "percepción absoluta de que uno depende de Dios" (Schleiermacher), o el tener "fe en la providencia general de Dios" (Ritschl). Aun los paganos perciben que dependen de un Ser Supremo, y hasta cierto punto, ellos también tienen fe en una providencia divina, Hech. 17:23, 26-28; y no obstante, San Pablo afirma que lo que ellos sacrifican, a los demonios lo sacrifican, y no a Dios, 1 Cor. 10:20.

En realidad, cuando el cristiano ora, se verifica una comunión muy íntima entre la criatura que es polvo y ceniza, Gén. 18:27 y además de esto, por naturaleza es pecadora y enemiga de Dios, Rom. 8:7; 5:8, y el Creador soberano y majestuoso, Sal. 5:1-7. Para que el pecador en su condición natural de ciego, muerto e indigno, pueda tener la debida comunión con Dios como el hijo amado la tiene con su amoroso padre, tiene que ser regenerado o haber nacido de nuevo Juan 3:5-6.

La oración cristiana por lo tanto, presupone siempre la verdadera fe en Cristo, o fe en el perdón de todos los pecados que Dios otorga al creyente por causa de Cristo. La Sagrada Escritura declara que son verdaderas oraciones, sólo aquellas que se ofrecen en el nombre de Cristo, Juan 16:23; 14:13-14. Para que la oración sea verdadera tiene que emanar de la fe en Cristo, Juan 6:29; 14:6. Ninguna otra oración puede ser dirigida a Dios con verdadera confianza, Rom.5:1-5, que es la característica fundamental de la oración cristiana. Sant. 1:6-7; Rom. 14:23. Lutero afirma muy acertadamente (St. L., VIII, 362; IX, 922 y sig.) que de nada valen las oraciones que se hacen sin el nombre de Jesús, tales como las oraciones de los turcos, los judíos, los monjes y los hipócritas;

pero que si una oración se ofrece en el nombre de Jesús, aun una sola letra de ella, es válida y agradable a Dios.

Aunque es verdad que también los paganos, y todos los que en la Iglesia visible rechazan la expiación vicaria de Cristo oran con cierto fervor y devoción, no obstante, tales emociones religiosas emanan de la carne y no de la verdadera fe. Su autor *(causa efficiens)*, no es el Espíritu Santo que siempre glorifica a Cristo por medio de aquellos en quienes realiza su obra, Juan 16:14, sino el diablo que opera en los hijos de desobediencia" Efe.2:2. Ritschl condenó su propio racionalismo (su negación de la expiación vicaria de Cristo) cuando dijo: "La oración que se dirige a Dios como a nuestro Padre en Cristo Jesús, distingue a la religión cristiana de todas las demás".

La verdad de esta declaración la confirma el estudio comparativo de la religión. El cristianismo es la única religión que enseña a los que la siguen a orar al Padre en los cielos en el nombre de su divino Hijo, quien mediante su muerte vicaria obtuvo la reconciliación para todos los pecadores. Todas las religiones que tienen su origen en la carne depravada del hombre, enseñan la oración a base de la justicia del pecador o de las buenas obras. Por consiguiente, todos los que no oran en el nombre de Jesús no saben ni a quién deben orar, ni la manera correcta de orar; sus oraciones son vanas repeticiones dichas sin fe y sin confianza, y jamás serán oídas, Mat. 6:7. Esto se aplica tanto a las oraciones de los paganos (los molinos de oración de los budistas), como de los cristianos apóstatas (los rosarios de los católicos). Sólo el verdadero creyente ora en el nombre de Cristo, esto es con perfecta confianza en la gracia divina por causa de Cristo, Dan. 9:16-19, y sin ninguna confianza en su propio mérito o dignidad.

Todas las oraciones de las logias anticristianas, que niegan la Santísima Trinidad y la deidad de Cristo y su expiación vicaria, son idólatras y paganas, y por ende, una abominación a Dios. Adherirse a esas logias significa para el cristiano negar a su Salvador y su expiación vicaria, y ofender a los cristianos que se oponen a ellas por las razones indicadas. El cristiano por lo tanto, no puede ser miembro de esas logias, sin que ponga en peligro la salvación de su alma.

Lutero escribe (St. L., VIII, 361 y sig.): "Dondequiera que está el Espíritu de gracia, allí Él hace que podamos y nos atrevemos a orar; aún más, que tengamos que empezar a orar.... Pues artes de ser cristianos y tener fe, no sabemos qué pedir en nuestras oraciones ni cómo pedirlo. No importa con cuánto fervor ore cierta persona, si no ha sido convertida el Espíritu de gracia no se halla en sus oraciones... Allí no existe tampoco la fe en la gracia y la misericordia que Dios concede por causa de Cristo, y el corazón permanece siempre en un estado de incertidumbre, de manera que duda si ha sido oído o no; trata con Dios fundándose en su propia justicia o la de otros, sin tomar en cuenta a Cristo, como si Dios tuviese que humillarse ante él y ser persuadido a conceder su gracia o ayuda por causa nuestra, y de ese modo hacerse nuestro siervo o deudor. Hacer esto quiere decir, no merecer la gracia sino su ira; no es una oración, sino al contrario, una burla contra Dios".

3. Lo que la oración cristiana obra y concede. Puesto que Dios preserva el mundo sólo por causa de sus santos, y más específicamente, para que ellos prediquen el Evangelio como testimonio a todas las naciones Mat. 24.14, y puesto que todos los cristianos oran en perfecto acuerdo con la buena y misericordiosa voluntad de Dios, que sostiene y gobierna todas las cosas, 1 Juan 5:14, podemos decir que sus oraciones sostienen y gobiernan todo el universo. Tal es la clara enseñanza de la Escritura, la cual nos asegura que todas las cosas que ocurren en el Reino de Poder y en el Reino de Gracia, se efectúan por mediación de la oración cristiana.

En particular, debido a la oración, la Palabra del Señor corre y es glorificada, 2 Tes. 3:1; por ella, Dios abre a sus siervos la puerta de la Palabra para que anuncien el misterio de Cristo, Col. 4:2-4; Efe. 6:19-20, por ella, todos los ministros de la Palabra son librados de aquellos que no creen, Rom. 15:30-32; por ella, se preserva la paz en el mundo, Jer. 29: 7; como resultado de ella, los cristianos pasan una vida quieta y reposada en toda piedad y honestidad, 1 Tim. 2:1-3; por ella, los justos serán librados de los malvados, Sal. 55:24; 2 Ped. 2:7, etc. Todo lo que Cristo obra como causa eficiente, lo obra por medio de sus creyentes como causas instrumentales según lo testifica Él mismo, Hech. 1:8; 1 Cor. 3:9.

Lutero escribe sobre este particular (St. L., VIII, 350 y sig.): "No debemos separar a la Cabeza de sus miembros, esto es, a Cristo de sus apóstoles y todos los cristianos. Cada cristiano es como el Señor Jesucristo mismo mientras estuvo aquí en la tierra, y logra cosas tan grandes que puede gobernar el mundo en cosas divinas, ayudar y ser de provecho a todo el mundo, y hacer las cosas más grandes que se pueden realizar en la tierra. Pues goza de mayor estima por parte de Dios que el mundo entero, de modo que por causa de él, Dios da al mundo todas las cosas que en el mundo hay y las sostiene; en realidad, si no hubiese cristianos en la tierra, no habría paz en ninguna ciudad y en ningún país; entonces el diablo destruiría de seguro, en un solo día, todas las cosas que hay en el mundo. Si la tierra da su fruto y la gente goza de prosperidad, alimento, paz y protección, es algo que se debe a los cristianos. Pues aunque es verdad que somos pobres, como San Pablo escribe en 2 Cor. 6:10, no obstante, enriquecemos a muchos; no tenemos nada, mas lo poseemos todo. En resumen, la verdad es que lo que tienen en el mundo los reyes, príncipes, señores, ciudadanos y campesinos, lo poseen, no por la expresión familiar: "por su linda cara", sino por causa de Cristo y sus discípulos. Por lo tanto, los cristianos son ayudadores y salvadores; aún más, señores y dioses del mundo, como también Dios dijo a Moisés, Ex. 7:1: "Te he he constituido dios para Faraón".

4. Lo que la oración cristiana pide. Puesto que los cristianos cuando oran en el nombre de Jesús, lo hacen de acuerdo con la voluntad de Dios, sus oraciones contienen todas las cosas que Dios mismo desea y ha prometido darles. Es por esta razón que Cristo dijo: "Todo lo que pidiereis en oración creyendo, lo recibiréis" Mat. 21:22; Mar. 12:24; Juan 14:13-14; 16:23; Mat. 7:7-8. Las palabras "todo lo que", no deben ser limitadas sino entendidas en toda su fuerza, ya que la voluntad del creyente coincide siempre con la buena y misericordiosa voluntad de Dios.

Es verdad que los creyentes, por ser aún carne, no desean a veces lo que Dios desea; pero como en Cristo son nuevas criaturas, suprimen la voluntad de la carne y ofrecen sus oraciones a Dios según la norma establecida por Cristo: "No se haga mi voluntad sino la tuya". Como los cristianos reconocen la Palabra de Dios como la única fuente y regla de su fe, así también reconocen la voluntad de Dios como la única norma de sus peticiones, 1 Juan 5:14.

De esto se infiere la siguiente regla general: Cada vez que los creyentes oran por cosas temporales lo hacen condicionalmente, Mat. 26:39; pero si piden cosas espirituales lo hacen incondicionalmente, ya que Dios les ha prometido concederles su gracia, el perdón de los pecados, vida y salvación, sin condición alguna, 2 Cor. 12:9.

Aquellas oraciones incondicionales en que se piden bendiciones terrenales pertenecen al dominio de la fe heroica, pero el creyente no debe tratar de usar la oración heroica, a menos que esté seguro de que posee la fe heroica (cf. la súplica de Lutero por el restablecimiento de la salud de Melanchton).

De todas las oraciones la más excelente es el Padrenuestro, pues nos fue dada por nuestro Señor Jesucristo, y encierra todas las necesidades espirituales y materiales del creyente. Lutero dice: "No hay oración más noble en la tierra que el Padrenuestro, pues contiene la gloriosa promesa de que Dios la oye con gusto; y no debemos cambiarla por todas las bendiciones de esta tierra".

Las oraciones dirigidas a los difuntos son insensatez, Isa. 63:16; 1 Reyes 8:39; Hech. 10:25-26; idolatría, Mat. 4:10, y blasfemia; aún más, son un insulto a la gracia perfecta de Dios obtenida por los méritos de Cristo, 1 Tim. 2:5-6; 1 Juan 2:12; Rom. 8:31-32, 34.

Aunque nadie debe ofrecer oraciones a los ángeles, Apoc. 19:10; 22:8-9, es propio el culto divino ofrecido a Cristo como Hijo del Hombre, o Cristo según su naturaleza humana, debido a la unión personal, Mat. 16:16-17.

Se pueden cometer abusos con las oraciones improvisadas, como con las oraciones que se leen de devocionarios; si las oraciones leídas están expuestas al peligro de la recitación mecánica, las oraciones improvisadas corren el peligro de tornarse vanas repeticiones, según lo demuestra la experiencia. Cada vez que el cristiano ora, debe recordar que está en la presencia del Dios santo y soberano, Dan. 9:18.

Con respecto a las formas y ceremonias que debe observar el cristiano cuando ora, podemos citar los consejos de Lutero, los cuales concuerdan en todo sentido con la Palabra de Dios, Lutero escribe (St. L., VIII, 748): "No importa si estamos de pie, arrodillados o acostados; pues todas estas formas, por ser cosas externas, son indiferentes, porque no han sido ordenadas ni prohibidas. Lo mismo se puede decir de otras formas, por ejemplo alzar la cabeza y los ojos hacia el cielo, cruzar las manos y darse golpes en el pecho. Sin embargo, no deben ser desechadas, ya que la Escritura, y hasta Cristo mismo, las alaba, Efe. 3:14; 1 Tim. 2:8; Juan 17:1. Tampoco obra mal el que, por ejemplo, se halla en el campo atando gavillas o acostado en cualquier sitio, y decide elevar en silencio sus oraciones al cielo".

### *C. LA VIDA CRISTIANA Y LA ESPERANZA DE LA VIDA ETERNA*

La a vida cristiana se vive en expectación constante y gozosa de la segunda y última aparición de Cristo, Tito 2:13 (Cf. el elocuente sermón predicado por Lutero sobre este pasaje: St. L., IX, 930 y sig.). Tal como los creyentes del Antiguo Testamento esperaban la misericordiosa aparición de Cristo en la carne, Luc. 1:67-79; 2:29-32, así los creyentes del Nuevo Testamento, esperan su aparición en gloria para juzgar a los vivos y a los muertos, Luc. 21:28.

Es característico de todo verdadero cristiano, ansiar con gozo y esperanza la llegada del Día del Juicio, 1 Cor. 1:7; Tito 2:13; Filip. 3:20. Según la Escritura, los cristianos por un lado, "invocan el nombre de nuestro Señor Jesucristo", Hech. 9:14, 21; 1 Cor. 1:2; 2 Tim. 2:22, y por otro lado, "esperan la manifestación de nuestro Señor Jesucristo", 1 Cor.1, 7.

La preciosa esperanza de su perfecta salvación final mediante la gloriosa aparición de su Señor, les sirve de estímulo en toda su vida cristiana. Los hace diligentes en la ejecución de buenas obras, Mat. 24:45 y sig.; 25:14 y sig.; Luc.12:15 y sig.; ardientes en la predicación del Evangelio, Mat. 24:14; cautos y circunspectos en su vida terrenal, Tito 2:12-14; satisfechos de su peregrinación en la tierra, 1 Ped. 2:11; Heb. 13:14; cuidadosos en el uso de las cosas terrenales, 1 Cor. 7:31; bondadosos para con todos los hombres, Filip. 4:5; preparados en todo tiempo para recibir al Señor en su venida, Mat. 25:1 y sig.; tranquilos, a pesar de las tribulaciones de su corta vida terrenal, Rom. 8:18; gozosos de llevar la cruz, Rom. 8:18; Luc. 6:23; Mat. 5:12; 1 Ped. 2:12-13; y triunfantes en la muerte, 1 Tes. 4:13-18.

En resumen, la esperanza inspiradora de la gloriosa aparición de su señor, los impulsa constantemente a andar como es digno de la vocación con que han sido llamados en Cristo, Efe. 4:1 y sig.; Col. 1:10 y sig.; 1 Cor. 16:22; 1 Ped. 4:7; Sant. 5:8; Filip. 4:5. Los cristianos deben llevar una vida santa también en vista de su muerte, Filip. 1:21-23; Sal. 90:12; pero sobre todo, la vida cristiana se orienta hacia la última aparición de Cristo con su gloriosa salvación eterna.

Es verdad que al esperar, ansiar y vivir, por la gloriosa aparición del Señor, los cristianos tampoco son perfectos; por lo tanto, deben luchar diariamente por la perfección. Lutero nos dice que es un "arte cristiano y una verdadera obra maestra", el que el creyente "dé la espalda al mundo que ha de pasar, y en toda persistencia fije su vista en la vida futura que ha de permanecer eternamente, y a la cual pertenece".

Escribe Lutero: "Esto se enseña correctamente pero no se aprende fácilmente; esto en verdad, se proclama pero no se cree fácilmente; esto se fija correctamente en el corazón, pero no se sigue fácilmente; esto se expresa muy bien, pero no se cumple fácilmente... Es parte de la debilidad de la carne el que siempre temamos la muerte, nos quejemos y dudemos si las cosas no marchan a nuestro gusto. Esto demuestra que no guardamos la bendita esperanza como debemos".

Y otra vez: "Si el corazón no se prepara para aquella vida que es imperecedera, sino que se apega a esta vida que es temporal y pasajera, no entiende lo que en realidad significan el Bautismo, el Evangelio de Cristo y la fe. No hemos sido bautizados para esta vida; no se nos llama cristianos porque somos ciudadanos, campesinos, amos, siervos, criadas, gobernantes o gobernados, obreros y amos de casa, sino que hemos sido bautizados para otro fin, y para ese otro fin, oímos el Evangelio y creemos en Cristo — a saber, para que echemos a un lado todos esos oficios... y demos la espalda al mundo para entrar en otra existencia y vida, donde no existen ni amo ni siervo, ni criada ni ama, ni mujer ni hombre, sino donde todos somos iguales e idénticos en Cristo Jesús, Gál. 3:28; y esa igualdad empieza ya en esta vida mediante la fe, pero se hace perfecta cuando estemos en la vida venidera, en la contemplación directa y dichosa.... Para esta vida eterna somos bautizados para obtenerla, nos ha redimido Cristo por medio de su muerte y su sangre, y para este fin hemos recibido el Evangelio".

# LA DOCTRINA ACERCA DE LA PERSEVERANCIA

Una de las preguntas más importantes respecto de la vida cristiana, es la que se relaciona con la perseverancia del creyente en la fe hasta el fin (Cf. Lutero. St. L., IX, 1807). El Salvador mismo, al recordarnos la gran verdad de que sólo "el que persevere hasta el fin, éste será salvo", Mat. 10:22; 24:13, nos aconseja que consideremos seriamente esta pregunta. El énfasis en estos pasajes cae sobre el verbo *perseverar,* de manera que las palabras de Cristo, son una fervorosa exhortación dirigida a sus creyentes para que éstos perseveren en la fe hasta el fin.

Esta fervorosa exhortación implica que muchos no perseveran en la fe, y esto a la vez sugiere otra seria pregunta ¿Cómo puede el creyente perseverar en la fe hasta el fin? Para contestar esta pregunta, la Escritura recalca dos hechos de vital importancia: 1) Todos los que perseveran en la fe hasta el fin lo hacen únicamente por la gracia divina, o expresado en otras palabras, la perseverancia en la fe es únicamente la obra de la gracia omnipotente de Dios. 2) Todos los que pierden la fe la pierden por su propia culpa, en otras palabras, la única razón para la apostasía es que el hombre rechaza obstinadamente la Palabra de Dios, y se opone con terquedad a la obra que el Espíritu Santo desea verificar mediante la Palabra divina. Estas verdades hay que sostenerlas y defenderías contra el calvinismo y contra el sinergismo

a. Contra el calvinismo. El calvinismo enseña persistentemente que para aquellos que una vez recibieron la fe, es imposible perderla otra vez aunque cometiesen pecados enormes. Se asevera que si bien el ejercicio de la fe puede cesar, la fe misma no puede cesar jamás. (Cf Calvino. Institución Cristiana, II, 2, 12).

Los calvinistas enseñan la inadmisibilidad de la fe, con el fin de quitar la incertidumbre que cada creyente calvinista debe sentir con respecto a su estado de gracia, en vista de que no se atreve a creer en la gracia universal.

Lutero, en cambio, que sostuvo la doctrina bíblica de la gracia universal, enseñó también la doctrina bíblica de la admisibilidad de la fe, 1 Cor. 10:12: Luc. 8:13; Isa. 1:2. La *Confesión de Augsburgo* (Art. XII) enseña: "Los nuestros condenan a los anabaptistas, quienes niegan que los que una vez fueron justificados pueden perder el Espíritu Santo". A aquellos que se hallaban en dudas en cuanto a su estado de gracia, Lutero los consoló con las promesas de la gracia de Dios en Cristo Jesús, reveladas y ofrecidas en el Evangelio a todos los pecadores, Tito 2:11, y no con "experiencia alguna pasada o presente de la presencia y morada de Cristo en el corazón del creyente", según lo enseñan los calvinistas.

Sólo el método empleado por Lutero es bíblico, pues el Evangelio no sólo consuela realmente a los pecadores alarmados, sino que es también el medio divino por el cual los caídos de la gracia pueden ser restablecidos a la fe en Cristo, Rom. 10:17.

Huelga decir, que todos los que niegan la gracia universal, no pueden usar en modo alguno las promesas de gracia del Evangelio para consolar a los pecadores que se hallan en la desesperación. Puesto que enseñan la gracia particular, les es imposible asegurar a tales pecadores que Dios en realidad quiere otorgarles su gracia. Por una inconsecuencia afortunada, la práctica de los predicadores calvinistas es a veces mejor que su teoría.

b. Contra el sinergismo. Así como es antibiblica la doctrina calvinista acerca de a perseverancia final, así también lo es la de los sinergistas. Mientras los calvinistas niegan la gracia universal, los sinergistas niegan la sola gracia. Por esta razón, se ven obligados a inducir al pecador a que confíe, al menos en parte, en su propia dignidad para obtener su salvación. La declaración de que "las buenas obras son necesarias para preservar la fe" —cosa que la Fórmula de Concordia rechaza tan enérgicamente — es una expresión real de la cooperación sinergista. Los sinergistas enseñan, que de la misma manera como el pecador tiene que poner algo de su parte para hacerse creyente, de esa misma manera tiene que poner también algo de su parte para perseverar en la fe. A la postre, tanto el sinergismo como el calvinismo, enseñan que la seguridad de salvación que el cristiano tiene, depende de algo en su corazón, ya sea la experiencia de la morada de Cristo en su corazón (el calvinismo), ya sea su buena conducta o sus buenas obras (el sinergismo). Tanto el calvinismo como el sinergismo, atribuyen pues, al hombre, la habilidad de perseverar en la fe hasta el fin.

En oposición a este error, la Sagrada Escritura afirma que el creyente debe su perseverancia únicamente a la gracia y al poder de Dios. En otras palabras, es obra exclusiva de Dios el que el pecador persevere en la fe hasta el fin, Filip. 1:6; 1 Ped. 1:5; Juan 10:28-30. De esta manera, la Escritura quita la salvación de las manos impotentes del pecador, y la pone en la mano todopoderosa de Dios, 1 Tes. 5:24; 2 Tes. 3:3.

Aun cuando la Escritura exhorta a los cristianos a llevar a cabo la obra de su salvación con temor y temblor, les asegura al mismo tiempo, que es Dios el que en ellos obra así el querer como el obrar por su buena voluntad, Filip.2:12-13. Por lo tanto, no se puede usar este pasaje para defender el sinergismo, ya que la última cláusula excluye toda forma de sinergismo.

La relación entre los dos versículos es del todo clara. En el primero, el apóstol se dirige a los que descuidan la santificación debido a una falsa confianza e indiferencia; en el segundo, reprende el espíritu farisaico de aquellos que al entregarse al engaño de confiar en sí mismos, hacen estribar su salvación en su propio poder para santificarse. Aún más, tal confianza en sí mismos, es en realidad la causa por la cual ciertos creyentes pierden la fe. Así cayó Pedro de la fe. Su defección ocurrió porque pretendía poseer más fe y constancia que sus condiscípulos, Mar. 14:29; opinión de la cual, ni la seria amonestación del Señor pudo disuadirlo, Mar. 14:30. Pedro cayó pues, porque confió en sí mismo, y si no hubiera sido por la gracia divina jamás habría recobrado la fe, Luc. 22:32; Juan 21:15-17. El sinergismo que expresamente enseña tal engaño, es por lo tanto, un error muy pernicioso; es una doctrina que aplicada consecuentemente puede ocasionar la apostasía o conducir a ella. Contra el sinergismo, Lutero enseñó que es Dios el que conserva al creyente en la fe, y afirmó que la perseverancia, no depende de la voluntad del hombre sino de la gracia sostenedora de Dios.

Así como el calvinismo no puede consolar al creyente con la seguridad real de la salvación, así tampoco puede el sinergismo proporcionar al creyente un fundamento adecuado, en el cual pueda depositar firmemente su esperanza para la vida eterna. El consuelo que ofrece, no es sino la arena movediza de la dignidad propia del creyente. Pero ¡ay! de aquel que pone su confianza en sus propios méritos, 1 Cor. 4:4. En efecto, el que confía en sus propias obras para la salvación ha caído de la gracia, Gál. 5:4, y está sujeto a la maldición de Dios, Gál. 3:10. Por otro lado, la verdad bíblica de que somos guardados para la salvación por el poder de Dios y mediante la fe, 1 Ped. 1:5, le sirve al creyente de consuelo permanente aun en las más severas aflicciones; pues sabe que su salvación está absolutamente segura en las manos del Dios todopoderoso. La doctrina de la sola gracia, no sólo produce la verdadera fe cristiana, sino que también la fortalece y preserva

Algunos teólogos sinergistas han afirmado que la gracia y el poder divinos, preservan por cierto la fe del creyente contra todos los ataques externos, mas no contra los ataques de su propia carne (Philippi Meyer). Pero esta afirmación no tiene ningún fundamente bíblico. Cuando Cristo aseguró a sus discípulos que nadie los arrebatarla de sus manos, Juan 10:28-29, esta promesa incluía por cierto el enemigo interno tanto como los enemigos externos. Así también son de extensión universal, las demás promesas de la Escritura respecto a la perseverancia, Filip. 1:6. 1 Ped. 1:3-5; 5:10; 2 Tes. 3:3. Por consiguiente, el creyente debe estar seguro de que así como Dios no omitió nada al prepararle la salvación, así tampoco omite nada en materia de proporcionarle esa salvación. En otras palabras, la gracia divina se refiere no sólo a justificación y la santificación, sino también a la perseverancia del creyente hasta llegar a obtener la salvación eterna.

Las dudas en cuanto a la salvación, se suscitan solo cuando los hombres confunden la Ley y el Evangelio, es decir, cuándo aplican los pasajes bíblicos que deben servir de amonestación contra la seguridad carnal, 1 Cor. 10-12; Rom. 11:20, a los pecadores penitentes, que en la angustia de su corazón claman por el consuelo de1 Evangelio, Rom. 7:24, o cuando persuaden a las almas desesperadas, a que estén seguras de su salvación mediante sus buenas obras. Los pecadores penitentes que ansían el verdadero consuelo no deben dar oído a ningún otro mensaje, que aquel que emana ele la gracia justificadora, santificadora y preservadora de Dios, Mat. 11:28; Isa. 55:1-3.

Las amonestaciones expuestas en la Escritura contra la defección, 1 Cor. 10:12; Rom. 11:20-21; Heb. 3:12, etc. reforzadas por ejemplos de algunos que creyeron por un tiempo (Saúl, Demas) no están en pugna con la bendita seguridad ofrecida en el Evangelio, de que Dios, en su gracia, guardará al creyente en la fe hasta el fin, Filip. 1:6; muy al contrario, contribuyen a sostener esa seguridad. Estas amonestaciones o advertencias pertenecen a la Ley, y no deben ser usadas para anular las promesas de Evangelio. San Pablo, aunque sabía que existía la posibilidad de que él mismo podía ser rechazado, 1 Cor.9:27, estaba, no obstante, completamente convencido de su perseverancia, Rom. 8:38-39. 2 Tim. 4:7. Dios nos amonesta contra la defección por medio de la Ley, para que nos cuidemos de la seguridad carnal que destruye la certidumbre de la salvación, y para que sigamos fieles al Evangelio, el cual nos concede y fortalece la seguridad de la salvación.

La preciosa verdad enseñada en el Evangelio, de que el creyente debe estar seguro de su salvación no engendra orgullo espiritual, sino que promueve a venadera humildad y suprime la seguridad camal. Además, cuanto más seguro está el creyente de su salvación, tanta más gratitud siente hacia Dios, y mayor es su celo para hacer buenas obras, y éstas son bendiciones, que tanto la desesperación como la seguridad carnal pueden destruir.

Puesto que es la voluntad de Dios conceder su gracia a los hombres por los medios de gracia, es evidente que el creyente perseverará en la fe sólo si usa fielmente los medios de gracia instituidos por Dios (la Palabra y los Sacramentos). Por lo tanto, los cristianos que desean permanecer firmes en su fe y seguros de su salvación, tienen que morar continuamente en la sola Santa Palabra de Dios, donde Dios les ofrece y les otorga su inagotable gracia y fortaleza, para permanecer con Cristo en la verdadera fe, Rom. 1:16; 10:17; Juan 8:31-32, 51. Al uso diligente y concienzudo de la Palabra de Dios, hay que añadir también la oración incesante y fervorosa, Juan 16:23-24; Mat. 26:41; Efe. 6:17-18; 1 Tes. 5:17, ya que Dios ha prometido conceder sus bendiciones, sólo a aquellos que perseveran en la oración, Luc. 11:13; Sant. 1:5-6; 4:2.

Con respecto a la pregunta (*crux theologorum*): "¿Por qué no perseveran en la fe todos los creyentes"? El teólogo cristiano no tiene otra respuesta que la que se halla en Oseas 13:9. Los que perseveran en la fe lo deben únicamente a la gracia divina; los que caen de la fe tienen que culparse a sí mismos por su apostasía (la incredulidad; la falsa creencia de que son justos en sí mismos; el descuidar los medios de gracia o rechazarlos maliciosamente). Si se aduce una comparación entre dos individuos tales como Saúl y David, Judas y Pedro, el teólogo cristiano en este caso, reconoce con toda humildad la existencia de un misterio que él es incapaz de explicar, ya que la Sagrada Escritura misma no contesta a la pregunta intrigante de por qué Saúl pereció en la incredulidad y David se arrepintió, o por qué Judas murió en la desesperación y Pedro fue rescatado de la perdición.

El consejo de la *Fórmula de Concordia* respecto a este asunto es bíblico y sano (Decl. Sól., XI, 57-63): "Respecto a esta discusión que se remontaría hasta las nubes y más allá de estos límites, debemos seguir el ejemplo de Pablo, y tapándonos la boca recordar y decir: "¿Oh hombre, quién eres tú para que alterques con Dios?" (Rom. 9:20).

# LA DOCTRINA ACERCA DE LOS MEDIOS DE GRACIA

## 1. LA DEFINICIÓN DEL TÉRMINO

Para ofrecer y otorgar a los hombres, los méritos que Cristo obtuve para el mundo mediante su muerte en la cruz, 2. Cor.5:21; Rom. 5:18, Dios emplea ciertos medios visibles y externos, por los cuales el Espíritu Santo obra y preserva la fe efectuando así la salvación del pecador.

Tal es la clara enseñanza de nuestras Confesiones. La *Fórmula de Concordia* declara (XI, 76): "El Padre no atrae hacia sí a nadie sin usar medios, sino que ha destinado para este fin la Palabra y los Sacramentos como medios e instrumentos comunes". Los Artículos de Esmalcalda (II Parte, Art. VIII, 3): "En aquellas cosas que se refieren a la Palabra hablada y externa, debernos sostener firmemente que Dios no concede a nadie su Espíritu o gracia, a no ser mediante, o con la Palabra externa que precede". La *Confesión de Augsburgo* (Art. V. 2): "los nuestros condenan a los anabaptistas y a otros que piensan que el Espíritu Santo viene a los nombres sin la Palabra externa, por propia preparación y obras de ellos".

Nuestros dogmáticos definen los medios de gracia como "los medios externos instituidos por Dios, por los cuales Dios ofrece a los hombres la gracia adquirida por Cristo, y produce y conserva en los hombres la fe necesaria para aceptar tal gracia". Basándose en la Escritura, nuestros dogmáticos reconocen como medios de gracia instituidos por Dios únicamente la Palabra (el Evangelio) y los Sacramentos, el Bautismo y la Santa Cena; los últimos dos los consideran como la Palabra visible *(Verbum visibile)*.

Según la Escritura, estos medios instituidos por Dios tienen doble función o poder, a saber, a) un poder exhibitorio, ofrecedor u otorgante *(vis exhibitiva dativa collativa)* y b) un poder efectivo u operativo *(vis effectiva sive operativa)*. El primero consiste en esto: Que el Espíritu Santo, mediante los medios de gracia ofrece la gracia de Dios *(Dei favor)*, y la justicia de Cristo *(meritum Christi)*, a todos los que oyen o leen la Palabra; el segundo consiste en que el Espíritu Santo, mediante los medios de gracia realmente produce, fortalece y preserva en los corazones de los hombres, una fe viva en el misericordioso perdón de sus pecados, de manera que los hombres son convertidos, justificados, santificados y por fin glorificados. Por esta razón llamamos a los medios de gracia, *los medios por los cuales Dios comunica la remisión de los pecados o la justificación.*

Esta doctrina de los medios de gracia, ha sido corrompida de dos maneras por la razón engreída del hombre. Por un lado, se ha declarado que los medios de gracia no son necesarios para la salvación (el zuinglianismo: El Espíritu Santo no requiere ningún vehículo para efectuar sus operaciones divinas); y por el otro, se han añadido sacramentos adicionales a los dos Sacramentos instituidos por Cristo (el romanismo; la penitencia, la confirmación, el matrimonio, la ordenación de los sacerdotes y la extrema unción). A la postre, toda perversión de la doctrina de los medios de gracia se hace para respaldar la doctrina de la justicia por las obras.

## 2. LOS MEDIOS DE GRACIA EN GENERAL

La doctrina acerca de los medios de gracia, se entiende debidamente sólo cuando se considera a la luz de la obra redentora de Cristo y la justificación objetiva, o la reconciliación, 2 Cor. 5:19-20, que Él obtuvo mediante su expiación vicaria. Si se pervierten estas dos doctrinas (el calvinismo: el rechazamiento de la gracia universal; el sinergismo. el rechazamiento de la sola gracia) se pervierte también la doctrina bíblica acerca de los medios de gracia. Así pues, el calvinismo considera innecesarios los medios de gracia; el racionalismo sinergista (el arminianismo), los considera como meros incentivos para efectuar esfuerzos virtuosos con el fin de obtener la salvación. Por lo tanto, si la doctrina de los medios de gracia ha de permanecer intacta, toda la doctrina de la expiación vicaria de Cristo ha de ser enseñada en su verdad y pureza bíblicas. Esto se hace evidente cuando estudiamos la doctrina de los medios de gracia en sus diferentes pormenores.

Según la Sagrada Escritura el medio de gracia preeminente es la Palabra de la Reconciliación, 2 Cor. 5:19, o el Evangelio de Cristo, Rom. 1:16. La Ley divina o la inmutable voluntad de Dios, aunque en sí misma es Palabra inspirada de Dios en igual grado que el Evangelio, no es, sin embargo, un medio de gracia, puesto que sólo ofrece al pecador la ira y la condenación, Gál. 3:10, y no la gracia y el perdón de los pecados; a diferencia del Evangelio, que es propiamente "el ministerio de justificación", 2 Cor. 3:9; la Ley es "el ministerio de condenación *(ibid)*. Por esta razón, la Ley debe ser excluida de los medios de gracia.

El Evangelio es un medio de gracia, no sólo por cuanto ofrece la gracia de Dios al pecador, sino también porque realmente lo absuelve de sus pecados. Lutero dice muy correctamente: "El Evangelio es una absolución general; pues es una promesa que da acuerdo con la voluntad y el mandato de Dios, debe ser aceptada por todos en general y porcada uno en particular". (St. L., XXI, 1849).

Además, el Evangelio es un verdadero medio de gracia en cualquier forma en que sea presentado al pecador, bien que sea predicado públicamente (Mar. 16:15-16; Luc. 24:47), o leído (Juan 20:31; 1 Juan 1:3-4), bien que sea pronunciado directamente como una absolución — pública o particularmente — (Juan 20:23; 2 Cor. 2:10: "A que vosotros perdonáis yo también") o expresado por medio de un símbolo (Juan 3:14-15, un crucifijo o cuadro de Cristo) o bien que sea meditado en el corazón (Luc.2:51; Rom. 10:8), etc. En resumen, no importa cómo el Evangelio sea presentado a los hombres, siempre es un medio de gracia que ofrece y confiere la gracia de Dios mediante la fe en Cristo Jesús.

Algunos teólogos modernos han argüido que el Evangelio es efectivo sólo cuando se proclama o se predica (la escuela de Dorpat, Volck etc.), pero el pasaje en que fundan su argumento (Rom.10:17), no comprueba lo que ellos alegan sobre el asunto ya que las palabras "por el oír" no excluyen otros modos de recibir la Palabra divina, Juan 1:4. El Evangelio es eficaz en cualquier forma de aplicación porque es espíritu y vida, Juan 6:63. Nuestros dogmáticos han dicho con razón, que la Palabra está sobrenaturalmente dotada de eficacia, es decir, tiene un poder activo sobrenatural y verdaderamente divino, de producir efectos sobrenaturales tales como convertir, regenerar y renovar la mente humana (*Doctr. Theol.*, p. 501).

Este poder sobrenatural, que no debe ser comparado con el poder que es propio de toda palabra humana y especialmente de todo elocuente discurso humano, es siempre inherente a la Palabra divina, porque el Espíritu Santo está unido a ella de un modo indisoluble, de modo que jamás debemos considerar la Palabra como si estuviera desprovista de eficacia divina, o como si fuera en sí misma cierto "instrumento sin vida", empleado eficazmente por el Espíritu sólo en ciertas circunstancias, cada vez que le plazca a Él.

Al contrario, dondequiera que se halla la Palabra de Dios allí se halla también el Espíritu Santo; y cada vez que una persona usa la Palabra divina, no importa en qué forma, Dios se halla activo en ella, 1 Cor. 2:4. La acción de Dios sobre la persona que lee su Palabra, no es por lo tanto, una "acción ejecutada a cierta distancia" sino una acción verificada mediante la Palabra divina (Rom. 10:17: *pistis ex akoes* Cristo nos manda no sólo oír el Evangelio, sino también "escudriñar las Escrituras", Juan 5:39, 46, atribuyendo así eficacia a la Palabra también cuando ésta es leída.

Respecto a la eficacia de la Palabra divina, y al poder del Espíritu Santo que obra por medio de la Palabra Quenstedt escribe (I, 183): "No es que el Espíritu Santo hace por sí mismo una cosa y la Palabra de Dios por sí misma otra, sino que producen un solo efecto por medio de una y la misma acción". Tal es la doctrina de la Escritura, Rom. 1:16; 1 Cor. 2:4.

Puesto que Dios ha unido su misericordiosa promesa del perdón al Bautismo y a la Santa Cena, estos dos Sacramentos son medios de gracia reales y eficaces, por virtud de las promesas divinas que están unidas a ellos.

Respecto al Bautismo la Escritura enseña expresamente que es "para perdón de los pecados" *eis afesin hamartiōn*, Hech.2:38, y "para el lavamiento de pecados" *apolousai amartias*; Hech. 22:16; Efe. 5:26; 1 Cor. 6:11.

En la Santa Cena Cristo ofrece a los comulgantes su cuerpo y su sangre para la remisión de pecados, Luc. 22:19-20; Mat. 26:26-28, de modo que también en este Sacramento tenemos la misericordiosa oferta divina del perdón, por causa de Aquel que murió y derramó su sangre para rescatar a los pecadores.

Ya que estos actos sagrados del Bautismo y la Santa Cena, a los cuales están unidas las promesas divinas, pueden ser percibidos con la vista, son llamados la "Palabra visible" o "Sacramentos".

La *Apología* explica esta expresión correctamente cuando dice (Art. XIII [VII], 5): "Estos ritos tienen el mandato de Dios, y la promesa de gracia que es peculiar al Nuevo Testamento. Pues cuando somos bautizados, cuando participamos de la Santa Cena, cuando somos absueltos, nuestros corazones deben tener la completa seguridad de que Dios nos perdona por causa de Cristo... Pero así como la palabra entra en el oído para tocar el corazón, así el rito mismo toca el ojo para mover el corazón. El efecto de la Palabra y del rito es el mismo según la correcta afirmación de San Agustín de que un Sacramento es una *Palabra visible,* porque el rito es percibido con la vista y es, podríamos decir, un cuadro de la Palabra con el mismo significado de la Palabra".

Para que podamos entender debidamente la doctrina acerca de los Sacramentos debemos recordar que todos los medios de gracia tienen el mismo fin y el mismo efecto; esto es, por un lado ofrecer a los hombres el misericordioso perdón de los pecados, por otro engendran y fortalecen la fe.

El perdón divino proclamado en el Evangelio, es por lo tanto, el mismo que ofrecen y otorgan el Bautismo y la Santa Cena, de manera que no obtenemos un tercio del perdón de Dios por medio del Evangelio, otro tercio por medio del Bautismo y el último tercio por medio de la Santa Comunión. La Escritura nos dice con la mayor claridad, que todo el perdón de los pecados que Dios se propone dar a los pecadores se comunica por medio del Evangelio, Rom. 1:16, o por medio del Bautismo, Hech. 2:38; 22:16, o por medio de la Sarta Cena, Mat. 26:28.

En resumen, no importa el medio que use Dios para ofrecer su gracia a los hombres, siempre ofrece toda su gracia y no meramente parte de ella, de modo que todo medio de gracia instituido por Dios, otorga al creyente todo el perdón divino con la vida y la salvación. La *Confesión de Augsburgo* (Art. V) dice: "Pues por la Palabra y los Sacramentos, como por instrumentos, es dado el Espíritu Santo, quien obra la fe donde y cuando le place a Dios, en los que oyen el Evangelio". Por esta razón, es antibíblico atribuir a cada medio de gracia, en un sentido exclusivo, cierta función específica, como por ejemplo, al Bautismo la obra de la regeneración, a la Santa Cena la implantación del cuerpo de la resurrección, y aun beneficios físicos.

Es verdad que la Sagrada Escritura atribuye, por cierto, al Bautismo, el poder de la regeneración, pues llama a este Sacramento "el lavamiento de la regeneración y de la renovación del Espíritu Santo", Tito 3:5; pero atribuye la misma regeneración también al Evangelio, 1 Ped. 1:23: "Siendo renacidos por la Palabra de Dios", y no menos a la Santa Cena, Mat. 26:28: "Esto es mi sangre derramada para remisión de los pecados", ya que es la benéfica seguridad del perdón de los pecados la que obra la regeneración. La *Confesión de Augsburgo* (Art. XIII) por lo tanto, enseña que "los Sacramentos fueron instituidos para que sean signos y testimonios para *despertar* y *confirmar* la fe en los que los reciben", lo mismo que el Evangelio. (Cf. la *Apología.* Art. XIII [VII], 3-5).

Los que niegan que los Sacramentos ofrecen al pecador la misma gracia y el mismo perdón que se le ofrece en el Evangelio, pervierten la doctrina bíblica de los medios de gracia y en particular la de los Sacramentos. Los que atribuyen a los Sacramentos un grado menor o parcial de gracia, lo hacen para sostener el punto calvinista de reducir el valor de los Sacramentos ("Los Sacramentos son simples señales o recuerdos") mientras los que les atribuyen "una obra física", lo hacen para sostener el error romanista de que los Sacramentos obran sin necesidad de la fe o *ex opere operato sine bono motu utentis.*

Según el concepto calvinista, los medios de gracia no son necesarios para la salvación; según el concepto romanista, los Sacramentos no requieren medio recipiente por parte del pecador, ya que la gracia se infunde mediante el mero contacto con el Sacramento. Ambos errores corrompen igualmente la doctrina consoladora de la Escritura, respecto al modo divino de aplicar al pecador el perdón de los pecados obtenido por Cristo mediante su obediencia perfecta. El calvinismo enseña en lugar del camino bíblico (por los medios por la fe), el camino humano *de la fe sin los medios* (la fe mediante la operación divina inmediata), mientras el romanismo enseña el camino humano *de los medios sin la fe (la operación por el contacto físico ex opere operato).*

En ambos casos se obstruye por medio de impedimentos humanos, la manera cómo Dios aplica el perdón al pecador (por los medios de gracia por la fe); pues en el primer caso se echan a un lado los medios por los cuales Dios confiere el perdón, y en el segundo, se echa a un lado la fe o el medio por el cual el hombre recibe el perdón, de manera que en ningún caso, el pecador recibe el perdón ofrecido por Dios.

Si, a pesar de sus errores, los creyentes calvinistas y papistas llegan a recibir el perdón de los pecados, ello se debe a que, por la gracia de Dios, corrigen su teoría antibíblica y aceptan en la práctica, la doctrina bíblica respecto a los medios de gracia. En otras palabras, el creyente calvinista, a pesar de la enseñanza calvinista falsa se adhiere a los medios de gracia y los usa, mientras el creyente papista, a pesar de la doctrina perniciosa del *ex opere operato,* confía en las promesas de gracia que se le ofrecen en los medios de gracia. (Cf. la *Apología* Art. XIII [VII], 18-23).

Cuando consideramos la relación que existe entre la fe y los medios de gracia, debemos recordar que la fe no es parte esencial de los medios de gracia, ni que la eficacia de éstos depende de la fe. La bendita promesa de los medios de gracia permanecerá para siempre, y su poder quedará intacto, a pesar de la incredulidad del hombre. Sin embargo, los medios de gracia y la fe son correlativos. *La Apología* dice (Art. XII [VII], 20): "La promesa es inútil a menos que se reciba por la fe". Esta verdad debe ser sostenida contra los calvinistas. (Cf. Hodge: "La eficacia de los Sacramentos no se debe a su virtud inherente, sino que depende de la presencia de la fe en los que reciben" (*Syst. Theol.,* III, 501). Hodge debió haber dicho: "De nada aprovechan los Sacramentos sin la fe, pues la fe es el medio por virtud del cual se reciben las promesas y las bendiciones".

Si se pregunta: ¿Por qué ordenó Dios tantos medios de gracia cuando uno solo es suficiente para conferir al pecador su gracia y perdón? Citamos la respuesta de Lutero (*Artículos de Esmalcalda, IV*): "El Evangelio nos aconseja en cuanto al pecado y nos guarda de él, no meramente de un solo modo; pues Dios es sobreabundantemente rico en su gracia. Primero mediante la Palabra hablada por la cual se predica el perdón de los pecados en todo el mundo, que es el oficio peculiar del Evangelio. Segundo, mediante el Bautismo. Tercero, mediante el santo Sacramento del Altar. Cuarto, mediante el Oficio de las Llaves y también mediante la mutua conversación y consolación de los hermanos, Mat. 18:20".

La explicación bíblica de que "Dios es sobreabundantemente rico en su gracia" debe inducirnos a considerar y usar con gratitud *todos* los medios de gracia con igual estima, y a guardarnos de pervertir la doctrina de los medios de gracia indisponiendo uno con el otro, o negando la necesidad de uno de ellos o de todos. También al pervertir la doctrina de los medios de gracia, la razón arrogante del hombre revela su inherente ceguedad y corrupción.

Respecto al número de los Sacramentos no puede haber controversia alguna entre los teólogos, en tanto que se adhieran a la Escritura y la consideren como la única regla de la fe. Si por el término *sacramento,* nos referimos a un acto sagrado en el cual el *mandamiento* divino y la *promesa* se han unido a signos o elementos visibles prescriptos por Dios, existen dos Sacramentos solamente, a saber, el Bautismo y la Santa Cena. A estos dos actos sagrados debe limitarse el término *sacramento,* de lo contrario, es inevitable que surjan confusiones.

Los "sacramentos" adicionales de la Iglesia Católica Romana y la Ortodoxa Griega (la confirmación, la penitencia, la ordenación de los sacerdotes, el matrimonio, la extrema unción) no son instituidos en la Escritura; en su forma pervertida (la penitencia de la Iglesia Católica por ejemplo, no es el arrepentimiento enseñado en la Biblia), son "mandamientos de hombres", Mat.15:9, y por lo tanto, "adoración vana". El matrimonio, que es igualmente un sacramento católico ha sido por cierto, instituido por Dios, pero lleva solamente la promesa de la propagación, Gén. 1:28, y no la del perdón de los pecados.

En conclusión, podemos añadir que ya que el término *sacramento* es una *vox, agrafos,* esto es únicamente un término eclesiástico, no es de extrañarse que algunos teólogos ortodoxos que sostienen el principio de la Escritura (*principium cognoscendi),* de vez en cuando usen el término en un sentido más amplio, como lo hace por ejemplo, la *Apología* (Art. XIII [VII], 4 y sig.): "Por lo tanto, el Bautismo, la Santa Cena y la Absolución, que es el Sacramento del Arrepentimiento, son verdaderamente Sacramentos".

En este sentido más amplio, *sacramento* encierra todos "los ritos que tienen el mandato de Dios y a los cuales se ha añadido la promesa de la gracia" (Ibid., 3). En otras palabras, los elemento terrenales visibles y prescritos por Dios (agua, pan y vino) en tal caso, no se consideran corno partes *esenciales* de un sacramento, puesto que la absolución tiene el mandato divino, y la promesa puede ser llamada sacramento en un sentido más amplio.

Sin embargo, para evitar confusión, nuestros dogmáticos no aconsejan el uso del término *sacramento* en este caso, y consecuentemente, hablan de sólo dos Sacramentos: El Bautismo y la Santa Cena. Así también, hablan nuestras Confesiones cada vez que usan el término en su sentido estricto o real.

### 3. DOCTRINAS ERRÓNEAS EN CUANTO A LOS MEDIOS DE GRACIA

La doctrina bíblica que trata de los medios de gracia ha sido gravemente pervertida por los papistas, los calvinistas y los racionalistas modernistas (los arminianos). Debido a la importancia de esta doctrina consideraremos en todos sus pormenores los errores más notables.

a. El error del papismo. El romanismo enseña por cierto, que Cristo mediante su muerte obtuvo gracia para los pecadores. Por consiguiente, rechaza en términos claros la doctrina de que el pecador puede ser justificado y salvo "sin la gracia que Dios ofrece por medio de Cristo" (Concilio de Trento Ses. VI Cáns. 1-3, 10, 22). Según la doctrina papista, esta gracia divina obtenida por Cristo es para todos los hombres, de manera que el Concilio de Trento repudia, sin reserva alguna, la gracia particular del calvinismo (Ses. VI, Can. 17).

En vista de estos hechos, la Iglesia Católica Romana debería enseñar la doctrina luterana de la justificación por la gracia mediante la fe en la expiación vicaria de Cristo; no obstante, la Iglesia Romana ha puesto el anatema sobre esta doctrina cardinal de la Iglesia Cristiana.

Para comprender esta actitud, hay que recordar lo que los teólogos católicos romanos entienden por los términos "gracia divina", "gracia que justifica", etc. De acuerdo con la doctrina papista: Cristo murió por los pecados del mundo, para que Dios pueda infundir en el pecador (con la cooperación constante de éste) tanta gracia (gracia infusa), que el pecador realmente puede ser capaz de merecerse la justificación y la salvación (Concilio de Trento Sus. VI, Cáns. 4,32), ya *de congruo* (deseando o luchando por lo bueno) ya *de condigno* (realmente realizando obras meritorias). En otras palabras, según la doctrina católica romana, Cristo obtuvo para los pecadores tanta gracia, que ellos mismos pueden ganarse la salvación mediante la misericordiosa ayuda divina (la infusión de virtudes divinas).

De lo anterior se colige que según la doctrina católica romana, los medios de gracia no son medios señalados por Dios, por los cuales Él ofrece y otorga al pecador mediante la fe toda la obediencia de Cristo, sino medios por los cuales el pecador, mediante la gracia infusa, recibe la habilidad de ganarse la salvación por sus propios esfuerzos. De este modo se pervierte toda la doctrina de los medios de gracia, para sostener la falsa doctrina de la justicia por las obras.

Pero ya que el confiar en las obras, deja al pecador siempre en la incertidumbre en lo que respecta a su estado de gracia y a la salvación (y hay que advertir que la Iglesia Romana considera esa incertidumbre como una virtud cristiana particular, Concilio de Trento Ses. VI, Cap. 9 Can. 13), se ha aumentado el número de los "sacramentos" (la confirmación, la penitencia, la ordenación de los sacerdotes, el matrimonio y la extrema unción) para que el pecador, mediante *muchos* "sacramentos", pueda recibir el máximo de la gracia infusa, y así, multiplicar las obras para obtener la salvación (Concilio de Trento Ses. VII, Can. 3-4).

En particular, se ha señalado el "sacramento de la penitencia" como medio de producir gran cantidad de buenas obras (las cruzadas, las peregrinaciones, las indulgencias, la vida monástica, etc.). En realidad no tienen límites las buenas obras que el católico puede hacer si usa con diligencia el "sacramento de la penitencia". Sin embargo, a pesar de todas estas obras jamás puede estar seguro de su salvación, consecuencia por la cual toda su vida cristiana es una lucha perpetua para obtener la salvación por medio de las buenas obras. Ni aun los Sacramentos pueden proporcionarle consuelo en el abatimiento que le produce el pecado; pues aunque se dice que "infunden la gracia", y que esto lo hacen *ex opere operato, sine bono motu utentis* (por sí mismos, sin ninguna buena intención por parte del que los recibe), no otorgan el perdón de los pecados, vida y salvación. La doctrina católica romana en cuanto a los Sacramentos, es por lo tanto, una perversión radical de la doctrina bíblica acerca de los medios de gracia.

b. El error del calvinismo. Puesto que el calvinismo niega la gracia universal, e insiste en que la gracia de Dios en Cristo Jesús es particular, esto es, que ha sido determinada para cierto número de hombres (los electos), y que está limitada a éstos, se ve obligado a enseñar que realmente no hay medios de gracia para los demás. Por el contrario, enseña que para los que han sido predestinados para la condenación eterna, los medios de gracia vienen a ser "medios de condenación" (Institución Cristiana, III, 24,8).

Es verdad que Calvino atribuye la condenación de los no electos, también al hecho de que éstos rechazan la gracia divina que Dios les ofrece en la "invitación universal", mediante la predicación de la Palabra externa; pero ésta, es una de las muchas inconsecuencias de la soteriología calvinista. En realidad, según el punto de vista calvinista, no hay gracia divina para los no electos, y por lo tanto, no hay ocasión para que ellos la desprecien o la rechacen. Calvino escribe: "Solamente los electos experimentan el poder interno del Espíritu y reciben además de las señales externas, también el poder de los Sacramentos" (*Institución Cristiana,* III, 24,15; *Conses. Tigur.,* c. 16).

En resumen, según la doctrina de Calvino no hay gracia salvadora para los no electos, aunque a veces acusa a los réprobos e impíos de rechazar la gracia divina. En el caso de Calvino, este modo de hablar es sólo una repetición vana del lenguaje del cristianismo ortodoxo, el cual declara que los ímprobos e impíos rechazan la gracia divina, ya que a base de la Escritura enseña que la gracia divina es universal, y que la invitación del Evangelio es por lo tanto seria. La gracia puede ser rechazada por los hombres sólo en caso de que se ofrezca seriamente a todos (*vocatio seria*), según lo han indicado siempre nuestros dogmáticos.

Pero, si a la postre, ni aun para los *electos,* reconoce el calvinismo medios de gracia. Calvino aconseja claramente al creyente a no juzgar su elección y salvación según la invitación universal del Evangelio, que se extiende mediante la Palabra externa, sino únicamente mediante la invitación especial, que consiste en la *iluminación interna* obrada por el Espíritu Santo. Desde el punto de vista estrictamente calvinista, este consejo es muy consecuente, ya que aun los verdaderos creyentes no osan fundar su esperanza para la salvación en la invitación y promesa de la Palabra; pues ésta se extiende también a los no electos como "olor de muerte para muerte" y puede, por lo tanto, engañarlos. Por consiguiente, los creyentes y electos en la iglesia calvinista no tienen otro modo de juzgar su elección y salvación, que el de la iluminación interna obrada por el Espíritu Santo o el de la gracia infusa.

Sin embargo, aun esta iluminación interna del creyente ocurre según el punto de vista calvinista, no mediante la predicación del Evangelio, sino de un modo inmediato. "En la obra de la regeneración se excluyen todas las causas secundarias." —"La infusión de una nueva vida en el alma es la obra inmediata del Espíritu" — "La verdad (el Evangelio), acompaña la obra de la regeneración, pero no es el medio por el cual se efectúa" (Hodge Syst. *Theol.,* II, 684 y sig).

De esto se infiere, que el calvinismo no puede reconocer ningún medio de gracia por el cual Dios ofrezca a los hombres la salvación y la asegure en ellos, engendre la fe u obre la regeneración. En otras palabras, el calvinismo tiene que rechazar los medios de gracia en su calidad de "causas secundarias" o medios, por virtud de los cuales se efectúa la regeneración. Al negar la gracia universal, el calvinismo destruye por consecuencia la doctrina bíblica de los medios de gracia, sin dejar señales o testimonios algunos de la misericordiosa voluntad de Dios para con el pecador, por los cuales es creada o fortalecida la fe.

Es verdad que el calvinismo habla de la Palabra y los Sacramentos como "señales", "símbolos", etc., de la gracia divina (*Conf. Hel.,* II, c, 19; *Conf. Belgica,* Art. 33). Pero mientras sostenga que la gracia divina es particular, y que las mismas señales pueden ser "señales de salvación" y "señales de condenación", el creyente tiene que permanecer para siempre en la duda en cuanto a su estado de gracia, pues no puede determinar si en lo que respecta a su caso, tales señales son señales de salvación o de condenación. Por lo tanto, se ve obligado a fundar su esperanza para la salvación en la iluminación interior de su corazón, y eso, al fin y al cabo, no es otra cosa que gracia infusa.

Pero el caso es más serio aún. El calvinismo, al negar la gracia universal y la doctrina bíblica de los medios de gracia, destruye también la doctrina bíblica en cuanto a la fe salvadora y la *gracia* salvadora. La fe que no confía únicamente en las misericordiosas promesas del Evangelio no es una fe verdadera en el sentido de la Escritura, sino una mera ilusión. Según la expresa enseñanza de la Biblia, la fe salvadora es engendrada mediante la predicación del Evangelio, y consiste esencialmente en la confianza que se deposita en las promesas del Evangelio, Rom. 10:17; Mar. 1:15; 16:15-16. Toda otra clase de confianza tiene un fundamento humano y es por lo tanto, una fe ficticia.

Pero, precisamente en este punto concuerdan el calvinismo y el romanismo para negar la doctrina bíblica de la fe salvadora. El romanismo, por cuanto niega la sola gracia, se ve precisado a confiar en la gracia infusa (la santificación, las buenas obras) para la salvación; el calvinismo, por cuanto niega la gracia universal, también se ve precisado a confiar en la santificación para mantener la seguridad de la salvación. El romanismo comete el error de afirmar que la gracia divina se infunde en el pecador *ex opere operato,* o sin la fe por parte del hombre; el calvinismo comete también el grave error de enseñar que el Espíritu Santo obra la regeneración o la fe inmediatamente, o sin los medios de gracia. No hay la menor duda de que ambos se desvían de la Escritura. Tal desvío, si se mantiene, consecuentemente hace imposible la fe salvadora, puesto que le señala un fundamento falso, esto es, la gracia de Dios en nosotros o el corazón santificado.

Sin embargo, la fe salvadora y la gracia salvadora son correlativas, y el que pervierte la una pervierte también la otra. Por cuanto el romanismo y el calvinismo pervierten la doctrina de la fe salvadora al basar la fe en cierta buena cualidad en el hombre, pervierten asimismo la doctrina de la gracia salvadora. Ambos consideran la gracia salvadora, no como el favor que Dios en su gracia extiende al pecador por causa de Cristo, sino antes bien, como la obra santificadora que Dios en su gracia efectúa en el corazón del creyente, conocida en el caso del romanismo como la gracia infusa, y en el del calvinismo como la iluminación interior.

Esto es verdad, a pesar de que muchos teólogos calvinistas declaran expresamente que el objeto de la confianza del pecador es la gracia que Dios extiende al pecador por causa de Cristo. Lo que sucede, es que lo que enseñan en la teoría lo retractan en la práctica, especialmente cada vez que se ven precisados a consolar al pecador que se siente alarmado, o en la duda en cuanto a su estado de gracia. Puesto que niegan la gracia universal y la reconciliación del mundo entero mediante la muerte de Cristo, tienen que dirigir al pecador que busca la seguridad de su salvación a la gracia divina que se halla activa en su corazón, o a "la experiencia actual de la presencia y la morada de Cristo en el corazón, corroborada por el servicio activo y la pureza de vida" (Strong). Para proporcionar seguridad adicional, declaran además, que el Espíritu Santo, una vez concedido al creyente, jamás puede ser perdido. Ambas doctrinas son empero, de origen humano, con el resultado de que la salvación que se deriva de ellas es igualmente humana, y por consiguiente, nugatoria y vana.

c. El error del sinergismo. Lo que se ha afirmado en cuanto al semipelagianismo romano, puede afirmarse también en cuanto al sinergismo (el arminianismo). El romanismo niega la sola gracia; el sinergismo hace lo mismo. Los dos atribuyen la salvación, en parte al esfuerzo virtuoso del hombre por aplicarse a la gracia o decidirse en favor de ella. Y aunque ni el sinergismo ni el arminianismo consideran los medios de gracia como activos ex opere operato, no obstante, los dos los consideran, no simplemente como los medios que usa Dios para ofrecer en su gracia la salvación y engendrar y fortalecer la fe, sino más bien, como incentivos por los cuales el pecador recibe estímulo para convertirse a sí mismo, mediante las facultades divinas que le han sido comunicadas.

Pero aquí hay que repetir que la fe que no confía exclusivamente en la gracia de Dios por causa de Cristo no es fe verdadera en el sentido de la Escritura, Gál. 5:4; 3:10, sino todo lo contrario de la fe, es decir, la repudiación voluntaria del Evangelio, Rom. 4:4-5. En su resultado final pues, también el sinergismo pervierte la doctrina de los medios de gracia y hace imposible la fe.

d. Es casi superfluo mencionar el hecho, de que todos los que niegan la satisfacción vicaria de Cristo no pueden enseñar la doctrina bíblica de los medios de gracia. Puesto que rehúsan aceptar la reconciliación por la muerta vicaria de Cristo, se ven obligados a reconciliar a Dios "tratando de guardar los mandamientos divinos", y esto excluye los medios de gracia como medios de la remisión de los pecados o de la justificación, Efe. 1:7; Gál. 5:4. El modernismo es paganismo engalanado con una terminología cristiana; como tal, destruye el verdadero corazón de la religión cristiana: La justificación por la gracia mediante la fe en la sangre expiatoria de Cristo, Rom.3: 23-28.

e. Lo que es verdad en cuanto al modernismo es también verdad hasta cierto punto, en cuanto a lo que se conoce con el nombre de iluminismo, o la creencia de que el Espíritu Santo obra independientemente de los medios de gracia instituidos por Dios.

Este error se evidencia a sí mismo en muchas formas diferentes. Una de ellas es el zuinglianismo: "El Espíritu Santo no necesita vehículo para entrar y obrar en el corazón del hombre; por consiguiente, la fe no es el fruto del Evangelio sino de la obra inmediata del Espíritu". El cuaquerismo es otra forma aún más extremada del iluminismo: "Dios da su Espíritu sin el medio de su Palabra, de modo que pueden ser salvos, aún aquellos que jamás han oído el nombre del Cristo histórico". Pero el error del iluminismo lo sostienen también aquellos teólogos modernos que enseñan que la fe puede ser despertada mediante "la persona de Cristo", o su "manifestación histórica", aparte del mensaje del Evangelio que habla de su muerte vicaria. La fe salvadora confía por cierto en el Cristo histórico, pero el Cristo histórico es el Cristo de los evangelios que derramó su sangre en la cruz para quitar los pecados del mundo, 1 Juan 1:7; Gál. 3:13; 2:20. Y a este Cristo el único Salvador de los pecadores, cuyos méritos se ofrecen a todos los hombres en los medios de gracia, lo rechaza la teología racionalista moderna

El experimentalismo moderno, esto es, la teología que enseña la experiencia como base de la fe es también puro iluminismo. La fe que no es engendrada por el Espíritu Santo mediante los medios de gracia, no es fe verdadera sino mera ilusión, 1 Tim. 6:3-4. Las diferentes formas del iluminismo (Muenzer, Zuinglio, Hodge, los pietistas, los experimentalistas modernos) no difieren en clase sino sólo en grado. Cuando los experimentalistas modernos dicen: "El cristiano vive, no por los medios de gracia, sino mediante la comunión personal con Dios que experimenta en Cristo" (A Harnack;); o: "El hombre que es vencido internamente por el poder de la persona de Cristo, experimenta en este mismo proceso interno el perdón divino de sus pecados" (W. Hermann), evidencian mediante estas claras afirmaciones que rechazan los medios de gracia, así como los rechazan todos los demás iluminados. La fe es sin la menor duda une experiencia; pero es el Evangelio el que tiene que producir esta fe o esta experiencia Juan 8:31-32; 17:20. Cada vez que el hombre busca la gracia de Dios aparte del Evangelio, derrumba precisamente el fundamento sobre el cual descansa la fe.

Entre los argumentos por los cuales todos los iluminados tratan de justificar su negación de los medios de gracia notamos los siguientes:-

a. Los medios de gracia son superfluos ya que el Espíritu Santo no necesita medios (Zuinglio: "Conductor ni vehículo") para entrar y obrar en el corazón del hombre. Respuesta: La Sagrada Escritura enseña con toda claridad, que el Espíritu Santo comúnmente no trata con los hombres sin usar medios Juan, 17:20; Rom. 10:17; Efe. 2:20; etc.

b. Ya que la regeneración es la obra del gran poder de Dios, no puede efectuarse por medios. Respuesta: La Sagrada Escritura enseña que la regeneración es la obra del gran poder de Dios obrando por medios, Efe. 1:19: Rom. 10:17; Tito 3:5. Por esta razón, Hodge no debió haber escrito: "Si el Evangelio y los Sacramentos salvan, ya no es Dios quien salva". (Syst. Theol., II,

683, 685). Cf. el siguiente razonamiento absurdo: "Si el pan sostiene la vida, ya no es Dios quien sostiene la vida".

c. Es formar un concepto indigno de Dios, el afirmar que Él está sujeto a medios cuando trata con los hombres. Respuesta: Ya que plugo a Dios emplear medios tanto en el reino de la naturaleza como en el de gracia, es impropio el que lo critiquemos por ello.

d. Si Dios realmente obra por medios de gracia, todos a quienes se aplican los medios tendrían pues que ser salvos. Respuesta: Este argumento no es válido, ya que la gracia cuando obra por medios puede ser resistida Mat. 23:37; Hech. 7:51.

e. Los medios de gracia son superfluos ya que es Cristo el fundamento de la fe salvadora. Respuesta: Admitimos que es Cristo el fundamento de la fe salvadora; pero a menos que la fe descanse en los medios de gracia no descansa en Cristo, Juan 8:31-32; 17:20; 1 Tim. 6:3 y sig.

f. Muchos confían en el hecho de que han sido bautizados y asi se entregan a la seguridad camal. Respuesta: A pesar de este hecho la Escritura enseña la eficacia del Bautismo, Hech. 2:38; 1 Ped. 3:21.

g. La Sagrada Escritura enseña que somos salvos sólo por la fe en Cristo; por lo tanto, el Bautismo no regenera. (Cf. Hodge, Syst. Theol., III, 1600). Respuesta: La Escritura enseña las dos cosas: La fe salva y el Bautismo salva; Las dos declaraciones no se excluyen mutuamente, sino que se incluyen.

h. El pasaje Juan 3:8 se opone a la doctrina de los medios de gracia. Respuesta: Este pasaje describe el carácter misterioso de la obra del Espíritu Santo, pero no dice que el Espíritu Santo obra sin medios; cf. v. 5: Juan 6:45; Efe. 3:6; 1 Ped. 1:23; Juan 17:20.

Se ve pues, que los iluminados en sus conceptos racionalistas arguyen qué es posible y propio que Dios haga, sin tomar en cuenta los claros pasajes bíblicos que nos dicen que Dios ha señalado y usa los medios de gracia, en la poderosa obra de *su gracia*, Isa. 55:11; Jer. 23:29; Hech. 2:38; 20:32; Rom. 10:17; 1 Ped. 1:23; 3:21; etc. (Cf. *Apuntes Dogmáticos* por el Dr. Engelder).

La doctrina bíblica de los medios de gracia es de tan grande importancia, que todos los cristianos deben examinarse a sí mismos y preguntarse si en este punto "están en la fe", 2 Cor. 13:5. Si los cristianos descuidan los medios de gracia (el oír la Palabra y el uso de los Sacramentos), están en peligro de caer de la fe y perder su salvación, Juan 8:43-47. Además, los cristianos están amenazados constantemente por el concepto de creerse justos a sí mismos, ya que esto es algo que les inhiere por naturaleza, Gál. 3:1-3. También con respecto a la doctrina de los medios de gracia es bueno recordar constantemente la amonestación de Cristo: "Velad y orad, para que no entréis en tentación", Mat. 26:41.

En la Iglesia Luterana los *pietistas* dirigían al pecador que se hallaba alarmado por sus pecados, no a la Palabra y los Sacramentos, sino a sus propias oraciones y a sus luchas con Dios para poder lograr el estado de gracia. También inducían al creyente a fundar su seguridad de la gracia, no en la promesa objetiva del Evangelio, sino en la debida cualidad de su contrición y fe, y en el hecho de que *sentía* la gracia en su corazón. En ambos casos enseñaban la doctrina calvinista o iluminada. Además, puesto que fundaban su salvación en lo que en realidad es gracia infusa, apoyaban la doctrina papista (Cf. Lutero, St. L., XI, 453 y sig.; XIX, 943 y sig.).

Así cono advertimos cuán erróneo es el subjetivismo de las sectas, el cual hace que la validez del perdón divino ofrecido en los medios de gracia y su eficacia dependan de la actitud objetiva del individuo, así también tenemos que sostener vigorosamente, no sólo la naturaleza objetiva de la salvación, es decir, la objetividad y realidad de la expiación vicaria como independiente de todo acto humano, sino también la naturaleza objetiva de los medios de gracia, como los que sin limitación alguna ofrecen a los hombres es el perdón de los pecados, y ejercen su poder donde quiera que se apliquen. Lo que el Dr. Walther escribe sobre este punto merece nuestra constante y diligente atención. Él dice: "El rasgo característico de nuestra querida Iglesia Evangélica Luterana es su objetividad, lo que quiere decir que todas sus doctrinas, por su misma; naturaleza, no permiten que el hombre busque la salvación en sus propias facultades, su aspiración fuera de sí mismo, mientras el rasgo característico de todas las demás iglesias es su subjetividad, ya que todas ellas inducen al hombre a fundar su salvación en sí mismo" (Cf. *Lehre und Wehre, 36, 19).* Por naturaleza todos los hombres son entusiastas, y es sólo por el uso diligente de los medios de gracia, que el creyente obtiene fortaleza para vencer la tentación que puede inducirlo a rechazar los medios de gracia (Cf. Lutero, St. L., XI, 455 y sig.; también *Apuntes Dogmáticos* por el Dr. Engelder).

En este sentido tenemos que advertir que es un grande error hacer que la fe sea su propio objeto; es decir, que los creyentes no deben fundar su fe en su fe. La fe ha de fundarse únicamente en el Evangelio; nunca en algo que exista dentro del hombre. Lutero lo expresa muy hábilmente en las siguientes palabras: "Hay una gran diferencia entre *tener* fe y *depender de* la fe". Se nos pide por cierto que creamos, pero sólo porque mediante la fe se acepta la promesa del Evangelio, y nunca porque la fe de por sí, como buena cualidad, pueda reconciliar a Dios. Pedir a una persona primero que establezca el hecho de que tiene fe y después permitirle que confíe en la gracia divina es error calvinista y no práctica luterana. Pasajes cono Mar. 16:15-16; Hech. 16:31; Rom. 10:9; etc., que se han citado para respaldar el error calvinista, en realidad nos exigen que apartemos la vista de nosotros mismos y pongamos nuestra confianza en las promesas objetivas del Evangelio, respecto a la gracia y la salvación.

## 4. LA IMPORTANCIA DE LA DOCTRINA QUE TRATA DE LOS MEDIOS DE GRACIA

Tanto los calvinistas como los racionalistas en general consideran de ninguna importancia la doctrina de los medios de gracia. Los fundamentalistas americanos, por ejemplo, recalcan las siguientes doctrinas: a) La Biblia es la Palabra de Dios; b) Cristo es el Dios-hombre, que murió por los pecados del mundo; c) el pecador es salvo por la fe en la sangre de Cristo; d) Cristo vendrá otra vez en gloria en el tiempo que Él mismo haya fijado; e) Cristo resucitó de entre los muertos, y f) habrá una resurrección final de todos los muertos. Pero el sistema teológico del fundamentalismo no da cabida alguna a la doctrina bíblica que trata de los medios de gracia. Por otro lado, los teólogos modernos acusan a Lutero de haber dado a esta doctrina una importancia que no merece, y de haberse apegado demasiado al ejemplo de la Iglesia Romana en lo que a este asunto se refiere. Pero la verdad es que cuando el gran Reformador acentuó la verdadera doctrina de los medios de gracia, no sólo se alejó abiertamente del romanismo, sino que también lo repudió por completo. Enseñó la doctrina de los medios de gracia, no porque se "hallase aún atado al tradicionalismo escolástico" sino porque la Escritura misma da suprema importancia a esta doctrina. En realidad, lo que indujo a Lutero a sostener la doctrina bíblica de los medios de gracia, fue su lealtad a la doctrina bíblica de la sola fe y la sola gracia. Sin esta lealtad no pudo haber enseñado el artículo central de la fe cristiana, el que se conoce con el nombre del principio material de la Reforma: La justificación por la gracia mediante la fe en la expiación vicaria de Cristo.

Ya hemos señalado que la doctrina de la sola fe permanece o cae con la de los medios de gracia. El romanismo ha rechazado la doctrina bíblica de los medios de gracia, y también ha rechazado la sola fe. El calvinismo, aunque en la teoría enseña la sola fe, en la práctica la niega, pues por cuanto niega la gracia universal, se ve obligado a consolar al creyente acosado de dudas con la experiencia de su "iluminación interna", o la santificación. De modo que también en este caso la perversión cometida contra la doctrina de los medios de gracia, conduce prácticamente a la negación de la sola fe. Lo mismo puede decirse del iluminismo y del racionalismo en general. Sea cual fuere el caso, un error acompaña al otro. La perversión de la doctrina de los medios de gracia conduce siempre a la perversión del artículo central de la fe cristiana, esto es, la doctrina de la justificación de la fe sin las obras. Todo esto comprueba que la doctrina de los medios de gracia es por cierto, de suprema importancia para conservar la verdadera fe cristiana. Todos los que persistentemente rechazan esta doctrina, tienen que rechazar también el corazón mismo de la religión cristiana.

La Escritura misma acentúa la doctrina de los medios de gracia, como una doctrina de importancia fundamental. En primer lugar, enseña expresamente que la regeneración, o la conversión, se verifica únicamente por los medios de gracia, esto es, mediante la Palabra (1 Cor. 2:4-5; 1 Ped. 1:23; Rom. 10:17) y los Sacramentos (Hech. 2:3; Mat. 28:19-20; 1 Ped. 3:21; etc.). En segundo lugar, afirma muy categóricamente que todos los que rechazan los medios de gracia pierden la salvación, Luc. 7:30; Juan 8:47; 1 Cor. 10:21-22; 11:26-29. En tercer lugar, demuestra clara y enfáticamente, que el despreciar los medios de gracia no es pecado trivial, que Dios podría pasar por alto con facilidad, sino rebelión contra el Señor de misericordia y gracia, 1 Cor. 1:22-23, que Él castiga con la condenación eterna, 1 Cor 1:18-21, 26-29; Mar. 16:15-16.

Es doctrina de la Sagrada Escritura que todos los que rehúsan recibir la gracia de Dios, que se ofrece a los pecadores en los medios de gracia, no la recibirán en modo alguno, Mat. 10:14-15; Hech. 13:46-51. Por ende, las siguientes declaraciones de los calvinistas, hay que condenarlas como rechazamiento virtual de la gracia de Dios en Cristo Jesús, según se ofrece ésta a los pecadores en los medios de gracia: "No hay lugar para el uso de medios"; "Nada media entre la voluntad del Espíritu y la regeneración del alma" (Hodge, Syst. Theol., II, 417, 684-685, etc.); "La atracción interna es obra inmediata del Espíritu" (Zuinglio, De Providentia, IV, 125); "El Espíritu no necesita conductor ni vehículo" (Zuinglio, Fidei Ratio, p. 24). Mientras los calvinistas sostengan que "el Espíritu ejerce directamente su influencia sobre el espíritu humano y obra independientemente de la Palabra" (Shedd, Dog. Theol., II, 501), el luteranismo tiene que rehusarles la mano de confraternidad cristiana, y considerarlos como corruptores del camino trazado por Dios para la salvación del pecador. (Cf. Pieper, Christl. Dogmatik, III, 156-223).

## 5. LOS MEDIOS DE GRACIA EN LA ABSOLUCIÓN

A base de los claros pasajes de la Escritura, Lutero enseñó que todo el Evangelio no es otra cosa, que la obsolución gratuita ofrecida por Dios a todos los pecadores por causa de Cristo, 2 Cor. 5:19-21; Rom. 4:25. En esta verdad fundamental el gran Reformador basó toda su doctrina acerca de la absolución, o sea, la aplicación a cada individuo de las promesas generales del perdón contenidas en el Evangelio, ya sea en la confesión privada o en la confesión general.

Como Lutero, así también las Confesiones Luteranas enseñan con evidente énfasis la doctrina de la absolución, Los *Artículos de Esmalcalda* (Art. VI) declaran: "Las llaves son un oficio o poder, dado por Cristo a la Iglesia para retener y perdonar pecados" y la *Apología* (Art. XII) dice: "El poder de las llaves administra y presenta el Evangelio mediante la absolución que proclama paz a los hombres, y es la verdadera voz del Evangelio"; Art. XI: "Debemos creer la absolución y considerar como cierto, el hecho de que por medio de ella se nos concede gratuitamente la remisión de los pecados por causa de Cristo"; Art. VI: "También retenemos la confesión, especialmente por causa de la absolución, como palabra de Dios que el poder de las llaves pronuncia por autoridad divina sobre cada individuo". El *Catecismo Menor* lo expresa de este modo: "La confesión comprende dos partes: la una, que confesamos los pecados; la otra, que recibimos del confesor la absolución o remisión como de Dios mismo, y no dudamos de ninguna manera, sino que creemos firmemente que por ella los pecados son perdonados ante Dios en el cielo".

La absolución ha sido definida correctamente como "aquella *forma especial* de administrar el Evangelio, según la cual un ministro de la Iglesia, o cualquier otro cristiano, perdona a una o más personas los pecados cuando los confiesan" (Cf. Lutero St. L., XVI, 1795; X, 1235). Lutero: "¿Qué es la absolución sino el Evangelio que se le pronuncia individualmente a cada persona, que al confesar sus pecados recibe el consuelo necesario? " Por consiguiente, la absolución no es otra cosa que el Evangelio individualizado o aplicado a individuos, Mat. 9:2; Luc. 7:48, tal como se hace en los Sacramentos. Lo que el Evangelio ofrece a todos los hombres, la absolución lo ofrece a cada persona individualmente.

La doctrina bíblica de a absolución, ha sido siempre tropezadero a aquellos que rechazan la verdadera doctrina de los medios de gracia. Zuinglio dijo: "La seguridad otorgada a nuestro espíritu de que somos hijos de Dios viene del Espíritu no de las palabras del confesor" Los pietistas hasta osaron decir: "La silla confesional es silla del diablo". Como no supieron distinguir la doctrina bíblica acerca de la absolución, de la doctrina enseñada por la Iglesia Romana, que por cierto, es una perversión de la verdad bíblica, la tildaron de "mandamiento del Anticristo", etc.

La verdadera doctrina de la absolución tiene empero su fundamento en la Sagrada Escritura. Las palabras de Cristo no pueden ser más claras e inequívocas: "De cierto os digo que todo lo que atéis en la tierra será atado en el cielo; y todo lo que desatéis en la tierra será desatado en el cielo" Mat.18:18. Y otra vez: "A quienes remitiereis los pecados les son remitidos, y a quienes se los retuviereis les son retenidos", Juan 20:23. (Cf. también Mat. 9:8; 2 Cor. 2:10). Estos pasajes evidencian, a) que todos los que han recibido el Espíritu Santo, es decir todos los verdaderos creyentes, pueden remitir o perdonar pecados; b) que este perdón se aplica a ciertas personas ("a quienes remitiereis los pecados"); c) que los pecados así perdonados a los hombres son perdonados también ante Dios en el cielo ("les son remitidos").

Es preciso que se entienda con la mayor claridad, que en la absolución no meramente se anuncia a los hombres o se invoca sobre ellos el perdón de los pecados, sino que de hecho se les otorga y concede ese perdón, Juan 20:23, tal como se hace en el Evangelio en general, Luc. 24:47. Además, es Dios quien en la absolución absuelve del pecado. Esto no quiere decir que hay una doble absolución, una pronunciada por Dios y la otra por el hombre; sino que la absolución pronunciada por los hombres, es la absolución de Dios pronunciada por los hombres en lugar de Dios. (Cf. Lutero, St. L., XIX, 945). La *Confesión de Augsburgo* (Art. XXV), declara pues muy acertadamente: "Nuestra grey es enseñada a estimar la absolución, porque ésta es la *voz de Dios* pronunciada por mandato divino". Mientras la confesión que se hace al ministro es una institución de la Iglesia, el pronunciar la absolución a todos los que la desean es una institución de Dios. — La *confesión auricular,* tal como está en boga en la Iglesia Católica es una abominación anticristiana. (Cf. Lutero St. L., XI, 582 y sig.).

La absolución que se practica en la Iglesia Católica Romana es una caricatura de la absolución instituida por Cristo. Lutero por lo tanto, la rechazó con toda razón como "del todo pelagiana, iluminada y anticristiana" (St. L., XIX, 943) porque establece como componentes la contrición, la confesión plenaria y la satisfacción hecha por el confesante. Además la absolución en la Iglesia Católica Romana queda dependiente de la "intención" del sacerdote. — Otro rasgo infame de la absolución papista es la "llave errante", la cual significa que la absolución del sacerdote no da seguridad alguna de que los pecados del confesante son perdonados ante Dios en el cielo. La absolución papista está desprovista pues, de todo consuelo y seguridad en lo que respecta a la salvación. Pero precisamente esto, es lo que desea la teología católica romana; *el pecador no debe estar seguro de la remisión de los pecados y la salvación.*

Al oponerse a la doctrina luterana y bíblica de la absolución Zuinglio aplicó su supuesta figura retórica, la conocida con el nombre de *alloeosis,* también a estas palabras del Salvador, poniendo el nombre del *"Espíritu Santo"* en vez del pronombre personal *"vosotros",* de modo que las palabras rezarían realmente: A quienes el Espíritu Santo remitiere los pecados les son remitidos. El argumento de Zuinglio fue el siguiente; Cuando el Salvador dijo; "A quienes *(vosotros) remitiereis* los pecados" lo hizo solamente para expresar su amistad divina. "Aunque Cristo atribuye el retener y remitir pecados a los discípulos, esto no deja de ser la obra del Espíritu Santo únicamente;... por lo tanto, se atribuye a los nombres de los apóstoles de pura amistad divina, lo que es la obra del Espíritu Santo únicamente". (Cf. *Christ. Dogmatik,* III, p. 225 y sig.).

Los partidarios de Zuinglio concordaron unánimemente con su doctrina, y también negaron la doctrina bíblica de la absolución. Esto se explica fácilmente. El zuinglianismo (el calvinismo), enseña los errores de la gracia particular ("la gracia que salva es solamente para los electos"), y de la obra inmediata del Espíritu Santo; y estos dos errores anulan la absolución en el sentido bíblico. Según el calvinismo, ningún hombre puede perdonar los pecados a ningún otro pecador, pues por un lado no puede saber si el pecador es uno de los electos o no, y porque por el otro, esto es obra exclusiva del Espíritu Santo.

Entre los luteranos, la doctrina de la absolución fue negada por los pietistas y los sinergistas. El pietismo entendió mal el verdadero significado de las promesas divinas del Evangelio, y por ende, negó la reconciliación objetiva, mientras el sinergismo, al insistir en la cooperación humana en la conversión, enseña que la remisión de los pecados se debe en parte a la buena conducta del hombre, de manera que ni el que absuelve ni el que es absuelto pueden saber en cierto caso determinado si es efectiva la absolución. En ambos casos erraron estos dos grupos luteranos, porque al rechazar la justificación objetiva y la sola gracia, se desviaron de la doctrina bíblica y de las Confesiones Luteranas.

Los que aseveran que la doctrina luterana de la absolución es "levadura romana", no se dan cuenta de la diferencia radical entre la doctrina bíblica de la absolución según la enseña la Iglesia Luterana, y la doctrina antibíblica de la Iglesia Romana. Según el concepto papista, sólo los sacerdotes pueden otorgar la absolución (sólo los obispos y el Papa en casos graves), siempre que el pecador penitente cumpla con ciertos requisitos (la contrición, la confesión plenaria y la satisfacción) a todo lo cual hay que añadir el hecho de que el sacerdote actúa como juez para decidir si la satisfacción es suficiente. La absolución, en tal caso, depende del mérito del pecador mismo, mérito que obtiene haciendo ciertas penitencias ordenadas por el hombre, y adjudicadas según el criterio humano. La doctrina de la absolución de la Iglesia Católica Romana es por lo tanto, en todo el sentido de la palabra, "mandamiento de hombres" (Mat. 15:9), y como tal, no puede proporcionar el perdón, sino que por el contrario, pone al pecador bajo la maldición, Gál. 3:10; 5:4.

La Escritura, por otro lado, enseña: a) Que el Oficio de las Llaves, esto es, el poder peculiar de perdonar y retener pecados pertenece a todos los cristianos Juan 20:23; Mat.18:18; 16:19, de modo que todo creyente puede absolver de pecado, tan eficazmente, como cualquier sacerdote u obispo; *y* b) que la absolución no se basa, ni en la contrición (ya sea ficticia o genuina, ni en satisfacción alguna que pueda ofrecer el pecador por sus pecados, según la doctrina de la Iglesia Católica Romana, sino únicamente en la perfecta reconciliación que Cristo hizo para todos los hombres mediante su obediencia vicaria y en el mandato de Dios (Juan 20:21; Luc. 24:47), de predicar en su nombre el perdón de pecados en todas las naciones. Por lo tanto, la absolución no es otra cosa que la aplicación al individuo del perdón divino ofrecido por causa de Jesús. Por consiguiente, la absolución no debe ser puesta en duda ni rechazada, sino que debe ser recibida en la verdadera fe, del mismo modo como deben ser creídas las promesas de Dios, que el Evangelio proclama en general a todos los pecadores.

De esto se evidencia también claramente por qué, según lo afirma Lutero, *todo cristiano* puede absolver. Su derecho a "absolver es tan innegable como el de la predicación del Evangelio, 1 Ped. 2:9; pues en realidad la absolución no es otra cosa, que una forma especial de predicar el Evangelio de la gracia y la reconciliación.

Si los papistas y algunos protestantes de tendencias romanas, aseveran que el poder de remitir y retener pecados fue concedido por Cristo al clero únicamente (y para ello aducen Juan 20:22-23), no toman en cuenta que el Señor en aquella ocasión se dirigía no sólo a los Doce, sino también a otros discípulos; cf. Juan 20:19, 24; Luc. 24:33. El Dr. A. Spaeth escribe sobre este particular: "Cuando el Señor otorgó este poder, no se hallaban presentes todos los apóstoles; ni eran tampoco apóstoles todos los que se hallaban presentes en aquella ocasión. San Juan hace una clara distinción entre los Doce (v. 24) y los discípulos. Y San Lucas nos dice expresamente que había otros con los discípulos aquella noche, Luc. 24:33. Lutero por lo tanto, tiene toda la razón cuando afirma: "Este poder se da a todos los cristianos. A todo el que tiene el Espíritu Santo se le da este poder, es decir a todo el que es cristiano" (*Anotaciones sobre el Evangelio según San Juan;* cf. *Christ. Dogmitik*, III, 227 y sig.).

Mientras algunos se oponen a la doctrina de la absolución porque según ellos es "levadura romana'", otros lo hacen por estimar que el perdonar pecados es prerrogativa exclusiva de Dios. Por esta razón consideran como blasfemia, el atribuir a hombre alguno el poder de perdonar o retener pecados. A esta reflexión contestamos que el perdonar pecados, es por cierto prerrogativa de Dios; sin embargo, Dios no ejerce esta prerrogativa de un modo inmediato o directo, sino de un modo mediato, es decir, por medio del Evangelio que por su mandato los discípulos deben proclamar a toda criatura, Marc. 16:15-16; Mat. 28:19-20. Por consiguiente, Dios perdona pecados mediante la Palabra misma que los creyentes predican en su nombre, 2 Sam. 12:13; Luc. 24:47. Aun cuando alguien lee las promesas divinas del Evangelio y así aplica a su persona la absolución del Evangelio, recibe el perdón de los pecados, no de un modo inmediato, sino de un modo mediato por medio de la Palabra de los profetas y apóstoles, Efe. 2:20.

Si se objeta que la doctrina de la absolución puede conducir al hombre a la seguridad carnal y al orgullo carnal, replicamos que el abuso de una cosa no anula su debido uso. Si no ha de enseñarse la doctrina de la absolución porque esté sujeta a abusos, tampoco debemos predicar el Evangelio en general ni administrar los Sacramentos en particular, porque éstos están igualmente sujetos a abusos. Sea dicho de paso, que la doctrina de la absolución puede producir seguridad carnal y orgullo carnal, sólo si se proclama erróneamente como lo hace la Iglesia Romana. La absolución en el sentido de la Escritura presupone siempre contrición y fe.

Si se objeta además, que el ministro no puede perdonar pecados porque no sabe si el confesante es "digno de recibir la absolución replicamos: La absolución no depende de mérito alguno en el hombre, sino de la gracia de Dios en Cristo Jesús que ha aparecido a todos los hombres, y por lo tanto, debe ser proclamada y ofrecida a todos los hombres. Esto se hace mediante la predicación del Evangelio en general, y mediante la promulgación especial del Evangelio en la absolución. Jamás yerran los que anuncian a los hombres la gracia de Dios en Cristo Jesús; pues no existe lo que se ha llamado "llave errante". Las palabras de la absolución son siempre tan ciertas como lo es el Evangelio mismo, del cual la absolución es sólo una aplicación especial. Si alguien no recibe el perdón anunciado y ofrecido en la absolución, la culpa es suya y no de la absolución. Por causa de Cristo Dios ha remitido en su gracia los pecados de todo el mundo, 2 Cor. 5:19-20, y la absolución no es otra cosa que la proclamación de este perdón de gracia al individuo. Todo el que cree este glorioso hecho posee realmente el perdón completo.

Toda objeción que se hace contra la doctrina bíblica de la absolución se basa por lo tanto, en el hecho de que no se ha entendido bien el verdadero significado de esa doctrina; y la absolución se entiende mal, porque los hombres no pueden, o no quieren, comprender la reconciliación objetiva obrada por Cristo mediante su expiación vicaria. Y estos a su vez, no pueden o no quieren comprenderlo, porque basan la salvación del pecador, al menos en parte, en su propio mérito y no exclusivamente en la gracia de Dios y en la obediencia vicaria de Cristo (la sola gracia y la sola fe), ofrecida a los hombres como don gratuito en los medios de gracia.

Tan pronto como el creyente entiende que la absolución es sólo la aplicación del perdón general ofrecido y otorgado por el Evangelio, también entiende muy fácilmente por qué hay que considerar el Bautismo y la Santa Cena como formas de absolución privada. En ambos Sacramentos, Dios ofrece individualmente aquella gracia que Cristo obtuvo mediante su muerte para todo el mundo, Hech. 2:38; Mat. 26:26-28 y que se recibe mediante la fe en las promesas de gracia del Evangelio. No importa de qué modo se aplique el Evangelio a los hombres, ya sea mediante su promulgación general, o mediante el Bautismo, o mediante la Santa Cena, o mediante el acto de la absolución, el pecador recibe siempre el perdón de sus pecados; pues en todos estos medios se oye siempre el mismo mensaje de gozo y consuelo: "Ten ánimo Hijo; tus pecados te son perdonados", Mat. 9:2.

Todo esto demuestra que la absolución no debe pronunciarse *condicionalmente* ("Si de veras te arrepientes y de veras crees, tus pecados te son perdonados") sino siempre *incondicionalmente* ("Tus pecados te son perdonados"). Pero es verdad que el perdón se recibe sólo por la fe, y que la verdadera fe sólo mora en el corazón contrito. Por esta razón Lutero dice correctamente que "toda absolución tiene por condición la fe", más añade: "pero sólo por cuanto recibe la absolución y la acepta" (St. L., XXIb, 1847 y sig.). En cambio, Lutero repudia vigorosamente la doctrina de que el perdón depende de la contrición y la fe, si éstas se consideran como obras meritorias.

Si la contrición y la fe fueran actos meritorios entonces habría que pronunciar la absolución condicionalmente. Pero como el perdón no depende de ninguna buena obra por parte del hombre, sino sólo de la gracia que Dios ofrece al pecador por causa de Cristo, no se le impone al pecador condición alguna. Dios realmente perdona al pecador sus transgresiones por causa de Cristo, y esta gloriosa verdad debe anunciarse a todo pecador, y todo pecador debe creer y confiar en ella. Por consiguiente, así como no son condicionales ni el Bautismo ni la Santa Cena pues no se dice "Yo te bautizo si realmente crees"; ni: "Toma come; esto es mi cuerpo; toma bebe; esto es mi sangre, si realmente crees", así tampoco es condicional la absolución. El perdón de Dios se ofrece verdaderamente a todo pecador en cualquier forma que se predique el Evangelio; pues la incredulidad del hombre jamás hace nula la fidelidad de Dios, Rom. 3:3. Por lo tanto, la absolución debe pronunciarse en todos los casos incondicionalmente.

En la iglesia Luterana se acostumbra hacer la siguiente pregunta antes de pronunciar a absolución: "¿Es ésta la verdadera confesión vuestra que de todo corazón os arrepentís de vuestros pecados, creéis en Jesucristo y con todo fervor y sinceridad os proponéis con la ayuda del Espíritu Santo de aquí en adelante, abandonar todo género de pecado?" Pero esto no tiene por objeto poner condición alguna a la absolución, sino que dicha pregunta se hace simplemente para amonestar a los pecadores seguros y consolar a los penitentes.

Es claro que la doctrina bíblica de la absolución, puede ser mantenida sólo por aquellos que se adhieren a la doctrina bíblica de la justificación por la gracia mediante la fe en Cristo Jesús. El romanismo, el sinergismo y el calvinismo yerran respecto a la doctrina de la absolución, precisamente porque niegan la sola gracia, o la gracia universal. Donde se niegan estas doctrinas, la amnistía divina ha de basarse en cierta condición en el hombre; pero donde se hace que la amnistía divina se base en "ciertas condiciones" en el hombre, se hace imposible absolución en el sentido bíblico. (Cf. *Christl. Dogmatik,* III, 223-248).

## 6. LOS MEDIOS DE GRACIA EN EL ANTIGUO TESTAMENTO

El Evangelio de Jesucristo, esto es, el misericordioso mensaje del perdón de los pecados mediante la fe en el Salvador prometido, constituía los medios de gracia también durante toda la era del Antiguo Testamento, Hech. 15:11. Este es el claro testimonio de la Escritura que nos dice: "De éste dan testimonio todos los profetas, que todos los que en Él creyeron, recibirán perdón de los pecado por su nombre", Hech. 10:43. En el Cristo prometido creyó Abraham, Juan 8:56 y de Él escribió Moisés, Juan 5:46. San Pablo nos asegura expresamente que todos los creyentes del Antiguo Testamento son "hijos de Abraham", Gál. 3:7 y "simiente de Abraham", Gal. 3:29, porque tenían la misma fe que tenía Abraham.

En particular, las Escrituras del Nuevo Testamento declaran que la doctrina cristiana de la justificación por la gracia mediante la fe sin las obras de la Ley, es "testificada por la Ley y por los profetas", Rom. 3:21. Todo el capítulo cuarto de la epístola a los Romanos, tiene como fin demostrar que la doctrina de la justificación por la fe es doctrina del Antiguo Testamento. Aún después de haberse establecido el pacto mosaico, seguía en vigor el Evangelio de Cristo como medio de gracia, Gál. 3:17.

Es verdad que cuando el Mesías prometido apareció al haberse cumplido el tiempo, los judíos no creyeron en Él; pero esto no se debió a una falta de testimonio adecuado respecto a Él, sino al hecho de que ellos desecharon el claro testimonio de Moisés, Juan 55-47. Así también, los discípulos al evidenciar su débil fe en el Salvador crucificado y resucitado, demostraron cierta falta de inteligencia para creer las claras profecías del Antiguo Testamento, Luc. 24:25. Por la misma razón también la teología racionalista moderna, niega el hecho incontestable de que desde el momento en que el hombre cayó en el pecado, el Evangelio de Cristo ha sido el verdadero y único medio por virtud del cual los pecadores se han hecho hijos de Dios mediante la fe en la promesa divina. Repudian estos teólogos el carácter mesiánico de las claras profecías mesiánicas, Gén. 3:15; 4:1; etc., precisamente porque rehúsan creer el testimonio de los profetas, y lo que es peor, porque rehúsan creer el testimonio de Cristo y sus santos apóstoles, Luc. 24:25. En resumen, el racionalismo no puede hallar a Cristo y su expiación vicaria en el Antiguo Testamento, porque no cree el Evangelio tan claramente expuesto en el Nuevo Testamento.

Así como el Evangelio de Cristo es un medio de gracia, así también lo fueron la circuncisión y la pascua de los judíos, pues ambas ofrecían y otorgaban el perdón de los pecados. Al acto de la circuncisión estaba unida la promesa de la gracia divina: "Yo seré el Dios de ellos", Gén. 17:8, esto es, el Dios misericordioso, quien de puro amor perdona gratuitamente el pecado. Esto lo comprueba el hecho de que en el Nuevo Testamento San Pablo llama a la señal de la circuncisión "sello de la justicia de la fe", Rom. 4:11. De la pascua, la Escritura nos dice claramente que por medio de ella los israelitas recibían gracia; pues fueron salvados de la plaga en Egipto, no por el hecho de que eran judíos, sino porque sacrificaron el cordero de pascua y rociaron con su sangre el dintel y los dos postes de la puerta, Ex. 12:21-27. Por esta razón, Dios ordenó a los israelitas que debían guardar aquel rito por estatuto para ellos y para sus hijos perpetuamente, Ex. 12:24. Por consiguiente, tanto a la circuncisión como a la Pascua les fue unida la promesa divina de la gracia, y con razón, llamamos pues, a esos dos ritos, los Sacramentos del Antiguo Testamento.

Lutero escribe: "Es un error creer que los Sacramentos del Nuevo Testamento, difieren de los Sacramentos del Antiguo Testamento en lo que respecta a su poder y significado (a saber, como medios de gracia instituidos por Dios)... Tanto las señales nuestras como las de los padres, es decir, las señales de los Sacramentos, han ligado a ellos cierta palabra de promesa la cual exige fe, y no puede ser guardada por ninguna otra obra. Por lo tanto, son señales o Sacramentos de la justificación". (St. L., XIX, 62 y sig.). Así también, en el Antiguo Testamento el Evangelio y los Sacramentos (la circuncisión y la pascua), ofrecían y otorgaban a los creyentes la gracia divina y el perdón. En otras palabras, su función era precisamente la misma que la de los medios de gracia instituidos por Cristo en el Nuevo Testamento.

### 7. LOS MEDIOS DE GRACIA Y LA ORACIÓN

Al considerar la doctrina de los medios de gracia se suscita por lo regular la siguiente pregunta: ¿Se debe considerar también la oración como medio de gracia? Los calvinistas contestan a la pregunta afirmativamente. Así pues escribe Hodge: "Los medios de gracia según la doctrina de nuestra Iglesia, son la Palabra, los Sacramentos y la *oración*. (*Syst. Theol.* III 466; cf. p. 708). Sin embargo, aunque el término *medios de gracia* no se halla en la Escritura, y por lo tanto, su significado no ha sido determinado por la Escritura de modo que podemos emplearlo en diferentes significados, crea confusión el aplicarlo a la oración en el mismo sentido en que se aplica al Evangelio y a los Sacramentos.

La Palabra y los Sacramentos son según la expresión de Lutero "la obra de Dios sobre nosotros" esto es, los medios por los cuales Dios trata con nosotros; mientras la oración es el medio por el cual el creyente trata con Dios. La oración, hablando en términos precisos, es fruto de la fe cristiana y no el medio por el cual se engendra la fe. Mediante la Palabra y los Sacramentos Dios nos ofrece y otorga su gracia y perdón. Mediante la oración pedimos a Dios bendiciones temporales y espirituales y le damos gracias por dones recibidos.

Por consiguiente, cuando sin modificación alguna a la oración se le llama medio de gracia, se ignora la diferencia distintiva entre ella y la Palabra y los Sacramentos, y se origina confusión en cuanto al fin de cada cual. Además, si se considera la oración como medio de gracia se da entonces cabida al error de que por medio de la oración, o mediante la obra del hombre, se merece el perdón de los pecados y la salvación.

En efecto, los que consideran la oración como medio de gracia, declaran en realidad que Dios es reconciliado por ella; por ende, a los pecadores que buscan la seguridad de la salvación se les aconseja orar cuando realmente debieran ser dirigidos a la gracia de Dios en Cristo Jesús, gracia que se ofrece a todos los hombres en el Evangelio y en los Sacramentos, y exhortarlos a confiar enteramente en las promesas divinas respecto al perdón y a la paz.

Hay quien objeta que en realidad Cristo mismo hizo de la oración un medio de gracia cuando nos enseñó a orar: "Perdónanos nuestras deudas", Luc 11:4. A esto replicamos que por medio de la oración, los creyentes reciben por cierto el perdón de los pecados, como también todas las otras bendiciones de Dios, pero no porque la oración sea en realidad medio de gracia, sino simplemente porque la verdadera oración cristiana es una expresión de fe en las promesas divinas. Realmente, no es la oración misma, esto es, el decir las palabras, sino la fe cristiana, de la cual la oración es una manifestación, la que obtiene el perdón. Por consiguiente, cada vez que el verdadero cristiano ora no considera la oración como otro medio de gracia además de la Palabra y los Sacramentos, sino que su oración descansa en las promesas divinas que se le ofrecen a él en los medios de gracia. Lo que en realidad pide es que Dios le sea propicio y le perdone sus pecados por causa de Cristo, como lo ha prometido hacer en su bendito Evangelio.

Cada vez que una persona ora, suponiendo que su oración es una obra meritoria por virtud de la cual Dios perdona pecados, su oración no se ofrece en el nombre de Jesús sino de un modo contrario al mandato de Jesús. No es una manifestación de fe sino una manifestación de incredulidad; no es en modo alguno una buena obra, sino abominación delante de Dios, Gál. 3:10. A tal oración podemos aplicar las palabras de Cristo en Mat. 6:7.

Si se estudia detenidamente la doctrina calvinista, no es difícil explicar por qué consideran la oración como medio de gracia. Como niegan la gracia universal, no pueden consolar al pecador acongojado con las promesas generales de gracia ofrecidas en el Evangelio; pues éstas, según la doctrina calvinista, son solamente para los electos. Por lo tanto, tienen que buscar otros medios fuera del Evangelio y los Sacramentos, para proporcionar el consuelo necesario al pecador aterrado por sus pecados. Para este fin buscan actos de devoción (entre los cuales se cuenta la oración), que puedan producir la percepción de la gracia. Pero tal consuelo o seguridad, puesto que se basa en obras humanas, existe sólo en la imaginación y no proporciona verdadero consuelo cristiano, como ya queda dicho.

Sin embargo, no sólo los calvinistas, sino también los sinergistas y los arminianos, consideran la oración como medio de gracia, y también aconsejan al pecador que se halla alarmado por sus pecados a que busque la seguridad de su salvación en la oración (los avivadores calvinistas y los pietistas luteranos). El principio que sirve de fundamento a este consejo antibíblico, es la negación de la sola gracia y el rechazamiento de la reconciliación objetiva obtenida por Cristo mediante su expiación vicaria, y la repudiación de los medios de gracia por los cuales Dios ofrece y otorga gratuitamente a los hombres la justicia perfecta de Cristo. Todo esto demuestra cuán fatal es el error de considerar la oración como medio de gracia. Aquellos que oran creyendo que sus súplicas son medios meritorios con los cuales pueden obtener la gracia y la salvación, en realidad han rechazado el Evangelio de Cristo y se han entregado al paganismo.

# LA LEY Y EL EVANGELIO

Aunque las doctrinas que se han tratado hasta aquí han exigido que se mencionen y discutan constantemente la Ley y el Evangelio, de manera que se ha dicho casi todo lo que decirse puede sobre estas dos enseñanzas bíblicas, no es superfluo, sin embargo, que se discuta en un capítulo especial lo que la Biblia enseña respecto a la Ley y al Evangelio. El racionalismo moderno, así como el romanismo y el zuinglianismo (Zuinglio: "En sí misma la Ley no es otra cosa que el Evangelio" cf. *Concordia Triglotta* p. 161 y sig.), han abolido en efecto la distinción entre la Ley y el Evangelio, de manera que las dos enseñanzas se han mezclado continuamente y el camino bíblico de la salvación se ha obstruido por completo (se ha negado la sola fe y se ha enseñado la justicia por las obras).

El luteranismo confesional, por otro lado, considera la "distinción entre la Ley y el Evangelio" como luz muy resplandeciente que sirve para que la Palabra de Dios sea dividida correctamente, y la Escritura de los santos profetas y apóstoles sea debidamente explicada y entendida" (*Fórmula de Concordia* Decl. Sól., V, 17), y por lo tanto, señala a este asunto lugar prominente en todo tratado dogmático ortodoxo. Pero a pesar de esto, el antinomismo que es una perversión de la doctrina bíblica de la Ley y el Evangelio, ha causado mucha confusión también dentro del seno de la Iglesia Luterana (Juan Agrícola, los filipistas, Poach, Otto, etc.), de modo que se hace necesario prestar a este asunto una atención especial.

## 1. LA DEFINICIÓN DE LA LEY Y EL EVANGELIO

La Escritura misma hace una clara distinción entre la Ley y el Evangelio y nuestras Confesiones Luteranas siguen a la Escritura en este sentido. Según la *Fórmula de Concordia* (Decl. Sól., V, 17), la Ley en su sentido estricto, es "una doctrina divina en la que se revela la justa e inmutable voluntad de Dios en lo que respecta a cómo ha de ser el hombre en su naturaleza, pensamientos, palabras y obras, para que pueda agradar y ser aceptable a Dios; y ella amenaza a los transgresores de los preceptos divinos con la ira de Dios y el castigo temporal y eterno". El Epítome de la *Fórmula de Concordia* (V, 3-4) define la Ley divina en su sentido estricto más brevemente, como "una doctrina divina que enseña lo que es justo y agradable a Dios, y condena todo lo que es pecado y contrario a la voluntad de Dios", de manera que "todo lo que condena al pecado es esencial y propio a la predicación de la Ley".

Por otro lado, esta misma Confesión define el Evangelio, en su sentido estricto, como "una doctrina que enseña lo que el hombre que no ha guardado la Ley ha de creer, a saber, que Cristo expió... todos los pecados y que ha obtenido para el hombre, sin ningún mérito por parte de éste ... el perdón de los pecados, la justicia que vale delante de Dios y la vida eterna". (Epítome, V, 5).

La distinción entre la Ley y el Evangelio es clara y bíblica, de manera que podemos calificar como Ley divina, todos los párrafos de la Escritura que exigen del hombre obediencia perfecta a Dios, Gál. 3:12, pronuncian la maldición sobra todos los transgresores, Gál. 3:10, acusan al mundo de culpable delante de Dios, Rom. 3:19, y dan a conocer lo que es pecado, Rom. 3:20; por otra parte, podemos calificar como Evangelio todos los que ofrecen gracia paz y salvación al pecador, Rom. 1:16-17; 10:15; Hech. 20:24; Efe. 6:15; 1:13.

Bien es verdad que ambos términos (Ley y Evangelio), se usan en la Escritura también en un sentido más amplio, de manera que el término *Ley* denota toda la revelación de Dios según se halla expuesta en su Palabra, Sal. 1:2; Isa. 2:3, y el término *Evangelio* denota toda la doctrina divina, Mar. 1:1, pero esto se hace por vía de sinécdoque, en que se toma el todo para denotar una parte.

Este uso peculiar del término *Evangelio* lo reconocen también nuestras Confesiones Luteranas; pues vemos en la *Fórmula de Concordia* (Decl. Sól., V, 3 y sig.): "El término *Evangelio* no se emplea y entiende siempre en un mismo sentido en las Sagradas Escrituras, sino en dos... Pues algunas veces se emplea para denotar toda la doctrina de Cristo nuestro Señor... Además, el término *Evangelio* se emplea en su sentido estricto y como tal encierra... sólo la predicación de la gracia de Dios."

## 2. RASGOS QUE SON COMUNES TANTO A LA LEY COMO AL EVANGELIO

Si comparamos a doctrina de la Ley con la del Evangelio, hallaremos varios elementos importantes que son comunes a ambas. En primer lugar, tanto la Ley como el Evangelio son la Palabra inspirada de Dios. Este punto es esencial. Mientras la función de la ley es enteramente diferente de la del Evangelio, es no obstante, tan verdaderamente Palabra de Dios, santa e inspirada, como la es el Evangelio, Mat. 22:37-40; Rom. 3:21. En segundo lugar, ambas doctrinas, la Ley lo mismo que el Evangelio, son para todos los hombres, de modo que las dos deben enseñarse juntamente hasta el fin del mundo. Así lo enseña la *Fórmula de Concordia:* "Desde el principio del mundo, estas dos doctrinas... se han enseñado siempre juntamente en la Iglesia de Dios con su debida distinción... Creemos que estas dos doctrinas... deben enseñarse siempre con toda diligencia en la Iglesia de Dios hasta el fin del mundo" (Decl. Sól., V, 23-24).

El hecho de que la Ley y el Evangelio "deben enseñarse siempre juntamente en la Iglesia de Dios", debe ser sostenido contra el antinomismo que al afirmar que el arrepentimiento (la contrición), debe proceder de la predicación del Evangelio, negó que la Ley debe ser enseñada en el Nuevo Testamento. Juan Agrícola declaró: "El Decálogo pertenece al juzgado y no al púlpito" es decir, la Ley es asunto del Estado y no de la Iglesia. Formas modificadas del antinomismo fueron propuestas y defendidas por Poach, Otto y otros, que afirmaron: "La Ley no debe ser aplicada a los *regenerados*". Los filipistas, por otro lado, declararon: "La incredulidad debe ser condenada por medio del Evangelio" (Cf. *Triglotta,* Intr. Hist., p. 161 y sig.). Los errores de antinomismo han sido ampliamente refutados por los Artículos V y VI de la Fórmula de la Concordia, donde se ha demostrado clara y convincentemente, que el antinomismo no es ni bíblico ni razonable.

Lutero ha determinado con precisión la incongruencia evidente del antinomismo de modo siguiente: Los antinomistas quieren abolir la Ley, y no obstante, enseñan la ira divina, cosa que sólo la Ley puede hacer. Por lo tanto, aunque su constante empeño es deshacer la pobre palabra *Ley,* confirman sin embargo la ira de Dios, que sólo puede ser indicada y entendida por este término; y no comentaremos ampliamente sobre el hecho de que agarran por el cuello a Pablo y ponen lo último primero". (St. L., XX, 1659, 1656).

El Dr. Bente (*Triglotta,* Intr. Hist., p. 161) dice que el antinomismo, "fue un esfuerzo disfrazado tendiente a abrir otra vez las puertas de la Iglesia Luterana a la doctrina romana de la justicia por las obras que Lutero ya había expulsado". El Dr. Bente escribe: "Cuando Lutero se opuso al error de Agrícola, el padre de los antinomistas en los días de la Reforma, lo hizo con el claro conocimiento de que el Evangelio de Jesucristo, con su doctrina de la justificación por la gracia mediante la sola fe estaba en peligro, y necesitaba *ser* defendido. "Mediante estos espíritus", dijo él, "el diablo no quiere quitarnos Ley sino a Cristo que cumplió la Ley" (St. L., XX, 1614).

La verdad es que los antinomistas, al fin y al cabo, basaban su esperanza de perdón en su renovación o santificación especialmente en el arrepentimiento, que resulta del verdadero amor producido por la predicación del Evangelio. De esta manera mezclaron la justificación y la santificación, y restablecieron la doctrina romana de la justicia por las obras (la justificación por medio de la santificación; la gracia infusa).

## 3. LA LEY Y EL EVANGELIO CONSIDERADOS COMO TÉRMINOS OPUESTOS

Fue Lutero el que volvió a proclamar al mundo, que la Ley y el Evangelio son términos tan distintos y contradictorios como imaginarse pueda, y más separados uno de otro que si fuesen términos opuestos. (Cf. St. L., IX, 447). Esto no debe considerarse como declaración exagerada y "capaz de ser tomada en sentido erróneo" (Thomasius *Dogmengeschichte* II, 425); pues es una confirmación de la verdad que la Escritura misma enseña.

Cuando comparamos las dos doctrinas según su contenido, hallamos que contradicen por completo. La Ley exige al hombre obediencia perfecta en todas las cosas, mientras el Evangelio no exige nada, sino que gratuitamente ofrece a todos los pecadores gracia, vida y salvación por causa de Cristo. Los mismos pecadores, a quienes la Ley destina para la condenación eterna, el Evangelio los destina para la gloria perdurable en el cielo, Rom. 5:18-21. La Ley exige obras, Luc. 10:28; el Evangelio declara que el pecador "es justificado por fe sin las obras de la Ley", Rom 3:28.

San Pablo expone el vivo contraste entre la Ley y el Evangelio en Rom. 3:22-24. Ese contraste consiste en que la Ley condena mientras el Evangelio justifica (Cf. también Gál. 3:10-14).

La misma distinción entre la Ley y el Evangelio se hace evidente cuando consideramos sus respectivas promesas, las cuales son también absolutamente contradictorias. Las promesas de la Ley son condicionales; las del Evangelio son completamente gratuitas. Es decir, la Ley promete vida al pecador siempre que el pecador obedezca la Ley perfectamente, Gál. 3:12; Luc. 10:28; el Evangelio, empero, le promete vida y salvación "sin las obras de la Ley", "sin obras", "gratuitamente", "por la gracia" (partículas excluyentes), de manera que el *impío,* es por cierto justificado, Rom. 4:5. En otras palabras, la Ley justifica al que de por sí es justo, Gál. 3:21, mientras el Evangelio justifica al que de por sí es injusto. Rom. 4:5.

La expresión bíblica que se ha llamado imperativo evangélico (Hech. 16:31), es "el Evangelio en forma concentrada". Cuando San Pablo ordenó al carcelero de Filipos que creyera en el Señor Jesucristo para ser salvo, le predicó fe en forma que debía penetrarle el corazón. De igual modo, el "mandamiento" en 1 Juan 3:23, no es una orden legal, sino una invitación de gracia expresada lo más fuerte posible para aceptar el perdón ofrecido en el Evangelio. La fe que exige el Evangelio, la describe la Escritura como diametralmente opuesta a logro humano alguno, Efe. 2:8-9.

De esto se evidencia que las condiciones de la Ley, Luc. 10:28, son condiciones reales, que exigen cumplimiento absoluto de las obligaciones impuestas, Gál. 3:12, mientras las del Evangelio (Rom. 10:9: "Si creyeres serás salvo"), indican meramente el medio por el cual Dios aplica al pecador vida y salvación. La declaración: "Si creyeres serás salvo" sólo significa lo siguiente: Sin obra o dignidad alguna de tu parte eres salvo únicamente por la fe en el Señor Jesús, a quien Dios levantó de entre los muertos. Rom. 3:23-28.

Ya que la Ley y el Evangelio considerados según su contenido y sus promesas, se contradicen de un modo tan absoluto, es menester, pues, distinguir claramente las dos esferas a que la una y el otro pertenecen en el plan de la salvación. Esta es la única manera correcta de remover la "dificultad insuperable", que afrontamos al estudiar estos dos términos contradictorios según su presentación bíblica.

La Ley ha de ser predicada, por cierto, en todo su rigor y severidad sin que se le quite nada en absoluto, Mat. 15:17-18; Gál. 3:10; Rom. 1:18; 3:9-19; pero ha de ser predicada con el único propósito de traer al pecador al claro conocimiento de su pecado y condenación, Rom. 3:20. Esa es la esfera propia de la Ley según lo demuestra claramente la Escritura, 2 Cor. 3:9: "El ministerio de condenación". Es un mensaje de ira y corno tal "nuestro ayo para llevarnos a Cristo, a fin de que fuésemos justificados por la fe", Gál. 3:24.

Pero cuando la Ley ha logrado su propósito y el pecador contrito exclama en temor: "¿Qué debo hacer para ser salvo?", Hech. 16:30, entonces debe cesar la promulgación de la Ley y empezar la predicación del Evangelio, Hech.16:31; pues mientras la función de la Ley es infundir temor al pecador confiado en sí misino, la función del Evangelio es consolar al pecador contrito con la gracia de Dios en Cristo Jesús, Juan 3:16; Rom. 10:4. La Escritura observa siempre esta clara distinción entre la esfera de la Ley y la del Evangelio, 2 Sam. 12:13; Hech. 2:37-39; 1 Cor. 5:1-5; 2 Cor. 2:6-8.

Lutero escribe: "La Ley tiene su meta justamente hasta dónde ha de ir y cuánto ha de hacer, a saber, "llevarnos a Cristo", para infundir temor al pecador penitente con la ira y la indignación de Dios. De igual modo, el Evangelio también tiene su obra y función, a saber, predicar el perdón de los pecados a la conciencia tribulada... Pues bien, cuando la conciencia ha sido debidamente despertada , siente verdaderamente el pecado y se halla en agonía de muerte ... entonces es tiempo de que se sepa dividir la Ley del Evangelio, y poner a la una y al otro, en el lugar que les pertenece" (St. L., IX . 798 y sig.).

Hablando pues, en general, la Ley pertenece a la esfera del pecado y el Evangelio a la de la gracia; la Ley es el mensaje del arrepentimiento (la contrición), el Evangelio es el mensaje de la remisión de los pecados, Luc. 24:47. Ambos deben ser enseñados en su pureza y verdad bíblica; no han de disminuirse el rigor y la severidad de la Ley, ni ha de mixtificarse la dulzura y atracción del Evangelio, pues sólo de esa manera, el mensaje divino del pecado y la gracia puede entrar en el corazón del pecador para transformarlo.

La Ley y el Evangelio difieran entre sí, también en la manera como pueden ser conocidos. Mientras la Ley está escrita en el corazón de los lombres, Rom. 2:14-15, pudiendo así ser conocida, al menos en parte, aun sin el conocimiento revelado de la Escritura; el Evangelio es sabiduría de Dios que ha estado oculta, encubierta, y que el hombre puede conocer sólo mediante cierta revelación especial, 1 Cor. 2:7-12; Rom. 16:25, de modo que ni una sola persona puede conocerlo a menos que le sea revelado, Mar. 16:15: Rom. 10:14-15, 17. Esto lo demuestra el hecho de que todas las religiones de origen humano, son "religiones de la Ley" o de las buenas obras, mientras la religión cristiana, cuya única fuente es la Biblia, es "religión de la fe". Además, todos los partidarios de la religión natural de las buenas obras, rechazan la religión de la fe como insensatez, tontería y locura, 1Cor. 1:23; 2:14, hasta que mediante el Evangelio, el Espíritu Santo les quita el concepto de que pueden salvarse por la Ley, 2 Cor. 3:15-16: "Cuando se lee a Moisés el velo está puesto sobre el corazón de ellos. Pero cuando se conviertan al Señor el velo se quitará"

En el curso de la controversia antinomista, se debatió la pregunta de si el pecado de la incredulidad debe ser reprobado mediante la predicación de la Ley (los luteranos genuinos), o mediante el Evangelio (los filipistas). La respuesta de los luteranos genuinos fue adoptada e incorporada en la *Fórmula de Concordia* (cf. Arts. V y VII). La causa del error filipista fue quizás el considerar que la Ley, puesto que no conoce a Cristo y la fe en Él, no puede reprobar el pecado de la incredulidad. Pero el asunto se resuelve fácilmente si recordamos las esferas y las funciones específicas de la Ley y el Evangelio; pues mientras la Ley siempre juzga, condena y reprueba, el Evangelio en su sentido propio, jamás juzga, condena y reprueba. El reprobar, es por lo tanto, completamente opuesto a la naturaleza misma del Evangelio.

La declaración de Melanchton de que "el Evangelio reprueba el pecado" puede ser defendida sólo si el término *Evangelio* se usa en su sentido más amplio, esto es, para denotar toda 1a doctrina de Cristo. El Evangelio en sentido estricto, no reprueba ni el pecado de la incredulidad, ni ningún otro pecado. Esto lo evidencia el hecho de que si el Evangelio fuese propiamente un mensaje de reprobación o condenación, el obtener la salvación sería del todo imposible; pues en tal caso no habría mensaje de salvación en el cual los pecadores, que por naturaleza son incrédulos, pudieran confiar. El Evangelio salva, Rom. 1:16, precisamente porque su función es únicamente salvar y no reprobar o condenar. Aunque sin intentarlo, los filipistas cambiaron de hecho el Evangelio en Ley, cuando le atribuyeron en su sentido propio función reprobatoria.

La *Fórmula de Concordia* admite que el Evangelio (o mejor dicho, los hechos del Evangelio, es decir, la Pasión y muerte de Cristo) puede usarse, por cierto, para describir la gran ira de Dios causada por el pecado del hombre, tal como Cristo mismo lo usó, Luc. 23.31. Pero cuando el Evangelio se emplea de este modo efectúa una obra que no es suya y propia a su oficio, sino una obra ajena a su oficio. La *Fórmula de Concordia* (Decl. Sól., V, 12) dice: "En realidad, ¿qué declaración y predicación de la ira de Dios contra el pecado puede ser más potente y terrible que el sufrimiento y la muerte de Cristo, el Hijo de Dios? Pero en tanto que todo esto predique la ira de Dios y aterrorice a los hombres, no es aún la predicación del Evangelio ni la propia predicación de Cristo, sino la de Moisés y la Ley contra los impenitentes. Pues el Evangelio y Cristo, jamás fueron ordenados y dados con el fin de aterrorizar y condenar, sino antes bien, con el fin de consolar y animar a los que ya están aterrorizados por el pecado y lo temen". Es preciso recordar siempre la última verdad expresada aquí, pues el Evangelio en su sentido propio, jamás revela el pecado o aterroriza al pecador, sino que siempre muestra la gracia divina y consuela al pecador alarmado.

Al concluir este capítulo llamamos la atención sobre el hecho de que la Ley y el Evangelio, son solamente diferentes aspectos de Dios mismo en su relación con el pecador. La Ley muestra a

Dios como al Dios que condena al pecador por motivo del pecado de éste mientras el Evangelio lo describe como al Dios que perdona y justifica gratuitamente al pecador por causa de Cristo. Este hecho, el teólogo cristiano debe recordarlo siempre, cuando determina las esferas y funciones de la Ley y el Evangelio.

## 4. LA ÍNTIMA RELACIÓN ENTRE LA LEY Y EL EVANGELIO

Aunque la Ley y el Evangelio difieren radicalmente entre sí en lo que respecta a su contenido, no obstante, deben conservarse íntimamente unidos en su aplicación práctica; Lutero declara respecto a este punto (St. L., IX, 454): "Aunque estas dos doctrinas son muy opuestas en lo que respecta a su contenido, no obstante, están íntimamente unidas en un solo corazón. Nada está tan estrechamente relacionado como el temor y la fe, la Ley y el Evangelio, el pecado y la gracia. En verdad, una doctrina está tan unida a la otra que se absorben mutuamente. Por lo tanto, no puede haber conjunción matemática que iguale a ésta".

Esta íntima relación entre la Ley y el Evangelio se hace aparente, cuando consideramos la conversión del pecador. Como hemos demostrado en un capítulo anterior, la conversión se verifica en el mismo instante en que el pecador penitente, confía personalmente en las misericordiosas promesas del Evangelio; o expresado en breves palabras, la conversión se efectúa por medio del Evangelio. Sin embargo, para que el Evangelio pueda efectuar su obra de consolar y salvar, la Ley debe previamente convencer al pecador de su pecado y culpabilidad, aterrorizarlo y humillarlo, y hacer que se desespere en su esfuerzo de salvarse a sí mismo, Rom. 3 19-20, 23-24. De modo que la conversión de un pecador necesita y presupone, la predicación tanto de la Ley como del Evangelio. Como primer paso, la Ley debe declarar al pecador por muerto espiritualmente, para que luego este pecador pueda regocijarse en la vida espiritual que le da el Evangelio. La Ley tiene que convencerlo de la justa exigencia de Dios, antes de que pueda aceptar por la fe los dones gratuitos del Evangelio. La Ley tiene que proclamar el pecado para que el Evangelio pueda proclamar la gracia.

Al hablar del segundo uso de la Ley divina, nuestros dogmáticos hacen la debida distinción entre el uso convincente de la Ley, por el cual ella conduce al individuo al conocimiento del pecado y lo convence de que es pecador, Rom. 3:20, y el uso pedagógico, por el cual le sirve de ayo para llevarlo a Cristo, Gál. 3:24. Sin embargo, hay que recordar que la Ley por si misma, no conduce a nadie hacia Cristo sino sólo a la desesperación. No obstante, sirve para llevar el pecador a Cristo (compulsión indirecta), demostrándole al pecador cuánto necesita la salvación. Cuando la Ley ha infundido temor al pecador, aparece Cristo para proclamarle el consuelo del Evangelio. La Ley por sí misma no produce ningún cambio moral o mejoramiento en el corazón del pecador preparándolo para la recepción del Evangelio. Esto lo enseñan pasajes corno 2 Cor. 3 6b; Rom. 7:5 8. Para que el pecador pueda ser convertido y salvo, es pues, necesario, que la Ley vaya acompañada siempre del Evangelio.

Esta íntima relación entre a Ley y el Evangelio, la negaron los antinomistas cuando expulsaron a la Ley de la Iglesia. Pero al fin y al cabo, cuando se opusieron a la Ley se opusieron también al Evangelio; pues, como dice Lutero con toda la razón (St. L., XX, 16461): "Si se quita la Ley nadie puede saber qué es Cristo o qué hizo Él cuando cumplió la Ley por nosotros". El gran Reformador percibió muy claramente que, "mediante esta doctrina falsa (el antinomismo), el diablo quería quitar, no la Ley, sino a Cristo que cumplió la Ley" (XX, 1614).

La íntima relación entre la Ley y el Evangelio se hace evidente también, cuando consideramos la santificación del creyente. Es verdad que según el nuevo hombre, el creyente no necesita la Ley, 1 Tim. 1:9, ya que como nueva criatura en Cristo tiene la Ley divina escrita en su corazón, Jer. 31:33; Ezeq. 36:26 y si obedece, gozosa y voluntariamente, como lo hacía Adán antes de caer en el pecado Sal. 110:3. La *Fórmula de Concordia* declara sobre este punto (Decl. Sól., VI, 17): "Pero cuando un hombre nace otra vez del Espíritu de Dios y es libertado de la Ley, es decir, librado de este capataz y es guiado por el Espíritu de Cristo, vive según la inmutable voluntad de Dos encerrada en la Ley; y por cuanto ha nacido otra vez, lo hace todo con un espíritu libre y gozoso".

La situación es, empero, muy diferente, cuando consideramos al creyente según la carne, en la cual se halla aún, Rom. 7:14-24. Según el viejo hombre, el creyente ni conoce la Ley por completo ni la cumple voluntariamente, Rom. 7:15, sino que sin cesar se opone a ella y la traspasa, Rom. 7:18.

Lutero dice (St. L., IX, 881):"Según el espíritu, el creyente es justo, sin pecado alguno, y no necesita la Ley; pero según la carne tiene aún pecado.... Puesto que el pecado aún existe en nosotros, la Escritura nos juzga por iguales a injustos y pecadores, de modo que según la carne necesitamos la Ley tanto como ellos".

La *Fórmula de Concordia* (Decl. Sól., VI, 18 y sig.) lo expresa así: "Puesto que los creyentes mientras vivan en este mundo no se hallan completamente renovados, sino que el viejo hombre se adhiere a ellos hasta la sepultura, permanecerá para siempre en ellos la lucha entre el espíritu y la carne. Por lo tanto, se deleitan, por cierto, en la Ley de Dios según el hombre interior, pero la Ley en sus miembros lucha contra la Ley en su mente; por consiguiente, jamás están sin la Ley, y sin embargo, no están bajo la Ley sino dentro de ella, y viven y andan en la Ley del Señor, y no obstante, nada hacen por compulsión de la Ley".

Juntamente con el Evangelio el creyente debe usar por lo tanto la Ley divina, a saber, a) como freno para crucificar su carne pecaminosa, Rom. 8:7; 1 Cor. 9.27; b) como espejo, para revelarle constantemente sus pecados, Rom. 7:7, 13; Gál. 5:19-21; y c) como regla, según la cual ha de regular y dirigir toda su vida, Gál. 5:22-25. Por lo visto, aun los regenerados tienen que emplear continuamente la Ley en íntima relación con el Evangelio; la Ley para refrenar su carne externamente, el Evangelio para destruirla internamente; la Ley para indicarles qué obras son buenas, el Evangelio para otorgarles el poder de hacer buenas obras; la Ley para demostrarle sus pecados, el Evangelio para enseñarles cómo pueden ser limpiados de sus pecados.

No están por supuesto en contradicción, pasajes tales como 1 Tim.1:9 y aquellos que aplican la Ley en todos sus usos al cristiano, por ejemplo, Rom. 7:23-24; 1 Cor. 9:27; etc. En el primer pasaje se describe al cristiano según el nuevo hombre; en los últimos según su vieja y corrupta naturaleza. Lutero dice: "El cristiano... en cuanto es carne está bajo la Ley; en cuanto es espíritu está bajo la gracia". (St. L., IX, 452, 880).

La conversión y la santificación son por lo tanto, el resultado de la *cooperación de la Ley y el Evangelio.* La sola predicación de la Ley produce hipocresía o desesperación; la sola predicación del Evangelio produce indiferencia y seguridad carnal (Cf. St. L., V, 988; también *Apuntes Dogmáticos* por el Dr. Engelder).

Como complemento podemos añadir aquí, que nuestros dogmáticos hablan de cuatro usos de la Ley divina, cada uno de los cuales se aplica también al creyente. La Ley refrena la carne del cristiano y la obliga a la disciplina externa (el uso policíaco); le revela el pecado y lo convence de que es pecador (el uso convincente); le sirve de ayo para llevarlo a Cristo (el uso pedagógico); le proporciona una regla según la cual pueda guiar su vida, Mat. 5:17 (el uso didáctico).

## 5. EL ARTE DE DISTINGUIR LA LEY DEL EVANGELIO

Aunque es relativamente fácil distinguir la Ley del Evangelio en la teoría, es extremadamente difícil aplicar esa distinción en la práctica. Lutero comenta muy correctamente, que sobrepasa la facultad natural del hombre el distinguir la Ley del Evangelio en la práctica, y añade, que esto se puede hacer sólo mediante la obra del Espíritu Santo. El motivo para esto se encuentra en la disposición natural del hombre, que se aferra persistentemente a la opinión de que puede salvarse a sí mismo mediante la justicia por las obras. También el creyente está sujeto a este error básico, es decir, en cuanto es carne. Por lo tanto, se halla en la constante tentación de no aplicar debidamente la Ley y el Evangelio, de modo que debe pedir a Dios sin cesar que lo ilumine con su Espíritu Santo Sal. 143:10.

Aún más difícil, empero, es la tarea del pastor cristiano, que como ministro de Jesucristo ha de dispensar con rectitud la Palabra de Verdad, 2 Tim. 2:15. Aquí se aplican las palabras de Lutero: "A aquel que conoce bien el arte de distinguir la Ley del Evangelio ponlo en primer lugar y llámalo doctor de la Sagrada Escritura". El ministro cristiano debe acompañar siempre la enseñanza de la

Ley con la del Evangelio, considerando debidamente la distinción y la relación que existen entre ambas, de manera que los que se hallan seguros en sus pecados puedan ser aterrorizados, y los aterrorizados puedan ser consolados. Jamás debe mezclar las dos doctrinas, sino enseñar la Ley en toda su severidad y el Evangelio en toda su dulzura.

Todos los que asiduamente se aplican a esta tarea estarán de acuerdo con Lutero cuando dice (St. L., IX, 798 y sig.): "Sin el Espíritu Santo es imposible hacer esta distinción entre la Ley y el Evangelio. Lo sé por mi propia experiencia y también lo observo diariamente en otros, cuán difícil es separar la doctrina de la Ley de la del Evangelio. Aquí el Espíritu Santo tiene que ser el Señor y Maestro, de lo contrario, nadie en la tierra podrá entender o enseñar las dos doctrinas correctamente. El arte es muy fácil de enseñar; poco cuesta decir que la Ley es palabra y doctrina diferente de la del Evangelio; pero distinguirlos en la práctica y aplicar al arte, constituyen un esfuerzo doloroso".

Pero aunque es difícil distinguir la Ley del Evangelio, es no obstante, absolutamente necesario hacerlo, pues sin una correcta distinción de las dos doctrinas no puede haber la fe salvadora, y por consiguiente, tampoco el verdadero cristianismo. Lutero llama la atención a este hecho cuando escribe (St. L., IX. 798 y sig.): "Si se comete un error en este punto, es imposible distinguir a un cristiano de un pagano o judío; tan importante es la distinción".

La razón por la cual Lutero admitió tal veredicto no es difícil de entender. La doctrina cardinal de la fe cristiana es la de la justificación por la gracia, mediante la fe *(sola gratia; sola fide)*. Para enseñar esta doctrina en su pureza bíblica, es necesario excluir de ella toda exigencia de la Ley o toda buena obra. Como dice Lutero, la justificación no se puede hacer dependiente ni siquiera de un piadoso Padrenuestro, si ha de preservarse la verdad entera de la doctrina cristiana. Si en este punto se modifica la severidad de la Ley divina, y no se presenta en toda su dulzura el Evangelio de la gracia divina en Cristo, el pecador jamás sentirá la verdadera contrición, ni se entregará por completo a la misericordia de Dios en Cristo Jesús para la salvación. En resumen, a menos que se haga una distinción estricta entre la Ley y el Evangelio es imposible enseñar la justificación por la fe.

De esto sigue, además, que es imposible consolar al pecador con la seguridad de la salvación si se mezclan la Ley y el Evangelio. En otras palabras, si en el artículo la justificación se confunden la Ley y el Evangelio, de manera que la salvación aparece como dependiente del cumplimiento de las justas exigencias de Dios, el hombre jamás podrá saber con certeza si se halla o no en estado de gracia; pues en tal caso, se quita la salvación de las manos de Dios y se la pone en las manos impotentes del hombre. El mezclar la Ley y el Evangelio significa, pues, privar al individuo de la bendición más grande que el cristianismo ofrece al mundo, a saber, la certidumbre de la gracia y la salvación mediante la fe en Cristo Jesús , por cuyos méritos Dios justifica gratuitamente al pecador que está destituido o privado de la gloria de Dios, Rom. 3:23-24.

Lutero dice respecto a esto (St. L., IX, 619): "Es imposible que Cristo y la Ley puedan morar juntos en el corazón; o tendrá que apartarse Cristo, o a Ley". Lo que Lutero quiere decir es esto: Para ser salvo el hombre confía o en las obras o en Cristo, o lo que es lo mismo, desea ser salvo o por la Ley o por el Evangelio. Entre la una y el otro no existe término medio. Pero ¡ay! del pecador que confía en la Ley para su salvación. Gál. 3:10; 5:4. Puesto que es incapaz de guardarla estará para siempre bajo su maldición. De manera que el mezclar la Ley y el Evangelio, priva al pecador del único consuelo que en realidad puede sostenerlo en la vida y confortarlo en la muerte: La segura esperanza de la salvación mediante la fe en Cristo.

Por último, sin la debida distinción entre la Ley y el Evangelio tampoco es posible entender las Escrituras. La *Fórmula de Concordia* dirige la atención a este punto, llamando la distinción entre la Ley y el Evangelio: "Una luz especial y brillante que sirve para el fin de que la Palabra de Dios sea dividida con rectitud, y las Escrituras de los santos profetas y apóstoles sean debidamente explicadas y entendidas" (Decl. Sól., V, 1). Nuestra Confesión no exagera en modo alguno al hacer tal declaración; pues, por un lado la Escritura dice claramente: "Haz esto y vivirás", Luc.10:28, y por otro: "El hombre es justificado por fe sin las obras de la ley", Rom. 3:28. Estas dos declaraciones se contradicen, así como se contradicen sí y no. Para remover la dificultad, los antinomistas procuraron trasladar la Ley de la Iglesia al juzgado, de modo que dentro de la Iglesia se enseñara sólo el Evangelio, sin ninguna otra cosa. Pero este procedimiento es antibíblico; pues es la voluntad expresa de Dios expuesta en su Palabra, que la Ley (la Ley Moral), sea proclamada sin modificación o restricción alguna hasta el fin del mundo Mat. 5:18.

Los teólogos racionalistas modernos tratan de alejar la contradicción cambiando el Evangelio en Ley; pero sobre todos los que de este modo vacían el Evangelio de su glorioso contenido, la Palabra de Dios pronuncia la maldición divina, Gál. 1:8; 6:14. En resumen, no debe removerse la contradicción descartando una doctrina o la otra, sino distinguiendo correctamente las dos y señalando a cada una su propia esfera. Si se hace esto, podemos entender fácilmente por qué la Escritura dice por un lado que el hombre que hiciere las obras de la Ley vivirá por ellas, Gál. 3:12 y por otro lado, que el hombre no es justificado por las obras de la Ley, sino por la fe en Jesucristo, Gál. 2:16; pues en tal caso recordamos que la Ley nos fue dada para que vengamos al conocimiento de nuestros pecados, Rom. 3:20, y el Evangelio, para que obtengamos el perdón de los pecados. En resumen, si hacemos la debida distinción entre la Ley y el Evangelio, la Biblia nos resultará un libro claro; si no la hacemos, nos resultará para siempre un libro obscuro e incomprensible.

La verdad de esta declaración la comprueba la falsa actitud de los romanistas y los sinergistas protestantes, en lo que respecta a la vital pregunta de la certidumbre de la salvación. El error de ellos consiste en que confunden la Ley y el Evangelio negando la sola gracia y enseñando, ora directa o indirectamente, la salvación por las obras. Por consecuencia, sostienen que el creyente no puede estar seguro de su salvación. Esto quiere decir que rechazan intencionalmente la doctrina clara de la Escritura sobre este punto, Rom. 8.38-39; no obstante, tratan de basar su falsa alegación en la Escritura, 1 Cor. 10:12. Lo que pasa es que no hacen la debida distinción entre la Ley y el Evangelio. Engañados por su error básico se olvidan de que pasajes como 1 Cor. 10:12: Heb. 12:14, etc., son parte de la Ley, destinados a amonestar y aterrorizar a los pecadores seguros e indiferentes, mientras pasajes como Rom. 8:38-39; Juan 10:27-29; 3:16-18 etc., son parte del Evangelio, destinados a consolar a los pecadores contritos y penitentes. Según el viejo hombre los creyentes necesitan siempre las amonestaciones de la Ley, mientras según el nuevo hombre se regocijan en la segura esperanza de la salvación que se les ofrece y aplica en el precioso Evangelio, Rom. 5:1-5. Es por lo tanto absolutamente necesario que el creyente en general, cuando juzga privadamente su propio estado de gracia, y mucho más el ministro cristiano en particular, cuando proclama oficialmente el camino divino de la salvación, hagan una clara y cuidadosa distinción entre la Ley y el Evangelio, 2 Tim.2:15.

Pero esto se puede hacer sólo cuando Dios nos concede su gracia y nos guarda en su gracia. Su Espíritu Santo tiene que enseñarnos y conducimos a distinguir la Ley del Evangelio, y a aplicar ambos en su debido orden. Sin la iluminación y guía del Espíritu Santo, nadie puede apelar de la condenación de la Ley a las benditas promesas del Evangelio respecto al perdón de los pecados, la vida y salvación, ni puede confiar en ellas. Esa es la obra misericordiosa del Espíritu en nosotros, Efe. 1:19-20; Filip. 1:29; Col. 2:12, así como la perseverancia en la fe mediante la confianza constante en las promesas del Evangelio es la obra de Dios en nosotros, 1 Ped. 1:5. Ahora bien, la Ley acusa y condena al hombre, el nomismo, que hace de la Ley el instrumento de la salvación mediante la santificación está tan arraigado en su carne que, como legalista de nacimiento, confía en las obras de la Ley para la salvación y rehúsa apelar de la Ley al Evangelio, que es para la carne tropezadero e insensatez, 1 Cor. 1 23. Por consiguiente, Dios tiene que ayudamos y salvamos obrando en nosotros así el querer como el hacer, Filip 2:13. Sin su gracia, no podemos hacer nada tampoco en lo que respecta a la debida distinción entre la Ley y el Evangelio. (Cf. Lutero St. L., IV, 2077 y sig.; IX, 446 y sig.; XXII, 760 y sig. V, 1171).

## 6. LOS QUE ANULAN LA DEBIDA DISTINCIÓN ENTRE LA LEY Y EL EVANGELIO

Anulan la debida distinción entre la Ley y el Evangelio, y por lo tanto, confunden las dos doctrinas

a. Los romanistas, que confunden la Ley y el Evangelio, con el fin de sostener su doctrina perniciosa de la justicia por las obras y la incertidumbre de la salvación. El Concilio de Trento anatematiza expresamente la doctrina de que el "Evangelio es la promesa absoluta e incondicional de la vida eterna, sin la condición de que el hombre debe primero guardar la Ley" (Ses. VI, Can. 20).

*Los calvinistas,* que niegan la gracia universal, y la operación del Espíritu Santo mediante los medios de gracia señalados por Dios. En consecuencia de estos errores, los calvinistas no proclaman las promesas universales de la gracia ofrecidas a todos los pecadores en el Evangelio, sino que ponen como requisito indispensable para la salvación del pecador, el cumplimiento que éste preste a las condiciones prescritas para que Dios lo acepte. Según Carlos Hodge, el "llamamiento externo" es "una promesa de aceptación en el caso de todos aquellos que cumplen con las condiciones", mientras el Evangelio es "una promulgación de los *términos en que Dios quiere salvar a los pecadores,* y una *demostración del deber de la humanidad perdida* con respecto a ese plan" (*Syst Theol.* II, 642). De modo que a la postre, los calvinistas cometen el mismo error fatal que los romanistas.

c. Los sinergistas, que niegan la sola gracia, y hacen que la salvación dependa de la propia decisión del pecador hacia la gracia. Según el sinergismo, el Evangelio es un mensaje divino que promete gracia a todos los que se aplican a la gracia. El sinergismo no es otra cosa, pues, que un simple retorno al pelagianismo de la Iglesia Romana.

d. Todos los modernistas, que niegan la expiación vicaria; pues como niegan la satisfacción vicaria de Cristo tienen que enseñar la salvación por las obras, o que el pecador mismo tiene que expiar sus pecados.

e. Ciertos teólogos modernos, que enseñan una "unión superior" entre la Ley y el Evangelio. Según su opinión, la diferencia entre la Ley y el Evangelio es sólo una diferencia de grado y no de clase; pues ambos, según se alega falsamente, exigen obras morales de parte del hombre. En tal caso, el Evangelio viene a ser, al fin y al cabo, cierta modificación de la Ley. Este error, por supuesto, anula por completo la distinción entre las dos doctrinas. Convierte el Evangelio en Ley, y hace que la salvación del pecador dependa de su propia obediencia

Lutero, a quien los exponentes de estos errores presentan como favorecedor de esta opinión perniciosa, en realidad enseñó que la distinción entre la Ley y el Evangelio es más que contradictoria.

Antes de cerrar este capítulo, debemos llamar la atención sobre el hecho de que en todos los casos donde se mezclan la Ley y el Evangelio, el propósito es siempre el mismo, a saber, la eliminación de "la locura de la predicación" acerca del Salvador crucificado y resucitado como la única esperanza de la salvación del hombre, y la confirmación de la doctrina pagana de la salvación por las obras.

El resultado de todo error en la teología es a la postre, la eliminación del "Cordero de Dios que quita el pecado del mundo" Juan 1:29. Bien dice Lutero (St. L., XX, 873): "Todo el que niega, blasfema o deshonra a Cristo en un solo punto o artículo, no puede enseñar (su doctrina) u honrarlo en ninguna otra cosa".

De una manera más sutil mezclan la Ley y el Evangelio todos los que debilitan el rigor de la Ley, enseñando que Dios está satisfecho si el hombre obedece a la Ley tanto como pueda; también todos los que introducen elementos legales en el Evangelio privándolo de su dulzura; y todos los que proclaman la Ley a los pecadores que ya se hallan alarmados por sus pecados; y los que predican el Evangelio a los pecadores seguros y carnalmente indiferentes. Así, la Ley y el Evangelio se pueden mezclar con respecto a su naturaleza, con respecto a sus funciones y con respecto a las personas a quienes se les aplican. Pero cada vez que se mezclan la Ley y el Evangelio, se destruyen la doctrina de la justificación por la gracia y la doctrina de la certidumbre de la salvación. Aún más, donde no se conoce y se pone en práctica la distinción entre la Ley y el Evangelio, allí nadie puede hacerse o permanecer cristiano. Las palabras de Lutero son por lo tanto, muy dignas de la más alta consideración: "La distinción entre la Ley y el Evangelio es el arte supremo del cristianismo, arte que deben entender todos los que se glorían de ser cristianos y llevan ese nombre" (St. L., IX, 798.).

# LA DOCTRINA ACERCA DEL SANTO BAUTISMO

## 1. LA DIVINA INSTITUCIÓN DEL BAUTISMO

El Bautismo no es simplemente un rito eclesiástico, sino una institución u ordenanza divina que ha de regir hasta el fin de los siglos, y que ha de ser observada por todos los cristianos, Mar. 16:15-16; Mat. 28:19-20. Cuando Cristo mandó bautizar, lo hizo con tanto énfasis como cuando mandó predicar el Evangelio, un hecho que los apóstoles reconocieron debidamente, Hech. 2:38; 10:48. Esto hay que sostenerlo a pesar de que la misión especial de San Pable fue la de evangelizar antes que la de bautizar, 1 Cor. 1:14-15; pues en todas sus epístolas enseña tanto la necesidad como la eficacia del Bautismo, Rom. 6:3-4; Gál. 3:27; Tito 3:4-7, etc. Por consiguiente, si los cuáqueros, los del Ejército de Salvación y otros iluminados rechazan el Bautismo, considerándolo como una mera "ceremonia que no encierra obligación alguna para la conciencia", desechan una institución u ordenanza que fue establecida por Dios mismo. Pero al fin y al cabo, su rechazamiento del Santo Bautismo no es sino un corolario de su repudio de la doctrina de los medios de gracia en general.

Los teólogos racionalistas modernos (Holtzmann), niegan la institución divina del Santo Bautismo, aunque admiten que el Bautismo era una práctica común en la Iglesia Cristiana primitiva. Pero todos sus argumentos (Pablo bautizó solamente en casos excepcionales, 1 Cor.1:14; Pedro mismo no bautizó. Hech. 10:48; Jesús no bautizó sino que sólo enseñó, Juan 3:22; 4:2), no pueden trastornar las claras palabras de Mat. 28:19-20 y Mar. 16:15-16, en las que se enseña en términos inequívocos la institución divina del Santo Bautismo

Los teólogos racionalistas modernos de tendencias un poco más conservadoras, admiten por cierto, que el Bautismo fue instituido por Dios, pero se oponen a lo que se ha llamado el "carácter legalista" de esta ceremonia. Respondiendo a este argumento, bastante vago, contestamos que la obligación de la Iglesia a bautizar no es más "legalista" que su deber de proclamar el Evangelio. Si el hombre puede ser salvo sin el Bautismo, esto no se debe a que el Bautismo sea "más legalista" que la promulgación del Evangelio, sino que Dios, en su gracia infinita, ofrece al pecador, ya mediante la Palabra del Evangelio toda su gracia con el perdón completo. Pero esto no hace superfluo al Bautismo; pues Dios, que es "rico en misericordia" desea darnos "consejo y ayuda contra el pecado *no de una sola manera" (Artículos de Esmalcalda* Parte III, Art. IV). Por supuesto, nuestro bendito Señor que ha instituido el Bautismo, no quiere que despreciemos este santo y saludable Sacramento, Luc. 7:30.

El mandato a bautizar siempre exige agua como el elemento visible que ha de ser usado en este Sacramento, Juan 3:23; Hech.8:36, de modo que el uso de cualquier substituto invalida el Bautismo. Todos aquellos de cuyo bautismo no se puede obtener prueba segura han de ser considerados como no bautizados. (Cf. Lutero St. L., X, 2128 y sig.).

Mientras el uso del agua en el Bautismo es necesaria, el modo de aplicar el agua (*modus applicandi*) es indiferente, ya que el verbo griego *baptidzein* indica no sólo sumergir sino también lavar (cf. Luc. 11:38; Mar. 7:3, donde *baptidzeszai* tiene el mismo significado que *niptezsai* o lavar). Por lo tanto, nuestro Catecismo Luterano enseña correctamente que *bautizar* significa "aplicar agua lavando, derramando, rociando o sumergiendo". A aquellos que insisten en que el Bautismo tiene que aplicarse por inmersión porque él significa ser sepultados para muerte, Rom. 6:3-4, nuestros dogmáticos replican que el Bautismo significa no sólo el sepultar los pecados sino también el lavarlos, Hech. 22:16, el derramar el Espíritu Santo, Tito 3:5-6 y el rociar con la sangre de Cristo, Heb.10:22, cf con Ex. 24:8; Heb. 9:19; 1 Cor. 10:2, de manera que cualquiera de los diferentes modos de aplicar *el* agua simboliza su significado.

Si se arguye que la inmersión es necesaria porque la persona entera tiene que ser limpiada por medio del Bautismo, respondemos que el poder purificador del Bautismo no depende de la cantidad de agua que se usa, sino del Sacramento mismo, de modo que cualquiera que lo recibe, sea cual fuere la forma, queda completamente limpio Juan 13:9-10.

Sea dicho de paso, que por lo regular aquellos que insisten en que el Bautismo debe aplicarse por inmersión, porque "el Bautismo tiene que simbolizar el ser sepultado para muerte", niegan precisamente esa eficacia del Sacramento de sepultar los bautizados en la muerte de Cristo, esto es, de obtener para ellos los beneficios de la muerte vicaria de Cristo. Mientras insisten en la forma rechazan la parte esencial del Bautismo, retienen la cáscara y tiran la almendra.

Todas las objeciones que se hacen a la institución divina del Bautismo tienen su origen en la razón vanidosa e incrédula del hombre, la que con intención manifiesta desecha la Sagrada Escritura como la única fuente y norma de la fe. Todos los que afirman que el Bautismo es superfluo - así como lo alegan de todos los medios de gracia - porque sólo se requiere el "bautismo con el Espíritu y fuego" (los cuáqueros); o porque el Bautismo es una "ceremonia judía" (el Ejército de Salvación); o porque es un mero rito eclesiástico (los modernistas); (los teólogos nacionalistas); o porque fue instituido únicamente para la Iglesia primitiva (los socinianos); o porque la fórmula trinitaria de Mat. 28:19 es una interpolación, ya que el concepto de la Trinidad, según se expresa en este pasaje, era desconocido a la mente de la Iglesia primitiva (los teólogos modernistas; pero cf. 2 Cor. 13:14; Tito 3:4-7; 1 Ped. 1:10-12); o porque la narración de San Mateo no es histórica puesto que Cristo no resucitó de entre los muertos; o porque en vista de 1 Cor. 1:14; Juan 3:22; 4:2, el pasaje en Mat. 28:19 no puede ser considerado como mandamiento a bautizar decretado por Cristo — todos aquellos, repetimos, demuestran que se aponen a la Sagrada Escritura y que elevan su ciega razón a un plano superior al de la Palabra de Dios.

## 2. QUÉ HACE AL BAUTISMO UN SACRAMENTO

Para que un bautismo sea válido es necesario aplicar agua al individuo; pues el agua y su aplicación son elementos esenciales de esta ordenanza. Pero el agua sola no hace al Bautismo un Sacramento. O expresado en las muy conocidas palabras que Lutero usa en su Catecismo: "El bautismo no es solamente simple agua, sino que es el agua comprendida en el mandato de Dios y ligada con la Palabra de Dios". San Agustín expresa la misma verdad en las siguientes palabras: "Únase la Palabra al elemento y se hace el Sacramento" esto es, el acto llega a ser un Sacramento cuando se ejecuta según la institución de Cristo. La aplicación del agua es por cierto importante; pero es en realidad la Palabra de Cristo unida a la aplicación, la que hace al Bautismo "el lavamiento de la regeneración y de la renovación del Espíritu Santo".

En esta palabra de Cristo se distinguen dos cosas. En primer lugar se distingue un mandato (Mat. 28:19 que traducido literalmente reza: "Yendo por lo tanto, haced discípulos a todas las naciones bautizándolos"). Al ir, los apóstoles habían de hacer discípulos bautizando. El mandato a bautizar es por lo tanto muy claro.

En segundo lugar en la palabra divina ligada con el Bautismo, se distingue una promesa (Mat. 28:19 "en el nombre del Padre y del Hijo y del Espíritu Santo"). Estas palabras declaran que el Bautismo no es una vana ceremonia, sino un medio de gracia eficaz, por el cual, el que es bautizado entra (mediante la fe, por supuesto, y no meramente *ex opere operato*) en comunión con el Dios Trino. Las palabras encierran, pues, una gran promesa de gracia, y por ende, explican por qué los discípulos podían "hacer discípulos bautizando".

La promesa bautismal se expone más claramente en Mar. 16:16 del modo siguiente: "El que creyere y *fuere bautizado será salvo*". En Rom. 6:4 la promesa es aún más definida: "Somos sepultados juntamente con Cristo para muerte por el bautismo" (la muerte de Cristo). En Gál. 3:27 San Pablo declara que todos los que han sido bautizados en Cristo *están revestidos de Cristo,* esto es, se han revestido de su justicia y méritos (la justificación).

Es pues correcto definir el Bautismo como el agua comprendida en el mandato de Dios, y ligada con la promesa divina del perdón de los pecados, vida y salvación.

Se ha hecho resaltar (Tertuliano *De Baptismo* c. 5) que algunas religiones paganas tenían establecidos sus propios bautismos. Estos bautismos eran de procedencia humana y por lo tanto ineficaces; pero Cristo, el Señor omnipotente y omnisciente, estableció el verdadero Bautismo (un medio de gracia divino), por el cual el que recibe el Bautismo entra en comunión con el verdadero Dios, y participa de todas las bendiciones espirituales de la gracia y del perdón (Tito 3:5 y sig.).

Puesto que Cristo mandó a sus santos apóstoles y así a toda la Iglesia Cristiana, bautizar "en el nombre del Padre y del Hijo y del Espíritu Santo", esta forma del Bautismo ha de ser usada por todos los creyentes cada vez que administran el santo Sacramento. Este no queda invalidado por el hecho de que la Escritura a veces usa la expresión bautizar "en el nombre de Jesucristo" (Hech. 2:38; 8:16; 10:48; Gál. 3.27: Rom. 6:3).

El Bautismo "por autoridad de" Cristo o "en el nombre de" Cristo, no implica la menor oposición al bautismo en el nombre del Dios Trino, ya que por un lado, Cristo instituyó el Sacramento, y por el otro, los que son bautizados entran en comunión con el Dios Trino sólo por el hecho de que creen en Cristo. Estos dos grupos de pasajes no se excluyen, sino que se incluyen mutuamente; es decir, el que es bautizado, es bautizado por el mandato de Cristo en el Dios Trino, por medio de Cristo mismo. En otras palabras, jamás debemos separar el Bautismo de Cristo; el Bautismo existe sólo porque Cristo lo instituyó, y es eficaz sólo porque se funda en la expiación vicaria de Cristo, por el cual el Salvador obtuvo todas las bendiciones espirituales que se ofrecen en el Bautismo.

Esta es la clara doctrina de San Pablo, el cual escribe: "Cristo amó a la Iglesia y se entregó a sí mismo por ella para santificarla, habiéndola purificado *en el lavamiento del agua por la palabra"*, Efe. 5:25-26. El Bautismo es por lo tanto, el agua que santifica y limpia por virtud de la palabra (el Evangelio) que está ligada con ella; y es un medio por el cual Cristo ofrece gratuitamente a todos los hombres, los méritos que obtuvo cuando "se entregó a sí mismo" a la muerte por los pecados de todo el mundo. Por consiguiente, todo bautismo verdadero está siempre en relación con Cristo, y por ende, en relación con la Santísima Trinidad.

Zoeckler en su comentario sobre Hech. 2:38 declara con razón, que los apóstoles, cuando bautizaban "en el nombre de Jesús" sin duda usaban la forma prescrita en Mat. 28:19, y como prueba cita la *Didajé* (7:2-3) o sea, cierto manual cristiano del siglo II. Esto estaba en completo acuerdo con la insistencia de los apóstoles, en que el Dios Trino es el único Dios verdadero y viviente, y Fuente y Autor de todas las bendiciones espirituales 2 Cor. 13:14; Efe. 1:2-14; 1 Ped. 1:2:4.

Es indiferente el que el ministro use esta forma: "Yo te bautizo en el nombre del Padre, y del Hijo, y del Espíritu Santo" (los luteranos, los católicos romanos) o la usada por la Iglesia Católica Griega: "Este siervo es bautizado en el nombre del Padre, y del Hijo, y del Espíritu Santo". Aun es válida la siguiente forma: "Yo te bautizo en el nombre de la Santísima Trinidad". Pero hay que tener en cuenta, que la forma más propia es la que se allega más a las palabras de la institución. Ningún ministro debe cambiar la forma establecida en la Iglesia, pues todo desvío de esa forma ha de causar dudas y suscitar discusiones.

Respecto a la pregunta cómo debemos considerar los actos bautismales administrados por herejes antitrinitarios, "en el nombre del Padre y del Hijo y del Espíritu Santo", podemos decir que ella ha sido contestada clara y unánimemente por todos los teólogos cristianos. Ya San Agustín nos informa que en su tiempo había herejes que con frecuencia bautizaban en el nombre del Dios Trino, pero que tal bautismo no era reconocido como válido por la Iglesia

El que ese bautismo se rechace se debe a razones bíblicas; pues aunque es cierto, que en tal bautismo se usa el nombre de la Trinidad, es también cierto que tal uso del nombre de Dios no es más que una burla y blasfemia, ya que estos herejes no creen en el Dios cuyo nombre usan. Por lo tanto, nuestros dogmáticos declaran con sobrada razón que en tales "bautismos" falta la Palabra de Dios, y que por consiguiente no son bautismos verdaderos y válidos.

El caso del bautismo antitrinitario difiere, por supuesto, de aquel en que un ministro incrédulo (un hipócrita) sirve a una *congregación cristiana;* en tal caso, su incredulidad personal no invalida el Bautismo, puesto que al administrarlo lo hace como representante de la Iglesia Cristiana

Huelga decir que todo creyente debe estar seguro de que ha sido bautizado, para que en todo momento pueda consolarse en el pacto de gracia establecido en el Santo Bautizo. Todo el que no esté seguro de si ha sido bautizado o no, debe ser bautizado. Pero esto no debe considerarse como un *segundo* bautismo o como *repetición* del bautismo, ya que un bautismo dudoso no es realmente un bautismo. En conclusión, podemos decir que aceptamos como válidos, todos los actos bautismales administrados por aquellas congregaciones que profesan la fe Cristiana.

### 3. EL BAUTISMO ES UN VERDADERO MEDIO DE GRACIA

El Bautismo, *según* la Sagrada Escritura, no es una mera ceremonia o un mero rito eclesiástico, sino un verdadero medio de gracia por el cual Dios ofrece y otorga a los hombres, los méritos que Cristo obtuvo para el mundo mediante su satisfacción vicaria, Hech. 2:38. De ahí que Lutero dice en su Catecismo: "El Bautismo confiere la remisión de los pecados, redime de la muerte y del diablo, y da la salvación eterna a todos los que creen lo que dicen las *palabras* y *promesas* de Dios". (Mar. 16:15-16). Muy acertadamente nuestros dogmáticos han llamado al Bautismo "un medio de la justificación", que pertenece al Evangelio, no a la Ley. O lo que es lo mismo, el Bautismo no salva como una obra que *nosotros* ofrecemos a Dios (no como el cumplimiento de una obligación), sino más bien, como una obra divina en la cual Dios trata con nosotros y nos bendice. "Aquí no hay obra *hecha por nosotros* sino un tesoro que *Dios nos da*" (Lutero *Triglotta*, p. 741).

El Bautismo confiere los mismos dones que son ofrecidos y otorgados en el Evangelio. El Bautismo obra el perdón de los pecados, Hech. 2:38; lava los pecados, Hech. 22:16; santifica y limpia, Efe. 5:26; regenera y salva, Tito 3:5; 1 Ped. 3:21, etc., lo que el Espíritu Santo obra por medio del Evangelio, el crear la fe y fortalecerla, Rom. 1:16; 1 Cor. 2:4, lo obra también por medio del Bautismo, 1 Ped. 1:23; Tito 3:5. En realidad, el Bautismo confiere todas esas bendiciones espirituales, precisamente porque es el agua ligada con las promesas que el Evangelio da respecto a la gracia y la salvación. Así como estas promesas divinas son eficaces dondequiera que son leídas u oídas, así también lo son cuando se aplican en el Bautismo. "Mediante la palabra se le otorga al Bautismo un poder tal, que llega a ser un lavamiento de la regeneración" (Lutero *Triglotta*, p. 739).

La diferencia entre el Bautismo y el Evangelio es la siguiente: la *oferta individual de gracia* que Dios hace a cada persona, se convierte mediante la aplicación del agua, en el bautismo, en *Palabra visible*. La *Apología* (Art. XII [VII], 6) lo expresa de este modo: Así como la Palabra entra por el oído para penetrar en el corazón, asimismo el rito penetra por el ojo para mover el corazón. El efecto de la Palabra y el del rito es el mismo, según lo ha expresado muy bien San Agustín al declarar que un Sacramento es una *palabra visible,* porque el rito es recibido por los ojos, y es, podríamos decir, una imagen de la Palabra, significando lo mismo que la Palabra, por lo tanto, el efecto es el mismo".

La verdad que acaba de expresarse hay que sostenerla tanto contra los romanistas como contra los calvinistas. Los papistas enseñan, por cierto, que mediante el Bautismo se concede gracia (la gracia infusa) a los que lo reciben, pero yerran al aseverar que esto ocurre *ex opere operato,* esto es, sin fe por parte de la persona que es bautizada. Contra este error testifica la *Apología* (XIII [VII], 18 y sig.): Es a todas luces una opinión judía, el sostener que somos justificados mediante una ceremonia sin que haya una buena disposición por parte del corazón, esto es, sin la fe.... Enseñamos que a la aplicación del Sacramento hay que añadir la fe, la cual ha de creer estas promesas, y recibir lo que como promesa se ofrece en el Sacramento. La promesa de nada vale, si no se recibe por la fe".

El Concilio de Trento (Ses. VII, Can. 8) impone un expreso anatema a la doctrina bíblica Rom. 4 11, de que la gracia divina ofrecida en los Sacramentos, se recibe sólo por la fe. Por lo tanto, la Iglesia Romana niega a sus adictos la posibilidad de obtener la gracia, ya que la Sagrada Escritura enseña que la fe es el único medio eficaz, por el cual se pueden obtener el perdón de los pecados vida y salvación. Mar. 16:15-16 Rom. 4:20-25. Su doctrina respecto al Bautismo, tiene por objeto privar al pecador de la gracia en vez de conferírsela; no lo consuela en modo alguno, sino que antes bien, imprime en su ánimo ese monstruo de incertidumbre respecto a la gracia divina,

La Iglesia de Roma se jacta de ser la verdadera defensora del Bautismo cristiano, pero en realidad le menosprecia y lo invalida. Según la doctrina de la Iglesia Romana el Bautismo destruye por completo el pecado original, de manera que la concupiscencia que aún queda en la carne ya no es pecado. Esta doctrina es completamente contraria a la doctrina de la Escritura, Rom 7: 17-20. Pero a este error el romanismo añade otro, a saber, el error de que aquellos que a causa de pecados mortales han caído de la gracia pueden volver a ella, no por cierto, mediante la fe en las promesas bautismales, sino mediante la segunda tabla" esto es, mediante la contrición, la confesión y la satisfacción. La doctrina católica romana respecto al Bautismo está diseñada, pues, desde el principio hasta el fin, para respaldar la doctrina papista de la salvación por las obras.

Concuerdan con los romanistas todos aquellos teólogos protestantes que aseveran que, el Bautismo obra por cierto la regeneración pero sin encender la fe. Así consideran que la gracia bautismal se confiere sin ningún medio receptor por parte del hombre, mientras la Escritura enseña con toda claridad, que no puede haber ninguna regeneración sin la fe en el perdón de los pecados obtenido por Cristo, Juan 1:12-13; 3:5, 14-15; 1 Juan 5:1 y ofrecido y otorgado a los hombres por los medios de gracia. La Iglesia Luterana por otro lado, enseña correctamente que el Bautismo es un medio de regeneración, por el hecho de que ofrece y otorga el perdón de los pecados, y obra y fortalece la fe mediante la oferta de gracia del Evangelio. Todos los (romanistas y protestantes de tendencias romanas), que niegan que el bautismo es ante todo un medio de justificación mediante la fe en la gracia que en él se ofrece, mezclan la Ley y el Evangelio al hacer del Bautismo un medio de santificación, no por la fe, sino por las obras.

La doctrina bíblica acerca de la eficacia del Bautismo la rechazan por completo los calvinistas. Según el punto de vista de Zuinglio, el Bautismo no es un medio, sino solamente un *símbolo* de perdón y la regeneración, ya que el Espíritu Santo obra la regeneración en el hombre por una operación inmediata. ("La gracia eficaz obra sin medios"). (Zuinglio, *Fidei Ratio,* Niemeyer, p. 25).

El agua, según la doctrina calvinista, no puede hacer cosas tan grandes. (Cf. Boehi *Dogmatik*, p, 560). Esto lo admite Lutero cuando escribe: *"El agua,* en verdad *no hace* cosas tan grandes"; pero inmediatamente sigue a estas palabras su explicación clásica... "sino la palabra de Dios (el medio que las confiere), que está en unión con el agua y la fe (el medio que las recibe), que confía en esta palabra de Dios con el agua. Porque sin la palabra de Dios el agua es simple agua y no bautismo; mas con la palabra de Dios es un bautismo, esto es un agua de vida llena de gracia, y un lavamiento de regeneración en el Espíritu Santo, como dice San Pablo a Tito en el capítulo tercero".

Según Lutero, el Bautismo obra pues "la remisión de los pecados, redime de la muerte y del diablo y da la salvación eterna a todos los que creen lo que dicen las palabras y promesas de Dios", precisamente porque eso lo declaran esas palabras y promesas de Dios en el Bautismo, o porque "el Bautismo no es solamente simple agua, sino que es el agua comprendida en el mandato de Dios y ligada con la palabra de Dios" (la promesa).

De esta manera Lutero afirma que la eficacia del Bautismo depende enteramente de las promesas del Evangelio que están unidas al agua, Mat. 28:19; Mar. 16:15-16; Hech. 2:38, pues en estas promesas descansa la fe del que es bautizado. "La fe necesita de algo en que pueda descansar y sostenerse" (Lutero *Triglotta,* p. 739).

Zuinglio, al negar la eficacia del Bautismo, demostró que rehusaba creer las promesas que Dios había unido al Sacramento. Mientras Lutero decía que con gozo y acción de gracias recogería un tallo de paja, si Dios hubiese unido a este acto tales promesas como las que se dan en el Bautismo (St. L., XVI, 2296), Zuinglio repetía con persistencia su argumento racionalista de que "el agua no puede hacer cosas tan grandes" y que "él jamás había leído en la Escritura que los Sacramentos ofrecen y distribuyen gracia" (*Fidei Ratio,* Niemeyer, pp. 24; 25), aunque no hay duda de que conocía tales claros pasajes como Hech. 2:38; 22:16; Efe. 5:26; Tito 3:5; etc. Lutero era un verdadero teólogo siempre fiel a la Escritura, pero Zuinglio, así como sus partidarios (Boehl etc.), negaban la eficacia del Bautismo empleando argumentos racionalistas.

Así como los calvinistas niegan que el Bautismo es un *medio de regeneración* así también niegan que es un medio por el cual el individuo se une al cuerpo espiritual de Cristo, esto es, a la Iglesia, 1 Cor. 12:13, y por el cual se realiza la santificación del que ha sido regenerado, la cual consiste en crucificar al viejo hombre y resucitar al nuevo, Rom. 6:1-11. Según el parecer calvinista, el Bautismo sólo *simboliza* estas cosas. El zuinglianismo (calvinismo), como queda dicho, niega pues, totalmente, la eficacia del Bautismo. Toda bendición que la Escritura atribuye a este Sacramento, se niega consecuentemente por virtud del axioma: "El agua no puede hacer cosas tan grandes; el Espíritu tiene que hacerlas".

Desde el punto de vista racionalista, es fácil entender este rechazamiento de la eficacia del Bautismo por parte de los calvinistas. Corno el calvinismo no reconoce ningún medio de gracia en el sentido bíblico ("La gracia eficaz obra sin medios"; "Nada se interpone entre la voluntad del

Espíritu y la regeneración del alma"), rechaza también el medio especial de gracia conocido como "el Sacramento del Bautismo".

El Bautismo es un medio que confiere la remisión de los pecados y la regeneración, también en el caso de los adultos que ya han sido regenerados mediante el Evangelio. Nuestros dogmáticos declaran que tales "adultos reciben en el Bautismo un aumento de esos dones" (Gertiard), ya que son confirmados y guardados en la fe mediante la confirmación bautismal de la promesa del Evangelio. El Bautismo, al igual que el Evangelio mismo (la simiente de la regeneración 1 Ped. 1:23), engendra la fe, no sólo en la conversión, sino también continuamente, Rom. 10:1.

Todas las demás bendiciones del Santo Bautismo, tales como la santificación o la continua renovación empezada en el Bautismo, Tito 3:5, la crucifixión del viejo hombre, la resurrección del nuevo hombre, Rom. 6:3-6, etc. son el resultado de la justificación y la regeneración que el Bautismo obra. Asimismo, el ser constituidos en el cuerpo de Cristo lo cual se efectúa por medio del Bautismo, 1 Cor. 12:13, es el concomitante necesario del poder que tiene el Bautismo para conferir la fe y obrar el perdón de los pecados. Lutero escribe: "por lo tanto, si vives en el arrepentimiento, andas en el Bautismo que no sólo significa una nueva vida sino que también la produce, la empieza y la ejercita. Pues en el Bautismo se conceden la gracia, el Espíritu y el poder de ahogar el viejo hombre, para que el nuevo hombre salga de nuevo y se fortalezca" (*Catecismo Mayor* Sobre el Bautismo 75).

Al tratar del Bautismo, los dogmáticos luteranos han discutido también la pregunta de si se puede decir que en este Sacramento existe un elemento celestial, así como en la Santa Cena el elemento celestial es el cuerpo y la sangre de Cristo. Aunque algunos dogmáticos (Gerhard, Calov, Quenstedt) contestaron a la pregunta afirmativamente ("El elemento celestial en el Bautismo es la palabra de Dios, el Espíritu Santo, la sangre de Cristo, la Santísima Trinidad", etc.), otros (Baier, etc.), sugirieron que es mejor no hablar de un elemento celestial en el Bautismo, ya que en realidad el Espíritu Santo, la Palabra, la Santísima Trinidad, etc. pueden ser llamados elemento celestial no en el sentido estricto de la palabra, sino solamente en el sentido más amplio (Hollaz). Lo expuesto por Baier, etc; es exacto, pues en el Bautismo no existe, hablando estrictamente, ningún elemento celestial que corresponda al cuerpo y la sangre de nuestro Señor en la Santa Cena.

Entre la palabra y el agua en el Bautismo existe una unión tan íntima, que no podemos hacer una distinción entre un bautismo interno y un bautismo externo. "Sólo existe *un* Bautismo y *un* lavamiento". (*Los Artículos de la Inspección a las Iglesias en Sajonia; Triglotta,* p. 1153). Cf. también (rechazamos la doctrina falsa y errónea de los calvinistas de) "que el Bautismo es un lavamiento externo de agua, por el cual sólo se señala un lavamiento interno (ablución) de los pecados". (*Triglotta,* p. 1155).

### 4. EL USO DEL BAUTISMO

Mientras la Santa Cena ha de ser usada con frecuencia por el creyente, 1 Cor. 1:26, la Escritura en ningún lugar ordena que el Bautismo se aplique más de una vez a la misma persona. Al contrario, el Bautismo una vez administrado, debe consolar y exhortar al creyente por toda su vida, 1 Ped. 3:21; Gál. 3:26-27; Rom. 6:3 y sig. Por esta razón, los apóstoles en el Nuevo Testamento repetidas veces recuerdan a los cristianos su Bautismo, 1 Cor. 1:13; 6:11; 12:13; Rom. 6:3 y sig.; Efe. 4:5; Col. 2:11-12; Tito 3:5-6; 1 Ped. 3:21; etc., y los animan a que consideren no sólo su dulce consuelo, sino también su gran importancia para la santificación. "El Bautismo es algo que se debe practicar'". (*Catecismo Mayor* Sobre el Bautismo 65).

El arrepentimiento diario del creyente, no es otra cosa que el constante regreso del penitente al pacto de gracia que Dios ha establecido con el creyente en el Bautismo, o el continuo reconocimiento por la fe de las misericordiosas promesas del perdón, vida y salvación, que se ofrecen y confieren al cristiano en este precioso Sacramento. Asimismo, el arrepentimiento de los apóstatas no es otra cosa que el volver a su Bautismo, no el asirse de la "segunda tabla" de la penitencia papista. Esta verdad el ministro cristiano debe inculcarla sin cesar en sus oyentes, especialmente cuando es llamado a instruir y confirmar a los catecúmenos.

La Confirmación no es "una ratificación del Bautismo", ni "un Sacramento que sirve de suplemento y perfección al Bautismo", sino únicamente una profesión pública de lealtad al verdadero Dios, que en el Bautismo establece su pacto de gracia con los hombres. Es la respuesta pública del creyente a su bautismo, o el confesar públicamente a Cristo que lo ha lavado en el Bautismo, Efe. 5:26; Mat. 10:32. La Confirmación, por supuesto, no fue instituida por Cristo; sin embargo, la retenemos como una costumbre cristiana loable y útil (aunque no como Sacramento), porque ella recuerda al creyente de un modo muy vívido su bautismo, y la gracia abundante que Dios le ha conferido en ese valioso Sacramento.

## 5. A QUIÉNES DEBE BAUTIZAR LA IGLESIA

Le Sagrada Escritura enseña que tanto los adultos como los niños deben ser bautizados. Respecto a los adultos, la Escritura indica claramente que deben ser bautizados sólo aquellos que creen en Cristo y lo confiesan, Hech. 2:41; 8:36-38. Los niños deben ser bautizados si son llevados al bautismo ya sea por sus padres o por los que tengan autoridad sobre ellos, Mar. 10:13-16. La Iglesia Luterana ha condenado siempre la antibíblica práctica papista, de bautizar a los niños sin el conocimiento de los padres o en contra de la voluntad de ellos (el bautismo en secreto). Por lo tanto, nosotros bautizamos sólo a aquellos niños que son llevados al Bautismo por los que tienen autoridad sobre ellos.

Que los párvulos deben ser bautizados lo enseña claramente la Sagrada Escritura (cf. Mar. 10:13-16 con Col. 2:11-12). Podemos resumir la evidencia bíblica para el bautismo de los párvulos del modo siguiente: a) Los niños son carne y nacidos de carne y como tales son pecadores, Sal. 51:5; Juan 3:5-6. b) Es la voluntad de Dios que también los párvulos sean regenerados y salvos, Mar. 10:13-16 llevándolos a Cristo, Luc. 18:15-17. c) El medio por el cual los niños son ligados a Cristo es el Bautismo, Tito 3:5-6; 1 Ped. 3:21; Col. 2:11-12. Por consiguiente, también los párvulos deben ser bautizados.

La Escritura relata expresamente, que en la Iglesia Cristiana primitiva los creyentes eran bautizados "con toda su casa", 1 Cor. 1:16; Hech. 11:14; 16:15, 33. Todos los que niegan que esto incluía a los párvulos tienen que presentar la evidencia para probar su argumento.

A la objeción de que el bautismo de los párvulos no se menciona en la Biblia y que por lo tanto no se practicaba en los tiempos apostólicos, replicamos que este argumento no viene al caso, ya que el bautismo de los párvulos puede que no se haya mencionado precisamente porque se sobreentendía.

De Col. 2:11-12 sabemos que el Bautismo en el Nuevo Testamento tomó el lugar de la Circuncisión, el Sacramento que se administraba a los niñitos varones al octavo día. Este hecho sólo favorece el bautismo de los niños máxime cuando nuestro Señor mismo mandó a sus apóstoles bautizar a *todas las naciones* (*panta ta ezne*), expresión que por lo regular incluye a los niños.

En resumen, tanto directa como indirectamente, la Escritura enseña al bautismo de los párvulos de modo que la Iglesia Cristiana no necesita inquietarse cuando afronta las objeciones infundadas de los iluminados y fanáticos, que fundan su oposición al bautismo de los párvulos, principalmente en la suposición de que los niños no pueden creer.

La Escritura afirma de un modo muy claro que los niñitos sí pueden creer, Mat. 18:2-6; Mar. 10:13-16; Luc. 18:15-17; 1 Juan 2:13. Ni tampoco es su fe una mera "fe potencial", sino una fe real o fe directa, que realmente se apropie las promesas o bendiciones ofrecidas en el Bautismo.

Si se objeta que es imposible explicar cómo los niños pueden tener una fe directa, replicamos que también es imposible explicar cómo los adultos pueden tener una fe directa mientras duermen o están en estado comatoso. La cuestión no reside pues en que podamos comprender los misterios de la fe por medio de la razón; lo importante es saber si la Escritura en realidad los enseña.

Respecto al bautismo de los párvulos la historia comprueba que se practicaba generalmente en el siglo II. Orígenes en su *Epístola a los Romanos* (V) escribe: "La Iglesia recibió de los apóstoles la tradición de que el Bautismo debe ser administrado también a los párvulos". Esta cita demuestra que la costumbre era general, y Tertuliano, aunque no lo aprobaba por razones heréticas, da testimonio de su vigencia universal.

¿Qué ocurre si muere un niñito de padres creyentes sin ser bautizado? Lo mejor es encomendarlo a la infinita misericordia de Dios, que tiene el poder de obrar la fe también sin los medios de gracia prescritos (Luc. 1:44 cf. con Luc. 1:15; cf. también el caso de las niñitas en el Antiguo Testamento, a quienes no se les administraba la circuncisión). En lo que respecta a los niñitos de incrédulos y paganos en general, no podemos afirmar que puedan ser salvos, Efe. 2:12. Aquí, en realidad, afrontamos uno de los inescrutables juicios de Dios, Rom. 11:33, sobre los cuales nos advierte la *Fórmula de Concordia* que, "no debemos razonar en nuestros pensamientos, sacar conclusiones ni inquirir con curiosidad ..." (*Triglotta*, p. 1081).

El bautizo de cosas inanimadas, como campanas, barcos etc., es una burla del Santo Bautismo, y por lo tanto, tal acto debe recibir la más enérgica desaprobación por parte de todos los verdaderos cristianos.

De 1 Cor. 15:29, no se ha de inferir, como lo hacen los mormones, que el Bautismo se puede realizar para el beneficio de aquellos que han muerto sin recibir este Sacramento. La preposición griega *hyper* en este pasaje, indudablemente se refiere al *lugar*, y de ningún modo señala cierto provecho para las personas aludidas. Aunque el "bautismo por los muertos" fue practicado por algunos herejes, la historia eclesiástica no indica ningún caso para demostrar que tal práctica existía en la Iglesia Cristiana primitiva. Tenemos que rechazar, pues, tal práctica como anticristiana. Que el justo vivirá por su *propia* fe y no por la de otro, es una de las doctrinas muy claras de la Escritura, Mar. 16:16; Juan 3:15-18, y de por sí, un argumento concluyente contra esta práctica herética.

### 6. QUIÉNES DEBEN ADMINISTRAR EL BAUTISMO

Así como todas las bendiciones espirituales que Cristo obtuvo mediante su muerte vicaria pertenecen a todos los creyentes, 1 Cor. 3:21-22 directa e inmediatamente (esto es sin la mediación de ningún estado clerical) así también el Bautismo pertenece a todos los creyentes. Por esta razón, la cuestión respecto a quién debe administrar el Sacramento del Bautismo es muy sencilla. A falta de ministros debidamente llamados y ordenados, todo creyente tiene no sólo el privilegio, sino también el deber de bautizar (el bautismo de urgencia; el bautismo laico). En congregaciones organizadas, el Sacramento lo administran los pastores debidamente llamados y ordenados, por virtud de su oficio en el nombre de los creyentes que los han llamado.

Los calvinistas que no aprueban que los laicos, y en particular las mujeres, administren el Bautismo, arguyendo que solamente los ministros ordenados tienen el derecho de administrar el Sacramento, van más allá de la Escritura y aun se oponen a ella, 1 Cor. 3:21. La razón por la cual sostienen este punto, es que erróneamente sostienen que el Bautismo no es necesario, ya que según ellos, la salvación no depende del "bautismo de agua" sino de la gracia de la elección y del pacto divino (Cf. Alting *Syllabus Controversiarum etc.* p. 263; cf. Pieper *Christliche Dogmatick*, III, p. 328). Su argumento de que los laicos cuando administran el Bautismo asumen las funciones del ministerio público es solamente un pretexto; lo que en realidad motiva su objeción al bautismo de laicos es su repudiación de los medios de gracia. Su excusa, por supuesto, es que los actos bautismales administrados por laicos no tienen eficacia alguna. Pero en realidad, según su enseñanza, por la cual rechazan los medios de gracia, el Bautismo no es eficaz en ninguna circunstancia pues no efectúa la regeneración sino que sólo la simboliza.

### 7. LA NECESIDAD DEL BAUTISMO

Aunque es verdad que el Bautismo no es cosa indiferente (*adiaphoron*), sino una institución y ordenanza divina, no debemos considerarlo como absolutamente necesario, en el sentido de que nadie puede obtener el perdón de los pecados y ser salvo si no recibe este Sacramento, *"Necessitas baptitmi non es absoluta"*. La razón para éstos, es que ya la predicación del Evangelio ofrece la gracia divina, con el perdón de los pecados, vida y salvación tan completa y perfectamente, que cualquiera que cree sus promesas se halla en posesión de todas las bendiciones espirituales.

Esta verdad la sostuvieron tenazmente Lutero y los dogmáticos luteranos, contra los teólogos papistas que insistían en demostrar la necesidad absoluta del bautismo, aunque modificaban un poco su doctrina enseñando que todos los niños que mueren sin ser bautizados sufren solamente de un modo negativo (esto es, no ven a Dios), y no de un modo positivo (esto es, no experimentan los tormentos de los condenados). La declaración de Hodge, de que también los teólogos luteranos ensañan la necesidad absoluta del Bautismo (*Bosquejos* p. 502), pasa por alto el hecho de que la verdadera doctrina luterana reza: "No es el *carecer* del bautismo lo que condena, sino el *menosprecio* de este Sacramento".

La Iglesia Luterana confesional, ha recalcado siempre la necesidad absoluta de la fe en el perdón de los pecados por causa de Cristo (*sola fide*), pero jamás ha enseñado la necesidad absoluta del Bautismo. A los que tratan de inferir de Juan 3:5, que el Bautismo es absolutamente necesario, replicamos que allí el Señor censura el menosprecio en que los fariseos tenían al bautismo; pues de los fariseos y los intérpretes de la ley se nos dice expresamente que "desecharon los designios de Dios respecto de sí mismos, no siendo bautizados por Juan" (es decir, el Bautista), mientras que de "todo el pueblo y los publícanos" el santo escritor nos dice que "justificaron a Dios" (esto es, reconocieron los designios de Dios para la salvación), "bautizándose con el bautismo de Juan", Luc. 7:29-30. Así como Cristo insistió en la necesidad del Bautismo, así también nosotros debemos hacerlo para combatir a todos los que menosprecian este santo Sacramento. Debemos repetir las palabras de nuestro Señor: "El que no naciere del agua y del Espíritu, no puede entrar en el reino de Dios". Esta enérgica predicación de la Ley divina no debe ser debilitada en modo alguno por el ministro cristiano, cuando trata con aquellas personas que menosprecian el Bautismo.

## 8. EN CUANTO A LAS COSTUMBRES QUE SE OBSERVAN EN EL BAUTISMO

Todo acto bautismal en que se aplica el agua a una persona en el nombre del Dios Trino es válido. Sin embargo, en el transcurso del tiempo se añadieron a este importante Sacramento muchas costumbres y ceremonias; Gerhard divide estas ceremonias (Locus de Baptismo § 258-269) en tres clases: a) las que se fundan en el mandato divino; b) las que fueron establecidas por los apóstoles; y las que fueron añadidas más tarde.

Ahora bien, cuando hablamos de costumbres y ceremonias, en el Bautismo hemos de excluir todos los actos ordenados por Dios (la aplicación del agua en el nombre del Dios Trino) y considerar únicamente aquellos usos que se fueron desarrollando en el transcurso del tiempo dentro de la Iglesia. Lo que Dios ha Establecido por ordenanza divina, no se halla al mismo nivel que lo que ha sido añadido por los hombres

Según el Dr C. F. W. Walther (*Teología Pastoral,* p. 130 y sig.), las costumbres, ceremonias reconocidas respecto al Bautismo son las siguientes: a) la referencia al pecado original; b) la imposición de nombre; c) lo que se conoce con el nombre de "exorcismo menor"; d) la señal de la cruz; e) una oración y la bendición; f) "el exorcismo mayor"; g) la lectura de Mar. 10:13-16; h) la imposición de manos; i) el Padrenuestro; j) la renunciación y el Credo Apostólico; k) el uso de padrinos; 1) el cubrir al niño con la vestidura bautismal; m) la bendición final. De por sí, todos estos usos no son más que cosas indiferentes (*adiaphora*), que se pueden emplear u omitir sin perjudicar la acción sacramental; sin embargo, según subraya muy oportunamente la *Fórmula de Concordia* (Epítome, X 5) "en esto se debe evitar toda frivolidad y ofensa, y tener especial cuidado de no ser intolerantes para con los débiles en la fe, 1 Cor. 8:9; Rom. 14:13".

La referencia al pecado original es importante; pues al dirigir la atención hacia el pecado se señala la necesidad del Santo Bautismo. El poner el nombre sirve de consuelo y exhortación; pues, por un lado, recuerda al bautizado que como Dios ha establecido su pacto con él que así ha recibido personalmente el nombre, puede, cuando recuerda sus pecados, consolarse siempre con la seguridad de la gracia bautismal, y por otro lado, que debe andar en novedad de vida que es lo que significa el lavamiento del agua por la palabra Rom. 6:4. El exorcismo ha sido generalmente descartado; dondequiera que se retenga, debe tenerse cuidado de que no se refiera a ninguna obsesión física, sino a la servidumbre espiritual a que Satanás tiene sometida a toda la raza humana por naturaleza, Efe. 2:2-3.

Ya que el uso de padrinos a veces causa dificultades al ministro cristiano, bien haría éste en dar instrucción adecuada a sus feligreses sobre este punto. Está demás decir, que solamente a los hermanos en la fe se les puede pedir que cumplan las agradas obligaciones de padrinos (esto es, la educación cristiana del niño en caso de que pierda a sus padres). Por esta razón, en la Iglesia Luterana sólo los hermanos en la fe pueden servir de padrinos. Los amigos heterodoxos del que ha de ser bautizado pueden servir únicamente de testigos al santo acto del bautismo. Si tales heterodoxos son enemigos manifiestos de la fe no deben ser admitidos, ni siquiera como testigos; pues más tarde puede que obstruyan la fe cristiana del que ha sido bautizado, 1 Cor. 15:33. Si entre los que se han presentado como testigos no hay ninguno que pueda ser admitido como padrino, el pastor no debe exigirles lo que por lo regular se les exige a los verdaderos padrinos cristianos. La Iglesia Católica Romana enseña que los padrinos entran en una relación espiritual con los ahijados. Tal enseñanza no tiene respaldo bíblico, sino que más bien se funda en una tradición antibíblica.

El renunciar a Satanás, en conexión con el Credo Apostólico llama la atención hacia el *efecto* del Santo Bautismo; pues por este medio de gracia, el bautizado es trasplantado del reino de Satanás al reino de Jesucristo nuestro Señor, Juan 3:5. Las preguntas que se hacen para tal propósito se dirigen al bautizado no a los padrinos, aunque éstos contestan en nombre del niño; pues cualquiera que es bautizado (incluyendo también a los niños) es bautizado en su propia fe, y no en la fe de sus padrinos o en una fe futura potencial.

Esta fe la obra el Bautismo mismo como un medio de regeneración, Tito 3:5, mediante el Evangelio, Rom. 1:16-17, al cual la fe está unida, Mar. 16:15-16; pues dondequiera que el Evangelio se promulga, allí se halla el Espíritu Santo para obrar la fe y la regeneración, 1 Cor. 2:4-5; Rom. 10:17; Sant. 1:18; 1 Ped. 1:2-5.

La Escritura enseña muy claramente que la gracia de Dios ofrecida en los medios que la confieren *(media dotika)* llega a ser propiedad del individuo únicamente por la fe como el medio que la recibe (*medium leptikon*), de modo que tenemos que rechazar como error pernicioso cualquier doctrina que declare que el Bautismo obra *ex opere operato,* Hech. 16:31; Rom. 1:16-17, o sin la fe.

Que también los niñitos (*ta brefe*) puedan creer, lo demuestran las propias palabras de Jesús, Mat. 18:6; Luc. 18:15 y sig.; 2 Tim.3:15.

Al hablar del bautismo de los párvulos en general, Lutero declara correctamente (St. L., XI, 497): "El bautismo de los párvulos y el consuelo que de él extraemos, se basan en las palabras: Dejad a los niños venir a mí y no se lo impidáis; porque de los tales es el reino de Dios". "Él ha dicho esto y Él no miente. Por lo tanto, es justo y un acto cristiano, el llevar los niñitos a Él. Esto no se puede hacer por ningún otro modo sino por medio del Bautismo. Por esta razón, tiene que ser cierto también que Él los bendice y que Él da el reino de los cielos a todos los que vienen a Él de este modo; pues añade: "De los tales es el reino de Dios".

Cuando habla más específicamente de la fe de los niñitos, Lutero asevera con sobrada razón, que podemos estar más seguros de la fe de los niñitos que la de los adultos, porque los adultos pueden resistir obstinadamente, mas en los niñitos no se halla esa resistencia obstinada (St. L., XI, 496 y sig.).

Si se hace la objeción de que es algo extraño pedir al niñito una profesión de su fe, y entonces exigir la respuesta de parte de los padrinos, replicamos que esto es una confesión pública de nuestra fe sincera de que el niño, por cierto, tiene fe aunque no pueda profesarla públicamente. La confesión se hace tanto más necesaria, por cuanto no son pocos los que niegan — aunque pretenden ser creyentes — que los niñitos puedan tener verdadera fe, no obstante las palabras en Mat. 18:6.

Se ha sugerido que las preguntas: "¿Crees en Dios Padre, Hijo y Espíritu Santo?" etc. deben ser dirigidas realmente a los adultos pero no a los párvulos. A esto replicamos que la Iglesia no tiene dos clases de Bautismo (algunas sectas dicen que los niños deben ser "rociados" con el agua, y que los adultos deben ser "bautizados" esto es, sumergirlos en ella) sino un solo Bautismo, como lo declara San Pablo en Efe. 4:5: "Un Señor, una fe, un bautismo" (Cf. Lutero, St. L., XI, 490).

La pregunta: "¿En qué momento del acto bautismal se engendra la fe en el niño?" no debe causarnos la menor inquietud. Así trata Lutero esta pregunta cuando declara que los niños son llevados al Bautismo por mandato del Señor, "bien que crean antes del bautismo o durante el bautismo" (St. L., XI, 489). Puesto que el Señor ha dado el mandato Mar. 10:13-16; Luc. 18:15-17, nuestro deber es llevar los niños a Jesús y confiar en que Él ha de bendecirlos cuándo y cómo desee. (St. L., XI, 495).

Pero ya que ninguna ceremonia humana es propiamente parte del Bautismo, y por lo tanto, no se ha unido a él a ninguna promesa divina, es correcto decir que la fe se engendra en el mismo momento en que el agua se aplica al niño en el nombre del Dios Trino. Si antes de este acto solemne se le hace la pregunta al niño: "¿Crees en Dios Padre, Hijo y Espíritu Santo?" esto se hace por vía de anticipación para dar énfasis a la verdad bíblica y la confesión cristiana, de que el bautismo es por cierto, un medio de justificación o de regeneración, por el cual se engendra la fe.

En conclusión, podemos advertir que la doctrina bíblica respecto a la fe de los párvulos, pone a prueba la fe que debemos tener en la Palabra de Dios. Si en este asunto consultamos la razón, negamos que los niñitos pueden creer, y al imitar el error cometido por los discípulos reprenderemos a los que llevan niños a Jesús para que sean bautizados, Luc. 18:15. En tal caso empero, seremos también el objeto de la indignación de Jesús, que igualmente nos reprenderá diciendo: "Dejad los niños venir a mí y no se lo impidáis; porque de los tales es el reino de Dios" Mar. 10:14. Aún más, a nosotros también nos dirigirá la seria advertencia que no entraremos en el reino de Dios si no lo recibimos "como un niño" Mar. 10:15. Aunque pronunciadas en diferente ocasión, bien pueden aplicarse a los que niegan la fe de los párvulos las palabras de Jesús: "No seas incrédulo sino creyente... Bienaventurados los que no vieron y creyeron", Juan 20:27-29.

## 9. EL BAUTISMO DE JUAN EL BAUTISTA

Nuestros dogmáticos luteranos (Chernnitz, Gerhard, Aegidius, Hunnius, etc.) siempre han identificado el bautismo de Juan con el de la Iglesia Cristiana en lo que se refiere a su *propósito y eficacia.* Los teólogos modernos han censurado esta "identificación esencial y completa" de los dos bautismos (Thomasius *Dogmatik,* IV 10.) Pero nuestros antiguos dogmáticos basaron su enseñanza en un firme fundamento bíblico; pues según la Escritura, el bautismo de Juan era un verdadero medio de gracia, proporcionando el mismo beneficio, y poseyendo el mismo poder que el bautismo cristiano.

Los santos evangelistas nos dicen expresamente que Juan "predicaba el bautismo de arrepentimiento para perdón de pecados", Mar. 1:4; Luc. 3:3, así como Pedro en el día de Pentecostés, siguiendo el mandato de nuestro Señor predicaba el bautismo "para perdón de los pecados", Hech. 2:38. Por esta razón el bautismo de Juan ha de ser considerado como idéntico al que Cristo instituyó pocos años más tarde. Por consiguiente, la declaración de nuestros antiguos dogmáticos a este respecto es netamente bíblica.

Puesto que Juan el Bautista fue el que vino a preparar el camino para Cristo y apareció en el nombre del Señor, Luc. 1:76-79, su bautismo no tenía menos autoridad divina que su predicación, Juan 1:32-36; 5:33-35. Por lo tanto, también el bautismo de Juan era "el agua comprendida en el mandato de Dios y ligada con la palabra de Dios" y como tal, un verdadero medio de gracia.

En la actualidad el asunto no tiene, por supuesto, ninguna importancia práctica, ya que el bautismo de Juan no se usa más. Pero la Iglesia Cristiana primitiva tuvo que afrontar el asunto, y la Escritura relata el caso en que "ciertos discípulos" que habían sido bautizados "en el bautismo de Juan", fueron a instancias de San Pablo "bautizados en el nombre del Señor Jesús", Hech. 19:1-6. La razón por la cual se hizo esto es del todo clara. Pese a que el bautismo de Juan era un verdadero Sacramento, era válido únicamente durante el tiempo de la preparación, hasta que Cristo apareciera y terminara su obra. Por lo tanto, después de Pentecostés, el bautismo de Juan ya no tenía ningún valor. Un caso análogo es el del Sacramento de la Circuncisión del Antiguo Testamento, que aunque practicado aún por los judíos convertidos al cristianismo se ha vuelto una mera ceremonia. (Cf. Kretzmann, *Comentario Popular,* Tomo I, p. 630).

Además, quizás no nos equivocamos al inferir que aquellos "ciertos discípulos" de Éfeso, no habían sido bautizados por Juan mismo sino por algunos de sus adictos que habían hecho caso omiso del mandato de su maestro, de unirse a Jesús como al "Cordero de Dios", Juan 1:35-37; Mat. 9:14-15; Luc. 5:33. Los "discípulos de Juan", que rehusaron aceptar a Jesús como al Salvador prometido, habían descendido, por lo tanto, al nivel de una secta judaica, de manera que su bautismo, hablando en términos precisos, ya no era "el bautismo de Juan", sino un bautismo impío "producto de la oposición" (Cf. Hech. 19:2: "Ni siquiera hemos oído si hay Espíritu Santo" con Juan 1:33, "Ese es el que bautiza con el Espíritu Santo"). Evidentemente, ya no conocían el testimonio que Juan había dado acerca de Cristo.

Hay aún otro modo de interpretar este pasaje, según el cual Pablo jamás bautizó a aquellos "ciertos discípulos", sino que meramente puso sus manos sobre ellos y entonces recibieron el Espíritu Santo. De acuerdo con esta interpretación, el v.5 cita las palabras de Pablo, no las de Lucas, de manera que Pablo relata aquí lo que la gente hacía cuando oía decir a Juan el Bautista que era necesario creer en Cristo Jesús. En otras palabras, cuando los que oían predicar a Juan acerca de Cristo, eran bautizados en el nombre del Señor Jesús; y este hecho lo cita Pablo para confirmar el bautismo de Juan. Esta interpretación tiene mucho en favor suyo, aunque los exégetas modernos la rechazan muy generalmente.

Como complemento, podemos añadir que nuestros antiguos dogmáticos hicieron una clara distinción entre el "bautismo de agua" que Cristo instituyó para el perdón de los pecados, Mat. 28:19; Mar. 16:15-16 y el "bautismo de fuego", esto es el derramamiento de los dones del Espíritu Santo, Hech. 1:5, y por último, el "bautismo de sangre" o sea el martirio, Mat. 20:22. Entiéndese por supuesto, que sólo el primero es un verdadero Sacramento, y que en todos los demás casos el término *bautismo* se usa en un sentido diferente o figurado.

# LA DOCTRINA ACERCA DE LA SANTA CENA

## 1. LA INSTITUCIÓN DIVINA DE LA SANTA CENA

La Santa Cena es Una institución u ordenanza divina así como lo son el Bautismo Mat 28:19. Y la predicación del Evangelio Mar. 16:15-16. La Santa Cena que nuestro Señor instituyó la misma noche en que fue entregado ha de continuar en uso hasta el fin de los siglos (Luc. 22:19: "Haced esto en memoria de mí"). Así entendieron la ordenanza divina los santos apóstoles y la Iglesia Cristiana primitiva 1 Cor. 10:16-22: 11:17-34 y conforme a esa ordenanza celebraban la Santa Comunión.

La institución divina de la Santa Cena debe enseñarse con el mayor énfasis ya que en la actualidad ciertos iluminados (los cuáqueros y los del Ejército de Salvación) rechazan la Santa Cena por considerarla "una mera ceremonia que no ha sido ordenada por nuestro Señor". Al hacer esto tales iluminados son del todo consecuentes. Los iluminados inconsecuentes (los calvinistas) repudian solamente la recepción corporal del cuerpo y la sangre de Cristo en la Santa Comunión fundándose en que "la carne nada aprovecha" (aplicación falsa de Juan 6:63), mientras los cuáqueros rechazan el Sacramento por completo fundándose en que "el reino de Dios no es comida ni bebida" (aplicación falsa de Rom. 14: 17) y en que nadie debe juzgar al cristiano "en comida o en bebida" (aplicación falsa de Col. 2:16).

Según la enseñanza de los cuáqueros la verdadera Santa Cena se come y se bebe en el corazón (aplicación falsa de Apoc. 3:20). Los cuáqueros enseñan además que Cristo celebró la primera Cena con el único fin de beneficiar a sus "débiles discípulos" y que por lo tanto la Santa Cena tiene la misma vigencia limitada que el "lavar los pies" Juan 13:5 o el "ungir a los enfermos con aceite" Sant. 5:14-15 o el "abstenerse de sangre y de ahogado" Hech. 15:29. Pero los cuáqueros no son los únicos que yerran en este punto.

Los teólogos racionalistas modernos (B. Weiss Juelicher Spitta) han tratado de refutar la institución divina de la Santa Cena con argumentos tan inválidos como los cuáqueros ("Pablo y Lucas son los únicos que citan las palabras: "Haced esto en memoria de mí", etc. Cremer por el contrario declara muy acertadamente que en el Nuevo Testamento no hay un hecho mejor atestiguado que el de la ordenanza divina de la Santa Cena (RE3 I 33).

A distinción del Santo Bautismo que es el Sacramento por el cual se engendra la fe, la Santa Cena es el Sacramento por el cual se fortalece la fe. Gerhard: "Por medio del Bautismo somos recibidos en el pacto de Dios: por el uso de la Santa Cena somos conservados en él. Por medio del Bautismo se enciende en nosotros la fe y se depositan los demás dones (del Espíritu Santo) por el uso de la Santa Cena se aumentan y se confirman".

Por consiguiente es lógico que el Bautismo preceda a la Santa Cena. En el día de Pentecostés San Pedro instó a los judíos penitentes a que se dejasen bautizar pero no dijo nada en cuanto a la recepción de la Santa Cena, Hech. 2. Este hecho es de gran importancia práctica; pues los que desean recibir la Santa Comunión deben estar bautizados; sólo así pueden ser admitidos a la Mesa del Señor. (Cf. Col. 2:11-12: el Bautismo en el Nuevo Testamento ha tomado el lugar de la Circuncisión; y en el Antiguo Testamento sólo los circuncidados eran admitidos a la Pascua, Ex. 12:48.)

Los nombres que se han aplicado a este Sacramento ora son tomados directamente de la Escritura (el partimiento del pan *klasis tou artou* Hech. 2:42; la Cena del Señor *deipnon kyriakon* 1 Cor. 11:20; la Mesa del Señor 1 Cor. 10:21) ora son sugeridos por la Escritura (la Eucaristía *eujaristesas* Mar. 14:23; la Comunión 1 Cor. 10:16. En los escritos de los Padres de la Iglesia a este Sacramento se le ha llamado también "servicio religioso" *synaxis*) "fiesta de amor" (*agape*) "liturgia" (*leitourgia*) "sacrificio" (*zusia*) "ofrenda" (*prosfora*) "misterio" (*mysterion*) "acción de gracias" (*eujaristia, eulogia*) etc. y en los de los padres latinos "misa" "Cena del Señor" "Sacramento del Altar". etc.

En tanto que los nombres del Sacramento no se usen para expresar alguna doctrina que esté en pugna con la Biblia no ha de suscitarse respecto a ellos ninguna controversia (cf. Lutero St. L. XX 174 y sig.). Lutero a veces empleó el nombre *misa* aunque rechazaba tenazmente la doctrina papista de la Misa, y defendió este uso contra Carlstadt opositor fanático) del gran Reformador. Algunos teólogos alemanes modernos emplean con frecuencia el término *Herrenmahl* que es equivalente al término español "Cena del Señor".

En español se ha generalizado el nombre de "Santa Cena" que es el que empleamos en esta sección del libro.

## 2. LA RELACIÓN ENTRE LA SANTA CENA Y LOS DEMÁS MEDIOS DE GRACIA

Así como el Evangelio en su sentido propio y el Santo Bautismo son medios de justificación y perdón de pecados así también lo es la Santa Cena. O expresado en otras palabras la Santa Cena no es Ley ni obra que los hombres ejecutan para Dios sino Evangelio puro o una obra misericordiosísima mediante la cual Cristo trata con los hombres ofreciendo a todos los comulgantes la gracia y los méritos que Él obtuvo para el mundo por medio de su muerte en la cruz. La Santa Cena es por lo tanto un verdadero medio de gracia por el cual el Espíritu Santo asegura a todos los comulgantes que ellos tienen un Dios misericordioso que les perdona gratuitamente sus pecados por causa de Cristo.

Esta verdad la enseñan las palabras de la institución: "Tomad comed; esto es mi cuerpo que por vosotros he dado"; y: "Tomad bebed; esto es mi sangre que por vosotros es derramada". Estas palabras expresan en forma por demás evidente el mismo misericordioso mensaje del Evangelio de que no necesitamos expiar nuestros pecados porque Cristo mismo los ha expiado por nosotros al derramar su sangre en la cruz y nos dan la completa seguridad de que obtendremos plena posesión de estos dones celestiales si aceptamos en verdadera fe la bendita oferta del Evangelio que Cristo nos hace en la Santa Comunión.

Lutero lo expresó así (St. L. XIX 346): "La misma [la Santa Cena] no es una obra o un sacrificio [que han de hacer los hombres] sino una palabra y señal de la gracia divina que Dios emplea en favor nuestro para confirmarnos y fortalecernos en la fe hacia Él". Así también declara la *Apología* (Art. XXIV-[XII]): "El Sacramento fue instituido con el fin de ser una garantía y testimonio de la remisión gratuita de los pecados y por consiguiente debe exhortar a las conciencias alarmadas a que pongan toda su confianza y fe en el hecho de que sus pecados han sido remitidos gratuitamente". Los *Artículos de Esmalcalda* de igual modo incluyen la Santa Cena en los medios de gracia "mediante los cuales se predica el perdón de los pecados" (Tercera Parte Art. IV). Al igual que el Bautismo y la absolución privada la Santa Cena es un ofrecimiento *individual* de perdón de pecados vida y salvación; de manera que la misma gracia que el Evangelio anuncia a todos se anuncia y ofrece *personalmente* a toda persona que se acerca a la Mesa del Señor. Pero la Santa Cena tiene una característica que no se halla en ninguno de los otros medios de gracia. En este Sacramento Cristo confirma y garantiza el misericordioso perdón de los pecados al ofrecer *su propio cuerpo y su propia sangre* que el comulgante recibe con el pan y el vino. 1 Cor. 10:16; 11:27; 29. La Santa Cena tiene así un verdadero elemento celestial (el cuerpo y la sangre de Cristo) cosa que el Sacramento del Bautismo no tiene y mediante el don de este "elemento celestial" Cristo garantiza al comulgante el misericordioso perdón de sus pecados.

La Santa Cena es por lo tanto un Sacramento muy provechoso por el cual debe regocijarse inmensamente todo creyente. Pero ¡triste es decirlo! este Sacramento ha sido el blanco de la más indigna perversión por parte de aquellos que quieren elevar la razón sobre la Palabra de Dios. Los romanistas no sólo han mutilado este Sacramento (administrando uno solo de los dos elementos) sino que también pretenden convertirlo en un medio eficaz de gracia en un "sacrificio incruento" (la transubstanciación; el sacrificio de la Misa por los pecados de los vivos y de los muertos, cf. Lutero St. L. XIX 1303). Los calvinistas (los zuinglianos por otro lado negaron la presencia real del cuerpo y la sangre de nuestro Señor en la Santa Cena y blasfemamente acusaron a los luteranos que sostuvieron la verdadera doctrina bíblica respecto a la presencia real de canibalismo banquete de Tiestes y cosas similares (cf. *Fórmula de Concordia*, Decl. Sól. VII 67).

Otros que también van más allá de la Escritura cometen el error de atribuir a la Santa Cena una operación "física" o "natural" y de alejar así a los cristianos del verdadero fin y función de la Santa Cena. La refutación de estos errores hace prescindible una presentación más amplia y detallada de la doctrina acerca de la Santa Cena.

### 3. LA DOCTRINA BÍBLICA ACERCA DE LA SANTA CENA

Las tres doctrinas siguientes respecto a la Santa Cena se han enseñado dentro lo cristiandad

a. En la Santa Cena hay únicamente el cuerpo y la sangre de nuestro Señor Jesucristo esto es, en la Eucaristía el pan y el vino son transubstanciados en el cuerpo y la sangre de nuestro Señor (la transubstanciación establecida por el Concilio de Letrán en el año 1215 como dogma de la Iglesia Católica Romana y confirmada tres siglos más tarde por el Concilio de Trento Ses. XIII Can. 2).

b. En la Santa Cena el pan v el vino son solamente símbolos o simples señales del cuerpo y la sangre ausentes de Cristo ("Decimos que el cuerpo y la sangre de Cristo está tan lejos de los elementos terrenales como lo está la tierra del altísimo cielo" cf. la Fórmula de Concordia, Decl. Sól. VII 4-5; también el Consensos Tigurinus XXII Niemeyer p. 196 donde la doctrina luterana se rechaza como absurda".

c. En la Santa Cena se efectúa por virtud de la institución de Cristo una unión peculiar (la unión sacramental) entre el pan y el vino por un lado y el cuerpo y la sangre de Cristo por el otro y por causa de esta unión todos los comulgantes reciben con el pan y el vino de una manera sobrenatural e incomprensible el verdadero cuerpo y la verdadera sangre de Cristo como señal de que Dios en su gracia les ha perdonado sus pecados.
Esta unión no es una unión personal como en el caso de las dos naturalezas en Cristo ni tampoco una unión mística como la que existe entre Cristo y el creyente sino una unión sacramental que sólo se efectúa en la Santa Cena (la presencia sacramental). No es ni natural ni local sino ilocal sobrenatural e incomprensible; no obstante es real.

El luteranismo confesional ha sostenido siempre esta doctrina como la verdadera doctrina de la Escritura. Se expone en el *Catecismo Menor* del Dr. Martín Lutero: "La Santa Cena es el verdadero cuerpo y sangre de nuestro Señor Jesucristo con el pan y el vino para que los cristianos comamos y bebamos instituida por Cristo mismo"; en la *Confesión de Augsburgo* (Art. X): "Nuestras iglesias enseñan que el cuerpo y la sangre de Cristo están realmente presentes en la Cena del Señor y son distribuidos a los participantes; y reprueban a los que no enseñan así"; en la *Fórmula de Concordia* (Epítome, VII, 6-7): "Creemos... que en la Santa Cena el cuerpo y la sangre de Cristo están real y esencialmente presentes y que realmente se distribuyen y se reciben con el pan y el vino. Creemos... que las palabras del testamento de Cristo no han de entenderse en un sentido distinto del que en realidad tienen, sino según la letra, para que no se tomen en el sentido de que el pan significa el cuerpo ausente de Cristo y el vino la sangre ausente de Cristo, sino que por causa de la unión sacramental el pan y el vino son verdaderamente el cuerpo y la sangre de Cristo".

Si comparamos esas tres enseñanzas con la enseñanza de la Sagrada Escritura, hallaremos que en realidad sólo la doctrina luterana posee el verdadero fundamento bíblico. Que no ocurre ninguna transubstanciación en la Santa Cena lo demuestra San Pablo en 1 Cor. 11:27; 1 Cor. 19; 16, donde declara que los elementos terrenales (el pan y el vino) permanecen pan y vino aún después de la consagración. La aserción de los romanistas de que sólo permanecen "la apariencia y el gusto externos" (*visus et gustus corporeus*) de los elementos terrenales mientras su substancia ha desaparecido es una "agudísima sofistiquería". En 1 Cor, 10:16 y 1 Cor. 11:28 San Pablo declara que sucede todo lo contrario; pues nos dice que el pan consagrado permanece aún pan y que el vino consagrado permanece aún vino.

Lutero tiene toda la razón cuando dice (*Artículos de Esmalcalda,* Tercera Parte, Art. IV): "Respecto a la transubstanciación, despreciamos la agudísima sofistiquería, que enseña que el pan y el vino dejan o pierden su carácter natural, no quedando de ellos más que la forma y el olor en el pan, que ha dejado de ser pan. Lo que mejor concuerda con la Sagrada Escritura es que el pan quede y siga siendo pan, como San Pablo mismo dice, 1 Cor.10:16: 'El pan que partimos'; y en 1 Cor.11:28: 'Cada uno, coma así de aquel pan'", (Traducción de Manuel Gutiérrez Marín.)

Íntimamente relacionados con la doctrina perniciosa de la transubstanciación están los siguientes errores papistas: el "sacrificio de la Misa", por el cual el cuerpo de Cristo "es inmolado continuamente de una manera incruenta por los pecados de los vivos y de los muertos"; la "adoración de la hostia" (las procesiones de Corpus Christi; los congresos eucarísticos); y el administrar la Comunión bajo una sola especie, esto es, el vedar la copa a los laicos (cf. la doctrina perniciosa de la concomitancia: con la hostia consagrada el comulgante recibe tanto el cuerpo como la sangre del Señor). La Sagrada Escritura no contiene absolutamente nada que permita comprobar estas tres doctrinas papistas; al contrario, las refuta en palabras muy claras, Heb. 10:10-14; Mat. 26:27; 1 Cor. 11:24-26.

La doctrina calvinista ("El cuerpo y la sangre están ausentes de la Santa Cena, pero se reciben espiritualmente o mediante la fe") la confutan las palabras de la institución, donde Cristo dice con la mayor claridad: "Tomad, comed: esto es mi cuerpo; tomad, bebed: esto es mi sangre". En otras palabras, nuestro Señor declara expresamente que el pan que se come es su cuerpo y que el vino que se bebe es su sangre. Chemnitz, al comentar las palabras de Cristo: "Comed, bebed", dice con acierto: "Cristo prescribe directamente el modo como ha de recibirse el Sacramento (*modus sumptionis*), de manera que por cierto recibimos su cuerpo y su sangre con la boca (*manducado oralis*)".

Por supuesto, Chemnitz no expone ni defiende un comer y beber "capernaítico", o natural, del cuerpo y la sangre de Cristo; pues enseña claramente que, mientras el pan y el vino se reciben de una *manera natural*, el cuerpo y la sangre de nuestro Señor se reciben de una *manera sobrenatural* e incomprensible. Según las palabras de la institución del Sacramento, los comulgantes reciben con la boca de una manera real y verdadera el cuerpo y la sangre de Cristo.

Las palabras de la institución exigen, por supuesto, también un comer y beber espiritual, o *fe en las palabras* "Dado y derramada por vosotros para remisión de los pecados". Esto lo comprueba directamente el mandato de Cristo: "Haced esto en memoria de mí". Pero lo que las palabras de la institución declaran en particular es que "en, y bajo el pan y el vino Cristo ofrece su verdadero cuerpo y sangre para que nosotros los cristianos comamos y bebamos de una manera real y substancial. O expresado de otro modo, en las palabras de la institución Cristo nos dice: *"Esto que os ofrezco y que habréis de recibir y comer no es solamente pan, sino también mi cuerpo. Esto que os ofrezco y que habréis de recibir y beber no es solamente vino, sino también mi sangre"*.

La doctrina papista hace del pan un "pan fingido", al enseñar que el pan se transubstancia en el cuerpo de Cristo: la doctrina calvinista hace del cuerpo un "cuerpo fingido", al declarar que el pan no es más que un *símbolo* del cuerpo *ausente* de Cristo. La doctrina luterana, por el contrario, enseña que el pan permanece verdadero pan también después de la consagración, pero que el verdadero cuerpo de Cristo se halla substancialmente presente con el pan por causa de la unión sacramental. Es decir, el luteranismo acepta las palabras de la institución tal como están escritas, o en su sentido literal. Afirma que nuestro Señor, cuando instituyó la Santa Cena, empleó un modo de hablar fácilmente inteligible, a saber, lo que se conoce con el nombre de locución expositora *(locutio exhibitiva)*, según el cual se nombra sólo el objeto al cual ha de dirigirse la atención (sinécdoque).

Nuestro Salvador dijo: "Esto [el pan] es mi cuerpo; esto [el vino] es mi sangre" dirigiendo así la atención de los discípulos no a lo que era visible, es decir, al pan y al vino, sino a "lo que se exponía por medio del pan y el vino, es decir, a su cuerpo y su sangre". Esto lo comprueban también las palabras que añadió: "dado" y "derramada"; pues ellas demuestran que Cristo, al instituir la Santa Cena, estaba pensando en su *verdadero* cuerpo y en su *verdadera* sangre. Hollaz escribe: "En la primera proposición ('Esto es mi cuerpo') el pronombre demostrativo *esto* denota todo el *conjunto sacramental,* el cual se compone de pan y el cuerpo de Cristo; en la segunda proposición ('Esto es mi sangre') el pronombre demostrativo *esto* denota igualmente todo el conjunto, el cual se compone de... vino y la sangre de Cristo. Puesto que el pronombre *esto* se emplea para referirse tanto al pan como al cuerpo, la doctrina de la Iglesia Romana sobre la transubstanciación queda desvirtuada. El verbo sustantivo *es* une el predicado con el sujeto y denota que lo que se ofrece en la Santa Cena es real y verdaderamente no sólo pan, sino también el cuerpo de Cristo". (*Doctr. Theol.*, p. 559. Cf. también Lutero, St. L., XX 1034 y sig.)

A la objeción de Hodge (*Syst Theol.* III, 662) de que "si el pan es literalmente el cuerpo de Cristo, ya deja de ser pan; pues nadie afirma que la misma cosa puede ser pan y carne (o cuerpo al mismo tiempo", replicamos que ésta es una premisa que ni aun los calvinistas admiten. Pues aunque la Escritura aplica la misma locución expositora a Cristo (Luc. 1:35: "Lo Santo que nacerá, será llamado Hijo de Dios"), los calvinistas admiten que Cristo es no solamente verdadero Dios, sino también verdadero hombre. (Cf. también Mat. 16:16.) Por esta razón es insostenible el otro argumento de Hodge de que "si las palabras de Cristo han de tomarse literalmente, ellas enseñan la doctrina de la transubstanciación". Así como la locación expositora en Luc. 1:35 no excluye la existencia de la verdadera naturaleza humana en Cristo, así tampoco la locución expositora en Mat. 26:26-28 excluye la existencia del verdadero pan y vino en la Santa Cena.

Se ha dicho que "entre los calvinistas mismos no reinaba el acuerdo" (Hodge). Este bien conocido teólogo calvinista agrega (*Syst Theol.*, 111, 626) que "había entre ellos tres tipos distintos de doctrina, el de Zuinglio, el de Calvino y uno de forma intermedia, y que por fin los tres llegaron a ser simbólicos, siendo adoptados en las fórmulas autoritativas de la Iglesia". Pero Shedd, otro teólogo calvinista, admite (*Dogm. Theol.* II, 569) que (la diferencia entre Zuinglio y Calvino respecto a los puntos sacramentales ha sido exagerada).

Pero al fin y al cabo, entre los teólogos calvinistas reinaba el más completo acuerdo con respecto a los "puntos sacramentales". La diferencia que existía era más bien diferencia de *expresiones* que de *doctrinas:* pues todos sostenían que el cuerpo de Cristo tiene únicamente un modo de presencia local y visible y, ya que ahora se encuentra localmente confinado en el cielo, no puede en realdad estar presente en la Santa Cena.

La *Fórmula de Concordia* (Decl. Sól., VIII, 2) dice: "Cuando el Dr. Lutero... defendió la presencia real y esencial del cuerpo de Cristo en la Santa Cena con argumentos fundados en las palabras de la institución, los partidarios de Zuinglio objetaron contra Lutero que, si el cuerpo de Cristo estuviera presente al mismo tiempo en el cielo y en la tierra al distribuirse la Santa Cena, no podría ser un cuerpo real y verdadero, ya que tal majestad es peculiar a Dios solamente y el humano es incapaz de poseer esa majestad".

También Calvino, no menos que Zuinglio, negó la presencia real en el sentido luterano, como Hodge lo admite abiertamente. Sobre esto la *Fórmula de Concordia* declara (Decl. Sól., VII, 5): "Más tarde, cuando fueron obligados por las palabras de Cristo a confesar que el cuerpo de Cristo está presente en la Santa Cena, aún seguían entendiendo y declarando que no era más que un modo de presencia espiritual, esto es, que por la fe el creyente participa del poder, la eficacia y los beneficios de cristo; porque, dicen ellos, mediante el Espíritu, que es omnipresente, nuestros cuerpos, en los cuales mora aquí en la tierra el Espíritu de Cristo, están ligados con el cuerpo de Cristo, que se halla en el cielo".

Calvino usó la terminología luterana; pero lo hizo principalmente con miras interesadas, para efectuar una unión general entre los calvinistas y los luteranos. Con mucha razón dice el Dr. F. Bente: "La doctrina de Calvino era la misma cruda enseñanza de Zuinglio, pero en forma algo más pulida y encubierta en frases que se aproximan lo más posible a la terminología luterana". (*Concordia Triglotta.* Introd. Hist, XVIII, p. 174 y sig.)

Pero, aunque los calvinistas estaban de acuerdo respecto a la doctrina que el cuerpo de Cristo está ausente de la Santa Cena y que es recibido por el comulgante únicamente de un modo espiritual, disentían no obstante respecto a la *interpretación* de las palabras de la institución del Sacramento. Carlstadt aseveraba que la palabra *esto* no se refiere al pan, sino al cuerpo de Cristo que se hallaba presente, y que Cristo, al pronunciar las palabras de la institución, "señalaba con el dedo su propio cuerpo". ("Siempre lo he explicado así: que Cristo señalaba con el dedo su propio cuerpo cuando dijo: 'Esto es mi cuerpo'", St. L., XX, 2325.)

Zuinglio, por otro lado, explicaba las palabras de la institución interpretando el verbo en el sentido de *significar;* de manera que, según él, las palabras quieren decir: "Esto significa o representa mi cuerpo".

Calvino (también Oecolampadius), buscó además una figura de lenguaje en las palabras: "Esto es mi cuerpo", explicándolas del siguiente modo: "Esto que os doy es la señal de mi cuerpo". Mientras la explicación de Carlstadt acerca de las palabras de la institución no tardó mucho en ser rechazada como absurda aun por los teólogos calvinistas (Schenkel), las de Zuinglio y Calvino, aunque igualmente arbitrarias, fueron aceptadas generalmente.

Contra el argumento de Zuinglio de que el verbo *es* quiere decir tanto como *significa,* Krauth (*Conservativa Reformation* p. 619) declara correctamente: "El idioma mismo se suicidaría si pudiese tolerar la idea de que el verbo substantivo *es* expresase no una substancia, sino un símbolo". Sobre este punto compárese Lutero, St. L., XX, 909 y sig.; también Meyer sobre 1 Cor. 10:16, quien, aunque personalmente favorece la interpretación calvinista, declara sin embargo; "*esti* jamás significa otra cosa que *est:* nunca quiere decir *significat,* es una cópula que siempre expresa aquello que es".

Los pasajes que Zuinglio aduce en defensa de su doctrina (Juan 10:9; 15:5; 1 Cor. 10:4; Luc. 8:11; Mat. 13:38; 11:14; Gal. 4:24) no comprueban su aserción. Cuando, por ejemplo, se dice que "Cristo es la puerta", el verbo *es* no quiere decir *significa,* sino *es,* ya que en el reino de las cosas espirituales Cristo es en realidad lo que una puerta es en el reino de las cosas terrenales. O expresado de otro modo, así como la puerta da entrada a una persona en una casa, asimismo Cristo da entrada a una persona en el cielo. Por consiguiente, el tropo en los paisajes citados no ha de buscarse en el verbo *es,* sino en el predicado nominal (puerta, piedra, vid, etc.). Lutero tiene toda la razón cuando dice que nadie podrá probar jamás que en un solo pasaje de la Escritura, aún más, en todos los idiomas del mundo, *es* quiere decir lo mismo que *significa* (St. L., XX, 905 y sig.).

Dr. Krauth declara sobre este punto (Cons. Ref., 618 y sig.): "Es difícil de concebir una falsedad más peligrosa que suponer que la palabra es pueda explicarse en el sentido de significa o que sea el símbolo de (alguna persona o cosa). Si así fuere casi todas las doctrinas de la Palabra de Dios se reducirían a la nada. 'El Verbo era Dios' equivaldría a: 'El Verbo significaba Dios, era un símbolo de Dios'. 'Dios es espíritu' equivaldría a: 'Dios es un símbolo de un espíritu'. Cuando se dice de Jesucristo 'Este es el verdadero Dios', ello significaría que Jesucristo es un símbolo o una imagen del verdadero Dios. Asimismo Cristo dejaría de ser el Camino, la Verdad y la Vida y vendría a ser un mero símbolo de esas cosas... La creación, la redención y la santificación se fundirían todas y se esfumarían en el crisol de esta clase de interpretación. Nos quitaría la Biblia y pondría sobre nuestros pechos, fría y opresiva, una pesadilla de las 'correspondencias' promulgadas por Swedenborg".

Entre los calvinistas que rechazaron la interpretación de Zuinglio mencionaremos a Keckermann (m 1609) y Juan Piscator (m 1625). Piscator escribe así: "En la cópula *es* no puede haber tropo alguno".

¿Pero, no hemos de aceptar la interpretación de Calvino? Según queda dicho, Calvino interpretó las palabras de la institución del siguiente modo: "Esto es la señal de mi cuerpo". En otras palabras, afirmó que las palabras: "Mi cuerpo" y "Mi sangre" deben ser explicadas de un modo figurado. Contra esta aserción los luteranos declaran que las palabras no permiten una interpretación figurada, ya que Cristo habla aquí de aquel cuerpo *que fue entregado a la muerte y de aquella sangre que fue derramada para la remisión de los pecados* (Lutero, St L., XX, 1046 y sig.)

Hollaz dice. "Luego se infiere que en la Eucaristía con el pan consagrado se nos da a comer no un cuerpo *simbólico,* tal como lo era el cuerpo del cordero pascual, en tanto que era sombra o figura del cuerpo de Cristo; no un cuerpo *místico,* que es la Iglesia, Efe. 1:23; no la *señal* de un cuerpo, pues esa no fue crucificada por nosotros; sino ei cuerpo verdadero y personal de Cristo, el cuerpo del Hijo de Dios". (*Doctr. Theol.,* p, 561.)

Aun Beza, el conocido calvinista, afirmó que el término *cuerpo* en las palabras de la institución del Sacramento no puede entenderse como *señal del cuerpo,* puesto que Cristo define como materia el cuerpo que fue dado y la sangre que fue derramada. Por esta razón, la palabra *cuerpo* tiene que denotar el cuerpo verdadero, substancial o esencial de Cristo, (Beza, *Hom.2,*

De Coena: "*Confíteor hic nullum tropum esse, guia SIGNUM proprie EXPONI necesse fuit, ne FALLE REMUR".)*

Beza rechazó también la explicación de que en las palabras de la institución los términos *cuerpo* y *sangre* indican el *fruto* y *efecto* de la muerte de Cristo, explicación que aun Hodge adoptó ("Recibir el cuerpo y la sangre tal como se ofrecen en el Sacramento... es recibir y apropiarse la *virtud* sacrificante, o los *efectos,* de la muerte de Cristo en la cruz". *Syst Theol.,* III, 646).

Refiriéndose a esta clase de explicación, Beza declara: "Sería por cierto absurdo interpretar las palabras *cuerpo* y *sangre* en el sentido de *fruto* y *efecto* de la muerte de Cristo" (*Epist 5 ad Alemannum,* p. 57, ed. Ginebra). Beza mismo rechazó la doctrina de la presencia real, enseñada con tanto vigor por los luteranos, pero asimismo rechazó la interpretación de Calvino calificándola de absurda e imposible. (Cf. *Christi. Dogmatik,* III, 368 y sig.).

El error de Calvino lo refuta por completo San Pablo, quien enseña (no que la palabra *cuerpo* se ha de interpretar como *señal del cuerpo,* sino) que el pan es la comunión del cuerpo de Cristo y la copa (el vino) la comunión de la sangre de Cristo, 1 Cor. 10:16, "de manera que cualquiera que comiere este pan o bebiere esta copa del Señor indignamente, será culpado del *cuerpo y de la sangre del Señor",* 1 Cor. 11:27; y: "el que come y bebe indignamente sin discernir juicio come y bebe para sí *el cuerpo del Señor",* 1 Cor. 11:29. Esta explicación, dada por inspiración divina, decide el asunto de una vez para siempre y establece la verdad tanto en lo que respecta a la unión sacramental como a la recepción corporal.

Algunos teólogos calvinistas (Keckermann, Zanchi, Bucanus, etc.) sabían que el tropo ha de buscarse no en ciertas expresiones de las palabras de la institución, sino antes bien en la declaración entera ("Esto es mi cuerpo"; "Esto es mi sangre"). Pero a la postre, tal explicación no difiere en nada de la de Calvino ("el pan es símbolo o señal del cuerpo de Cristo").

Está demás decir que si toda la declaración ha de interpretarse en un sentido figurado, entonces todas las palabras deberían ser interpretadas en tal sentido, y no meramente ciertas palabras. Krauth llama la atención a esto cuando escribe (*Cons. Ref.,* p. 608 y sig.): "La palabra *comer* la han interpretado ellos [los calvinistas] en un sentido literal; aunque no pueden decirnos por qué el comer no debiera verificarse simbólica o mentalmente para concordar con el carácter simbólico o mental del cuerpo. Hay por cierto abundantes casos en que la palabra *comer* se usa en un sentido figurado; pero no existe ninguno en que la palabra *es* se use así. Los cuáqueros son más consecuentes".

En resumen, es evidente que los calvinistas no tienen ningún fundamento bíblico para establecer la interpretación *figurada* de las palabras de la institución del Sacramento. Su doctrina se funda únicamente en el axioma racionalista de que (como dice Lutero) "el cuerpo de Cristo tiene que estar en persona y palpablemente en cierto lugar, así como un patán está en su chaqueta y pantalón" (St. L., XX, 950, 953, 1776), puesto que no tiene más que una presencia local y visible.

Calvino tildó de idea estulta la doctrina luterana respecto a la presencia ilimitada de la naturaleza humana de Cristo (cf. no obstante Juan 20:19; Efe. 1:20-23; 4:10), alegando que tal doctrina destruye la naturaleza humana de Cristo. En su *Institución Cristiana,* IV, 17, 29 (traducción de Juan Alien) dice él; "Es esencial a un cuerpo real el tener forma y dimensión particular y el estar contenido en cierto espacio. Que no se hable más, pues, de la idea estulta que asocia la mente del hombre y a Cristo mismo al pan".

Al llegar a este punto los calvinistas son tan racionalistas como cuando niegan la gracia universal, alegando que en realidad no todos los hombres obtienen la salvación, o como cuando niegan la verdadera comunión de las naturalezas en Cristo, alegando que lo finito no es capaz de recibir lo infinito. Cf. Oecolampadius contra Lutero: "La razón es que el cuerpo de Cristo está en el cielo; eso es cierto y no puede ser falso". (St. L., XX, 591 y sig.).

Esta interpretación racionalista de la Escritura la emplea Calvino con notable consecuencia. Según él, Cristo no pasó por puertas cerradas para estar de pie en medio de sus discípulos (Juan 29:19), sino que abrió la puerta y entró con toda naturalidad. Y en el caso de los dos discípulos de Emaús (Luc. 24:31), Cristo no desapareció de en medio de ellos, sino que meramente les cerró los ojos, para que ellos no pudiesen verlo. Además, la diestra de Dios no es la majestad divina ni el poder omnipotente del Señor, como lo enseña tan claramente la Escritura, Isa. 48:13; Sal.

89:13-14; 118:15-16; 20:6; Ex. 15:6, 12, sino, un lugar definido donde Cristo está encerrado hasta el fin del mundo. La omnipresencia de Cristo, atestiguada con tanta claridad en Mat. 28:20, Calvino la atribuye sólo a la naturaleza divina de Cristo.

Como racionalista manifiesto, Calvino arguye también que la naturaleza humana de Cristo se *extendería localmente* o se volvería infinita (inmensa) si se le atribuyese omnipresencia (la presencia real). De modo que, según Calvino, solamente lo que puede atribuirse a la naturaleza humana en general, puede atribuirse a la naturaleza humana de Cristo, con la excepción del pecado. El calvinismo es, pues, en este punto tan racionalista como el unitarismo. La única diferencia que los separa es la siguiente: el unitarismo por desgracia es consecuente, pues niega todo el contenido sobrenatural de la Escritura; el calvinismo afortunadamente es inconsecuente, pues no saca todas las conclusiones que sus premisas racionalistas exigen.

Contra los calvinistas, que acusaban a los luteranos de atribuir extensión local al cuerpo de Cristo, nuestros dogmáticos afirmaron: "Enseñamos por cierto que, por virtud de la comunión de las dos naturalezas, la naturaleza humana de Cristo posee omnipresencia, pero no enseñamos que posea *extensión local.* La doctrina acerca de la ubicuidad o extensión local, doctrina que los calvinistas atribuyen a los luteranos, es una invención calvinista, forjada con el fin de ridiculizar e impugnar la doctrina luterana acerca de la presencia real.

Ya que los calvinistas no pueden aducir las palabras de la institución del Sacramento como pruebas para defender la doctrina errónea que tan tenazmente sostienen contra la presencia real, recurren a Juan 6:53-56. Su argumento es el siguiente: Puesto que en este pasaje el comer la carne de Cristo y el beber su sangre hay que entenderlo espiritualmente, o mediante la fe, lo mismo se aplica también a las palabras de la institución. Pero que los dos pasajes no son paralelos y no tratan del mismo asunto lo evidencia el hecho de que Cristo en Juan 6:53-56 garantiza la vida eterna a todo el que "come su carne y bebe su sangre", mientras que en la Santa Cena el cuerpo de Cristo puede ser comido para juicio o condenación, 1 Cor. 11:29.

Los dogmáticos luteranos enseñan por lo tanto que en Juan 6:53-56 Cristo habla evidentemente de la fe (esto refuta a los romanistas, que usan este pasaje para sostener el error de la transubstanciación), mientras en Mat. 26:26-28 y en todos los demás pasajes paralelos, Él habla de un verdadero comer sacramental (esto refuta a los calvinistas). (Cf. *Christl. Dogmatik,* III. 384 y sig.)

Hay quienes arguyen que, por cuanto las palabras de la institución han conducido a tanta controversia, ellas no son adecuadas para determinar la doctrina de la Santa Cena. A esto replicamos que este principio a la postre imposibilitaría el uso de toda la Escritura, ya que la Biblia entera ha sido siempre el blanco de controversias. Este argumento carece, pues, de fundamento. Contra la acusación de que las palabras de la institución son demasiado difíciles para que puedan ser establecidas como pasaje comprobante (*sedes doctrinae*) para la doctrina de la Santa Cena, replicamos que esas palabras son difíciles sólo cuando alguien rehúsa creer lo que dicen. Nuestros dogmáticos siempre han recalcado el hecho de que las palabras de la institución son de por sí claras y que sólo la razón vanidosa de los hombres incrédulos puede tildarlas de obscuras.

El espíritu de unionismo que los calvinistas exhibían demuestra que ellos mismos no estaban seguros del principio que sostenían, a pesar de su violenta oposición a los luteranos. Calvino, por un lado, condenaba la doctrina luterana como "engañifa diabólica"; y sin embargo, tanto él como Zuinglio exigían que los luteranos los considerasen como hermanos y mantuviesen con ellos la hermandad cristiana. Sobre esto escribe Melanchton: "Mucho nos suplicaban que los llamásemos hermanos. ¡Pero vaya una sandez! Aunque nos condenaban como falsos profetas, sin embargo deseaban que los considerásemos como hermanos". (St. L., XVII, 1956). Tal unionismo descarta frívolamente la Palabra de Dios, y se propone establecer acuerdos convenientes a la razón, pero condenados por la Escritura, Rom. 16:17; Tito 3:19. Es por lo tanto tan racionalista como el menosprecio de la doctrina bíblica acerca de la presencia real.

Contra las tergiversaciones a que los calvinistas han sometido la doctrina luterana de la unión sacramental, nuestros dogmáticos han dicho: "La unión sacramental es a) no una transubstanciación del pan en el cuerpo de Cristo; b) no una consubstanciación o *mezcla* de las dos substancias, sino que tanto en el pan como en el vino la substancia del cuerpo y la sangre de Cristo permanece sin mezcla; c) no una *adhesión* o *aleación local* o duradera al pan y al vino fuera del uso de la Santa

Cena; d) no una *empanación,* esto es, la inclusión de alguna partícula escondida en el pan; e) por último, no una *unión personal,* tal como la que existe entre el Hijo de Dios y la humanidad que ha asumido". (Hafenreffer, citado en *Doctr. Theol.,* p. 571.)

Quenstedt añade otro pensamiento para dar mayor claridad a la doctrina bíblica de la unión sacramental. Él escribe: "Decimos que sólo el *cuerpo* de Cristo está unido con el pan, y sólo la sangre de Cristo está unida con el vino, y tanto el uno como la otra se reciben *sacramentalmente* por la boca del cuerpo. *Pero todo el Cristo* se recibe *espiritualmente,* por la boca de la fe". (*Doctr. Theol.,* p. 570.)

## 4. LA DOCTRINA LUTERANA Y LAS PALABRAS DE LA INSTITUCIÓN

Como se ha dicho que las varias doctrinas respecto a la Santa Cena no son más que los resultados de las diferentes "interpretaciones" que se han dado a las palabras de la institución. Pero, hablando en términos precisos, la doctrina luterana no es una "interpretación" de las palabras de la institución, sino meramente la presentación clara y sencilla de la doctrina bíblica expuesta en estas palabras.

Los papistas necesitan por cierto mucha "interpretación" para demostrar que el pan se *transubstancia* en el cuerpo de Cristo, que hay que *negar la copa a los comulgantes* (la concomitancia) y que todo el acto sacramental ha de verificarse como *sacrificio incruento* por los pecados de los vivos y de los muertos. Se requiere por cierto mucha interpretación falsa y "exégesis arbitraria" para probar estas perversiones crasas con pasajes claros de la Escritura que enseñan precisamente lo contrario, 1 Cor. 10:16; Luc. 22:19-20; Heb. 9:11-15.

De igual modo los calvinistas han demostrado por medio de sus muchas opiniones divergentes que les es por cierto "trabajoso y penoso" hallar una base bíblica para su error. Tienen que demostrar, con mucha "interpretación" penosa, que las palabras: "Esto es mi cuerpo, dado por vosotros; esto es mi sangre, derramada por vosotros" no significan lo que expresan, sino lo que la razón rebelde de un calvinista escéptico quiere que ellas expresen, a saber, que la fe del creyente tiene que elevarse hasta el cielo y unirse allí espiritualmente con Cristo, cuya naturaleza humana, según ellos, está encerrada en el cielo.

En particular tienen que forjar una explicación para 1 Cor. 10:16 y 11:27-29. También tienen que explicar por qué Cristo no dijo en las palabras de la institución lo que al juicio de ellos debió haber dicho. Además, tienen que explicar por qué la Santa Cena es necesaria si no es más que un símbolo de una unión espiritual, cosa que se verifica también fuera del Sacramento. En resumen, tienen que afrontar la tarea imposible de probar la ausencia del cuerpo de Cristo en la Santa Cena cuando la Escritura enseña y prueba con tanta claridad la presencia real en el Sacramento.

Los luteranos, por el contrario, aceptan las palabras por lo que dicen y expresan, y confían que Cristo, que ha hecho la promesa, es poderoso para cumplirla. En esto siguen la muy conocida y respetada regla hermenéutica de que no debemos apartarnos del sentido literal del texto a menos que el texto mismo nos obligue a hacerlo. La doctrina luterana descansa, pues, en un fundamento bíblico y concuerda no sólo con las palabras de la institución, sino también con todos los demás pasajes de la Escritura que versan sobre la Santa Cena.

Los calvinistas (incluyendo a Hodge, *Syst. Theol.,* p. 662) tratan de refutar la doctrina luterana respecto al sentido literal de las palabras de la institución con el contraargumento de que también los luteranos "han abandonado el sentido literal" de dichas palabras. Esta acusación se basa en el hecho de que los luteranos admiten que "la palabra 'copa' se usa en sentido metonímico para designar el vino que había en la copa". A esto replicamos que los luteranos admiten por cierto este uso metonímico en que el continente ("esta copa") se nombra por el contenido (el vino); pues la Escritura misma nos dice: "Bebieron de ella todos", Mar. 14:23. Lo que los discípulos bebieron no fue, por supuesto, la copa sino el vino contenido en ella. En otras palabras, la Escritura misma establece la metonimia en este caso. Hay que advertir sin embargo que la interpretación literal, sobre la cual insisten los luteranos, no se aplica a la palabra *copa,* sino a las expresiones: "Esto *es* mi cuerpo"; "esto *es* mi sangre". El pan *es* por cierto el cuerpo de Cristo, y el vino *es* por cierto la sangre de Cristo, pero no por causa de cierta *transubstanciación,* según enseñan los papistas, sino por causa de la *unión sacramental.*

A más de esto los calvinistas tratan de justificar su acusación de que los luteranos "han abandonado el sentido literal" citando las palabras: "en, con y bajo" (el pan y el vino se reciben el cuerpo y la sangre de Cristo), usadas por los luteranos en su explicación de la unión sacramental. Pero el uso de esta expresión no implica desvío alguno del sentido literal de las palabras de la institución; al contrario, es una amplificación del sentido literal de esas palabras. Hodge procede de igual modo cuando amplifica las palabras: "que está en el seno del Padre", Juan 1:18, así: "que está, estaba y siempre estará en el seno del Padre". Lo que Hodge escribe aquí es correcto, y ningún teólogo, sea calvinista o luterano, lo acusaría de usar "lenguaje figurado". La expresión "en, con y bajo" sirve precisamente para repudiar el error papista respecto a la transubstanciación y para afirmar, en oposición al error calvinista, la doctrina bíblica de la unión sacramental.

Pero la acusación de Hodge no para aquí. Él escribe: "Si las palabras de Cristo han de tomarse literalmente, ellas enseñan la doctrina de la transubstanciación... Si el pan es literalmente el cuerpo de Cristo, ya deja de ser pan; pues nadie querrá afirmar que la misma cosa puede ser pan y carne (o cuerpo) al mismo tiempo". Este argumento ya lo hemos considerado cuando hablamos de la locución expositora (*locutio exhibitiva*): pues allí demostramos que ni aun Hodge está dispuesto a conceder en otro punto (Luc. 1:35: "Lo Santo que nacerá, será llamado Hijo de Dios") lo que él mismo exige aquí. Pero del hecho de que el pan es el cuerpo de Cristo no ha de inferirse que luego el pan deja de ser pan y puede ser sólo cuerpo, como arguye Hodge. Pues San Pablo, por inspiración divina, nos asegura que el pan permanece pan aun después de la consagración del elemento, 1 Cor. 10:16. Por consiguiente, Hodge dirige su argumento no contra Lutero, sino contra la Escritura. A la acusación de que es blasfemia afirmar que "el pan es el cuerpo de Cristo" contestamos que así lo afirma Cristo mismo, y Él es el único que puede decidir el asunto. La Sagrada Escritura jamás blasfema contra Dios, sino que siempre lo glorifica.

Es una acusación común de que la doctrina luterana acerca de la presencia real se fundamenta no en las palabras de la institución, sino en la doctrina acerca de la persona de Cristo. Esta acusación es absurda; en verdad ocurre todo lo contrario. Los luteranos jamás habrían introducido la doctrina de la persona de Cristo en la discusión de la doctrina de la Santa Cena si sus adversarios no los hubieran obligado a probar que el cuerpo de Cristo está realmente presente en la Santa Cena

Ya que los calvinistas atribuían al cuerpo de Cristo una presencia solamente local y visible, los luteranos se vieron en la necesidad de demostrar que la Escritura atribuye al Hijo del Hombre no sólo una presencia local (*praesentia localis, circumscriptiva,*) sino también una ilocal (*praesentia illocalis, invisibilis definitiva*) y una presencia divina peculiar (*praesentia divina et repletiva.*) La presencia local se atribuye a Cristo en Juan 4:4; la ilocal, en Juan 29:19; la presencia divina peculiar, en Efe. 4:10 (para mencionar sólo unos cuantos pasajes bíblicos). Por lo tanto, cuando los luteranos leen Mat. 28:20, no piensan en la presencia de Cristo según su naturaleza divina únicamente, sino también en la presencia de su naturaleza humana por virtud de la presencia divina que ha sido comunicada a esta naturaleza. Todo el Cristo divino y humano está presente en su Iglesia hasta el fin de los siglos.

## 5. DIFERENCIAS EN LAS PALABRAS DE LA INSTITUCIÓN

Todo estudiante de la Biblia sabe que los escritores sagrados no citan en forma idéntica las palabras de la institución. Los exégetas modernos se han tomado, pues, el trabajo de determinar las palabras originales (*ipsissima verba*) empleadas por Cristo cuando instituyó el santo Sacramento. Pero, como dice Cremer muy acertadamente (RE3 1, 35): "Es imposible determinar cuáles son las palabras originales". Sin embargo, del hecho de que existen diferentes relatos no debemos inferir que la Biblia ha sido inspirada verbalmente (cf. Kahnis, Dogmatik, 7:1, 666 y sig.), sino antes bien que "Cristo, cuando instituyó el Sacramento, no repitió las palabras en la misma forma invariable" (Noesgen), de manera que todos los escritores sagrados las citan correctamente, aunque no usan palabras idénticas.

Pero a la postre, en lo que respecta a la doctrina que se enseña en las palabras de la institución, no existe diferencia alguna entre los varios relatos. Las palabras referentes al pan afirman unánimemente la misma verdad: "Esto es mi cuerpo", Mat. 26:26; Mar. 14:22; Luc. 22:19; 1 Cor. 11:24. Las palabras referentes a la copa presentan cierta variación, aunque ellas también afirman la misma verdad. Mateo y Marcos señalan de un modo directo la sangre como un don sacramental (Mat. 26:28: "Esto es mi sangre del nuevo pacto, que por muchos es derramada para remisión de los pecados" Mar. 14:24: "Esto es mi sangre del nuevo pacto, que por muchos es derramada"). Por otro lado, las palabras de Lucas y San Pablo designan de un modo directo el objeto (*finis*) de la Santa Cena como medio de gracia, es decir, el "nuevo pacto", o la "remisión de los pecados" (Luc. 22:20: "Esta copa es el nuevo pacto en mi sangre, que por vosotros se derrama"; 1 Cor. 11:25: "Esta copa es el nuevo pacto en mi sangre").

Que el *nuevo pacto* es en esencia la *remisión de los pecados* que Dios nos confiere en su gracia, lo evidencian clara y directamente varios pasajes bíblicos (cf. Jer. 31:31-34 con Rom. 11:27: "Este será mi pacto con ellos, cuando quite sus pecados"; también con Heb. 8:8; 12; 10:16, 17). El antiguo pacto era el de la Ley, que acusaba a los pecadores y pronunciaba la condenación 2 Cor. 3:9: "el ministerio de condenación"); pero el nuevo pacto es el del Evangelio, que perdona el pecado y anuncia la salvación mediante la sangre de Cristo (2 Cor. 3:9: "el ministerio de justificación"). La palabra "justificación" usada aquí denota la justificación que por imputación ha sido transferida al pecador (*iustitia imputata*), o sea, el perdón de los pecados por causa de Cristo; pues se halla en contraste con la palabra "condenación". Lutero escribe respecto a este punto (St. L., XX, 278 y sig.): "¿Qué otra cosa es el nuevo pacto sino el perdón de los pecados que Cristo nos consiguió y que ahora nos ofrece en el Sacramento?"

Las palabras: "en mi sangre" (Lucas, San Pablo) demuestran la razón por qué la copa es el nuevo pacto, o el perdón de los pecados; pues la copa es el nuevo pacto por causa de la sangre de Cristo que se ofrece en ella.

Si se arguye que en la declaración: "Esta copa es el nuevo pacto por virtud de mi sangre" el verbo "es tiene que tomarse en el sentido de "significa", dirigimos la atención del lector a pasajes, tales como Juan 11:25: "Yo soy la resurrección y la vida", y 6:63: "Las palabras que yo os he hablado son espíritu y son vida". Según el primer pasaje Cristo no meramente significa, sino que en realidad es la resurrección y la vida, por cuarto Él posee y nos ofrece estos dones celestiales. Según el segundo pasaje las palabras de Cristo no meramente significan espíritu y vida, sino que en realidad son espíritu y vida, por cuanto poseen y nos ofrecen estos dones celestiales. De igual modo la copa no meramente significa el nuevo pacto, sino que en realidad es el nuevo pacto, o el perdón de los pecados; pues con su contenido, la sangre derramada por Cristo, realmente nos ofrece el perdón que nuestro Salvador nos consiguió mediante su muerte en la cruz. (Cf. *Christliche Dogmatik,* III, 410 y sig.)

Lo que se acaba de exponer es la doctrina clara que la Sagrada Escritura enseña en las palabras de la institución. Y esta doctrina bíblica es la doctrina que la Iglesia Luterana enseña y confiesa sin parar mientes en las objeciones que la escéptica razón humana haga sobre este punto. Según la doctrina luterana, las palabras de la institución, no importa cómo las citen los escritores sagrados, expresan todas la misma verdad sublime, a saber, que con el pan y el vino el comulgante recibe el verdadero cuerpo y la verdadera sangre de nuestro Señor Jesucristo para la remisión de los pecados.

## 6. LOS ELEMENTOS MATERIALES EN LA SANTA CENA

La Iglesia Luterana confiesa con la antigua Iglesia Cristiana "según las palabras de Ireneo que en este Sacramento hay dos cosas, una celestial y otra terrenal" (*Fórmula de Concordia,* Decl. Sól., VII, 14). Los elementos celestiales son el verdadero cuerpo y sangre de Cristo. La *Fórmula de Concordia* lo expresa así: "Con el pan y el vino, de un modo verdadero y esencial, están presentes, se ofrecen y se reciben el cuerpo y la sangre de Cristo". Los elementos materiales en la Santa Cena son el pan y el vino. Así como en el Bautismo no se nos permite usar otro elemento material que el agua, así en la Santa Cena tampoco se nos permite usar otros elementos materiales que los que Cristo ha fijado expresamente. Que Cristo usó pan lo comprueban las palabras de la institución, Mat. 26:26; que usó vino *oinos* y lo comprueba la expresión: *"este fruto de la vid" ek toutou tou gevvematos tes ampelou,* Mat. 26:29.

Aunque ciertos herejes en la Iglesia antigua usaron otras cosas en lugar del vino (Encratites: leche, miel, jugo de uva no fermentado), la Iglesia Cristiana siempre ha condenado tales substitutos como no permisibles. Si se arguye que la expresión "el fruto de la vid" es un término genérico, que encierra todos los productos de la vid y por lo tanto también el jugo de uva, contestamos que tal argumento es insostenible, ya que Cristo usó esa expresión como un término especial para designar el vino, que los judíos usaban invariablemente en sus fiestas sagradas. Esto lo pone de manifiesto el hecho de que la expresión griega: *gennema tes ampelou* es equivalente a la hebrea: *peri hanapen* que aún en la actualidad es usada por los judíos ortodoxos en la consagración de la copa Kiddush ("Bendito eres Tú, Señor, nuestro Dios, Rey del mundo. Creador *del fruto de la vid": baruj 'atah yaveh 'elohim melej ha'olam bore' peri hanapen).*

La alegación en contra del uso del vino en la Santa Cena nunca se habría suscitado si el fanatismo no hubiese declarado objetable el uso del vino en general, sin tomar en cuenta las claras palabras de la Escritura, 1 Tim. 5:23; Ecle. 9:7; Sal. 104:15.

Con respecto a las obleas, cuyo uso es general en la Iglesia Luterana, el pastor cristiano debe advertir a sus feligreses que ellas son pan en el verdadero sentido de la palabra y que de por sí no constituyen mejor elemento material en la Santa Cena que el pan común.

Es necesario para la unión sacramental que los elementos externos sean distribuidos a los comulgantes y recibidos por ellos; pues la unión sacramental se verifica únicamente en el acto sacramental y no fuera de él. Por consiguiente, la "hostia consagrada" usada por los romanistas con el fin de ser adorada no es el verdadero cuerpo de Cristo, sino un mero pedazo de pan, y la adoración de que se la hace objeto es pura idolatría.

El axioma de los antiguos cristianos y de la Iglesia Luterana: "Nada tiene la naturaleza de un Sacramento si no es administrado según la institución de Cristo" (*Nihi habet rationem sacramenti extra usum a Christo institutum*) tiene como fundamento directo las palabras de la Institución ("Comed, bebed") y es por lo tanto bíblico. (Cf, la *Fórmula de Concordia,* Decl. Sól., VII, 85.)

Recibir el pan directamente con la boca mientras el pastor lo distribuye o tomarlo el comulgante primeramente en la mano y después llevarlo a la boca es indiferente. Algunos calvinistas alegaban erróneamente que el último procedimiento es el único correcto.

También el "partir" el pan debe ser considerado como cosa indiferente, aunque algunos teólogos calvinistas hayan insistido en ello: pues, según la opinión de ellos, el partir el pan significa la muerte de Cristo en la cruz (los huesos del cual empero no fueron quebrados, Juan 19:33, 36). Durante la celebración de la primera Comunión el "partir" el pan fue una cosa accidental; el pan se partía para hacer posible la distribución, Luc. 24:30; 1 Cor. 10:16.

Así como no deben substituirse los elementos materiales que Cristo usó en la Santa Cena, así tampoco deben substituirse los elementos celestiales. Es decir, no debemos designar como elemento celestial ninguna otra cosa que el cuerpo y la sangre de Cristo. Especialmente, no debemos considerar como elemento celestial.

a) "Todo el Cristo", o la "persona de Cristo" (los calvinistas, los romanistas, algunos teólogos luteranos modernos), ya que Cristo expresamente nos ofrece su *cuerpo* y su *sangre,* para comer y beber. Es osadía imperdonable ir más allá de las palabras de la institución ("Esto es mi cuerpo; esto es mi sangre") para establecer esta o aquella presencia sacramental de Cristo en la Santa Cena "Sólo su cuerpo y su sangre están unidos a los elementos y se reciben con la boca". (Luthardt.) La doctrina papista de la "concomitancia" (con el cuerpo el comulgante recibe la sangre) es tan antibíblica como la de la transubstanciación.

b) Ni meramente los beneficios de Cristo, ni la eficacia de su cuerpo y sangre, ni sus méritos, etc. (Los teólogos calvinistas y los modernos). Aunque es verdad que recibimos todos los beneficios de Cristo mediante la fe, es también verdad que estos beneficios no fueron "dados y derramados" por nosotros, de modo que en la Santa Cena no los recibimos con la boca.

c) Ni el Espíritu Santo o su obra sobrenatural (Calvino). Aun Beza declaró que es absurdo substituir por el cuerpo y la sangre de Cristo en el Sacramento el Espíritu Santo y su obra divina, ya que éstos no fueron entregados a la muerte.

d) Ni la comunión espirtual con Cristo, ni el unirse el creyente a su cuerpo, o sea Iglesia. Aunque la comunión espiritual es por cierto fruto y efecto del Sacramento para todos los que creen la promesa divina, ella no es, por lo que queda dicho, el elemento celestial.

e) Ni por último, el cuerpo glorificado de Cristo, ni el Cristo glorificado, según lo alegaba Calvino y lo alegan aún algunos teólogos modernos, ya que el Señor designa como elemento celestial el *cuerpo* que fue dado y la *sangre* que fue derramada. La glorificación de Cristo no tiene nada que ver con su presencia real en la Santa Comunión, presencia que se basa enteramente a) en su promesa divina. "Tomad, comed; esto es mi cuerpo", y b) en el hecho de su unión personal, por la cual la naturaleza humana de Cristo recibió realmente atributos divinos (omnipresencia), de modo que en realidad puede estar presente en la Santa Cena. En otras palabras, la presencia real se funda en el hecho de que el cuerpo de Cristo es el cuerpo del Hijo de Dios.

En resumen, no debemos substituir por el cuerpo y la sangre de Cristo como elemento celestial nada que nuestro Señor mismo no haya mencionado en las palabras de la institución del Sacramento, ya que esto sería antibíblico y, además, causaría confusión. La unión sacramental consta únicamente de la unión del pan con el cuerpo y del vino con la sangre.

Mientras los papistas rechazan por completo la doctrina bíblica de la unión sacramental y en su lugar ponen la transubstanciación, los calvinistas, por otro lado, enseñan esa unión, pero sólo aparentemente. Por la unión sacramental no entienden otra cosa que la unión del *creyente* con el *Cristo ausente* mediante la fe, de manera que realmente la unión sacramental que enseñan no es más que una unión figurada, representativa, o simbólica.

Lo que ellos entienden, pues, por unión sacramental no es más unión real que la que se produce cuando fijamos la vista en un crucifijo o en algún cuadro de Cristo, cosa que, al hacernos recordar a nuestro Salvador, nos trae su presencia a nuestra mente. Los calvinistas también describen con frecuencia la unión sacramental como una unión real, substancial, etc.; pero a pesar de esto niegan la presencia real del cuerpo de Cristo en el Sacramento de modo que a la postre no enseñan ninguna unión sacramental.

Los luteranos, por otro lado consideran la unión sacramental entre el pan y el cuerpo y entre el vino y la sangre como tan real e íntima que en el acto sacramental el comulgante recibe el verdadero cuerpo y la verdadera sangre de Cristo con el pan y el vino, es decir, el pan y el vino los recibe de una manera natural y el cuerpo y la sangre de una manera sobrenatural e incomprensible.

Los luteranos rebaten enérgicamente la acusación de que la presencia real implica una *inclusión local,* empanación o consubstanciación. La *Fórmula de Concordia* (Decl. Sól., VII, 64) rechaza tal acusación de este modo; "Pues este mandato ('Comed, bebed') no puede encenderse de otro modo que comer y beber con la boca; pero no de una manera grosera, carnal, capernaítica, sino de una manera sobrenatural, incomprensible".

La acusación de que los luteranos enseñan un comer y beber natural o capernaítico la han hecho tanto los teólogos calvinistas como los no calvinistas (Harnack, Frank. Etc.). (Cf *Christl. Dogmatik,* III, 423 y sig.) Pero no sólo Lutero (St. L., XX, 811) y las Confesiones Luteranas (*Fórmula de Concordia,* Decl. Sól., VII 16), sino también todos los dogmáticos luteranos en todos los tiempos han repudiado esta doctrina errónea en términos inequívocos.

## 7. QUÉ HACE A LA SANTA CENA UN SACRAMENTO

Puesto que la Santa Cena es un Sacramento que ha de celebrarse hasta el fin de los siglos, 1 Cor.11:26, tenemos que tratar también la importante pregunta: ¿Qué hechos motivan la verdadera presencia del cuerpo y la sangre de Cristo en la Santa Cena? Según el punto de vista calvinista no puede haber verdadero Sacramento a menos que el comulgante tenga fe en Dios. En otras palabras, es la fe del creyente lo que hace del comer y beber un verdadero Sacramento.

Para refutar este error la *Fórmula de Concordia* declara (Decl. Sól., VII, 74): "No es la palabra u obra de ningún hombre lo que produce la verdadera presencia del cuerpo y la sangre de Cristo en la Santa Cena, es decir, no es el mérito o recitación del ministro, ni el comer y beber ni la fe de los comulgantes, sino que la verdadera presencia debe atribuirse únicamente al poder del Todopoderoso Dios y a la palabra, institución y ordenanza de nuestro Señor Jesucristo".

Asimismo Lutero, a quien la *Fórmula de Concordia* cita aquí, afirma: "El mandato y la institución de Cristo tienen este poder y efecto de que administremos no meramente pan y vino, sino su cuerpo y sangre, como lo declaran sus palabras: 'Esto es mi cuerpo', etc., 'Esto es mi sangre', etc., de manera que no es lo que nosotros hacemos o decimos, sino lo que Cristo manda y ordena lo que hace del pan el cuerpo y del vino la sangre desde que se celebró la primera Cena hasta el fin del mundo". (*Ibid.*, 17.)

Y: "Aunque yo pronunciase sobre todo el pan que existe las palabras: 'Esto es el cuerpo de Cristo', nada, por supuesto, resultaría de ello. Pero cuando en la Santa Cena decimos, según la institución y el mandato de Cristo: 'Esto es mi cuerpo', esto sí es su cuerpo, no por virtud de lo que nosotros decimos o expresamos, sino por virtud de su mandato, en que Él nos ha ordenado hablar y obrar de ese modo y ha unido su mandato y acto con nuestro hablar". (*Ibid.*, 78.)

La doctrina que acaba de exponerse es bíblica en todo sentido. Pues ni la fe del hombre (los calvinistas) ni el poder del sacerdote (los romanistas) ni la influencia mágica de la palabra hablada hace del comer y beber una Santa Cena, o un Sacramento, sino únicamente la institución y el mandato de Cristo: "Haced esto".

La *Fórmula de Concordia* estriba en sólido fundamento bíblico cuando declara: "Las palabras verdaderas y todopoderosas de Jesucristo, pronunciadas cuando instituyó el Sacramento fueron eficaces no sólo en la primera Cena, sino que también siguen siendo eficaces, permanentes, válidas y activas. . . de manera que en todo lugar donde se celebra la Santa Cena según la institución de Cristo y se usan sus palabras, el cuerpo y la sangre de Cristo están verdaderamente presentes, se distribuyen y se reciben por causa del poder y la eficacia de las palabras que Cristo pronunció en la primera Cena... Como dice Crisostomo en su *Sermón sobre la Pasión*. 'Cristo mismo prepara esta mesa y la bendice; pues nadie hace del pan y vino que se nos aderezan el cuerpo y la sangre de Cristo, sino Cristo mismo, que fue crucificado por nosotros. Así como la declaración en Gén. 1:28: 'Fructificad y multiplicaos; llenad la tierra', fue pronunciada una sola vez, pero sigue siendo siempre eficaz en esencia, pues es continua la fecundidad y la multiplicación, así también esta declaración ['Esto es mi cuerpo, esto es mi sangre'] fue pronunciada una sola vez, pero aún sigue siendo eficaz y activa y seguirá siéndolo hasta el advenimiento de Cristo, de manera que en la Cena de la Iglesia están presentes el verdadero cuerpo y la verdadera sangre de Cristo", *Ibid.*, 75-76).

La acusación de los calvinistas de que los luteranos, como los romanistas, atribuyen la presencia real en la Santa Cena a la palabra y autoridad del hombre es por lo tanto absolutamente falsa.

Precisamente porque enseñan que la presencia real del cuerpo y la sangre de Cristo en la Santa Cena depende de la institución y el mandato de Cristo, los luteranos, en conformidad con la Iglesia primitiva, 1 Cor. 10:16, retienen las palabras de la institución para el acto de la *consagración* (*eulogia*) de los elementos materiales. Calvino, que se opuso a la consagración papista tildándola de "encantamiento mágico", negó rotundamente la necesidad de la consagración arguyendo que ella no tiene que ver nada con el acto sacramental.

En oposición a este punto de vista antibíblico (cf. 1 Cor. 10:16) la *Fórmula de Concordia* (Decl. Sól, VII. 79-82) insiste en que se reciten las palabras de la institución, por tres razones: a) "para que se le rinda obediencia al mandato de Cristo"; b) "para que la fe de los oyentes respecto a la naturaleza y el fruto de este Sacramento sea estimulada, fortalecida y confirmada"; y c) "para que los elementos externos, el pan y el vino, sean consagrados o bendecidos para este santo uso".

Aun Hodge (*Syst. Theol.*, III, 618) declara que "el pan y la copa fueron bendecidos" para que "el pan y el vino llegasen a ser símbolos de su cuerpo y su sangre" aunque, según 1 Cor. 10:16, debió haber dicho: "para que el pan llegase a ser la comunión de cuerpo y el vino la comunión de la sangre". Al menos, Hodge, admite que la bendición (la consagración) se refiere al acto sacramental y no meramente a las personas, como lo enseñó Calvino.

Los luteranos tienen toda la razón al insistir en que se usen las palabras de la institución en la Santa Cena no menos que en el Santo Bautismo. Aunque no considera como ofensa que pueda invalidar el Sacramento la omisión accidental de una palabra o el no pronunciar bien cierto vocablo o algún error involuntario que pueda ocurrir durante la consagración, sí exigen que "las palabras de la institución se pronuncien públicamente o se canten clara e inteligiblemente y que de ningún modo se omitan ". (*Fórmula de Concordia,* Decl. Sól., VII, 79.)

En cuanto a la pregunta si la mera buena intención del oficiante sería suficiente para consagrar los elementos materiales, podemos decir que esta intención carece de la seriedad necesaria para que se le otorgue consideración alguna.

Ya que la Santa Cena es un Sacramento, cuya validez no depende de la fe o la obra del hombre, sino únicamente de la institución y el mandato de nuestro Señor, es evidente que también los participantes indignos, o los comulgantes incrédulos, reciben el verdadero cuerpo y sangre de Cristo. La Escritura afirma claramente esta verdad en 1 Cor. 11:27, 29, de manera que los calvinistas, al negar que los comulgantes indignos reciben el cuerpo y la sangre de Cristo, repudian en este punto la clara enseñanza de la Escritura. Y así como niegan esto, también niegan que los comulgantes dignos, es decir, los creyentes, reciben el cuerpo y la sangre de Cristo con la boca.

Según la enseñanza calvinista el cuerpo de Cristo de ningún modo está presente en la Santa Cena, y por lo tanto no puede ser recibido con la boca ni por los comulgantes dignos ni por los indignos. Zuinglio: "En la Eucaristía no hay otra cosa que la conmemoración". "Cuanto mayor y más santa la fe, tanto más satisfecha está con un comer espiritual". En su Concordia de Wittenberg (1536) Lutero insistió expresamente en que sus adversarios sacramentarios reconociesen el hecho de que también los comulgantes indignos reciben el cuerpo y la sangre en el Sacramento; pues mediante esta prueba testimonial podía determinar si estaban de acuerdo o no con la doctrina de la presencia real.

Puesto que es únicamente la institución y el mandato de Cristo lo que hace de la Santa Cena un Sacramento, un medio de gracia, es evidente, pues, que ni los papistas ni los calvinistas tienen la verdadera Santa Comunión que nuestro Salvador instituyó. La "cena" que ellos administran está enteramente fuera de la institución de nuestro Señor, pues no se basa en ella ni está de acuerdo con ella.

Respecto a la Misa de los romanistas la *Fórmula de Concordia* nos dice (Decl. Sól., VII, 86-87): "Si la institución de Cristo no se observa según Él la ordenó no hay sacramento ... Y el uso, o acto, no abarca aquí principalmente la fe, ni únicamente el participar [del Sacramento] con la boca, sino todo el acto externo y visible de la Santa Cena instituido por Cristo, la consagración, las palabras de la institución, la distribución y recepción, o el participar con la boca del pan y el vino consagrados, [como también el participar] del cuerpo y la sangre de Cristo. Fuera de este uso, como por ejemplo, cuando en la Misa papista el pan no es distribuido sino levantado en alto, o encerrado, o llevado de aquí para allá y expuesto para ser adorado, no existe el Sacramento".

En términos similares escribe Lutero respecto a las misas privadas (St. L., XIX, 1265): "En la Misa privada hallamos no sólo el abuso, o pecado, consistente en que el sacerdote actúa y recibe indignamente; sino que, además de esto, aun si el sacerdote fuera santo y digno, no obstante se quita la esencia misma de la institución de Cristo; quitan la verdadera ordenanza e institución de Cristo y crean su propia ordenanza... Por consiguiente, nadie puede o debe creer que allí se halla el cuerpo y la sangre de Cristo; pues tampoco se halla allí la institución dc Cristo".

Con respecto a la "cena" de los calvinistas, algunos dogmáticos, luteranos (Fecht, Dannhauer, etc.) juzgaron que aquéllos tienen la verdadera Santa Comunión que Cristo instituyó, y que al tomarla reciben el cuerpo y la sangre de Cristo. Este argumento se fundaba en el hecho de que los calvinistas retienen las palabras de la institución. Pero la "cena" de los calvinistas se halla al margen de la institución de Cristo, ya que ellos expresamente *desechan* las palabras de la institución declarando que la doctrina de la presencia real es una "abominación" y que ellos no se congregan para perpetrar tal ofensa, sino sólo para celebrar una "fiesta conmemorativa" en recuerdo de la muerte de Cristo. Zuinglio: "¿Acaso hemos de ser antropófagos?" Esto evidencia que la "cena" de los calvinistas carece de la palabra y promesa de Cristo, razón por la cual no puede ser la verdadera Santa Cena.

El veredicto de Lutero sobre este punto es muy enfático. Escribe el Reformador "Nuestros actuales adversarios del Sacramento no tienen más que pan y vino; pues no tienen las palabras ni la ordenanza estipuladas por Dios, sino que las han pervertido y cambiado de acuerdo con su arrogante opinión propia". (*Fórmula de Concordia,* Decl. Sól., VII, 32.)

Aunque con razón rechazamos la "cena" calvinista y en ningún modo podemos considerarla como Santa Cena, no obstante reconocemos como válido su Bautismo, pues el error calvinista con respecto a este último Sacramento no se refiere a su esencia, sino solamente a su fruto y efecto. (Cf. Dr. Walther, *Pastorale,* p. 181).

Con respecto a la pregunta de si la unión sacramental se verifica en el mismo momento de la consagración y antes de la distribución y recepción, punto en que insistía Juan Saliger (pastor en Luebeck y Rostock), la *Fórmula de Concordia* dice expresamente (Decl. Sol., VII, 83-84): "El solo bendecir o recitar las palabras de la institución de Cristo no constituye el Sacramento si no se observa todo el acto de la Cena según fue instituido por Cristo; . . . sino que el mandato de Cristo: 'Haced esto' (que encierra todo el acto o administración en este Sacramento) debe conservarse inseparable e inviolable, como lo hace San Pablo al poner delante de nuestros ojos todo el acto del partir del pan o de la *distribución y recepción,* 1 Cor. 10:16".

Esta declaración es de gran importancia práctica; pues sólo la consagración juntamente con la distribución y recepción, según lo ha señalado Cristo, nos garantiza la presencia real del cuerpo y la sangre de Cristo en la Santa Cena. Si sólo se consagran lo elementos, pero no se distribuyen y reciben, no hay Santa Cena.

Quenstedt defendió esta verdad muy hábilmente contra el argumento de Belarmín quien insistía en que el cuerpo de Cristo tiene que estar presente por virtud de la consagración aun sin la distribución, ya que Cristo dice: "Esto es mi cuerpo". Quenstedt replicó que Cristo dijo: "Esto es mi cuerpo" refiriéndose al pan del que ya había dicho "Toman, comed" (II, 1268). En resumen, el cuerpo y la sangre de Cristo están realmente presentes con los elementos externos consagrados sólo cuando los comemos v los bebemos. "Todo el acto externo requiere la consagración, distribución y recepción. (*Fórmula de Concordia,* VII, 86.)

## 8. EL PROPOSITO DE LA SANTA CENA

Sobre el fin de la Santa Cena ya tuvimos que hablar en un capítulo anterior por el hecho de que existe una relación muy íntima entre el propósito de este Sacramento y su esencia o forma. Debido a la importancia de este asunto repetimos aquí lo que ya se había expuesto, para mayor claridad y énfasis.

En su Catecismo Menor, Lutero resume el propósito de la Santa Cena bajo la pregunta "¿Qué beneficios confiere este comer y beber?" del siguiente modo: Estos beneficios los enseñan las palabras: *Dado y derramada por vosotros para remisión de los pecados*; a saber que en la Santa Cena se nos da por esas palabras remisión de los pecados, vida y salvación. Porque donde hay remisión de los pecados allí hay también vida y salvación". El gran Reformador nos indica aquí que la explicación de Cristo: "dado por vosotros" y "derramada por vosotros" (Luc. 22:19-20) se añade a las palabras: "Esto es mi cuerpo; esto es mi sangre" para indicar el beneficio u objeto del comer y beber, o de la Santa Cena.

Es verdad que estas Palabras también *describen* el cuerpo y la sangre de Cristo como su real y verdadero cuerpo y sangre. Pero al mismo tiempo demuestran también el *propósito* del comer y beber, pues así como el cuerpo fue entregado a la muerte y la sangre fue derramada para remisión de los pecados, asimismo en la Santa Cena son ofrecidos y otorgados al comulgante para la remisión de sus pecados. Es debido a este hecho que algunos de los escritores sagrados (Lucas y San Pablo) dicen directamente "Esta copa es el nuevo pacto en mi sangre", Luc. 22:20; 1 Cor. 11:25, pues estas palabras quieren decir: "Con este cuerpo y esta sangre os ofrezco el nuevo pacto, esto es, la misericordiosa remisión de los pecados". El don peculiar de la Santa Cena es por lo tanto, como lo indica Lutero, la remisión de los pecados, vida y salvación, o precisamente la misma bendición que el Evangelio confiere en forma general y el Bautismo en forma individual. El Bautismo ofrece este don mediante la aplicación del agua; la Santa Cena, mediante la recepción, por el comulgante, del cuerpo y la sangre de Cristo con el pan y el vino.

Respecto a este punto cabe observar que tanto los teólogos calvinistas como los modernistas (Harnack) acusaron a Lutero de haber dado tanta importancia a la *presencia real* que perdió de vista el propósito final de la Santa Cena, es decir, el hecho de que el comulgante se apropia los méritos de Cristo mediante la fe. Pero esta es una de las muchas falsedades con que el estudiante de historia eclesiástica topa tan a menudo. Es verdad que Lutero recalcó la doctrina de la presencia real, pero fue inducido a ello porque esta doctrina constituía el punto de mayor controversia en su conflicto con los sacramentarios. La verdad del caso es que Lutero insistía en la presencia real del cuerpo y la sangre de Cristo en el Sacramento con el fin de promulgar de un modo claro y preciso el consuelo que esa doctrina proporciona y de igual modo declarar el beneficio que otorga, a saber la remisión de los pecados.

Lutero no puso la presencia real en lugar de la sola fe, como Hamack asevera erróneamente, sino que antes bien enseñó que la sola fe es el único medio por el cual se puede obtener el perdón que Dios en su gracia ofrece en la Santa Cena. Así lo declara Lutero en su *Catecismo Menor:* "El que cree estas palabras: ['Dado y derramada por vosotros para la remisión de los pecados'] tiene lo que dicen y prometen, a saber, la remisión de los pecados". Además, Lutero recalcó el hecho de que el recibir el cuerpo y la sangre de Cristo con la boca es inútil, y aún más, perjudicial, si el comulgante no tiene verdadera fe, 1 Cor. 11:29. En el Catecismo Menor dice: "Pero el que no cree estas palabras o duda, aquél es indigno y no está preparado, porque las palabras 'por vosotros' *exigen corazones verdaderamente creyentes"*.

La *Fórmula de Concordia* expone precisamente la doctrina que Lutero enunció desde el principio hasta el fin. Leemos en la Decl. Sól. (VII, 53): "No hay duda de que también estas palabras de Lucas y Pablo: 'Esta copa es el nuevo pacto en mi sangre' no pueden tener otro significado que el que dan San Mateo y San Marcos: 'Esto (a saber, lo que con la boca tomáis de la copa) 'es mi sangre del nuevo pacto', por el cual yo establezco, garantizo y confirmo con vosotros los hombres éste mi testamento y Nuevo Pacto, es decir, *la remisión de los pecados"*. En todas sus discusiones sobre este asunto, Lutero jamás pasó por alto el hecho de que la Santa Cena ofrece y otorga el perdón de los pecados. Para él la Santa Cena era una "cariñosa y bendita Santa Cena" precisamente porque Cristo ha unido a su cuerpo y sangre la promesa de gracia: "Dado por vosotros; derramada por vosotros". (St. L., XIX, 1292.)

En conexión con este punto podemos tratar también la pregunta que se refiere al *objeto específico* de la fe del comulgante. Por supuesto, al comulgante tiene que creer que Jesucristo, verdadero Dios y verdadero hombre, murió por sus pecados. Además, tiene que creer que este mismo Cristo le comunica en la Santa Comunión su verdadero cuerpo y sangre; pues quien rehúsa creer esto es un comulgante indigno y come y bebe juicio para sí, "sin discernir el cuerpo del Señor", 1 Cor. 11:29. Ni siquiera la mera fe en la presencia real puede señalarse ya como fe salvadora. Según lo declara Lutero explícitamente: "Es verdaderamente digno aquel que tiene fe en estas palabras: 'Dado y derramada *por vosotros*". Es decir, el que desea ser un comulgante digno tiene que creer que recibe personalmente la remisión de los pecados, vida y salvación al tomar el cuerpo y la sangre de Cristo, dado y derramada por él.

Ese es el punto sobre el cual gira toda la doctrina de la Santa Cena. Lutero expone este punto bajo la pregunta "¿Quien, pues, recibe la Santa Cena dignamente? " Su respuesta es la siguiente: "Es verdaderamente digno y está bien preparado *aquel que tiene fe* en estas palabras: 'Dado y derramada *por vosotros* para remisión de los pecados'". Lutero, expone, pues, que estas palabras constituyen una promesa directa de perdón para todo comulgante; y todos los que desean ser comulgantes dignos tienen que poner su confianza en esta promesa divina En otras palabras, tienen que creer lo que la Escritura dice respecto a la *esencia* y al *objeto* (propósito) de la Santa Comunión.

Los papistas niegan que en la Santa Cena Cristo ofrece al comulgante el perdón de los pecados. El Concilio de Trento condena expresamente a todos los que designan la misericordiosa oferta del perdón como el propósito principal de la Santa Cena (Trid., *De Sacrosancto Eucharistiae Sacramento, Can.5.*) Asimismo Carlstadt considera que es un "perjuicio vil y abominable para nuestros cristianos *buscar la remisión de los pecados* en el Sacramento" (St. L., XX, 94). Zuinglio y Calvino igualmente previnieron que nadie debe pensar que "la señal visible, mientras es ofrecida, produce también la gracia de Dios".

Desde el punto de vista calvinista esta advertencia es muy comprensible, pues según la enseñanza calvinista la Santa Cena no puede ofrecer gracia a todos los pecadores, ya que, en primer lugar, la gracia divina no se ha dispuesto para todos los hombres (el rechazamiento de la gracia universal) y, en segundo lugar, no hay medios de gracia que ofrezcan y confieran a los hombres y les garanticen el perdón de los pecados, vida y salvación, ("En la obra de la regeneración se excluyen las causas secundarias". "Nada interviene entre la voluntad del Espíritu y la regneración de alma". "La infución de una nueva vida en el alma es la obra inmediata del Espíritu".)

Pero en vista de esto los calvinistas no tienen ningún derecho de hablar de la Santa Cena como señal, garantía y promesa de la gracia divina obtenida por Cristo Jesús, ya que para ellos la Santa Cena es solamente una "fiesta conmemorativa", celebrada en recuerdo de la muerte de Cristo.

El misericordioso perdón de los pecados, con la vida y salvación, es el don más importante de la Santa Cena; todos los demás beneficios ofrecidos en ella son únicamente concomitantes de ese perdón. Entre estos otros beneficios podemos mencionar los misericordiosos efectos de este Sacramento, tales como el fortalecimiento de la fe, la unión con Cristo y con su cuerpo, que es la Iglesia, al crecimiento en la santificación, el aumento de amor hacia Dios y el prójimo, el acrecentamiento en paciencia y en la esperanza de la vida eterna, el recibir mayor gozo para confesar a Cristo. 1 Cor. 11:26, etc. Hasta cierto punto, la Santa Cena sirve también para distinguir a los creyentes de los impíos.

Todos estos bienaventurados efectos se deben al hecho de que la Santa Cena es un medio de la justificación, esto es, un medio por el cual recibimos el perdón de los pecados, pues en la proporción en que el creyente está seguro del perdón de pecados, en esa misma proporción se fortalece su fe, se aumenta su amor, y él confirma su esperanza de la vida eterna. Estando seguro de su adopción como hijo de Dios en Cristo Jesús, el creyente lucha también contra el pecado y vive para Aquel que murió y resucitó por él. En resumen, ama a Dios porque Dios lo amó a él primero, 1 Juan 4:9.

Todos los que niegan que la Santa Cena es principalmente un medio de la justificación o la remisión de los pecados (los romanistas, los calvinistas, etc.), en realidad anulan los misericordiosos beneficios de la Santa Cena. Cambian esta benéfica "obra de Dios para con nosotros" en una "obra del hombre para con Dios", o, dicho de otra manera, convierten el mensaje evangélico de la Santa Comunión en un mensaje legal y de buenas obras dejando así a los comulgantes en la maldición, Gál. 3:10. En efecto, como comulgantes indignos, que confían en su propia justicia, comen y beben juicio para sí, 1 Cor. 11:29.

Cuán enteramente han pervertido los romanistas la doctrina del objeto de la Santa Cena se colige de las siguientes decisiones del Concilio de Trento: "Si alguien dice que el fruto principal de la Eucaristía es la *remisión de los pecados,* sea anatema". (Ses, XIII, Can, 5.) "Si alguien dice que en la misa no se ofrece a Dios un *sacrificio* verdadero y propio, sea anatema". "Si alguien dice que el sacrificio de la misa... *no es propiciatorio...* que no debe ofrecerse por pecados, culpas, satisfacciones y otras necesidades, sea anatema". (Ses XXII, Cáns. 1, 3.) Pero a pesar de recalcar tanto el sacrificio de la Misa, el *Catecismo Romano* (II, C. IV, Preg. 41) declara que en la Eucaristía sólo se perdonan los pecados veniales.

Como los romanistas, así también los calvinistas niegan que en la Santa Cena Cristo ofrece y confiere el perdón de los pecados. Zuinglio: "La Cena del Señor es una conmemoración de la muerte [de Cristo]; no es para la remisión de los pecados". Strong: "Ella *simboliza* la muerte de Cristo por nuestros pecados". "El Bautismo y la Santa Cena nos relatan la historia de la redención". (*Watchman-Examiner.*)

## 9. QUIÉNES DEBEN PARTICIPAR DE LA SANTA CENA

Los ministros cristianos son únicamente "administradores", no dueños, de los misterios de Dios, 1 Cor. 4:1. Por esta razón deben administrar los medios de gracia (el Evangelio y los Sacramentos) tal como Cristo mismo los instituyó, 1 Cor. 4:2; Mat. 28:20. Los ministros o congregaciones que se desvían de la institución de Cristo al administrar la Santa Cena desechan la autoridad de Él, se oponen a su voluntad, abusan del valioso Sacramento, y por lo tanto se juntan "para juicio", o condenación, 1 Cor. 11:29, 34. Respecto a la correcta administración de la Santa Cena, la Sagrada Escritura enseña las siguientes verdades:

a. La Iglesia Cristiana tiene que distribuir la Santa Cena únicamente entre los creyentes, ya que es la voluntad de Dios que sólo los creyentes se acerquen a la Mesa del Señor, 1 Cor. 11:26, 28. Mientras el Evangelio debe ser predicado igualmente a los creyentes e incrédulos, Mar. 16:15-16, la Santa Cena se ha designado sólo para los regenerados según lo comprueban las palabras de Cristo en la institución del Sacramento y la práctica general de los santos apóstoles, 1 Cor. 10:16: 11:26-34. Lutero escribe sobre este punto (St. L., XI, 615): "Así lo hizo Cristo; permitió que [el Evangelio] se predicase a todos en general, cosa que también los apóstoles hicieron más tarde, de manera que todos los oyeron, ya fuesen creyentes o incrédulos... Así también debemos hacerlo nosotros. Pero no debemos distribuir el Sacramento a todos en general. Si predico el Evangelio, no sé con quién ha de dar; pero en la Santa Cena debo estar seguro de que ha dado con aquel que va al Sacramento. Así que no debo estar en duda, sino saber con toda certeza que aquel a quien doy el Sacramento ha comprendido el Evangelio y lo cree como es debido".

El distribuir la Santa Cena sólo entre los creyentes es doctrina que debemos sostener no sólo contra las sectas calvinistas, sino también contra algunos luteranos que yerran en este punto. (Cf. *Geschichte der Luth. Kirche,* por A. L. Graebner, sub Abendmahl; *Lehre und Wehre,* 1888, pp. 257 y sig. y 302 y sig.)

b. De entre los cristianos deben ser admitidos a la Mesa del Señor sólo aquellos que:

1. Ya han sido bautizados,

2. Pueden examinarse a sí mismos, 1 Cor. 11:28. Esto excluye a los niños, personas en estado inconsciente, enfermos en estado comatoso y a todos los dementes;

3. Creen que en la Santa Comunión reciben el cuerpo y la sangre de Cristo con el pan y el vino para la remisión de sus pecados, Mat. 26:26-28. Esto excluye a todos los calvinistas, racionalistas, etc., que niegan la presencia real, al igual que a todos los papistas y sus adeptos, que enseñan que el Sacramento obra *ex opere operato* y así niegan que la fe es el medio por el cual se recibe la remisión que Dios ofrece en la Santa Cena.

4. No causan escándalo u ofensa al participar del Sacramento, 2 Cor. 6:3; Mat. 18:7. Esto excluye a todos los que 1) viven en graves pecados, 1 Cor. 5:11; 2) rehúsan perdonar y reconciliarse, Mat. 18:15-17, 35; 5:23-24; y 3) son culpables de unionismo o sincretismo. Rom. 16:17; 2 Juan 10:11. Lógicamente, la Santa Cena ha de negarse también a todos los que están afiliados a iglesias heterodoxas o a cultos anticristianos, Efe. 4:1-6; 5:7-11; 2 Cor. 6:14-18.

Puesto que la masonería en general es un culto pagano, basado en la salvación por medio de las obras, y como tal niega precisamente el propósito de la Santa Comunión, a saber, el conferir la remisión de los pecados mediante la fe en Cristo (*sola fide*), es obvio que el ser miembro de la masonería es inconciliable con la verdadera profesión de la fe cristiana. Por consiguiente, los miembros de la masonería deben ser excluidos de la Santa Cena a) porque como miembros de un culto anticristiano niegan las enseñanzas específicas de la religión cristiana (la Santísima Trinidad, la deidad de Cristo, la expiación vicaria de Cristo, la salvación por la gracia mediante la fe, etc.) y b) porque al acercarse a la Santa Cena mientras continúan afiliados a tal culto anticristiano causan ofensa a todos aquellos que profesan la verdadera fe en Cristo, Mat. 10:32-39.

Ya que la Santa Cena puede ser recibida para juicio 2 Cor. 11:29: *krima*), el ministro cristiano no sólo debe exhortar a todos los comulgantes que se examinen a sí mismos con suma diligencia, 1 Cor. 11:28, sino que también debe ayudarles en ese examen. Para este fin debe retener tanto el servicio confesional como también la costumbre luterana de que los miembros anuncien su deseo de participar de la Santa Comunión. Esto proporciona al ministro la oportunidad de tratar individualmente con aquellos que desean acercarse a la Mesa del Señor.

Pero aunque el pastor no debe admitir a la Santa Cena a nadie que sea indigno de recibirla, debe cuidarse de no negársela a nadie que sea digno de recibirla. En general puede decirse que deben ser admitidos a la Mesa del Señor todos los cristianos bautizados que sinceramente se arrepienten de sus pecados, creen de todo corazón en Jesucristo, aceptan el Sacramento tal como Cristo lo instituyó, estar dispuestos a admitir enseñanzas en todo lo que respecta a la doctrina y vida cristianas, pueden examinarse a sí mismos, llevan una vida cristiana y se proponen con la ayuda de Dios el Espíritu Santo en adelante enmendar su vida.

Ya que la dignidad sacramental consiste esencialmente en tener verdadera fe, la cual es fortalecida y aumentada mediante este Sacramento, también los que son débiles en la fe deben participar de la Santa Cena, Mat. 11:28; Juan 6:37; aún más, éstos deben ser estimulados a que se acerquen a la Mesa del Señor.

En todos los casos en que el pastor, como responsable que es ante su congregación y ante Dios por la fiel administración de su oficio, 1 Cor. 4:1-2, podría hacerse partícipe en pecados ajenos, 1 Tim. 5:22, si permitiera que un indigno participara de la Mesa del Señor, en todos estos casos es su deber suspender de la Santa Cena a cualquier miembro de la congregación (cf. el caso en que una persona rehúse reconciliarse con su hermano, Mat. 5:23-25; 18:28 y sig.; Luc.17:3).

El suspender a un miembro de la Santa Comunión no equivale a la excomunión 1 Cor. 15:13, sino que es la declaración solemne por parte del pastor que tal miembro no puede por algún tiempo recibir la Santa Comunión como comulgante digno. El miembro suspendido puede, por supuesto, apelar al veredicto de la congregación, pero en caso de que la congregación erróneamente decida en contra de la decisión correcta del pastor, éste debe renunciar a su oficio antes que levantar la suspensión impuesta por él de acuerdo con la Palabra de Dios.

Aunque la confesión (sea pública o privada) no ha sido instituida por Dios, debe ser retenida, especialmente por virtud de la absolución que en ella se pronuncia. (Cf. Lutero, St. L., X, 1655; XI, 585-590.) Todas las otras preguntas referentes a este asunto pertenecen a la esfera de la teología pastoral.

## 10. LA NECESIDAD DE LA SANTA CENA

Aunque es verdad que los cristianos deben asistir con frecuencia a la Santa Cena de la manera como lo prescribe la Escritura, 1 Cor. 11:26-29, no podemos hablar de una *necesidad absoluta* de la Santa Cena. El comer espiritual del cuerpo de Cristo, Juan 6:53, esto es, la fe en Cristo (*sola fide*), es por cierto absolutamente necesario para la salvación; pero el comer sacramental de su cuerpo no lo es. Aquí podernos citar las palabras de San Agustín. "No es el carecer del Sacramento lo que condena, sino el menospreciarlo".

Sin embargo, el ministro cristiano debe recordar a sus feligreses fiel e insistentemente que el ser indiferente o negligente para con la Santa Comunión implica menospreciar el Sacramento y que el menospreciar lo que Dios ha establecido equivale a cometer apostasía. (Cf. Lutero, *Catecismo Mayor,* "El Sacramento del Altar", 42 y sig. "Los que se privan y se alejan por tanto tiempo del Sacramento no deben ser tenidos por cristianos".)

# LA DOCTRINA ACERCA DE LA IGLESIA CRISTIANA

Analizaremos este asunto bajo estos dos títulos: a) La Iglesia Universal; b) Iglesias Locales.

### *A. LA IGLESIA UNIVERSAL*

#### 1. LA DEFINICIÓN DEL TÉRMINO

Por la eficacia de los medios de gracia, Isa. 55:10-11; Rom. 10:17, y en un acto continuo, el Espíritu Santo congrega en el reino de los cielos a todos los que en verdad esperan ser salvos únicamente por la expiación vicaria de Cristo, el Salvador divino y humano del mundo, Hech. 2:44-47; 5:42; 11:21; 13:48. A la *comunión de los santos o creyentes,* que el Espíritu Santo congrega de este modo por medio del Evangelio la llamamos la Iglesia *synagoge, ekklesia, communio sanctorum, congregatio vera credentium, coetus fídelium),* según la designación usada en la Escritura, Efe. 5:24-27. La Iglesia Cristiana se compone por lo tanto, de todos aquellos que verdaderamente creen el Evangelio, esto es, el misericordioso mensaje divino de que por causa de la expiación vicaria de Cristo el pecador recibe gratuitamente (*jariti*), el perdón de los pecados, vida y salvación. O, expresado en breves palabras: la Iglesia Cristiana se compone de todos los que creen en Cristo, el Cordero de Dios, que quita el pecado del mundo, Juan 1:29.

Esta definición del término *Iglesia* es de vital importancia, en vista de los muchos errores que se han sostenido acerca de este punto. Según la Escritura, lo que hace a una persona miembro de la Iglesia es sólo la fe en Cristo (*fiducia cordis*), que murió por los pecados del mundo, y no la afiliación externa a una Iglesia local, ni el uso externo de los medios de gracia, ni la profesión externa de la fe cristiana, ni el desempeño de funciones en iglesias visibles, ni el esfuerzo por imitar el ejemplo de Cristo, siguiendo al Salvador de un modo externo, Hech. 5:14. Por consiguiente, las declaraciones de nuestros dogmáticos: "Sólo la fe en Cristo hace a uno un miembro de la Iglesia; los cristianos son la Iglesia", son realmente bíblicas; pues sólo el verdadero creyente es miembro de la Iglesia de Cristo, Hech. 16:31.

Es cierto que tan pronto como una persona cree en Cristo, empieza su santificación o renovación como efecto y fruto lógico de su justificación, 2 Cor. 5:17-18. Por esta razón, la Sagrada Escritura describe a los miembros de la Iglesia con frecuencia según su naturaleza santificada, 1 Cor. 6:15-20; 1 Ped. 2:5 o según las obras santas que hacen por medio de la fe, 1 Ped.2:9-25. Pero los regenerados son miembros de la Iglesia no porque son santificados por el Espíritu Santo, o porque por el poder del Santificador llevan mucho frutos de la fe, Juan 15:4-5, sino únicamente porque confían en Cristo para la salvación, sin fundarse en las obras. Rom. 3:28; 4:3-5. En otras palabras, así como somos justificados únicamente por la fe, así también somos miembros de la Iglesia de Cristo únicamente por la fe. Al hablar sobre la justificación por la fe, Lutero nos dice muy correctamente que sólo este artículo engendra, nutre, edifica, conserva y defiende a la Iglesia, y que sin este artículo la Iglesia de Dios no puede existir siquiera una hora (St. L., XIV, 168).

De esto se colige que todos los incrédulos e hipócritas que externamente pertenecen a iglesias visibles, están en realidad fuera del gremio de la Iglesia Cristiana. Jamás son parte de la Iglesia, aunque externamente sean miembros de congregaciones locales. Los verdaderos miembros de la Iglesia están unidos a ella mediante la comunión interna y espiritual, que por la fe sostienen con el Dios Trino. Por virtud de esa comunión son la casa de Dios, 1 Tim. 3:15; el templo de Dios, 1 Cor. 3:9; 2 Cor. 6:16; el templo del Espíritu Santo, 1 Cor. 6:19; el cuerpo de Cristo, Efe. 1:23; hijos de Dios, Juan 11:52; Gál. 3:26- 29; etc. En cambio, los incrédulos, según la Escritura, no son la casa o el templo de Dios, sino el taller de Satanás, "el espíritu que ahora opera en los hijos de desobediencia", Efe. 2:1-3. La definición: "La Iglesia es la comunión de los electos", usada por Huss y encomiada por Lutero (St. L., V, 1234 y sig.), la aceptamos como verdaderamente bíblica,

1 Ped. 2:9, pues los verdaderos creyentes en Cristo son los electos de Dios. (Baier: "A las personas a quienes Dios, según su decreto eterno, dotó con su fe y gracia, se les llama colectivamente, la Iglesia". III, 614).

La doctrina de que la Iglesia Cristiana se compone únicamente de verdaderos creyentes, ha sido sostenida con toda firmeza por nuestras Confesiones Luteranas para combatir el error papista expuesto en declaraciones como la siguiente: "La Iglesia es el reino divino, el único fundamento de la verdad y la salvación, fundado por Cristo en la tierra y administrado por el Sumo Pontífice mediante sus obispos y según sus cánones".

Así, pues, dice la *Confesión de Augsburgo* (Art. VIII): "La Iglesia, propiamente dicha, es la congregación de los santos y verdaderos creyentes". La *Apología* (Art. VII [VIII], 5): "La Iglesia no es únicamente el uso común de objetos y ritos externos, como lo son otros gobiernos, sino que es originalmente una comunión de la fe y del Espíritu Santo en los corazones". Y (*ibid.*, § 16): "La Iglesia, que es en realidad el reino de Cristo, es, propiamente dicha, la comunión de los santos. Pues los impíos son gobernados por el diablo y son cautivos del diablo; no son gobernados por el Espíritu de Cristo". Según la *Apología* (*ibid.*, § 17-19) "el reino de Cristo no se ha revelado aún, de modo que los impíos están juntos con la Iglesia y desempeñan cargos en ella; pero los impíos no son el reino de Cristo; pues el reino de Cristo es siempre aquel que Él verifica mediante el Espíritu".

La Iglesia Luterana enseña, pues, la doctrina bíblica de que todos los creyentes son miembros de la Iglesia, mientras los incrédulos no son miembros, aunque externamente se hallen unidos a una iglesia visible. Pese a que cree y confiesa sinceramente que es la verdadera Iglesia visible, sostiene sin embargo, que todos los creyentes sinceros pertenecientes a iglesias que promulgan doctrinas falsas, son por cierto miembros de la Iglesia de Cristo (la Iglesia invisible). Según la doctrina luterana, la fe es tan absolutamente el medio por el cual una persona se halla unida a la Iglesia, que ni siquiera la excomunión de una iglesia local, en caso de que tal acto se haya ejecutado injustamente, puede anular la afiliación de tal persona a la Iglesia de Cristo.

Es evidente que aquellos adultos que aún no han sido bautizados, pero que han venido a la fe en Cristo, son verdaderos miembros de la Iglesia, ya que el Bautismo no es absolutamente necesario para la salvación, como ya lo indicamos en otra oportunidad. Por otra parte, es también cierto que el creyente sincero, jamás menosprecia las ordenanzas de Cristo, Luc. 7:29-30, de manera que un verdadero miembro de la Iglesia no descuida ni el Bautismo ni la Santa Cena.

## 2. DOCTRINAS ERRÓNEAS RESPECTO A LA IGLESIA

Es claro que todos los que yerran con respecto a las doctrinas fundamentales de la religión cristiana, tienen que errar también con respecto a la doctrina que trata de la Iglesia. De todos los errores referentes a la Iglesia, el más notable, es el que enseña que la Iglesia es una "organización externa" "de los buenos y los malos" (*Apología*, VII [VIII], 13 y sig.), a la cual se encuentran unidas las personas mediante su afiliación externa.

Íntimamente relacionado con este error, que atañe a la esencia o forma de la Iglesia, se halla aquel que se refiere al *fin* que persigue la Iglesia, es decir, que la Iglesia es una "sociedad para la santificación de sus miembros", o que es una organización cuyo objeto es salvar almas mediante las buenas obras. Estos errores básicos no son incidentales, sino antes bien, el resultado de haberse rechazado el artículo fundamental de la religión cristiana, la justificación por la gracia mediante la fe.

En efecto, todos lo que repudian la satisfacción vicaria, la eficacia de los medios de gracia y la fe sola, no pueden menos que considerar la Iglesia como cierta especie de escuela correccional, en la que el hombre ha de aprender a ser bueno y merecer así la salvación. En cambio, la doctrina bíblica acerca de la Iglesia, está edificada sobre la doctrina central de justificación por la gracia mediante la fe, de manera que la iglesia vive o muere con esta doctrina. En particular, la doctrina acerca de la Iglesia se funda:

a. En la expiación vicaria de Cristo. Según la Escritura, la Iglesia se compone de todos aquellos que creen en el Cristo que murió por los pecados del mundo. Todos los que rehúsan creer esto

están fuera de la Iglesia, 1 Ped. 2:8. Se oponen a esta doctrina todos los racionalistas (los fotinianos, socinianos, unitarios, modernistas, etc.), los cuales rechazan la doctrina de la salvación mediante la fe en la sangre de Cristo, 1 Juan 17, tildándola de "detestable teología cruenta". Para ellos, el Evangelio del Cristo crucificado es locura y tropezadero, 1 Cor. 1:23. Por consiguiente, no les queda otro remedio que definir la Iglesia —si es que en algún modo les interesa una iglesia— como una libre asociación de seres racionales, establecida para la consecución de una felicidad terrenal y celestial, basada en la iluminación y virtud religiosa del hombre" (Roehrs).
Definida más sencillamente, la Iglesia, según todos les teólogos racionalistas, es una sociedad de seres humanos que desean conseguir la felicidad en este mundo y en el venidero por medio de meditaciones religiosas y otras buenas obras. A juicio de ello, la Iglesia, no es más que una "sociedad moral o ética" que acepta como miembros a todos aquellos que están dispuestos a cumplir con los deberes que esa sociedad impone.

No sólo los racionalistas en general, sino también los papistas en particular, consideran la Iglesia como una sociedad piadosa de personas que se santifican a sí mismas mediante las buenas obras. Según la doctrina papista, una persona no se hace miembro de la Iglesia mediante la fe en Cristo, sino mediante la voluntad manifiesta de obedecer las instrucciones de Dios y de la Iglesia (Concilio de Trento. Ses. VI, Can. 32). Este error fundamental, en realidad pone a los papistas fuera del seno de la Iglesia; pues la Escritura testifica, que todos los que quieren ser justificados por las obras de la Ley han caído de la gracia, Gál. 5:4, y están bajo maldición, Gál. 3: 10.

La posición anticristiana de la Iglesia Romana, se hace evidente también por el hecho de que esta secta ha pronunciado su anatema sobre la verdadera Iglesia Cristiana, es decir, sobre todos los que creen que se justifican únicamente por la gracia mediante la fe en Cristo (Concilio de Trento, Ses. VI, Cáns. 11-12), y al arrogarse el nombre de "verdadera Iglesia" bajo la siguiente definición: "La verdadera Iglesia" (es decir, la Iglesia Católica Romana), la congregación de todas aquellas personas que estén bajo el dominio de pastores debidamente llamados y especialmente del único vicario de Cristo en la tierra, el Pontífice Romano" (Belarmín). Por su declaración oficial, la Iglesia de Roma imposibilita el que sus adictos sean miembros de la santa Iglesia de Cristo.

Si un católico, a pesar del racionalismo pernicioso de su iglesia, permanece dentro de la Iglesia de Cristo, ello se debe a que, aterrorizado por su conciencia, desecha la doctrina de la justicia por las obras y, apartándose de la voluntad y ordenanza de su iglesia, cree que la salvación se obtiene únicamente por la fe. Reconocemos, pues, a la iglesia papista como cristiana, no en cuanto a que ella rechaza la doctrina cristiana en sus declaraciones teológicas oficiales (las decisiones y los cánones del Concilio de Trento), sino porque, si bien inconsecuente con su sistema teológico en general, confiesa el Credo Apostólico, el cual actúa como correctivo en el caso individual de ciertos católicos. A juzgar por sus declaraciones oficiales, el catolicismo romano no es cristiano, sino pagano, porque profesa como dogma cardinal la salvación por las obras.

Ya que también muchos teólogos modernos "positivos" (Hofmann, Kirn) repudian la expiación vicaria de Cristo, ellos yerran igualmente en su definición de la Iglesia Cristiana. Según Kirn, la Iglesia es "la comunión religiosa y moral determinada por el espíritu de Cristo" (Ev. *Dogmatic*, p. 118); esto es, la comunión de todos aquellos que llevan una vida moral en el espíritu de Cristo. Esto, a la postre, reduce la Iglesia a una "sociedad ética".

Puesto que los calvinistas niegan la gracia universal y la eficacia de los medios de gracia como medios de la justificación, tampoco pueden definir la Iglesia como la comunión de todos los verdaderos creyentes, sino qua la consideran teóricamente como la "comunión de los electos" y prácticamente como la comunión de todos aquellos que poseen la gracia infusa, o la actividad y morada inmediata del Espíritu Santo en sus corazones. Todos los verdaderos miembros de la Iglesia en las denominaciones calvinistas, *repudian la gracia particular* y en su angustia, se atienen a la promesa que Dios, en su gracia, hace a todos los pecadores en el Evangelio. Es sólo por esto que podemos llamarlos miembros de la Iglesia de Cristo.

b. En la doctrina de los medios de gracia. Con esto queremos decir que sin los medios de gracia no puede existir la Iglesia Cristiana. Según la clara enseñanza de la Escritura, el hombre se hace miembro verdadero de la Iglesia de Cristo cuando se apropia los méritos de Cristo, Rom.

4:3; Hech. 10:43-48. Pero a menos que los méritos de Cristo sean ofrecidos al pecador por Dios, mediante los medios por los cuales Él los otorga (la Palabra y los Sacramentos), el hombre no puede apropiárselos en modo alguno. El error calvinista de la "gracia inmediata" (la gracia eficaz obra sin medios) tiene que ser rechazado como antibíblico, Rom. 10:13-17; Hech. 2:38. Los calvinistas, al repudiar los medios de gracia, imposibilitan la fe y la justificación y por consiguiente, la existencia de la Iglesia.
En lugar de los medios de gracia, algunos teólogos modernos "positivos" ponen "la experiencia cristiana"; pero la Biblia no reconoce la experiencia cristiana como medio de gracia. Antes bien, esa experiencia es un fruto de la fe. Por consiguiente, existe una sola manera como una persona puede hacerse miembro de la Iglesia de Cristo: mediante la fe en las promesas que Dios en su gracia ofrece en el Evangelio y los Sacramentos, 2 Cor. 5:19-21.

c. En la fe como el medio receptor (medium letikon). Esto lo evidencia el hecho de que sólo aquellos que creen en Cristo son miembros de la Iglesia, Mar. 16:15-16; Hech. 16:31. Todos los que niegan que la fe es el medio con que se recibe la gracia que Dios ofrece, no pueden definir la Iglesia en su sentido bíblico: La comunión de los verdaderos creyentes. Todos los que enseñan que los Sacramentos obran ex opere operato: (los papistas y los protestantes de tendencias papistas), se ven obligados a definir la Iglesia como la comunión de seres humanos que, con la ayuda del Espíritu Santo, tratan de llevar una vida moral: pues cuando se rechaza la sola fide, sólo quedan las buenas obras como el medio de la justificación.
d. *En la fe sola.* Esto se deduce de lo que ya hemos expuesto. La Iglesia es la comunión de los verdaderos creyentes; pero los verdaderos creyentes son únicamente aquellos que esperan ser salvos por la gracia, mediante la fe, sin las obras, Rom.3:28; 4:3-5. Por esta razón, todos los pelagianos, arminianos y sinergistas, se ven obligados, ora a renunciar a su doctrina de la justicia por las obras, ora a abandonar la definición bíblica de la Iglesia. La historia del dogma cristiano pone de manifiesto que por lo regular abandonan lo último, y consideran la Iglesia como la congregación de todos aquellos que buscan la salvación por medio de las obras. (Cf. *Christilche Dogmatik,* III, 454 y sig.). El que den este infortunado paso es del todo lógico; pues sólo aquellos que se adhieren a la doctrina bíblica de la justificación por la fe, pueden definir correctamente la Iglesia como la comunión de los creyentes.

### 3. LOS ATRIBUTOS DE LA IGLESIA CRISTIANA

La Sagrada Escritura enseña que la Iglesia Cristiana posee ciertas características inalienables, precisamente porque es la comunión de todos los verdaderos creyentes. Podemos clasificar estas características del modo siguiente:

a. La Iglesia es invisible. Esto resulta del hecho de que la fe salvadora, que constituye el medio por el cual una persona se hace y permanece miembro de la Iglesia, es invisible en el hombre, 1 Reyes 8:39; 19:18; Rom. 11: 3-5, Hech. 1:24. Se le atribuye invisibilidad a la Iglesia sólo con respecto a los hombres, no con respecto a Dios. A los hombres aplican las palabras de Cristo en Luc. 17:20-21; a Dios, las palabras de San Pablo en 2 Tim. 2:19 (cf. Juan 10:14, 27-28).

Todos los que enseñan que la Iglesia es enteramente visible (los papistas), o parcialmente visible (los teólogos luteranos modernos), destruyen el concepto bíblico acerca de la Iglesia, y la cambian de una comunión de los creyentes a una "organización externa de los buenos y los malos", en la que los creyentes representan un papel de una importancia sólo relativa.

De vez en cuando algunos teólogos luteranos de la actualidad hablan de *dos* aspectos de la Iglesia, uno visible: La Palabra y los Sacramentos, y el otro invisible: Los verdaderos miembros de la Iglesia. Pero es lógicamente incorrecto describir las señales de la Iglesia como parte esencial de ella. Es verdad que el Evangelio y los Sacramentos son *señales* distintivas de la Iglesia; pues la Iglesia jamás se halla donde éstos no se usan. Además, el Evangelio y los Sacramentos, son también los *medios* por los cuales la Iglesia se establece y se preserva; pues sin los medios de gracia no puede haber verdaderos creyentes, Isa. 55:10 y sig.; Rom. 10:17; Mat. 28:19-20; Mar. 16-15-16. Pero llamar a los medios de gracia parte de la Iglesia, o la Iglesia misma, es un absurdo.

La Iglesia es la comunión de los creyentes, y como la fe del individuo es invisible al hombre, con toda razón decimos: La Iglesia es Invisible. Por lo tanto, debemos considerar como verdadero miembro de la Iglesia a todo el que profesa la fe cristiana, y adorna esta profesión con una vida cristiana. Ir más allá de esto, y tratar de determinar la fe de un individuo mediante cualquier otro modo, es asunto que la Escritura prohíbe en términos muy claros, 1 Cor. 4:5. Dios es el único que tiene la prerrogativa de conocer a los suyos, 2 Tim. 2:19; Col. 3:3; 2 Cor. 5:4-5. Y aun en caso de que en realidad pudiésemos identificar los miembros *vivos* de la Iglesia, nos quedaría invisible la comunión de los santos en su totalidad; pues el momento en que Cristo revelará a su Iglesia glorificada sólo llegará con el Día del Juicio, Mat. 25:34; Col. 3:4; 1 Juan 3:2.

Los papistas aseveran que la Iglesia es "un conjunto de seres humanos tan visible y palpable, como el pueblo romano o el reino de Galia o la república de Venecia" (Belarmín), pero que una Iglesia invisible, compuesta de verdaderos creyentes es una mera "idea platónica", o una "ilusión de la mente". A esto replicamos que la comunión de los santos es tan real, que Dios conoce a todos sus miembros y cariñosamente los reconoce como suyos, 2 Tim. 2:19; Juan 10:27-28, conserva su Iglesia contra las puertas del Infierno, Mat. 16:18, la hace el objeto principal de su providencia divina, Rom. 8:28; Mat. 24:22-24, y por fin, la recibirá en la gloria eterna, Luc. 12:32.

Por otra parte, la iglesia de Roma no es en modo se alguno la Iglesia de Cristo, sino una organización humana, fundada en mandamientos de hombres, Mat. 15:9, y bajo el dominio de un impostor, a quien la Escritura llama el Anticristo y el hijo de perdición, 2 Tes. 2:3-4, de modo que en realidad está fuera del seno de la verdadera Iglesia, tanto en este mundo, Gál. 5:4; 3:10, como en el venidero, Gál. 4:30.

b. La Iglesia es una. La unidad de la Iglesia Cristiana, tan claramente enseñada por Cristo, Juan 10:16, se funda en la unidad de la fe que tiene en su único Salvador, Efe. 4:3-6; pues como la Iglesia es la comunión de los creyentes, se compone únicamente de aquellos que, al reconocer sus pecados y la condenación que los espera, Rom. 3:23-24, fundan su esperanza de salvación en la gracia de Dios, mediante la fe en la muerte expiatoria de Cristo, Rom. 3:28. Todos los que no profesan esta fe cristiana no son miembros de la Iglesia, sino que se hallan fuera de ella, 1 Juan 2:23; 5:12; Gál. 5:4; 3:10. De los verdaderos miembros de la Iglesia dice San Pablo: "Todos vosotros sois uno en Cristo Jesús", Gál. 3:28, de manera que es del todo cierta la declaración de nuestros dogmáticos: Omnes Christiani de evangelio consentiunt.

c. La iglesia es santa; Esto es verdad, 1) porque todos los creyentes poseen, mediante la fe, la justicia perfecta de Cristo (iustitia fidei imputate), Filip.3:8-9. Y 2) porque mediante la fe producen obras santas (iustitia vitae), Rom.6:14. Según la justicia perfecta de Cristo (la justificación), los creyentes son perfectos delante de Dios; en lo que respecta a las obras santas (la santificación), permanecen imperfectos por toda la vida, Filip. 3:12-16.

d. La iglesia es universal, o católica. Esto es verdad; pues la Iglesia se compone de todos los creyentes de todos los tiempos y de todos los lugares, Hech.10:43; Juan 8:56; Rom.4; Gál.3:6 y sig. Aun en el Antiguo Testamento, los santos de Dios eran santos sólo porque creían en Cristo Jesús, el Mesías prometido, el Salvador del mundo, Rom. 3:21-22; 4:3 y sig.

e. La Iglesia es apostólica. Esto es verdad; porque todos los verdaderos miembros de la Iglesia, hasta el fin del mundo, creen en Cristo mediante la palabra de los apóstoles, Juan 17:20; Hech. 2:42; Efe. 2:20; Rom. 16:17 y sig. "APOSTOLICA dicitur ecclesia, quod doctrinam apostolicam fide amplectitur et integram tenet". Los papistas y los episcopales derivan el carácter apostólico de la Iglesia de la "sucesión apostólica", pero la doctrina de la "sucesión apostólica" es manifiestamente antibíblica, ya que la Escritura no hace distinción entre obispos y presbíteros o ancianos. Hech. 20:17, 28: Tito 1:5-7. Además, ruega a todos los cristianos que se aparten de aquellos que enseñan cualquier otra doctrina contraria a la enseñada por los santos apóstoles, Rom.16:17; Gál.1:6-8, aunque tales impostores pretendan poseer autoridad apostólica, 2 Cor.11:12-14; Gál.2:4 y sig.; 2 Ped.2:1-2.

f. No hay salvación fuera de la Iglesia. Todos los que desean ser salvos tienen que ser miembros de la Iglesia de Cristo. Los papistas aplican este axioma incorrectamente a la Iglesia. Romana, de la cual bien podríamos decir: "No hay salvación dentro de la Iglesia", es decir, siempre que los miembros de esa iglesia crean lo falso que en ella se enseña, Apoc. 13:1-9; 14:8-12; 20-10. El axioma: "No hay salvación fuera de la Iglesia" es exacto en lo que respecta a la Iglesia de Cristo, porque sólo aquellos que creen en el Evangelio de Cristo tienen vida y salvación, y mediante esa fe son miembros de la Iglesia, Juan 3:16-18, 36. La Iglesia del Anticristo, por el contrario, hace que la salvación dependa del cumplimiento de la Ley (Concilio de Trento, Ses. VI, Can. 20) y así deja a sus miembros bajo maldición, Gál. 3:10.

## 4. LA GLORIA DE LA IGLESIA CRISTIANA

Los miembros de la Iglesia Cristiana gozan del alto privilegio de estar sujetos únicamente a Cristo, su divino Señor y Maestro, 1 Cor. 3:23; Mat. 23:8, y no a maestro humano alguno, 1 Cor. 7:23; Mat. 15:9. El Papa de Roma es el Anticristo, precisamente por el hecho de que se sienta en el templo de Dios, ensalzándose sobre todo lo que se llama Dios, 2 Tes. 2:3-4, esto es, porque trata de imponer su propia palabra como guía de la fe y la vida. La verdad es que Dios en todo tiempo derrama dones especiales sobre ciertos miembros de la Iglesia, y llama a éstos para ser maestros de sus hermanos en la fe, Efe. 4:11-13. Pero tales maestrías de la Iglesia, han de enseñar únicamente la Palabra de *Dios,* 1 Ped. 4:11; Jer. 23:16,18, y no su propia palabra.

Según la Escritura, todos los maestros que predican su propia palabra y doctrina, son "presumidos, ignorantes" o "vanidosos imbéciles", a quienes la Iglesia debe rechazar y evitar como a "hombres corruptos de entendimiento y privados de la verdad", 1 Tim. 6:3-5, y como a espíritus engañadores que enseñan doctrinas de demonios, 1 Tim. 4:1-3; Col. 2:18-23. Ni aun los santos apóstoles exigían obediencia en lo que a sus propias personas se refería, 1 Cor. 3:21-23; pero sí la exigían cuando predicaban o escribían la Palabra por inspiración divina, 1 Cor. 4:l; 2:12-13.

Los ministros cristianos no son mediadores entre Dios y los creyentes; pues todos los cristianos tienen acceso al trono de la gracia por medio del único Mediador, Jesucristo, en quien depositan toda su fe, Rom. 5:1-2; Efe. 3:12; Heb. 4:16. Aún más, todos los creyentes tienen posesión inmediata de todos los dones y bendiciones que Cristo ha ganado para su iglesia, tales como los medios de gracia y las llaves del reino de los cielos, Mat. 16:19; 18:18; Juan 20:23; 1 Cor. 5:3-5, 13. Ellos solos poseen el privilegio de predicar el Evangelio y administrar los Sacramentos; en resumen, de ejercer todo el Oficio de las Llaves, de manera que los pastores debidamente llamados y ordenados, ejercen sus funciones ministeriales únicamente en el nombre de la iglesia que los ha llamado.

A la objeción de los papistas, de que según Mat. 16:18, Cristo edifica su Iglesia sobre Pedro, Lutero replica con toda razón que "todos los cristianos son Pedros por virtud de la confesión que Pedro hizo aquí acerca de Cristo; esta confesión es la roca sobre la cual Pedro y todos los Pedros están edificados". Las palabras del Señor en este pasaje no se puedan aplicar a la persona de Pedro, ni en su calidad como apóstol principal, ni como representante de los apóstoles; pues, como lo demuestra el contexto, Pedro no habló aquí en carácter de apóstol, sino sólo como un creyente en Cristo. Las mismas palabras del texto (*Petros, petra*), demuestran inequívocamente que Pedro mismo no es la roca sobre la cual Cristo edifica su Iglesia, sino que la roca es la confesión cristiana hecha por Pedro.

Lutero tiene toda la razón al decir que en este pasaje, Cristo hace una clara distinción entre Pedro y su confesión; pues si el Señor hubiese deseado hacer de Pedro la roca de su Iglesia, habría dicho: "Tú eres Pedro, y sobre ti edificaré mi Iglesia". (Cf. Lutero, St. L., XX, 282, XVIII, 1375 y sig.).

Algunos exégetas protestantes modernos, entre ellos Meyer, aplican el término *petra* a la persona de Pedro, como si a este apóstol se hubiese dado la primacía entre los demás apóstoles, pero rechazan las conclusiones que los papistas extraen de esta premisa con respecto al Pontífice Romano. Otros exégetas modernos aplican las palabras correctamente a la confesión de Pedro (Lange, Ewald, Wieseler).

Prácticamente carece de importancia el que el término *petra* se aplique a Cristo mismo o a la confesión que Pedro hizo acerca de Cristo, ya que la Iglesia que está edificada sobre tal confesión, está edificada sobre Cristo mismo.

Así como los creyentes poseen en Cristo Jesús todos los dones y bendiciones espirituales, asimismo poseen todos los dones y bendiciones materiales, de modo que todas las cosas presentes y futuras son de ellos, 1 Cor. 3:21-23, como hijos de Dios y coherederos con Cristo, Rom. 8:14-17.

## 5. CÓMO LA IGLESIA SE ESTABLECE Y SE PRESERVA

Puesto que la fe salvadora, por la cual el redimido se hace miembro de la Iglesia, es sólo la obra de Dios, Efe. 1:19-20; 1 Ped. 1:5; Juan 1:13, la Iglesia debe su existencia y preservación enteramente a la gracia divina, Sal. 100:3; 1 Ped. 2:9-10.

El sinergismo, al enseñar que la fe del hombre depende en parte de sus esfuerzos meritorios, socava el fundamento de la Iglesia.

El medio, o instrumento, por el cual Dios congrega y sostiene a su Iglesia es el Evangelio en sus varias formas de aplicación (la Palabra y los Sacramentos). Mediante el Evangelio el Espíritu Santo engendra y preserva la fe, Rom. 10:13-17; 1 Ped. 1:23-25 (Cf. Lutero, St. L., V, 990 y sig.; VI, 21 y sig.).

El calvinismo, al negar la eficacia de los medios de gracia y al enseñar que la fe se produce por la obra inmediata del Espíritu Santo, socava igualmente el fundamento sobre el cual descansa la Iglesia. Felizmente, en la práctica, los calvinistas se acercan más a la Biblia que en la teoría; pues, en contraposición a los cuáqueros, usan y aplican los medios de gracia; es decir, predican el Evangelio y retienen los Sacramentos, aunque no en su pureza bíblica.

Los creyentes son causas instrumentales de la Iglesia por cuanto predican el Evangelio y administran los Sacramentos, Isa. 40:9; Mar. 16:15-16; Mat. 28:20.

En este sentido la Iglesia visible en la tierra es la madre de todos los creyentes, que, como Isaac, son hijos de la promesa, Gál. 4:26-28. Lutero declara, pues, (St. L., IX, 573 y sig., y en particular 575 y sig.): "Sara, o Jerusalén es nuestra madre común, esto es, la Iglesia, la esposa de Cristo, por la cual nacemos todos. Pero ella engendra hijos sin cesar, hasta el fin del mundo mediante el ministerio de la Palabra, es decir, mediante la enseñanza y la promulgación del Evangelio; pues eso es lo que significa dar a luz o engendrar. La Iglesia no debe hacer otra cosa que enseñar el Evangelio en su verdad y pureza y así engendrar hijos".

Infiérese de esto, que el Estado (el gobierno civil), no es una especie de criada que ha de ayudar a la Iglesia en su obra divina de ganar almas para Cristo. Mientras los papistas y los calvinistas unen la Iglesia y el Estado, tanto en la teoría como en la práctica, los luteranos, a base de la Escritura, se oponen a todo esfuerzo que se haga para unir la una con el otro. Según la doctrina luterana, la unión de ambas instituciones sólo puede producir perjuicio, jamás bien alguno (cf. las condiciones religiosas en todos aquellos países donde la Iglesia y el Estado se han unido). La Iglesia no pierde nada de su dignidad o poder conservándose independiente del Estado. Al contrario, el estar libre de las restricciones de la ley civil, hace que pueda atender a su sagrado deber de promulgar la Palabra con mucha más eficiencia.

Pero, por otra parte, la constitución independiente de la Iglesia no ha de interpretarse como una clase de medio de gracia, que de por sí hace más efectiva la obra de salvar almas. El éxito de la Iglesia depende enteramente del testimonio puro del Evangelio, y de la administración de los Sacramentos según la institución de Cristo. En eso reside, tanto su deber como su poder.

Con respecto a las formas de gobierno existentes (monarquía absoluta; monarquía constitucional; república; Zuinglio favorecía la república; Calvino, la oligarquía) la *Confesión de Augsburgo* (Art. XVI) afirma con mucho acierto: "El Evangelio enseña la justicia eterna del corazón. Entre tanto, no deshace ni el gobierno civil ni la familia; sino que, por el contrario, demanda conservarlos como ordenanza de Dios, y ejercer la caridad en estas ordenanzas. Por eso los cristianos necesariamente deben obedecer a sus magistrados y a las leyes; mas cuando esos magistrados ordenan pecar, entonces los súbditos deben obedecer a Dios antes que a los hombres, Hech. 5:29". La *Confesión de Augsburgo* no favorece ninguna forma de gobierno en particular, sino que enseña que los cristianos han de reconocer las potestades que hay y someterse a ellas, Rom. 13:1-7; Mat. 22:21; 1 Ped. 2:13, 17; 1 Tim. 2:1-3; Jer. 29:7.

Aunque los cristianos que han sido elegidos para ocupar puestos públicos no deben esconder o negar su fe, sino como cristianos sinceros, confesar la verdad del Evangelio con fidelidad tanto mayor, Hech. 17:34; Rom. 16:23, no obstante, cada vez que tengan la oportunidad de hacerlo, deben hacer una clara distinción entre las incumbencias de la Iglesia y las del Estado, teniendo en cuenta, por un lado, que el Estado no puede ser gobernado por la Palabra de Dios o los "principios cristianos", sino únicamente por la razón y el sentido común (*lex naturalis*), y por otro lado, que la Iglesia es gobernada sólo por la Palabra de Dios y no por el dictamen de la razón ni por la coerción externa de leyes humanas. En otras palabras, aunque los cristianos deben poner al servicio de Cristo también la influencia que poseen por virtud del alto puesto que ocupan en la vida, así como lo hacen con sus bienes y otros dones que el Señor les ha concedido, no deben entremezclar la Iglesia y el Estado a fin de favorecer la una a expensas del otro, o viceversa.

Durante el tiempo de la Reforma, las condiciones imperantes no permitían a Lutero llevar a la práctica su clara convicción respecto a la separación de la Iglesia y el Estado; sin embargo, jamás cesó de declarar este principio como el único correcto y bíblico. (Cf. *Christ. Dogmatic*, III, 481 y sig.).

### *B. RESPECTO A LAS IGLESIAS LOCALES*

#### 1. LA DEFINICIÓN DEL TÉRMINO

Lo que se ha dicho hasta aquí se refiere a la Iglesia Universal, o a la Iglesia en su sentido primario como de "un solo rebaño", Juan 10:16, o la comunión de los creyentes, Mat. 16:18, que el Espíritu Santo congrega continuamente mediante la predicación del Evangelio, Rom. 11:2-5. La Escritura aplica empero, el término *iglesia* también a congregaciones locales, 1 Cor. 16:19; 1:2; 11:16; Hech. 8:1; Rom. 16:16, que por lo tanto se conocen como iglesias locales o particulares. Estas congregaciones son asambleas de creyentes, o cristianos, que se reúnen en cierto lugar, a fin de predicar el Evangelio y administrar los Sacramentos; en resumen, para ejercer el Oficio de las Llaves, Hech. 20:28; 14:23, 27; 1 Tim. 3:5; Mat. 18:17; 1 Cor. 14:23.

Con respecto a la relación que existe entre la Iglesia Universal y las iglesias locales, la Escritura enseña claramente que los términos no se aplican a dos iglesias diferentes o a dos clases diferentes de iglesias, sino que la Iglesia Universal se compone de todos los verdaderos creyentes que se hallan en las iglesias locales. Ya que Dios desea que todos los creyentes se unan a iglesias locales, deben considerarse como casos excepcionales y fuera de propósito en este respecto, todos aquellos casos en que cierto creyente, por circunstancias especiales, no se ha afiliado todavía a una congregación local. Las congregaciones locales se componen, pues, de verdaderos creyentes, o verdaderos miembros de la Iglesia Universal, los cuales están unidos en una comunión visible, con el fin de ejercer el Oficio de las Llaves, o el poder peculiar que nuestro Señor Jesucristo ha dado a su Iglesia en la tierra. Es necesario que esto se entienda bien; pues las iglesias locales, en el sentido propio del término, constan únicamente de verdaderos creyentes.

Puesto que los hipócritas no son miembros de la Iglesia Universal, tampoco lo son de las iglesias locales, Mat. 24:32; 22:12-14; 20:10-16; 13:47-48. Su afiliación con las iglesias locales no es más que externa y accidental. Por esta razón, cuando San Pablo se dirigió a la iglesia local en Corinto ("la iglesia de Dios que está en Corinto"), se refirió a ellos como a los "santificados en Cristo Jesús, llamados a ser santos con todos los que en cualquier lugar invocan el nombre de nuestro Señor Jesucristo, Señor de ellos y nuestro", 1 Cor. 1:2. Esta descripción no se aplica por cierto a los hipócritas que se han unido a la iglesia externamente.

Y, en caso de que los hipócritas se den a conocer como tales, Cristo ordena expresamente que sean excomulgados, Mat. 18:15-18; pues como no son miembros de la Iglesia, no deben deshonrar o perjudicar con su presencia a la congregación local, 1 Cor. 5:6-13.

Por último, todas las obligaciones que Dios impone a las congregaciones locales presuponen que los que las ejecutan sean verdaderos creyentes; pues sólo aquellas personas que realmente han nacido de nuevo pueden desempeñar debidamente estos deberes cristianos; deberes como la enseñanza y amonestación mutua, Col. 3:16-17; y la disciplina eclesiástica, Mat. 18:15-18; 1 Cor. 5:1-13; la preservación de la verdadera doctrina y la vigilancia espiritual sobre los maestros, Rom. 16:17; Col. 4:17; la predicación del Evangelio, 1 Ped. 2:9; la conducta cristiana en el temor de Dios, 1 Ped. 3:8-17; etc. Para que el hipócrita pueda afiliarse a alguna congregación local, primero tiene que "arrepentirse y convertirse" Hech. 3:19.

Definimos por lo tanto, las iglesias locales como asambleas de verdaderos creyentes, los cuales se reúnen en cierto lugar a fin de predicar el Evangelio y administrar los Sacramentos. Si en un modo general aplicamos el término también a congregaciones heterodoxas o aun a cultos anticristianos, esto se hace en un sentido más amplio, ya sea de un modo figurado, porque también en las Iglesias locales heterodoxas puede que se encuentren miembros de la Iglesia Universal, ya sea por el modo común de hablar (cultos no cristianos).

## 2. LA INSTITUCIÓN DIVINA DE LAS IGLESIAS LOCALES

Es una pregunta de vital importancia si las Iglesias locales existen por institución u ordenanza divina, de manera que los creyentes que viven en cierto lugar deben establecer tales iglesias donde éstas no existen, o afiliarse a las que ya existen allí.

Hay quienes afirman que el ser miembro de la Iglesia Universal es suficiente pera la salvación, y que Cristo no ha dado a sus creyentes ningún mandato para establecer iglesias locales o afiliarse a ellas; de esto infieren que las iglesias locales son organizaciones libres, fundadas por los hombres, para remediar las necesidades prácticas de los creyentes en este mundo. A tales objeciones replicamos que Dios por cierto, desea y ordena que:

a) Todos los creyentes que residen en determinado lugar establezcan allí el ministerio público y lo usen con diligencia, oyendo y aprendiendo la Palabra de Dios según la predican los ministros debidamente llamados y ordenados, Efe. 4:3-6; Hech. 2:42-47; 14:23; 20:28; 1 Cor. 12:28; 1 Ped. 5:2-3; Tito 1:5.

b) Todos los creyentes deben celebrar juntos la Santa Comunión, 1 Cor. 11:26; 10:17, y ejercer los deberes de la fraternidad y el amor cristianos, 1 Cor. 11:33- 1:10; Hech. 6:1-6; Col. 3:15-16.

c) Todos los creyentes deben, no sólo amonestar en privado al hermano que yerra, Mat. 18:1:16, sino también como iglesia, o congregación, reprender y aplicar la disciplina eclesiástica a los pecadores impenitentes, Mat. 18:17: 1 Cor. 5:13.

Surge de esto que Dios en realidad desea y ordena que los cristianos establezcan y sostengan iglesias locales; pues sin ellas no se podrían realizar estas obligaciones cristianas, tan categóricamente ordenadas por Dios.

Este principio concuerda en todos sus pormenores con la práctica de los apóstoles y sus colaboradores, que consecuentemente reunían a los creyentes en Iglesias locales, y a esos grupos instruían, exhortaban y consolaban, tanto en persona como en sus epístolas, 1 Cor. 1:2; Rom. 1:7; Gál. 1:2; Efe. 1:1; Filip. 1:1; Hech. 20:28; 14, 23; 1 Cor.5:13; 2Cor. 2:6-8; Tito 1:5; Apoc. 1-3.

Por tal motivo insistimos con razón, en que la excomunión, Mat. 18:17; 1 Cor. 5:13, sea declarada por congregaciones locales, y no por asambleas de cristianos que no pueden exhibir el carácter de instituciones divinas. Entre tales grupos incluimos conferencias, sínodos y similares, convocaciones que se han establecido para promover el reino y la causa de Cristo en la tierra. Pero aun con respecto a sínodos, conferencias y similares organizaciones, los creyentes deben guiarse en todo tiempo por la norma del amor cristiano, 2 Cor. 13:11; 1 Cor. 16:4; Rom. 13:10.

## 3. IGLESIAS ORTODOXAS E IGLESIAS HETERODOXAS

Dios desea y ordena que todos los creyentes oigan, aprendan y promulguen únicamente la Palabra pura que Él mismo les ha dado en su Sagrada Escritura, Jer. 23:3-32, 1 Tim. 6:3-5. A todos los que pervierten la Palabra de Dios y enseñan su propia doctrina en lugar de las verdades reveladas por Dios, Mat. 15:9, la Escritura los condena como falsos profetas, Mat. 7:15, maestros que enseñan fábulas y herejías destructoras, 1 Tim. 1:3-7; 2 Ped. 2:1, hombres impíos, Judas 3:4, hombres corruptos de entendimiento y réprobos en lo que toca a la fe, 2 Tim. 3:1-8, engañadores y anticristos, 2 Juan 7, de quienes todos los cristianos deben apartarse, Rom. 16:17, ignorantes hinchados de orgullo, 1 Tim. 6:3-5, que están bajo la maldición de Dios, Gál. 1:8; etc. Así como la Sagrada Escritura condena toda conducta pecaminosa, 1 Cor. 5:9-11, asimismo condena a todo el que pervierte la fe cristiana, según la ha revelado Dios en su Palabra, Gál. 3:10; 5:10-12; Apoc. 22:18-19; Mat. 18:6-7; 5:19.

Todas las iglesias que toleran y siguen a los que pervierten la verdad se llaman iglesias heterodoxas o impuras, mientras las iglesias que enseñan la Palabra de Dios en su verdad y pureza, y administran los Sacramentos según la institución de Cristo se llaman iglesias ortodoxas o puras.

Esta distinción deben observarla cuidadosamente todos los cristianos sinceros, en particular hoy día, pues el espíritu de indiferentismo ha crecido en medida alarmante en muchas iglesias, y es muy evidente la tendencia a descartar la doctrina cristiana (la abrogación de credos), y a reorganizar las iglesias sobre una "base más amplia de servicio social" (el cristianismo puesto en práctica; el evangelio de servicio social). El modernismo actual aboga por la abolición de todo principio confesional, y por lo tanto, se opone al claro mandato que Cristo dio a su Iglesia, Mar. 16:15; Mat. 28:20, 10:32-39.

A fin de que los creyentes puedan hacer una clara distinción entre las iglesias ortodoxas y las heterodoxas, es necesario recordar los siguientes puntos:

En primer lugar, una iglesia es ortodoxa o pura no por el mero hecho de reconocer la verdad divina en general, mediante confesiones que están de acuerdo con la Escritura, sino cuando en realidad enseña la verdad divina sin modificaciones, e impide o suprime todo error. En otras palabras, una iglesia debe ser ortodoxa no sólo en le teoría, sino también en la práctica, lo que incluye el reprobar y censurar severamente a todos los que enseñan doctrina falsa. Pero eso no es todo. Si una iglesia desea ser verdaderamente ortodoxa, debe, no sólo enseñar en conformidad con la Escritura, sino también insistir en que se ponga en práctica todo lo que la Sagrada Escritura enseña (establecer los requisitos necesarios para los que quieran ser miembros, determinar todos los pormenores en cuanto a la asistencia a la Santa Comunión, regularizar la vida cristiana de sus miembros, oponerse a toda clase de indiferentismo y unionismo religiosos, etc.). La iglesia que es ortodoxa sólo en la teoría, pero no en la práctica, no puede ser considerada como verdaderamente ortodoxa, ya que pasa por alto las exigencias bíblicas respecto a la aplicación de las verdades divinas a la vida del creyente, 1 Cor. 5:13; 11:20-22; 6:1-6; 14:34-40; etc.

En segundo lugar, una iglesia ortodoxa no se hace heterodoxa por los errores que *accidentalmente* ocurran en ella; pues es sólo el *tolerar* falsas doctrinas y prácticas antibíblicas lo que hace heterodoxa a una iglesia. Aun en las iglesias establecidas por los apóstoles se levantaron "falsos profetas" que lograron diseminar sus doctrinas falsas, Hech. 20:30; Gál. 1:6-9; 1 Cor. 15:1-19; pero no quedaron sin ser reprobados y condenados.

En resumen, podemos decir que una iglesia se vuelve heterodoxa o impura sólo cuando cesa de aplicar las instrucciones divinas dadas en Rom. 16:17; 2 Juan 10-11; Mat. 18:17; etc., tolerando así que existan juntos el error y la impiedad con la verdad y la santidad, o que el error tenga ascendiente sobre la verdad.

Las iglesias heterodoxas son *sectas*, por cuanto se adhieren al error que las separa de la Iglesia verdadera. "*Ecclesia quatenus impura, non est ecclesia*". Son *iglesias*, por cuanto se adhieren aún a la verdad cristiana y de este modo están unida a la Iglesia, siempre que, por supuesto, sus errores no nieguen los artículos fundamentales de la fe cristiana; pero si los niegan, dejan de ser iglesias heterodoxas y se vuelven cultos anticristianos (cf. el calvinismo con el unitarismo; 1 Tim. 6:20-21; 2 Tim. 2:16-18).

Si bien las iglesias heterodoxas, en el sentido en que se entiende comúnmente este término, aún se adhieren a los puntos fundamentales de la fe cristiana, y por ende, cuentan entre sus filas con verdaderos creyentes, no obstante, todos los cristianos que reconocen el error de tales iglesias deben separarse de ellas, ya que, por un lado, un error tiende a engendrar otros errores. Gál. 5:9, y por el otro, tolerar un error evidente equivale a negar la verdad divina, Mat. 10:32-36, cosa que es incompatible con la verdadera profesión cristiana, Rom. 16:17; 2 Cor. 6:14-18.

## 4. LAS IGLESIAS HETERODOXAS Y LOS VERDADEROS CREYENTES

Las iglesias heterodoxas no existen por la voluntad de Dios, Mat. 28:20, sino en contra de ella, Jer. 23:29-40; 1 Cor. 3:15-17. Dios permite que existan por una parte, para probar la fe de sus verdaderos discípulos, 1 Cor. 11:19 y por otra parte, para castigar el indiferentismo, la ingratitud y la infidelidad de lo impíos, 2 Tes. 2:11-12.

Por consiguiente, los cristianos deben tratar la existencia de iglesias heterodoxas no con indiferencia, sino con horror, ya que toda doctrina falsa es una ofensa (*skandalon*), que no sólo provoca la ira de Dios, Deut. 32:5-6; 28:15-68, sino que también pone en peligro la salvación de todos aquellos que estén bajo la influencia de tal doctrina, 1 Cor. 15:33; 2 Tim. 2:16-17.

Sin embargo, aun en iglesias heterodoxas se pueden hallar verdaderos creyentes, no en cuanto a que esas Iglesias sean heterodoxas, —pues el error siempre se opone a la fe salvadora— sino por el hecho de que por la gracia de Dios, aún retienen las enseñanzas fundamentales del Evangelio.

Nuestro Señor mismo, aunque reprobó la religión y el culto de los samaritanos, Juan 4:22, reconocía sin embargo, que entre ellos se hallaban algunos verdaderos creyentes, Luc. 17:16; 10:33. Asimismo Lutero, aunque condenó al papado como a una institución fundada por el diablo, reconocía que también en esa iglesia de tantas doctrinas falsas se podían hallar verdaderos creyentes, tales como los niños que habían recibido el Bautismo y los adultos, que a pesar de los errores papales, creían en la salvación por la gracia mediante la fe. De igual modo, el gran Reformador sostenía que había verdaderos creyentes entre los adeptos de Zuinglio y Calvino, porque aquéllos seguían a éstos en pura ignorancia. (St. L., IX. 44).

La Iglesia Luterana confesional, aunque siempre ha reclamado para sí la prerrogativa de ser la verdadera Iglesia ortodoxa, jamás se ha identificado a sí misma con la única Santa Iglesia, fuera de la cual no hay salvación, sino que siempre ha enseñado que le Iglesia Universal es la comunión de todos los creyentes, que depositan su esperanza de la salvación únicamente en la expiación vicaria de Cristo. (Cf. Walther, *Kirche und Amt*, pp. 95-113; 160 y sig.). Dr. Walther dice: "Cualquiera que hace depender la salvación de una persona de su afiliación con alguna Iglesia, anula el artículo de la justificación por la gracia sola mediante la fe en Cristo".

## 5. ES INADMISIBLE LA COMUNIÓN ESPIRITUAL CON IGLESIAS HETERODOXAS

Lo dicho anteriormente no debe inducir a nadie a considerar el unionismo religioso (el sincretismo), como permisible y mucho menos como loable. La Biblia por cierto, ordena que los cristianos amen a todos los hombres, Mat. 22:39; 5:44; 1 Juan 3:17-18; pero esto no quiere decir que los cristianos deben tolerar a los falsos profetas y sus errores, Mat. 7:15; Gál. 1:8-9. El mandato bíblico respecto a este punto es muy claro y enfático, Rom. 16:17; Gál. 5:9; 2 Juan 10-11; Tito 3:9-11; 1 Tim. 1:3-7; 2 Cor. 6:14-18.

Muchos alegan que el unionismo religioso puede justificarse, no sólo por el hecho de que el principio del amor cristiano así lo exige, Rom. 13:10; 1 Cor. 13:7, sino también porque Cristo pidió fervorosamente al Padre que todos has creyentes sean uno, Juan 17:20-21, a esto replicamos:

a) Que no es más que una caricatura del amor cristiano, el permitir que una persona ande a tientas en las tinieblas espirituales y ponga así en peligro la salvación de su alma, 2 Cor. 5:13-15; 1 Cor. 9:22-23 ; 2 Cor. 6:3-10; pues el unionismo religioso, que a la postre no es otra cosa que el indiferentismo carnal, en realidad ignora el verdadero amor cristiano tanto hacia Dios (la fidelidad a su Palabra), como hacia el prójimo (el interés sincero de confesar la verdad divina).

b) Que la unidad que el Espíritu santo mismo obra mediante la Palabra es la unidad de la fe, Juan 17:17, 20-21, 25-26; Efe. 4:3-6; 1 Cor. 1:10, que los cristianos deben mantener y cultivar dando testimonio a la verdad.

Dios ordena por cierto, que haya verdadera unidad de la fe entre los creyentes, 1 Cor. 1:10, y todos los cristianos deben por lo tanto esforzarse por lograrla. Pero esta unidad, que es del Espíritu, no se establece ni se promueve por medio del indiferentismo y tolerantismo en lo que respecta al error. 2 Cor. 6:14-18; 1 Reyes 18:21-22, 40.

El peligro que acecha en el unionismo religioso es que, por una consecuencia desafortunada en la profesión de cierta doctrina falsa, un error siempre conduce a otro error. Por la misma razón, el indiferentismo carnal hacia cierta doctrina, tiende a producir indiferentismo carnal hacia otras doctrinas. Lutero dice (St. L., XVII, 1180): "Cualquiera que estima su doctrina, fe y confesión, como verdaderas, correctas y ciertas, no puede estar en el mismo redil con aquellos que enseñan o favorecen doctrina falsa" (Cf. XVIII, 1996).

Los teólogos racionalistas modernos afirman que las "diferentes tendencias teológicas" (las divisiones denominacionales) existen por intención divina. Tal afirmación no es bíblica ni razonable.

### 6. SEPARATISTAS, O CISMÁTICOS

El término *separatismo* o *cisma*, denota el separarse grupos religiosos de una iglesia ya existente por razones que no tienen fundamento bíblico, tales como costumbres eclesiásticas, formas, prácticas y cosas similares (los donacianos). Los cismas se verifican en oposición a la voluntad de Dios y por lo tanto son pecaminosos. Por razones prácticas hacemos una distinción entre el separatismo malicioso y el no malicioso. El primero nace del despecho y la falta de amor cristiano; el segundo es el resultado de la ignorancia o el prejuicio, y no lleva consigo el menosprecio intencional del principio del amor fraternal.

Aplicar los términos *separatistas* y *cismáticas,* a personas que se apartan de iglesias que enseñan doctrinas falsas o que en su práctica se oponen a la Biblia, es inexcusablemente injusto.

Con respecto al *uso* debido de la doctrina acerca de la Iglesia, el Catecismo Luterano, al contestar la pregunta: "¿Cuándo usamos debidamente esta doctrina de la Iglesia?" declara con acierto: Usamos debidamente la doctrina da la Iglesia, a) cuando nos esforzamos por ser y permanecer miembros de la Iglesia invisible. 2 Cor. 13:5; Juan 8:31-32; b) cuando, con ese fin, nos adherimos a la Iglesia de la Palabra y confesión pura, y evitamos todas las iglesias falsas, Mat. 7:15; 1 Juan 4:1; Rom, 16:17; 2 Cor. 6:14-18; y c) cuando contribuimos a su sostén y extensión según nuestros medios, 1 Cor. 9:14; Gál. 6:6-7; 1 Tim. 5:17-18; 1 Tes. 5:12-13; Mar. 16:15-16; Mat. 28:19-20. Estos puntos merecen la consideración constante de todo creyente, y el pastor cristiano debe enseñarlos con toda diligencia, tanto en su instrucción pública como en la privada.

### 7. LA IGLESIA REPRESENTATIVA

El poder de decidir asuntos referentes a la fe o a la administración de la iglesia, no fue otorgado ni a ciertas personas (papas, reyes, presidentes) ni a asambleas generales (concilios eclesiásticos, sínodos, conferencias pastorales, parlamentos, consistorios). Para todos los asuntos que se refieren a la fe, la única fuente y norma es la Escritura, 1 Ped. 4:11; todos los asuntos que se refieren a la administración externa de las iglesias son cosas indiferentes, Hech. 4:32; 15:22-29; 1:15-26, que han de decidirse en amor fraternal, según el principio del orden cristiano y la conveniencia cristiana, 1 Cor. 14:40.

El Papa de Roma, al atribuirse el título de vicario de Cristo en la tierra, y al afirmar que sus decisiones sobre la fe y la vida revisten carácter obligatorio para la conciencia cristiana, manifiesta ser el Anticristo de que nos habla la Biblia, 2 Tes. 2:3-4. Igualmente condenable es la ambición de ciertos gobernantes terrenales de prescribir a la Iglesia que debe hacer o dejar de hacer (el césaropapismo).

Sin embargo, no es contrario a la Biblia el que los creyentes elijan hermanos para que los representen en ciertos asuntos eclesiásticos. Así, pues, los ancianos de la iglesia pueden representar congregaciones locales, y delegados especiales pueden representar grupo enteros de iglesias locales en sínodos o conferencias. Pero tal iglesia representativa no tiene más autoridad que la que le ha sido delegada por las iglesias locales que ella representa. De por sí no tiene poder legislador, sino únicamente consultor; es decir, lo que la Iglesia representativa decide tiene que estar de acuerdo con el deseo de las iglesias que ella representa, y siempre debe ser ratificado por ellas.

Conforme a este principio, la Constitución de la Iglesia Luterana -Sínodo de Misuri- declara con respecto a la relación que existe entre el Sínodo y las congregaciones locales (cap. IV): "En lo que al gobierno propio de las congregaciones locales se refiere, el Sínodo es únicamente un cuerpo consultor". Esta declaración se funda en la Biblia; pues la Escritura enseña que la iglesia local ha sido instituida por Dios y que está revestida, no sólo de la administración del Oficio de las Llaves, sino también de la autoridad de dirigir todos sus asuntos, Mat. 18:15-18, 1 Cor. 5:11-13; 14:33-36 (Cf. Lutero, St. L., IX, 1253 y sig.; X, 1540 y sig.; XIX, 958 y sig.; *Christl. Dogmatik*, III, 492-501).

Por consiguiente, no hay iglesia representativa en el sentido de que el clero o los concilios, o los sínodos o las convenciones de la iglesia, tengan la autoridad de "resolver definitivamente las controversias referentes a la fe y los casos de conciencia; de establecer reglas e instrucciones para mejorar el culto público a Dios y el gobierno de su iglesia;... y que si tales decretos y resoluciones están en consonancia con la Palabra de Dios, han de recibirse con reverencia y sumisión, no sólo por el hecho de que están de acuerdo con la Palabra de Dios, sino también por el poder que los originó: *porque este poder es una ordenanza de Dios, designado para tal fin en su Palabra*" (Confesión Presbiteriana de la Fe, XXXI).

Los sínodos y concilios que se arrogan tal autoridad, imitan la práctica papista y anulan los derechos y privilegios de la iglesia local, la cual es, por cierto, "ordenanza de Dios, designada para tal fin en su Palabra".

Conviene empero, afirmar una vez más, que las iglesias locales no tienen la autoridad de menospreciar la Palabra de Dios ni de ofender el amor cristiano. En todos los asuntos referentes a la fe y la vida están sujetas a la Sagrada Escritura, y en todos los casos de administración eclesiástica (cosas indiferentes), su interés supremo debe ser el bienestar de la Iglesia, sin olvidar que el amor cristiano debe ser el elemento decisivo en todas las controversias o diferencias de opinión.

Los sínodos y concilios (los presbiterianos, metodistas, episcopales) no forman cierta especie de "iglesia suprema"; sólo la iglesia local es suprema, porque ha sido ordenada por Dios. Todos los demás puntos respecto a este asunto, pertenecen a la incumbencia de la teología pastoral.

# LA DOCTRINA ACERCA DEL MINISTERIO CRISTIANO

## 1. LA DEFINICIÓN DEL TÉRMINO

Tanto la Escritura como la Iglesia usan el término *ministerio* en un sentido general y en un sentido particular. En su sentido general, la palabra denota todo modo de promulgar el Evangelio o de administrar los medios de gracia, bien que esto se haga por los cristianos en general, a quienes Dios ha confiado los medios de gracia, o por los ministros de la Palabra en nombre de la congregación cristiana.

Por consiguiente, hablamos del ministerio cristiano en abstracto, esto es, separado de las personas que lo administran, y en concreto, es decir, como depositado en los pastores debidamente llamados y ordenados, los cuales desempeñan los deberes de ese ministerio en nombre de las congregaciones locales. En este sentido particular, o limitado, usaremos aquí el término ministerio.

El ministerio cristiano en su sentido particular (en concreto) presupone la existencia de iglesias locales, ya que sólo puede establecerse donde tales congregaciones existen. Refiriéndose a esto, nos dicen los *Artículos de Esmalcalda* (Del Poder y la Primacía del Papa): "Dondequiera que existe la Iglesia, allí existe la autoridad [el mandato] de administrar el Evangelio. Por lo tanto, es necesario que las iglesias retengan la autoridad de llamar, elegir y ordenar ministros... Donde quiera que existe una verdadera iglesia, allí tiene que existir necesariamente el derecho de elegir y ordenar ministros".

Los *Artículos de Esmalcalda* expresan la clara doctrina de la Sagrada Escritura sobre este punto. San Pablo, después de haber establecido iglesias cristianas en la isla de Creta, mandó que Tito (Tito 1:5) ordenara ancianos, llamados *obispos* (*episkopous*) en cada ciudad (*kata polin*), esto es, en toda ciudad donde existían iglesias locales. Y en otra ocasión, Pablo y Bernabé, después de haber establecido iglesias locales en Asia Menor en su primer viaje misionero, al regresar "constituyeron ancianos (*presbyterous*) en cada iglesia (*kat' ekklesian*) los encomendaron al Señor en quien habían creído", Hech. 14:23. A los ancianos así ordenados se les mandó expresamente "cuidar de la iglesia de Dios", 1 Tim. 3:5; "mirar por todo el rebaño en que el Espíritu Santo los había puesto por obispos", Hech. 20:28; "apacentar la iglesia del Señor", v. 28b; "velar... y amonestar de noche y de día a cada uno", v. 31; "ser ejemplo de la grey", 1 Ped. 5:3, etc. En resumen, debían servir en sus congregaciones como pastores llamados por Dios.

Por consiguiente, afirmamos correctamente que el oficio del ministerio cristiano existe por ordenanza o mandato divino. La *Apología* (Art. XIII. 11) lo expresa así: "El ministerio de la Palabra tiene el *mandato de Dios* y gloriosas promesas". Gerhard escribe: "El ministerio de la Iglesia es un oficio sagrado y público *ordenado por Dios*". (XIII, 224). Y Hutter: "El ministerio de la Iglesia ha sido establecido... *por Dios mismo*". [*Loc. Th*, 186.) (Cf. *Doctr. Theol.*, p. 606 y sig.).

Se le llama "público" al ministerio cristiano, no por razón del lugar donde ejerce sus funciones, sino por el hecho de que sus funciones se ejecutan en nombre y por autoridad de la congregación, de manera que pertenecen al *ministerio público* aun aquellas funciones del oficio ministerial que se realizan de un modo privado, como la comunión privada; la absolución privada (cf. empresa de servicio público; los empleados públicos; etc.). Así que siempre ha de regir la siguiente regla divina: Dondequiera que se encuentren verdaderos creyentes, allí éstos deben formar y sostener congregaciones locales; al mismo tiempo, en cumplimiento a la voluntad divina, estas congregaciones deben llamar pastores o ministros, para que en nombre de la congregación prediquen el Evangelio y administren los Sacramentos, es decir, para que en nombre de la congregación ejerzan el Oficio de las Llaves. (Cf. Lutero, St. L., III, 723).

## 2. EL OFICIO DEL MINISTRO CRISTIANO Y EL SACERDOCIO ESPIRITUAL DE TODOS LOS CREYENTES

Es claro que el oficio del ministro cristiano no está en oposición al sacerdocio espiritual de todos los creyentes, pues éstos, como sacerdotes espirituales, tienen el deber de promulgar el Evangelio por todo el mundo, 1 Ped. 2:9. Antes bien, el oficio del ministro cristiano presupone el sacerdocio espiritual de todos los creyentes: pues, por un lado, los ministros de la Palabra tienen que ser ellos mismos sacerdotes espirituales o verdaderos creyentes, 1 Tim. 3:2-7; Tito 1:5-9: y, por otro lado, ellos ejercen públicamente, esto es, en nombre de los creyentes que los han llamado, los deberes y privilegios que todos los cristianos poseen como sacerdotes espirituales.

La relación que existe entre el oficio del ministro cristiano y el sacerdocio espiritual de todos los creyentes es por lo tanto evidente. Que los dos no son idénticos, lo demuestra el hecho de que la Escritura hace una clara distinción entre los creyentes en general y los pastores, obispos o ministros, que han sido puestos sobre el creyente. Así, pues:

a) Todos los creyentes deben conocer y profesar la verdad divina, Juan 6:45; 7:38, 39; 1 Cor. 2:15-16: 1 Juan 2:27; 1 Ped. 2:9; Col. 3:16; pero los que son guías espirituales de la Iglesia, deben poseer un conocimiento preeminente de la verdad divina y una aptitud especial para enseñar, 1 Tim. 3:1-7; 5:22; Tito 1:5-11.

b) Si bien la Escritura enseña que todos los creyentes tienen el deber y el privilegio de ejercer el Oficio de las Llaves, Mat. 18:17; 1 Cor. 5:18, ella declara expresamente, por un lado, que Dios da a su Iglesia apóstoles, profetas, evangelistas, pastores y maestros para llevar a cabo la obra del ministerio, Efe. 4:11-12; 1 Cor. 12:28; Hech. 20:28, y por el otro, que no todos los creyentes son apóstoles, profetas, maestros, 1 Cor. 12:29; Sant. 3:1 (*didaskaloi*).

c) Si bien la Sagrada Escritura declara que "a cada uno le es dada la manifestación del Espíritu para provecho (de todos)", 1 Cor. 12:4-12, y que por lo tanto, todos los miembros del cuerpo de Cristo deben tener abundante honor, 1 Cor. 12:23-25, ella exige que los guías espirituales de la Iglesia sean estimados como aquellos que hablan la Palabra de Dios. Heb. 13.7; que los que anuncian el Evangelio, vivan del Evangelio, 1 Cor. 9: 14; que el que es enseñado en la Palabra, haga partícipe de toda cosa buena al que lo instruye, Gál. 6:6-7; que los ancianos que gobiernan bien, sean tenidos por dignos de doble honor, mayormente los que trabajan en predicar y enseñar, 1 Tim. 5:17-18; que los creyentes deben reconocer a los que trabajan entre ellos y los presiden en el Señor y los amonestan, 1 Tes. 5:12-13; y que los cristianos deben obedecer a los que velan por sus almas, como quienes han de dar cuenta a Dios, Heb. 13:17.

d) Por último, cuando San Pablo escribió a los corintios: "Téngannos los hombres por servidores de Cristo y administradores de los misterios de Dios". 1 Cor. 4:1, se refirió no sólo a sí mismo, sino también a Apolos, 1 Cor. 4:6, y a los demás que colaboraban con él en la promulgación de la Palabra, 1 Cor. 3:21.

Hacemos, pues, una distinción entre los creyentes como sacerdotes espirituales y los creyentes como ministros debidamente llamados de Cristo, y administradores de los misterios de Dios.

Nadie ha hecho una distinción más clara entre el sacerdocio espiritual de todos los creyentes y el oficio del ministro cristiano que el Dr. Martin Lutero. Refiriéndose al sacerdocio espiritual de todos los creyentes, Lutero escribe (St. L., V, 1038): "Tan pronto como nos hacemos cristianos por medio de este Sacerdote [Cristo] y su sacerdocio, y mediante la fe, nos vestimos de Él en el Bautismo, tenemos el derecho y la autoridad de enseñar y confesar la Palabra que hemos recibido de Él, delante de todo el mundo, cada uno según su vocación y estado en la vida. Pues aunque no todos estamos en el oficio o vocación ministerial, no obstante, todo cristiano debe enseñar, instruir, exhortar, consolar y reprobar mediante la Palabra de Dios cada vez que sea necesario hacerlo, como un padre o una madre lo hacen con sus hijos y subalternos, y un hermano, vecino, paisano o aldeano con el otro. Pues un cristiano puede instruir y amonestar a otro que ignora o no sabe bien los Diez Mandamientos, el Credo, el Padrenuestro, etc.; y el que así es enseñado, debe recibir la instrucción como si fuera de la Palabra de Dios y confesarla públicamente". (Cf. X. 1590).

Refiriéndose empero, al oficio del ministerio cristiano, el Reformador escribe (St. L., V, 1037): "Aunque todos somos sacerdotes, no por eso todos podemos o debemos predicar, enseñar o presidir; sino que del grupo debemos seleccionar y escoger a algunos a quienes confiamos este oficio; y el que dirige no es sacerdote por razón de su oficio, (pues todos lo son), sino siervo de todos los demás. Y si llega el momento en que no puede predicar o servir, o no desea el oficio, vuelve a ingresar en las filas de los laicos, confía su oficio a otro, y ya no es más que un cristiano común. Así pues, es necesario hacer una distinción entre el ministerio, o el oficio del que sirve, y el sacerdocio común de todos los cristianos bautizados. Pues este oficio no es más que un servicio público, delegado en uno por toda la congregación, cuyos miembros son todos sacerdotes al mismo tiempo". (Cf. X. 1589).

### 3. EL OFICIO DEL MINISTRO CRISTIANO ES ORDENANZA DIVINA

El oficio del ministro cristiano ha sido instituido y ordenado por Dios. Esto lo comprueba, como hemos dicho antes:

a) La práctica de los santos apóstoles, Hech. 14:23, y el mandato que dieron a sus sucesores de ordenar ancianos u obispos, Tito 1:5, que dio por resultado, que por dondequiera que se establecían congregaciones cristianas, allí se ordenaban también ministros y pastores (*presbyteroi*). Hech. 20:17-18; Tito 1:5; *episkopoi.*

b) La descripción de las cualidades personales de los ministros cristianos, 1 Ped. 5:3; 1 Tim. 3:2-7;

c) La descripción de los deberes y funciones del ministro cristiano. Tito 1:9-11; 1 Tim. 3:5; Hech. 20:28, 21; 1 Ped, 5:1 y sig., Heb. 13:17, etc.

d) La distinción que la Escritura hace entre los ancianos u obispos, y todos los demás creyentes, 1 Cor. 12:28-29.

e) El honor y la dignidad que se atribuyen a todos los que oficialmente enseñan la Palabra de Dios, Heb, 13:7; 1 Cor. 4:1.

Repetimos los puntos anteriores a fin de recalcar una vez más esta doctrina; pues a pesar de que la Escritura la enseña tan claramente y que nuestros dogmáticos la han expuesto con tanto énfasis, no han faltado quienes la niegan, inclusive algunos teólogos luteranos.

Algunos han afirmado (Hoefling, por ejemplo) que el ministerio de la Palabra en su forma concreta es de *origen humano* o una mera "evolución histórica". Aseveran que la ordenación de ancianos (*presbyteroi*) en la Iglesia, Hech. 14:23; Tito 1:5 y sig., tenía sólo una significación provisional, o local, ya que las condiciones peculiares que imperaban en aquellos tiempos primitivos, hacían necesario el constituir obispos o presbíteros.

A este argumento replicamos que el texto citado no sugiere en ningún modo tal limitación de la ordenación apostólica de ministros. Al contrario, se pusieron ancianos u obispos, a cargo de las diferentes Iglesias, porque Dios había ordenado que se constituyeran estos ministros o pastores, para "mirar por todo el rebaño y apacentar la iglesia del Señor", Hech. 20:28-31; "gobernar bien y trabajar en predicar y enseñar" 1 Tim. 5:17; "trabajar entre los hermanos, presidir sobre ellos en el Señor y amonestarlos", 1 Tes. 5:12-13; "velar por sus almas, como los que han de dar cuenta a Dios", Heb. 13:17; etc.

Por consistiente, no es asunto de *opción* para los cristianos organizar iglersias locales y establecer el oficio ministerial, sino que es un *deber* hacerlo, porque Cristo lo ha mandado y ordenado así. El Dr. Walther lo expresa de este modo: "El ministerio, o el oficio pastoral, no es una *institución humana*, sino un oficio instituido *por Dios mismo*". (*Kirche und Amt*, 193, 211). La *Apología* concuerda exactamente con la Escritura cuando dice: "El ministerio de la Palabra tiene el mandato de Dios".

Es verdad que Hoefling y sus partidarios admitieron que el oficio ministerial es instituido y ordenado por Dios, en el sentido en que puede llamarse ordenanza divina todo lo que es "razonable", "propio" y 'moralmente necesario", 1 Cor. 14:40. Pero negó que el oficio ministerial existe por ordenanza o mandato divino (cf. *Grundsaetze ev. luth. Kirchenverfassung*, Erlangen, 3ra. ed., 1853), puesto que fue el resultado de una "necesidad interna". Por esta razón, también negó las correcta conclusiones que nuestros dogmáticos luteranos extraen de pasajes tales como Hech. 14:23; Tito 1:5; etc.

Hay que notar empero, que Hoefling no respaldaba su argumento con ningún pasaje claro de la Escritura, sino que lo fundaba en la dudosa inferencia de que, si el oficio ministerial se considera como instituido por Dios, entonces se transfiere un elemento legalista o ceremonial del Antiguo al Nuevo Testamento, lo que sería improcedente, ya que el Nuevo Testamento no es un pacto de ordenanzas o leyes, sino de libertad cristiana, Gál. 5:1-7, y como tal, incapaz de contener elementos legalistas.

Pero este argumento se anula e sí mismo al tratar de probar más de lo que puede. Pues si se aplica consecuentemente, abrogaría todas las instituciones y ordenanzas divinas del Nuevo Testamento, con el resultado de que los cristianos no podrían ser mandados a bautizar, celebrar la Santa Cena, predicar el Evangelio, andar en santidad de vida y cosas similares. En tal caso, la Iglesia del Nuevo Testamento tendría que adoptar por fin el antinomismo como única alternativa.

El error de Hoefling y sus partidarios, se originó en su oposición a ciertos teólogos luteranos de tendencias romanas (Muenchmeyer, Loehe, Kliefoth, Vilmar, etc.), los cuales afirmaban que el oficio del ministro cristiano es una institución divina, en el sentido de que ha sido transmitido directamente de los apóstoles a sus sucesores como estado ministerial mediante el rito de la ordenación.

Los adversarios de Hoefling presentaban, pues, como doctrina luterana una caricatura de la enseñanza luterana respecto a la institución divina del oficio ministerial. Además de esto, hablaban como si los medios de gracia fuesen verdaderamente eficaces, sólo cuando son administrados por personas que mediante el rito de la ordenación han recibido su oficio directamente de los santos apóstoles (cf. el papismo, el episcopalismo, la sucesión apostólica).

Hoefling tenía razón el rechazar esta doctrina papista, pero erraba al negar la institución divina del oficio ministerial. A fin de demostrar que Loehe erraba al enseñar que *Dios había establecido directamente* el oficio ministerial, se vio obligado a negar también que *Dios lo había establecido indirectamente*, es decir, que Dios ordena que los creyentes confieran la administración pública del Oficio de las Llaves a los ministros debidamente llamados y ordenados.

Durante esta controversia, hombres como Stroebel (*Zeitschr. f. luth.Th. und K.*, 1852, p. 699) declararon correctamente que todo cristiano como sacerdote espiritual, tiene por cierto, el derecho divino [en ciertas circunstancias hasta el deber ineludible] de predicar la Palabra de Dios a su hermano, administrarles los Sacramentos, perdonarle sus pecados, imponerle las manos, etc., pero que debe ejercer este derecho sólo en caso de necesidad por causa del orden establecido por Dios y que es del agrado de Dios; en circunstancias normales debe hacer uso del oficio de pastores, a quienes Cristo llamó debidamente por medio de la congregación. Las congregaciones cristianas han de cuidarse de no descartar el oficio espiritual (el oficio pastoral), ni permitir que sea usurpado por gente irresponsable o por tiranos eclesiásticos o mundanos, sino que siempre deben investir de ese oficio a hombres capaces, fieles y piadosos, hasta la segunda venida del señor.... Pues es una conclusión ilógica decir: "Todos los que no han recibido el oficio espiritual (el oficio pastoral) directamente del Señor, sino por medio de la congregación, lo han recibido de los hombres y son por lo tanto siervos de los hombres". (Cf. *Christ Dogmatik*, III, 508-512; también *Lehre und Wehre*, 1870, p. 161 y sig., 174, 1855, p. 1 y sig.).

## 4. ¿ES NECESARIO EL OFICIO DEL MINISTRO CRISTIANO?

Aunque el oficio ministerial, conferido indirectamente a los pastores por medio de la congregación, es una institución divina, no es, sin embargo, de necesidad absoluta; pues todos los creyentes, como sacerdotes espirituales, han recibido el mandato divino de predicar el Evangelio, 1 Ped. 2:9, y de enseñarse y amonestarse los unos a los otros con salmos e himnos y cánticos espirituales, Col. 3:16. Ya lo dijo muy bien Lutero: "El mundo puede volverse tan epicúreo que el oficio pastoral deje de existir por completo en toda la tierra; pero el Evangelio será conservado en los hogares cristianos por padres cristianos" (St. L., VI. 938). También mediante el estudio particular de la Biblia por parte de algunos cristianos, se puede conservar y extender la Iglesia de Cristo en la tierra.

Por esta razón nos dice el Dr. Walther (*Kirche und Amt*, p. 195), que el oficio pastoral no debe considerarse como cierta especie de medio de gracia, absolutamente necesario para la salvación del hombre, como si nadie pudiese llegar a la fe y recibir la remisión de los pecados, sin atenerse al servicio de un pastor ordenado. Esta *necesidad absoluta* se aplica únicamente al uso de la Palabra de Dios, y en particular, al del Evangelio de Cristo, sin el cual... nadie se salva.

Los entusiastas, o iluminados, al negar la necesidad de la predicación del Evangelio y al afirmar que es la "Palabra interna" la que salva, rechazan la clara enseñanza de la Escritura respecto a los medios de gracia y fundan su doctrina en mera especulación. Lutero dice: "Dios no otorga a nadie su Espíritu o su gracia, sin enviar antes su Palabra externa. Ateniéndonos a esto, estaremos prevenidos contra los entusiastas, quienes se glorían de poseer el Espíritu Santo sin necesidad de la Palabra". (*Artículos de Esmalcalda*, III Parte. Traducción de Manuel Gutiérrez Marín).

Pero, aun cuando el oficio pastoral no es de necesidad absoluta, en ningún modo debe ser desechado. Se rechazaría, por ejemplo a) si los cristianos rehusaran a asistir a la iglesia, diciendo que pueden leer la Biblia en su casa; (véanse empero, Luc. 10;16; Heb. 10:23-25, cf. Lutero, St. L., III, 1736); o b) si los ministros debidamente llamados y ordenados no se ocuparan en su santo oficio, con la excusa de que sus feligreses no necesitan el alimento de la Palabra, puesto que, como sacerdotes espirituales, pueden hacerlo ellos mismos; (véanse empero, Ezeq. 3:17 y sig.; 2 Tim. 4:2 y sig.; 1 Tim. 4:13 y sig.; Filip. 2:21; también Lutero, St. L., X, 5); o c) si las iglesias rehusaran sostener escuelas en las que se prepararan ministros o maestros cristianos para el santo oficio; (cf. Empero, Lutero, St. L., X, 417, 458 y sig.). Sólo aquel que menosprecie a Cristo y su glorioso Evangelio, puede menospreciar el oficio del ministro cristiano, Mat. 10:22; 24:9; Juan 17:14.

## 5. EL LLAMAMIENTO AL MINISTERIO

Respecto a la necesidad del llamamiento al oficio ministerial, la *Confesión de Augsburgo* declara (Art. XIV): "Nadie debe enseñar públicamente en la iglesia o administrar los Sacramentos, si no ha sido llamado según las reglas vigentes".

Nuestros dogmáticos hacen una clara distinción entre el llamamiento *directo* y el *indirecto.* También Lutero hace esta distinción. Ella es del todo bíblica: pues la Sagrada Escritura demuestra que aun los profetas y los apóstoles (incluyendo a San Pablo) jamás predicaron sin el llamamiento divino (Ex. 3:10; Isa. 6:8-9; 40:13-9; Jer. 12-10; Mar. 16:15; Mat. 28:19-20; Juan 20:21-23; Hech. 22:2l; Gál. 1:1; Efe. 1:1; Col. 1:1; etc.).

El llamamiento directo, es aquel llamamiento divino que se hace "sin ninguna ayuda intermedia o arbitraria por parte de otros hombres" (Baier). Hollaz dice correctamente: "Un llamamiento directo no es de esperarse en la Iglesia actual".

El llamamiento indirecto no es menos divino que el directo. La diferencia entre los dos, según lo explica Gerhard, es simplemente la siguiente: el llamamiento indirecto se verifica "por medios ordinarios", señalados por Dios para tal fin, mientras que el directo procede de Dios directamente.

Gerhard aduce las siguientes pruebas para demostrar que el llamamiento indirecto es divino: a) La Escritura nos dice que Dios es el Autor de ese llamamiento, 1 Cor. 12:28; Efe. 4:11. b) El llamamiento indirecto se basa sobre la autoridad apostólica, Hech. 14:23; 20:28; 1 Tim. 4:14; 3:1-2; 5:21; 2 Tim. 1:6; 2:2; Col. 4:17. c) Las misericordiosas promesas divinas lo confirman, 1 Tim. 4:16; 2 Cor. 3:6; Efe. 4:11-12.

La Escritura prueba ampliamente el hecho de que el llamamiento indirecto es divino cuando declara, refiriéndose a los ancianos que fueron llamados indirectamente: "El Espíritu Santo os ha puesto por obispos", Hech. 20:28.

El hecho de que el llamamiento indirecto es verdaderamente divino es de suprema importancia, tanto para los ministros mismos como para los feligreses, 1 Cor. 4:1; Luc. 10:16; 1 Ped. 5:2-3; Jer. 23:21; Heb. 5:4; Sant. 3:1.

Ya que el llamamiento indirecto se extiende por medio de hombres (la Iglesia), se hace necesario considerar también la siguiente pregunta: "¿Quiénes son las personas mediante las cuates Dios llama debidamente a sus ministros? " Los romanistas afirman que sólo el *papa* tiene la autoridad de instituir obispos y sus asistentes. Los episcopales enseñan que la ordenación hecha por el *obispo* confiere el más alto grado eclesiástico. Ciertos luteranos de tendencias romanistas, aseveran que los ministros cristianos deben su autoridad pastoral al "estado del ministerio", el cual se propaga por sí mismo. En otros casos, los príncipes o cuerpos gobernantes de la Iglesia, se han arrogado el derecho de llamar y ordenar ministros.

La Escritura empero, atribuye el poder de llamar ministros a todos los verdaderos creyentes, puesto que sólo a ellos ha confiado Cristo el Oficio de las Llaves, Mat. 18:17; 1 Cor. 5:4, 13; 3:21. Cristo dirigió su Gran Comisión, o Mandato Imperial, Mat. 28:19:20, no sólo a los apóstoles, sino también a todos los cristianos; pues dice expresamente: "He aquí, yo estoy con vosotros todos los días, hasta el fin del mundo". Por virtud de su sacerdocio espiritual, todos los creyentes poseen "hasta el fin del mundo" el derecho inherente de predicar el Evangelio y administrar los Sacramentos. Puesto que Dios ha encargado a todos los creyentes la administración de los medios de gracia, los cristianos tienen el privilegio de llamar pastores, o ministros, para que éstos apliquen los medios de gracia en nombre de la congregación. Cf. Lutero: "Que se escoja a algunos de entre muchos, se hace con el fin de que los que han sido escogidos como representantes de la congregación, administren y desempeñen el oficio ministerial que *todos poseen*" (St. L., IX, 1174).

Pero aunque la comunión de todos los creyentes constituye la Iglesia Universal, no es ésta en su carácter universal la que ha recibido de Dios el poder de llamar y ordenar ministros, sino que son las congregaciones locales, o particulares, según lo exponen Mat. 18:17-20; 1 Cor. 5:13; etc.. Los *Artículos de Esmalcalda* (Del Poder y la Primacía del Papa) dicen: "Dondequiera que existe una verdadera iglesia, allí tiene que existir necesariamente el derecho de elegir y ordenar ministros". (Cf. también Lutero, St. L., XVII, 1074 y sig.).

Ciertos individuos o grupos representativos pueden llamar ministros en lugar de otros, pero que estos tienen que recibir autoridad de los únicos que originalmente poseen el derecho de llamar, esto es, de los miembros constituyentes de las congregaciones locales.

Contra el derecho exclusivo que tienen las congregaciones locales de llamar ministros se han hecho varias objeciones, entre las cuales notamos las siguientes:

a. *No las iglesias locales, sino los apóstoles (Pablo, Bernabé, Tito) "constituyeron ancianos en cada iglesia", Hech. 14:23; Tito 1:5.* A esta objeción replica Lutero (St. L., XIX, 347): "Aunque Pablo ordenó que Tito estableciese ancianos en cada ciudad, Tito 1:5, no se infiere que Tito hizo esto de un modo arbitrario; sino que él, siguiendo el ejemplo de los apóstoles, los nombró después que habían sido elegidos por el pueblo; de otra manera el mandato de Pablo habría estado en oposición a la costumbre general de los apóstoles".

Hay razones poderosas que nos inducen a creer y aceptar la explicación de Lutero. En primer lugar, el texto mismo (Hech.14:23), sugiere que los ancianos fueron llamados por voto popular pues *jeirotonesantes*, aunque traducido al español por *constituir o nombrar*, denota en realidad elegir levantando las manos. En segundo lugar, era la costumbre general de los apóstoles, Hech. 6:2-6, hacer que la "multitud", muchedumbre o asamblea eligiese a los ministros por el voto popular de las iglesias (Esteban, Felipe, etc., Hech. 6:5). Por esta razón, inferimos correctamente que el verbo *jeirotoneō* (extender la mano, elegir alzando las manos), tiene este significado especial tanto en Hech. 14:23 como en 2 Cor. 8:19 ("el compañero designado", votado por "las iglesias": *jeirotonezeis hypo ton ekklesiōn*. Los apóstoles, pues, ordenaron ancianos no arbitrariamente, por su mera autoridad apostólica (según enseña Loehe), sino con el consentimiento directo y la cooperación activa de las iglesias locales.

b. El Oficio de las Llaves no fue entregado a las iglesias locales, sino a Pedro, Mat. 16:18-19. Esta objeción, carece de fundamento válido, ya que en aquella ocasión el Señor no se dirigió a Pedro como a un apóstol jefe de los apóstoles (primus inter pares), sino como a un fiel creyente en Él, cómo a uno que profesaba la verdad divina (cf. Mat. 16:17). La roca (petra) sobre la cual Cristo edificó su Iglesia no es la persona de Pedro (Petros), sino la confesión que Pedro hizo como creyente en Cristo.

Lutero lo expresa así: "Todos los cristianos son Pedros por causa de la confesión que Pedro hace aquí, esta confesión, es la roca sobre la cual Pedro y todos los Pedros están edificados". (Observación marginal a Mat. 16:18). Las "llaves del reino de los cielos" son los medios de gracia, en particular el Evangelio, que Cristo ha confiado a todos los creyentes, 1 Ped. 2:9. Y Chemnitz dice (*Examen*, 1667, p. 223): "Lutero enseña, basándose en la palabra de Dios, que Cristo dio y entregó las llaves, esto es, el ministerio de la Palabra y los Sacramentos a *toda la Iglesia.*" Por cuanto todos los creyentes han recibido los medios de gracia, por lo tanto, poseen las llaves del reino de los cielos.

c. Las Confesiones Luteranas enseñan que el oficio ministerial se deriva directamente del oficio apostólico. A esto replicamos que, bien entendida, esta declaración es correcta. Pues aunque los ministros cristianos no son apóstoles en el sentido en que lo fueron les Doce (y San Pablo), quienes por inspiración divina eran maestros infalibles de la Palabra de Dios, tanto como predicadores y como escritores del canon del Nuevo Testamento, no obstante, su oficio, en lo que a su contenido y eficacia se refiere, es exactamente el mismo que el que desempeñaban los apóstoles. En otras palabras, los ministros cristianos hoy día predican la misma Palabra, y administran los mismos Sacramentos que los apóstoles; y estos medios de gracia son hoy día tan eficaces como en el tiempo de los Doce y San Pablo.

Esto no es una "construcción dogmática", sino la clara enseñanza de la Escritura; pues cuando Cristo ordenó a sus discípulos predicar et Evangelio y administrar los Sacramentos, Mat. 28:20; Mar, 16:15-16, determinó expresamente que el ministerio de la Palabra habría de continuar "hasta el fin del mundo". Si la declaración se entiende correctamente, es decir, si excluimos de ella todos los errores que sobre este punto cometen los papistas y los episcopales (la sucesión apostólica), al igual que las falsas nociones de ciertos teólogos luteranos (Loehe, Vilmar, Muenchmeyer, etc.), podemos, pues, afirmar que el oficio ministerial de la actualidad, es una continuación del ministerio de los apóstoles.

A esto podemos añadir que los mismos apóstoles consideraban a los colaboradores que no eran apóstoles, esto es, a los ancianos y obispos que con ellos trabajaban en las diversas congregaciones, como iguales en dignidad y oficio, 1 Cor. 4:1 y sig.; 1 Ped. 5:1 y sig. (literalmente) "a los ancianos (*presbyterous*) entre vosotros, yo exhorto como coanciano" (*sinpresbyteros*)".

Aunque todo lo antedicho es verdad, también es verdad que nuestras Confesiones, fundándose en la Escritura, Mat. 18:17-20; 1 Cor. 5:13; Rom. 16:16; 1 Ped. 2:9, enseñan expresamente que el Oficio de las Llaves pertenece a toda la Iglesia, y que por esta razón, los ministros desempeñan su oficio por virtud del llamnamiento que han recibido de sus congregaciones. Los *Artículos de Esmalcalda* dicen (Del Poder y la Primacía del Papa): "Dondequiera que la Iglesia existe, allí existe la autoridad [el mandato] de administrar el Evangelio. Por lo tanto, es necesario que las iglesias retengan la autoridad de llamar, elegir y ordenar ministros. Y esta autoridad es un don que en realidad le es dado a la Iglesia, y que nadie puede arrebatar de la Iglesia... Por consiguiente, dondequiera que *exista una verdadera iglesia*, allí tiene que existir necesariamente el derecho de elegir y ordenar ministros.... Aquí pertenecen las palabras de Cristo, las cuales declaran que las llaves han sido dadas a la Iglesia, y no meramente a ciertas personas, Mat. 18:20. Por último, esto lo confirman también las palabras de Pedro, 1 Ped. 2:9. Estas palabras se refieren a la Iglesia, la cual tiene por cierto el derecho de elegir y ordenar ministros, ya que ella sola posee el sacerdocio". Se ve, pues, que aunque todos los ministros cristianos que han sido debidamente llamados son "ancianos juntamente" (*synpresbyteroi*) con los santos apóstoles, 1 Ped. 5:1; 2 Juan 1:3 Juan 1; 1Cor. 3:5-9, sin embargo, son ancianos y obispos (ministros, pastores), no por medio de alguna "sucesión apostólica", ni porque "el oficio ministerial se propague por sí mismo", sino únicamente por virtud del llamamiento que han recibido de sus iglesias. En otras palabras, sólo el llamamiento divino que se les ha extendido indirectamente por medio de las congregaciones locales, los hace "ancianos juntamente" con los apóstoles.

## 6. LA ORDENACIÓN

La ordenación de los ministros que han sido debidamente llamados no es una institución u ordenanza divina, sino un rito eclesiástico; pues aunque la Escritura la menciona, Hech. 14:23, sin embargo no la ordena. Con razón, pues, contamos la ordenación entre las cosas indiferentes, y afirmamos que no es la ordenación lo que hace al pastor, sino el llamamiento que recibe de la congregación.

Lutero escribe (St. L., XVII, 114): "La imposición de las manos [la ordenación] bendice, afirma y certifica esto [el llamamiento al oficio ministerial], así como el notario y los testigos certifican cierto asunto civil o así como el pastor, cuando bendice a los novios, confirma o certifica su casamiento, esto es, que ya se han prometido y lo han anunciado públicamente".

En términos similares se expresan los *Artículos de Esmalcalda* al declarar que la ordenación no es más que la ratificación pública del llamamiento. Dicen: "Anteriormente el pueblo elegía pastores y obispos. Entonces venia un obispo, ya sea de aquella congregación o de alguna próxima a ella, para confirmar a los elegidos mediante la imposición de manos, y la ordenación no era más que tal ratificación" (Del Poder y la Primacía del Papa).

Por esta razón, la Iglesia Luterana confesional no practica lo que se llama *ordenación absoluta*, es decir, la ordenación de una persona que aún no ha recibido llamamiento, ya que esto podría dar a entender que por medio de la ordenación, tal persona ha sido recibida en un "estado espiritual" y hecha sacerdote consagrado, elegible para ser llamado por una congregación, como si por medio de la ordenación hubiese recibido virtudes especiales. (Cf. Walther, *Pastorale*, p. 65).

Está demás decir, que también el rito de la ordenación pertenece a las iglesias locales. "Dondequiera que existe una verdadera iglesia, allí tiene que existir necesariamente el derecho de elegir y ordenar ministros". (*Artículos de Esmalcalda*).

Según la enseñanza de la Iglesia Católica Romana sólo pueden ser ministros cristianos (sacerdotes), los que han sido ordenados por obispos instituidos por el Papa, mientras que los pastores llamados y ordenados por congregaciones cristianas son ladrones y criminales (Concilio de Trento, Ses. XXIII, Can. 4). Desde el punto de vista del papado, es muy fácil entender esta doctrina anticristiana; pues según la enseñanza papista el "sacramento" de la ordenación concede al que es ordenado, *ex opera operato*, el Espíritu Santo y le confiere un "carácter indeleble", que lo hace sacerdote para siempre, aunque por infamantes pecados se vuelva indigno del sagrado oficio.

Pero esto no es todo, según la doctrina católica romana, el sacerdote recibe mediante la ordenación también el poder sobrenatural de convertir o transubstanciar el pan y el vino en la Santa Cena en el cuerpo y la sangre de Cristo, y de ofrecer éstos como sacrificio por los pecados de los vivos y de los muertos (Concilio de Trento, Del Sacramento de la ORDENACIÓN, Cánones 1-8), Este es un poder tan grande que ni siquiera los santos ángeles ni los santos más poderosos pueden poseerlo. En efecto, este poder es aún superior al de la naturaleza humana de Cristo, la cual, según la doctrina papista, tiene que obedecer al sacerdote cada vez que este le ordena reaparecer en la tierra para ser sacrificada por los pecados de los vivos y de los muertos. La doctrina papista acerca de la ordenación y la misa, encierra por lo tanto, una horrible blasfemia contra Cristo y su Palabra.

Aunque los episcopales no reconocen al Papa como al vicario de Cristo en la tierra, sin embargo, enseñan que la ordenación es el único medio por el cual puede ser transmitida la sucesión apostólica, y con ella el verdadero ministerio.

Por último, los luteranos de tendencias romanistas, en su empeño de considerar el ministerio como un "estado espiritual especial", que se propaga por sí mismo, cambian el rito eclesiástico de la ordenación en una ordenanza o institución divina. Estos luteranos de tendencias romanistas niegan rotundamente que el ministro cristiano recibe su oficio mediante el llamamiento que le extiende la congregación, pese a que la Escritura enseña esta doctrina con la mayor claridad.

## 7. EL MINISTERIO CRISTIANO NO CONSTITUYE UN ESTADO ESPIRITUAL

Conviene advertir que también Lutero, acomodándose al lenguaje común y corriente, cuando habla de los ministros, esto es, de los "que sirven en oficios eclesiásticos" (St. L., X, 423 y sig.), a veces los llama "sacerdotes", "espirituales", un "estado espiritual", etc. Pero declara que el uso de estos términos, a más de no tener ningún fundamento bíblico, se presta también a malas interpretaciones, ya que de acuerdo con la Escritura, todos los creyentes son "ungidos", 1 Juan 2:27, "espirituales", Gál. 6:1, "casa espiritual" y "real sacerdocio", 1 Ped. 2:5, 9. "Todos los cristianos forman un estado espiritual y entre ellos no hay ninguna diferencia, excepto en lo que respecta al oficio que desempeñan". (Cf. *Hutterus Redivivus*, p. 270).

Lutero declara además, que el Espíritu Santo se cuida de no aplicar el nombre sacerdote a los apóstoles y sus colaboradores, aunque lo aplica expresamente a todos los cristianos bautizados. Lutero dice (St. L., XIX, 1260): "No nacemos de nuevo en el Bautismo como apóstoles, maestros, predicadores, pastores, sino como *sacerdotes.* Entonces la Iglesia escoge a uno de estos sacerdotes regenerados y lo llama y elige, para que se haga cargo de aquellas funciones que originalmente corresponden a todos los creyentes por virtud de su oficio sacerdotal". De esta manera, Lutero rechaza la opinión errónea de que los ministros, o pastores, constituyen un "estado espiritual".

El parecer de Lutero está en estricta conformidad con la enseñanza de la Sagrada Escritura; pues la Escritura describe a los ancianos y obispos, no como a "espirituales" de mayor jerarquía que otros, sino como a ministros (siervos) de todos los creyentes, 2 Cor. 4:5. Aunque es verdad que todos los pastores son siervos de Cristo y de Dios, 1 Cor. 4:1; Tito 1:7; 2 Tim. 2:24; Luc. 12:42; sin embargo, lo son sólo como ministros de la Iglesia, o porque la Iglesia los ha llamado para que sean servidores de Cristo y administradores de los misterios de Dios".

Lutero escribe sobre este particular (St. L., X, 1590): "Pablo se llama a sí mismo *siervo*, y más de una vez dice: Sirvo al Evangelio. Esto lo hace no con el fin de establecer un estado u orden, un derecho o cierta dignidad, como se suele hacer hoy día, sino únicamente para ensalzar el oficio y la obra, y conservar en la congregación el derecho y la dignidad del sacerdocio".

El Dr. Walther se expresa en términos similares (*Kirche und Amt*, p. 221); "El oficio ministerial no es un estado especial, el cual existe para que se distinga del estado común de los cristianos, o que sea más santo que ese estado, sino que es un ministerio cuyo fin es servir".

Por esta razón, las iglesias tienen también el derecho y el deber de *mirar por el ministerio* de sus pastores y maestros, Col. 4:17, y de destituirlos de su oficio, en caso de que rehúsen predicar la Palabra de Dios en toda su pureza y adornarla con una vida santa, Col. 4:17; Juan 10:5; Mat. 7:15; Rom. 16:17-18. (Cf. Lutero, St. L., X, 1591).

Los ministros, por supuesto, desempeñan su oficio sólo en tanto que administren las funciones del ministerio cristiano a que han sido llamados.

Al describir la manera, como el ministro recibe el oficio divino de la congregación que lo ha llamado, nuestros dogmáticos han usado el verbo *conferir.* Han dicho: "Mediante el llamamiento la congregación cristiana *confiere* el ministerio cristiano a las personas que llenan los requisitos necesarios".

Nadie debe tildar de objetable este término; pues el término expresa la verdad bíblica de que la congregación es la "fuente de todo poder eclesiástico" (Hase), por virtud del Oficio de las Llaves que Cristo ha dado a su Iglesia, y de que los pastores ejercen el ministerio cristiano sólo en el nombre y por la autoridad de la congregación. Los que se oponen al término conferir, deben estudiar detenidamente la doctrina bíblica del Oficio de las Llaves y preguntarse después si la aceptan o no. (Cf. *Christl. Dogmatik*, III, 522 y sig.).

Nuestros dogmáticos declaran con razón, que *todo* el poder que los pastores cristianos poseen por virtud del llamamiento que han recibido, les ha sido conferido o ha sido delegado en ellos por la congregación, de manera que la jurisdicción del pastor está limitada por el llamamiento que ha recibido de la congregación.

Por consiguiente, el pastor no debe excomulgar a nadie sin el consentimiento de la congregación, Mat. 18:17-18; 1 Cor. 5:13. En todo caso disciplinario, la función del pastor es guiar y aconsejar a la congregación. Si el que ha ofendido se muestra impenitente, el pastor, como siervo de la iglesia, debe declarar públicamente lo que la congregación haya decidido, 1 Cor. 5:1-7, 13.

Pero si el pecador se arrepiente, el pastor tiene el deber de aconsejar a la congregación para que perdone al que ha ofendido, 2 Cor. 2:6-11, y luego debe declarar públicamente la absolución pronunciada por la congregación. Lutero llama "excomunión espuria" a aquella que el ministro decida ejecutar en contra de la Palabra de Dios, y sin el consentimiento de la congregación. (Cf. St. L., XIX, 950 y sig.).

## 8. EL PODER DEL MINISTERIO CRISTIANO

Puesto que el oficio pastoral es el ministerio de la *Palabra divina*, todos los creyentes tienen el deber de obedecer a sus pastores como a Dios mismo, Heb. 13:17; Luc. 10:16. En tanto que los pastores permanezcan fieles ministros de la Palabra, su autoridad es tan indisputable como la de la Palabra divina. Pero tan pronto como se apartan de la Palabra y enseñan mandamientos de hombres, pierden toda su autoridad, y sus feligreses deben rehusar obedecerles por razones de conciencia, Mat. 23:8; Rom. 16:17.

En lo que respecta a cosas indiferentes, es decir, cosas que la Palabra de Dios ni ordena ni prohíbe, no es el ministro quien debe pronunciar la palabra decisiva, sino toda la congregación por consentimiento unánime.

Los papistas aseveran que los feligreses tienen que obedecer a sus sacerdotes *en todas las cosas.* La *Apología* refuta tal argumento de este modo (Art. XXVIII, 19-20): "Las palabras del Señor en Luc. 10:16: 'El que a vosotros oye, a mí me oye', no se refieren a las *tradiciones*". Pues Cristo exige que los predicadores enseñen de tal modo, que mediante la palabra de ellos Él mismo sea oído. Por lo tanto, Él quiere que sea oída *la voz de Él, la Palabra de Él*, y no las tradiciones humanas. Así, un pasaje que contiene un consuelo tan grande y una doctrina tan importante, estos estúpidos lo han pervertido para enseñar naderías, como la distinción de alimentos, vestiduras y cosas similares. Citan Heb. 13:17: 'Obedeced a vuestros pastores'. Este pasaje exige obediencia al Evangelio. Pues no establece para los obispos un dominio fuera del Evangelio. Tampoco deben los obispos forjar tradiciones contrarias al Evangelio o interpretar sus tradiciones en oposición al Evangelio. Y cuando, a pesar de todo, lo hacen, hay que vedarles obediencia, según Gál. 1:9: 'Si alguno os predica diferente Evangelio del que habéis recibido, sea anatema'".

El ministro no tiene, pues, ningún poder o jurisdicción alguna (*iure divino*) fuera de su llamamiento y oficio. Su autoridad se limita al Oficio de las Llaves (*potestas clavium).*

## 9. LA RELACIÓN QUE EXISTE ENTRE UN MINISTRO CRISTIANO Y EL OTRO

Por motivo de las diferentes dignidades y órdenes que el papado ha creado entre sus sacerdotes (la jerarquía romana), es necesario acentuar la verdad bíblica, de que todos los ministros cristianos son iguales en clase y dignidad, Mat. 23:8; 1 Ped. 5:1. Así como los pastores cristianos no tienen ningún poder sobre sus congregaciones fuera del que Dios les ha concedido como a ministros de la Palabra, asimismo, por derecho divino (*iure divino*), no tienen ningún poder sobre sus hermanos en el ministerio. Cualquier dignidad que se haya establecido en la Iglesia se apoya sólo en el derecho humano (*iure humano).*

Lutero escribe sobre este punto "Ni el papa es mayor que los obispos ni el obispo es mayor que todos los presbíteros, según el derecho divino". Esa es la doctrina bíblica.

Como los romanistas, así también los episcopales y otros grupos protestantes de tendencias romanistas, pervierten la doctrina bíblica acerca de la igualdad de los ministros cristianos.

Con respecto a los términos *presbiteros* (*presbyteroi*) y *obispos* (*episkopoi*), la Escritura no hace ninguna distinción, sino que llama a las mismas personas por ambos nombres, Hech. 20:17, 28; Tito 1:5, 7.

San Pablo dice a los cristianos que no se hagan esclavos de los hombres, 1 Corintios 7:23, Esta prohibición se aplica también a todo esfuerzo que se haga para establecer cualquiera autoridad humana en la Iglesia, mediante la implantación de una jerarquía (Cf. *Christl.* Dogmatik, III, 524 y sig.).

## 10. EL MINISTERIO CRISTIANO ES EL OFICIO SUPREMO EN LA IGLESIA

Lutero nos dice repetidamente en sus escritos que el ministerio cristiano es el oficio supremo en la iglesia. También demuestra por qué el oficio del pastor cristiano merece tal distinción a saber, porque es el oficio que enseña y aplica *la Palabra de Dios.* Lutero dice (St. L., X, 1592): "Todo el que recibe el ministerio de la Palabra, recibe también todos los demás oficios que se administran en la iglesia mediante la Palabra, esto es, el poder de bautizar, bendecir [administrar la santa Comunión], remitir y retener pecados, orar, juzgar y decidir. El oficio de predicar el Evangelio es por cierto, el mayor de todos, pues es el verdadero oficio apostólico, que sirve de fundamento a todos los demás, para que sobre él se edifiquen todos los otros como por ejemplo, el oficio de maestros, profetas, ancianos y el de aquellas personas que tienen el don de sanar a los enfermos". (Cf. también X, 1547).

En cuanto a los obispos, que según 1 Tim. 3:5 han de cuidar de la Iglesia de Dios, Lutero escribe (St. L., XII, 338): "Estos son, pues, los que han de cuidar de todos los demás oficios, a fin de que los maestros se ocupen en lo que enseñan y no sean negligentes, y que los diáconos puedan manejar los dones y no sean indolentes".

Y en otra oportunidad (X, 1548): "a quien se le encomienda el ministerio de la Palabra, se le confía el oficio supremo en la cristiandad; por consiguiente, también puede bautizar, administrar la Misa [la Santa Comunión] y cuidar de todos los deberes pastorales. Pero si no quiere hacer esto, puede concretarse a la predicación únicamente y dejar los demás oficios secundarios a otros, según lo hicieron Cristo y Pablo y todos los apóstoles, Hech. 6".

Al igual que Lutero, también la Iglesia Luterana confesional enseña que el ministerio cristiano (el oficio pastoral) es el oficio supremo en la Iglesia, pues administra la Palabra, que es el don supremo dado por Cristo a la Iglesia. (Cf. la disertación del Dr. Walther sobre: "El Ministerio de la Palabra, el Oficio Supremo en la Iglesia, de Donde Emanan Todos los Demás Oficios de la Iglesia." *Kirche und Amt*, p. 342 y sig.).

## 11. SOBRE EL ANTICRISTO

La Sagrada Escritura emplea el término anticristo en un sentido general y en un sentido particular. Usado en sentido general, el término se aplica a todos los que en lugar de la Palabra de Dios enseñan doctrinas de hombres, 1 Juan 2:18. Todos los que enseñan doctrinas falsas deben ser considerados como anticristos (*antijristoi* adversarios de Cristo), pues nuestro Señor insiste, en que en la Iglesia no se debe enseñar otra doctrina que la que se enseña en la Sagrada Escritura, Mat. 28:20; Juan 8:31-32; 17:20; 5:39; Rom. 16:17; 1 Ped. 4:11; 1 Tim. 6:3 y sig.: 2 Tim. 3:15-17; 2 Juan 10; Apoc. 22:18-19. Todos los que desechan este mandato divino, cometen rebelión contra Dios y son adversarios de Él, Luc. 11:23.

Pero en su sentido particular, el término *anticristo* denota al gran Anticristo, cuya venida se predice en 2 Tes. 2:3-12. En 1 Juan 2:18, este Anticristo (*kat' edzojen*) es distinguido cuidadosamente de los "muchos anticristos", y su aparición es presentada como señal de los días postreros. En él culmina el "anticristianismo", 2 Tes. 2:7 y sig.

Ya que la Sagrada Escritura pinta al Anticristo como al inicuo, de quien todos los creyentes deben cuidarse y a quien por lo tanto deben conocer, 2 Tes.2:8, debemos considerar cuidadosamente las señales con que la profecía divina lo caracteriza. Estas señales inequívocas, según 2 Tes. 2:3-12, son las siguientes:

a. La "apostasía" (he apostasia). Las palabras en 2 Tes. 2:10-12, demuestran con la mayor claridad que esta "apostasía" no debe entenderse en un sentido político (comunismo y anarquía; la aparición de soberanos despóticos), como algunos han opinado y aún opinan otros erróneamente, sino en un sentido espiritual o religioso. La causa de la apostasía es el "poder engañoso", el resultado del cual es que los hombres creen a la mentira y se condenan por su propia incredulidad. Con esto "apostatan" de Cristo y su Palabra, 2 Tes. 2:4.

b. El "sentarse en el templo de Dios". 2 Tes. 2:4. El apostatar de Cristo y su Evangelio no ocurre fuera de la Iglesia, sino dentro da ella; pues, el templo de Dios es la Iglesia, 1 Cor. 3:16 y sig.; 1 Tim. 3:15; 2 Tim. 2:20. La gran apostasía que el Anticristo provoca, no es pues, la propagación del paganismo o de cultos anticristianos, sino una apostasía dentro da la Iglesia externa Por esta razón se le llama también "el misterio de la iniquidad" (mysterion tes anomias), 2 Tes. 2:7, esto es, una iniquidad que se oculta tras palabras y formas piadosas. Ni tampoco es esta iniquidad sólo provisional, sino que es permanente; pues el Anticristo seguirá sentado en el templo de Dios hasta la segunda venida del Señor, v. 8.

c. El oponerse y levantarse contra todo lo que se llama Dios. El Anticristo, que se sienta en el templo de Dios, estará en constante oposición a Dios y su Palabra, arrogándose suprema autoridad en la religión, ostentando que él es Dios, 2 Tes. 2:4. Durante el reinado del Anticristo, la Iglesia no obedecerá ni a Cristo ni su Evangelio, sino que hará solamente lo que el Anticristo le exija en su pretendida autoridad divina. Todos los que están bajo su dominio están obligados a someterse a él y no a Dios.

d. La obra de Satanás en el Anticristo. Aunque el Anticristo no es Satanás mismo, su advenimiento, se verifica por obra de Satanás (kat' energeian tou satana. v. 9) esto es, se manifiesta por la obra engañosa, astuta y malvada de Satanás, y se mantiene en la iglesia mediante el poder de Satanás; pues con la ayuda de Satanás puede obrar "con gran poder y señales y prodigios mentirosos". 9. El adjetivo calificativo mentirosos (griego: pseudous) en el original, modifica a los tres nombres: poder, señales y prodigios. Así como son mentiras las doctrinas que enseña el Anticristo, asimismo, son mentiras las obras que ejecuta. Por lo tanto, su dominio reside en la habilidad, obrada por Satanás, de engañar a los hombres con toda clase de mentiras.

e. La revelación y muerte del Anticristo mediante el espíritu de la boca del Señor, v. 8. El Anticristo permanecerá desconocido a muchos ("misterio de la iniquidad", v. 7); mas a su tiempo será revelado y matado por el espíritu de la boca del Señor, que es la Palabra de Dios, Isa. 11:14; 49:2; Apoc. 1:16. El Anticristo será, pues, revelado y matado mediante la predicación de la Palabra de Dios. Esto, sin embargo, no significa el fin de su inicuo reinado; pues el Señor mismo lo "destruirá" (katargesei, lo anulará, lo quitará de en medio) "con el resplandor de su venida", v. 8; es decir, el reinado del Anticristo durará hasta el Día del juicio.

f. La venida del Anticristo y su reinado, son una manifestación de la ira de Dios sobre todos aquellos que "no recibieron el amor de la verdad para ser salvos", v. 10. Su aparición conducirá, pues, a la condenación de muchos, v.12, y así prefigurará la ira condenadora de Dios en el Día del Juicio, v.3.

Estas señales del Anticristo las observamos no en ciertos engañadores en particular (Arrio, Mahoma) ni en ciertos tiranos (Nerón, Napoleón), sino en el papado. En éste, dentro de la Iglesia Cristiana externa, se halla la gran apostasía, es decir, el rechazamiento de la Escritura como la única fuente y norma de la fe y el rechazamiento de la doctrina central de la religión cristiana, la salvación por la fe, "la única que engendra, nutre, edifica, conserva y defiende a la Iglesia y sin la cual la Iglesia de Dios no puede subsistir ni siquiera una hora" (Lutero: St. L., XIV, 168).

En la iglesia del Anticristo, la doctrina de la justificación por la gracia mediante la fe queda anatematizada, y sus defensores cristianos quedan condenados como herejes y anticristos (Concilio de Trento, Ses. VI, Cáns. 11-12. 20).

El papado —el impío adversario de Cristo— obra, además, toda clase de milagros, señales y falsos prodigios y "con todo engaño de iniquidad" (injusticia), y con "poder engañoso", conduce innumerables almas a la condenación, Gál. 3:10; 5:4.

En el papado encontramos también la más grande apostasía, *ocultada tras palabras y formas piadosas*, la más consumada hipocresía, disfrazada con el traje de la profesión de fe, y el más enconado odio contra Cristo y su santa Palabra, escondido bajo los nombres pretensiosos de "vicario de Cristo", "virrey de Cristo", etc.

En el papado encontramos el paganismo en su forma más grosera (el culto a los santos y las imágenes, la salvación por medio de las obras) y el cruel derramamiento de la sangre inocente de miles de mártires que en la verdadera fe cristiana se han opuesto a ese paganismo anticristiano.

En el papado encontramos la revelación y muerte del Anticristo mediante el espíritu de la boca del Señor, esto es, la manifestación del papa como el Anticristo por medio de la Reforma luterana.

Por último, en el papado encontramos esa presunción, de que en su arrogancia dice estar por encima de toda forma de gobierno, cosa que es señal característica del Anticristo, el hombre de pecado y el hijo de perdición, el cual "se opone y se levanta contra todo lo que se llama Dios".

Los *Artículos de Esmalcalda* declaran por lo tanto, que el papa de Roma es el Anticristo. "Las señales del Anticristo concuerdan a todas luces con el reinado del papa y sus secuaces. Pues Pablo, 2 Tes. 2:3, al describir el Anticristo a los tesalonicenses, lo llama *un adversario de Cristo*, que se opone y se levanta contra todo lo que se llama Dios....El apóstol habla, pues, de uno que gobierna en la Iglesia, no de reyes paganos, y lo llama el adversario de Cristo, porque inventa doctrinas que se oponen al Evangelio y se arroga autoridad divina". (*Artículos de Esmalcalda; Triglota*, p. 515, § 39).

Y más adelante (p. 517, § 41): "Siendo así, todos los cristianos deben cuidarse para que no se hagan partícipes de la doctrina impía, las blasfemias y la injusta crueldad del papa. Por este motivo deben *abandonar* y *detestar* al papa con sus secuaces como al reinado del Anticristo, según lo ha ordenado Cristo, Mat. 7;15: "Guardaos de los falsos profetas". Y Pablo manda que los maestros impíos sean desechados y execrados como malditos, Gál. 1:8; Tito 3:10. Y en 2 Cor. 6:14, dice el mismo apóstol: 'No os unáis en yugo desigual con los incrédulos; porque ¿qué comunión tiene la luz con las tinieblas?'" (Cf. también Lutero, St. L., XVII. 2191; XVIII, 1529 y sig.).

La doctrina de nuestra confesión de que "el papa es el verdadero Anticristo", se ha negado con el argumento de que en 2 Tes. 2:3-12, el apóstol no habla de un sistema de enseñanza, sino de un engañador en particular. Pero esa objeción no tiene fundamento, pues San Pablo describe en ese pasaje "un misterio de la iniquidad" que ya se hallaba activo en aquel tiempo y que seguirá existiendo hasta el fin del mundo, vs. 7-8.

Si algunos teólogos protestantes modernos no reconocen al Anticristo en el papa de Roma, ello se debe a que ellos mismos no entienden cuán abominable es rechazar la Palabra de Dios como la única fuente y norma de la fe, y cuán abominable es llamar anatema a la doctrina de la justificación por la fe. Puesto que el papado destruye el artículo central de la fe cristiana, su adhesión externa al Credo Apostólico es una de las muchas mentiras que emplea para engañar a los incautos. A estas mentiras pertenecen también las muchas "buenas obras" de que se jacta. Lutero dice muy acertadamente (St. L., XVIII, 1530): "El papado es un reinado que destruye tanto la fe como el Evangelio".

Es imposible responder afirmativamente a la pregunta de si algunos papas han creído personalmente en Cristo como su Salvador, ya que cada papa es cabeza de un culto anticristiano que oficial y permanentemente anatematiza el artículo de la justificación por la fe. También los "papas piadosos" pertenecen a los "prodigios mentirosos" con que Satanás engaña a los que no aman la verdad.

Aunque es verdad que la doctrina respecto al Anticristo no es una enseñanza fundamental de la Escritura, ya que nadie se salva por el hecho de reconocer al Anticristo, sin embargo, no debemos considerarla como de poca importancia, pues Dios nos ha revelado esta verdad, a fin de que nos sea provechosa para enseñar y corregir, 2 Tim. 3;16, Así como San Pablo previno a los creyentes de su tiempo contra el Anticristo, asimismo los ministros cristianos de la actualidad deben prevenir a sus oyentes contra ese hijo de perdición, 2 Tes. 2: 3, 5. Por consiguiente, todo ministro que diga no poder reconocer al Anticristo, demuestra debilidad e incapacidad en el discernimiento cristiano, lo cual no es precisamente un motivo para gloriarse, 2 Tes. 2:13-15.

Si hubo aún antes de la Reforma, cristianos discernientes que reconocieron que el papa es el Anticristo (Savonarola, Hus, Wiclef), mucha más razón tenemos nosotros para reconocerlo, por cuanto ha sido revelado por Dios (2 Tes. 2:8) mediante la obra de la Reforma, obra por la cual Dios volvió a dar a su Iglesia tanto la Sagrada Escritura como la única fuente de la fe (el principio formal de la Reforma), como también la justificación por la gracia mediante la fe, como la única esperanza que tiene el pecador para su salvación eterna (el principio material de la Reforma). Cuando Lutero dijo: "Dios os llene de odio contra el papa" se refería al Anticristo, según se ha revelado en el sistema papal.

# LA DOCTRINA ACERCA DE LA ELECCIÓN ETERNA

La doctrina acerca de la elección eterna ha sido tratada por nuestros dogmáticos ya sea conjuntamente con la doctrina referente a la gracia divina (Quenstedt, Hollaz), o bien con la doctrina referente a la salvación en Cristo (Baier). No importa en qué lugar de la dogmatica cristiana se presente la doctrina acerca de la elección eterna; lo esencial es, que sea presentada en forma enteramente bíblica.

Ahora bien, la doctrina de la elección no es un artículo central de la fe, sino que fue dada principalmente para el consuelo de los creyentes. Además, según lo indica la *Fórmula de Concordia* (Epítome, XI, 11), debemos proceder en el estudio de la predestinación "según el orden que San Pablo ha observado en la Epístola a los Romanos: a saber, primero dirige los hombres al arrepentimiento, al conocimiento de sus pecados, a la fe en Cristo, a la obediencia divina, y sólo entonces, les habla del misterio de la elección eterna de Dios". Por todas estas razones, tratamos esta doctrina después de las del pecado y la gracia, el arrepentimiento y la fe, a fin de que el estudiante pueda considerarla sin perder de vista, ninguno de los hechos y ninguna de las promesas consoladoras del Evangelio.

## 1. LA DEFINICIÓN DEL TÉRMINO

La enseñanza central de la Escritura es la doctrina consoladora de la *sola gracia,* que nos habla de la gracia de Dios en Cristo Jesús para con el mundo pecador, Rom. 3:23-24; Efe. 2:8-9. A esta gracia divina debe el cristiano su conversión, justificación, santificación y preservación en la fe, 2 Tim. 1:9 Tito 3:7; 1 Cor. 15:10.

A esta doctrina, la Sagrada Escritura añade la verdad consoladora de que Dios, en su gracia infinita, ha decretado ya, desde la eternidad, otorgar a los creyentes todas las bendiciones espirituales que reciben aquí en la tierra. Es, pues, esta verdad consoladora, lo que entendemos por "la doctrina acerca de la elección eterna".

La doctrina acerca de la elección eterna puede resumirse en las siguientes palabras: La elección es el acto eterno por el cual Dios determinó otorgar de pura gracia y por causa de Cristo, las bendiciones espirituales de la conversión, la justificación la santificación y la preservación para la vida eterna, a todos los que han de ser salvos. Esta definición encierra todas las verdades divinas que la Escritura presenta con respecto a la doctrina de la elección eterna.

La doctrina de la elección eterna tiene como base el siguiente mensaje consolador: Ya desde la eternidad, Dios ha decretado otorgar a los creyentes todas las bendiciones espirituales que ellos reciben aquí en la tierra, 2 Tim. 1:9; Hech. 13:48; 2 Tes. 2:13-14; Efe. 1:3-6; Rom. 8:28-30.

Así, pues, la Escritura atribuye la *vocación* de los creyentes, 2 Tim. 1:9 a la misericordiosa elección eterna hecha por Dios, o a su propio propósito y gracia (*kat' idian prozesin kai jarin*), sin considerar en modo alguno nuestras obras ("no conforme a nuestras obras"). A la misericordiosa elección divina, la Escritura atribuye la de los creyentes: (Hech. 13:48: "Creyeron todos los que estaban ordenados para la vida eterna", *hosoi esan tetagmenoi eis dzoen*). A la misericordiosa elección divina, la Escritura atribuye el hecho de que los creyentes *"alcancen la gloria* de nuestro Señor Jesucristo" (2 Tes. 2:13-14 "De que Dios os haya escogido desde el principio para salvación", *hoti eilato hymas o zeos ap' arjes eis sōterian*. la misericordiosa elección divina ("Según nos escogió en Él ántes de la fundación del mundo", *kazōs exelexato hemas en auto pro kataboles kosmou*), la Escritura atribuye *"toda bendición espiritual* en lugares celestiales en Cristo", bendición con que Dios dota a los creyentes aquí en la tierra, Efe. 1:3-6. A la misericordiosa elección divina (*tois kata prozesin kletois*), la Escritura atribuya el hecho consolador de que todas las cosas les ayudan a bien a los que aman a Dios; pues son llamados, justificados y glorificados porque Dios los ha predestinado, *ous de proōrisen toutos kai ekalesen*, Rom. 8:28-30.

La Escritura enseña, pues, que todas las bendiciones espirituales de la conversión, la justificación, la santificación y la preservación de la fe, proceden de la misericordiosa elección eterna de Dios en Cristo Jesús. Todo lo que el creyente recibe de esta vida y en la venidera, lo recibe porque ya antes de la fundación del mundo Dios había decretado otorgárselo en su Hijo amado. El residuo (*to limma*) de creyentes en Israel, es un residuo según la elección de gracia, *kat' eklogen jaristos*, Rom. 11:5.

Para evidenciar que esta elección se verifica enteramente según la gracia y en ningún modo según las obras, el apóstol añade: "Y si por gracia, ya no es por obras; de otra manera la gracia ya no es gracia", Rom. 11:6. En efecto, Pablo demuestra que Israel, que buscaba la salvación por medio de las obras, no la consiguió pues prosigue: "Lo que buscaba Israel, no se ha alcanzado; mas la *elección lo ha alcanzado* (*he de ekloge epetyjen*), y los demás fueron endurecidos". Rom. 11:7.

Las obras de los creyentes no son causa meritoria de la elección de gracia; pues el apóstol declara expresamente: "Pues no habían aún nacido, ni habían hecho aún ni bien ni mal, para que el propósito de Dios conforme a la elección permaneciese, no por las obras sino por el que llama, se le dijo: El mayor serviría al menor" Rom. 9:11-12.

La Escritura atribuye todas las bendiciones espirituales y celestiales de los creyentes, tan clara e inequívocamente a la elección eterna de Dios en Cristo, que no puede haber duda alguna con respecto a esta verdad.

La *Fórmula de Concordia* establece este hecho en todo su contenido bíblico cuando declara (Epítome, XI. 5): "La predestinación, o la elección eterna de Dios, abarca únicamente a los creyentes, los hijos amados de Dios, *siendo causa de la salvación de ellos*, la cual Dios también provee y así mismo dispone todo lo que atañe a ella. Sobre ésta (la predestinación) está tan firmemente cimentada nuestra salvación, que les puertas del infierno no pueden prevalecer contra ella, Juan 10:28; Mat. 16:18".

Dos verdades fundamentales hay que tener, pues, en cuenta, cada vez que se considera el artículo de la elección eterna de gracia:

a. La misericordiosa elección eterna no se verificó previendo la fe final del hombre, sino antes bien, la elección encerraba esta fe juntamente con todo el camino de la salvación, que consiste en la conversión, la justificación, la santificación y la preservación final. Por consiguiente, el creyente no ha sido predestinado por razón de que su fe ha sido prevista; al contrario, recibió la fe aquí en esta vida, porque ya desde la eternidad había sido escogido pera la salvación. En otras palabras, si el pecador viene a la fe aquí en la tierra, es porque ya desde la eternidad Dios en su gracia lo ha elegido para la salvación, Hech. 13:48; Efe. 1:3-6; Rom. 8:28-30.
La *Fórmula de Concordia* lo expresa así (Decl. Sól., XI, 8): "La elección eterna de Dios no sólo prevé la salvación de los electos y tiene presciencia de ella, sino que, puesto que procede del propósito de la gracia de Dios en Cristo Jesús, es también *una causa que procura, obra, ayuda y promueve nuestra salvación y lo que a ella se refiere*".

Lo que la *Fórmula de Concordia* quiere decir con las palabras: "Una causa que procura, obra, ayuda y promueve nuestra salvación y lo que a ella se refiere" lo explica ella misma cuando declara (*ibid.*, 14): "Toda la doctrina acerca del propósito, consejo, voluntad y disposición de Dios con respecto a nuestra redención, vocación, justificación y salvación debe ser considerada juntamente".

Eso a su vez significa, según lo demuestra la *Fórmula de Concordia*, que "Dios en su propósito y consejo, ordenó que: 1) La raza humana esté verdaderamente redimida y reconciliada con Dios por medio de Cristo... 2) que esos méritos y beneficios de Cristo se nos deben presentar, ofrecer y distribuir por medio de su Palabra y los Sacramentos; 3) por su Espíritu Santo, mediante la Palabra, ... Él será eficaz y activo en nosotros, convertirá los corazones al arrepentimiento y los conservará en la verdadera fe; 4) justificará a todos los que en arrepentimiento sincero reciben a Cristo en la verdadera fe ... 5) también santificará en amor a los que así son justificados... 6) también los protegerá en la debilidad de ellos, y los preservará para la vida eterna; 7) también fortalecerá, aumentará y sostendrá hasta el fin la buena obra que ha empezado en ellos, si ellos se adhieren a la Palabra de Dios, oran con diligencia, permanecen en la gracia de Dios y usan fielmente los dones recibidos; 8) por fin salvará para siempre y glorificará en la vida eterna, a aquellos que ha elegido, llamado y justificado" (*ibid.*, 14–22).

La misericordiosa elección eterna encierra por lo tanto todo el orden de la salvación, mediante el cual, el pecador viene a la fe y es conservado en la fe hasta el fin, Rom. 8:28–30.

b. Con respecto a la doctrina de la elección yerran todos los que rechazan la sola gracia, enseñando que el pecador se salva (obtiene su elección y conversión) no por la gracia únicamente, sino también por alguna buena cualidad o dignidad en él, que Dios previó y que tomó por motivo para elegirlo (el sinergismo). Asimismo, yerran también los que con respecto a esta doctrina enseñan que la misericordiosa elección eterna consistía meramente en la provisión de los medios de gracia (ordinatio mediorum - la elección en un sentido general, usada en este sentido por los que abrigan creencias erróneas respecto a esta doctrina).

Aunque es verdad que la *Fórmula de Concordia* enseña claramente que la elección eterna encierra el camino de la salvación, ella declara con todo énfasis, que la elección eterna no fue meramente una predestinación de los medios de la salvación, sino "de todos y cada uno de los electos que han de ser salvos por medio de Cristo".

Esta misma Confesión dice (*ibid.*, 23); "En este consejo, propósito y disposición, Dios ha preparado la salvación no sólo en general, sino que también en su gracia ha considerado y escogido para la salvación, *a todos y cada uno de los electos* que han de ser salvos por medio de Cristo, y también ha ordenado que de la manera que se acaba de mencionar, mediante su gracia, dones y eficacia, los traerá a la salvación".

Por lo tanto, declaramos con razón, que la elección eterna es propiamente una predestinación de *personas* que han de ser salvas por la fe por los medios de gracia (Efe. 1:4; *edzeledzato hemas*; 1 Ped. 1:1: *eklektois parepidemois*).

Resumiendo todos los puntos de importancia que pueden ser considerados bajo el título: "La Definición del Término", podemos decir: La elección eterna es una elección de personas, no una elección de los medios de la salvación (*ordinatio mediorum*), ni es el establecimiento del orden de la salvación, ni el decreto divino de que todos los que perseveran en la fe hasta el fin serán salvos, Efe. 1:4; 2 Tes. 2:13; Mat. 24:24 La elección no es general (el error de Huber), sino particular, Efe. 1:4; Mat. 20:16. Es una elección de individuos, cosa que hay que sostener contra todos los que enseñan que la elección no se refiere a ciertos individuos, sino a la Iglesia en general, Efe. 1:4. No incluye a los que creen por un tiempo y más tarde se alejan de la fe, sino sólo a aquellos que en realidad obtienen la salvación eterna, Mat. 24:24; Rom. 8:28-30.

## 2. CÓMO LOS CREYENTES DEBEN CONSIDERAR SU ELECCIÓN

La *Fórmula de Concordia* aconseja muy encarecidamente a todos los creyentes, a "pensar y hablar *en forma correcta y provechosa* respecto a la elección eterna, o la predestinación de los hijos de Dios para la vida eterna" (*ibid.*, 13); pues, "si alguien presenta la doctrina respecto a la misericordiosa elección divina, de tal modo que *los cristianos acosados por la duda no pueden extraer consuelo de ella*, sino antes bien, sean *incitados a la desesperación*, o de tal modo que *los impenitentes sean confirmados en su depravación*, no hay la menor duda de que tal doctrina se está enseñando, *no según la Palabra y la* voluntad de Dios, sino según el criterio ciego de la razón humana y la instigación del diablo" (*ibid.*, 91).

Puesto que Satanás desea seducir las almas a la desesperación y a la seguridad carnal también, mediante la falsa aplicación de la doctrina de la misericordiosa elección divina, la *Fórmula de Concordia* da el siguiente consejo a todos los creyentes: "Debemos acostumbrarnos a no especular respecto a la absoluta, secreta, oculta e inescrutable presciencia de Dios, sino a considerar como el consejo, el propósito y la disposición de Dios en Cristo Jesús, que es el verdadero Libro de la Vida, que se nos ha revelado mediante la Palabra" (*ibid.*, 13–14).

Aun Lutero se queja de que la doctrina acerca de la elección eterna lo llenaba de terror, en tanto que no pensaba en ella de una manera correcta y provechosa (St. L., II, 182). Pero más tarde, cuando llegó a comprender el Evangelio de la gracia de Dios en Cristo Jesús, la doctrina de la elección le sirvió de consuelo perdurable.

¿Cómo, pues, deben considerar los creyentes su elección? Al estudiar a fondo todos los pasajes referentes a esta doctrina, se ve con toda claridad que los santos apóstoles emplean constantemente la doctrina de la elección con el fin expreso de consolar a los creyentes. Así que la manera como ellos la presentan hace que esta doctrina jamás inspire terror, sino que siempre sirva de estímulo a la fe y de consuelo al creyente.

En efecto, usan la doctrina de la elección para despertar en el creyente un gozo inefable y para inducirlo a dar gracias a Dios. (Efe. 1:3 *"Bendito sea el Dios y Padre* de nuestro Señor Jesucristo". Rom. 8:28–30: *"Todas las cosas les ayudan a bien...* los que *conforme a su propósito* son llamados". 1 Ped. 1:2—3: *"Elegidos* según la presciencia de Dios Padre... *Gracia* y *paz* os sean multiplicadas. *Bendito el Dios y Padre* de nuestro Señor Jesucristo", etc.).

Es verdad que nuestro bendito Salvador uso la doctrina de la elección también para *amonestar:* pero al usarla para tal fin estaba pensando no en *verdaderos creyentes*, sino en los que en su propia estimación *se creían justos*, los cuales, o *exigían la salvación* como justa recompensa por las obras que hacían, Mat. 20:1-16, o *rechazaban la justicia de Cristo*, participando en las bodas del Rey sin el debido vestido de boda, Mat. 22:2-14.

La advertencia de Cristo: "Muchos son llamados, mas pocos escogidos" es por lo tanto, una súplica encarecida para que se acepte *la salvación que Dios en su gracia ofrece gratuitamente,* y que Él ha preparado en Cristo para todos los pecadores. O expresado en otras palabras: Es la más encarecida exhortación a que se acepte en la verdadera fe, los méritos de Cristo ofrecidos gratuitamente a todos en los medios de gracia, el Evangelio y los Sacramentos.

Esta aplicación de las palabras de Cristo es propia, porque la misericordiosa elección divina encierra los medios de gracia, por los cuales se salva cada uno de los escogidos. Por consiguiente, si deseamos estar seguros de nuestra elección y salvación, *tenemos que confiar en la gracia de Dios ofrecida a todos en el Evangelio,* y no confiar en nuestros propios méritos u obras.

Todo esto nos demuestra, pues, cómo debemos considerar nuestra elección debidamente y para nuestro consuelo. La Sagrada Escritura declara en términos muy claros que Dios nos ha secogido *"en Cristo"*, Efe. 1:3-6, *"en santificación del Espíritu*, para *obedecer y ser rociados con la sangre* de Jesucristo", 1 Ped. 1:2, etc.

En otra palabras, según lo expresa muy acertadamente la *Fórmula de Concordia*, no debemos especular respecto a la secreta, oculta e inescrutable presciencia de Dios, sino a considerar nuestra elección *en Cristo Jesús, que es el verdadero Libro de la Vida.* Sin embargo, "este Cristo invita a lodos los pecadores y les promete descanso, y desea encarecidamente que todos los pecadores vengan a Él, a fin de que sean socorridos; Él mismo se ofrece a ellos en su Palabra, los exhorta a oírla y les dice que no cierren sus oído ni la desechen. Además, les promete el poder del Espíritu Santo y el socorro divino, a fin de que perseveren en la fe y por último reciban la salvación eterna". (Epítome, XI, 8.)

Con estas palabras, la *Fórmula de Concordia* indica la manera como los cristianos deben considerar su selección.

En primer lugar, deben creer la gloriosa promesa evangélica de Cristo, de que viniendo a Él serán salvos, Mat. 11:28; Juan 6:35–37; 10:27–29. En otras palabras, deben confiar en Cristo y creer sinceramente que Él, por causa de la sangre derramada en el Calvario, les perdonará todos los pecados y los recibirá en la vida eterna, Gál. 2:20; 1 Tim. 2:4-6; 2 Tim. 4:18; 1:12.

En segundo lugar, desde la cruz del Calvario, que garantiza la salvación eterna a todos los que creen en Cristo, los creyentes deben dirigir su vista a la gracia eterna de Dios, quien antes de la fundación del mundo elaboró una redención perfecta para toda la humanidad, y de ese modo la más segura salvación mediante el bendito Redentor *para todo pecador perdido y condenado* (a gracia universal), Efe. 1:31–6; 1 Tim. 2:4; Rom. 8:28–30; 2 Tes. 2:13; 1 Ped. 1:2–5.

Por consiguiente, así como los cristianos creen con toda firmeza que *se salvan por medio de Cristo*, asimismo deben creer que son los *escogidos de Dios en Cristo Jesús;* pues así lo expresa la Escritura repetidas veces: "Dios os haya escogido (a *vosotros*) para salvación", 2 Tes; 2:13; "Dios... nos escogió (*a nosotros*) en Él", Efe. 1:4, etc.

Por lo tanto, lo cristianos deben creer sin la menor sombra de duda, que son los santos escogidos de Dios en Cristo Jesús.

Eso es, en efecto, lo que la *Fórmula de Concordia* expresa cuando declara (Epítome XI, 7): "La Palabra de Dios nos conduce a Cristo, que es el Libro de la Vida, en quien están escritos y escogidos todos los que han de recibir la salvación eterna". En tanto que los creyentes sostengan este punto de vista respecto a su elección, esa elección ha de serles motivo de gran gozo y fuente de verdadero consuelo.

En cambio, si los cristianos consideran su elección desde el punto de vista de la razón *o* desde el punto de vista de la voluntad oculta a inescrutable de Dios, caerán en la desesperación o se entregarán a una vida licenciosa. Sobre esto nos dice la *Fórmula de Concordia* (Epítome, XI, 9): "Por lo tanto, en lo que respecta a nuestra elección para la vida eterna, no debemos juzgar, ni *desde el punto de vista de la razón* ni *desde un punto de vista de la Ley de Dios*, puesto que todo esto nos lleva, o a una vida desenfrenada, disoluta y licenciosa, o a la desesperación, y suscita pensamientos pecaminosos en el corazón del hombre. Pues el hombre, en tanto que consulte con su razón, no puede sino pensar así: Si Dios me ha escogido para la salvación, no puedo ser condenado, no importa lo que yo haga; y: Si no he sido escogido para la vida eterna, nada vale lo que yo haga; al fin y al cabo, todo ha de ser en vano".

La *Fórmula de Concordia* condena no sólo el juzgar la elección desde el punto de vista de la razón corrupta, sino también el tratar de "sondear el misterio de la oculta predestinación da Dios" (Decl. Sól., XI, 33). Los cristianos tratan de sondear el abismo de la oculta predestinación de Dios cuando hacen la pregunta improcedente: "Si Dios me ha escogido a mí para la salvación, o si ha escogido solamente a unos cuantos, ¿por qué no ha escogido a todos?". La misma pregunta improcedente la hicieron los discípulos a Cristo cuando uno de ellos preguntó: "Señor, ¿son pocos los que se salvan?" Cristo demostró que esta pregunta es una de las muchas preguntas impropias que aun los creyentes hacen a veces en su ignorancia, Hech. 1:6-7, cuando contestó a aquel discípulo curioso: "Esforzaos a entrar por la puerta angosta; porque os digo que muchos procurarán entrar y no podrán", Luc. 13:23-24.

Para comprender esta reprensión de Cristo, es necesario recordar que el propósito principal de la Escritura es ofrecer la salvación a los pecadores. Por esta razón, limita su enseñanza a lo que los hombres necesitan para obtener la salvación eterna, Juan 5:39; 2 Tim. 3:15. Los cristianos deben por lo tanto, evitar todas las preguntas que sólo tienden a satisfacer la curiosidad humana, porque tales cavilaciones se oponen a la soberana majestad de Dios y obstruyen la salvación del pecador, Rom. 9:19-20; 11:33-36; 2 Tim. 2:15-16; 1 Tim. 6:3-5.

La *Fórmula de Concordia* declara sobre este particular (Decl. Sól., XI, 33): "Esta voluntad que Dios ha revelado es lo que debe interesarnos, debemos seguirla y meditar sobre ella, porque mediante la Palabra, por la cual Él nos llama, el Espíritu Santo concede la gracia, el poder y la facultad para que hagamos todo esto. Pero no debemos tratar de sondear el abismo de la oculta predestinación de Dios, según se nos dice en Luc. 13:24, donde alguien pregunta: 'Señor, ¿son pocos los que se salvan? y Cristo contesta: Esforzaos a entrar por la puerta angosta'.

De este modo nuestras Confesiones Luteranas rechazan el error calvinista de la *"elección absoluta"* y afirman que somos escogidos en Cristo (*en Jristō*, Efe. 1:4 *en hagiasmō peumatos kai pistei alezeias*, 2 Tes. 2:13). Es decir, nuestra elección se basa en el *mérito de Cristo*, y esto, juntamente con la santificación del Espíritu y la fe, está tan entrelazado con el acto de la elección eterna, que el uso y el efecto de los medios de gracia son parte integrante de ella.

Por consiguiente, no debemos considerar nuestra elección *"de una manera absoluta"*, sino según nos ha sido revelada mediante la Palabra, como "el consejo, propósito y disposición de Dios en Cristo Jesús, que es el verdadero Libro de la Vida" (*ibid.*, 13-14). "Aquellos que han sido predestinados para la herencia eterna oyen el Evangelio, creen en Cristo, oran y dan gracias", etc., y de este modo tienen el testimonio mismo del Espíritu de "que son los hijos de Dios" (*ibid.*, 30-31).

"El Artículo Once de la *Fórmula de Concordia*, especialmente en la exposición que lleva el nombre de los Ocho Puntos, 13-23, habla por cierto del consejo de Dios para la redención del hombre. Pero al hacerlo, no enseña una elección en sentido general (*ordinatio mediorum).* Al contrario, enseña que la elección no se debe considerar de una manera absoluta o independiente, sino conjuntamente con todo el consejo de Dios respecto a nuestra redención, vocación, justificación y salvación', § 14". (*Apuntes Dogmáticos* por el Dr. Engelder).

### 3. ¿QUIÉNES CONSTITUYEN EL OBJETO DE LA ELECCIÓN ETERNA?

Según la Sagrada Escritura, Dios no ha escogido a todos los hombres (el error de Huber, † 1624) ni a los creyentes que demuestran firmeza en su fe juntamente con los que creen *por un* tiempo (el error de los teólogos de la "Escuela de Tubingen" y de algunos teólogos modernos, J A. Osiánder, † 1697; Frank), sino sólo aquellos que en realidad se salvan. Esta es la enseñanza bíblica, pues la Escritura enseña que los escogidos serán ciertamente salvos, Mat. 24:24; Rom. 8:28-30. La *Fórmula de Concordia* afirma (Decl. Sól., XI, 23): "Dios en su gracia ha considerado y escogido para la salvación *a todos y cada uno de los electos que han de ser salvos*".

Aquellos que niegan la inmutabilidad e infalibilidad de la elección, enseñando que los escogidos pueden perderse, hacen de la predestinación una mera presciencia divina, que se funda en la conducta del hombre durante su vida aquí en la tierra. Así, niegan por completo la doctrina bíblica acerca de la elección.

Por consiguiente, el término *elección* no se usa en la Escritura en un *sentido muy general*, como algunos aseveran erróneamente (todos los hombres han sido escogidos) ni en un *sentido menos general* (los que han de ser salvos y los que creen por un tiempo), ni en un *sentido limitado* (los que han de ser salvos), sino en un solo sentido, es decir: "La predestinación, o la elección eterna de Dios, abarca *únicamente a los creyentes, los hijos amados de Dios*, siendo causa de la salvación de ellos" (Epítome, XI, 5).

Por regla general, aquellos que usan el término *elección* en un sentido general, confunden el plan eterno de Dios para la salvación con su misericordiosa elección eterna.

El plan eterno de Dios para la salvación abarca en efecto, a todos los pecadores, 1 Tim. 2:4; pero su misericordiosa elección eterna, abarca únicamente a los creyente los hijos amados de Dios, Mat. 20:16; 22:14.

Los que aseveran que también la *Fórmula de Concordia* enseña una elección en un sentido general, fundan su falsa interpretación en aquellos párrafos (Decl. Sól., XI, 15-22), en que ella describe el orden de la salvación comprendido en la elección eterna de Dios.

Al determinar quienes constituyen el objeto de la elección eterna, algunos dogmáticos afirmaban que la predestinación eterna de Dios consistía en el siguiente *principio general, o decreto:* "El que perseverare hasta el fin, éste será salvo", Mat. 24:13. Aunque este principio general, o decreto, es una verdad que la Escritura sostiene con mucho énfasis, Juan 3:18-36, no debe confundirse con el decreto divino de la elección, ya que según la Escritura no han sido *principios generales* los que se han escogido para la salvación, sino personas, 2 Tes. 2:13: *os* (vosotros) Efe 1:4: nos (nosotros).

Por esta razón rechazamos también las siguientes afirmaciones: a) que la elección eterna de Dios es el establecimiento de los medios de gracia, lo que algunos han llamado la elección en un sentido más amplio); y b) que el objeto de la misericordiosa elección divina es la *Iglesia en general* (Hofmann, Luthardt, Vilmar, Thomasius). La última afirmación encierra una contradicción, ya que la Iglesia es en realidad la "comunión de los santos" y por lo tanto consta de personas.

La Sagrada Escritura, sin modificación alguna, describe a *todos los creyentes* como santos escogidos de Dios, Efe. 1:4; 2 Tes. 2:13; 1 Tes. 1:4; 1 Ped. 1:2; Por consiguiente, todos los cristianos sinceros deben considerarse a sí mismos como escogidos de Dios mediante la fe en Cristo Jesús, Rom. 8:33-34. Todos los que afirman que no saben si han sido escogidos o no, o que dudan de su elección, deben examinarse a sí mismos *para* ver si en realidad *creen* en Cristo como en su verdadero y único Salvador, 2 Cor. 13:5.

La verdad es que el creyente nunca puede estar seguro de su elección y salvación, en tanto que considere el asunto *simplemente desde el punto de vista de la presciencia de Dios*, ya que nadie puede saber con exactitud que previó Dios en él. Enseñar que Dios escogió a los hombres en vista de la fe final de éstos es contrario a la Escritura, y priva al cristiano del consuelo que le proporciona la doctrina acerca de la elección. Es contrario a la Escritura, porque no hay nada en la Biblia que compruebe tal enseñanza. Priva al cristiano del consuelo que le proporciona la doctrina acerca de la elección, porque conduce al creyente a la esfera de la voluntad oculta e inescrutable de Dios. En cuanto al fin práctico es una enseñanza imposible, pues se funda en lo desconocido.

La *Fórmula de Concordia* emplea muy acertadamente el siguiente argumento con respecto a la expresión *intuitu fidei finalis* Decl. Sól., XI, 54-55): "No hay duda, de que Dios previó con toda exactitud y certeza antes de la fundación del mundo, y aún conoce quiénes de los que son llamados creerán o no creerán; también quiénes de los convertidos perseverarán en la fe y quiénes no perseverarán... Sin embargo, ya que Dios ha reservado este misterio para su sabiduría y no nos ha revelado nada sobre él en su Palabra, y mucho menos nos ha mandado a investigarlo con nuestro pensamiento, sino al contrario, nos advierte seriamente que desistamos de hacerlo. Rom. 11:33 y sig., no debemos razonar en nuestros pensamientos, ni sacar conclusiones arbitrarias, ni inquirir con curiosidad sobre estos asuntos, sino adherirnos a su Palabra, a la cual nos dirige Él".

Esta advertencia es muy pertinente; pues estamos seguros de nuestra elección y salvación, únicamente si en la verdadera fe nos adherimos a Cristo, quien ha prometido recibir a todos los pecadores y darles descanso, Mat. 11:28. Sólo por la fe en Cristo podemos estar seguros de nuestra elección y salvación.

El creyente tampoco puede estar seguro de su elección y salvación, mientras dude de la gracia universal o la limite. La *Fórmula de Concordia* nos dice sobre esto (Decl. Sól., XI, 28): "Si deseamos considerar con provecho nuestra elección eterna para la salvación, tenemos que asirnos tenaz y firmemente de esto: Así como la predicación del arrepentimiento es universal, es decir, atañe a todos los hombres, Luc. 24:47, asimismo lo es la promesa del Evangelio".

Todos los que niegan la gracia universal (los calvinistas), no tienen fundamento en que puedan fundar su fe; pues si las promesas del Evangelio se limitan solamente a unos cuantos (los escogidos), ¿cómo hemos de saber si pertenecemos o no a los pocos escogidos?

Sin embargo, no sólo los calvinistas limitan la gracia universal, sino también los sinergistas, aunque en la teoría reconocen la universalidad de la gracia divina. Pero en efecto, los sinergistas limitan la gracia salvadora de Dios, enseñando que la reciben sólo aquellos que no resisten maliciosamente al Espíritu Santo o que cooperan en su conversión. Por consiguiente, ni el calvinismo ni el sinergismo pueden dar a nadie la seguridad de la elección y la salvación.

Por último, el creyente no puede estar seguro de su elección y salvación, mientras trate de argüir que el motivo por el cual unos se salvan y otros no es la diferencia de conducta en el hombre.

Este fue el error que cometió Melanchton, al enseñar (*Loci*, 1548): "Puesto que la promesa es universal, y puesto que no hay voluntades contradictorias en Dios, tiene que haber en nosotros alguna diferencia de conducta que explique por qué Saúl fue rechazado y David aceptado; es decir, tiene que haber alguna acción desemejante en estos dos". Ese mismo error lo cometió Pfeffinger (*Quaestiones Quinque*, Tesis 23): "Somos escogidos y recibidos porque creemos en el Hijo". Compárese también el argumento sinergista en general: "Puesto que el menospreciar la Palabra de Dios es la causa por la cual el hombre es reprobado, el aceptar la gracia de Dios tiene que ser la causa por la cual es escogido". (Véase la "Introducción Histórica a los Libros Simbólicos" por el Dr. Bente, en *Concordia Triglotta, p.* 195 y sig.). Este concepto sinergista respecto a la elección hace que la predestinación sea a *priori,* una elección basada en el mérito del hombre y no en la gracia de Dios, Rom. 11: 5-7.

La *Fórmula de Concordia* refuta el error sinergista con las siguientes palabras (Decl Sól. XI, 88): "Por lo tanto, es falso enseñar que la causa por la cual Dios nos elige para la vida eterna no es únicamente la misericordia de Dios y el santísimo mérito de Cristo, sino también un 'algo' en nosotros. Pues Dios nos escogió en Cristo no sólo antes de haber hecho algo bueno, sino también antes de haber nacido; aún más, antes de la fundación del mundo.

Pero aunque ni el calvinismo con su rechazamiento de la gracia universal, ni el sinergismo con su rechazamiento de la sola gracia, pueden ofrecer a una persona la seguridad de su elección y salvación, tal certeza sí se obtiene mediante la fe en las misericordiosas promesa universales del Evangelio; pues estas promesas ofrecen a todos los hombres, de una manera muy seria y eficaz, el perdón de los pecados, vida y salvación por causa de Cristo, que derramó su sangre para la remisión de los pecados del mundo, 1 Juan 2:2, 4:10. En otras palabras, todo cristiano debe creer firmemente, según la Escritura, que Jesucristo lo ha redimido a él, hombre perdido y condenado, lo ha rescatado y ganado de todos los pecados, de la muerte y del poder del diablo... para que él sea de Cristo, y viva bajo Él en su reino, y le sirva en eterna justicia, inocencia y bienaventuranza. Con respecto a esta misericordiosa promesa de Dios en Cristo Jesús (Juan 3:16-18), el creyente debe decir en verdadera Fe: "¡Esto es ciertamente la verdad!" y regocijarse en su elección y salvación.

Tal es el argumento que San Pablo emplea en Rom. 8: 32-33, cuando nos dice. "El que no escatimó ni a su propio Hijo, sino que lo entregó por todos nosotros, *¿cómo no nos daré también con Él todas las cosas?* ¿Quién acusará a los escogidos de Dios? Dios es el que justifica".

Siguiendo el argumento del apóstol, todo creyente debe confesar con la más firme confianza: "Si Dios en su gracia me ha dado a su Hijo unigénito para que sea mi Salvador, y ha renovado mi corazón por el Espíritu Santo mediante la fe, me ha perdonado mis pecados y me ha justificado por su gracia, ¿quién podrá acusarme de que no soy escogido de Dios? *creo de todo corazón que Él me ha escogido en Cristo Jesús*".

La certeza de la elección y salvación que sigue de tal confianza en las promesas divinas, no es por supuesto, una *certeza absoluta* en el sentido de que el Espíritu Santo la haya dado mediante una revelación directa, sino que es una *certeza de la fe* y por consiguiente, una certeza muy gloriosa, pues la fe divina no es duda o incertidumbre, sino una *seguridad muy positiva*, obrada por el Espíritu Santo mediante el Evangelio.

Tal certeza divina es la que San Pablo describe en estas memorables palabras: "Estoy seguro de que ni la muerte, ni la vida, ni ángeles, ni principados, ni potestades, ni lo presente, ni lo por venir, ni lo alto, ni lo profundo, ni ninguna otra cosa creada, nos podrá separar del amor de Dios, que es en Cristo Jesús Señor nuestro", Rom. 8: 38-39. El verdadero creyente está convencido de su elección y salvación, porque el Espíritu Santo mismo lo convence de esto por la fe mediante el Evangelio, 2 Tim 1:12.

Con respecto a las numerosas advertencias contra la apostasía, que la Sagrada Escritura dirige también a los creyentes, hay que recordar que ellas atañen a los cristianos sólo por el hecho de que los cristianos aún poseen la carne pecaminosa. Por consiguiente, estas advertencias y amonestaciones pertenecen a la predicación de la Ley, que obra el conocimiento del pecado también en el creyente, Rom. 3:20. Pero no atañen al creyente, en vista de que éste es una nueva criatura en Cristo (3 Cor. 5:17: *kaine ketisis*) y como tal, prosigue derecho y presuroso a la meta para alcanzar el premio del supremo llamamiento de Dios en Cristo Jesús. Filip. 3:12-14.

Como un nuevo hombre en Cristo (*kainos anzrōpos*), que ansía obtener la vida eterna, Filip. 3:20-21, el cristiano debe olvidar por completo las amenazas de la Ley divina, 1 Tim. 1:9, y consolarse con las misericordiosas promesas del Evangelio, Rom. 10:4; Gál. 3:13; 2:19; Rom. 6:14. Las advertencias de la Ley se aplican a él sólo porque el pecado aún mora en él, Rom. 7:18-25; 1 Cor. 10:12, o porque aún se inclina a apartarse de la meta de la salvación eterna y a amar las cosas del mundo, 1 Cor. 10:1-6; 1 Juan 2:14-17.

Como advertencias de la Ley, debemos considerar también las frecuentes menciones que la Biblia hace de *los que creen por un tiempo*, Luc. 8:13; Oseas 6:4; 2 Tim. 4:10. Los que creen por un tiempo caen de la gracia porque dejan de creer el Evangelio, por el cual el Espíritu Santo engendra y conserva la fe. 1 Ped. 1:5. Por consiguiente, ellos mismos son los culpables de su condenación, y no Dios, 2 Tim. 1:13-14; 2 Tes. 3:3. La promesa que Dios hace sin restricción alguna a todos los creyentes reza así: "Todo aquél que en el creyere no será avergonzado", Rom. 10; 11.

Por esta razón, el creyente jamás debe dudar de su elección y salvación, sino que mediante el uso constante de los medios de gracia, debe asirse firmemente de la esperanza de la vida eterna que es en Cristo Jesús, Juan 10:27-28.

## 4. LA RELACIÓN ENTRE LA FE Y LA ELECCIÓN ETERNA

Con respecto a la importante pregunta muy discutida desde el siglo XVI: "¿Qué relación existe entre la fe y la elección?" hay que tener en cuenta que en concepto, la Escritura no coloca la fe ni *antes* de la elección ni *después* de ella.

La fe fue puesta *antes* de la elección, por todos aquellos teólogos luteranos más recientes que enseñaban que Dios había escogido a los que serían salvos porque ya había previsto la fe de ellos.

La fe es puesta *después* de la elección por los calvinistas, los cuales enseñan que la fe, lo mismo que la redención hecha por Cristo, no es sino el cumplimiento del decreto de la predestinación, promulgado por Dios desde la eternidad de una manera absoluta y arbitraria.

En realidad, la debida relación que existe entre la fe y la elección eterna es la siguiente: la fe salvadora, obrada por el Espíritu Santo, pertenece a la elección como el *medio* por el cual se hace efectiva la elección. O expresado de otro modo, Dios en su eterno consejo de gracia resolvió salvar a sus escogidos mediante la fe en Cristo Jesús, Efe. 1:3-8; 1 Ped. 1:2; podríamos decir también, que desde la eternidad Dios dotó a los escogidos de la fe y de este modo los separó del mundo perdido.

La *Fórmula de Concordia* (Decl. Sól., XI, 44) declara sobre esto lo siguiente; "En su consejo celebrado antes de la fundación del mundo. Dios decidió y ordenó que Él mismo, por el poder del Espíritu Santo, produciría y obraría en nosotros, mediante la Palabra, todo lo que se refiere a nuestra conversión". Y el Dr. Walther lo expresa de este modo: "Enseñamos que Dios, así como nos hace salvos aquí en el tiempo mediante la fe, asimismo, desde la eternidad resolvió salvar a los escogidos mediante la fe; y precisamente esto, según la enseñanza de la Escritura, de nuestras Confesiones y de nuestra doctrina, es el decreto de la predestinación eterna... Creemos, enseñamos y confesamos, según la Escritura y nuestra Confesión, que Dios nos ha secogido para la salvación mediante la fe". (*Christl. Dogmatik*, III, 548 y sig.).

Siendo así, pues, que Dios ha escogido a los electos para que vengan a la fe en Cristo, consideramos la fe que los electos reciben *aquí en el tiempo*, inclusive todo el estado de gracia que sigue a tal fe, como el *efecto*, o *resultado*, de la elección eterna (2 Tim 1:9: "nos llamó... según el propósito suyo y la gracia". Hech. 13:48: "creyeron todos los que estaban ordenados para vida eterna"). Se ve, pues, que la fe, según la Escritura, es tanto el *efecto* de la elección como el *medio* por el cual la elección *se* hace efectiva. Chemnitz escribe (*Enchiridion*, p. 109): "La elección divina no viene después de la fe y la justicia, sino que las precede como causa de ellas". Y la *Fórmula de Concordia* dice (Decl. Sól., XI, 8): "La elección eterna de Dios... puesto que procede del propósito de la gracia de Dios en Cristo Jesús, es también *una causa* que procura, obra, ayuda y promueve nuestra salvación, y lo que a ella se refiere".

De esta doctrina de la Escritura y de la Confesión Luterana, se apartaron los dogmáticos luteranos más recientes (comenzando con Hunnius, † 1603) enseñando que Dios escogió a los que se salvan porque había previsto la fe de ellos. Trataron de justificar su enseñanza tomando el verbo *conoció* (Rom. 8:29 *proegnō*) en el sentido de *mero o puro conocimiento* por parte de Dios.

Por tal motivo, interpretaron la declaración de San Pablo en Rom. 8:29 de este modo: "A aquellos Cuya fe final Él preconoció o previó a esos también predestinó". Esta explicación ha sido adoptada por algunos exégetas modernos (Philippi), que aceptaron la teoría de la "fe prevista" ya sea por reflexiones de tipo sinergista, ya sea porque la creyeron más clara y adecuada.

Pero poner las palabras: "aquellos cuya fe final Él preconoció o previó" en lugar de las claras palabras del apóstol: *ous proegnō* (traducidas por Reina-Valera: "a los que antes conoció") es una violación del texto, puesto que arbitrariamente se introduce algo que el texto mismo no expresa. San Pablo no dice: "A aquellos cuya fe final Él preconoció o previó", sino: "a los *que* antes conoció". El objeto de antes "conoció" (*proegnō*) no es la fe, sino cierto número de individuos, de quienes nos dice el apóstol que "a los que conforme a su propósito son llamados", v. 28.

Además de esto, la teoría de la "fe prevista" es completamente antibíblica, pues la Sagrada Escritura enseña con la mayor claridad, que la fe que los escogidos reciben aquí en la tierra no es la causa, sino el efecto de la elección, Hech. 13:48: Mat. 24:21-24.

En lugar de *"fe final"* otros exégetas ponen en este pasaje *buenas obras* (Ambrosio: "a aquellos cuyos méritos Él preconoció"), o *amor* "Weiss, Ebrard), o *buena conducta* ("la facultad de aplicarla a la gracia, la voluntad que no rechaza, sino que consiente", Melanchton): en resumen, cualquiera cualidad buena en los escogidos, la que viene a explicar por qué algunos se salvan y otros no.

Contra esta interpretación sinergista, tanto Lutero como la *Fórmula de Concordia* declararon que el verbo *conocer* en Rom. 8:29 tiene un significado peculiar, significado que se observa también en otros pasajes de la Sagrada Escritura. Lutero: *determinar de antemano;* la *Fórmula de Concordia: considerar misericordiosamente;* Luthardt: una presciencia que se apropia algo; otros: hacerse uno de alguien; unir a alguien con uno.

En este sentido, siguiendo el uso del hebreo (*yada* cf. Deut. 7:6 con Amos 3:2), se usa *ginōkeō* en Gál. 4:9: "Mas ahora, conociendo a Dios, o más bien, siendo *conocidos por Dios*"; Rom. 11:2: "No ha desechado Dios a su pueblo, al cual desde antes conoció" 1 Cor. 8:3: "Si alguno ama a Dios, es *conocido* por Él".

En todos estos y muchos otros pasajes de la Escritura, el verbo *conocer o preconocer* no designa un mero conocimiento, sino un conocimiento unido con él, de manera que Dios hace suya y reconoce como suya la persona así conocida. En este sentido entendemos el verbo *proegnō* en Rom. 8:29, ya que, por un lado, el objeto directo del verbo *conoció* es el pronombre relativo *los que*, el cual se refiere a personas y no a la "fe" o la "buena conducta" de esas personas que Dios conoció, y por otro lado, el antecedente gramatical de los *que* (*ous*) es el número determinado de los santos de Dios que "conforme a su propósito son llamados", v. 28.

El sentido del v. 29 es por lo tanto el siguiente: "a los que Él tuvo en cuenta de antemano, según su misericordioso propósito, a ésos también predestinó".

A los que objetan que esto constituye una tautología inexcusable (Hunnius, Philippi) replicamos que tal conclusión no es sostenible.

Aun si tomásemos *proginōskeō* como sinónimo de *prooridzein* la oración no sería tautológica, sino solamente progresiva en pensamiento; pues entonces diría lo siguiente: "A los que Dios escogió antes, a ésos también predestinó realmente para que fuesen hechos conformes a la imagen de su Hijo".

En otras palabras, es verdad que el pensamiento sería repetido pero no inútilmente, sino para enlazarlo con la nueva y muy importante verdad: "para que fuesen hechos conformes a la imagen de su Hijo".

En todo caso, podemos hacer la siguiente distinción entre el significado de *proginōskeō* y *prooridzein* el primer verbo nos dice que Dios en su amor se apropia los escogidos; el segundo, que los escogidos fueron predestinados para que fuesen hechos conformes a la imagen del Hijo de Dios.

Así, pues, en el decreto eterno de Dios distinguimos, lógicamente, dos acciones de la gracia divina: Primero, que Dios en su amor se apropia los escogidos; y segundo, la predestinación misma de los escogidos. Verdad es que en lo que al resultado se refiere, ambas acciones coinciden.

La doctrina de la "fe prevista" (la supuesta "segunda forma"), no tiene ningún fundamento bíblico, pues la Sagrada Escritura enseña claramente que nada movió a Dios a escoger sus santos, excepto su gracia infinita en Cristo Jesús. La "segunda forma" se introdujo en la teología, porque ciertos teólogos creyeron necesario explicar la razón por qué algunos son escogidos y otros no, y a ese efecto decidieron remover la dificultad que reside en el hecho de que si la gracia divina es universal, y si todos los hombres por naturaleza se hallan en la misma culpa y dependen únicamente de la gracia divina para la salvación, resulta imposible explicar el misterio por qué algunos son predestinados para la vida eterna y otros no (la elección particular).

Por consiguiente, la teoría de la "fe prevista" es inteligible sólo si se la explica en el sentido sinergista, esto es, en el sentido de que por naturaleza no todos los hombres se hallan en la misma culpa, y por lo tanto, la salvación no es únicamente por la gracia.

En efecto, eso explica el misterio de la elección, pero tal explicación es contraria a la Escritura y niega el artículo fundamental de la fe cristiana: La sola gracia. Es la misma explicación antibíblica respecto a la cual Lutero escribió a Erasmo: "Me agarraste por el cuello". Aunque es cierto que no todos los dogmáticos que ensartaron la "fe prevista" eran sinergistas, no obstante, la teoría se presta tan fácilmente para sostener el sinergismo, que ella no debe ser usada por aquellos que no quieren aparecer como sinergistas.

## 5. EL PROPÓSITO DE LA DOCTRINA ACERCA DE LA ELECCIÓN ETERNA

Según la Sagrada Escritura, el propósito de la doctrina acerca de la elección eterna no es negar o limitar la gracia universal, sino antes bien inculcar la sola gracia. En otras palabras, esta doctrina debe inducir a los creyentes, cada vez que se comparan con los incrédulos, a atribuir su estado de gracia no a su loable conducta (el sinergismo, el pelagianismo), sino únicamente a la gracia divina en Cristo Jesús. Es de *imprescindible necesidad* dar este énfasis a la sola gracia; pues si los cristianos atribuyen su salvación a la buena conducta o dignidad de ellos mismos, aunque sea sólo en parte, han caído de la gracia y están bajo la maldición divina, Luc. 18:9 y sig.; Gál. 3:10.

Este propósito de la doctrina acerca de la elección eterna, se hace evidente ya en la elección de Israel como el pueblo de la Iglesia del Antiguo Testamento; la elección de Israel en ese sentido era típica de la misericordiosa elección eterna. Cuando Dios condujo su pueblo a la tierra prometida, declaró expresamente: "No por tu justicia, ni por la rectitud de tu corazón entras a poseer la tierra de ellos (de las naciones paganas).... Por tanto, sabe que no es por tu justicia que Jehová tu Dios te da esta buena tierra para poseerla; porque pueblo duro de cerviz eres tú", Deut. 9:5-6.

"No es por tu justicia", es el pensamiento que la doctrina de la elección también imprime en el creyente del Nuevo Testamento (2 Tim. 1:9: "Dios nos salvó..., no conforme a nuestras obras, sino según el intento (propósito) suyo y gracia"; Efe. 1:5-6: "Habiéndonos predestinado para ser adoptados hijos por Jesucristo a sí mismo, según el puro afecto de su voluntad"; Rom. 11:6: "Si por gracia, luego no por las obras").

Sólo cuando observamos cuidadosamente esta importante verdad, podemos entender de un modo correcto los capítulos 9–11 de la Epístola del Apóstol San Pablo a los Romanos. En estos capítulos, el apóstol expone por cierto, la gracia universal de Dios, 10:21; 11.32, pero condena la arrogancia y el orgullo de los que, creyendo ser justos y comparándose con aquellos que se hallan en la perdición, se consideran mejores que éstos y atribuyen así su salvación a sus propios méritos, Rom. 9:30-33; 11:18 y sig..

En conformidad con estas declaraciones de la Escritura la *Fórmula de Concordia* afirma (Decl. Sól., XI. 87–88): "Mediante esta doctrina y explicación de la predestinación eterna y salvadora de los hijos escogidos de Dios, se le da al Señor toda la gloria que le pertenece a Él, porque en Cristo nos hace salvos impulsado por su pura misericordia, sin ningún mérito o dignidad de nuestra parte, sino según el propósito de su voluntad.... Por lo tanto, es un craso error, enseñar que la causa por la cual Dios nos elige para la vida eterna no es únicamente la misericordia de Dios y el santísimo mérito de Cristo, sino también algo en nosotros".

Como advertencia contra aquellos que se estiman justos, el Señor emplea la doctrina de la elección eterna en Mat. 20:1–16 y 22:1–14. Allí el Señor reprueba a los que confían en su propia justicia, y no aceptan la sola gracia y el mérito de Cristo como el único fundamento de la esperanza eterna.

Así pues, la doctrina de la elección eterna de Dios en Cristo Jesús, es una seria advertencia dirigida a los cristianos por cuanto la carne pecaminosa los inclina aún a estimarse justos; pero al mismo tiempo, esta doctrina es también una advertencia respecto a la indiferencia de sus corazones, a fin de que no menosprecien los medios de gracia, por los cuales se ofrece y confiere a todos los pecadores la gracia de Dios en Cristo Jesús (Mat. 22:1–14: "Mas no quisieron venir").

La *Fórmula de Concordia* nos dice muy acertadamente sobre esto (Decl. Sól., XI, 51): "De este artículo se extraen serias advertencias y amonestaciones, como Luc. 7.30 'Los fariceos y los sabios de la Ley desecharon el consejo de Dios contra sí mismos'; Luc. 14:24: 'Os digo que ninguno de aquellos hombres que fueron llamados gustará mi cena'; Mat. 20:16: 'Muchos son llamados mas pocos escogidos' también Luc. 8:8, 18: El que tiene oídos para oír, oiga' 'Mirad pues como oís'".

Esta misma Confesión dice en otro lugar (Decl. Sól, XI, 41–42): "Pocos reciben la Palabra y la siguen; la gran mayoría desecha la Palabra y no quiere venir a las bodas. Mat. 22:3 y sig. El rechazamiento de la Palabra no se debe a la predestinación divina, sino a la voluntad perversa del hombre, que desecha y pervierte el medio e instrumento que Dios ofrece al hombre, cuando lo llama al arrepentimiento por el Espíritu Santo, que mediante la Palabra desea producir eficazmente la fe en el corazón del pecador. Todo esto lo expresa Cristo en las conocidas palabras: '¡Cuántas veces quise juntar tus hijos... y no quisiste!' Mat. 23:37. Por lo tanto, muchos reciben la Palabra con gozo, mas... en el tiempo de la tentación se apartan', Luc. 8:13. Pero el motivo no es que Dios no quiera conceder su gracia a aquellos en quienes ha empezado su buena obra, para que perseveren en la fe; pues esto sería contrario a lo que San Pablo expresa en Filip. 1:6. Antes bien, el caso es que dichas personas se apartan obstinadamente del santo mandamiento de Dios, entristecen y agravian al Espíritu Santo, vuelven a mezclarse en la inmundicia de este mundo, y hacen de su corazón nuevamente una morada para el diablo. Con todo esto hacen que el último estado sea peor que el primero, 2 Ped. 2:10, 20; Efe. 4:30; Heb. 10:26; Luc. 11:25".

Así como Mat. 20:1-6 y 22:1-14, contienen una seria advertencia, asimismo la contiene la amonestación del apóstol que nos dice que nos esforcemos más por hacer firme nuestra vocación y elección, 2 Ped. 1:10. El apóstol enseña en esas palabras que los cristianos deben usar con diligencia los medios de gracia, andar en obediencia a Dios mediante la fe en Cristo Jesús y de este modo, por el testimonio del Espíritu Santo, estar subjetivamente seguros de que se hallan en el estado de gracia y elección, Gál. 5:22-25.

Pero, aunque uno de los propósitos manifiestos de la doctrina de la elección eterna es amonestar y exhortar a los cristianos a que se adhieran a la sola gracia, y a que no menosprecien los medios de gracia (la predicación de la Ley dirigida a los cristianos debido al viejo hombre, Efe. 4:22-24), el fin principal de la doctrina es bendecir a todos los creyentes con el verdadero y singular consuelo que ella ofrece. Este sentido es el que la Escritura da preeminentemente a la doctrina de la elección, Efe. 1:3-6; Rom. 8:28-30; 1 Ped. 1:2-6; pues la promulgación de la sola gracia es de por sí, la más dulce y la más consoladora verdad del Evangelio, Juan 3:16-18.

En particular, la doctrina de la elección eterna de Dios en Cristo Jesús consuela al creyente de dos maneras: Ella le demuestra a) cuán fervorosamente Dios desea la salvación eterna de todo cristiano, y b) cómo Dios en todo tiempo guarda a su Iglesia aquí en la tierra del furor de Satanás, los ataques del mundo impío y el engaño de la propia carne pecaminosa del creyente.

La *Fórmula de Concordia* declara lo siguiente en cuanto a este precioso consuelo (Decl. Sól., XI, 45-46): "Así esta doctrina proporciona también el excelente y glorioso consuelo de que Dios estaba tan interesado en la conversión, justicia y salvación de todo cristiano y había determinado todo esto con tanta fidelidad... que, antes de la fundación del mundo deliberó sobre mi salvación, y en su inescrutable propósito ordenó como habría de traerme a ella y conservarme en ella. Además, Dios quería obrar mi salvación con tanta certeza y seguridad que, ya que por la flaqueza y maldad de nuestra carne podría perderse fácilmente de nuestras manos, y ser arrebatada de nosotros por la astucia y el poder del diablo y del mundo pecador, Él la dispuso en su eterno propósito, el cual no puede fallar ni ser trastornado, y la depositó, para ser preservada, en la mano todopoderosa de nuestro Salvador Jesucristo, de la cual nadie podrá arrebatarla, Juan 10:28".

Y otra vez (ibid., 48-49): "Además, esta doctrina proporciona un consuelo íntimo pera los que se hallan en la aflicción y la tentación. Pues enseña que Dios, en su consejo celebrado ya antes de la fundación del mundo, determinó y resolvió ayudarnos en todas las necesidades y penurias de la vida, otorgarnos paciencia para llevar le cruz, damos consolación, fortalecer y estimular la esperanza y producir todos aquellos resultados que han de contribuir a nuestra salvación. De igual modo, esta doctrina, según la trata San Pablo de una manera tan consoladora en Rom. 8:28-29, nos enseña que antes de la fundación del mundo. Dios determinó mediante qué cruces y sufrimientos Él habría de conformar cada uno de sus escogidos a la imagen de su Hijo, y que provecho habría de traer para cada uno la cruz de la aflicción, porque los escogidos son llamados según el propósito. De esto Pablo concluye que él está completamente seguro y no abriga la menor duda de que ni la tribulación, ni la angustia, ni la muerte, ni la vida, etc:.., nos podrán separar del amor de Dios, que es en Cristo Jesús Señor nuestro".

Y por último (Decl. Sól., XI. 50: "Este artículo también proporciona el confortante testimonio de que la Iglesia de Dios existirá y permanecerá pese a todos los ataques del Maligno, e igualmente enseña cuál es la verdadera Iglesia de Dios, a fin de que no nos ofendamos por la gran autoridad y majestuosa apariencia de la Iglesia falsa, Rom. 9:24-25".

La *Fórmula de Concordia*, al señalar y recalcar el carácter consolador de la doctrina acerca de la elección eterna, también demuestra que, "cuando esta consolación y esperanza se debilitan, o se destruyen por completo mediante cierta interpretación falsa de la Escritura (el calvinismo y el sinergismo), no hay duda de que ha sido entendida y explicada en un sentido contrario al que le ha dado el Espíritu Santo" (*ibid.*, 92), pues, "si alguien presenta la doctrina respecto a la misericordiosa elección divina, de tal modo que los cristianos acosados por la duda no puedan extraer consuelo de ella, sino que antes bien, sean incitados a la desesperación, o de tal modo que los impenitentes sean confirmados en su depravación, no nay la menor duda de que tal doctrina se está enseñando no según la Palabra y la voluntad de Dios, sino según el criterio ciego de la razón humana y la instigación del diablo" (*ibid.*, 91).

Al creyente que se regocija en el dulce consuelo que la cruz del Calvario le proporciona y que ve su propia y segura elección y salvación en la radiante luz y gloria que emanan de esa cruz, "esta doctrina no le da motivo alguno para que desespere o para que lleve una vida indecorosa y disoluta" (ibid., 89).

## 6. LA SAGRADA ESCRITURA NO ENSEÑA NINGUNA ELECCIÓN PARA LA CONDENACIÓN

El calvinismo arguye muy en serio que, puesto que Dios ha escogido a algunos para la vida eterna, tiene que haber escogido a otros para la condenación. En otras palabras, tiene que haber una elección de ira para que corresponda a la elección de gracia (el reverso necesario).

Calvino tildó de pueril e insulsa (inst. III, 23:1) la enseñanza luterana de que Dios no escogió a nadie para la condenación eterna.

También la posición bíblica de la *Fórmula de Concordia* ha sido tildada de insostenible" por los partidarios de Calvino (Hodge, Syst. Theol., II, 325). Shedd no dice una palabra de la posición luterana y divide todos los cristianos en calvinistas (los que niegan la gracia universal) y arminianos (los que niegan la sola gracia). En su sistema teológico no hay ningún lugar para la doctrina bíblica respecto a la elección eterna como la confiesa la Iglesia Luterana (*Dogm. Theol.*, I, 448).

La Sagrada Escritura no conoce empero, ningún "reverso" de la misericordiosa elección eterna. Ella enseña en muchos pasajes la elección para la vida eterna; pero repudia clara y expresamente, la elección para la condenación eterna.

En Hech. 13:48 se nos dice muy claramente: "Creyeron todos los que estaban ordenados pera vida eterna", pero este pasaje no añade: "Más no creyeron todos los que estaban ordenados para la condenación eterna". Al contrario, nos dice que los otros no creyeron porque en su obstinación y perversidad desecharon la gracia que se les ofreció (v. 46: "más puesto que la desecháis, y no os juzgáis dignos de la vida eterna, he aquí, nos volvemos a los gentiles"). Cristo expone claramente la razón por la cual algunos no creen cuando dice respecto a ellos: "No quisiste" Mat. 23:37-38.

De acuerdo con este veredicto de la Sagrada Escritura la Iglesia Luterana enseña: Todos los que se salvan, se salvan por la gracia; pero todos los que se pierden, se pierden por su oposición perversa al Espíritu Santo, Oseas 13:9. Es cierto que el calvinismo enseña que también a los que han sido reprobados desde la eternidad Dios les ofrece cierta especie de gracia (gracia común), mientras que a los escogidos les ofrece la "gracia irresistible" pero esto no es más que un nuevo error, cuyo fin es confirmar el error respecto a la reprobación eterna. Con esto el calvinismo enseña que en Dios existen voluntades contradictorias; pues mediante el llamamiento externo que dirige a los no escogidos, Él quiere salvarlos, mientras que según el decreto eterno respecto a la reprobación, por el cual Dios condena eternamente a los no escogidos, Él no quiere salvarlos. Sin embargo, la Escritura enseña con toda claridad que también aquellos que desechan la misericordiosa oferta divina son seriamente llamados al arrepentimiento, Hech. 13:38-41; Mat. 23:37-38.

Además, el hecho de que Dios endurece los corazones de aquellos que primeramente se han endurecido a sí mismos (Ex. 10:1; 5:1-23), no demuestra que Dios haya escogido a algunos para la condenación eterna; pues la Escritura nos enseña expresamente que el acto por el cual Dios endurece esos corazones no es sino una medida de la ira y el castigo de Dios que reciben como "paga" o "retribución" (*eis antapodoma* Rom. 11:9) aquellos que resisten y rechazan la gracia divina.

La verdad es que los cristianos se hallan por naturaleza en la misma culpa, Rom. 3:22-23, que todos los demás hombres, de modo que si fueran a compararse con los que se pierden, encontrarían que son "exactamente como ellos y de ningún modo mejores que ellos", Sal. 55:5; Juan 3:5-6; Efe. 2:3. Por consiguiente, no tienen razón alguna para jactarse de su bondad o para atribuir su fe y salvación a sus propios méritos, 1 Cor. 1:7, sino que deben alabar y glorificar la misericordia inefable de Dios, el cual, de pura gracia, los ha dotado de lá vida espiritual (*Fórmula de Concordia*, Decl. Sól., XI, 60).

No obstante, la Sagrada Escritura nos asegura que Dios ofrece fervorosamente su gracia también a todos aquellos que resisten su Espíritu, Hech. 13:46, y endurecen sus corazones para no recibir la Palabra divina, Hech. 7:51. Aún más, Él soporta con mucha paciencia los vasos de ira, dispuestos para perdición a consecuencia del endurecimiento de su corazón, Rom. 9:22-23, para que por fin, también ellos se conviertan y se salven, 2 Ped. 3:9; Rom. 2:4.

De este modo toda la Escritura ensalza la inefable misericordia de Dios, la cual ofrece gracia y salvación también a todos aquellos que se pierden, y no da cabida alguna para una doctrina que enseñe una reprobación eterna.

Con respecto a la declaración de San Pablo, de que Dios soporta con mucha paciencia los vasos de ira preparados para destrucción, Rom. 9:22, la *Fórmula de Concordia* nos ofrece la muy acertada explicación (Decl. Sól., XI, 80); "Aquí, pues, el apóstol dice claramente que Dios *soportó* con mucha paciencia los vasos de ira, pero no nos dice que El los *hizo* vasos de ira; pues si tal hubiera sido su voluntad, no habría sido necesaria esa 'mucha paciencia' por su parte. La culpa de que esos vasos de ira hayan sido dispuestos pera destrucción la tienen empero, el diablo y los hombres mismos, y no Dios"

Es cierto que Dios "preparó de antemano" los vasos de misericordia para gloria, Rom. 9:23, pero no los vasos de ira; pues éstos, el apóstol lo afirma claramente, están "preparados para perdición" (*katertismenai eis apōleian*) porque ellos mismos han persistido en su perversidad. Según la Escritura, Dios desea fervorosamente le salvación de todos los hombres, Juan 1:29; 3:18; 2 Ped. 2:1; "Originalmente, el infierno no fue hecho pera los hombres". Si los hombres entran en él, es porque en su maldad desechan la gracia divina (cf. Mat. 25:34: "Venid, benditos de Mi Padre, heredad el reino *preparado para vosotros* desde la fundación del mundo" v.41: "Apartaos de mí, malditos, al fuego eterno *preparado para el diablo y sus ángeles).*

La voluntad consecuente, según la cual Dios juzga y condena a todos los que no creen el Evangelio, Mar. 16:16; Juan 3:18-18, 38, no ha de interpretarse, pues, *como* un decreto eterno para la condenación del hombre, ya que según su voluntad antecedente, Dios desea le salvación de todos los pecadores, 2 Ped. 3:9; Mat. 18:11; 1 Tim. 2:4.

Se ha objetado que no debemos hablar de una voluntad primaria y otra secundaria en Dios porque, como Dios no cambia, no puede haber en Él nada anterior ni posterior. A esto replicamos que el Señor es en verdad eterno e inmutable y que por lo tanto no existe en Él nada anterior ni posterior, Mal. 3:6; 1 Sam. 15:29. Pero, ya que para acomodarse a nuestro débil entendimiento, Dios se ha revelado como el Dios de amor, que desea salvar a todos los hombres, Juan 3:16-17, y también como el Dios justo, que impone su castigo eterno a todos los que no creen en Él, Juan 3:18.36, tenemos que hablar como habla la Escritura, y por consiguiente, atribuir a Dios una voluntad según la cual desea salvar a todos los hombres, y otra con la cual tiene que castigar a todos los que rehúsan creer en Él. Pero esta última no es el "reverso" de su misericordiosa elección para la vida eterna, sino, antes bien, el justo castigo que Él impone a todos aquellos que impíamente menosprecian su voluntad antecedente y no quieren oír su Palabra, Rom. 10:21.

Así como no debemos extraer argumentos de la Escritura para demostrar que "existe una elección para la condenación", *así* tampoco debemos extraer argumentos de la *historia* para comprobar este error. Esto es, precisamente, el error del calvinismo, cuando afirma: "El *resultado* es la interpretación de los *propósitos divinos"* [cf. Calvino, *Inst.*, III, 24, 12). Por el hecho de que no todos los hombres se salvan o que no todas las naciones gozan de las bendiciones del Evangelio, el calvinismo infiere que Dios no quiere salvar a todos los hombres. Pero también esta afirmación es antibíblica; pues la Escritura no nos manda sacar conclusiones de los juicios inescrutables de Dios, sino aceptarlos con temor reverente. Rom. 11:33-36.

La *Fórmula de Concordia* dice acerca de estos juicios inescrutables de Dios (Decl. Sól., XI, 57-63): Cuando vemos que Dios deja predicar su Palabra en cierto lugar, y en otro lugar no; la quita de un lugar y permite que quede en otro; asimismo, cuando vemos que uno es endurecido, cegado y entregado a una mente réproba, mientras otro, que por cierto se halla en la misma culpa, es convertido, etc. – en estas y otras preguntas similares, Pablo (Rom 11:22 y sig.) nos fija cierto límite al cual nos es lícito llegar, es decir, nos exhorta a considerar el triste fin de los impíos, como el justo juicio de Dios y el castigo por los pecados. Pues si un país o pueblo que despreció la Palabra divina es castigado por Dios, de tal modo que las consecuencias se hacen sentir aún en las lejanas generaciones (como por ejemplo en el caso de los judíos), ello no es, sino una bien merecida pena por los pecados... Pero en lo que respecta a las cosas que aquí estamos considerando, cosas que se elevan a alturas inaccesibles y van más allá de esos límites, debemos seguir el ejemplo de San Pablo y callar y recordar sus palabras: "Mas antes, oh hombre, ¿quién eres tú, pera que alterques con Dios? Rom. 9:20".

Por consiguiente, no debemos inferir, como lo hacen los calvinistas: "Puesto que Dios no salva a todos los hombres Él no *desea* la salvación de todos", y tratar así de explorar la oculta voluntad de Dios. Antes bien, debemos adherimos a la voluntad revelada de Dios manifestada en la Escritura, la cual testifica en muchos claros pasajes, que Dios "quiere que todos los hombres san salvos y vengan al conocimiento de la verdad", 1 Tim. 2:4.

Para comprobar la "reprobación de los condenados", el calvinismo cita también Rom. 9:18: "De manera que de quien quiere, tiene misericordia; y al que quiere endurecer, endurece". Pero este pasaje no enseña una elección eterna para la condenación, sino que meramente revela a Dios en su suprema soberanía, según la cual no está sujeto a la censura humana.

Las declaraciones de San Pablo en Rom. 10:21 y 11:32 comprueban que las palabras en Rom. 9:18 no tienen por objeto negar la gracia universal. El mismo Dios, que tiene misericordia en quien quiere "todo el día extendió sus manos a un pueblo rebelde y contradictor" y sujetó a todos en desobediencia [esto es, declaró que todos los hombres están perdidos en la incredulidad y desobediencia] para tener misericordia de todos. Por lo tanto, el pasaje en Rom. 9:18 no se dirige contra la gracia universal, sino contra el espíritu orgulloso del fariseísmo y la justicia por las obras, innatos en el hombre. Rom. 9:16.

La *Fórmula de Concordia* interpreta correctamente este pasaje del modo siguiente (Decl. Sól., XI, 61): "No se hace ninguna injusticia a aquellos que son castigados y reciben el merecido pago por sus pecados; pero a los demás, a quienes Dios da y preserva su Palabra... Dios extiende su inmensa gracia y misericordia, sin ningún mérito por parte de ellos".

En conclusión, podemos decir, que así como no debernos tratar de resolver el misterio de la elección negando la sola gracia (el sinergismo), así tampoco debemos tratar de resolverlo negando la gracia universal y atribuyendo a Dios, en contradicción a la Escritura, un decreto eterno por el cual Dios condena a cierta parte de la humanidad. Ambas "soluciones" son igualmente racionalistas y contrarias a la Palabra de Dios.

## 7. POR QUÉ ALGUNOS RECHAZAN LA DOCTRINA BÍBLICA DE LA ELECCIÓN ETERNA

La doctrina bíblica acerca de la elección eterna es la prueba de fuego de la fe del creyente, "La doctrina de la elección eterna es la materia para el examen final en teología" (*Christl. Dogmatik*, III, 568). La doctrina de la elección eterna según se enseña en la Escritura, no da cabida ni siquiera al más leve vestigio de pelagianismo o racionalismo. Antes bien, exige completa aceptación de la Escritura como la única fuente y norma de la fe (*sola Scriptura*), completa confianza en la expiación vicaria de Cristo como la única esperanza de la salvación del pecador (*sola fide*), y completo reconocimiento de la universalidad de las promesas divinas contenidas en el Evangelio (*gratia universalis*).

En su excelente "Introducción Histórica a los Libros Simbólicos" (*Concordia Triglotta*, p. 205) el Dr. Bente dice lo siguiente: "Según la *Fórmula de Concordia*, todos los cristianos, inclusive los teólogos, deben extraer toda su doctrina de la Biblia únicamente, los asuntos referentes a la fe deben ser decididos exclusivamente por medio de pasajes claros de la Sagrada Escritura; la razón humana no debe censurar en ningún punto la Palabra infalible de Dios ni tratar de ejercer dominio sobre ella; la razón debe someterse a la autoridad de Cristo y no debe impedir en modo alguno la fe en los testimonios divinos aun cuando parece que éstos se contradicen.

"No se nos manda armonizar, dice la *Fórmula*, las enseñanzas de la Biblia, sino creerlas, confesarlas, defenderlas y adherirnos a ellas con toda fidelidad (1078, 52 y sig.).

"Por lo tanto, en lo que respecta a la doctrina de la conversión y la salvación (la elección), los luteranos confiesan tanto la sola gracia como la gracia universal, porque están convencidos de que la Biblia enseña las dos y de que rechazar o modificar la una o la otra, equivale a censurar la Palabra de Dios y por ende, a Dios mismo.

"Los sinergistas difieren de los luteranos, no porque aquellos sostienen la gracia universal, sino porque *niegan la sola gracia,* y porque enseñan que la voluntad del hombre entra en la conversión como factor acompañante de la gracia. (Los sinergistas en realidad niegan la gracia universal tanto en lo que se refiere a su intención como en lo que se refiere a su extensión, pues corrompen la enseñanza bíblica respecto de la gracia, al hacer que la gracia dependa de la conducta del hombre, y al limitar, de este modo, su extensión sólo a aquellos que cumplen con sus condiciones).

"Y los calvinistas difieren de los luteranos, no porque aquellos sostienen la sola gracia, sino porque *niegan la gracia universal".*

El creyente, siguiendo la doctrina de la Escritura, no puede menos que sostener tanto la gracia universal como la sola gracia, aunque le es imposible explicar el misterio: ¿Por qué algunos son escogidos y otros no? El cristiano no trata de resolver este misterio, porque el misterio es parte de los juicios inescrutables y caminos inexplorables de Dios, Rom. 11:33-36. Al meditar sobre las doctrinas de la elección eterna, la conversión y la salvación, el cristiano no se aparta de lo que Dios ha revelado en su Palabra: El que se salva, se salva únicamente por la gracia, el que se pierde, se pierde por causa de su propia incredulidad, Oseas 13:9. El cristiano se abstiene, además, de tratar de resolver el misterio que encierra la doctrina de la elección eterna porque Dios le dice en su Palabra que ahora el creyente conoce en parte, pero que en el cielo conocerá cabalmente, como también fue conocido, 1 Cor. 13:12.

En resumen, es fácil deducir por qué tantos rechazan la doctrina bíblica acerca de la elección eterna. La rechazan porque tratan de "armonizar los testimonios divinos cuando les parece que éstos se contradicen", como sucede con la gracia universal y la sola gracia. El sinergismo "armoniza" los testimonios divinos negando la sola gracia, el calvinismo, negando la gracia universal. En ambos casos, como dice el Dr. Bente, "la razón humana censura la Palabra infalible de Dios y trata de ejercer dominio sobre ella".

El misterio real en la doctrina de la elección existe, porque la Sagrada Escritura no explica la razón por la cual "algunos son heridos por la Ley y otros no, de manera que unos reciben la gracia que se les ofrece y otros la rechazan" (Lutero, St. L. XVIII, 1794 y sig., 1965 y sig.). La *Fórmula de Concordia* dice con toda la razón que "Dios ha reservado este misterio para su sabiduría y no nos ha revelado nade sobre él en su Palabra" (Decl. Sol, XI, 54 y sig.).

En lugar de este misterio real, algunos teólogos luteranos han puesto lo que se conoce cor el nombre de "misterio psicológico", planteándolo de este modo: "Nos es imposible comprender cómo una persona puede resistir la gracia divina una vez que Dios, mediante su Palabra, le ha dado la oportunidad de convertirse a sí misma real y verdaderamente". Los que así aducen el misterio psicológico, tratan de resolver el misterio real en la doctrina de la elección del mismo modo como tratan de resolverlo los sinergistas. Pues no sólo suponen un "estado medio", en el cual una persona que aún no se ha convertido, puede convertirse a sí misma mediante ciertas facultades concedidas por Dios, sino que también explican la pregunta por qué unos se convierten, los que observan una conducta mejor hacia la gracia divina. Por esta razón, tenemos que rechazar el "misterio psicológico" y calificarlo de ficción ilusoria. Sólo aquellos que rechazan por completo toda forma de pelagianismo y racionalismo, aceptan en su verdad y pureza la doctrina bíblica de la elección.

En vista de la interminable confusión que el racionalismo, por su perversión de la doctrina bíblica referente a la elección eterna ha causado en la Iglesia Cristiana, no podemos menos que terminar este artículo con la sincera oración con que la *Fórmula de Concordia* concluye su tratado sobre la predestinación (Epítome, XI, 23): " ¡Que el Dios Todopoderoso y el Padre de nuestro Señor Jesucristo, nos conceda la gracia de su Santo Espíritu a fin de que todos seamos uno en Él, y constantemente permanezcamos en esta unidad cristiana, la cual es agradable a Él! Amén".

# LA DOCTRINA ACERCA DE LAS POSTRIMERÍAS (LA ESCATOLOGÍA)

La Doctrina acerca de las Postrimerías o Últimas Cosas, lleva este nombre porque trata de aquellas cosas que se refieren al fin, esto es, de aquellas cosas "con que el mundo actual llegará a su fin" (Schmid). Baier declara respecto de las últimas cosas: "Se llaman las últimas cosas, en griego *ta esjata*, porque algunas son *últimas* con respecto al hombre como individuo, y otras, con respecto al hombre como colectividad y al mundo en general. A la primera clase pertenecen la muerte y el estado del alma después de la muerte, a la segunda, la resurrección de los muertos y la transformación correspondiente de los vivos, el Juicio final y la conflagración del mundo" (*Doctr. Theol.*, p. 625).

Trataremos el asunto de la Escatología bajo los siguientes títulos: 1) la Muerte Temporal: 2) el Estado del Alma entre la Muerte y la Resurrección; 3) la Segunda Venida de Cristo: 4) la Resurrección de los Muertos; 5) el Juicio Final; 6) el Fin del Mundo; 7) la Condenación Eterna; y 8) la Salvación Eterna.

## 1. LA MUERTE TEMPORAL

a. ¿Que es la muerte temporal? La muerte temporal, o corporal, no es la completa aniquilación del hombre (el ruselismo; el ateísmo), sino el cese de la vida natural, cese que ocurre cuando el alma y el cuerpo se separan (Baier). El pasaje Mat. 10:28 comprueba que la muerte temporal no es la aniquilación del alma; y el pasaje Juan 5:28-29 comprueba que la muerte temporal no es la aniquilación del cuerpo, pues en este pasaje el Señor nos dice que los cadáveres, aunque se han vuelto polvo, esperan en los sepulcros el día de la resurrección (cf. también Dan. 12:2). Hablando en términos precisos, la muerte temporal consiste en el acto de separar el alma del cuerpo. Esto lo exponen Luc. 12:20: "Necio, esta noche vuelven a pedirte tu alma"; y Mat. 27:50 (Juan 19:30), donde se nos describe la muerte del Señor como el "entregar el espíritu".

Quenstedt nos llama la atención, sobre el hecho de que la muerte de los creyentes se describe en la Escritura mediante "nombres dulces", tales como el "ser unidos a su pueblo", Gén. 25:8, 17; una "despedida en paz", Luc. 2:29, el "ser quitado de delante del mal que viene" (V.M.), Isa. 57:1; un "sueño", Mat. 9:24; 1 Tes. 4: 13; etc. "La muerte se ha convertido en la entrada a la vida eterna".

Por otro lado, la muerte de los impíos se describe en las Escrituras mediante nombres que de por sí evidencian el carácter amargo y terrible de tal muerte: "Irse a su lugar", Hech. 1:25; "quitarle Jehová la vida", Gén. 38:7; etc.

b. La causa de la muerte temporal. No hemos de buscar la causa de la muerte temporal en el hecho de que ya en un principio el hombre fue creado mortal o al menos propenso a la muerte, Gén. 2:17, o que la materia de que está hecho el hombre es de por sí perecedera (Séneca: Morieris, ista hominis natura, non poena est; cf. también las enseñanzas de los unitarios y los pelagianos); antes bien, la causa de la muerte temporal es el hecho de que el hombre cayó en el pecado, Gén. 2:17; 3:17 y sig.; Rom. 512; 6:23. Lutero: "La muerte no puede quitar el pecado, porque ella misma es maldición y por ende, el castigo eterno de la ira de Dios".

Algunos teólogos modernos (Kirn) opinan que la muerte existía ya antes del pecado, pero que sólo debido al pecado llegó a ser un castigo. Tal opinión es del todo antibíblica. Según la Sagrada Escritura, la muerte no existió hasta que el pecado entró en el mundo. Sal. 90:7-8. La muerte es por lo tanto, un castigo directo que Dios por causa de su justicia vindicativa inflige al hombre culpable.

Todo lo demás que la Biblia menciona como causa de la muerte, ha de ser considerado siempre en relación con la caída del hombre y las transgresiones subsiguientes. Así, pues, Satanás es causa de la muerte por cuanto es "homicida desde el principio", Juan 8:44, mientras Adán es causa de la muerte de todos sus descendientes, Rom. 5.12, porque la culpa de él se pone en cuenta a todos sus hijos (la culpa hereditaria).

Todas las calamidades como epidemias, tempestades, hambres, inundaciones, guerras, etc., (Rom. 8:35-36) son "causas que conducen" a la muerte, porque son medios que directamente ocasionan la destrucción de la vida. Pero son causas que conducen a la muerte sólo porque el pecado, su causa principal y primaria, "entró en el mundo", Rom. 5:12 y sig. Por consiguiente, no debemos considerar la muerte como "el medio de que se vale la naturaleza para deshacerse de lo inútil" (los modernistas), sino única y enteramente como la "paga del pecado", Rom. 6:23. Todo creyente debe recordar siempre esta verdad; pues el que niegue que la muerte es el castigo del pecado, no podrá comprender debidamente, ni estimar correctamente, la muerte vicaria de Cristo en la cruz. En realidad, todos los que han negado consecuentemente la culpa del pecado como la única causa de la muerte (los racionalistas), han negado también, en lógica consecuencia, la expiación vicaria de Cristo.

c. ¿Quiénes están sujetos a la muerte? La Escritura enseña con la mayor claridad, que todos los descendientes de Adán están sujetos a la muerte (Rom. 5:12). La experiencia corrobora este hecho. Por lo tanto, todo esfuerzo que se haga con el fin de hallar un remedio contra la muerte es, de antemano inútil. La única manera como el hombre pecador puede librarse de la muerte es por medio de la fe en Cristo, "el cual quitó la muerte y sacó a luz la vida y la inmortalidad", 2 Tim 1:10; pues aunque es verdad que el creyente está sujeto a la muerte témporal, "nunca sufrirá la muerte", Juan 8:52; 11:25-26.

Si se pregunta por qué también los que creen en Cristo tienen que morir, la Escritura replica: a) que también ellos son pecadores según la carne (*palaios anzrōpos*), de modo que también en el caso de ellos la muerte es la paga del pecado, Rom. 6:23; 7:24; pero b) que en el caso de los creyentes, no se debe asociar la muerte con la manifestación de la ira de Dios o con el "aguijón de la muerte", 1 Cor. 15:55–57, de manera que para los creyentes la muerte no es un terror, sino un sueño bienaventurado. 1 Tes. 4:13–14; Luc 23:43; Filip. 1:23.

La *Apología* dice (Art. VI, 56): "La muerte sirve para abolir esta carne pecaminosa a fin de que podamos levantarnos absolutamente nuevos. Y puesto que el creyente ha vencido por la fe los terrores de la muerte, ya no siente, al pasar por ella, ese aguijón y esa ira de Dios de que nos habla San Pablo, 1 Cor. 15:56. Este poder del pecado, esta manifestación de la ira, son realmente un castigo mientras se hallen presentes; sin este elemento de la ira, la muerte no es en realidad un castigo".

En vez de la ira divina, el creyente experimenta por medio de la fe, la gracia divina, de manera que en el momento de la muerte, encomienda gozosamente su alma en las manos de su Redentor y se despide en paz, Luc 2:29–30; Hech. 7:59. (Cf. Lutero. St. L., 1, 1512).

Además de esto, el creyente sabe por la fe que está libre de la "muerte segunda", Apoc. 20:14. o la condenación eterna, Juan 3:16–18, 5:24; 1 Juan 3:14 (cf. Lutero, St. L., I, 1514), y por esta razón la muerte temporal no le causa terror, Apoc. 14:13.

Por último, el creyente también extrae consuelo de los "nombres dulces", con que la Sagrada Escritura describe la muerte de los hijos de Dios. (Cf. Lutero, St. L., XIII, 1328 y sig.; VIII, 1230). Estos nombres dulces no son vanos títulos, sino verdaderas y bienaventuradas garantías evangélicas de la gracia y del amor de Dios, las cuales proporcionan al creyente un consuelo inefable en la hora de la muerte.

## 2. EL ESTADO DEL ALMA ENTRE LA MUERTE Y LA RESURRECCIÓN

El número de pasajes bíblicos que describen el estado del alma después de la muerte es relativamente pequeño, ya que la Sagrada Escritura dirige la atención de los creyentes antes al día del Juicio y la salvación eterna subsiguiente, que a la bienaventuranza de que gozan los cristianos inmediatamente después de la muerte, 1 Cor. 1:7; Filip. 3:20-21; Col. 3:4; 1 Tes. 4:13 y sig.; 2 Tim. 4:7-8; Tito 2:13. Por lo tanto, el creyente "espera con paciencia la venida de nuestro Señor Jesucristo y se regocija en la gloriosa redención que este día de salvación le promete, Mat. 24:44-46; Luc. 21:31. Así como a Sagrada Escritura consuela al creyente, principalmente con la gloria de la segunda venida de Cristo, asimismo, amonesta al incrédulo recordándole ante todo cuán ineludible es el Juicio final, 2 Tes. 1:9-10; Heb. 10:27; 2 Ped. 2:3-6; Judas 6-7, en vez de hablarle directamente del castigo después de la muerte, aunque no faltan por completo pasajes de esta índole, Heb. 9:27; Luc. 16:22-23.

Por esta razón los creyentes deben regocijarse siempre en la segunda venida de Cristo, Mat. 25:34, mientras los incrédulos tienen que estar en constante temor ante el justo juicio de Cristo, pues ese juicio, trae consigo el gran castigo eterno del que no podrán escapar, Mat. 25:41, 46.

Sin embargo, la Escritura habla también del estado del alma después de la muerte. Nos dice que las almas de los impíos son "espíritus encarcelados", 1 Ped. 3:19, y que experimentarán indecibles e interminables tormentos, Luc. 16:23-31, de modo que la muerte los conduce directamente a la agonía y angustia eternas. Sal. 106:16-18.

En cambio, la Escritura nos asegura que las almas de los justos están en las manos de Dios, Hech. 7:59-60; Luc. 23:46, que están con Cristo en el paraíso, Filip. 1:23; Luc. 23:3, y que son inefablemente felices en su nueva vida celestial, Apoc, 14:13; Sal. 16:11; Juan 17:24; Rom. 8:18. En efecto, tan alejados están de todo dolor terrenal que nada saben de los que viven en la tierra, Isa. 63:16, y ya no les conciernen las necesidades de los mortales, Isa. 57:1-2.

De esto concluimos, que las almas de los creyentes se encuentran con Dios en perfecta bienaventuranza y en perpetuo gozo, aunque no podamos determinar la manera como se efectúa este hermoso disfrute de la dicha celestial. Tenernos que rechazar por lo tanto, toda doctrina que se inclina a sostener que entre la muerte y la resurección el alma se halla entregada a una especie de sueño, ya que tal doctrina excluiría el gozo activo que el alma del creyente siente al lado de su Dios, Filip. 1:23; Luc. 23:43.

Las declaraciones de la Escritura de que "los muertos duermen", 1 Cor. 15:18, o que los muertos no alabarán a Dios", Sal. 6:5, o que "entran en el reposo", Heb. 4:3, etc., no comprueban la insensibilidad del alma después de la muerte, sino que son expresiones figuradas, usadas en un sentido que la Escritura claramente explica.

Hay quienes intentan deducir de la naturaleza misma del alma ("El alma es siempre activa", etc.) el estado en que se encuentra el alma después de la muerte; pero tal proceder no es permisible, ya que las conclusiones que así se sacan son muy inciertas, y sobre todo, porque la especulación humana jamás debe suplantar la enseñanza de la Escritura, la única fuente y norma de la fe.

En cambio, no es contrario a la Escritura decir que el alma duerme, si en ese sueño se incluye el goce real de la bienaventuranza celestial de que el alma participa al lado de su Dios (Lutero). El gran Reformador escribe sobre este particular (St. L., I, 1758 y sig.; II. 215 y sig.): "Es verdad divina que Abraham [después de su muerte] vive con Dios, sirve a Dios y gobierna con El. Pero qué clase de vida es ésa, si duerme o está despierto, es un asunto diferente. No podemos saber cómo el alma descansa; pero cierto es que vive"

Respecto del lugar donde viven las almas (el paraíso, la prisión *fylake*) Gerhard escribe: "La Escritura, valiéndose de un nombre general habla de cierto lugar, Juan 14.2; Luc. 16:28; Hech. 1:25. No que sea un lugar corpóreo y físico, hablando literalmente, sino porque es cierto 'donde' (*pou*), al cual son llevadas las almas, después que se han separado de sus cuerpos. La Escritura menciona dos lugares, o viviendas para las almas, uno de los cuales, preparado para las almas de los justos, se llama comunmente el *cielo*, y el otro, destinado para las almas de los impíos, se llama el infierno". (*Doctr. Theol.*, p 632).

Lo que se conoce con el nombre de purgatorio, así como el limbo de los niños y el limbo de los padres, en los cuales, según la doctrina papista, las almas de los creyentes tienen que expiar los castigos temporales que han merecido por causa de sus pecados - todo esto es una invención humana; pues la Escritura enseña que todos los creyentes, mediante la fe en Cristo, obtienen la vida eterna, Juan 5:24; 3:36, pero no el purgatorio. Además, la Escritura enseña que no solo las almas de los santos, tales como San Pablo y Esteban (Filip. 1:23; Hech. 7:59), sino también las de grandes pecadores, convertidos an el último momento de su vida terrenal, por ejemplo, el malhechor en la cruz, entraron con Cristo en el paraíso, Luc. 23:43. (Cf. Lutero, sobre el purgatorio, St. L., II. 2067 y sig.).

De entre los teólogos protestantes modernos, Kahnis sostuvo la doctrina acerca del purgatorio. Este equivocado teólogo nos dice: "En la idea del purgatorio hay sin duda cierto grado de verdad, esto es, muchos cristianos necesitan aún purgar sus faltas. Grande es el número de cristianos de quienes no se puede decir que Cristo es su vida. Pero son atraídos a Cristo y confiesan lo que han aprendido acerca de Él con un desinterés, una Sinceridad y una fidelidad en su conducta, que debieran causar verguenza a muchos cristianos que son más fuertes en palabras que en obras". (Pieper, *Christl. Dogmatik*, III, 576).

Sin embargo, un purgatorio protestante no tiene más fundamento bíblico que el purgatorio papista; pues Cristo promete la viaa eterna a todos los que creen en Él, Juan 5:24; 3:38. Además de esto, la Escritura enseña que sólo la sangre de Cristo nos limpia de todo pecado. 1 Juan 1:7, y no lo que el hombre haga o padezca, Gál. 3:10. Ni siquiera la fe limpia del pecado, por cuanto tiene la calidad de una buena obra humana, Rom. 4:3–5; ella salva sólo porque es el medio recipiente (*leptikon*), el cual se apropia la justicia de Cristo y así regenera el corazón y libra al creyente de la maldición y del dominio del pecado, Rom. 6:2, 14. Todos los teólogos protestantes que se unen a Roma para enseñar un purgatorio, niegan *eo ipso* que el hombre se salva únicamente por ta fe, y se pliegan a la doctrina de la justicia por las obras.

De las muchas promesas que se hacen a los cristianos en la Biblia, surge con clara evidencia que el alma del creyente se halla completamente limpia de todo pecado original y actual; pues el alma del cristiano, en el momento en que se separa del cuerpo, se halla en el "paraíso", la morada santa de los que creen en Cristo como en su Salvador, Filip. 1:23; Luc. 23:43. (C. Lutero, St. L., X, 2119 y sig.). Con mucho acierto, Lutero llama a la muerte el "último purgatorio", dando a entender con esto, que el alma del que muere en Cristo se halla enteramente libre de pecado.

Hafenreffer escribe lo siguiente respecto al purgatorio: "Todo poder meritorio que se le atribuya al purgatorio o a la intercesión de los santos se le resta al mérito de Cristo, el único mérito que nos puede limpiar del pecado". (*Doctr. Theol.*, p. 636) La Iglesia Luterana rechaza por lo tanto, la doctrina del purgatorio, porque esta doctrina esté en pugna con la doctrina bíblica de la justificación por la fe sola.

Algunos teólogos protestantes modernos (Schleiermacher), enseñaron que el alma durante el estado medio (el tiempo entre la muerte y la resurrección), tiene que estar dotada de cierto cuerpo temporario, pues de lo contrario no podría existir (Macpherson: "El Individuo lleva un cuerpo acomodado a su condición durante ese período"). Pero la Escritura nada nos dice sobre tal cuerpo temporario. El creyente deba estar seguro de que Dios, que tan maravillosamente ha creado el alma para el cuerpo, también puede cuidarla mientras se encuentra fuera del cuerpo, 2 Cor. 5:1–9.

La aparición de "Samuel" (1 Sam. 28) se explica del modo más satisfactorio como un engaño de Satanás (1 Sam. 28:19: "Mañana estaréis conmigo, tú y tus hijos"). Si se sostiene que Dios realmente permitió que Samuel apareciera, debe considerarse su aparición como una excepción a la regla fijada por Dios, y debe mantenerse, de acuerdo con la Escritura, que el espiritismo es obra y fraude de Satanás, Deut. 18:10–12.

En lo que respecta a las almas de los difuntos podemos resumir la enseñanza de la Escritura del modo siguiente: a) Las almas de los difuntos no vuelven a la tierra, Luc. 16:27–31: la aparición de Moisés y Elías en la transfiguración de Cristo, Mat. 17:3, no fue una excepción a esta regla, pues estos santos son contados entre los resucitados, Deut. 34:6; 2 Reyes 2:11. b) Las almas de los difuntos ni saben de los que viven en la tierra y no les conciernen los asuntos de éstos, Isa. 63:16. c) La adoración que se rinde a los santos difuntos es, no sólo irrazonable, sino también idólatra, Mat. 4:10. d) La Escritura niega muy enfáticamente, la opinión errónea de aquellos teólogos racionalistas que enseñan que aún después de la muerte es posible la conversión, Heb. 9:27.

En 1 Ped. 3:18–19 San Pedro no habla de la predicación del Evangelio, sino antes bien, de la promulgación del juicio divino sobre aquellos que durante su vida aquí en la tierra desecharon la Palabra salvadora de Dios. El término *ekerixen* ("predicó"), denota la predicación de la Ley y no la predicación del Evangelio, según lo demuestra el contexto.

## 3. LA SEGUNDA VENIDA DE CRISTO

La Escritura enseña con la mayor claridad que Cristo, el Dios-hombre (Mat. 25:31), a su debido tiempo (Hech. 1:7, Juan 5:28–29), aparecerá visiblemente (Hech. 1:9, 11) a todos los hombres a la vez (Mat. 24:27, 30; 1 Tes. 5:2), en gloria divina y rodeado de sus ángeles asistentes (Mat. 25:31; 1 Tes. 4:16; Mat. 13:41–42), a fin de juzgar a todas las naciones (Mat. 25:31), tanto a los vivos como a los muertos, a los últimos después de haber sido resucitados (1 Cor. 15:51; Dan. 2:2; Juan 5:28 –29), echar los impíos al tormento eterno (Mat. 25:46), y conducir sus santos a la gloria eterna (Heb. 9:28), a fin de que la Iglesia Militante venga a ser para siempre la Iglesia Triunfante. (Cf. Lutero, St. L., IX, 951 y sig.).

Es menester recalcar la doctrina acerca de la gloriosa segunda venida de Cristo, tanto para combatir las blasfemias de los impíos, 2 Ped. 3:3–4, como para conservar alerta a los creyentes, que por *causa* de la flaqueza de su carne corren el peligro de olvidarse de su gloriosa esperanza. Mar. 13:23.

Con respecto al tiempo exacto de la segunda venida de Cristo, la Escritura enseña que nadie lo sabe, Mat. 24:36; Mar. 13:32, ni puede saberlo, 1 Tes. 5:2–3; Mat. 24:44; Mar. 13:33–36. A pesar de la advertencia de Cristo, aun ciertos teólogos creyentes han tratado de computar la fecha de la segunda venida de Cristo (Bengel, por ejemplo, predijo que el Señor volvería en 1836). Esto demuestra cuán hondamente se halla arraigada la curiosidad pecaminosa (Hech. 1:6) en el corazón humano.

Pero aunque es cierto, que los cristianos no deben tratar de computar la fecha de la venida del Señor, como lo hacen los ruselistas, adventistas y otros, deben no obstante observar cuidadosamente las señales de los tiempos, las cuales Dios ha ordenado para estimular a sus santos a una mayor vigilancia y preparación, Mat. 24:32–33; Luc. 21:29–31; 2 Tes. 2:3 y sig. Respecto de las señales de los tiempos, Lutero dice con mucho acierto que "todas las criaturas sirven a este día por medio de señales" (St. L., XI, 59).

Entre las señales de los tiempos la Sagrada Escritura menciona condiciones anormales a) en la Esfera de la actividad y la vida humanas (guerras, odios contra la iglesia, epidemias, hambres, calamidades en general, grandes maldades, Mat, 24:5–14, 37–39); b) en el reino de la naturaleza (terremotos, inundaciones, disturbios en los movimientos de los cuerpos celestes, Luc. 21:25-26; c) en el reino de la Iglesia (se levantarán falsos profetas, muchos apostatarán de la fe en Cristo, el Anticristo cometerá aún mayores persecuciones contra los verdaderos creyentes, Luc. 21:8, 16–17: 2 Tes. 2:3–4); etc.. Así como la enfermedad es una señal de la inminente disolución del individuo (el microcosmo), asimismo, los disturbios en el mundo (el macrocosmo) auguran su destrucción final. (Cf. Lutero, St, L., VII, 1480 y sig.).

El hecho de que los hombres no reconozcan estas señales como tales, demuestra el asombroso estupor en que el pecado ha sumido a la humanidad (Lutero, St. L., I. 254 y sig.). Lutero añade que el hombre, después de la Caída, se halla en las terribles "tinieblas de Egipto" (St. L., I, 255).

En particular, la malévola persecución que se lleva a cabo contra Cristo y su Evangelio, es una señal inequívoca de que el Juicio se aproxima: pues este horrendo pecado encierra la más vil ingratitud por parte del hombre. Puesto que Cristo ha redimido al mundo mediante su santa Pasión y muerte, es de esperar que todos los hombres lo adoren gustosamente, e ingresen en su Iglesia y la sostengan. Pero en vez de eso el mundo persigue a los que aman y sirven a Cristo, Mat. 24:9; Juan 16:2; Mat. 10:17; Rom. 8:36; Hech. 14:5-6, 19; 16:22 y sig.

A pesar de esta vergonzosa ingratitud por parte de los hombres (el modernismo, el Anticristo), nuestro Señor en su gracia no retira su Palabra de la tierra, sino que hace que ella sea predicada a todo el mundo para testimonio a todas las naciones, Mat. 24:14. Pero esto es igualmente una clara señal de que el Juicio se aproxima (Mat. 24:14. "Y entonces vendrá al fin").

Refiriéndose a las señales que prefiguraron la destrucción de Jerusalén y al mismo tiempo del mundo, Mat. 24:2-14, 15-31, 32-51; 16:27-28, el Dr. Stoeckhardt observa muy acertadamente que la destrucción de Jerusalén era "tanto una señal del día del Juicio como el comienzo del Juicio final" (Bib. Gesch. d. N. T., p. 256), el carácter "epitelesmático" de la profecía divina en general, explica también esa predicción particular. Pues en una visión profética indivisa el Señor ve un acontecimiento próximo y otro más remoto, esto es, tanto la destrucción de Jerusalén como la destrucción del mundo.

Respecto de si las señales de los tiempos ya se han cumplido, Lutero declara que "estas señales ya se han cumplido en su mayor parte, de manera que no podernos esperar muchas más" (St. L., XI, 50 y sig.). Pero a esto es menester añadir que, intencionalmente, Dios ha arreglado las señales de tal modo que nadie puede computar el día ni la hora exacta de la segunda venida del Señor. Así, aun durante el periodo apostólico podía decirse, con referencia por ejemplo a la señal indicada por Cristo en Mat. 24:14, que la fe cristiana era divulgada "por todo el mundo", Rom. 1:8; 10:18; 1 Tes. 1:8; Hech. 19:10; 1 Tim 3:16.

Las señales no se han dado con el fin de inducir a los creyentes a determinar la hora de la venida del Señor, sino para animarlos a que estén siempre alerta, Mat. 24:42. Existe cierta analogía entre el fin del mundo y la muerte de cada cristiano; pues aunque nadie sabe exactamente cuándo ha de morir, debe no obstante, estar siempre preparado para encontrarse con su Dios en el momento en que Él lo llame por medio de la muerte, Amós 4:12; 2 Cor. 5:9.

La Iglesia Luterana, de acuerdo con la Escritura, rechaza la doctrina del milenio como una invención de la mente humana; la Confesión de Augsburgo (Art. XVII), expresa su desacuerdo con los milenarios de este modo: "Condenamos también a los que ahora propagan las opiniones judaicas de que antes de la resurrección de los muertos, una vez que los impíos hayan sido suprimidos en todas partes, los buenos poseerán al reino del mundo".

La "opinión judaica" (Hech. 1:6), apareció en la Iglesia Cristiana ya en un tiempo muy temprano y se conocía con el nombre de "quiliasmo" (un período en que Cristo reinará por mil años). Se enseñaba y se defendía en muchas formas. Aunque esta clasificación no es del todo exacta, ella ayuda a distinguir los varios tipos del quiliasmo.

Los milenarios muy crasos esperan un período de gran bienaventuranza espiritual y temporal, en el cual desaparecerán las consecuencias del pecado en el hombre y el mundo.

Los milenarios crasos esperan la destrucción del Anticristo y la conversión general de los judíos, de manera que durante mil años la Iglesia Cristiana gozará de un período de gran paz y prosperidad. Estos milenarios enseñan que Cristo volverá dos veces visiblemente, y que los muertos resucitarán en dos oportunidades distintas; algunos de ellos incluyen, otros excluyen el reinado terrenal de Cristo en Jerusalén y en la Tierra Santa.

El sueño fantástico de los milenarios presenta el rasgo característico, que sus defensores jamás pueden ponerse de acuerdo en lo que respecta a ciertos pormenores. Las diferentes teorías son tan contradictorias, que todo el asunto, por causa de su misma complejidad e inconsecuencia, acaba por aburrir al estudiante de aberraciones doctrinales.

Los milenarios sutiles niegan que Cristo tenga que volver dos veces, o que los muertos tengan que resucitar en dos oportunidades distintas, pero esperan un período de extraordinario crecimiento y prosperidad para la Iglesia Cristiana (Spener), antes de que el mundo sea destruido por completo.

La doctrina de los milenarios no tiene ningún fundamento bíblico. Los pasajes que con frecuencia se citan para defenderla (Isa. 2:2-4; 11:6-9; Zac. 9:9-10; Joel 3:2 sig.; Miq. 4:1-4; Apoc. 20:1-10) no predicen en modo alguno un reinado milenario, sino que describen la gloria espiritual de la Iglesia del Nuevo Testamento, gloria que se hace efectiva mediante la venida del Mesías y la predicación del Evangelio por todo el mundo, Luc. 2:13-14; 1:76-79; 1:46-55.

La doctrina de los milenarios no sólo carece de fundamento bíblico, sino que es también contraria a la Escritura. Contradice expresamente la Escritura porque ésta enseña con toda claridad a) que el tiempo del Nuevo Testamento, y especialmente los días antes de la venida de Cristo, serán un período de gran persecución y sufrimiento para los que aman al Señor Jesucristo, Juan 16: 33; Mat. 24:9-13, 21-27; Luc. 21:16-17; y b) que el reino de Cristo no es terrenal ni externo, sino espiritual e interno, Juan 14:27, 16:33; Rom. 5:1-5; Luc. 17:20-21; Mar. 1:14-15; Luc.10: 9-11; Rom. 14:17-19. Además, al tratar de fundar la esperanza del cristiano en un reino terrenal de Cristo, los milenarios socaban y destruyen la verdadera esperanza del cristiano, la cual busca firmemente esa hermosa gloria en el cielo, Filip. 3:20-21; 1 Cor. 1:6-8, a donde será llevada la Iglesia Militante cuando Cristo venga otra vez. Mat. 25:34; 5:3, 10-12.

Si los milenarios alegan, que la pequeña Iglesia visible de Cristo en la tierra no puede de ningún modo representar la gloriosa Iglesia de nuestro Señor, replicamos que nuestro Redentor predice y describe la pequeñez de su Iglesia aquí en la tierra (Luc. 12:32; Mat. 20:16), el dolor y la tribulación por que tiene que pesar (Hech 14:22), y su aparente derrota (Mat. 24:37-38), a fin de que los creyentes sean guardados de los artificios maliciosos de todos los engaños milenarios, Mat. 24:42-51.

Los milenarios se oponen además a otras verdades claras establecidas por la Escritura; pues afirman a) que Cristo volverá dos veces, lo cual es contrario a la enseñanza expresa de Heb. 9:28, y b) que los muertos resucitarán en dos oportunidades distintas, lo cual es contrario a Juan 6:40.

Si los milenarios alegan que su doctrina constituye a lo menos una hermosa esperanza, que no ha de ser debilitada ni destruida en aquellos que la abrigan, replicamos que nada es bueno o hermoso si se opone a la enseñanza de la Escritura, También Eva consideraba hermosa la fruta prohibida. Gén, 3:6; pero el hermoso pensamiento de comer de aquella fruta, fue un engaño de Satanás, 1 Tim. 2:14 que hizo incurrir a Eva en la transgresión, y trajo sobre ella y toda su posteridad indescriptible miseria.

De un modo similar, muchos consideran muy hermoso el pensamiento de tener un vicario de Cristo en la tierra para que reine sobre la Iglesia, 2 Tes. 2: 9-12; pero el resultado es el Anticristo, el siervo de Satanás, 2 Tes. 2: 3-4, por quien, mediante su misma piedad externa, miles son seducidos a seguir el camino que conduce a la eterna condenación 2 Tes. 2:12.

La doctrina milenaria, es el medio más sutil empleado por Satanás para inducir a los creyentes a considerar al Cristo crucificado como tropezadero y locura, 1 Cor, 1:23, pues todo sueño milenario demuestra claramente, cuán descontentos se hallan algunos con la humildad de la Iglesia de Cristo en la tierra.

Si se alega que por lo menos Apoc. 20:2 enseña un milenio, replicamos a) que este pasaje no enseña en modo alguno un milenio, ye que los que "vivieron y reinaron con Cristo mil años" son descritos claramente como "Las almas de los decapitados por causa del testimonio de Jesús y por la palabra de Dios", Apoc. 20:4, de modo que la visión no describe una escena terrenal, sino celestial; b) que todo el pasaje. Apoc. 20:1-10, es tan obscuro que no se puede tomar como *sedes doctrinae* para comprobar la doctrina milenaria, ya que apenas existen dos intérpretes que la expliquen del mismo modo; c) que el "un poco de tiempo" (*mikros jronos*), juntamente con los "mil años" incluye todo el tiempo del Nuevo Testamento (Lutero), ya que inmediatamente después de este "un poco de tiempo" seguirá el Juicio final, Apoc. 20:10, y d) que, como el Apocalipsis es un libro profético, "tan repleto de visiones obscuras, al igual que de expresiones alegóricas y casi enigmáticas, muy difíciles de entender, tiene que ser explicado según la analogía de la fe o según los pesajes claros y perspicuos de la Escritura" (Hollaz), que predicen los acontecimientos escatológicos en un lenguaje claro e inequívoco.

Así como el milenio es una ficción de la razón humana, así lo es también la conversión general de los judíos". Los que defienden este error fundan su doctrina en Rom. 11:26: "Y luego todo Israel será salvo". Pero este pasaje no enseña una conversión general de los judios. Esto lo comprueban a) el contexto, el cual demuestra que el apóstol entiende la expresión *todo Israel* (*pas Israel*) en el sentido de *"los electos de Israel"* (v. 28: "En cuanto a la elección, son amados"); y b) el hecho de que en otros pasajes el apóstol declara expresamente que no todos los judíos, sino solamente los escogidos, serán salvos (Rom 11:5: "Aún en este tiernpo han quedado *reliquias* (un *residuo*, un *resto*) por la elección de gracia" v. 7: "Los escogidos sí lo han alcanzado, y los demás fueron endurecidos").

San Pablo hace así una clara distinción entre el Israel espiritual (*Israel kata pneuma*), que será salvo, y el Israel carnal (*Israel kata sarka*), que será condenado. Cf. Rom. 9:6: "No todos los que descienden de Israel son israelitas" v. 7: "Ni por ser descendientes de Abraham, son todos hijos; sino: En Isaac te será llamada descendencia" v.8: "No los que son *hijos según la carne* son *los hijos de Dios*, carne; sino que los que son *hijos según la promesa* son contados como *descendientes"* v. 27:' "Si fuere el número de los hijos de Israel como la arena det mar, tan sólo el *remanente (residuo, resto)* será salvo" v.31: "Israel, que *iba tras una ley de justicia*, no la alcanzó"

De esto se infiere que el "todo Israel que será salvo" (Rom. 11:26), es el Israel espiritual (los escogidos en Israel), de la misma manera como la expresión "la plenitud de los gentiles" (Rom

11:25), denota los escogidos de Dios entre los gentiles. La determinación del tiempo "hasta que (Rom. 11:25: *"hasta que /ajri ou/* haya entrado") la plenitud de los gentiles recalca la verdad de que, mientras dure el el tiempo de la conversión y salvación de los gentiles, también durará el tiempo en que serán traídos a la salvación los escogidos en Israel, esto es, hasta el fin del mundo, Mat. 24:14. Las primeras palabras de Rom. 11:26: *kai outōs,* cuya mejor traducción es "y así" (V. H-A), "y de esta manera" (V. M.), describen la manera como "todo Israel será salvo", a saber, por el llamamiento divino hecho mediante el Evangelio a los escogidos en Israel, por el cual también ha de entrar la plenitud de los gentiles. Rom. 10:13-18.

Conforme a este principio, los apóstoles predicaron el Evangelio tanto a los judíos como a los gentiles, Hech. 13:14-52, a fin de que durante el tiempo de gracia del Nuevo Testamento, pudieran entrar "todo Israel" y "la plenitud de los gentiles", Rom. 10:1-4. De ese mismo modo, la Iglesia de Cristo debe predicar el Evangelio de la salvación a toda criatura, y hacer discípulos entre todas las naciones hasta el fin del mundo, Mar. 16:15-16: Mat. 28: 20; pues mediante esta promulgación del Evangelio serán salvos los escogidos, tanto judíos como gentiles, Hech. 13:43-49. (Cf. *Christl. Dogmatik*, III, 584 y sig.).

El regreso de los judíos a la Palestina, que por lo regular es presentado como concomitante de la conversión general de los judíos, se basa en una interpretación indebidamente literal de ciertas profecías del Antiguo Testamento (Isa. 11:11-12; Amós 9:11-15; Ezeq. 40-48; Zac. 6: 12; etc.), todo lo cual es tan antibíblico como ridículo (Cf. Lutero, St. L., XIV, 53). Estos pasajes, por supuesto, predicen y describen en la acostumbrada fraseología del Antiguo Testamento, la formación de la Iglesia del Nuevo Testamento.

## 4. LA RESURRECCIÓN DE LOS MUERTOS

Es verdad que la doctrina de la resurrección de los muertos es puesta en dudas (1 Cor. 15:35), y blasfemada (Hech. 17:32) por los impíos, pese al conocimiento natural que poseen acerca de Dios como el Creedor y Rey todopoderoso del universo, para quien nada es imposible. Rom. 1:19-20, de manera que la incredulidad de ellos es inexcusable, 1 Cor. 15:35 y sig. En cambio, para el creyente es una fuente de supremo gozo y dulce consuelo, 1 Cor. 15:20-22 (El Tercer Artículo del Credo: "Creo en la resurrección de los muertos").

La doctrina de la resurrección se enseña no sólo en el Nuevo Testamento, sino también en el Antiguo, Job. 19:25-26; Isa. 26:19; Dan. 12:2. En cierta ocasión Cristo dijo a los saduceos, que negaban la resurrección: "Erráis, ignorando las Escrituras". Mat. 22:29. Al mismo tiempo Cristo les citó un buen número de pasajes del Antiguo Testamento que enseñan la resurrección, Mat. 22:31-32. Según Mat. 22:31, cada vez que en el Antiguo Testamento leemos la misericordiosa promesa: "Yo soy tu Dios", tenemos un pasaje que enseña la resurrección de los muertos, porque "Dios no es Dios de muertos, sino de vivos", Gén.17:7; 26:24; 28:13; Ezeq. 37:27; etc.

Por lo tanto, Lutero tiene toda la razón cuando declara que en Gén. 3:15 también se enseñan la abolición de la muerte y la resurrección, ya que la muerte es la paga del pecado. Lutero declara (St. L., I, 240): "Este pasaje enseña que estamos redimidos de la Ley, del pecado y de la muerte, y señala una clara y segura esperanza de la resurrección y la renovación a una vida después de ésta. Pues si la cabeza de la serpiente ha de ser quebrada, entonces también la muerte ha de ser abolida y anulada".

Por esta razón, sostenemos que la confianza en la resurrección de los muertos es tan antigua como la promulgación del Evangelio. Es un error por parte de los teólogos modernos, alegar que la doctrina de la resurrección sólo se fue desarrollando gradualmente entre los creyentes (Luthardt, *Dogmatik, p.* 412; Voigt; "La doctrina de la resurrección se encuentra solamente en los libros más recientes del Antiguo Testamento" *Biblical Dogmatics,* p. 239).

En oposición a tales alegaciones, sostenemos que la doctrina de la resurrección se halla no sólo en pasajes tales como Dan. 12:2; Sal. 17:15; Oseas 13:14; Isa. 26:19. Ezeq. 37:1-10; Job 19:25-27, sino también en todos aquellos pasajes en que Dios se revela como el Dios de su pueblo, individual o colectivamente, Ex. 3:6, 13; 4.5, etc., Hofmann dice muy acertadamente: "Nada puede ser más erróneo que aseverar que la doctrina de la resurrección fue una idea que se desarrolló con el tiempo, como resultado de la especulación humana. En ningún tiempo se puede concebir la fe sin esta esperanza"

Ya que la doctrina de la resurrección pertenece a los artículos fundamentales primarios, sin la cual la fe cristiana no puede existir, 2 Tim. 2:1:7-18; 1 Tim. 1:19-20, la declaración de Hofmann que "en ningún tiempo se puede concebir la fe sin esta esperanza" es enteramente bíblica. Los creyentes del Antiguo Testamento indudablemente habrían "naufragado en cuanto a la fe", 1 Tim. 1:19, si no hubieran creído en la resurrección.

Mas es verdad que la revelación plena y completa respecto de la resurrección, vino con Cristo y la plenitud de la predicación de su Evangelio, Juan 5:28-29; 6:39-40; 1 Tes. 4:16: 1Cor. 15, etc.

Según, la Escritura, la resurrección de los muertos consiste formalmente a) en la restauración del mismo cuerpo que ha perecido a causa de la muerte; sus átomos dispersos serán reunidos y formarán nuevamente el cuerpo primitivo, Job. 19:25- 27; 1 Cor 15:42-49, y b) en la reunión del cuerpo con el alma, 1 Tes. 4:14-17. La resurrección está, pues, más allá de la comprensión humana; como la creación, es un milagro de la omnipotencia de Dios, 2 Cor. 1:9; Rom. 4:17.

Ya que el poder divino, como la esencia divina, pertenece a la tres Personas de la Deidad sin división o multiplicación, la Escritura atribuye la resurrección a veces al Padre y a veces al Hijo del mismo modo, Juan 5:21, y al Hijo, no meramente según su naturaleza divina, sino también según su naturaleza humana (Juan 5:22, 27: "Por cuanto es el Hijo del Hombre"). El Redentor divino y humano del mundo es también el Resucitador y Juez divino del mundo (Juan 5:26 "Todos los que están en los sepulcros oirán su voz", la voz del Hijo del Hombre).

El hecho de que el Verbo encarnado (*logos ensarkos*), o el Dios-hombre, es el Señor omnipotente, que en el Día Postrero bendecirá o condenará (Hech. 17:31: "Por aquel varón"), es de gran consuelo para todos los creyentes, Juan 11:23-27; Apoc 1:5-6, en cambio, para todos los incrédulos será causa de indecible terror, Juan 19:37; Apoc. 1:7; 6:16-17.

Negar la comunicación de las acciones divinas a la naturaleza humana de Cristo es un error sumamente pernicioso (cf. el error calvinista de negar el *genus maiestaticum).* Así lo comprueban los mismos pasajes bíblicos que describen la resurrección y el Juicio Final como obras del Hijo del Hombre.

Con respecto a la pregunta: ¿Quiénes resucitarán de entre los muertos?, la Escritura contesta muy claramente que todos los hombres se levantarán otra vez, tanto los creyentes. 1 Cor, 15:20-22; 1 Tes. 4:13-18, como los incrédulos, Juan 5:28; Hech. 24:15. Los unitarios y otras sectas anticristianas han negado tenazmente la resurrección de los impíos (los socinianos, los adventistas, los ruselitas, etc.); pero la Escritura afirma este hecho en términos inequívocos. Es verdad que la exhortación de Cristo a que los hombres se levanten espiritualmente, mediante la fe en las promesas divinas del Evangelio, Mat. 11:28-30, puede ser resistida, Mat. 23:3, ya que Él ahora obra usando medios. Pero el mandamiento de levantarse corporalmente del sepulcro que Cristo impartirá en el día del Juicio a todos los hombres - esa orden no puede ser resistida- Mat. 25.31-32, ya que en esa ocasión, el Señor ejercerá su poder divino sin necesidad de usar medios, *en te doxe auton.*

Si se pregunta: ¿Qué, en términos precisos, es la parte del hombre que resucitará de entre los muertos?, la Escritura designa a "todo el hombre que murió previamente" (Quenstedt; Dan. 12:2, Juan 5:28-29), en particular el cuerpo, el mismo cuerpo en número y esencia que nació en esta vida y que después pereció en la muerte, Job. 19:25-27; Isa. 26:19; Rom. 8:11; 1 Cor. 15:53; 2 Cor. 5:4; Filip. 3:21.

El cuerpo, por supuesto, volverá a unirse con el alma, según lo da a entender el concepto de la resurrección; pues así como la muerte hace que el alma abandone el cuerpo, asimismo la resurrección vuelve a reunir el cuerpo con el alma. La palabra "resurrección" quiere decir levantar otra vez aquello que antes había estado de pie y había caído. Por consiguiente, todos los que niegan que el cuerpo que había muerto y el cuerpo que será resucitado son uno y el mismo, niegan *eo ipso* también la resurrección. Ni la resurrección ni la "transformación" (1 Cor. 15:51-52: "Todos seremos transformados, en un momento, en un abrir y cerrar de ojos") de aquellos que estén vivos ruando llegue el día del Juicio destruirán la identidad del cuerpo. Nuestro soberano Señor reprende muy severamente a todos los que dudan de (la posibilidad de la resurrección o la niegan: "Erráis, ignorando el poder de Dios", Mat. 22:29.

Pero aunque será nuestro propio cuerpo que resucitará del sepulcro, tendrá nuevas cualidades. Los cuerpos resucitados de los creyentes serán espirituales (*sōmata peumatika*), 1 Cor. 15:51–52, esto es, acondicionados para la vida espiritual y celestial con Dios en la gloria. La Sagrada Escritura nos dice que los cuerpos espirituales de los santos de Dios son incorruptibles, gloriosos y poderosos, 1 Cor. 15:42–45; "semejante al cuerpo de la gloria suya", Filip. 3:21; y por último, "como los ángeles de Dios en el cielo", Mat. 22:30; Luc. 20:36. Pero el ser como los ángeles no quiere decir que no tengan cuerpo ni sexo; pues aunque es verdad que en el cielo el cuerpo humano no desempeñará las mismas funciones que desempeñaba en la tierra (cf. el error de los mormones), será esencialmente el mismo cuerpo que vivía aquí en la tierra, 1 Cor. 15:47–49.

Lutero lo expresa así (St. L., VIII, 1222) "El cuerpo permanece igual según su naturaleza, pero no permanece igual el uso del cuerpo". (Cf. también IX. 1242 y sig.) Lutero describe correctamente el "cuerpo animal" (natural) (*soma psijikon*), 1 Cor. 15:44, como "todo el hombre según vive con sus cinco sentidos en este mundo, y se sostiene comiendo, bebiendo, manteniendo casa y hogar, esposa e hijos", etc., pero el "cuerpo espiritual" (*soma pneumatikon*) lo describe como el cuerpo glorificado, adecuado para la bienaventuranza celestial. Respecto de los que creen en Cristo, la Sagrada Escritura nos dice en particular que "los justos resplandecerán como el sol en el Reino de su Padre", Mat. 13:43.

En cuanto a la estatura con que han de resucitar los cuerpos (niños, jóvenes, edad mediana, ancianos, etc.) es muy probable que sea la misma que tenían cuando murieron, ya que en el Apocalipsis se nos dice: "Vi a los muertos, grandes y pequeños, de pie ante Dios", Apoc. 20:12.

Por supuesto, los cuerpos de los justos no tendrán allí ningún defecto físico ni señal alguna de edad o sufrimiento, ya que todo esto es consecuencia del pecado. Chemnitz tiene razón cuando dice (*De Duabis Naturis*, p. 175): "Los cuerpos son celestiales, no con respecto a su sustancia, sino con respecto a sus cualidades, porque resplandecerán con luz y gloria celestiales, no estarán sujetos a flaquezas terrenales, sino que se distinguirán por su brillo celestial, y no serán ya más desfigurados, corruptos, imperfectos, mutilados, disformes, sino muy hermosos, agradables a la vista, perfectos, elegantes y sin faltarles un solo miembro, etc. Una ilustración de estas cualidades se nos ofrece en el cuerpo resucitado de Cristo, sentado ahora a la diestra de Dios Padre. A ese cuerpo será semejante el nuestro". (*Doctr. Theol.*, p. 642 y sig.).

Puesto que los impíos permanecen en su pecado y bajo la maldición divina, Juan 3:18.36, sus cuerpos se levantarán de los sepulcros "para vergüenza y confusión perpetua", Dan. 12:2, de modo que todos los defectos y consecuencias del pecado, se tornarán aún más visibles en sus cuerpos resucitados para deshonra eterna.

Chemnitz dice sobre esto: "Aunque los cuerpos de los impíos y los condenados serán incorruptibles e inmortales, sin embargo, no serán insensibles, sino que estarán sujetos a los tormentos eternos y no tendrán ni honor, ni gloria, ni poder, ni excelencia espiritual, sino que llevarán la marca de la inmundicia e ignominia eternas, y estarán destinados a la deshonra eterna y oprimidos por las tinieblas infernales. Son vasos hechos para deshonra, Rom, 9:21; 2 Tim. 2:20". (*Doctr. Theol.*, p. 643).

Mientras los justos resucitarán de entre los muertos por virtud de los méritos de Cristo, 1 Cor. 15:20–22, los impíos resucitarán por el poder divino, comunicado a la naturaleza humana de Cristo mediante la unión personal y la exaltación a la diestra de Dios, poder con el cual Cristo sostiene y gobierna toda las cosas en el cielo y en la tierra en su Reino de Poder, Juan 5:25–29. Como bien dice Gerhard, la resurrección de los impíos pertenece a las funciones de Cristo como Juez, y no a sus funciones como Mediador y Salvador (*Doctr. Theo.*, p. 643).

Algunos teólogos modernos (Kahnis, Nitzsch, Martensen, etc.) opinan que en esta vida es depositado en los creyentes cierto germen del cuerpo de la resurrección, el cual, o se desarrolla en el núcleo del cuerpo glorificado, o le sirve de núcleo a ese cuerpo glorificado. Tal opinión es antibíblica, pues la Biblia no enseña la existencia de tal germen, ni tampoco nos dice que tal germen es depositado en el creyente mediante el uso de la Santa Cena.

## 5. EL JUICIO FINAL

Inmediatamente después de la venida de Cristo y la resurrección de los muertos seguirá el Juicio final (Mat. 25:31-32: "Cuando el Hijo del hombre venga en su gloria, y *entonces* se sentará en su trono de gloria, y serán reunidas delante de Él todas las naciones"). Esta conexión inmediata de la segunda venida de Cristo con la resurrección general y el Juicio Final, excluye toda posibilidad de un milenio; pues cuando la Escritura habla de las últimas cosas *ex professo (sedes doctrinae)*, no da cabida a ningún reino terrenal milenario de Cristo.

Los que serán juzgados son todos tos hombres sin excepción, los justos al gual que los injustos, 2 Cor. 5:10, Rom. 14:10, los vivos al igual que los muertos. Hech. 10:42. como también los ángeles malos, 2 Ped. 2:4; Judas 6. El criterio según el cual Cristo ejecutará su juicio será su verdad revelada, la Palabra de Dios, como lo atestigua claramente la Escritura, Rom. 2:16; Juan 12:48; Apoc. 20:12. La norma del juicio serán las obras de los hombres, 2 Cor. 5:10. Mat. 25:35-45. Pero los justos serán juzgados únicamente según sus buenas obras, Mat. 25:34-40; Apoc. 12:11, ya que sus malas obras, o iniquidades, han sido arrojadas a las profundidades del mar, Miq. 7:19, o perdonadas.

Cuando la Escritura declara, por un lado, que todos los hombres serán juzgados (2 Cor. 5:10; Rom. 14:10: "nosotros", esto es, los creyentes), y, por otro, que el creyente no vendrá a condenación (Juan 5:24: *ies krisin ouk erjetai*) esta aparente contradicción es la antigua contradicción entre la Ley y el Evangelio. Según la Ley, todos los hombres tienen que comparecer ante el tribunal de Cristo. Según el Evangelio, los creyentes no vendrán a condenación. La comparecencia de los creyentes ante el tribunal de Dios no tendrá por objeto un juicio condenatorio, puesto que los pecados de los creyentes han sido perdonados mediante la fe en Cristo, Mat. 25:34.

Gerhard declara muy acertadamente que también las enseñanzas escatológicas de Cristo, son tanto Ley como Evangelio, y que también en este caso la Ley amonesta a todos los cristianos por cuanto son carne, 2 Cor. 5:10; Rom. 14:10, mientras el Evangelio los consuela en sus temores y dudas, Luc. 21:28. Lutero declara (St. L., VII, 1794 y sig.): "Tan exentos están los creyentes del Juicio como lo están los ángeles. Todos los creyentes pasan de esta vida al reino de los cielos sin necesidad de ser juzgados, aún más, sirven de jueces a otros". Esta declaración es correcta; pues Cristo afirma expresamente que los justos serán separados de los impíos antes que empiece el Juicio, Mat. 25:32-33.

Según la Escritura, el Juicio no será un proceso judicial, sino un acto momentáneo, Mat. 24:27; Luc, 17:24. Se verificará *en atomō* en un momento, *en ripe ofzalmou*, en un abrir y cerrar de ojos, 1 Cor. 15:51-52.

La Escritura enseña con toda claridad, que los justos participarán con Cristo en el Juicio del mundo, 1 Cor. 6:2-4. Juzgarán al mundo y a los ángeles malos, por cuanto cooperarán a las decisiones de Cristo y apoyarán su veredicto. Esta gran dignidad que Cristo les confiere de pura gracia, debe impulsarlos a juzgar correctamente a sus hermanos ya aquí en esta vida, 1 Cor. 6:5.

## 6. EL FIN DEL MUNDO

Con respecto a los cielos y la tierra, o el mundo que Dios creó en el principio, Gén. 1:1, la Sagrada Escritura enseña en términos inequívocos que "pasarán" (Luc. 21:33: *pareleusontai*, Heb. 1:10-12, *apolountai*, "perecerán" *allagesontai*, serán mudados" Sal. 102:26-28).

El significado de las palabras *pasarán, perecerán, serán mudados*, etc., resalta con mayor claridad, si nos fijarnos en el contraste que forman las perecederas "obras de las manos de Dios", con el Creador eterno, imperecedero y permanente; pues mientras Él permanece, ellas perecen; mientras Él sigue siendo el mismo y sus años no se consumen, ellas "envejecen como una vestidura", y "como un vestido serán envueltas y mudadas". El mismo contraste lo forman el "cielo y la tierra" (Luc. 21:33) con las "palabras de Cristo", pues mientras las palabras de Cristo de ningún modo pasarán, el cielo y la tierra sí pasarán.

En 1 Cor. 7:31 San Pablo escribe que la apariencia de este mundo se pasa (*paragei to sjema-tou cosmou toutou*). La "apariencia de este mundo" es su forma presente, o "el modo de ser, o condiciones presentes de todas las cosas terrenales". En términos similares nos dice San Juan que "el mundo pasa" (*ho kosmos paragetai*) 1 Juan 2:17. Fundándose en estos pasajes bíblicos, la teología cristiana enseña que el mundo en su forma presente será enteramente destruido (2 Ped. 3:10).

Sin embargo, nuestros dogmáticos disienten con respecto a la *manera* cómo esto ha de acontecer. Mientras la mayoría de los teólogos luteranos (Gerhard. Calov, etc.), enseñan una destrucción total (aniquilación) del mundo *quoad substantiam*, otros (Lutero, Brenz, etc.), afirman que sólo la forma de este mundo, según aparece ahora, pasará, en otras palabras, que el mundo será destruido sólo según su actual apariencia. Esta enseñanza se funda en las palabras de San Pablo en Rom. 8:21.

He aquí lo que dice Lutero (St. L., XII, 729 y sig.): "El sol espera otro adorno, que recibirá, juntamente con la tierra y todas las demás criaturas; es decir, serán limpiadas de todo abuso que contra ellas hayan cometido Satanás y el mundo".

Quenstedt rechaza esta doctrina y observa: "La forma de esta consumación no consiste en un mero cambio, alteración o renovación de cualidades, sino en la abolición y reducción a la nada de la substancia misma del mundo". (*Doctr, Theol.*, p. 656). Quenstedt funda esta doctrina en pasajes como Sal. 102:26; 2 Ped. 3:10-13; Apoc. 20:11; Isa. 34:4; Luc. 21:33; Job 14:12. Declara empero, que esta enseñanza no debe ser defendida como artículo de la fe, "aunque se ajusta más a los pasajes bíblicos que describen el fin del mundo". Sin embargo, los que consideran la destrucción del mundo corno un cambio o renovación "no deben ser acusados de herejía". (*Doctr. Theol.*, p. 609 y sig.).

En vista de que el asunto no puede resolverse definitivamente con pasajes claros de la Escritura, otros dogmáticos (Heerbrand, Hutter, Baltasar Meisner) sugieren que el teólogo también en este punto se tape la boca y desista de enseñar cierta doctrina definitiva. No obstante, hay que añadir que aun aquellos teólogos que consideran la destrucción como una renovación de todas las cosas, enseñan que en su forma presente el mundo ha de pasar. Cf. 1 Cor. 15:24 "Luego el fin" (*telos*). Asimismo lo enseña Lutero (St. L., VII, 1222): "En resumen, cesará todo aquello que pertenece a la substancia de estas cosas temporales, o a la vida y las obras perecederas". Por lo tanto, debe relegarse al terreno de cuestión pendiente, el asunto de si el mundo ha de pasar *quoad substantiam* (La destrucción completa), o sólo *secundum accidentia*, según su forma y apariencia externa, (la transformación).

No es propio tomar en un sentido literal los pasajes que hablan de un cielo nuevo y una tierra nueva (Isa. 65:17; 66:22; 2 Ped. 3:13; Apoc 21:1), ya que "el cielo nuevo y la tierra nueva" son "Símbolo de las mansiones celestiales y la vida eterna". Buechner en su *Manual de Concordancia* observa respecto de estos pasajes: "Así como esta tierra ahora ofrece al hombre un hogar cómodo, así los hijos de Dios reciben los hogares más cómodos que existen, repletos de toda clase de bienaventuranzas en el cielo". (Juan 14:1-4).

## 7. LA CONDENACIÓN ETERNA

En el Juicio final se realizará una separación completa y eterna de los impíos y los justos. Mat.25:46: "Irán éstos (lo, impíos) al *castigo eterno*, y los justos a la *vida eterna*".

El hecho de que habrá un castigo eterno puede extraerse, hasta cierto punto, del conocimiento natural que el hombre tiene acerca de las cosas divinas, Rom. 1:18-21. Conocer el *juicio* (*dikaiōma*) de Dios es parte de la Ley divina, que el Señor ha escrito en el corazón humano, Rom. 1:32. A la luz de la Ley, la conciencia condena los actos pecaminosos del hombre llamándolos transgresiones, por las cuales el hombre ha de responder ante Dios, Rom. 2:15; 1:20, 32. Por consiguiente, también entre los paganos encontramos ciertas doctrinas que enseñan una retribución eterna, aunque tales doctrinas, por supuesto, han sido desfiguradas por medio de innumerables especulaciones fantásticas. (Cf. *Christl. Dogmatik*, III, 611 y sig.).

La Sagrada Escritura enseña la doctrina acerca de la condenación eterna con tanta claridad, que realmente pueden negarla sólo aquellos que rechazan la autoridad divina de la Palabra de Dios (cf. la doctrina de la restitución). Todo el que ose negar el castigo eterno (*eis kolasin aiōnion*), tiene que negar también la vida eterna (*eis dzōen aiōnion*), ya que en la Escritura ambas doctrinas se enseñan conjuntamente y a veces en contraste, Mat. 25:46; Juan 3:36.

Si bien es cierto, que el término *eternidad* se usa a veces en la Escritura en el sentido restringido de "largo tiempo" (*ad olam*, Ex. 12:14, 12; 21:6, etc.), es de notar que dicho término se emplea en su sentido estricto (*sine fine*), en todos aquellos pasajes donde describe, ya la bienaventuranza de los hijos de Dios en el cielo, ya el tormento de los condenados en el infierno, 2 Tes. 1:9; Mat. 18:8; Mar. 3:29.

Además, la interminable duración del suplicio de los condenados se describe en palabras muy claras mediante otros términos inequívocos (Isa. 66:24; Mar. 9:48: "su gusano nunca morirá, ni su fuego se apagará"; Apoc. 14:11: "El humo de su tormento sube por los siglos de los siglos. Y no tienen reposo de día ni de noche". Apoc. 20; 10: "Y serán atormentados día y noche por los siglos de los siglos").

Por lo tanto, la *Confesión de Augsburgo* condena con razón, a todos los que niegan el castigo eterno de Satanás y sus secuaces. Declara a este respecto (Art. XVII): "Los nuestros condenan a los anabaptistas, los cuales opinan que las penas de los hombres condenados y de los demonios tendrán fin". También la *Apología* declara (Art. XVII, *Triglotta*, p. 335): "Al fin del mundo Cristo aparecerá y levantará a todos los muertos y dará a los justos la vida eterna y los goces eternos, pero condenará a los impíos para ser castigados con el diablo, sin fin"

Si se objeta que la sola idea del castigo eterno es tan terrible que no puede ser verdad, replicamos que no corresponde al hombre mortal, sino al Dios infinito, determinar el castigo de aquellos que se han rebelado contra el Señor, Judas 6-8.

El argumento de que la idea de un castigo eterno es inconciliable con el amor divino o con la justicia divina, o con la unidad del "plan que Dios ha concebido para el mundo" (la conversión final de los penitentes en el infierno y la aniquilación de los impenitentes), tiene su fundamento en la especulación humana y no en la Palabra de Dios. Por esta razón no tiene mérito alguno, ya que Dios no puede ser juzgado con nuestro sentido falible, 1 Tim. 6:16; Rom. 11:33-36.

Los términos *sheol* y *hades* pueden denotar, o el estado de la muerte o el sepulcro, Sal. 16:10; Hech. 2:27, 31. Pero propiamente significan "el lugar (*pou*) en el que sufren los impíos, y en el que por toda la eternidad estarán en la más miserable condición que se conoce, y pasarán por indescriptibles tormentos" (Gerhard). (Cf. Deut. 32:22; Sal. 49:14; Prov. 15:24; Mat. 11:23; Luc. 10:15; 16:23, etc.).

Los ruselistas afirman que ni el *sheol* ni el *hades* pueden significar el infierno en el sentido del "lugar de los condenados". A esto replicamos que no dependemos sólo de estos términos para comprobar la existencia del infierno, ya que la doctrina acerca del castigo eterno, se enseña con la mayor claridad en otros lugares de la Escritura (cf. *geenna*, Mat. 5:22. Mar. 9:43-44, Luc. 12:5).

El valle de Hinnom (también Gehinnom) cerca de Jerusalén, en el cual se quemaban incesantemente los desperdicios de la ciudad, era sin duda un símbolo adecuado para describir el fuego eterno en el infierno, donde "su gusano nunca morirá, ni su fuego se apagará". Nos causa particular impresión notar que nuestro Salvador mismo, quien es Amor (1 Juan 4:8), enseñó tan persistente y enfáticamente el castigo eterno de los condenados, Mat. 5:29-30; 10:28, 11:23; Luc. 16:23. El descenso de Cristo a los infiernos (*tois en fylake pneumasin... apeizesasin*). 1 Ped. 3:18-20, también comprueba el castigo eterno de los condenados.

Basándonos en claros pasajes de la Escritura, declaramos que la forma, o esencia de la condenación eterna, consiste en que los condenados serán arrojados para siempre de la gracia divina y la comunión con Dios, esto es, serán separados para siempre del amor y la misericordia de Dios, Mat. 25:41; 8:12: 2 Tes. 1:7-9. Originalmente el hombre fue creado para que estuviera en constante comunión con Dios, y sólo en esto puede hallar suprema felicidad, Juan 17:20-23; Sal. 17:15; Mat. 11:28 y sig. Por consiguiente, el separarse de Dios, el Sumo Bien y la única Fuente de toda buena dádiva y todo don perfecto, Sant. 1:17, significa de por sí, sufrir física y espiritualmente la mayor de las angustias.

La Sagrada Escritura también describe muy explícitamente, los tormentos indecibles por que pasarán los condenados "tribulación y angustia" (Rom. 2:9), "estando en tormentos" (Luc. 16:23), "atormentado en esta llama" (Luc. 16:24), "fuego que no puede ser apagado, donde el gusano de ellos no muere, y el fuego nunca se apaga" (Mar. 9:43-44), "allí será el lloro y el crujir de dientes" (Mat. 8:12: Mat. 13:50), etc. En resumen, la Escritura emplea términos muy fuertes para demostrar que los sufrimientos espirituales y físicos de los condenados son los más grandes que se pueden concebir. En efecto, ellos sobrepasan nuestro débil entendimiento, ya que son continuos y eternos, y el fuego es incesante y sin embargo no consume, Mar. 3:29

Mientras el sufrimiento del cuerpo en el infierno será extremadamente intenso, el alma será continuamente atormentada con la sensación de la ira de Dios y la condenación eterna, Gál. 3:10, así como también por los terrores de una conciencia completamente despierta, Luc. 16:27-28. Hollaz añade esta pertinente observación: "Los tormentos del infierno empezarán en las almas de los condenados tan pronto como ellas salen del cuerpo", esto es, con la muerte, Luc. 16:23.

Para describir los tormentos del infierno con más exactitud, nuestros dogmáticos los han dividido en sufrimientos *privativos* y *positivos.* Los *sufrimiento privativos* incluyen a) perder la visión beatífica de Dios, Mat. 25:41; b) quedar separados de la comunión de los justos, Luc. 16:26; c) quedar excluidos de la luz, el reposo y la dicha celestiales, Mat. 8:12; d) no recibir piedad alguna, ni divina ni humana, Luc. 16:25-26, y el carecer por completo de todo lo que pueda servir de consuelo, Apoc. 6:16-17.

Los *sufrimientos positivos* son tanto internos como externos. Los *internos* son los tormentos y penas, totalmente inexplicables, por que pasará el alma, Mar. 9.44, y los *externos*, asociación con los diablos, Mat. 25:41, estar para siempre confinados en un lugar de indescriptible aflicción. Mat. 25:30; 1 Ped. 3:18-20, y los incesantes tormentos en un fuego que quema, pero que no consume, Luc. 16:23-24; Apoc. 14:10-11; 20-10-15.

La cuestión de si el luego del infierno es material (fuego real) o inmaterial (indecible tormento), en nada altera el asunto, pues aun en su sentido figurado (Gerhard, Quenstedt) el término denota indescriptible angustia y agonía. Isa. 66:24. A todos los que quieren saber qué clase de fuego es el del infierno, nuestros dogmáticos advierten con mucha razón, que es más provechoso tratar de evitar el caer en la agonía del infierno, que hacer indagaciones acerca de la clase de fuego que habrá en ese lugar (Gerhard).

El Dr. Pieper observa muy acertadamente que en el infierno no habrá ateos, puesto que el tormento del castigo incesante los convencerá de la existencia de un Juez justo y omnipotente, cuya soberanía tiene que ser reconocida, Luc. 16:27-28.

La pregunta: ¿Seguirán pecando los condenados en el infierno? se puede contestar afirmativamente en el sentido de que toda su proterva condición moral (falta de fe, esperanza y obediencia interna) es un estado incesante de transgresión. A esto podemos añadir, que el fuego en el infierno no es purificador (el infierno no es purgatorio) sino punitivo, de manera que los condenados no podrán mejorar moralmente. Por consiguiente, si reconocen la majestad de Dios, lo harán sólo porque el incesante suplicio los obliga a ello.

No es probable que los condenados en el infierno en realidad blasfemen a Dios, Luc. 16:27-28. Las palabras de Apoc. 16:11 se refieren sin duda a los que blasfeman a Dios por causa de las tribulaciones por que pasan en esta vida.

La Escritura enseña claramente que el castigo en el infierno difiere *en grado*, según la gravedad y cuantía del pecado, Mat. 11:24; Luc. 12:47; Mat. 23:15. El pecado que será castigado con mayor severidad es el de la oposición maliciosa al Evangelio de Cristo, Mat. 11:16-24.

Usando el lenguaje mismo de la Escritura hablamos del infierno como de un lugar, Luc. 16:28; 1 Ped. 3:19. Pero esto no se debe entender en un sentido físico. Ni tampoco hemos de determinar dónde se encuentra ese lugar, ya que la Escritura no nos da ninguna información sobre este particular. Se puede decir que el infierno se encuentra donde Dios revela a los condenados su eterna justicia punitiva, desterrándolos de su misericordiosa presencia (Pieper). Quenstedt cita las palabras de Crisóstomo sobre este asunto: "No busquemos dónde se encuentra el infierno, sino cómo podemos huir de él".

Hollaz concluye todo el asunto con la muy correcta observación: "No hay duda de que la prisión infernal es una localidad real, Luc. 16:28; 1 Ped. 3:19, alejada de la morada de los justos, Apoc. 22:15; Luc. 16:23. Es también probable que se halle fuera de los confines habitables de este mundo. 2 Ped. 3:10; Mat. 8:12; pero *donde* se encuentra exactamente este lugar es algo que los hombres ignoran durante esta vida". (*Doctr. Theol.*, p. 658).

Con respecto a la *causa* de la condenación eterna cabe señalar que, aunque todo pecado (tanto el original, Efe. 2:3, como el actual. Ezeq. 18:20) es de por sí condenador, 1 Cor. 5:11; Apoc. 21:8; Gál. 3:10, es a la postre el pecado de la incredulidad el que en realidad condena, Juan 3:16-18, 36; Mar. 16:16. Mediante su expiación vicaria Cristo reconcilió perfectamente a todos los hombres con Dios, de manera que gracias a Él, todo pecador en este mundo se halla absuelto de todas sus transgresiones, 2 Cor. 5:19-21 (la justificación objetiva). Por consiguiente, el pecador es castigado eternamente, sólo si rehúsa aceptar por la fe en Cristo el misericordioso perdón que Dios le ofrece. Esto es una ofensa tan grande, que merece justamente el castigo de la condenación eterna en el infierno.

Pero si el pecador rehúsa aceptar el misericordioso perdón de Dios en Cristo Jesús, entonces lo condenarán, tanto el pecado original como los pecados actuales, porque no puede expiarlos jamás, de modo que le serán imputados para siempre. Es por esta razón que la Escritura, por un lado, atribuye la condenación eterna al pecado de la incredulidad, Juan 3:18, y, por el otro, también a todos los demás pecados, Efe. 5:6; Gál. 5:19:21; 1 Cor. 8:9-10; Apoc. 22:15.

Si recordamos la explicación que se acaba de dar, no menospreciaremos la expiación vicaria de Cristo (enseñando la justicia por las obras), ni el carácter condenador de la transgresión humana (Rom. 6:1: "¿Perseveraremos en el pecado para que la gracia abunde?") sino que confiaremos aún más en Cristo Jesús, nuestro divino Salvador, y mediante el poder de la fe, huiremos del pecado y lucharemos contra él, Rom. 6:2; 11-15.

El propósito que la Sagrada Escritura persigue al revelarnos la doctrina acerca de la condenación eterna, es prevenirnos que no cometamos el pecado de la incredulidad (Mar. 16:16), ni sucumbamos a la seguridad carnal (Mat. 26:41; 1 Cor. 10:12); y así nos impulsa a buscar la salvación misericordiosa de Cristo, ofrecida a todos los hombres en los medios de gracia. La doctrina acerca de la condenación eterna constituye una de las maneras más severas de predicar la Ley, y su objeto es el arrepentimiento, Mat. 3:7-12.

La advertencia contenida en la doctrina acerca del castigo eterno se dirige empero, no sólo a los incrédulos, sino también a los creyentes, por cuanto éstos aún son carne (Mat 8:11-12: Dirigida a "los hijos del reino"; 26:24: Dirigida a Judas; 24:42-51: Dirigida a los discípulos).

Aunque es cierto que la doctrina acerca del infierno jamás convertirá a una sola alma, ya que la Ley "produce ira", Rom. 4:15, dicha doctrina es, sin embargo, nuestro ayo para llevarnos a Cristo, a fin de que fuésemos justificados por la fe", Gál. 3:24. Por consiguiente, todos los predicadores que niegan el castigo eterno de los impíos, no son "teólogos misericordiosos", sino los más crueles entre los falso profetas, que, en vez de advertir al pecador que huya del destino terrible que le espera, Ezeq. 3:17-19, hacen precisamente lo que San Pablo condena en 1 Tim. 6:3-5, y así "hunden a los hombres en destrucción y perdición", 1 Tim. 6:9, Cristo y los santos apóstoles enjertaron la doctrina de la retribución eterna con gran énfasis y claridad, Mar. 9:43 y sig.; 2 Tes. 1:9, y su ejemplo debe ser seguido por todo predicador cristiano, que quiera ser fiel ministro de Cristo y administrador de los misterios de Dios 1 Cor 4:1-2.

La doctrina acerca de la condenación eterna sirve también para ilustrar el justo juicio de Dios sobre todos los transgresores, Rom. 2:5-6; 3:4. Pero como Dios desea encarecidamente que todos los hombres sean salvos (su voluntad antecedente), Juan 3:16 es sólo por su voluntad consecuente, Juan 3:18,36, que Él manifiesta y glorifica su justa ira y su justo castigo.

La doctrina calvinista, la cual injerta que "desde la eternidad" algunos han sido destinados para la condenación es del todo antibíblica. Dios no creó al hombre para condenarlo al infierno, sino para llevarlo al cielo, 1 Tim. 2:4-6.

Niegan la doctrina de la condenación eterna los que enseñan la *restauración*, es decir los que declaran que el castigo futuro no es retribuyente, sino correccional y que resultará en la salvación de todos los hombres y, según algunos, de los ángeles malos. (La restitución de todas las cosas; *apokatastasis* la segunda aprobación). También la niegan los que enseñan la aniquilación, quienes declaran que los impíos serán completamente destruidos, ya sea en el día del Juicio o más tarde. Los dos errores son contrarios a la clara enseñanza de la Escritura.

## 8. LA SALVACIÓN ETERNA

a. La realidad de la vida eterna. La existencia de una vida eterna en gloria y bienaventuranza para todos los verdaderos creyentes, es el punto culminante de toda la revelación evangélica en la Sagrada Escritura, Rom. 5:1-2; Efe. 2:4-6. La explicación que Lutero da del Segundo Artículo del Credo dice, pues, así: "Creo que Jesucristo me ha redimido... para que yo sea suyo, y viva bajo Él en su reino, y le sirva en eterna justicia, inocencia y bienaventuranza, así como Él, resucitado de entre los muertos, vive y reina en la eternidad". Asimismo declara la Fórmula de Concordia (Decl. Sól., XI, 14-22): "Dios en su propósito y consejo de gracia, resolvió que por fin salvaría eternamente y glorificaría en la vida eterna a aquellos que había escogido, llamado y justificado".

La bendita doctrina acerca de la vida eterna que sa obtiene por la fe en Cristo, no puede ser aprendida por medio de la razón porque pertenece a "la sabiduría de Dios en misterio, la sabiduría oculta, la cual Dios predestinó antes de los siglos para nuestra gloria", 1 Cor. 2:7-9.

La esperanza cristiana de la vida eterna (Juan 17:3), no debe confundirse por lo tanto, con la mera doctrina de la inmortalidad del alma o la continua existencia del alma después de la muerte, cosa que aun la razón humana puede conocer por intuición. Respecto de los argumentos que se aducen para comprobar la inmortalidad del alma podemos notar los siguientes: a) "Puesto que el alma es inmaterial y simple, es indisoluble" (Platón, Leibniz; *prueba metafísica);* b) "Las ricas capacidades del alma no pueden desarrollarse satisfactoriamente en esta vida; su destino tiene que extenderse, por lo tanto, a una vida futura" (Cicerón, Lotze; *la prueba teleológica);* c) "El hombre se esfuerza por conseguir la virtud como también por conseguir la felicidad; pero esta vida no le proporciona ninguna satisfacción con respecto a la una o la otra" (Kant; *al argumento etonómico);* d) "El amor a la patria lo inspira sólo la promesa de la vida después de la muerte" (J. G. Fichte; *el argumento jurídico);* e) "Todos los hombres por naturaleza creen en la inmortalidad del alma" (Homero, Virgilio, Cicerón; *argumento del consenso común';* cf. *Doctr. Theol.*, p. 631 y sig.).

Sin embargo, todos los "cielos" de los paganos (los incrédulos) son producto de la invención humana. No son más que una caricatura del cielo de que nos habla la Escritura, así como todo salvador inventado por el hombre no es más que una caricatura de nuestro divino Salvador. Aunque los paganos siempre han especulado con la inmortalidad del alma, San Pablo atestigua que a pesar de esas especulaciones escatológicas están sin Dios, no teniendo esperanza en el mundo, Efe. 2:12. Carlos Hase declara con mucho acierto que, "en la cabaña del campesino más pobre hay una fe más firme en la vida eterna, que en las salas de conferencias de los más grandes filósofos". (Cf. *Christl. Dogmatik*, lll, 619).

En realidad, la esperanza de la vida eterna puede tenerla sólo aquel que confía en Cristo Jesús, el Hijo unigénito de Dios, y en su muerte vicaria por los pecados del mundo, Juan 3:16; 11:23-27. Sin la fe en Cristo, aun los "más dulces pensamientos" sobre la vida futura del alma son terribles, porque jamás podrán silenciar la voz acusadora y condenadora de la conciencia, Rom. 2:15-16.

b. Lo que es la vida eterna. Según la Sagrada Escritura, la vida eterna que Cristo en su gracia concederá a sus creyentes, consiste en que éstos en su bienaventuranza, verán a Dios para siempre, Job 19:25-27; Hech. 7:55; Mat. 5:8; 2 Cor. 5:1-6; 1 Cor. 13:12; 1 Juan 3:2. En esta vida presente, los creyentes ven a Dios sólo por la fe mediante la Palabra divina; lo ven, podríamos decir, de una manera abstracta, 1 Cor. 13:12; pero en el cielo lo verán cara a cara tal como Él es.

Esta visión que tendrán de Dios es beatífica, esto es, será acompañada de suprema bienaventuranza, Sal. 17:15, de manera que los benditos del Padre jamás desearán ninguna otra bienandanza que la de ver a Dios, el Bien Supremo y la Fuente Inagotable de todo goce perfecto. De esto se infiere que nunca pueden apartarse de Él, sino que están confirmados en su gloria celestial (Apoc. 14:13; Juan 10:27-29; Sal. 16:11; Juan 17:24; Apoc. 7:9-17). No habrá ningún enemigo espiritual que venga a molestar su bienaventuranza (Apoc. 20:10).

Quenstedt describe la eterna felicidad de los bienaventurados de la manera siguiente: "La vida eterna consiste, hablando en términos generales, en la recepción inefable, sobreabundante e interminable de bendiciones incomprensibles. Las bendiciones de la vida eterna son, ora privativas, ora positivas.

"Las *bendiciones privativas* consisten en la ausencia del pecado y de todas las causas del pecado, es decir, la incitación de la carne, la instigación del diablo, la seducción del mundo, y de todos los castigos del pecado, tales como las varias calamidades, Isa. 25:8; 49:10 Apoc. 21:4; la muerte temporal. Oseas 13:14; 1 Cor. 15:26, 55-57; Apoc. 2:7, y la condenación eterna, Apoc. 2:11; 20:14. A esto pertenece también el estar inmune contra las afecciones y acciones del cuerpo natural, tales como hambre, sed, comer, beber, el uso del matrimonio, etc., Apoc. 7:16-17; Mat. 22:30;

"Algunas de las *bendiciones positivas* de la vida eterna son *internas;* otras son *externas.* Las *bendiciones positivas internas*, entre las cuales es preeminente la manera beatífica y directa en que veremos a Dios, pertenecen al ser humano íntegro, y afectan tanto el cuerpo como el alma de los bienaventurados. Las bendiciones internas de una u otra parte del ser humano pertenecen, o al alma o al cuerpo. Las del alma son las siguientes: La iluminación perfecta del intelecto, 1 Cor. 13:9-12; la rectitud completa de la voluntad así como de los deseos, Sal. 17:15; Efe. 5:27; la seguridad más completa respecto de la duración perpetua de esta bienaventuranza, Juan 16:22. Las del cuerpo son: Espiritualidad, 1 Cor. 15:44, 47; Filip, 3:21... impasibilidad, Apoc. 7:16; 21:4; inmortalidad e incorruptibilidad, 1 Cor. 15:42-48, 53; 2 Cor 5:4; resplandor, Dan. 12:3; Mat. 13:43; 1 Cor. 15:41, 43; belleza, 1 Cor, 15:43; Filip. 3:21.

"Las *bendiciones positivas externas* son aquellas que los bienaventurados experimentan profundamente de una manera extrínseca. De éstas, las dos más importantes son: a) La más deliciosa comunión con Dios, Luc. 23:43; Juan 12:26; 14:3; 17:24; 2 Cor. 5:8; Filip. 1:23; 1 Tes. 4:17; Apoc. 21:3, con los ángeles, Heb. 12:32, y con todos los bienaventurados, Mat. 8:11; Luc. 13:29; Heb. 12:22, consistente en la mutua asociación, las más agradables conversaciones y el mutuo respeto, acompañado del mutuo amor; y b) la más hermosa y esplendorosa morada". (*Doctr. Theol.*, p. 661 y sig.).

Con respecto a la visión beatífica, la Escritura enseña que ésta será no meramente una contemplación mental, sino realmente la visión corporal, 1 Cor. 9:12; Job 19:25-27; 1 Juan 3:2. Los que ponen en duda la posibilidad de la visión beatífica, bien podrían poner en duda también la existencia de todo lo que hay en el cielo, ya que toda la doctrina respecto de la vida eterna sobrepasa nuestro débil entendimiento. Los bienaventurados en el cielo, además de reconocer a Dios, se reconocerán los unos a los otros, Mat. 17:3-4; Apoc. 7:13-14. Hafenreffer declara: "Puesto que la imagen perfecta de Dios en que habíamos sido creados será restablecida por completo, seremos dotados de sabiduría y conocimiento perfectos. Por consiguiente, si Adán antes de la Caída reconoció al instante que Eva había sido tomada de él, tanto mejor nos reconoceremos los unos a los otros en la vida eterna, cuando todos estos dones serán aún más perfectos, Luc. 16:23; Mat. 17:1 y sig." (*Doctr. Theol.*, c. 662).

¿Reconocerán los bienaventurados a los condenados en el infierno? Esto no es seguro, si bien es muy probable, Luc 16:23 y sig. El Dr. Pieper nos da el sabio consejo de que lo mejor es no contestar a esta pregunta. Según Hutter, tal reconocimiento, en caso de que ocurriese, no perturbará en modo alguno la felicidad de los bienaventurados; pues "la voluntad de los bienaventurados concordará en todas las cosas con la voluntad de Dios. Todas aquellas afecciones carnales, que son señales de nuestra flaqueza aquí en la tierra, cesarán por completo en la vida eterna, cuando nuestro amor se extenderá a los amados de Dios y herederos de la vida eterna. Pero en los condenados, admirarán supremamente y alabarán para siempre la gloriosa justicia de Dios". (*Doctr. Theol.*, p. 66).

c. ¿Cómo la Escritura describe la vida eterna? Respecto de qué es la vida eterna, Gerhard sugiere con mucho acierto que esto se puede saber de la revelación de la Palabra, pero sólo de un modo general y obscuro (ainigmatikōs). Y en efecto, aunque la Escritura está repleta de citas sobre la vida eterna, ella no nos da muchos pormenores en cuanto a su gloriosa naturaleza. El Espíritu Santo ha escogido a propósito este método de enseñanza; pues en esta vida no tenemos un concepto adecuado de la naturaleza de las cosas que están más allá de este tiempo y de este espacio.

Sin embargo, la descripción que hace la Palabra de Dios respecto de la vida eterna es suficiente para darnos un gozo anticipado de la gloria venidera. Rom. 8:18; y para hacer que anhelemos el cielo, Filip. 1:23. Negativamente, la Escritura describe la bienaventuranza de los justos en el cielo como completa libertad de todas las aflicciones de esta vida, 2 Tim. 4:18; Apoc. 7:16-17; 21:4; positivamente, como dicha suprema y perfecta, 1 Ped. 1:8-9; Sal. 16:11; Juan 17:24. Además, la Escritura ilustra el gozo perfecto de la vida eterna por medio de símbolos, que nos dan un goce anticipado de la gloria perfecta del cielo (Mat. 25:10, Apoc. 19:9: Unas bodas; Luc. 13:29; Mat. 8:11: Un banquete alegre. Luc. 22:30: Un sentarse sobre tronos). Que estos cuadros no deben ser explicados en un sentido físico o terrenal lo demuestra claramente la Escritura en Luc. 22:24-30; Mat. 22:30.

Sin embargo, no sólo el alma, sino también el cuerpo gozará de esta bienaventuranza eterna en el cielo, 1 Cor. 15:44; pues será como el cuerpo glorificado de Cristo, Filip. 3:21, y resplandecerá como el sol, Mat. 13:43, porque estará libre de todas las consecuencias del pecado, 1 Cor. 15:42-43.

El lenguaje que se usará en el cielo no será terrenal, sino celestial, de modo que no podrá ser conocido en la tierra (2 Cor. 12:4: "palabras inefables que no le es dado al hombre expresar").

Si bien es cierto que no habrá grados de bienaventuranza, ya que todos los creyentes verán a Dios y serán así completamente felices, la Escritura enseña que habrá grados de gloria (*doxa*), conferidos de acuerdo a la fidelidad y los sufrimientos de los creyentes en esta vida, 2 Cor, 9:6; 1 Cor. 15:41-42; Dan. 12:3. (*Omnibus una salus sanctis, sed gloria dispar;* cf. Lutero, St. L., VIII, 1223 y sig.). Estas diferencias de gloria, por supuesto, no suscitarán envidia, puesto que la envidia es pecado, Gál. 5:20-21, y el pecado será abolido por completo en el cielo, Sal. 17:15: 16:11.

Aunque es verdad que hay que concebir el cielo como un lugar (*pou*) definido, donde los bienaventurados verán a Dios y gozarán perfectamente la gloria suprema, Mat. 5:12; 6:20; 1 Ped, 1:4; Mar. 16:19; no debemos en cambio, imaginarnos ese lugar en un sentido físico. Así como el "lugar" de los condenados es todo sitio donde Dios revela su eterna justicia punitiva, asimismo, el "lugar" de los bienaventurados es todo sitio donde Dios revela su eterno amor y gracia en gloria manifiesta. Así pues, los ángeles están siempre en el cielo, aun cuando sirven a los creyentes en la tierra, Mat. 18:10; Luc. 1:9.

d. *Los santos en el cielo.* La Escritura describe como santos de Dios que han de heredar la vida eterna a todos aquellos que creen en Cristo, Juan 3:16-18, 38. Por lo tanto, es incorrecto atribuir vida eterna a los no creyentes por razón de su justicia natural y civil (Zuinglio, Hofmann; cf. Lutero. St. L., 1766 y sig., en su argumento contra Zuinglio, quien había expresado la esperanza de encontrar en el cielo a paganos tales como Hércules, Teseo, Sócrates, etc.). Cristo mandó predicar el Evangelio a toda criatura, añadiendo expresamente que "el que no creyere, será condenado", Mar. 16:15-16; Luc. 24:47; cf. también Hech. 26:18.

Que sólo los verdaderos creyentes serán salvos eternamente lo demuestran también todos aquellos pasajes de la Escritura en que a) se pide a los ministros cristianos que sean fieles y diligentes en su oficio sagrado a fin de que no se pierda ni una sola alma por causa de la incredulidad, Ezeq. 3:18-19; 2 Tim. 4:1-2; 2:23-26; 1 Tim. 4: 15-16; b) se exhorta a todos los ministros cristianos a instruir, reprobar y amonestar a los hermanos que han caído en el error, a fin de que éstos no pierdan la salvación de su alma debido a la apostasía, Mat. 18:15-17; 1 Cor. 5; y c) se amonesta a todos los ministros cristianos a llevar una vida santa, para que no lleguen a ser culpables de que otra persona sea condenada por negar la fe y la profesión cristianas, Mat. 18:6-7.

e. *El propósito de la doctrina de la salvación eterna.* Así como la doctrina acerca de la condenación eterna sirve para advertir cuán fatal es la incredulidad y la seguridad carnal, asimismo, la doctrina acerca de la vida eterna sirve para estimular a los creyentes a una fe más firme, y para sostenerlos en su misión de seguir a Cristo con toda fidelidad, Mat. 10:22; 24:13; Mar. 13:13. Es imposible llevar una vida verdaderamente cristiana si no se piensa de continuo en la segura esperanza de la vida eterna. Filip. 3:12-14; 1:23-24; Mat. 6:19-21., Cf. Lutero, St. L, IX, 930 y sig.).

En esta vida los creyentes no reciben el reconocimiento especial que merecen como hijos de Dios, 1 Juan 3.2. Esto se puede comparar al poco aprecio que recibió nuestro Salvador durante el tiempo que estuvo visiblemente aquí en la tierra, Isa. 53:1-3; Juan 1:10-11. Además, como son odiados y acosados por "todas las gentes", Mat. 10:22, 25; 24:9, los creyentes generalmente tienen que padecer mucha tribulación antes de poder entrar en el Reino de Gloria, Hech. 14:22. Por esta razón, siempre deben dirigir su atención a la segura herencia en el cielo, a fin de que puedan vencer todo mal y por último obtener la victoria eterna, Mat. 5:12; 2 Cor. 4:16-18. Los ministros cristianos en particular, están sujetos a tribulaciones sin fin, 2 Tim. 2:9; 2 Cor. 4:7-11, ya que el mundo odia el Evangelio, 1 Cor. 1:23, y lo seguirá odiando hasta el fin de los siglos, 1 Tim. 4:10.

Pero en todas las tribulaciones los creyentes vencerán y obtendrán la victoria, Rom. 8:35-39, si imitando el ejemplo del apóstol, 2 Tim. 1:12, permanecen firmes en su fe y retienen firmemente la esperanza de la gloria eterna que el Espíritu ha plantado en sus corazones, Juan 16:33; 1 Juan 5:4-5; Apoc, 2:7-11; 12:11. (Cf. Lutero, St. L., II, 1237).

Sobre el uso práctico de la doctrina acerca de la vida eterna, Gerhard expresa este hermoso pensamiento: "La doctrina respecto del cielo de los bienaventurados y la vida eterna se expone en la Escritura, no para que arguyamos ociosamente como teorizantes acerca de la situación del cielo en el espacio, la visión beatífica, las propiedades de los cuerpos glorificados, sino para que como hombres prácticos y teniendo presentes en cada día, hora y momento de nuestra vida los goces prometidos de la vida eterna, permanezcamos imperturbables en el camino que nos conduce a ese lugar, y evitemos cuidadosamente todo lo que pueda retardar o impedir nuestra entrada en la vida eterna

"En 2 Cor. 4:18 el apóstol describe a los justos como a personas que no miran a las cosas que se ven,sino a las cosas que no se ven. Uno de los antiguos, a quien se le preguntó qué libros usaba en sus estudios diarios, contestó que él estudiaba todos los días un libro de tres páginas, una roja, una negra y una blanca; en la página roja leía acerca de la Pasión de nuestro Señor, en la negra acerca de los tormentos de los condenados, y en la blanca, acerca de los goces de los glorificados, y añadió, que de ese estudio, sacaba más provecho que si se hubiera puesto a estudiar detenidamente todas las obras de los filósofos". (*Doctr. Theol.*, p. 663). "¡Cristo dirija nuestras mentes hacia la verdadera piedad, y restablezca en su Iglesia la armonía recta y perpetua! Amén".

¡SÓLO A DIOS SEA LA GLORIA!

CPSIA information can be obtained
at www.ICGtesting.com
Printed in the USA
FFOW02n2343021216
29976FF

9 780758 657954